Wissenswertes für die Reise

Unterwegs in Süditalien

Kapitel 1 Kampanien

Inhalt

Inhalt

Kapitel 4 Kalabrien

Themen

Alle Karten auf einen Blick

▶ Dieses Symbol im Buch verweist auf die Extra-Reisekarte Süditalien

Morano Cálabro in Kalabrien – eines der schönsten Dörfer Italiens

Mangels großer Industriestandorte ist in den süditalienischen Provinzen der Fischfang für viele Menschen nach wie vor eine wichtige Erwerbsquelle

Wissenswertes über Süditalien

Der Mezzogiorno

Der Süden Italiens zählt zu den ältesten Kulturlandschaften Europas. Überall begegnen dem Besucher Zeugnisse längst vergangener Zeiten, eingebettet in atemberaubende Landschaften. Kampanien und Apulien, vor allem jedoch Kalabrien und die Basilikata haben sich im Gegensatz zu vielen Regionen des reichen und hektischen Nordens ihre Ursprünglichkeit und Schönheit bewahrt.

Kenner bezeichnen die vier südlichsten Regionen als das beste Stück vom Stiefel. Ab dem 8. Jh. v. Chr. wurde Süditalien von den Griechen kolonisiert und fungierte als westlicher Außenposten von Großgriechenland, der Magna Graecia. Noch bevor der Norden des Landes durch die Etrusker zu einer ersten Blüte gelangte, war hier eine hoch entwickelte Kultur am Wirken, der viele weitere folgten. Sie alle prägten im Verlauf von gut 3000 Jahren die Landschaft und ihre Menschen und hinterließen unzählige sichtbare und erlebbare Zeugnisse: die antiken Hafenstädte Táranto und Velia, die Ruinenstätte Paestum, die wieder ausgegrabenen Städte Pompeji und Ercolano aus römischer bzw. vorrömisch-oskischer Zeit, die Festung der Normannen in Melfi und ihre Kathedralen in Ótranto und Trani, die Höhlenwohnungen von Matera, das geheimnisvolle Castel del Monte des Stauferkaisers Friedrich II., die Trulli-Region, die Barockstadt Lecce oder die Metropole Neapel – überall ist Geschichte greifbar. Doch obwohl so viele Kulturen und Herrscherhäuser in diesem Gebiet wirkten (oder vielleicht gerade deswegen), zählt der Süden Italiens heute zu den ärmsten und rückständigsten Regionen des Landes. Viele nennen diese Gegend, zu der geografisch auch Sizilien und Sardinien gehören, einfach nur Mezzogiorno: ›Hälfte des Tages‹, d. h. die zwölfte Stunde, wenn die Sonne am höchsten steht und am heißesten brennt.

Das Herz der Region Kampanien und die lebendigste Metropole des gesamten Südens ist Neapel. Diese Stadt, die man entweder liebt oder flieht, hat ihren ganz eigenen Rhythmus. Griechen und Römer siedelten hier und überall kann man in die 3000-jährige Geschichte ab- bzw. eintauchen. Sei es in einem der besten archäologischen Museen weltweit oder in den unterirdischen Stätten und Zisternen, sei es bei einem Streifzug durch die Gassen der Altstadt oder dem Besuch von Capodimonte, sei es bei einem Ausflug zum Palazzo Reale oder auf den Posillipo.

In Neapel, so sagt man, beginnt der wahre Süden. Den weithin sichtbaren Auftakt macht der Vesuv, der stets an die Gefahr eines neuen Ausbruchs erinnert. Von starken vulkanischen Aktivitäten zeugen auch die Phlegräischen Felder bei Pozzuoli mit ihren schwefeligen Dämpfen. Zu den weiteren Attraktionen Kampaniens gehören die Inseln im Golf von Neapel, allen voran das heilträchtige Ischia und das skandalumwobene Capri. Weiter südlich sind das verschüttete und wieder ausgegrabene Pompeji sowie Ercolano einzigartige Stätten der Archäologie. Über die Halbinsel von Sorrent gelangt man zu einer der spektakulärsten Küsten weltweit: die Amalfitana. Südlich davon liegen das antike Paestum mit den besterhaltenen griechischen Tempeln Italiens sowie das Cilento mit absolut traumhaften Stränden und einem waldreichen Hinterland, das zum Wandern und Verweilen einlädt.

Landschaftlich ebenso beeindruckend ist die nur dünn besiedelte Basilikata. Karge Berge und dichte Wälder, die sehr unterschiedlichen Küsten am Ionischen und Tyrrhenischen Meer – alles wirkt irgendwie abgelegen. Erdbeben und Erdrutsche haben ihre Spuren hinterlassen und die lang anhaltende Armut lässt den Besuch in dieser Region zu einer Reise in die Vergangenheit werden. Der Tourismus hält nur zögerlich Einzug, obwohl die Costa Maratea am Tyrrhenischen Meer als einer der schönsten Küstenabschnitte Italiens gilt und die Höhlenwohnungen von Matera sowie das Stauferschloss von Melfi einzigartige Bauwerke sind.

Auch Apulien, in dem vor allem die Normannen und Staufer ihre Spuren hinterlassen haben, wartet mit einer Menge bedeutender Bauten auf. Am bekanntesten sind wohl das Castel del Monte und die weißen Zuckerhüte der Trulli in der Valle d'Itria, aber auch Gebäude jüngeren Datums ziehen Besucher in ihren Bann, darunter die 2004 errichtete Chiesa Nuova in San Giovanni Rotondo, Ziel von jährlich 7 Mio. Pilgern, die dort das Grab des heiliggesprochenen Padre Pio beehren. Apuliens Anziehungskraft ist jedoch nicht allein auf Baudenkmäler und Heilige beschränkt. Die Region überrascht mit kleinen, belebten Hafenstädten, den Ebenen der Tavoliere di Foggia, den überwältigenden Tremiti-Inseln, der unter Naturschutz stehenden Gargano-Halbinsel mit uralten Baumriesen in der Foresta Umbra, der kargen Murgia, der bezaubernden Salento-Halbinsel und nicht zuletzt mit ihrer fast 800 km langen Küstenlinie.

Über eine ebenso lange Küste verfügt Kalabrien, wobei am Ionischen Meer einige Bausünden und -ruinen die Landschaft entstellen. Die schönsten Badeorte sind an der Costa dei Cedri am Tyrrhenischen Meer zu finden. Und auch kulturhistorisch hat Kalabrien einiges zu bieten, beispielsweise die byzantinische Cattolica von Stilo, die Krieger von Riace im Museum von Reggio di Calabria und die größte Kathedrale der Region in Gerace. Mit der noch relativ unentdeckten Bergwelt des rauen Aspromonte und den Wäldern der Sila empfiehlt sich Kalabrien überdies als wunderbares Wandergebiet. Wie die Basilikata, so wird auch Kalabrien erst in jüngerer Zeit als Urlaubsziel entdeckt.

Faszinierend: der Blick von der Amalfiküste auf die Insel Capri

Steckbrief Süditalien

Daten und Fakten

Namen: Kampanien, Basilikata, Apulien, Kalabrien

Fläche: 58 024 km^2 (Gesamtitalien 301 338 km^2)
Einwohnerzahl: 12,5 Mio. (Gesamtitalien 60 Mio.)
Hauptstädte: Neapel (Kampanien), Potenza (Basilikata), Bari (Apulien) und Catanzaro (Kalabrien)

Amtssprache: Italienisch
Bevölkerungswachstum: 0,1 %
Bevölkerungsdichte: 215 Einw./km^2
Lebenserwartung: Frauen 83 Jahre, Männer 77 Jahre
Analphabetenrate: ca. 8 %

Währung: Euro
Zeitzone: MEZ

Landesvorwahl: 0039
Internetkennung: .it

Landesflagge: Die Flagge hat drei senkrechte Streifen in den Farben Grün, Weiß und Rot. Bis zur Staatsgründung von Italien 1860 war sie die Landesflagge von Sardinien-Piemont. Die Flagge geht auf Napoleon zurück, der hier ein Regiment aushob und in Anlehnung an die französische Trikolore statt der blauen die grüne Farbe wählte.

Geografie

Süditalien umfasst die vier Regionen Kampanien, Basilikata, Apulien sowie Kalabrien und grenzt im Norden an Latium und Molise, im Osten an die Adria, im Süden an das Ionische und im Westen an das Tyrrhenische Meer. Entlang der ca. 2000 km langen Küste wechseln sich Sandstrände mit Felsküsten ab. Der im Norden Italiens beginnende Gebirgszug des Apennin reicht bis hinunter nach Kalabrien. In Süditalien erstreckt er sich vom Matese-Massiv in Kampanien über das Kalksteinmassiv des Pollino und das Sila-Gebirge bis ins raue Aspromonte-Massiv. Im Stiefelsporn an der Ostküste befindet sich das mächtigste Vorgebirge Italiens: der Promontorio del Gargano.

Basilikata, Kalabrien und Kampanien bestehen vorwiegend aus Gebirgs- und Hügelland, während Apulien von der Tavoliere di Foggia – der zweitgrößten Ebene Italiens nach der Poebene im Norden – und dem flachen Kalktafelland der Murgia geprägt ist.

Zehn Flüsse führen ganzjährig Wasser und münden in die umliegenden Meere, wo sie in der Uferregion teils große Schwemmlandschaften gebildet haben. In der Basilikata wurden viele Flüsse zu künstlichen Seen aufgestaut.

Geschichte

Die gut 3000-jährige Geschichte und kulturelle Blüte Süditaliens begann mit den griechischen Einwanderern um 800 v. Chr. Es folgten Römer, Byzantiner und Langobarden. Mit der Machtübernahme der Normannen im 11. Jh. wurde Süditalien erstmals wieder geeint. Später kamen die Staufer, Anjou, Spanier und Franzosen ins Land. Vor allem den spanischen Bourbonen ist es zu verdanken, dass ab dem 18. Jh. die Stätten der griechischen und römischen Kultur wiederentdeckt wurden und eine neue Pracht Einzug hielt, wenn auch nur im neapolitanischen Raum, der zum Ziel vieler Bildungsreisender wurde. Mit der Einigung Italiens 1861 verlor Süditalien seine Eigenständigkeit und verarmte im Gegensatz zum Norden noch mehr. Zwar ist heute wie überall in Italien der Lebensstandard gestiegen, doch der Unterschied zwischen Nord und Süd besteht nach wie vor.

Staat und Politik

Seit 1861 ist Italien ein einheitlicher Staat. Nach dem Zweiten Weltkrieg wurde das Land per Volksentscheid zu einer Republik, der ein Staatspräsident (repräsentative Aufgaben) und ein Ministerpräsident (politische Macht) vorstehen. Bis 1990 war Italien von politischen Zerwürfnissen geprägt, die Regierung wechselte fast jährlich. Seit Mitte der 1990er-Jahre regieren abwechselnd eine Rechtskoalition bzw. ein Mitte-Links-Bündnis. Vor allem Erstere hat unter der eigenwilligen Führung des derzeitigen Ministerpräsidenten Silvio Berlusconi dafür gesorgt, dass die Italiener ihre Staatsgewalten noch weniger als bislang akzeptieren.

Italien besteht aus 20 Regionen. Diese wiederum sind in Provinzen unterteilt, die dezentrale Verwaltungsbezirke der Zentralregierung in Rom bilden (vergleichbar mit deutschen Stadt- bzw. Landkreisen). Süditalien besteht neben Sizilien aus Apulien, Kalabrien, Kampanien und der Basilikata, wobei die vier Letzteren insgesamt 17 Provinzen umfassen: Apulien (Fläche: 19 357 km², Einw.: 4 Mio., 210 Einw./km², Hauptstadt: Bari, Provinzen: Bari, Brindisi, Foggia, Lecce, Táranto); Basilikata (Fläche: 9992 km², Einw. 591 001, 59 Einw./km², Hauptstadt: Potenza, Provinzen: Matera, Potenza); Kalabrien (Fläche: 15 080 km², Einw.: 2 Mio., 133 Einw./km², Hauptstadt: Catanzaro, Provinzen: Catanzaro, Cosenza, Crotone, Reggio di Calabria, Vibo Valentia); Kampanien (Fläche: 13 595 km², Einw.: 5,8 Mio., 427 Einw./km², Hauptstadt: Neapel, Provinzen: Avellino, Benevento, Caserta, Neapel, Salerno).

Wirtschaft und Tourismus

Haupterwerbsquellen in Süditalien sind Land- und Forstwirtschaft, wobei man verstärkt auf ökologischen Landbau setzt. Industrialisierung ist kaum vorhanden, und der Versuch, eine Schwerindustrie aufzubauen, gescheitert. Die große Hoffnung liegt im Tourismus. Dabei sind die einzelnen Regionen zunehmend darum bemüht, nicht nur den Badetourismus zu fördern, sondern auch die intakte Natur, Aktivurlaub und landestypische Genüsse zu vermarkten.

Die monatlichen Lebenshaltungskosten einer Familie mit zwei Kindern lagen 2008 in Süditalien bei 1950 € (im Norden bei 2810 €). Die Arbeitslosenquote im Süden Italiens beträgt 25 % (Gesamtitalien 8,5 %). Mit über 50 % herrscht im Süden auch die höchste Jugendarbeitslosigkeit.

Religion

Die Bevölkerung ist vorwiegend römisch-katholisch, dennoch findet man v. a. in ländlichen Regionen immer noch Formen heidnischen Glaubens. Der bedeutendste Heilige der Süditaliener ist Padre Pio, den Papst Johannes Paul II. 2002 heiliggesprochen hat.

Natur und Umwelt

Küsten-, Berg- und Hügellandschaften prägen Süditalien, wo sich acht der vierundzwanzig Nationalparks Italiens befinden. Die meisten Städte und größeren Ortschaften liegen an den Küsten, lediglich im Golf von Neapel reicht die Zersiedelung bis weit ins Hinterland hinein. Andernorts zeigt sich eine vielfältige und faszinierende Landschaft, je weiter man ins Landesinnere gelangt.

Geografie und Geologie

Hügel und Berge

Der südliche Ausläufer des **Apennin** teilt sich in verschiedene Massive auf und zieht sich durch Kampanien und die Basilikata bis hinunter nach Kalabrien, wo insbesondere die **Sila Grande** ein wenig an Skandinavien erinnert.

Im Norden Süditaliens liegen das mehr als 2000 m hohe **Matese-Massiv** sowie die etwas niedrigeren **Monte Alburni.** Daran schließen sich südlich das Kalksteinmassiv des **Pollino** mit dem Serra Dolcedorme – mit 2267 m der höchste Berg Süditaliens – und das **Sila-Gebirge** mit dem 1928 m hohen Monte Botte Donato an.

Wiederum südlich davon erstreckt sich das extrem raue **Aspromonte-Massiv** mit dem 1955 m hohen Monte Cocuzza. Im Stiefelsporn an der Ostküste erhebt sich das mächtigste Vorgebirge Italiens, der **Promontorio del Gargano,** dessen höchster Punkt der 1055 m hohe Monte Calvo ist.

Den Abschluss im Süden bildet das apulische Vorland, die sogenannte **Murgia** (s. rechts), die eine geologische Besonderheit darstellt. Dabei handelt es sich um mächtige Kalktafeln, einst Meeressedimente, die beim Zusammentreffen der Afrikanischen und der Europäischen Platte emporgehoben wurden. Die Entstehung der Murgia steht jedoch nicht mit der Auffaltung des Apennin in Zusammenhang.

Ebenen und Wälder

Die vier Regionen bestehen zu fast 80 % aus Gebirgs- und Hügelland und nur zu rund 20 % aus Flachland. Italiens zweitgrößte Ebene nach der Po-Ebene im Norden, die **Tavoliere di Foggia,** wird durch die beiden Flüsse Candelaro und Ófanto sowie vom Flachland der Murgia begrenzt.

Die Murgia (s. links) ist eine Hochebene aus Karstgestein, die sich in die **Murgia Alta** und **Murgia Bassa** unterteilt. Da es keinen Oberflächenabfluss gibt, sickert das Regenwasser in den Fels ein und hat so im Laufe der Jahrtausende bizarre Höhlen und Schluchten geformt, die sich canyonartig ins Tafelland einschneiden.

Im Landesinnern, vor allem in den hügeligen und bergigen Gegenden mit ausreichendem Wasservorkommen, gibt es viele ausgedehnte Wälder. Besonders zu erwähnen ist die **Foresta Umbra** im Gargano (Apulien), ein Rest jenes Urwalds, der einst die gesamte Region überzog.

Meere, Flüsse und Seen

Süditalien wird im Osten von der **Adria,** im Westen vom **Tyrrhenischen Meer** und im Süden vom **Ionischen Meer** begrenzt. Entlang der rund 2000 km langen Küste wechseln sich Sandstrände mit Felsküsten ab. Auf der adriatischen Seite sind besonders die Küsten des **Gargano** und **Salento** von einer einzigartigen Schönheit. Am Ionischen Meer überwiegen endlose Strände und auf der tyrrhenischen Seite wechseln sich kilometerlange Sandstrände mit spektakulären Felsküsten ab. Insbesondere die Buchten und Strände des **Cilento** sowie die reizvolle Küste bei **Maratea** zählen zu den schönsten des Mittelmeers.

Im Golf von Neapel liegen die drei Inseln **Capri, Ischia** und **Procida.** Capri und Ischia sind schon seit Jahrhunderten ein Synonym für Italien und gehören zu den beliebtesten Reisezielen des Landes. Leider ist die Wasserqualität im Golf von Neapel von schwankender Qualität. Weitaus besser steht es um den auch bei Tauchern sehr beliebten Mini-Archipel der **Trémiti-Inseln** nördlich des Gargano (Apulien).

Durch die vielen Gebirge ist Süditalien in Abhängigkeit von den Jahreszeiten eine relativ wasserreiche Region. Auf der westlichen Seite führen die Flüsse **Volturno** (Provinz Caserta), **Garigliano** (Grenzfluss im Norden zu Latium), **Sele** (zwischen Salerno und Cilento) und **Noce** (Grenzfluss zwischen Kalabrien und Basilikata) ganzjährig Wasser. Alle münden ins Tyrrhenische Meer. In die Adria fließen lediglich der **Fortore** (oberhalb der Gargano-Halbinsel) und der **Ófanto** (nördlich von Barletta). Alle Flüsse, die ins Ionische Meer münden, kommen – abgesehen vom **Crati** (Kalabrien) – aus der Basilikata: **Basento, Brádano** und **Sinni.** In deren Hinterland findet sich eine bizarre Erosionslandschaft, geschaffen durch den Wechsel von Sommertrockenheit und Winterregen. Der Sele, ein Fluss südlich von Salerno, hat im Laufe der Zeit eine ausgedehnte Schwemmlandebene an der Küste entstehen lassen.

Der 1326 m hohe Monte Vúlture im Norden der Basilikata ist ein vor 500 000 Jahren erloschener Vulkan, in dessen Krater sich heute die beiden Seen **Laghi di Monticchio** befinden. Am Monte Sirino liegt der **Lago Laudemio,** der südlichste Gletschersee Europas.

Vulkanismus

Der Gebirgszug des Apennin entstand durch das Zusammendriften der Afrikanischen und der Europäischen Platte. Diese Gebirgsbildung ist begleitet von Erdbeben und vulkanischer Aktivität. In Italien zieht sich diese Zone auf der westlichen Seite von der Toskana bis hinunter zu den Liparischen Inseln und zum Ätna auf Sizilien. Besonders gefährdete Regionen in Süditalien sind der **Vesuv** im Golf von Neapel sowie der Süden Kalabriens. Beleg vulkanischer Aktivitäten sind auch die **Phlegräischen Felder** nördlich von Neapel sowie die Thermalquellen auf **Ischia.**

Flora und Fauna

Tiere

Wilden Tieren begegnet man in Süditalien am ehesten in den Nationalparks und Naturschutzgebieten sowie in abgelegenen Regionen. Neben **Wildschweinen, Rehen** und **Hirschen** gibt es **Wölfe,** die vor allem in der Bergwelt des Pollino und der Sila erfolgreich angesiedelt wurden. Die heutige Population umfasst rund 100 Exemplare, doch wird man diese scheuen Tiere nur selten sehen. Ebenso selten trifft man auf die nachtaktiven **Stachelschweine,** deren abgeworfene Stacheln auf manch einer Wanderung zu finden sind. Darüber hinaus leben in Süditalien kleinere Säugetiere wie **Dachse, Wiesel, Murmeltiere, Steinmarder, Iltisse, Hasen** und **Eichhörnchen,** auch einige wenige **Wildkatzen** sind hier beheimatet.

Neben **Geckos** und **Eidechsen** gibt es auch ein paar Schlangenarten in Süditalien, doch nur eine davon ist giftig: die **Aspisviper,** eine Art Kreuzotter. Sie ist sehr gut an ihrem typisch dreieckigen Kopf und ihren senkrecht geschlitzten Pupillen zu erkennen. Ebenso typisch sind der platt gedrückte Schwanz und die kleinen Kopfschuppen. Ein ausgewachsenes Tier kann bis zu 90 cm lang sein. Die Aspisviper ist normalerweise grau mit dunklen Querstreifen, die Farbe kann aber auch zwischen gelb und grün variieren. Das scheue Reptil beißt nur, wenn es belästigt wird. Der Biss ist für den Menschen im Allgemeinen nicht lebensgefährlich, da eine ausgewachsene Aspisviper im Durchschnitt 8 bis 20 mg Gift produziert, die tödliche Dosis aber bei 30 bis 40 mg liegt. Dennoch

Streifzug durch Macchia und Garigue

Wenn Wälder abgeholzt werden oder Kulturland aufgegeben wird, erobern Macchia und Garigue das Terrain. Die beiden Vegetationstypen unterscheiden sich weniger durch ihren Pflanzenbestand als durch ihren Wuchs und sind bei einem Streifzug durch die Natur Süditaliens sehr häufig anzutreffen.

Die typisch mediterrane Macchia besteht aus immergrünen Sträuchern, deren Wuchshöhe zwischen 1 und 3 m durch Faktoren wie Lichtzufuhr, Feuchtigkeitsgrad und Bodenqualität bestimmt wird. Im Laufe der Zeit entsteht dann ein fast undurchdringliches Gestrüpp. Die Blütezeit vieler Macchiapflanzen fällt in die Monate März bis Mai, dann liegt ein besonders aromatischer Duft über der Landschaft. Wird der Boden, beispielsweise durch Brände, ausgelaugt, entwickelt sich die Macchia allmählich zur Garigue, die aus niedrigen (Halb-)Sträuchern wie Zistrosen, Rosmarin und Schopflavendel besteht. Folgende Pflanzen sind besonders typisch für Macchia und Garigue:

Am häufigsten kommt in der Macchia der Mastixstrauch vor. Er ist gut zu erkennen an seinen paarig gefiederten Blättern und den ca. 4 mm großen Beeren, die im Herbst entstehen, anfangs rot sind und später schwarz werden. Zerreibt man die Blätter, verströmen sie einen angenehm harzigen Duft. Obwohl der Mastix ein immergrüner Strauch ist, können sich seine Blätter im Herbst rötlich verfärben. Das Harz des Mastix wird bei der Herstellung von Zahnpulvern, Wundverbänden oder auch Klebemitteln verwendet.

Sowohl in Baum- als auch in Buschform gibt es den Erdbeerbaum, der bis zu 3 m hoch werden kann. Am schönsten präsentiert er sich im Spätherbst, wenn sich zu den grünen Blättern und roten Früchten die weißen, glockenförmigen Blüten gesellen. Aufgrund seiner drei gleichzeitig auftretenden Farben war der Erdbeerbaum auch das Symbol des Risorgimento (s. S. 36). Die etwa 2 cm großen Früchte schmecken leicht süßlich, oft auch mehlig, und werden meist in Form von Marmeladen oder Honig genossen.

Leicht erkennbar an ihren kleinen, nadelförmigen Blättern ist die Baumheide, die bis zu 3 m hoch werden kann. Bei Bränden entzündet sie sich besonders schnell, gilt jedoch als Stehaufmännchen, da sie aus dem Stumpf heraus immer wieder neue Triebe bildet.

Zu den klassischen Pflanzen der Macchia und Garigue gehören auch die verschiedenen Arten von Ginster, alle gut an ihren gelben Blüten auszumachen. Der Behaarte Dornginster ist ein bis zu 3 m hoher Busch, der von Januar bis Juni blüht und als markantestes Zeichen Dornen trägt. Häufig wächst er in Nachbarschaft von Zistrosen und Rosmarin. Der Pfriemenginster, auch Spanischer Ginster genannt, ist ein bis zu 3 m hoher Rutenstrauch und blüht von April bis Juli. In Mitteleuropa wird er auch als Zierstrauch angepflanzt. Seine Zweige, an denen traubenartig die Blüten wachsen, sind kahl, aufrecht und biegsam. Beim Salzmannsginster wird die Familienzugehörigkeit erst zur Blüte zwischen April und Juni deutlich, wenn er in Form großer gelber Kissen die Landschaft bedeckt. Sobald man ihn jedoch berührt, bekommt man seine harten und spitzen Zweige zu spüren, die in Dornen enden. Diese Ginsterart wird nur etwa 70 cm hoch.

Thema

Von der Immortelle, auch Sonnengold genannt, nimmt man zuerst meist den typischen Geruch von Maggi und Curry wahr. Sie blüht von April bis Juni, doch ihren Duft verbreitet sie das ganze Jahr hindurch. Die bis zu 50 cm hohe Pflanze bildet Büschel mit holzigen Ästen, an denen kleine lineare und oberseitig behaarte Blätter sitzen. Die Blüten sind bis zu 3 cm breite Doldentrauben.

Unverwechselbar ist auch das Aroma von Rosmarin, einem dunkelgrünen Strauch mit blauen Blüten, Im Mittelmeerraum kann er bis zu 2 m hoch werden und das ganze Jahr über blühen. Den Griechen war er Weihrauch auf den Altären ihrer Götter, heute wird er gerne als Badezusatz und für rheumatische Salben verwendet und natürlich kommt Rosmarin als Gewürz in der Küche zum Einsatz.

Weniger intensiv als der echte Lavendel riecht der Schopflavendel, ein bis zu 1 m hoher Strauch, der von März bis April blüht. Er ist gut zu erkennen an der ungewöhnlichen Form seines Blütenstands, der von einem Schopf von 1 bis 5 cm langen Hochblättern gekrönt wird.

Schließlich gibt es noch verschiedene Arten von Zistrosen, unter denen die Montpellier-Zistrose am häufigsten in der Macchia vorkommt. Ihre kleinen, klebrigen Blätter sind es, die einen Großteil des typischen Macchiadufts ausmachen. Der Strauch der Montpellier-Zistrose ist von April bis Juni mit unzähligen weißen Einzelblüten bedeckt, die nur wenige Stunden überleben. Vom korsischen Wort für diesen Strauch, *mucchui,* stammt übrigens der Begriff Macchia ab.

Von Frühjahr bis Sommer bestimmt der Ginster die Farbe von Macchia und Garigue

sollte man bei Ausflügen in die Natur immer festes Schuhwerk tragen. Außerdem hilft festes Auftreten, denn Schlangen reagieren auf Schwingungen, nicht auf Geräusche.

Erwähnenswert ist auch die **Zornnatter,** die bis zu 2 m groß werden kann und mit Vorliebe am Boden lebt. Ihre Grundfarbe schwankt zwischen schwarz, schwarzgrün und schwarzbraun. Die meisten Tiere sind überdies gelb gesprenkelt, wobei die gelben Flecken auch zu Querbändern und Längsstreifen verschmelzen können. Der Bauch ist normalerweise gelbweiß oder gräulich-dunkel. Die Zornnatter ist an sich eine harmlose Schlange und wehrt sich nur dann durch aggressive Bisse, wenn sie in die Enge getrieben wird.

Viele halten die **Tarantel,** eine 2 bis 4 cm große Wolfsspinne, für gefährlich (s. S. 361), doch ihre Stiche verursachen in der Regel nur lokale Schmerzen, Schwellung oder Juckreiz. Wer jedoch allergisch auf Insektenstiche reagiert, sollte vorsichtig sein. Die Tarantel kommt vor allem in Apulien vor. Trockene Wiesen und Weiden sowie steiniges Ödland, Mauerritzen und Felsspalten sind ihr bevorzugter Lebensraum. Zu erkennen ist sie an ihrer dunklen Färbung, dem hellen Streifen über der Brust und den zumeist gestreiften Beinen. Ein besonderes Merkmal sind auch die sechs kleinen und zwei großen Augen. Da die Tarantel ein eher nachtaktives Tier ist, besteht allerdings kaum Aussicht auf ein Zusammentreffen.

In Süditalien leben natürlich auch zahlreiche Vogelarten. Neben **Eulen, Fasanen, Alpenbraunellen, Eichelhähern, Meisen** und **Spechten** gibt es beispielsweise **Habichte, Falken, Königsbussarde** und **Königsadler** sowie viele **Zugvögel.** Besonders Apulien ist mit über 150 verschiedenen Arten ein Paradies für Vogelliebhaber.

Einen großen Artenreichtum bergen auch die Gewässer Süditaliens. In den Flüssen des Cilento und Pollino leben noch **Fischotter,** und im Meer, besonders vor den Trémiti-Inseln (Apulien), der Amalfitana und dem Cilento, kann man in wahrlich märchenhafte Welten eintauchen.

Pflanzen

Aufgrund der verschiedenen Landschaftsformen weist auch die Flora Süditaliens eine große Artenvielfalt auf. Es gibt sowohl dichte **Laub-, Misch-** und **Nadelwälder** (im Pollino liegt die Waldgrenze bei 2000 m) als auch **alpine Flora** (üblicherweise ab 1500 m) sowie **Macchia** und **Garigue** (s. S. 18). Im Frühjahr gleicht der Waldboden vielerorts einem einzigen Blütenmeer, im Herbst wird er zu einem Mekka für Pilzsammler.

Zu den typischen Gewächsen Süditaliens gehören **Steineichen, Zypressen, Buchen, Kastanien, Pinien, Platanen, Lorbeer, Oleander, Opuntien, Agaven, Aloen, Tamarisken, Mimosen, Eukalyptus, Hibiskus** sowie verschiedene **Palmenarten.** Die für Süditalien bekannten **Oliven-** und **Zitronenhaine** sowie **Weinberge** finden sich vor allem in Meeresnähe. Hier gedeihen auch viele **Obstsorten,** darunter Pfirsiche, Äpfel, Aprikosen, Feigen, Granatäpfel, Birnen und Kirschen.

Umwelt- und Naturschutz

Umwelt- und Naturschutz ist in Italien erst seit Anfang der 1990er-Jahre ein Thema. Zuvor ließen die jährlichen politischen Wechsel gar keinen Raum, sich auch nur im Entferntesten dieser Thematik zuzuwenden.

Um die Wirtschaft in Süditalien anzukurbeln, unterstützte man ab der Mitte des 20. Jh. den Bau von Raffinerien, Auto- und Chemiefabriken sowie Stahl- und Zementwerken (s. S. 25). Dafür wurden unzählige Hektar Wald und Olivenhaine dem Erdboden gleichgemacht. In der Gegend um Sarno in Kampanien führte diese rücksichtslose Abholzung und die Bebauung erosionsgefährdeter Hänge nach heftigen Regenfällen im Mai 1998 zu verheerenden Schlammfluten, die 137 Menschen das Leben kosteten.

Die Umweltverschmutzung nahm im Laufe der Zeit katastrophale Ausmaße an. Es gab keine klaren Auflagen und schon gar keine Kontrollen. Verunreinigtes Wasser floss ungefiltert in die Flüsse, Seen und Meere ab. Im Golf von Neapel etwa musste ein offizielles

Badeverbot ausgesprochen werden, weil – vor allem durch das Stahlwerk in Bagnoli – die Wasserqualität gefährlich nachgelassen hatte. Mittlerweile ist das Werk stillgelegt und an gleicher Stelle einer von Italiens größten Wissenschafts- und Freizeitparks entstanden. Außerdem wurden Kläranlagen errichtet, sodass man zumindest wieder baden kann. Heute wird die Wasserqualität in ganz Süditalien durch die beiden Umweltorganisationen Legambiente und Foundation of Enviromental Education untersucht und mittels Flaggen benotet.

Vor allem in größeren Städten und ihren Randgebieten ist die Luft durch den übermäßigen Autoverkehr regelrecht verpestet. Eine tickende Zeitbombe im Süden, besonders in Neapel und Kampanien, ist auch das Müllproblem. Im Hinterland hat man jahrelang den Hausmüll und unzählige Tonnen giftigen Sondermülls auf legalen und illegalen Deponien entsorgt. Hauptnutznießer war und ist die Camorra (s. S. 28), von der es heißt, dass sie gut 30 % der Müllentsorgung in Süditalien kontrolliert. Seit Jahren sucht die italienische Regierung überdies nach einem geeigneten Platz für die Endlagerung von Atommüll. Geplant war, ihn in den Höhlen der apulischen Murgia zu entsorgen, doch die Region setzte sich erfolgreich zur Wehr, ebenso wie später die Basilikata. Eine Lösung existiert bis heute nicht. Jüngsten Meldungen zufolge soll die Mafia nun die Entsorgung übernommen und ganze Schiffe mit Giftmüllcontainern u. a. in der Adria und vor der Küste Kalabriens versenkt haben.

Mit der einsetzenden politischen Stabilisierung Anfang der 1990er-Jahre und der positiven Entwicklung in Wirtschaft und Tourismus hielt endlich auch das Thema Umwelt- und Naturschutz Einzug in die Politik. In den letzten 20 Jahren sind sieben der acht Nationalparks in Süditalien entstanden (s. rechts) und weitere, z. B. die Phlegräischen Felder und die Bergmassive des Matese (Kampanien), sind in Planung. Während die Nationalparks *(parchi nazionali)* im Auftrag der Regierung verwaltet werden, machen sich um die Regional- bzw. Naturparks (*parchi regionali* bzw. *naturali*) vor allem private Initiativen wie der World Wildlife Fund verdient. Indem sie Bauvorhaben verhindern, bereiten sie für diese Naturschutzzonen den Weg zur Einstufung als Nationalpark. So konnte beispielsweise am Golf von Tarrent in Apulien durch die Einrichtung des Parco Naturale di Porto Selvaggio-Torre Uluzzo einer der schönsten Küstenabschnitte vor Bauspekulationen gerettet werden.

Nationalparks

Acht der vierundzwanzig italienischen Nationalparks liegen in den Regionen Apulien, Basilikata, Kalabrien und Kampanien. Sie machen knapp die Hälfte des gesamten Gebiets aus, das in Italien unter Naturschutz steht.

Kampanien

Der **Parco Nazionale del Cilento e Vallo di Diano** ist mit 181 048 ha der zweitgrößte Nationalpark Italiens. Er besteht seit 1991 und wurde 1998 von der UNESCO in die Liste des Weltkulturerbes aufgenommen. Das zumeist bergige Gelände erstreckt sich vom Tal des Diano am Fuß des Apennin bis an die Küste des Tyrrhenischen Meers. Mit seinen ausgedehnten Wäldern, wildromantischen Flussläufen und Tälern ist das Cilento ein wunderschönes Wandergebiet. Die Küste überrascht mit einer Vielzahl bezaubernder Grotten und zwei Unterwasserreservaten: dem Parco Marino Subacqueo vor Santa Maria di Castellabate und der Baia degli Infreschi östlich von Marina di Camerota.

Dem Schutz des gleichnamigen Vulkans dient der 1995 gegründete, 7300 ha große **Parco Nazionale del Vesuvio,** der durch ein gutes Wanderwegenetz erschlossen ist. Sowohl der Gran Cono del Vesuvio (1281 m) als auch die Reste des alten Vulkankraters, des Somma Vesuviano, wurden von der UNESCO zu Biosphärenreservaten ernannt.

Apulien

1991 wurde der Stiefelsporn einschließlich der Isole Trémiti zum **Parco Nazionale del**

Gargano erklärt. Auf dem 118 000 ha umfassenden Gebiet befinden sich auch Reste des Urwalds, der einst die gesamte Region bedeckte und besonders für Botaniker ein lohnendes Ziel ist: Hier finden sich 40 % aller Pflanzenarten Italiens – immerhin gut 2200 Spezies, mehr als 80 davon Orchideenarten.

Südlich davon liegt der **Parco Nazionale dell'Alta Murgia,** in dessen Karstgestein viele bedeutende Steinzeitfunde gemacht wurden. Infolge jahrtausendelanger Erosion und unterirdischen Wasserflusses entstand hier außerdem ein äußerst bizarres System von Einschnitten und Höhlen, das einen Großteil der Attraktion des 2004 gegründeten Parks ausmacht. Bis in die 1990er-Jahre hinein wurde das knapp 68 000 ha große Gebiet von der NATO als Raketenbasis genutzt.

Basilikata

Den **Parco Nazionale del Appenino Lucano,** auch **Val d'Agri** genannt, gibt es erst seit dem Jahr 2006. Der Grund hierfür ist die Erdölförderung, die seit den 1980er-Jahren im Agri-Tal betrieben wird – Erdöl und Naturschutz, das war lange Zeit nicht in Einklang zu bringen. Doch mit der zunehmenden Bedeutung des Themas Umweltschutz und dank des Engagements des World Wildlife Fund konnte der Park schließlich eingerichtet werden. Das ca. 68 000 ha umfassende Areal befindet sich am Oberlauf des Agri-Flusses. Neben idyllischen Almwiesen sowie ausgedehnten Laub- und Mischwäldern finden sich hier auch einige der höchsten Gipfel des Lukanischen Apennin.

Basilikata und Kalabrien

Eines der größten Naturschutzgebiete Europas und der größte Nationalpark Italiens ist der knapp 193 000 ha große **Parco Nazionale del Pollino,** der von der Basilikata bis nach Kalabrien reicht und sich vom Tyrrhenischen bis ans Ionische Meer erstreckt. Das Kerngebiet des 1993 gegründeten Nationalparks bildet das von West nach Ost verlaufende Pollinomassiv, zu dem fünf 2000er-Gipfel gehören. Hier gibt es noch Wölfe, alte Baumbestände, wilde Schluchten, zahlreiche Flüsse und Bäche, Höhlen und sanfte Hügel. Das Gebiet eignet sich hervorragend zum Wandern.

Kalabrien

Der **Parco Nazionale della Sila** hieß ursprünglich Parco Naturale della Calabria und besteht seit 1968, was ihn zum ältesten Nationalpark Kalabriens und Süditaliens macht. Seinen neuen Namen trägt das Schutzgebiet

Der Parco Nazionale del Cilento e Vallo di Diano ist eines der wenigen Schutzgebiete Süditaliens, die bis an die Küste reichen

seit 2002. Es umfasst die Sila Grande, die Sila Greca und die Sila Piccola, ein Areal von insgesamt rund 74 000 ha. Mit seiner faszinierenden Bergwelt, seinen idyllischen Orten, seinen Wander- und Skigebieten ist der Nationalpark ein beliebtes Ausflugsziel.

Weitaus später gegründet, nämlich 1994, doch nicht minder spektakulär, ist der knapp 66 000 ha große **Parco Nazionale dell'Aspromonte.** Er umfasst die letzten Ausläufer des Apennin, der hier noch einmal bis auf fast 2000 m ansteigt und dann zu den Küstengebieten hin abfällt. Das Schutzgebiet ist besonders wegen seiner Fiumare bekannt, Trockenflüsse, die in ihrem Aussehen Gletschertälern ähneln. Große Teile des Aspromonte sind bewaldet, zum Teil mutet die Landschaft geradezu skandinavisch an. Der Nationalpark ist nicht nur als Wander-, sondern auch als Skigebiet sehr beliebt.

Wirtschaft, Soziales und aktuelle Politik

Der Mezzogiorno ist für die einen wie ein Fass ohne Boden, für die anderen das Land unter der ewigen Sonne, in dem die Zitronenbäume blühen, ein kleines Urlaubsparadies. Für wieder andere wird hier alles von Korruption und organisiertem Verbrechen bestimmt. Eines steht jedoch fest: Der Süden Italiens ist anders als der Rest des Landes.

Geschichte einer Landschaft

Latifundienwirtschaft

Schon immer war landwirtschaftliche Produktion die Haupterwerbsquelle der hiesigen Bevölkerung. Mit den Römern hielt die **Latifundienwirtschaft** Einzug in Süditalien, die bis in die Mitte des 20. Jh. beibehalten wurde. Dahinter verbirgt sich ein System von Kleinpächtern, die das Land bearbeiteten und dafür eine feste Pacht zahlten, unabhängig vom Ertrag. Der Verpächter hingegen lebte in einer der größeren Städte, meist Neapel oder auch Rom, und besuchte nur zeitweilig seine Güter. Ein Großteil der Grundbesitzer ließ sich Sommerresidenzen auf dem Land bauen, um dort die heißen Monate des Jahres zu verbringen.

Da die Pächter immense Abgaben zu zahlen hatten, war es ihnen praktisch nicht möglich, Geld für ein eigenes Stück Land zurückzulegen. Erst 1950 wurde ein Gesetz erlassen, das Kleinbauern vernachlässigten Grundbesitz zusprach. Die zugewiesenen 6 ha, meist wertloses Land, reichten für die meisten jedoch gerade einmal, um mit dem Landverkauf ihre Emigration zu finanzieren.

Flucht vor der Armut

In Süditalien gab es drei große **Emigrationswellen,** alle durch Krisen in der Landwirtschaft ausgelöst. 1875 und 1925 verließen insgesamt ca. 10 Mio. Italiener das Land in Richtung Amerika und Australien, viele davon aus Süditalien. Weitere 8 Mio. machten sich Mitte der 1950er-Jahre in Richtung Nord- und Mittelitalien sowie Mitteleuropa auf. Denn überall setzte nach dem Zweiten Weltkrieg ein Wirtschaftsaufschwung ein, nur nicht in Süditalien. Die Geldüberweisungen der Emigranten ermöglichten dann zumindest ein kleines Wirtschaftswunder bei den zurückgelassenen Verwandten in der alten Heimat. Insgesamt kehrte weniger als die Hälfte der Auswanderer wieder zurück.

Vom Staat verordnet

Schlechte Voraussetzungen

Süditalien war bis in die 1950er-Jahre nicht nur ausschließlich agrarisch geprägt, sondern verfügte auch über keine nennenswerte Infrastruktur. Hinzu kam, dass der Mezzogiorno abseits der europäischen Märkte lag. Lediglich Neapel mit seinem Hafen besaß als einstige Hauptstadt unter den Anjou und Bourbonen eine gewisse Anbindung an die wichtigen Zentren Europas.

Von der Gründung und dem Beitritt zur italienischen Republik 1861 hatten sich die Süditaliener, vor allem auch im Glauben an Garibaldi (s. S. 36), eine deutliche Verbesserung ihrer Lebensumstände versprochen. Doch die Situation entwickelte sich eher zum Schlechten als zum Guten, denn die piemontesische Regierung in Norditalien interessierte sich nicht für die Belange des Südens und erhob die gleichen Steuern wie im industrialisierten Norden. Die Ursachen für die heutige Situation Süditaliens – speziell das Nord-Süd-Gefälle und die Präsenz der Mafia (s. S. 26) – liegen vor allem in den politischen Entscheidungen der damaligen Zeit begründet.

Zäher Aufschwung

Erst nach dem Zweiten Weltkrieg unternahm man ernsthafte Versuche, dem Süden aus seiner Misere zu helfen, die Armut zu verringern und die wirtschaftliche Entwicklung voranzutreiben. Zu Beginn der 1950er-Jahre lebten 37,5 % der Gesamtbevölkerung im Gebiet südlich von Rom und auf den Inseln, was einem Flächenanteil von 42 % entspricht. Dennoch wurden hier nur 24 % des Nationaleinkommens erwirtschaftet – selbst in den Jahren des großen wirtschaftlichen Booms in Italien (1958–63) konnte der Anteil nur unwesentlich auf 24,4 % erhöht werden. Auch während des zweiten Wirtschaftswunders in den 1980er-Jahren stagnierte der Süden (1,6 % Wachstum) im Vergleich zum Rest des Landes (3,1 % Gesamtwachstum).

Cassa per il Mezzogiorno

Um die Wirtschaft anzukurbeln, wurde im August 1950 die **Cassa per il Mezzogiorno** (›Kasse für den Süden‹) gegründet. Mittels gelenkter Investitionen durch Subventionen sowie der Verbesserung und des Ausbaus der Infrastruktur wollte man bessere Voraussetzungen nicht nur für die Landwirtschaft, sondern auch für eine Ansiedlung der Industrie schaffen. In den 1960er- und 1970er-Jahren wurden an vermeintlich geeigneten Standorten Fabriken errichtet und dafür Landschaft vernichtet. Allein dem Eisenhüttenwerk von Italsider bei Táranto in Apulien fielen 20 000 Olivenbäume zum Opfer. Für die Chemiefabrik bei Brindisi, ebenfalls Apulien, opferte man Artischockenfelder von der vierfachen Größe der Stadt. Gióia Tauro sollte der größte Industriestandort Kalabriens werden und ist heute ein Beispiel für ein gigantisches, nie abgeschlossenes Industrialisierungsprojekt – immerhin befindet sich dort jetzt der größte Containerhafen Italiens. Das Stahlwerk von Bagnoli hat jahrelang den Golf von Neapel verunreinigt, denn Auflagen konnten durch die ›Freunde‹ (s. S. 26) umgangen bzw. verhindert werden.

Kathedralen in der Wüste

Doch der gewünschte Erfolg blieb aus. Die Großbetriebe bewirkten nicht die erhofften Folgeansiedlungen anderer Unternehmen, private Firmen ließen sich wegen der infrastrukturellen Nachteile des Südens nicht nieder und auch die internationale Wirtschaftskrise war nicht vorherzusehen. Das Stahlwerk von Táranto etwa, mit mehreren Hundert Angestellten einst der größte Arbeitgeber der Region, beschäftigt seit der Stahlkrise in den 1970er- und 1980er-Jahren nur noch knapp 100 Menschen. Viele der Unternehmen kommen kaum aus den roten Zahlen heraus, andere mussten ganz schließen. Nurmehr die leer stehenden Bauten zeugen noch von dem einstigen Aufbruch – sie und die unvollendeten Industrieanlagen stehen heute wie Kathedralen in der Wüste in der süditalienischen Landschaft.

Landflucht

Auch für die Landwirtschaft sind harte Zeiten angebrochen. Durch den Beitritt anderer, auch ärmerer Länder zur EU – beispielsweise Irland, Portugal, Spanien und die osteuropäischen Staaten – verringern sich die Subventionen kontinuierlich, sodass selbst in typischen Agrargebieten wie den fruchtbaren Ebenen von Apulien, Kalabrien und Sizilien immer mehr Bauern aufgeben. Hatten viele Süditaliener schon vorher Haus und Hof verlassen, um an den neuen Industriestandorten ihr Glück zu versuchen, so wandern jetzt noch mehr Menschen in die Städte ab. Ihre Probleme haben sie mitgenommen: soziales Elend und Arbeitslosigkeit, Drogenmissbrauch, Kriminalität und Abhängigkeit von der Mafia.

Die anfänglichen Erfolge der Cassa per il Mezzogiorno wie verbesserte Infrastruktur sowie neue Wasserleitungen, Schulen und Krankenhäuser, von denen die Region noch heute profitiert, hielten nicht allzu lange vor.

Zunehmend entwickelte sich die Cassa zu einem politischen Machtinstrument der regierenden Parteien, wodurch Korruption und organisiertem Verbrechen Tür und Tor geöffnet wurden. Die Arbeit der Cassa per il Mezzogiorno wurde 1980 eingestellt, 1992 löste man die Organisation ganz auf.

Status quo

Veränderte Schwerpunkte

Die Entwicklungen der vergangenen 60 Jahre haben deutlich gemacht, dass die Schwerindustrie die wirtschaftlichen Probleme nicht lösen kann. Inzwischen erscheint es sinnvoller, sich auf eine qualitativ hochwertige Landwirtschaft und den Ausbau des Tourismus- und Dienstleistungssektors zu konzentrieren. Kampanien, Apulien und die Basilikata sind die einzigen Regionen Italiens, in denen noch heute mehr als die Hälfte der Bevölkerung in der Landwirtschaft statt in der Industrie und dem tertiären Sektor beschäftigt sind. Die Tavoliere in Apulien gilt als Kornkammer Italiens. Ebenfalls aus Apulien kommen mehr als 40 % des italienischen Olivenöls. Daneben werden in Süditalien viel Obst und Gemüse wie etwa Kiwis, Zitrusfrüchte, Artischocken und Tomaten angebaut. Allein aus der kampanischen Provinz Salerno wandern jährlich 25 Mio. Zentner der roten Früchte auf die Fließbänder. Ebenso kommt ein Großteil der Tafeltrauben aus dem Süden und allmählich machen sich auch südliche Weine unter Kennern einen Namen. Mehr und mehr Bauernhöfe satteln auf ökologischen Ackerbau um.

In puncto Industrialisierung ist lediglich die Ansiedlung der FIAT-Werke bei Melfi in der Basilikata von einem gewissen Erfolg gekrönt. Doch durch die Rezession der vergangenen Jahre sieht man auch hier unsicheren Zeiten entgegen. Im Agri-Tal in der Basilikata wird seit 1980 Erdöl gefördert. Als wichtige Mittelmeerhäfen haben sich Neapel, Bari und Gióia Tauro etabliert. Es sind vor allem kleine Unternehmen, Händler und Dienstleister, die die Wirtschaft in Süditalien beleben. So haben sich beispielsweise um Foggia (Apulien) und südlich von Neapel viele Pastabetriebe angesiedelt.

Tourismus als Lichtblick

Zu einer immer wichtigeren Einnahmequelle in Süditalien wird der Tourismus. Mittlerweile hat man erkannt, dass sich damit nicht nur am Golf von Neapel Geld verdienen lässt. Agriturismo, Urlaub auf dem Bauernhof, heißt eines der Losungsworte, die jedes Jahr mehr Urlauber in den Mezzogiorno locken. Und dann gibt es natürlich das Meer und unvergleichliche Landschaften, die leckere landestypische Küche, gepaart mit der Gastfreundlichkeit der Süditaliener, und nicht zuletzt zahlreiche kulturhistorische Zeugnisse.

In dieser Vielfalt liegt auch die Chance, die hohe Arbeitslosigkeit – zumindest während der Saison von Ostern bis Ende September, speziell in den Monaten Juli und August – abzubauen. Süditalien hat neben Spanien und Portugal mit ca. 25 % die höchste Arbeitslosenquote in Europa. Besonders empfindlich trifft dies die Jugendlichen. Hier liegt sie zwischen 45 % in Apulien sowie 65 % in Kalabrien und in der Basilikata. So ist es auch nicht verwunderlich, dass einige ihr Glück und ihren Verdienst bei Camorra, 'Ndrangheta oder Sacra Corona Unità suchen (s. u.). Diese Gesellschaften des organisierten Verbrechens haben sich im Laufe der Jahrzehnte ein feinmaschiges Netz an Verbindungen in alle Bereiche von Wirtschaft, Politik und sozialem Leben gesponnen und erwirtschaften inzwischen 25 bis 40 % des nationalen Bruttosozialprodukts.

Der Staat im Staat

Schlägt man eine süditalienische Tageszeitung auf, so findet man regelmäßig Berichte über Morde und Überfälle, die auf das Konto der **Mafia** gehen. Ebenso regelmäßig erscheinen Berichte über Clan-Fehden und Unterschlagung, Fehlleitung oder Verschwendung von Geldern. Schon längst sind Korruption und organisiertes Verbrechen nicht mehr nur auf den Süden Italiens beschränkt.

Die Mafia operiert weltweit, ihre Wurzeln jedoch hat sie in Süditalien.

Geschichte der Mafia

Die Bevölkerung der schon immer eher armen Region musste früh erkennen, dass von der Regierung kaum Hilfe zu erwarten war. Was zählte, waren der Familienzusammenhalt und ein Stück Land, das bewirtschaftet werden konnte. Die Pacht zahlte man an den Grundbesitzer irgendwo im fernen Rom oder Neapel, eingetrieben wurde sie von den Verwaltern, sogenannten Halbpächtern, vor Ort.

Mit der Gründung der Republik 1861 trat keine merkliche Verbesserung ein, jedoch gewannen die Halbpächter zunehmend an Macht und Einfluss. Auf der einen Seite bauten sie ihre Kontakte zur neuen Regierung aus, andererseits verhalfen sie der Bevölkerung zu Arbeit und Land, zu Darlehen oder kleinen Vergünstigungen. Im Gegenzug verlangten sie die eine oder andere Dienstleistung. So entwickelte sich ein System aus Geben und Nehmen, das in seiner Balance von den neuen Herren abhängig war. Besonders deutlich wurde dies nach dem Zweiten Weltkrieg, als die Democrazia Cristiana mit gekauften Stimmen aus dem Süden zu Wahlsiegen gelangte. Noch heute ist zu beobachten, dass bestimmte Parteien vor allem mit Stimmen aus dem Süden Wahlen gewinnen.

Operierte die Mafia anfangs nur im ländlichen Raum, so gelang ihr gegen Mitte/Ende der 1950er-Jahre der Sprung in die Städte. Ihre Mitglieder gründeten Unternehmen und betätigten sich vor allem in den Bereichen Immobilien, Transportwesen, Baugewerbe, Handel, Nahrungsmittelindustrie, Gastronomie- und Hotelgewerbe sowie im Medien- und Finanzsektor. Richtige Macht erlangte die Mafia allerdings erst, als die Bedeutung der Industrie ab- und die des Dienstleistungssektors zunahm. Die Mafia erhielt offizielle Gelder von der EG und aus der Cassa per il Mezzogiorno für Projekte, die nie realisiert oder in andere Vorhaben umgeleitet wurden. Auf diese Weise konnte die Mafia das durch Zigarettenschmuggel, Prostitution und Glücksspiel eingenommene Geld waschen. Mittlerweile handelt es sich dabei allerdings nurmehr um kleinere Posten, der weitaus größte Gewinn stammt aus dem Drogen- und Waffenschmuggel sowie der Müllentsorgung.

Das Gesetz des Schweigens

Die Mafia ist der Staat im Staat. Sie kontrolliert und verhindert freies Wirtschaftswachstum. So gab die italienische Regierung bisher gut 1 Mrd. Euro aus, um das Müllproblem in Neapel zu lösen, doch eine sichtbare Verbesserung der Situation ist bisher nicht eingetreten. Von den 1,5 Mio. Einwohnern Neapels arbeiten offiziell 20 000 bei der Müllabfuhr, realistischer ist allerdings die Zahl von 2000 Beschäftigten. In diesem Zusammenhang wurde von der italienischen Umweltorganisation Legambiente der Begriff **Ecomafia** (›Ökomafia‹) geprägt, der illegale Geschäfte mit Müllabfuhr, Müllhandel, Mülllagerung und Bautätigkeit bezeichnet. 2007 sollen damit rund 18 Mrd. Euro umgesetzt worden sein. Besonders viel Müll, auch Giftmüll, lagert anscheinend illegal im Dreieck zwischen Caserta, Neapel und Nola.

Es gibt im Italienischen den Begriff *omertà* für das Schweigen über die Mafia, die aufgrund ihrer antirömischen Haltung zu Beginn nicht wenige Sympathisanten in der Bevölkerung hatte. Das änderte sich gegen Ende der 1970er-Jahre, als die Mafia in das Drogengeschäft einstieg und es zu einer Welle der Gewalt zwischen und auch innerhalb der einzelnen Clans kam. Erste Überläufer brachen ihre *omertà* und berichteten über die Existenz der Mafia und deren Praktiken.

Undurchdringliches Geflecht

1982 wurde unter Federführung des – im gleichen Jahr von der Mafia ermordeten – Politikers Pio la Torre das **La-Torre-Gesetz** verabschiedet, in dem das Wort Mafia staatlicherseits erstmals Erwähnung fand und damit die Existenz der Organisation offiziell zugegeben wurde. Das Gesetz stellt die Mitgliedschaft in einer mafiösen Vereinigung unter Strafe und ermöglicht eine Überprüfung verdächtiger Gelder ohne vorheriges Gerichtsurteil. Allerdings besitzt die Mafia ein so gu-

Roberto Saviano und die Camorra

Als 2006 das Buch »Gomorrha – eine Reise in das Reich der Camorra« des damals 27-jährigen Roberto Saviano in Italien erschien, sprühten sie in Neapel sein Porträt an die Wände und schrieben darunter: »Hört ihm zu!« Bereits ein Jahr später wurde das Buch auf Deutsch veröffentlicht, kletterte sofort auf Platz eins der Bestsellerlisten und löste ein Raunen des ungläubigen Erschreckens aus. Seitdem lebt Roberto Saviano im Untergrund.

In Neapel zur Welt gekommen, im nahe gelegenen Casal di Principe aufgewachsen, studierte Saviano an seinem Geburtsort Philosophie und arbeitete danach als Journalist für die Zeitungen Il Manifesto, Corriere del Mezzogiorno und L'Espresso. Sein Vater, ein Arzt, war in den 1980er-Jahren von den Camorristi zusammengeschlagen worden, weil er trotz einer Warnung eines ihrer Opfer behandelt hatte. So ist es nicht verwunderlich, dass Roberto Saviano sich für die Aktivitäten der Camorra zu interessieren begann.

Seine Recherchen ergaben, dass die Camorra seit seiner Geburt 3600 Menschen getötet hat, weitaus mehr als, auf die Konten der sizilianischen Mafia, der IRA oder der Roten Brigaden gehen. Sechs Jahre lang hörte Saviano den Polizeifunk ab und fuhr mit seiner Vespa zu Tatorten. Er studierte Prozessakten, setzte sich in Gerichtssäle, arbeitete im Hafen von Neapel, sprach mit den Menschen. Sein Ziel war es, das, was alle wussten oder zumindest ahnten, in seiner Struktur aufzudecken und so das ganze Gebilde der Camorra sichtbar zu machen. Herausgekommen ist ein über 300-seitiges Buch, das beim Leser zuweilen Schwindel aufkommen lässt ob dieser unfassbaren Welt von Korruption, Kapitalströmen und Handelswegen, Absprachen, Fälschungen, Täuschungen, Ausbeutung, Rache, Mord und menschlichem Leid. Saviano nennt die Bosse und Täter mit Namen, macht das Unsichtbare sichtbar.

Das Buch war ein Erfolg. Es wurde mit Italiens prestigeträchtigstem Literaturpreis, dem Premio Viareggio, ausgezeichnet und bis heute in 31 Sprachen übersetzt und in 43 Ländern veröffentlicht. Die letzte große Auszeichnung erhielt Saviano im November 2009 in München: den mit 10 000 Euro dotierten Geschwister-Scholl-Preis. 2008 wurde die Verfilmung des Buches durch Matteo Garrone in Cannes mit dem Großen Preis der Jury prämiert.

Seit der Veröffentlichung seines Buchs hat sich das Leben für Roberto Saviano komplett verändert. Aufgrund von Morddrohungen lebt er an versteckten Orten, immer mit ein oder zwei polizeilichen Leibwächtern um sich, für die sich sein Schriftstellerkollege Umberto Eco im italienischen Fernsehen eingesetzt hat. Auftritte in der Öffentlichkeit sind selten geworden, Restaurant- und Hotelbesuche gestalten sich schwierig, Fluglinien weigern sich, ihn zu befördern, und Anwohner eines Nobelviertels in Neapel protestierten, als er sich dort ein Apartment kaufen wollte. Um seine Familie ist es still geworden.

Trotz seiner Isolation recherchiert Roberto Saviano weiter und bekommt auch Informationen zugetragen. Etwa, dass die deutsche Hafenstadt Rostock eine Schlüsselrolle im in-

Thema

ternationalen Kokainhandel spielt, dass die Camorra mit ihren Clans u. a. in Frankfurt, Leipzig, München und Stuttgart vertreten ist und dass besonders in den neuen Bundesländern Tourismus, Transportwesen, Bau- und Textilindustrie von der Mafia unterwandert sind.

2009 erschien ein neues Buch von Roberto Saviano: »Das Gegenteil von Tod«, zwei kurze Geschichten über die Aussichtslosigkeit von Glück im Süden. Trotz aller Gefahr gibt Saviano nicht auf und beschäftigt sich weiter mit dem Thema – nicht nur, weil er etwas mitzuteilen hat, sondern weil auch der Kampf der Camorra gegen ihn dokumentiert werden muss. So heißt es in einem der Briefe an ihn, aufgegeben von einem Camorra-Boss in einem Hochsicherheitsgefängnis: »Drohungen haben kein Verfallsdatum«.

Wer mehr über Roberto Savianos Leben und die aktuelle Situation erfahren oder Fotografien von seinen Recherchen sehen möchte, kann die Webseite www.robertosaviano.com (engl., teils auch dt.) besuchen.

Seit der Veröffentlichung des Buches über die Camorra seines Lebens nicht mehr sicher: Roberto Saviano

tes Netzwerk in alle gesellschaftlichen Bereiche, dass nicht wenige Urteile aus nebulösen Gründen wieder aufgehoben werden. Mehr oder minder unbehelligt verdient sie ihr Geld mit Drogen- und Waffenschmuggel, mit Müllentsorgung und zu einem geringen Teil auch mit Zigarettenschmuggel, Prostitution und Glücksspiel. Letzteres wird gerne Neueinsteigern überlassen, ebenso wie die Eintreibung von Schutzgeldern, dem *pizzo*.

Mafia ist heute eigentlich nur noch ein Sammelbegriff für das organisierte Verbrechen, das in den verschiedenen Regionen unterschiedliche Namen hat. Auf Sizilien und in Amerika ist es die Cosa Nostra (›Unsere Sache‹), in Kampanien und besonders im Raum Neapel operiert die Camorra, in Kalabrien ist es die 'Ndrangheta, in Apulien die Sacra Corona Unità. Die Mafia und ihre jeweiligen Ausprägungen sind wie ein dichtes Geflecht, das kaum noch zu durchdringen ist. Noch immer liegt vieles im Dunkeln, nur wenige Aussagen können als gesichert und bewiesen betrachtet werden. Viele Spuren verlieren sich meist irgendwann oder werden vernebelt.

Camorra

Hauptsächlich von Neapel und dem Umland aus agiert die **Camorra** Kampaniens, die aus autonomen Familienclans besteht. Die Organisation soll aus der einstigen Geheimpolizei der Bourbonenkönige hervorgegangen sein und schon im 17. Jh. existiert haben.

Haupteinnahmequellen der Camorra sind Drogenhandel, Produktpiraterie, durch Korruption und Erpressung erlangte Großaufträge im Baugewerbe, Waffenhandel, illegale Müllentsorgung und Schutzgelderpressung – ca. 80 % der neapolitanischen Geschäftsinhaber sollen den *pizzo* zahlen. Gerade in Neapel profitiert die Camorra von der Armut und lockt mit lukrativen Jobs. Ein Kleindealer verdient das Vielfache eines Pizzabäckers.

Eine Welle der Gewalt gab es Anfang der 1980er-Jahre, als nach dem Erdbeben von Irpinio gut 3 Mrd. Euro von der internationalen Staatengemeinschaft für den Wiederaufbau bereitgestellt wurden. Innerhalb von drei Jahren starben im Kampf um die Verteilung der Gelder knapp 800 Menschen. Auch 2004/05 wurden in Neapel fast 200 Menschen getötet, als verschiedene Familien um die Vorherrschaft im Drogenhandel stritten.

Die Organisation agiert mittlerweile europaweit. Das Geld wird in von ihnen kontrollierten Betrieben gewaschen und in europäischen Großstädten investiert.

'Ndrangheta

Die **'Ndrangheta** ist die Vereinigung der kalabresischen Mafia, deren Zentren sich in Reggio di Calabria und Crotone befinden. Ihre Wurzeln gehen zurück bis ins 19. Jh., in die Zeit der Briganten und Rebellen.

Den Grundstock ihres Vermögens haben die Mitglieder im 20. Jh. durch Kidnapping und Erpressung gelegt. Heute gilt die 'Ndrangheta mit rund 44 Mrd. Euro Jahresumsatz (das entspricht 3 % der italienischen Wirtschaftsleistung) als mächtigste Mafia-Organisation Europas. Die Gelder stammen aus Erpressung, Geldwäsche, Waffen- und vor allem Drogenhandel. Es heißt, die kalabrische 'Ndrangheta sei mächtiger als die kolumbianischen Drogenkartelle. Durch Auswanderer verfügt die Organisation über ›Zweigstellen‹ in Nord- und Südamerika, Mitteleuropa sowie Russland und Australien. Die Duisburger Rachemorde vom 15. August 2007, bei denen sechs Menschen getötet wurden, gehören nach bisherigem Ermittlungsstand in den Bereich der 'Ndrangheta (s. S. 404).

Sacra Corona Unità

Die apulische Mafia-Organisation mit Zentren in Brindisi und Bari nennt sich **Sacra Corona Unità** (SCU, ›Heilige Vereinigte Krone‹) oder *Mafia pugliese.* Sie ist ein Ableger der 'Ndrangheta und erst Anfang der 1980er-Jahre entstanden. Ihre Hauptaktionsfelder sind die Einschleusung illegaler Einwanderer, Zwangsprostitution und Drogenhandel, wobei sie mit Banden aus Albanien, Russland und Ex-Jugoslawien eng zusammenarbeitet. Die SCU ist nicht nur in Ländern Mitteleuropas tätig, darunter auch Deutschland, sondern ebenso in den USA, Argentinien und Australien.

Geschichte

Die Griechen waren die Ersten, die dem Land und den Bewohnern Süditaliens ihren Stempel aufdrückten. Und es folgten viele weitere: Römer, Byzantiner und Langobarden, Normannen, Staufer und Anjou, Habsburger, Bourbonen und französische Revolutionäre, das Königshaus der Savoyen und schließlich die italienische Republik – 3000 Jahre wechselvoller Geschichte, die ihre Spuren hinterlassen hat.

Erste Siedlungsspuren

Zahlreiche Funde aus der **Alt- und Jungsteinzeit** belegen die frühe Besiedlung des italienischen Südens. So fand man 350 000 Jahre alte Steinwerkzeuge im Gargano, ein 200 000 Jahre altes männliches Skelett in Altamura (beides Apulien) und eine 11 000 Jahre alte, in den Felsen geritzte Zeichnung eines Auerochsen bei Papasídero (Kalabrien).

Um 2000 v. Chr. kamen indogermanische Stämme über die Alpen und ließen sich in der Region nieder. Die wirkliche Besiedlung begann jedoch mit griechischen Einwanderern aus Euböa.

Griechen

Zu wenig Ackerland für die wachsende Bevölkerung war vermutlich der Auslöser für die Auswanderungsbewegung, die im 8. Jh. v. Chr. von Griechenland in Richtung Süditalien einsetzte. Zuerst machten sich die **Euböaer** auf den Weg. 770 v. Chr. erreichten sie die Insel Ischia, wo sie ihre erste Stadt gründeten: Pithekoussai am Monte Vico im heutigen Lacco Ameno. In den nächsten 200 Jahren errichteten die Exil-Griechen weitere Städte an den Küsten Süditaliens, darunter bedeutende Zentren wie Kyme (Cuma), Poseidonia (Paestum) und Parthenope, aus dem 512 v. Chr. Neapolis hervorging, der Vorläufer Neapels. Griechen aus Samos gründeten Dikaiarchia (Pozzuoli), die dorischen Spartaner ließen Taras (Táranto), Kallipolis (Gallípolli) und Hydruntum (Ótranto) erbauen. Die Archäer gründeten Sybaris (Síbari), Kroton (Crotone) sowie Metapontion (Metapont) und auf die Ionier gehen die Stadtgründungen von Rhegion (Reggio) und Siris (Policoro) zurück.

Die Griechen erschlossen sich nach und nach das gesamte Land zwischen Adria, Tyrrhenischem und Ionischem Meer. Süditalien und Sizilien erwiesen sich als ideales Siedlungsgebiet, das sie Megale Hellas nannten, heute besser bekannt unter seinem lateinischen Namen **Magna Graecia** (›Großes Griechenland‹).

Großartig wie der Name der neuen griechischen Kolonie sollten auch ihre Bauten sein. Die Tempel in Paestum etwa sind Beleg dafür. Aber die Griechen brachten nicht nur ihre Baukunst und ihre Kultur mit nach Süditalien, sondern auch den Wein- und Olivenanbau. Politisch waren sie unabhängig vom Heimatland, architektonisch, religiös und administrativ mit diesem verbunden.

Etrusker, Lukanier und andere Volksstämme

Neben den Griechen waren es vor allem die **Etrusker,** die seit dem 7. Jh. v. Chr. ihren Einfluss vom Norden auf den Süden auszudehnen versuchten, speziell im Gebiet des heutigen Kampanien. Auf sie gehen die Gründungen von Nola, Ercolano und Pompeji zurück. Volturnum, das heutige Cápua, war einst ihre Hauptstadt. Bei einer Seeschlacht im Jahr 474 v. Chr. unterlagen die Etrusker jedoch den Griechen und zogen sich zurück. Doch auch die Griechen waren geschwächt. Ein Umstand, den das mittlerweile erstarkte Rom für sich zu nutzen wusste.

In der Basilikata sowie in einigen nördlichen Regionen Apuliens tauchten etwa ab dem 5. Jh. v. Chr. die **Lukanier** auf, die entweder von den kriegerischen Samniten in Kampanien oder von den Nachfahren der Lyker aus Kleinasien abstammen. Nach die-

Ercolano – von den Etruskern gegründet, unter den Römern erblüht, vom Vesuv verschüttet und heute in Teilen wieder zugänglich

sem Volk wird die Basilikata noch heute Lukania genannt.

Ein Jahrhundert später trennten sich von den Lukaniern die **Bruttier** ab, die sich in Kalabrien ansiedelten. Auch in Apulien lebten neben den Griechen weitere Volksstämme, beispielsweise die **Daunier** im Norden (heute Provinz Foggia), die **Peuketier** (das gesamte Gebiet um Bari) und die **Messapier** im Süden (heutiges Salento).

Alle Volksstämme bestanden neben den Griechen bzw. vermischten sich mit diesen, gingen ab dem 2. Jh. v. Chr. jedoch vollkommen in der Romanisierung Süditaliens auf.

Römer

Im 5. Jh. v. Chr. waren kriegerische Stämme der **Osker** und **Samniten** in Süditalien eingewandert. 424 v. Chr. eroberten sie Cápua und drei Jahre später Cumae sowie andere Teile Kampaniens. Es gelang ihnen jedoch nicht, sich im gesamten Süden auszubreiten, da im 4. Jh. v. Chr. die **Römer** von Norden nach Süden vorrückten und große Teile Kampaniens und Kalabriens unterwarfen. Innerhalb der nächsten 100 Jahre verleibten die Römer die gesamte Magna Graecia ihrem **Imperium Romanum** ein. Ihre Herrschaft über Süditalien dauerte 700 Jahre.

Die Römer liebten den Stil der Helenen und besonders das fruchtbare Gebiet um den Golf von Neapel, das ihnen ideale Lebensbedingungen bot und nicht von ungefähr **Campania Felix** (›Glückliches Land‹) genannt wurde. Im Laufe der Zeit entstanden zahlreiche mondäne Villen an dieser Küste. Nero und Augustus residierten in Neapel und Baiae, Kaiser Augustus fand Capri so schön, dass er es zum Privatbesitz erklärte. Sein Nachfolger Tiberius verbrachte hier die letzten neun Jahre seines Lebens (s. S. 172).

73 v. Chr. nahm von Cápua aus der Sklavenaufstand unter **Spartakus** seinen Ausgang und endete zwei Jahre später zwischen Brindisi und Táranto. Der Vesuv, der bis dato für einen ›normalen‹ Berg gehalten worden war, brach 79 n. Chr. aus und begrub Pompeji und Ercolano unter sich.

Im Jahr 395 n. Chr. teilte Kaiser **Theodosius I.** das Imperium für seine beiden Söhne in ein **oströmisches** (mit Byzanz als Hauptstadt) **und weströmisches Reich** (mit Rom als Hauptstadt). Kampanien gehörte weiterhin zu Rom. Apulien, Kalabrien und die Basilikata fielen an Byzanz.

Langobarden, Byzantiner und Normannen

Zerfall ...

Das weströmische Reich zerfiel 476, als Germanenfürst Odoaker sich selbst zum König ausrief und daraufhin germanische Stämme in Italien einfielen. Von Dauer war jedoch nur die Herrschaft der **Langobarden,** die sich ab 571 vor allem in Kampanien niederließen. Gute 500 Jahre lang teilten sie sich Süditalien mit den **Byzantinern** und nur gelegentlich gab es kleinere territoriale Streitigkeiten. Nur mit den **Sarazenen,** die 827 die Herrschaft auf Sizilien übernommen hatten, kam es regelmäßig zu Kämpfen.

... und Wiedervereinigung

Anfang des 11. Jh. zettelte im byzantinischen Bari ein Langobarde namens Meles zwei Aufstände gegen die oströmische Herrschaft an. Dabei erhielt er Unterstützung von Heinrich II. und Benedikt VIII., die ihm normannische Söldner zu Hilfe schickten. Ihr Anführer Rainulf wurde im Jahr 1038 zum Grafen von Aversa (Provinz Caserta, Kampanien) ernannt und damit zum ersten selbstständigen Normannenfürsten.

Mit Unterstützung der Kirche breiteten sich die **Normannen** weiter in Süditalien aus. Es waren die Söhne des Tankred von Hauteville, eines Adligen aus der Normandie, die den Süden wieder einten: **Wilhelm Eisenarm** besetzte 1042 Melfi und ließ sich zum Grafen von Apulien ausrufen. Sein Bruder **Robert von Guiscard** (›Schlauberger‹) eroberte Kalabrien und gründete 1059 das Normannenreich. Dabei kam ihm der Umstand zugute, dass Papst Nikolaus II. einen Verbündeten gegen den erstarkenden römischen Adel und den Deutschen König benötigte. Also belehnte er Robert offiziell mit Apulien, Kalabrien und Sizilien.

Ein weiterer Bruder, **Roger I.,** übernahm die Vertreibung der Sarazenen von Sizilien, die die Insel zu dieser Zeit noch besetzt hielten. Mithilfe der pisanischen Flotte eroberte er 1063 Messina. Neun Jahre später fiel Palermo. Sein Sohn **Roger II.** erbte Sizilien und Kalabrien, später Apulien, Amalfi und Cápua. 1139 kam auch Neapel hinzu. Damit war das **Königreich beider Sizilien** geschaffen, das sich über ganz Süditalien bis hin zum Kirchenstaat ausdehnte. Palermo wurde zur Hauptstadt.

Roger II. kannte und achtete die arabische Kunst und Kultur und gewährte in seinem Königreich weitgehende Religionsfreiheit für Muslime und Juden. Dank seiner Toleranz und des Aufbaus einer eigenen Verwaltung gelangte das neue Königreich in der ersten Hälfte des 12. Jh. zu einer Blüte, die noch heute anhand vieler Zeugnisse aus der damaligen Zeit zu bewundern ist.

Staufer

Mit dem Aussterben der männlichen Linie in den erbberechtigten Familien der Hauteville fiel das normannische Königreich 1194 an den Staufer **Heinrich VI.,** der 1186 **Konstanze von Sizilien,** die Tochter von Roger II., geheiratet hatte. Als Heinrich VI. drei Jahre später starb, übernahm Konstanze die Regierungsgeschäfte für ihren inzwischen dreijährigen Sohn **Friedrich II.** (s. S. 326) und schwor den Treueid auf den Papst. Im Falle ihres Tods sollte Papst Innozenz III. gar die Vormundschaft für Friedrich II. übernehmen.

1208, im Alter von 14 Jahren und damit volljährig, übernahm Friedrich II. selbst die Herrschaft. Er wurde zum König über das Königreich beider Sizilien gewählt und 1220 zum Kaiser des Heiligen Römischen Reichs Deutscher Nation gekrönt. Damit herrschte er über die Gebiete Nord- und Süditaliens – eingezwängt in der Mitte: der Kirchenstaat.

Der Papst, der sich durch diese Umklammerung bedroht fühlte, bemühte sich die Situation zu seinen Gunsten zu lösen. Als Friedrich II. 1250 starb, verhalf er dem französischen Prinzen **Karl von Anjou** 1265 auf den süditalienischen Thron. Mit der Hinrichtung Konradins, Nachkomme des zweitältesten Sohns Friedrich II., in Neapel 1268 starb der letzte legitime Erbe aus dem Kaisergeschlecht der Staufer.

Franzosen und Spanier

Von kurzer Dauer

Die Franzosen waren ob ihres harten Regimes nicht gerne gesehen in Süditalien. Als es am Ostermontag 1282 hieß, ein französischer Soldat in Palermo habe sich an einem Mädchen vergangen, brach in Sizilien eine Revolte aus. Infolge dieser sogenannten **Sizilianischen Vesper** fiel die Insel an das spanische Haus Aragon. Die Anjou behielten den Süden der Apenninhalbinsel.

Vor allem unter **Robert von Anjou** (Robert der Weise) entwickelte sich Neapel zu einem geistigen und künstlerischen Zentrum. Während seiner Regentschaft von 1309 bis 1343 war sein Hof Anziehungspunkt für Dichter wie Petrarca und Boccaccio und Künstler wie Simone Martini und Giotto.

Unterdessen versuchten die Aragonesen, ihren Herrschaftsbereich auf ganz Süditalien auszudehnen, was ihnen mithilfe des Papstes schließlich auch gelang. 1442 bestieg Alfons V. von Aragon als **Alfons I.** den Thron in Neapel und beendete damit die Zeit der Anjou. Mit den Aragonesen hielt in Neapel kurzzeitig die Renaissance Einzug. Die Herrschaft dieser Linie währte jedoch nur gut 50 Jahre, denn ein Cousin der Familie, **Ferdinand V. von Kastilien** – er und seine Frau Isabella ermöglichten Christoph Kolumbus die Entdeckung Amerikas – beanspruchte das Königreich beider Sizilien für sich.

Spanische Vizekönige

Bis 1707 wurde das Gebiet von spanischen Vizekönigen regiert, die der Bevölkerung immer höhere Steuern auferlegten, um damit die Kriege der spanischen Habsburger zu finanzieren. Auch die Juden vertrieb man und beschlagnahmte ihr Vermögen. Der Volksaufstand 1647 in Neapel unter Führung von Masianello wurde blutig niedergeschlagen. Erdbebenkatastrophen, Pestepidemien (1556), stets wiederkehrende Hungersnöte und Vulkanausbrüche (1631, Vesuv) verschlimmerten die Not noch weiter. Zu den wenigen positiven Taten gehörte die Errichtung von über 300 Wachtürmen, die Vizekönig **Pedro de Toledo** entlang der Küste gegen die Überfälle der Türken erbauen ließ.

Karl III.

Mit dem Aussterben der spanischen Habsburger im Jahr 1700 geriet das Königreich Neapel nach dem spanischen Erbfolgekrieg 1713 an die Habsburger in Wien, wurde allerdings bereits 1735 als Beutegut an die spanischen Bourbonen abgetreten. Mit **Karl III.** bekam das Königreich Neapel nach 230 Jahren wieder einen eigenen König. Er baute Neapel zu seinem neuen Herrschaftszentrum aus, wovon auch die Provinzen profitierten. Unter seiner Regentschaft (1735–59) wurde die Macht des Klerus eingeschränkt, hielt der Barock mit neuen monumentalen Bauten Einzug und es begannen die Ausgrabungen in Pompeji und Ercolano. Die Einwohnerzahl von Neapel stieg auf über 300 000 und die Stadt entwickelte sich zu einem bevorzugten Ziel der Grand Tour und damit erneut zu einem der geistigen Zentren Europas. 1759 wurde Karl III. auf den spanischen Thron berufen und übergab die Herrschaft an seinen Sohn **Ferdinand IV.,** der das Werk seines Vaters weiterführte.

Aufstand gegen die Regierung

Inspiriert von den Ideen der französischen Revolution gründeten aufgeklärte Aristokraten 1799 in Neapel die **Parthenopäische Republik** – der Name wurde in Anlehnung an die Sirene Parthenope gewählt, die Odysseus nicht bezaubern konnte und sich deswegen von einem Felsen ins Meer stürzte. Ferdinand IV. floh mit seiner Frau Maria Caroline, Tochter von Maria Theresia und Schwester der enthaupteten Marie Antoinette, mithilfe Lord Nelsons über das Meer nach Palermo. Bereits vor Ablauf eines Jahres kehrte er jedoch zurück, da die französischen Truppen unter dem Druck des neapolitanischen Volks und der eilends organisierten Gegenrevolution durch königliche Truppen ihren Rückzug angetreten hatten. Zeitgleich führte die Landbevölkerung einen blutigen Aufstand gegen die neue Regierung. Die Rache des Königs war grausam und unerbittlich. Durch Kardinal

Garibaldi, Cavour und die Briganten

Es gibt wohl kaum einen Ort in Italien, und sei er noch so klein, in dem sich nicht eine Piazza bzw. Via Garibaldi oder Cavour finden ließe. Beide Namen sind eng mit der italienischen Einigungsbewegung verbunden. Ebenso wie das Brigantentum, das in den 1860er-Jahren seine Blütezeit hatte und dem noch heute der Hauch des Abenteuers anhaftet.

Nach den napoleonischen Eroberungszügen wurde Europa auf dem Wiener Kongress neu aufgeteilt – abgesehen von Sardinien-Piemont blieben alle Gebiete Italiens unter ausländischer Herrschaft. So ist es kaum verwunderlich, dass in der italienischen Bevölkerung der Wunsch nach einem einheitlichen Italien ohne Fremdherrschaft und Absolutismus immer stärker wurde. Eine entscheidende Rolle dabei spielten der Publizist Giuseppe Mazzini, der 1831 die Bewegung Giovine Italia (›Junges Italien‹) ins Leben rief, und der Staatsmann Camillo Benso Conte di Cavour, der 1847 in Turin die Zeitung Il Risorgimento (›Die Wiederauferstehung‹) gründete. Dieser Ausdruck war später gleichbedeutend mit der Einigung Italiens. Später übte Cavour als Ministerpräsident des liberal ausgerichteten Königreichs Sardinien-Piemont einen starken Einfluss auf die Einigung Italiens aus.

1859 griffen die Savoyer unter Viktor Emanuel II. die Österreicher in Oberitalien an, um diese aus dem Gebiet zurückzudrängen. Im Süden hatten die Freiwilligenverbände unter Giuseppe Garibaldi das Königreich beider Sizilien unter ihre Kontrolle gebracht. Mit dem sogenannten Zug der Tausend war Garibaldi in Marsala an der Westküste Siziliens gelandet und zog gen Neapel. Dabei erhielt er immer mehr Zulauf aus der Bevölkerung, denn zum einen war man die Fremdherrschaft der Bourbonen leid, besonders in den ländlichen Gebieten, zum anderen versprach Garibaldi eine Landreform und bessere Lebensumstände. Unter den Anhängern Garibaldis waren viele *briganti* (›Briganten‹), Tagelöhner und verelendete Bauern, die sich aus Protest gegen die reichen Großgrundbesitzer zu Banden zusammengeschlossen hatten. Cavour sandte Garibaldi aus dem Norden ein Heer zu Hilfe, auch um zu verhindern, dass das Risorgimento eine republikanische Ausrichtung bekam.

Am 17. März 1861 wurde Viktor Emanuel II., bislang König von Sardinien-Piemont, zum König von Italien proklamiert. Damals erklang allerorten der Ruf »Viva Verdi«, was sich jedoch keineswegs auf den Komponisten bezog, sondern eine Abkürzung für Vittorio Emanuele Re d'Italia (›Viktor Emanuel König von Italien‹) war.

Der neue Staat brauchte Geld. In der Folgezeit verkaufte man nicht nur große Teile des staatlichen Eisenbahnnetzes, vor allem an ausländische Investoren, sondern auch viel Land, besonders im Golf von Neapel. Das sardisch-piemontesische Steuersystem wurde auf ganz Italien übertragen. Um die Kassen weiterhin zu füllen, wurden bestehende Steuern erhöht und neue Steuern erhoben, u. a. auf Alltagsgegenstände wie Fenster und Türen. Besonders die arme Bevölkerung musste bluten – und von einer Landreform war keine Rede mehr.

Um erneuten Unruhen im Süden entgegenzuwirken, beschloss die Regierung im Norden auch die Auflösung des Südheers, das einst von Garibaldi zusammengestellt

Thema

worden war. Von den 50 000 bis 60 000 Soldaten erhielten allerdings nur rund 20 000 eine Entschädigung. In erster Linie waren dies Soldaten aus Nord- und Mittelitalien. Als Folge weigerten sich viele Süditaliener, für die neue italienische Republik zu kämpfen, und schlossen sich den Briganten an. Von ihren Schlupfwinkeln in den Wäldern und Bergen terrorisierten sie Landbesitzer und die Obrigkeit, Überfälle auf Reisende gehören jedoch eher ins Reich der Legende. Zu ihrer Bekämpfung sandte die Regierung neue Truppen in den Süden, die eine grausame Taktik verfolgten: Anstatt die Briganten direkt zu bekämpfen, rächten sie sich an der Bevölkerung, die diesen Unterstützung gewährt hatte. Die Auseinandersetzungen dauerten vom Spätherbst 1860 bis 1865 und forderten über 18 000 Menschenleben. Mit diesem gewalttätigen Vorgehen wurde der Unterschied zwischen Nord- und Süditalien weiter gefestigt.

Bis heute lebt der Mythos des Brigantentums vor allem in Süditalien fort, wo es als politisch motivierte Bewegung verstanden wird. Der bekannteste und wohl legendärste Brigant und Bandenführer ist Carmine Donatelli Crocco. Er hatte sich ursprünglich Garibaldi angeschlossen, sich dann aber aus Enttäuschung über die nicht eingehaltenen Versprechen dem Brigantentum zugewandt. Bevor Crocco 1872 zu lebenslanger Haft verurteilt wurde, befehligte er zeitweilig über 40 Banden mit mehreren Tausend meist berittenen Mitgliedern. In der Haft lernte er lesen und schreiben und verfasste seine Memoiren, 1905 starb er im Gefängnis von Portoferraio auf der Insel Elba. Vor allem in der Basilikata sind Croccos Memoiren eine Lektüre, die eigentlich jeder gelesen haben sollte. In Brindisi Montagna werden während der Sommermonate in einem Freiluftspektakel Szenen aus dem Leben der Briganten und des Bandenführers Crocco nachgestellt, wobei natürlich auch die *brigantesse,* die weiblichen Geliebten, nicht zu kurz kommen (www.parcostorico.it).

Mit dem Zug der Tausend gelangte Garibaldi von Marsala über Sizilien nach Neapel

Ruffo ließ er Jagd auf die ihm untreu gewordenen Untertanen machen, die ungeachtet ihres Stands oder Fürbitten von Freunden und Verwandten hingerichtet wurden. Auf diese Weise rottete er nahezu die gesamte geistige Elite aus.

Die Monarchie gerät ins Wanken

Nach der Schlacht von Austerlitz erklärte **Napoleon** die Bourbonen für abgesetzt. Ferdinand IV. floh erneut nach Palermo und Napoleons Bruder **Joseph Bonaparte** zog 1806 als neuer Herrscher in Neapel ein. Als er zwei Jahre später auf den spanischen Thron berufen wurde, trat Napoleons Schwager **Joachim Murat** die Nachfolge an, allerdings nur für sechs Jahre, denn als Napoleon 1815 die Schlacht bei Waterloo verlor, wurde Murat kurze Zeit darauf in Kalabrien hingerichtet.

Im gleichen Jahr kehrte Ferdinand IV. als **Ferdinand I.** im Königreich beider Sizilien auf den Thron zurück. Drei weitere Bourbonenherrscher folgten, doch ihre unbegrenzte Macht in Süditalien war gebrochen. Die Landbevölkerung klagte über Steuern, Aufstände wurden blutig niedergeschlagen, der Adel verhielt sich zurückhaltend gegenüber dem König – das Massaker von 1799 hatte man den Bourbonen nicht verziehen.

Einigung Italiens

Die Ideen des **Risorgimento,** der italienischen Freiheitsbewegung, fielen in Süditalien auf fruchtbaren Boden. 1860 zog Garibaldi siegreich in Neapel ein und eine große Mehrheit der süditalienischen Bevölkerung stimmte für den Anschluss an das **Königreich Italien** unter **Vittorio Emanuele II.** aus dem Haus Savoyen (zuvor Königreich Piemont-Sardinien). Doch die Hoffnungen auf einen wirtschaftlichen Aufschwung erfüllten sich nicht. Die Regierung im Norden interessierte sich nicht für die wirklichen Belange des Südens, was insbesondere an der Art der Steuererhebung zum Ausdruck kam (s. S. 25). Darüber hinaus gab es in Süditalien nicht einmal den Versuch, das Versprechen Garibaldis ein-

Noch heute findet man an Souvenirständen das Konterfei von Mussolini im Angebot

zulösen, den Bauern Land zu geben. Infolgedessen formierten sich sogenannte Brigantenbanden (s. S. 36), und es kam zu zahlreichen Aufständen, die von Truppen aus dem Norden blutig niedergeschlagen wurden. Viele Süditaliener verließen mit den großen Auswanderungswellen gegen Ende des 19. Jh. das Land in Richtung Amerika und Australien (s. S. 24).

1908 wurden durch ein Seebeben in der Straße von Messina die Städte Reggio di Calabria und Messina nahezu vollkommen zerstört. Schätzungen gehen davon aus, dass dabei zwischen 72 000 und 110 000 Menschen ihr Leben verloren.

Jüngere Geschichte

Faschismus und Republikgründung

Während des **Faschismus** von 1922 bis 1943 wurde Emigration per Gesetz verboten. Mussolini initiierte neue Ausgrabungen, ließ die Küstenebene bei Metapont trockenlegen und baute Apuliens Tavoliere zur Kornkammer Italiens aus. Den Gewinn machten Unternehmen aus dem Norden. Außerdem diente Süditalien als Verbannungsort für politische Gefangene, vor allem die abgelegenen Gebiete in Apulien und der Basilikata (s. S. 268).

Als die Amerikaner im Jahr 1943 Süditalien besetzten, bombardierten sie insbesondere die großen Hafenstädte wie Brindisi, Bari und Salerno. Neapel hingegen hatte sich selbst von den Deutschen befreit. Beim Volksreferendum 1946 stimmten viele Süditaliener für die Monarchie, doch es kam die **Republik Italien.**

Demokratische Vorherrschaft

Die zweite Hälfte des 20. Jh. ist vom Wechselspiel zwischen Kommunisten und Christdemokraten geprägt. Die kommunistische Partei Italiens, Europas stärkste kommunistische Partei, war besonders im Norden des Lands präsent. Die Christdemokraten hingegen dominierten den Süden. Auch wenn die Regierung nahezu jährlich wechselte, blieb sie immer unter Führung der Democrazia Cristiana.

Um die Kluft zwischen Nord und Süd zu verringern und in Süditalien eine wirtschaftliche Entwicklung in Gang zu bringen, wurde 1950 die Cassa per il Mezzogiorno gegründet (s. S. 25). Eine merkliche Besserung trat jedoch nicht ein, auch die nur halbherzig durchgeführte Landreform von 1953 brachte nicht den gewünschten Erfolg.

In einer neuerlichen Auswanderungswelle verließen viele Süditaliener ihre Heimat in Richtung industrialisierter Norden, Belgien, Deutschland, Frankreich und Schweiz. Bau- und andere Projekte, die mit öffentlichen Geldern und Subventionen finanziert wurden, waren zunehmend von Korruption geprägt. So auch bei dem Erdbeben von 1980 in Kampanien und im Norden der Basilikata, bei dem knapp 3000 Menschen ums Leben kamen, mehr als 10 000 verletzt und 300 000 obdachlos wurden. Der Wiederaufbau, für den aus aller Welt knapp 60 Mio. Euro gespendet wurden, war von Streitigkeiten und Korruption bestimmt.

Ära Berlusconi

Als in den 1980er- und 1990er-Jahren die Ostblockstaaten zusammenbrachen, ging das bis dahin aufgebaute Gleichgewicht zwischen kommunistischer und christdemokratischer Partei verloren. Hinzu kam die richterliche Untersuchungsaktion **Mani Pulite** (›Saubere Hände‹), die Korruptionsaffären bis in höchste politische Kreise offenbarte. Bei den Parlamentswahlen 1994 ging überraschenderweise **Silvio Berlusconi** mit seiner rechtspopulistischen Partei Forza Italia als Sieger hervor, doch nach nur sechs Monaten wurde seine Regierung wieder aufgelöst.

Seit 1996 gibt es eine gewisse Stabilität, zumindest in Bezug auf die Legislaturperioden. Politisch wechseln sich Mitte-Links-Bündnis und politisch rechts orientierte Koalitionen ab, Letztere immer unter Führung von Berlusconi. 2008 gewann er zum fünften Mal die Wahl – dieses Mal mit seinem Wahlbündnis aus Popolo della Libertà, Lega Nord und Movimento per l'Autonomia.

Zeittafel

Ab 8. Jh. v. Chr.	Beginn der griechischen Besiedlung Süditaliens.
Ab 4. Jh. v. Chr.	Die Römer gliedern die Magna Graecia innerhalb von 100 Jahren ihrem Imperium ein und sind für die nächsten 600 Jahre die neuen Herrscher über Süditalien.
79 n. Chr.	Ausbruch des Vesuv, Pompeji und Ercolano werden verschüttet.
395	Teilung in ost- und weströmisches Reich – Kampanien gehört weiter zu Rom, Apulien, Kalabrien und die Basilikata fallen an Byzanz.
476	Germanenfürst Odoaker ruft sich 476 selbst zum König aus, woraufhin das weströmische Reich nach kurzer Zeit zerfällt. Langobarden fallen von Norden her in Süditalien ein und lassen sich vor allem in Kampanien nieder. Die Byzantiner sind im südlichen Mittelmeerraum präsent.
1059	Robert von Guiscard gründet mithilfe des Papstes das Normannenreich, zu dem Apulien, Kalabrien und Sizilien gehören.
1194	Das Reich fällt an den Staufer Heinrich VI. Ihm folgt sein Sohn Friedrich II., der 1220 zum Kaiser des Heiligen Römischen Reichs Deutscher Nation gekrönt wird. Damit herrscht er nicht nur über Deutschland, sondern auch über weite Gebiete Nord- und Süditaliens.
1265	Mithilfe des Papstes gelangt Karl von Anjou auf den süditalienischen Thron. Neapel wird zu einem geistigen und kulturellen Zentrum Europas.
1282	Mit der Sizilianischen Vesper fällt Sizilien an die spanischen Aragonesen.
1442	Alfons V. von Aragon besteigt mithilfe des Papstes den Thron in Neapel und wird zu Alfons I. von Neapel-Sizilien.
1504–1707	Das Land fällt an Spanien und wird von Vizekönigen regiert.
1594	Beim Bau einer Wasserleitung wird Pompeji entdeckt.
1713	Das Königreich Neapel fällt nach dem spanischen Erbfolgekrieg an die Habsburger in Wien.

Das Königreich Neapel wird als Beutegut an die spanischen Bourbonen abgetreten und bekommt mit Karl III. nach 230 Jahren wieder einen eigenen König. Neapel entwickelt sich zu einem geistig-kulturellen Zentrum Europas.	**1735**
Die Tempelruinen von Paestum werden entdeckt.	**1752**
Ausrufung der Parthenopäischen Republik in Neapel, die nach einem halben Jahr blutig beendet wird.	**1799**
Joseph Bonaparte wird König von Neapel. Als er 1808 auf den spanischen Thron berufen wird, folgt ihm in Neapel Joachim Murat, ein Schwager Napoleons.	**1806–15**
Ferdinand IV. kehrte als Ferdinand I. im Königreich beider Sizilien auf den Thron zurück.	**1815**
Garibaldi zieht siegreich in Neapel ein. Eine große Mehrheit der süditalienischen Bevölkerung stimmt für den Anschluss an das Königreich Italien unter König Vittorio Emanuele II.	**1860/61**
Italien wird zur Republik.	**1946**
Gründung der Cassa per il Mezzogiorno, dennoch verlassen viele Süditaliener ihre Heimat.	**1950**
Ein Erdbeben in Kampanien und im Norden der Basilikata fordert knapp 3000 Menschenleben.	**1980**
Die Cassa per il Mezzogiorno stellt ihre Arbeit ein.	**1986**
Die Aktion Mani Pulite erschüttert das italienische Parteiensystem.	**1992**
Erstmals Wahlsieg einer Rechtskoalition unter Silvio Berlusconi. Zwei Jahre später gewinnt das Mitte-Rechts-Bündnis unter Romano Prodi. So geht es im Wechsel die nächsten Jahre. 2008 gewinnt Berlusconi zum fünften Mal die Parlamentswahlen.	**1994–2008**
Im April wird das umstrittene neue Konzerthaus in Ravello kurzzeitig eröffnet. Aufgrund heftiger Regenfälle im September werden Teile Atranis durch eine Schlammlawine verwüstet.	**2010**

Gesellschaft und Alltagskultur

Das soziale Netz ist im Süden noch dichter als im Norden – im Zentrum steht die Familie. Einen besonderen Platz im Leben der Süditaliener, ob in der Stadt oder auf dem Land, nehmen Heilige, Schutzpatrone und Aberglauben ein. Und wenn es auch unterschiedliche Dialekte gibt, die Kommunikation untereinander ist meist wortreich, begleitet von einer lebhaften Mimik und Gestik.

Lebensart

Typisch!

Das unbestrittene Zentrum des Stiefelabsatzes ist Neapel, das über Jahrhunderte hinweg die Hauptstadt des Südens und eines der geistig-kulturellen Zentren Europas war. Neapel ist anders als der Rest des Landes, vor allem hektischer. Die Straßen sind fast immer mit Autos verstopft, Verkehrspolizisten werden meist ignoriert, stattdessen bahnen sich die Fahrer mit der Hupe ihren Weg. Fußgänger versuchen sich lauthals über die Straße hinweg zu verständigen, alles begleitet von viel Gestik und Mimik. Weitaus ruhiger gestaltet sich das Leben auf dem Land, zumindest wenn nicht gerade das Fest des Ortsheiligen gefeiert wird. Man geht der Arbeit und den täglichen Besorgungen nach, liest Zeitung, trifft sich auf ein Schwätzchen in der Bar oder auf dem zentralen Platz.

Kaum nachzuvollziehen ist, warum die Süditaliener als Müßiggänger bezeichnet werden. Dass sie sich während der Sommermonate in den Stunden, wenn die Sonne am höchsten steht und am heißesten brennt, in ihre kühlen Häuser zurückziehen und die Arbeit für eine Weile ruhen lassen, ist nur als vernünftig zu bezeichnen. Auch dass sie sehr viel reden, ist zu verstehen, denn schließlich gilt es ständig Probleme zu lösen bzw. wichtige Dinge zu besprechen – sei es das letzte oder nächste Fußballspiel des FC Napoli, der fehlende Ausbildungsplatz für den Sohn, das gerade geborene Baby der Nachbarin … Prägend für die Mentalität der Süditaliener ist der Ausdruck *arrangiarsi* (›sich arrangieren‹). Dieses Prinzip haben die Terroni, die Bewohner des Mezzogiorno, verinnerlicht, und so meistern sie jede Situation, sei sie auch noch so aussichtslos. Außerdem gibt es die Familie, die helfend einspringt. Und mit Unterstützung des favorisierten Heiligen kann kaum etwas schief gehen.

In Piazza

Um sich einer der Lieblingsbeschäftigungen – Neuigkeiten austauschen, sehen und gesehen werden – hinzugeben, geht man *in Piazza*. Die Piazza, das ist der zentrale Platz eines Orts. Hier stehen genügend Bänke, immer ist auch eine Bar oder Gelateria in der Nähe. Sind es am Morgen meist ältere Menschen sowie junge Mütter, die die Plätze bevölkern, so wandelt sich das Bild am späten Nachmittag merklich: Nun sitzen dort reine Männergruppen. Gegen Abend lassen sich dann Jugendliche beiderlei Geschlechts auf bzw. in Sichtweite des Platzes nieder. Die Piazza ist der öffentliche Raum, wo man sich trifft und wo gleichzeitig eine soziale Kontrolle ausgeübt wird. So wie man aufgrund der dichten Bauweise quasi am Leben der Nachbarn teilnimmt, so bleibt auch keine Tat unbeobachtet und mit entsprechenden Folgen ist zu rechnen. Die Süditaliener agieren in einem

In Piazza – hier machen Neuigkeiten auch ohne Zeitung die Runde

sozialen Gefüge, in dem einer auf den anderen angewiesen ist, jeder einmal Hilfe brauchen könnte. Um so besser, zu wissen, dass man sie auch bekommt – vorausgesetzt, man lässt sich nichts zuschulden kommen.

La Famiglia und La Mamma

Die Familie – sie ist das Zentrum. Um sie dreht sich alles. Sie gilt es zu erhalten, sie gilt es zu ernähren. Und dabei gibt es eine ganz klare Aufgabenteilung. Der Mann ist der Ernährer und als solcher darf er sich auch nach außen hin präsentieren. Doch zu Hause hat die Frau das Zepter in der Hand, vorausgesetzt sie ist Mutter.

Um eine starke Position innezuhaben, ist es nicht allein damit getan, einen Mann zu heiraten, man muss auch den Stammbaum erhalten und Kinder gebären, wenn möglich einen Jungen. Allerdings können die Italiener heutzutage nicht mehr ganz so wählerisch sein, denn mittlerweile zählt die Geburtenrate in Süditalien mit 1,35 Kindern pro Frau (Gesamtitalien sogar nur 1,23) zu den niedrigsten in Europa. Dafür sind die Scheidungsquoten nur halb so hoch wie beispielsweise in Deutschland.

Hat die Ehefrau ein Kind zur Welt gebracht, ist sie die Chefin und führt alle Familiengeschäfte: Sie verwaltet das Geld, entscheidet über Einkäufe jeglicher Art, kümmert sich um die Schulbildung ihrer Kinder, pflegt den Kontakt zu Nachbarn und Verwandten. Sind die Kinder aus dem Haus, wird auch hier intensiv Verbindung gehalten und geholfen, wo es nur geht. 40 % der Männer, verheiratet oder nicht, wohnen weniger als 1 km von ihrem Elternhaus entfernt, und 80 % der ledigen Männer zwischen 25 und 34 Jahren leben noch im Elternhaus.

Gründe für diese enge Bindung sind vor allem in der schwierigen wirtschaftlichen Lage von einst und heute zu finden. In Zeiten der bitteren Armut konnte man nur überleben, indem man sich gegenseitig unterstützte. Zwar hat sich die Situation inzwischen gebessert, aber die Arbeitslosigkeit ist nach wie vor hoch und über Familienkontakte konnte

Padre Pio – der Heilige der Süditaliener

Thema

Padre Pio ist einer der populärsten Heiligen in ganz Italien, für die Süditaliener ist er der Heilige schlechthin. In fast jedem Ort findet man eine Statue des Paters. Bilder von ihm schmücken Wände oder klemmen in Wohnungen, Geschäften und Autos hinter Spiegeln.

Geboren am 25. Mai 1887 als achtes Kind einer Bauernfamilie in Pietrelcina in der Provinz Benevent, trat Francesco Forgione, so sein bürgerlicher Name, mit 16 Jahren in den Kapuzinerorden ein. Er nahm den Namen Pio an, studierte Theologie und wurde am 10. August 1910 in Benevent zum Priester geweiht. Nur einen Monat später sollen an seinen Händen Hautrötungen als Vorzeichen der Stigmatisierung (Zeichnung mit den Wundmalen Christi) zu sehen gewesen sein.

Nachdem Padre Pio einige Jahre für den Priester seines Heimatorts gearbeitet hatte, ging er 1916 als Mönch in das Kloster von San Giovanni Rotondo in Apulien. Hier sollen ab dem 20. September desselben Jahres an seinen Händen, Füßen und der Brust die Wundmale sichtbar geworden sein. Um sie zu verbergen, begann er die fingerlosen Handschuhe zu tragen, die später zu seinem Markenzeichen wurden.

Die Stigmatisierung sprach sich schnell herum, und auch wenn Zweifel an ihrer Echtheit gehegt wurden, pilgerten die Menschen zu Padre Pio, dem ersten stigmatisierten Priester der römisch-katholischen Kirche. Als der Vatikan den Arzt Agostino Gemelli sandte, um die Male zu überprüfen, verweigerte Padre Pio die Visite. Es trug auch nicht unbedingt zu seiner Glaubwürdigkeit bei, dass er in seiner Funktion als medizinischer Leiter von San Giovanni Rotondo seit Jahren unnatürlich große Mengen an Karbolsäure (ein Antiseptikum, Nerven- und Zellgift, das Hautverätzungen verursacht) bestellt hatte.

Die Kirche in Rom distanzierte sich daraufhin von Padre Pio und verbot ihm, Seelsorgerbriefe zu beantworten und die Messe zu lesen. Doch das tat seiner Popularität keinen Abbruch. Mit Spendengeldern gründete er 1956 in San Giovanni Rotondo das modernste Krankenhaus Süditaliens: die Casa del Sollieveo della Sofferenza (›Haus zur Linderung des Leidens‹). Die Pilgerströme nahmen zu, jeder wollte den Mann sehen, der schon zu Lebzeiten als heilig galt. Es heißt, Padre Pio habe neben der prophetischen auch über die Gabe der Bilokation verfügt, d. h. an zwei Orten gleichzeitig zu sein.

Am 23. September 1968 starb Padre Pio im Alter von 81 Jahren. Seine Wundmale waren zu diesem Zeitpunkt zwar verschwunden, doch er wird weiterhin als Heiliger verehrt. Das einst stille San Giovanni Rotondo hat sich zu einem christlichen Mekka entwickelt, der Handel mit Padre-Pio-Produkten blüht: Bildchen, Postkarten, Ketten, Puppen, Statuen, Bücher, DVDs etc. Inzwischen werden Millionen von Euros umgesetzt, zumindest in dieser Hinsicht ist Padre Pio der Heilige Nummer eins in Süditalien. Seine Seligsprechung 1999 und seine Heiligsprechung drei Jahre später sind die schnellsten in der bisherigen Kirchengeschichte und wurden unter dem Pontifikat von Papst Johannes Paul II. durchgeführt. Als dieser noch Priester war und Karol Woitila hieß, war ihm 1947 von Padre Pio nicht nur vorausgesagt worden, dass er Papst werden würde, sondern auch, dass 1981 ein Attentat auf ihn verübt werden würde.

schon so manche Stelle oder eine der raren Mietwohnungen vermittelt werden. Allerdings hat diese ausgeprägte Bindung auch zur Folge, dass eigene, nicht von den Eltern abgesegnete Schritte der Kinder kaum möglich sind, will man keinen Bruch herbeiführen. Und das gilt es um jeden Preis zu verhindern, denn sonst würde die Familienehre verletzt werden. Auf dem Land ist dieses Phänomen noch gang und gäbe, in Städten hingegen auf dem Rückzug. Auch die im Zusammenhang mit der Familienehre stehende Blutrache kann als Relikt aus vergangenen Zeiten betrachtet werden.

Bevölkerung

Sprachen

Griechen, Etrusker, Lukaner, Samniten, Römer, Langobarden und Normannen – sie alle kamen im Lauf der Jahrhunderte nach Süditalien und vermischten sich mit der dortigen Bevölkerung. Allen (Süd-)Italienern gemeinsam ist heute die italienische Sprache, die sich im 13./14. Jh. aus dem toskanischen Dialekt entwickelt hat und besonders durch die Schriftsteller Dante Alighieri, Francesco Petrarca und Giovanni Boccaccio – die *tre coronoe* (›drei Kronen‹) der italienischen Literatur – ihre Form und ihre Verbreitung fand. Zur offiziellen Landessprache wurde das **Italienische** jedoch erst mit der Republikgründung 1861.

In den einzelnen Regionen Süditaliens sind Dialekte lebendig geblieben, zu denen auch das **Neapolitanische** gehört. Während einige Dialekte sogar einen Status als eigene Sprache haben und für Fremde überhaupt nicht zu verstehen sind, gibt es auch ein paar grundsätzliche Merkmale, die das Nord- vom Süditalienischen unterscheiden. So schleichen sich immer mehr ›u‹ sowie ›sch‹ ein, was die Aussprache, je weiter man nach Süden kommt, zunehmend undeutlicher macht.

Durch Einwanderung sind zwei Ethnien nach Süditalien gelangt, die heute noch ihre Sprache pflegen. Auf der Flucht vor den Türken verließen in der zweiten Hälfte des 15. Jh. viele Albaner ihr Land und ließen sich in Lukanien (heute Basilikata) und Kalabrien nieder. In ihren Hauptorten, die überwiegend in der Sila Greca zu finden sind, kann man nach wie vor eine Form des **Albanischen** hören, das sogenannte Arberesh. Das Gleiche gilt für das **Griechische,** das in Teilen Süditaliens lebendig geblieben ist. So spricht man in einigen Gegenden des Salento (Apulien) und des Aspromonte (Kalabrien) noch heute *griko,* Altgriechisch. In der knapp 1500 Mitglieder zählenden kalabresischen Gemeinde Guardia Piemontese wird ein **provenzalischer Dialekt** gesprochen. Er geht zurück auf die Waldenser, die sich zwischen dem 12. und 15. Jh. vor der Inquisition aus dem norditalienisch-französischen Piemont hierher flüchteten und ansiedelten (s. S. 378).

Migranten

Viele Süditaliener haben in ihrem Leben die Erfahrung gemacht, ein Fremder zu sein, sei es bei der Emigration ins Ausland oder auch nur in den Norden Italiens. Darin und in der 3000-jährigen wechselvollen Geschichte des Südens liegen vermutlich die Ursachen für den relativ entspannten Umgang der Süditaliener mit Fremden.

Während des Jugoslawienkriegs nahm Apulien 1997 und 1999 Tausende von (Kosovo-)Albanern auf. Über die Häfen an den Küsten kommen immer mehr illegale Einwanderer ins Land, vor allem über Neapel. Sie schließen sich mit Landsleuten zusammen, leben und arbeiten oft auch gemeinsam als fliegende Händler, nicht selten unter der Organisation der Mafia, und werden von der Bevölkerung weithin akzeptiert.

Religion

Religion spielt im Süden Italiens eine wichtige Rolle. Kirchliche Feiertage sowie die Feste der Ortsheiligen werden entsprechend pompös zelebriert. Passiert man eine Christus- oder Madonnenstatue, schlagen viele noch das Kreuz. In den ländlichen Regionen sind heidnische Kulte nach wie vor lebendig, beispielsweise die Baumhochzeit in der Basilikata (s. S. 235) oder die Tarantella in Apulien (s. S. 361).

(Schutz-)Heilige und Engel

Es gibt eine Unzahl von Heiligen, zu denen die Italiener, vor allem die Süditaliener, beten und die sie verehren. Jeder italienische Ort besitzt seinen Schutzpatron, der einst Wunder getan und die Stadt vor Üblem bewahrt hat. Zum Dank dafür und als Fürbitte um künftigen Schutz finden jährlich Prozessionen statt, bei denen die Reliquien feierlich durch die Straßen getragen werden. Die in Süditalien bekanntesten Heiligen sind Padre Pio (s. S. 44) und San Gennaro, der Stadtpatron von Neapel sowie einiger anderer, kleinerer Orte wie beispielsweise Praiano.

Gennaro oder **Januarius** fiel als Bischof von Benevent der Christenverfolgung durch die Römer zum Opfer und wurde 304 im Amphitheater von Pozzuoli (Kampanien) enthauptet. Der Legende nach soll er zuvor unversehrt einem glühenden Ofen entstiegen sein und auf ihn gehetzte wilde Tiere sollen sich friedlich zu seinen Füßen gelegt haben. Weibliche Anhänger fingen das Blut des toten Gennaro in Phiolen auf, die zusammen mit den Reliquien des Märtyrers aufbewahrt wurden. Am 17. August 1389 ereignete es sich dann zum ersten Mal, dass sich das mittlerweile getrocknete Blut in den Ampullen verflüssigte. Dieses Blutwunder wiederholt sich seitdem zwei Mal im Jahr: am Samstag vor dem 1. Mai, dem Tag der Überführung seiner Reliquien nach Neapel, und am 19. September, seinem Festtag. Sofern sich das Blut verflüssigt, ist nichts zu befürchten, bleibt die Verflüssigung jedoch aus, dann »Gnade uns Gott!« – Pest, Cholera, ein neuerlicher Vesuvausbruch, Krieg oder anderes Unheil steht bevor. Zuweilen verflüssigt sich das Blut auch an anderen Tagen, was als Warnung vor nahendem Unheil gilt. So geschehen am 16. Dezember 1631, kurz vor dem Vesuvausbruch. Blutwunder sind mittlerweile keine Seltenheit mehr in Süditalien, auch weniger bekannte Heilige sind imstande

Überall in Süditalien finden an Karfreitag feierliche Prozessionen statt

dazu. Wissenschaftler glauben, dass ein solches Wunder mit bereits im Mittelalter bekannten Stoffen bewirkt werden kann. Es gibt sogenannte thixotrope Flüssigkeiten, die im Ruhezustand geleeartig sind, sich jedoch verflüssigen, sobald sie ausreichend geschüttelt werden. Aus nachvollziehbaren Gründen ist die katholische Kirche an einer chemischen Analyse des Heiligenbluts nicht interessiert.

Ein weiterer Heiliger, der in Süditalien lebte, ist der 1623 heiliggesprochene **Bruno** (um 1030–1101), ein gebürtiger Kölner und der Stifter des Kartäuserordens in den Wäldern Kalabriens (s. S. 409). Noch heute leben Mönche dort sehr zurückgezogen in einer mittelalterlich anmutenden Welt. Diese kann auch betreten werden, jedoch nur von Männern und nur unter entsprechenden Voraussetzungen.

So berühmte Männer wie Franz von Assisi (1181/82–1226) oder Thomas von Aquin (um 1225–74) besuchten Apulien, wo sich in einer Grotte am Monte Sant'Angelo, dem ›Engelsberg‹ (s. S. 312), eines der wichtigen Heiligtümer der Christenheit befindet. An dieser Stelle soll zwischen 492 und 493 verschiedentlich der **Erzengel Michael** (Michele Arcangelo) erschienen sein, um Tiere zu hüten oder die einheimische Bevölkerung im Kampf gegen die Germanen zu unterstützen. Seit dieser Zeit strömen die Pilger zu der Grotte, die später mit einer Kirche überbaut wurde – im Mittelalter waren es u. a. Kreuzfahrer, die sich den Segen für ihre christliche Mission im Nahen Osten holten, heute kommen Gläubige aus aller Welt, um zu beten und den hinter einer Tür verborgenen Fußabdruck des Erzengels zu bestaunen. Ganz besonders viele sind es jedes Jahr am 8. Mai, dem Tag, an dem der Erzengel zum ersten Mal erschienen sein soll, und am 29. September zur Erinnerung an das Datum, an dem der Papst 493 die für den Erzengel errichtete Kirche weihte.

Dass die Zahl der Pilger am Monte Sant' Angelo etwas zurückgegangen ist, liegt nicht am nachlassenden Glauben, sondern an einem Heiligen, der bis 1968 im nur 25 km entfernten San Giovanni Rotondo lebte: **Padre Pio** (s. S. 44). Jährlich besuchen heute rund 7 Mio. Menschen die Wallfahrtsstätte, doppelt so viele, wie z. B. nach Lourdes pilgern.

Kult und Aberglaube

In einigen ländlichen Regionen haben sich alte **heidnische Kulte** erhalten, und ein Name ist in Süditalien besonders eng damit verbunden: der Name der römischen Göttin Diana, die häufig in Zusammenhang mit bösen, die Männer verwirrenden Taten gebracht wird. Bei den Römern galt Diana als Göttin der Fruchtbarkeit und als Beschützerin der Frauen und Mädchen, denen sie besonders bei der Niederkunft schützend zur Seite stand. Später wurde sie auch zur Göttin der Jagd. Durch ihre besondere Bedeutung für Frauen war es kein Wunder, dass man sie im Mittelalter als Göttin der Hexen ansah. Noch heute rufen Frauen Diana um Beistand und Hilfe an, opfern ihr ein Lämmchen und hängen Püppchen oder andere Symbole für sie auf, wenn etwa ein Familienmitglied erkrankt ist. Der Glaube an Diana ist besonders im Hinterland der Basilikata und in den Gebirgen des Südens noch immer lebendig.

Auch der **Aberglauben** spielt in Süditalien eine wichtige Rolle. Viele Menschen halten bestimmte Dinge oder Ereignisse für Zeichen, auf die es ganz genau zu achten gilt. So sollte man keine Hüte auf das Bett legen, denn das bringt Unglück, ebenso wie in der Wohnung zum Trocknen aufgespannte Regenschirme oder eine Kröte im Haus. Glück hingegen verheißt ein umgekipptes Rotweinglas, von dessen Inhalt man sich ein paar Tropfen hinters Ohr tupft. Das Wichtigste jedoch ist der Schutz vor dem bösen Blick. Ein kleines Hörnchen aus Koralle in der Hosentasche, um den Hals getragen, am Autospiegel, über der Weinabfüllanlage, an der heimischen Wohnzimmerlampe oder am Schlüsselbund baumelnd soll das beste Gegenmittel sein. Hat man kein Amulett zur Hand, reicht es auch, die Hand zur Faust zu ballen, den Zeige- und den kleinen Finger abzuspreizen und damit auf den Boden zu zeigen. Das schützt vor Unheil und Unbill jeglicher Art, auch vor ungewollter Schwangerschaft.

Feste und Veranstaltungen

In Italien hat jeder Ort seinen Schutzpatron, dessen Namenstag mit einer feierlichen Prozession und der anschließenden **Festa del Patrono** gebührend begangen wird. Dabei sind die Straßen oftmals von unzähligen Lichtern geschmückt, den *luminarie*. Üblicherweise wird die Prozession von einer *banda* (›Kapelle‹) begleitet, krönender Abschluss ist fast immer ein fulminantes Feuerwerk.

Auch das Ausbringen der Saat im Frühjahr, die Weinernte im September, der Todestag einer wichtigen Person oder andere lokale und regionale Ereignisse aus der Historie werden gerne zum Anlass genommen, um Feste zu feiern. Die absolute Hochsaison für Feierlichkeiten jeder Art ist in den Monaten Juli und August.

Zwei besonders wichtige Feste in Italien sind Weihnachten und Ostern. Das Sprichwort *»Natale con i toi, pasqua con chi voi«* (›Weihnachten mit den Deinen, Ostern mit wem Du willst‹) lässt bereits darauf schließen, wie sie begangen werden.

Gesetzliche Feiertage

1. Jan.: Neujahr (Capodanno)
6. Jan: Dreikönigstag (Epifania)
Ostermontag (Lunedi di Pasqua oder Pasquetta)
25. April: Tag der Befreiung von der deutschen Wehrmacht (Giorno della Liberazione)
1. Mai: Tag der Arbeit (Festa del Lavoro)
2. Juni: Nationalfeiertag (Festa della Repubblica), gefeiert wird am 1. Sonntag im Juni
15. Aug.: Mariä Himmelfahrt (Ferragosto)
1. Nov.: Allerheiligen (Ognissanti)
8. Dez.: Mariä Empfängnis (Festa dell'Immacolata)
25./26. Dez.: Weihnachten (Natale)

An den gesetzlichen Feiertagen sind neben öffentlichen Einrichtungen meist auch Museen und viele andere Sehenswürdigkeiten geschlossen.

Weihnachten (Natale) feiert man im Kreis der Familie. Der 24. Dezember wird eher fastend verbracht, mit einem einfachen Mahl am Abend, erst am Tag darauf findet das große Familienessen statt. Die Geschenke bringt in Italien nicht der Weihnachtsmann, sondern die Hexe La Befana, und das auch erst am 6. Januar. Dann fliegt sie auf ihrem Besen durch die Schornsteine in die Häuser und legt Gaben in die aufgehängten Socken oder frisch geputzten Schuhe.

Die Feierlichkeiten an **Ostern** (Pasqua) werden von christlichen Bräuchen bestimmt. Schon gut zwei Wochen vorher kauft man für den Palmsonntag die Palmzweige ein, die im Anschluss an die Segnung nach Hause getragen werden. Am Karfreitag, der in Italien übrigens kein Feiertag ist, findet am frühen Morgen oder am späten Nachmittag eine feierliche Prozession statt. In Erinnerung an den Leidensweg Christi tragen Gläubige ein Kreuz oder auch die Madonnenstatue durch die Straßen. Besonders beeindruckend ist die Prozession auf der Insel Procida (s. S. 156), wo die Männer in historischen Kapuzenmänteln und mit selbst gestalteten Skulpturen durch die Straßen schreiten. Der Ostermontag schließlich wird dazu genutzt, um mit Freunden oder der Familie ins Grüne zu fahren und ein Picknick zu veranstalten – ganz Italien ist dann auf den Beinen. In einigen Orten wird am Ostersonntag die Auferstehung des Herrn mit einer besonderen Festveranstaltung zelebriert, so beispielsweise bei der Corsa dell'Angelo, dem ›Engelslauf‹, in Forio auf Ischia (s. S. 167).

Das wichtigste Fest im Jahresverlauf aller Italiener ist jedoch **Mariä Himmelfahrt** (Ferragosto) am 15. August. An diesem Tag hat in Italien fast alles geschlossen und allerorten finden große und bunte Prozessionen zu heiligen Orten und Wallfahrtsstätten der Madonna statt.

Üblicherweise am 17. Januar wird der Beginn des **Karnevals** mit einer entsprechenden Prozession gefeiert. Bis zum Beginn der Fastenzeit am Aschermittwoch gibt es vielerorts bunte Umzüge, u. a. in Montescaglioso (s. S. 269).

Architektur und Kunst

Griechen und Römer hinterließen ihre Spuren in der Campania Felix. Die byzantinischen Einflüsse häufen sich an der Küste von Amalfi und entlang der südlichen Küsten. In Apulien und der Basilikata haben Normannen und Staufer ihre Zeugnisse in Form von Kathedralen und Festungen hinterlassen – eine Reise durch Süditalien ist immer auch eine Reise durch die wechselvolle Geschichte der Region.

Architektur und Kunst im Spiegel der Zeit

Frühzeit

Der in den Fels geritzte Auerochse in der kalabrischen **Grotta del Romito** und die Zeichnungen in der apulischen **Grotta dei Cervi** gehören zu den ältesten Zeugnissen menschlicher Ansiedlungen in diesem Teil Europas und zu den umfangreichsten Bilderzyklen aus der Jungsteinzeit. In Apulien wurde außerdem verschiedentlich Keramik gefunden, die auf mykenische Einflüsse (16.–9. Jh. v. Chr.) hinweist. Eines der schönsten **Megalithgräber** Italiens befindet sich bei Bisceglie.

Griechen

Das Machtstreben und die kulturelle Überlegenheit der Griechen führte dazu, dass aus der Zeit vor ihrer Herrschaft nur wenige Hinterlassenschaften überdauert haben. Dafür begegnet man überall dem griechischen Erbe – und das nicht nur in Italien: Die lateinische Schrift, wie wir sie heute kennen und nutzen, entwickelte sich aus griechischen Lettern und trat vom süditalienischen Cumae aus ihren Siegeszug in Europa an.

In einigen Städten Süditaliens kann man anhand des Grundrisses darauf schließen, dass sie auf eine griechische Gründung zurückgehen, so z. B. in Neapel: Die schachbrettartige Anlage der Straßen von Nord nach Süd (Hauptstraßen) und von Ost nach West (Nebenstraßen) ist im historischen Zentrum bis heute erhalten geblieben.

Vom Reichtum und von der Bedeutung Magna Graecias zeugen die Ausgrabungszonen der antiken Städte **Cuma** und **Velia** sowie vor allem die dorischen Tempel von **Paestum** und **Metaponto.** In Paestum wurde auch das Grab des Tauchers gefunden, die bislang einzige griechische Freskomalerei in Italien. Ebenso einzigartig sind die erst 1972 entdeckten **Bronzekrieger von Riace,** die heute im archäologischen Museum von Reggio di Calabria zu sehen sind. Die Statuen stammen aus dem 5. Jh. v. Chr. und gelten als perfekte Darstellung des griechischen Schönheitsideals. Leider sind viele der griechischen Bauten durch Erdbeben zerstört und ihre Einzelteile als Baumaterial für neue Gebäude verwendet worden, sodass heute vielerorts nurmehr Reste zu bewundern sind, z. B. die 32 Säulen des dorischen **Hera-Tempels** bei Metapont in der Basilikata.

Römer

Um die neu eroberten Provinzen im Süden mit ihrer Hauptstadt zu verbinden, bauten die Römer die **Via Appia,** die Rom mit Brindisi, dem wichtigsten Hafen an der Adria, verband. Da über diese Straße die meisten Waren und Sklaven aus dem Orient befördert wurden, avancierte sie schnell zur Regina Viarum, zur ›Königin der Straßen‹. Entlang der Via Appia erblühten Städte wie Venosa, Lucera und Lecce. Heute entspricht diese historisch bedeutende Route der Staatsstraße SS7 und hat zum großen Teil noch denselben Verlauf wie zu römischen Zeiten.

Die uns bekanntesten Stätten der Römer sind die vom Vesuv verschütteten und teilweise wieder ausgegrabenen Städte **Pompeji** und **Ercolano.** Zahlreiche gut erhaltene Funde wie Skulpturen, Mosaike, Wanddekorationen, Wahlwerbungen oder Ladeneinrichtungen geben einen einzigartigen Einblick in das Alltagsleben der Römer im 1. Jh. Ein Großteil davon ist im archäologischen Museum von Neapel zu sehen (s. S. 117), einem der besten seiner Art weltweit.

Die Römer waren vor allem am Golf von Neapel präsent, wo sich wohlhabende Bürger luxuriöse Sommerresidenzen errichten ließen. In dieser Region beeindrucken aber auch das **Amphitheater in Pozzuoli,** die riesengroßen **Zisternen bei Bacoli,** der **Triumphbogen in Benevent** und auf Capri die Reste der **Villa Jovis,** wo Kaiser Tiberius seine letzten neun Lebensjahre verbrachte.

Byzantiner, Araber, Normannen und Staufer

Ab dem 7. Jh. gelangten byzantinische Mönche aus dem Balkan, Griechenland und Kleinasien über Apulien nach Süditalien. Sie gründeten Einsiedeleien und bauten Kirchen und Klöster, die sie in den Anfängen zumeist in die Felswände von Schluchten schlugen. Das Innere schmückten sie mit prachtvollen Fresken aus. Einzigartige Orte dieser Kultur sind **Massafra** und **Móttola** in Apulien sowie **Matera** in der Basilikata. Letzteres wurde 1993 zum UNESCO-Welterbe erklärt. Als einer der schönsten byzantinischen Kirchenbauten gilt die **Cattolica di Stilo** in Kampanien, die mit ihren fünf Kuppeln inmitten der Hügellandschaft nahezu vollkommen wirkt.

Auch in der ab dem 10. Jh. erstarkenden Seerepublik Amalfi ist der byzantinische Einfluss unübersehbar. Noch stärker jedoch wurde die Region von der arabischen-maurischen Kultur geprägt, die durch die Handelsverbindungen mit dem Orient Eingang in Süditalien fand. Charakteristisch sind farbenprächtige Steineinlegearbeiten sowie Spitzbögen wie etwa im **Dom von Amalfi und Ravello.** Die Araber brachten auch die Majolika mit nach Italien: Von Neapel bis zum Golf von Salerno findet man die glänzenden Kacheln als Fußböden in Kathedralen und Palästen oder als Verkleidung von Kirchenkuppeln. Nach wie vor bedienen sich Töpfer dieser meisterhaften Glasierungstechnik. Das unbestrittene Zentrum der Majolika-Keramik ist Vietri sul Mare in Kampanien.

Mit den Normannen gelangte im 11. Jh. die Romanik nach Süditalien. Vor allem in Apulien, ihrem anfänglichen Herrschaftsgebiet, entstanden beeindruckende Kathedralen, darunter die **Basilica San Nicola in Bari** mit den Reliquien des heiligen Nikolaus von Myra und **San Nicola Pellegrino in Trani,** die Kathedrale am Meer. Bewacht werden die Gotteshäuser stets von den für die normannische Zeit typischen steinernen Löwen. Im Innern finden sich auch weiterhin byzantinische und orientalische Einflüsse. Äußerst bemerkenswert ist der Mosaikfußboden im **Dom von Ótranto** mit seiner Mischung aus antiken, christlichen und islamischen Stilen.

Als im 12. Jh. Friedrich II. den Thron bestieg, setzte erneut eine rege Bautätigkeit ein, wiederum vor allem in Apulien. Entlang der Verteidigungslinie der Staufer entstanden zahlreiche Kastelle, die sich durch ihre klare geometrische Form auszeichnen. Am berühmtesten ist das **Castel del Monte,** dessen oktogonaler Grundriss und Symbolik bis heute Rätsel aufgeben (s. S. 326).

Von Friedrich II. bis Karl V. – von Gotik bis Barock

Mit Friedrich II. hielt die Frühgotik in Süditalien Einzug, wie am **Dom von Cosenza** in Kampanien zu sehen ist. Die klassische Gotik erreichte den Süden jedoch erst mit den Anjou. Sie ließen in Neapel eine Reihe von Bauwerken diesen Stils errichten, der sich jedoch nicht dauerhaft durchsetzen konnte. Ebenso verhielt es sich mit der Renaissance – schätzten die Italiener im Norden deren antikisierende Strenge, so bevorzugten die Süditaliener eher verspielte Formen.

Als Antwort auf die Reformation Martin Luthers formierte sich die Gegenreformation. Ihre Kunstform war der Barock, um durch Prachtentfaltung sowohl in geistlichen als auch in weltlichen Bauten die Gläubigen zu halten bzw. zurückzugewinnen. Als Zentrum der Gegenreformation entwickelte sich Neapel ab dem 16. Jh. zu einer Barockstadt sondergleichen. Kaum eine der älteren Kirchen entging dem Umbau und prachtvolle neue Paläste kamen hinzu. Die führenden Architekten jener Epoche waren Cosimo Fanzango, seit 1623 Bauleiter der Certosa di San Martino in Neapel, Ferdinando Sanfelice, der durch seine imposanten Treppenhäuser zu Berühmtheit gelangte, sowie Ferdinando Fuga, Giovanni Antonio Madrano und vor allem Luigi Vanvitelli. Unter Leitung von Domenico Fontana entstand in Neapel 1708 als erste fürstliche Residenz des Absolutismus der **Palazzo Reale.** Unter den Bourbonen wurden, ebenfalls in Neapel, das **Opernhaus San Carlo** und der **Palazzo Reale di Capodimonte** errichtet. Auch der imposante **Königspalast in Caserta** nördlich von Neapel entstand in dieser Zeit. Mitte des 16. Jh. ernannte Kaiser Karl V. **Lecce** zum Verwaltungszentrum des Salento (Apulien). Als Folge wurde die gesamte Stadt baulich neu gestaltet und gilt heute als die süditalienische Barockstadt schlechthin.

Architektonische Entwicklung bis heute

Als unter den Bourbonen die griechischen Tempel in Paestum freigelegt wurden und die Ausgrabungen in Pompeji und Ercolano begannen, gewann der klassische Stil wieder an Bedeutung. Er setzte sich zwar nicht als neue Richtung durch, beeinflusste aber viele der in dieser Zeit neu gebauten Adelsvillen am Golf von Neapel.

Ende des 19. Jh. gestaltete man den Corso Umberto in Neapel und die Zentren einiger Provinzhauptstädte in gründerzeitlicher Architektur um. Reggio di Calabria wurde nach dem Erdbeben 1908 im Liberty-Stil, der italienischen Variante des Jugendstils, wieder aufgebaut.

In jüngerer Zeit sind an nennenswerten Bauten nur die **Galleria Umberto I. in Neapel,** eine riesige überdachte Ladenpassage, das umstrittene **Konzerthaus in Ravello,** die **Chiesa Nuova in San Giovanni Rotonda** und das **Fußballstadion in Bari** (beide Apulien) entstanden. Die beiden Letzteren gehen auf Entwürfe des Stararchitekten Renzo Piano zurück. Generell hat sich Süditalien seit der Barockzeit baulich nicht großartig verändert. Moderne Umgestaltungen konzentrieren sich zumeist auf die Innenräume, nach moderner Architektur im öffentlichen Raum hält man dagegen eher vergeblich Ausschau. Ausnahmen sind das nach dem Krieg teils zerstörte Salerno sowie das ehemalige Industriegelände Bagnoli bei Neapel.

Trulli

Eine architektonische Sonderstellung nehmen die **Trulli** (Einzahl: *trullo*) in der **Valle d'Itria** in Apulien ein. Es handelt sich dabei um Rundhäuser mit sich nach oben hin verjüngenden Steindächern. Ein flacher Stein schließt das Gewölbe ab, die Dachspitze wird von dem *pinnacolo* (›Zinne‹) in Form einer Kugel, einer Scheibe, eines Kegels oder eines Kreuzes gekrönt. Auf die Dächer werden mit Kalkfarbe magische Schutzzeichen gemalt, deren Bedeutung heutzutage jedoch kaum noch bekannt ist.

Ein Anwesen setzt sich aus mehreren Trulli zusammen, wobei jeder Trullo eine bestimmte Funktion hat: Schlafzimmer, Küche, Stall etc. Die Häuschen, die früher ohne Mörtel errichtet wurden, bestehen aus massiven Natursteinen, haben sehr dicke Wände und winzige Fenster. So kann im Winter die Wärme nicht entweichen und im Sommer nicht von außen eindringen.

Die Trulli gehen zurück auf die Zeit von Gian Girolamo II. di Aquaviva (1600–65), den Grafen von Conversano. Um die vom königlichen Hof festgesetzte Grundsteuer für gemauerte Siedlungen zu umgehen, befahl er seinen Pächtern, in Häusern aus Trockenbauweise zu wohnen. Im Falle einer Inspektion konnten diese schnell abgerissen und danach wieder aufgebaut werden.

Markenzeichen für die Valle d'Itria: die zuckerhutförmigen Trulli

Malerei

Aus Süditalien kommen zwei Künstler, die zu internationaler Bekanntheit gelangten. Der Barockmaler **Mattia Preti** (1613–69), auch Il Cavalliere Calabrese genannt, studierte sein Handwerk in Venedig, Rom und Neapel, bevor er dem Ruf seines Ordens folgte und nach Malta ging. Werke von ihm finden sich an verschiedenen Orten Süditaliens, u. a. in seinem Heimatort Taverna.

Giuseppe de Nittis (1846–84) aus Apulien wurde schon früh Talent bescheinigt, sodass er für weitere Studien nach Florenz reiste und seinen Wohnsitz schließlich in Paris nahm, wo er sich den Impressionisten anschloss. Seinem Geburtsort Barletta hat er einige seiner impressionistischen Werke vermacht.

Literatur

Süditalienische Autoren

Der älteste bekannte Poet Süditaliens ist **Horaz** (65–8 v. Chr.), der in Venosa in der Basilikata zur Welt kam. Neben Vergil gehörte er zu den bekanntesten lateinischen Dichtern seiner Zeit. Aus einer seiner Oden stammt die bekannte Redewendung *carpe diem* (›Nutze den Tag‹).

Giovanni Boccaccios (1313–75) Zeit am neapolitanischen Königshof inspirierte ihn dazu, einige der Novellen aus dem »Decamerone« in Neapel spielen zu lassen. Hier war es auch, wo er während eines Gottesdienstes Fiammetta begegnete, die in seinen Dichtungen immer wieder als ideale Geliebte auftaucht.

Von **Giambattista Basile** (1575–1632) stammt das »Pentamerone«, eine Sammlung deftiger neapolitanischer Märchen, die u. a. die Gebrüder Grimm beeinflussten.

Einer der erfolgreichsten Gegenwartsautoren Süditaliens ist der 1953 in Kalabrien geborene und Arberesh sprechende **Carmine Abate.** In Italien und Deutschland aufgewachsen, spielen seine Bücher zwischen diesen beiden Welten und werfen dabei einen Blick auf die Welt an der Stiefelspitze Italiens.

Mit »Also sprach Bellavista – Neapel, Liebe und Freiheit« schuf **Luciano de Crescenzo** (geb. 1928) ein kleines Meisterwerk, das sich in verschmitzt-philosophischer Manier mit seiner Heimatstadt beschäftigt.

Aus Apulien stammt **Gianrico Carofiglio** (geb. 1961), dessen Kriminalromane alle in Bari angesiedelt sind und sich vor allem den Themen Korruption, organisiertes Verbrechen und Migration widmen.

Werke über Süditalien

Zu Zeiten der Grand Tour, der Bildungsreisen europäischer Adliger, besuchten viele Dichter und Denker den Süden Italiens und berichteten über ihre Reisen, allen voran **Johann Wolfgang Goethe** (1749–1832) in seiner »Italienreise« und **Johann Gottfried Seume** (1763–1810) in seinem »Spaziergang nach Syrakus«. Der Arzt und Schriftsteller **Carlo Levi** (1902–75), der ursprünglich aus Turin stammte, war während des Faschismus in die Basilikata verbannt worden. Seine Eindrücke und Erlebnisse schilderte er in dem berühmten Buch »Christus kam nur bis Eboli« (s. S. 68, 268).

Musik und Theater

Tanz und Volkskomödie

In ganz Süditalien, besonders jedoch in Apulien, verbreitet ist die **Tarantella,** die wahrscheinlich auf den Dionysos-Kult der Griechen zurückgeht (s. S. 361).

Gegen Ende des 16. Jh. entstand in Neapel (und Venedig) die **Commedia dell'Arte,** eine Form des Maskentheaters, bei dem aktuelle Ereignisse und menschliche Eigenheiten improvisiert und schwankhaft dargestellt werden. Eine der zentralen Figuren der neapolitanischen Ausprägung der Commedia dell'Arte ist der schwarz maskierte und weiß gekleidete Pulcinella, der die Armen verkörpert und fortwährend Hunger leidet. Er scheint naiv, doch in Wirklichkeit ist er schlau und belehrt sein Gegenüber auf sympathische und philosophische Art.

Oper

Mit dem Einzug des Barock entwickelte sich Neapel zur Musikstadt auf Weltniveau. L'incoronazione di Poppea (»Die Krönung der Poppea«) von Claudio Monteverdi (1567–1643) war die erste Oper, die in Neapel aufgeführt wurde. Danach avancierte diese Musikgattung zu einer festen Einrichtung in Neapel, was im Jahr 1747 mit der Eröffnung des Teatro San Carlo unterstrichen wurde, noch heute eines der besten Opernhäuser in Europa. Hauptvertreter der neapolitanischen Oper war **Alessandro Scarlatti** (1660–1725).

Im Laufe der Zeit rückte die Arie in den Vordergrund und mit ihr die **Kastraten,** deren Knabenstimme durch Kastration vor der Pubertät erhalten blieb. Ihre Ausbildung erfolgte am Konservatorium von Neapel, wo auch der berühmte Farinelli (1705–82) studierte.

Im 18. Jh. entstand die neapolitanische **Opera Buffa,** eine Art komische Oper, die von volkstümlichen Handlungen und Figuren der Gegenwart inspiriert war. Gesungen wurde im Dialekt, die Themen hatten einen Realitätsbezug, am Ende stand der Triumph der Armen über die Reichen. Typische Elemente der Opera Buffa waren regelmäßig eingestreute Rezitative sowie einfache Melodien.

Mit der Entdeckung des aus dem neapolitanischen Stadtteil Santa Lucia stammenden Enrico Caruso (1873–1921) kamen auch die Lieder der Neapolitaner in Mode. Seine Version des Liedes »O sole mio« verhalf dem Tenor zu Weltruhm.

Moderne Musik

Aus Apulien stammt der Schlagersänger **Domenico Modugno** (1928–94), vielen bekannt durch seinen Dauerbrenner »Volare«. Ebenfalls kein Unbekannter ist **Al Bano Carrisi** (geb. 1943) aus Brindisi, der mit **Romina Power** (geb. 1951) in den 1980er-Jahren mehrfach in den Hitparaden war.

Einer der großen modernen Musiker ist der Neapolitaner **Pino Daniele** (geb. 1955), der Blues mit Rock, Jazz und Elementen der neapolitanischen Volksmusik verbindet. In seinen Liedern, die sowohl die Freuden als auch die Leiden des Lebens behandeln, singt er oft in Dialekt oder auch auf Englisch.

In Apulien machen vor allem Bands aus dem Salento von sich reden, die die Begleitmusik der Tarantella mit Einflüssen aus Afrika oder auch aus der Karibik mischen, so zum Beispiel **Sud Sound System, Uccio Aloisi** (1928–2010) und **Pino Zimba.** Auch im Pollino versucht man, die alten Instrumente und Melodien zu erhalten und mit modernen Einflüssen zu mischen. Die Gruppe **Suoni** z. B. tritt mit *tammorra* (›Tamburin‹), *zampogna* (›Dudelsack‹) und *organetto* (›Ziehharmonika‹) auf und spielt sowohl auf Raves als auch auf kleinen Dorffesten.

Film

Italien ist ein Filmland und besonders Neapel bietet eine ideale Kulisse und viele Geschichten. Ein Streifen, der sich mit der Situation in Neapel nach der Befreiung von den Deutschen auseinandersetzt, ist die Verfilmung des Buches **»Die Haut«** (»La Pelle«) von Curzio Malaparte. In dem 1981 unter der Regie von **Liliana Cavani** gedrehten Film spielt Marcello Mastroianni die Hauptrolle, in Nebenrollen sind Claudia Cardinale und Burt Lancaster zu sehen. Mit berührenden, zuweilen schmerzhaften Bildern zeigt die Regisseurin den Ausverkauf aller Menschlichkeit: den Dreck in der Stadt, den Handel mit der Liebe und der Jungfräulichkeit sowie die Auswirkungen der Inflation, während auf Capri das luxuriöse Leben weitergeht.

Ähnlich erschreckend ist das 1970 von **Pier Paolo Pasolini** (1922–75) in Neapel und an der Amalfitana u. a. mit Laiendarstellern verfilmte Werk **»Decamerone«** von Boccaccio. Aufgrund seiner Sexszenen gilt der Streifen bis heute als pornografisch.

Ganz anders dagegen **»Il Postino«** (1994) von **Michael Radford,** ein Film über den großen chilenischen Dichter Pablo Neruda – gespielt von Philip Noiret – und dessen Exil in Italien. ›Der Postbote‹ war die Paraderolle für den Neapolitaner Massimo Troisi (1953–94) und gleichzeitig die letzte des italienischen Volksschauspielers, der extra für diesen Film seine Herzoperation verschob und einen Tag nach Abschluss der Dreharbeiten starb.

Die Geschehnisse des Sommers 1978 in Apulien, als ein Kind beim Spielen zufällig einen gleichaltrigen, in einem Erdloch gefangenen Jungen entdeckt, dokumentiert der Film **»Io non ho paura«** (›Ich habe keine Angst‹,

Sophia Loren, einer der italienischen Filmstars schlechthin, stammt aus Kampanien

2002) des neapolitanischen Regisseurs und Oscar-Preisträgers **Gabriele Salvatore.**

Neapel, das ist auch die Mafia – ein Thema, dem sich gleich mehrere Regisseure widmen. **Francesco Rosi** offenbarte mit **»Mani sulla Città«** (›Hände über der Stadt‹) die Korruption in der Baupolitik. 1986 drehte **Lina Wertmüller** mit Harvey Keitel und Angela Molina den Anti-Mafia-Film **»Camorra«,** der in Neapel und der ländlichen Umgebung spielt. Neapels soziale Brennpunkte bilden die Kulisse für den 2008 erschienenen Streifen **»Gomorrha – Reise in das Reich der Camorra«.** Für die Verfilmung des gleichnamigen Buchs von Roberto Saviano (s. S. 28) erhielt der Regisseur **Matteo Garrone** den großen Preis der Jury in Cannes.

Als Filmschauplatz sehr beliebt sind auch die Sassi di Matera in der Basilikata. **Pier Paolo Pasolini** drehte hier 1964 **»Il Vangelo secondo Matteo«** (›Das erste Evangelium Matthäus‹). 2002 wählte **Mel Gibson** den Ort für die Außenszenen seines Films **»Die Passion Christi«.** Um die Authentizität noch zu verstärken, kam der Streifen in Aramäisch, der Muttersprache von Jesus, und Latein in die Kinos. Er wurde zu einem der umstrittensten Filme Hollywoods. **Francesco Rosi** verfilmte 1979 Carlo Levis Buch **»Christus kam nur bis Eboli«** und ging dafür ebenfalls an Originalschauplätze.

In Süditalien wurden auch einige Personen geboren, die Filmgeschichte geschrieben haben. Aus Bernaldo in der Basilikata wanderte einst der Großvater von **Francis Ford Coppola** (geb. 1939) aus. Rodolfo Alfonso Raffaello Piero Filiberto Guglielmi di Valentina d' Antonguolla alias **Rudolfo Valentino** (1895–1926), der Prototyp des Latin Lover, stammt aus Castellaneta in Apulien. **Antonio de Curtis** (1898–1967) wurde in Neapels Stadtviertel Sanitá geboren. Unter seinem Künstlernamen Totò brachte er es zu einem der größten italienischen Komiker, bevor er für das Kino entdeckt wurde und in über 120 Filmen mitwirkte. Ebenfalls aus Neapel stammt der Schauspieler **Bud Spencer,** 1929 als Carlo Pedersoli geboren, und die berühmte **Sophia Loren** kam 1934 als Sofia Scicolone in Pozzuoli (Kampanien) zur Welt.

Essen und Trinken

Die Küche Süditaliens ist einfach und äußerst schmackhaft. Schon immer ernährten sich die Bewohner dieses eher ländlichen und armen Gebiets von dem, was Land und Meer hergaben. Neben einigen regionalen Besonderheiten findet man auch Einflüsse aus der griechischen und arabischen Küche, allen gemeinsam ist jedoch die Verwendung von frischem Gemüse, Pasta, Brot und Olivenöl.

Spezialitäten

Apulien

In Apulien werden in großem Stil Tomaten, Zucchini, Brokkoli, Paprika, Kartoffeln, Hülsenfrüchte, aber auch Spinat, Auberginen, Rosenkohl, Fenchel und Zichorien angebaut. Zu jeder Jahreszeit kommt frisches **Gemüse** auf den Tisch. Eine verbreitete Vorspeise ist die *tiella di verdure,* eine Art Gemüseeintopf. Die zahlreichen Zichorienarten werden gerne mit Bohnen kombiniert und heißen dann *fave con cicorie*. Eine beliebte Beilage sind auch die Steinpilze des Gargano, *funghi porcini*, sowie der wilde Spargel *(asparagi),* der im Frühjahr überall zu finden ist.

Als Kornkammer Italiens liefert Apulien einen Großteil des Hartweizens. Demzufolge spielen Nudeln in all ihren Varietäten sowie Brot eine große Rolle. Vielerorts wird noch die Tradition der frischen **Pasta** oder *pasta fresca* (s. S. 106) gepflegt. Namen für all die Nudelsorten gibt es viele: *cavatelli, strascenati, troccoli ...,* doch am bekanntesten dürften die *orecchiette* sein. Sie stammen aus Bari, wo man noch heute den Frauen auf der Straße dabei zusehen kann, wie sie mit flinken Händen die kleinen ›Öhrchen‹ formen. Auf der Speisekarte findet man sie oft als *orecchiette con cime di rape* (mit Rübensprossen) oder *con cicoria* (mit Zichorien). Übrigens wird über die Pasta gerne *caccioricotta* (gereifter Ziegenricotta) gerieben. Es gibt auch eine Suppe aus Hartweizen, *zuppa di grano,* die vor allem im Winter auf den Tisch kommt. Weitere typische Eintopfgerichte sind *tiella di agnello* (Lamm mit Gemüse) und *tiella di riso, patate e cozze* (Reis, Kartoffeln und Miesmuscheln). Hartweizen ist auch die Grundlage für die vielen **Brotsorten** in Apulien. Da gibt es die *puccia* aus Salento (kleine Brötchen mit Oliven), die *pagnotte di Altamura* (knusprige Brotlaibe aus dem Holzofen) oder die *friselle* (doppelt gebackene Brote, die in Wasser und Öl aufgeweicht und dann mit frischen Tomaten verzehrt werden). Apulien hat mit den *taralli* auch eine eigene Art von Grisini entwickelt, kleine Kringel aus Salzteig, gewürzt mit Fenchelsamen, Peperoncino oder Pfeffer.

Ebenso findet sich **Fleisch** auf dem Speisezettel, vor allem *agnello* (Lamm) und *capretto* (Zicklein). Auch Pferdefleisch *(carne di cavallo)* und Lamminnereien *(cazzemare)* sind keine Seltenheit.

Andere Schätze kommen aus dem Meer. **Fische** wie *orata* (Dorade), *riglia* (Rotbarbe), *spigola* (Wolfsbarsch) oder *dentice* (Zahnbrasse) werden am liebsten gegrillt oder gedünstet. Daneben gibt es Tintenfisch in vielerlei Größen *(calamari, calamaretti, polpo, polipetti, seppia, seppioline),* der gekocht, gebacken, frittiert oder auch einfach nur in Essig, Zitrone und Olivenöl mariniert wird. Und im Mare Piccolo, dem Golf von Táranto, haben sich Zuchtbetriebe auf *cozze* (Miesmuscheln) und *ostrice* (Austern) spezialisiert.

Basilikata

Auch in der Basilikata spielen Hülsenfrüchte und frisches Gemüse eine wichtige Rolle. Doch vor allem steht die Küche der Region für Peperoni und **Wurstwaren.** Schon Cicero, Horaz und der Feinschmecker Apicius lobten die *salsicce lucane* (lukanische Wurstwaren). Für die *lucanica, pezzenta* oder *cotechinata* wird nur Schweinefleisch verwendet und davon nur das Beste. Filet und das Fleisch des Schenkels werden von Fett befreit und klein geschnitten. Die Fleischmischung wird dann entweder mit Salz, Pfeffer und Fenchelsamen oder zusätzlich noch mit Schmalz und Peperoncino gewürzt. Das Ganze wird in Naturdärme gefüllt und für 20 bis 30 Tage zum Trocknen gelagert.

Eine große Rolle in der Küche der Basilikata kommt dem **Schweinefleisch** zu. Viele Familien ziehen ihr eigenes Schwein groß bzw. kaufen sich extra eines zum Schlachten. Gefüttert werden die Tiere fast ausschließlich mit natürlichen Produkten wie dicken Bohnen, Mais und Eicheln, was den Geschmack des Fleisches verstärkt. Wird das Fleisch nicht zu den traditionellen Würsten verarbeitet, so röstet man es gerne am Spieß.

Natürlich sind auch in der Küche der Basilikata **Nudelgerichte** zu Hause. Am beliebtesten ist die *pasta al ragú* (Pasta mit Fleischsoße), deren Geheimnis im **Peperoncino** liegt, dem markantesten Gewürz der Basilikata (s. S. 278).

Ähnlich wie in Apulien – und auch Kalabrien – nimmt das **Brot** einen wichtigen Platz in der regionalen Küche ein. Das traditionelle Brot, die *panella,* besteht aus Weizenmehl, Hefe und gekochten Kartoffeln. Die wagenradgroßen Laibe werden noch heute von einigen Hausfrauen im heimischen Ofen gebacken und decken den wöchentlichen Brotbedarf einer ganzen Familie.

Kalabrien

Besonders beliebt sind in Kalabrien **Bohnen- und Auberginengerichte,** allen voran die *melanzane alla parmigiana* (reichlich mit Parmesan bestreute, im Ofen überbackene Auberginenscheiben). Das Gericht wurde in Kalabrien erfunden, der Name geht jedoch auf die Verwendung des norditalienischen Käses *parmigiano* (Parmesan) zurück. Ebenso köstlich sind die *melanzane al pomodoro* (Auberginen mit Tomaten und Käse).

Das Backen von **Brot** hat auch in Kalabrien eine lange Tradition. Wie einst die Römer legt man beim Backen kleine Weizenfladen mit in den Ofen, die *pictae*. Während die

Fisch, Zitronen und Peperoncini – drei unerlässliche Zutaten der Küche Süditaliens

Slow Food statt Fast Food Thema

Wer Wert auf wirklich gutes Essen legt, bei dem die Zutaten zum Großteil aus der Region kommen, sollte bei der Wahl des Lokals auf das Zeichen der Schnecke achten – sie ist das Symbol von Slow Food, einer mittlerweile in vielen Ländern agierenden Organisation, die sich dem Erhalt der regionalen Küche und Esskultur verschrieben hat.

Mitte der 1980er-Jahre wollte McDonalds im historischen Zentrum von Rom ein Schnellrestaurant eröffnen. Redakteure der linken Tageszeitung Il Manifesto bekamen davon Wind und protestierten gegen diesen kulinarischen Sündenfall, indem sie 1986 mitten auf der zentralen Piazza di Spagna eine lange Tafel errichteten, auf der sie Speisen nach italienischer Tradition servierten. Immerhin ging es um den Ausverkauf und Verlust der italienischen Küche im Herzen von Italiens Hauptstadt. Nur kurz zuvor hatte es einen Skandal um mit Methanol versetzten italienischen Wein gegeben, der mehrere Menschen das Leben kostete.

Zur gleichen Zeit wurde Arcigola gegründet, eine Untergruppe der kommunistischen Partei. *Gola* bedeutet sowohl ›Maul‹ als auch ›Genuss‹, *arci* ist abgeleitet von Associazione Ricreativa Comunista Italiana, kurz A.R.C.I. (Italienische Kommunistische Freizeitvereinigung). Arcigola unterstützte die Protestaktion in Rom und bemühte sich, das angekratzte Image italienischer Weine wieder herzustellen. Das Resultat ihrer Bemühungen war im Jahr 1989 die Gründung der Vereinigung Slow Food in Paris.

Die Non-Profit-Organisation Slow Food versteht sich als Gegenbewegung zu Fast Food, womit nicht nur die bekannten Restaurantketten gemeint sind, sondern auch die generelle Beschleunigung des Lebens und der Verlust alter, gewachsener Traditionen und natürlicher Sinnlichkeit – Essen als eine Form der Sinnlichkeit. Dementsprechend heißt es in ihrem Statut: Slow Food ist eine »weltweite Vereinigung von bewussten Genießern und mündigen Konsumenten, die es sich zur Aufgabe gemacht haben, die Kultur des Essens und Trinkens zu pflegen und lebendig zu halten. Sie fördert eine verantwortliche Landwirtschaft und Fischerei, eine artgerechte Viehzucht, das traditionelle Lebensmittelhandwerk und die Bewahrung der regionalen Geschmacksvielfalt.«

Etwa zur gleichen Zeit entdeckte die Organisation Arcigola, dass die traditionelle Osteria in Italien praktisch nicht mehr existierte. In der Folge kaufte sie in der Altstadt von Bra ein Haus mit schönem Innenhof und richtete dort eine Osteria ein. Diese Aktion machte Schule, immer mehr Gastronomen folgten diesem Vorbild und bereits 1990 gab Slow Food den ersten entsprechenden Führer heraus: »Osterie d'Italia«. Mittlerweile hat sich Slow Food zu einer weltweiten Organisation gemausert, in der auch Deutschland, Österreich und die Schweiz aktive Mitglieder sind.

Der Reisende kann am Symbol der Schnecke erkennen, ob es sich bei dem Lokal seiner Wahl um ein Mitglied von Slow Food handelt – ein Garant für wirklich gute Qualität und die Unterstützung der regionalen Kultur und Landwirtschaft. Weitere Informationen dazu sind erhältlich unter www.slowfood.it (in verschiedenen Sprachen, auch dt.).

Römer die *pictae* als Dankopfer ihren Göttern darboten, werden sie heute den Nachbarn geschenkt. Außerdem bäckt man auch immer kleine duftende Kringel mit, die gleich an Ort und Stelle – entweder gesalzen und mit Olivenöl bestrichen oder mit Ricotta gefüllt – verzehrt werden.

Das Meer liefert täglich frischen **Fisch.** In Kalabrien gibt es eine besondere Tradition des Tunfisch- und Schwertfischfangs, für die sogar eigens Feste abgehalten werden.

Kampanien

Die Campania Felix, wie die Region von den Römern genannt wurde, war schon immer ein großer Obst- und Gemüsegarten. Auf den fruchtbaren Lavaböden am Fuße des Vesuv gedeiht einfach alles. Neben Paprika, Frühlingszwiebeln, Kartoffeln, Artischocken und Fenchel sind das vor allem **Tomaten,** die von den Italienern meistgeliebte und am häufigsten verzehrte Gemüseart (s. S. 106).

Nicht zu vergessen ist die **Mozzarella.** Wenn möglich, sollte es *mozzarella di bufala* (Büffelmozzarella) sein, die ihren Ursprung in Kampanien hat (s. S. 203).

Jeden Tag werden **Fisch und Meeresfrüchte** frisch aus dem Meer geholt. Insbesondere neapolitanische Fischhändler haben ihr eigenes Frischesiegel, indem sie die Fische, speziell die *orata* (Dorade) und *triglia* (Seebarben), nach dem Fang und vor Eintritt der Totenstarre in eine gekrümmte Form bringen. So werden sie dann verkauft. Ältere Fische gehen nach der Totenstarre wieder in die gerade Form zurück. Ein weit verbreitetes Gericht an den Küsten Kampaniens sind *spaghetti al vongole* (Spaghetti mit Muscheln).

Selbstverständlich ist auch **Fleisch** auf der Speisekarte zu finden, gerne kurz gebraten. Auf den Inseln im Golf von Neapel kommt häufig *corniglio* (Kaninchen) auf den Tisch, im Landesinnern ist *maiale* (Schwein) Grundlage für eine herzhafte Bergküche.

Was die *dolci* (Süßspeisen) betrifft, so gibt es in Kampanien jede Menge Konditoreien. Auf keinen Fall sollte man sich die *sfogliatelle* (s. S. 110) entgehen lassen, am besten warm und frisch aus der Backstube!

Wein

Apulien

Apulien deckt über die Hälfte des italienischen Bedarfs an Tafeltrauben. Die hier kultivierten Sorten sind dank der fruchtbaren Böden und des warmen Klimas besonders süß und saftig. Je nach Wetterlage werden jährlich zwischen 8 und 12 Mio. l Wein produziert, doch der größte Teil der Trauben und Weine dient lediglich als Rohmaterial für die Wermut-Fabriken des Nordens oder zur Erhöhung des Alkoholgehalts schwächerer Weine.

Weniger als 2 % der in Apulien produzierten Weine besitzen einen DOC-Status (Denominazione Origine Controllata), d. h. ein staatliches Garantiesiegel, das sich für die kontrollierte Herkunft und Weiterverarbeitung ausgewählter Rebsorten verbürgt. Zu den Produzenten gehören z. B. die Kellereien **Conti Zecca** (Levanto), **Conte Spagnoletti Zeuli** (Castel del Monte) und **Masseria Monaci** (Copertino). In den Anbaugebieten um Castel del Monte, Gravina, Martina Franca, San Severo, Ostuni, Locorotondo, Galatina und Salice Salentino werden auch Weißweine gekeltert. Ein Rosé mit Tradition ist der **Five Roses** aus der **Cantina Leone de Castris,** der bereits seit 1923 abgefüllt wird.

Basilikata

Auch in der Basilikata wird der größte Teil der Weinproduktion in andere Regionen verkauft und bereichert den einen oder anderen Tafelwein aus dem nördlichen Italien. Es gibt nur eine einzige DOC-Region an den Hängen des Monte Vúlture im Norden der Basilikata. Der hier angebaute **Aglianico del Vúlture** ist ein sehr kraftvoller und hochwertiger Rotwein.

Wurzeln und Kräuter bilden die Basis für den in Piticci produzierten **Amaro Lucano,** einen Verdauungsschnaps.

Auch der **Nocino,** eigentlich eine Spezialität aus der Emilia-Romagna, wird in der Basilikata hergestellt. Dafür weicht man unreif geerntete Walnüsse in hochprozentigem Alkohol ein, aus dem sich nach etwa 40 Tagen ein bräunlicher, sehr wirkungsvoller Digestif entwickelt.

Kalabrien

Der kalabrische Wein zeichnet sich besonders durch seinen hohen Alkoholgehalt aus. Doch obwohl Kalabrien mit 29 000 ha über eine beachtliche Anbaufläche verfügt, spielen die Tropfen aus dieser Region international kaum eine Rolle. Einer der Gründe hierfür ist, dass besonders viele Kalabresen mit den Emigrationswellen ihr Land verließen. Viele Anbauflächen lagen brach und die Region verpasste den wirtschaftlichen Anschluss.

Derzeit gibt es immerhin 12 DOC-Gebiete in Kalabrien, die vorzügliche Weine anbauen. Der trockene rote **Ciro** vom Osthang des Sila-Massivs dürfte der bekannteste sein, nicht nur seiner Qualität wegen, sondern weil er als einer der wenigen kalabrischen Weine exportiert wird. Weitere gute Weine sind der **Pollino,** ein trockener Rotwein von den Hängen des Monte Pollino, und der **Greco di Bianco,** ein Dessertwein aus dem Gebiet um das Städtchen Bianco an der Stiefelspitze.

Kampanien

Die vulkanischen Böden Kampaniens sind ideal für den Weinanbau, sodass es 27 anerkannte Anbaugebiete gibt, was 5 % der regionalen Weinproduktion entspricht. Zu den bekannteren Namen gehören **Campi Flegrei, Cilento, Falerno, Galluccio, Guardiolo, Solopaca** und **Sannio.** Doch erst in jüngerer Zeit sind einige dieser Tropfen über die Regionsgrenzen hinaus bekannt geworden. Besonders hervorzuheben ist der **Taurasi,** der einzige DOCG-Wein (Denominazione Origine Controllata e Garantita) Kampaniens und einer der bedeutendsten Rotweine Italiens. Hergestellt wird er aus Aglianico-Trauben, die in der Provinz Avellino angebaut werden. Von dort stammen auch die beiden interessantesten Weißweine Kampaniens, der **Fiano d' Avellino** und der **Greco di Tufo.** Letzterer überzeugt als trockener Weißwein durch seine Frucht- und Mandelaromen.

Nicht zu vergessen ist der **Limoncello,** ein Zitronenlikör, der im Golf von Neapel und entlang der Amalfiküste sowie in Sizilien hergestellt wird. Er gehört unverzichtbar zum Abschluss eines kampanischen Mahls.

Wer bietet was?

Wer in Italien unterwegs ist, trifft auf verschiedene Typen von Restaurants. Am bekanntesten dürfte die **Pizzeria** sein. Qualitätsmerkmal ist der Holzkohleofen, denn nur eine Pizza aus dem Holzkohleofen ist eine wirklich gute Pizza *(pizza al forno).* Außerdem werden in den Pizzerias zumeist auch Antipasti, Salate und verschiedene Pastagerichte angeboten.

Kleine Kaffeekunde

Wenn man einen Espresso möchte, bestellt man einen **Caffè.** Will man stattdessen einen Kaffee wie zu Hause trinken, verlangt man einen **Caffè americano,** einen mit heißem Wasser gestreckten Espresso. Vergleichbar damit, jedoch weniger gestreckt, ist der **Caffè lungo.** Wer einen richtig starken Espresso mag, der bittet um einen **Caffè ristretto.** Dann gibt es noch den **Caffè coretto,** was einem Espresso mit einem Schuss Alkohol entspricht.

Für einen **Cappuccino** nehmen die Italiener einen mit doppelter Wassermenge heiß gebrühten Espresso sowie je ein Drittel heiße und aufgeschäumte Milch. Der **Caffè latte** ist die italienische Variante des Milchkaffees und besteht aus einem doppelten Espresso mit heißer Milch. Nur selten wird Milchschaum verwendet. **Latte macchiato** heißt übersetzt ›befleckte Milch‹ und besteht aus viel Milch mit etwas Caffè. Das Getränk hat drei Schichten, die sich möglichst nicht miteinander vermischen sollten. Ganz unten befindet sich die heiße Milch, darüber ein Espresso und darauf der Milchschaum.

Übrigens: ›Richtige‹ Italiener trinken ab dem späten Nachmittag nur noch Caffè, vielleicht auch als coretto oder ristretto, auf gar keinen Fall aber Cappuccino, Caffè latte oder Latte macchiato.

Im **Ristorante** geht es vornehmer zu, entsprechend höher sind die Preise. Es wird in mehreren Gängen gegessen und man kleidet sich entsprechend. Häufig sind die Ristoranti spezialisiert auf Fisch oder Fleisch und bieten eine große Auswahl an Weinen an.

Eine **Trattoria** ist die einfachere und auch preiswertere Variante eines Ristorante, oft ein Familienbetrieb und spezialisiert auf die regionale Küche. Immer häufiger jedoch verbirgt sich hinter dem Namen Trattoria, was in Wirklichkeit ein Ristorante ist. Die **Osteria** ist eine volkstümliche Variante der Trattoria mit einem guten Weinangebot und einfachen, herzhaften Speisen. Osteria und Trattoria erleben seit einigen Jahren eine regelrechte Renaissance (s. links).

Eine **Rosticceria,** auch **Tavola Calda** (›warme Küche‹) genannt, ist eine Art Imbiss mit einigen Sitzmöglichkeiten. Den ganzen Tag über werden warme Speisen – auch zum Mitnehmen – verkauft, meist Nudelgerichte.

Sehr zu empfehlen ist der Besuch eines **Panificio** (›Bäckerei‹) und einer **Pasticceria** (›Konditorei‹). Die Süditaliener sind bekannt für ihre Liebe zu Brot und dank des arabischen Einflusses und eigener Kreativität kommen aus ihrer Region die schmackhaftesten *dolci* (süße Teilchen, Kuchen) Italiens.

Eine **Bar** findet man überall, selbst in den kleinsten Orten. Hier gibt es neben Kaffee und anderen Getränken meist auch ein paar kleine Gerichte.

Die Mahlzeiten

Das klassische **Frühstück** *(prima colazione)* der Italiener ist eine kleine und schnelle Angelegenheit. Üblicherweise trinkt man einen Espresso oder Cappuccino (s. S. 60), den ersten des Tages meist auf dem Weg zur Arbeit in einer Bar. Dazu isst man evtl. ein *cornetto* (Hörnchen, ähnlich dem Croissant) *con crema* (mit Vanillecreme), *con marmelata* (mit Marmelade), *con cioccolata* (mit Schokolade) oder *vuota* (ohne Füllung).

Mittagessen *(pranzo)* gibt es üblicherweise zwischen 12.30 und 15 Uhr. Je nach Appetit kann es ein 1- oder 3-Gänge-Menü sein oder auch nur eine Pizza oder ein belegtes Brötchen *(panino).* Die meisten Lokale schließen nachmittags und öffnen erst wieder am Abend.

Die Hauptmahlzeit ist das **Abendessen** *(cena),* das man in Süditalien zwischen 20 und 23 Uhr einnimmt. In der Regel beginnt es mit den *antipasti* (Vorspeisen). Es folgen der *primo piatto* (erster Gang), zumeist Pasta in jeglicher Variation oder *risotto* (Reis), und dann der *secondo piatto* (Hauptgericht), bestehend aus Fisch oder Fleisch und einer Beilage *(contorno).* Anschließend isst man entweder *formaggio* (Käse), *frutti* (Früchte) oder ein *dolce* (Süßspeise). Den endgültigen Abschluss bildet ein Caffè oder ein Digestif.

Gut zu wissen

Während man in einer Pizzeria oder Osteria nur ein Gericht bestellen kann, ist dies in einem Ristorante nicht üblich. **Beilagen** *(contorni)* muss man fast immer extra bestellen und bezahlen. Häufig werden jedoch **Touristenmenüs** angeboten, die zwischen 13 und 20 Euro liegen. Der Preis bei **Fischgerichten** bezieht sich meist auf das Kilo bzw. 100 g.

Speisen mehrere Personen in einem Lokal gemeinsam, wird die **Rechnung** *(il conto)* in der Regel nicht getrennt beglichen, sondern anschließend untereinander geregelt. Viele Lokale addieren den *servizio* – 10 bis 15 % des Gesamtpreises – dazu, der als **Trinkgeld** gilt. Versteckt auf der Speisekarte steht meist auch der Preis für das **Gedeck** *(coperto),* das pro Person mit 1 bis 3 Euro auf der Rechnung gelistet ist und den eingedeckten Tisch sowie Brot und/oder Brotstangen umfasst.

In nahezu allen **Bars** gibt es für dieselben Getränke bzw. Speisen zwei verschiedene Preise: *al bar* und *al tavolo*. Verzehrt man das Bestellte am Tresen, fällt die Rechnung wesentlich billiger aus, als wenn man seinen Caffè an den Tischen in oder vor der Bar genießt. Der Preis dafür kann bis zu dreimal höher sein. Normalerweise hängen in jeder Bar entsprechende Preislisten aus.

Kulinarisches Lexikon

Im Restaurant

Die Speisekarte, bitte.	Il menù, per favore.
Weinkarte	lista dei vini
Die Rechnung, bitte.	Il conto, per favore.
Vorspeise	antipasto/ primo piatto
Hauptgericht	piatto principale
Nachspeise	dessert/dolce
Beilagen	contorno
ein Stück	un pezzo di
ein wenig	un poco
Tagesgericht	menù del giorno
Gedeck	coperto
Messer	coltello
Gabel	forchetta
Löffel	cucchiaio
Glas	bicchiere
Flasche	bottiglia
Salz/Pfeffer	sale/pepe
Zucker/Süßstoff	zucchero/saccarina
Kellner/Kellnerin	cameriere/cameriera

Zubereitung

affumicato	geräuchert
ai ferri/alla griglia	gegrillt
al forno	aus dem Backofen
alla casalinga	hausgemacht
allo spiedo	am Spieß
amabile/dolce	süß
arrosto/-a	gebraten/geröstet
bollito/-a	gekocht
caldo/-a	warm
con/senza	mit/ohne
freddo/-a	kalt
fritto/-a	gebacken/frittiert
grasso	fett
gratinato/-a	überbacken
stufato/-a	geschmort
tenero	zart

Vorspeisen, Suppen und Pasta

alici	sauer eingelegte Sardinen
antipasti misti	gemischte Vorspeisen
antipasti del mare	Vorspeisenplatte mit Fisch/Meeresfrüchten
bruschetta	geröstetes Weißbrot mit Knoblauch und Öl
cannellini	weiße längliche Bohnen, ungewürzt
carciofi	Artischocken
cozze ripiene	gefüllte Muscheln
faggiolini bianchi	weiße Bohnen
fettucine/tagliatelle	Bandnudeln
gnocchi	Kartoffelklößchen
insalata di polpo	Tintenfischsalat
melanzane alla griglia	gegrillte Auberginen
minestrone	Gemüsesuppe
paglia e fieno	gelbe und grüne Bandnudeln
pasta fresca (fatta in casa)	frische (hausgemachte) Pasta
pasta ripiena	gefüllte Pasta, meist mit Spinat und Ricotta
pepperonata	gemischtes geschmortes Gemüse
prosciutto	Schinken
risotto alla marinara	Risotto mit Meeresfrüchten
salame di cinghiale	Wildschweinsalami
salumi	Wurstwaren
vitello tonnato	Kalbsbraten mit Tunfischpaste
zucchini alla griglia	gegrillte Zucchini
zuppa di pesce	Fischsuppe

Fisch und Meeresfrüchte

anguilla	Aal
aragosta	Languste
aringa	Hering
baccalá	Stockfisch
cozza	Miesmuschel
frutti di mare	Meeresfrüchte
gamberetto	Garnele
gambero	Hummer
merluzzo	Schellfisch
muggine	Meeräsche
nasello	Seehecht

orata	Dorade/Goldbrasse
ostrica	Auster
pesce spada	Schwertfisch
salmone	Lachs
seppia/calamari	Tintenfisch
sgombro	Makrele
sogliola	Seezunge
spigola	Wolfsbarsch
tonno	Tunfisch
triglia	Seebarbe
trota	Forelle
vongole	Muscheln

Fleisch und Geflügel

agnello	Lamm
anatra	Ente
capra/capretto	Ziege/Zicklein
carne	Fleisch
cinghiale	Wildschwein
coniglio	Kaninchen
fagiano	Fasan
lepre	Hase
lombatina	Lendenstück
maiale/porco	Schwein
manzo	Rind
oca	Gans
pollo	Hähnchen
tacchino	Pute
vitello	Kalb

Gemüse und Beilagen

asparagi	Spargel
bietola	Mangold
carciofo	Artischocke
carota	Mohrrübe
cavolfiore	Blumenkohl
cavolo	Kohl
cicoria	Chicorée
cipolla	Zwiebel
faggioli/fave	Bohnen
finocchio	Fenchel
fungo (porcino)	(Stein-)Pilz
insalata (mista)	(gemischter) Salat
lenticchie	Linsen
melanzana	Aubergine
pane	Brot
patata	Kartoffel
pisello	Erbse
polenta	Maisbrei
pomodoro	Tomate
porro	Lauch
riso	Reis
sedano	Sellerie
spinaci	Spinat
zucca	Kürbis

Nachspeisen und Obst

albicocca	Aprikose
arancia	Orange
ciliegia	Kirsche
cocomero	Wassermelone
fico	Feige
fragola	Erdbeere
frutta	Obst
gelato	Eiscreme
lampone	Himbeere
macedonia	frischer Obstsalat
mela	Apfel
melone	Honigmelone
panna cotta	gekochte Sahnecreme
pera	Birne
pesca	Pfirsich
torta (di frutta)	(Obst-)Torte
uva	Weintraube

Getränke

acqua (minerale)	(Mineral-)Wasser
... con gas/gassata	... mit Kohlensäure
... senza gas/liscia	... ohne Kohlensäure
birra (alla spina)	(Fass-)Bier
caffè	Kaffee/Espresso
ghiaccio	Eis
granita di caffè	Eiskaffee
latte	Milch
spumante	Sekt
succo	Saft
tè	Tee
vino rosso/bianco	Rot-/Weißwein
vino sfuso	offener Wein

Nicht nur die Steilküste am Golf von Policastro ist zum Cruisen wie geschaffen

Wissenswertes für die Reise

Informationsquellen

Süditalien im Internet

www.italia.it: Informatives Portal zu Kultur und Reisen in allen Regionen Italiens inkl. hilfreicher weiterführender Links (dt.).
www.italianita.de: Sehr gute Seite mit vielen umfangreichen Informationen zu Neuheiten, Reisen, Gebühren, Sprache etc. Außerdem Links zu Unterkunft, Sprachschulen etc. (dt.).
www.prodottitipici.com: Eine sehr schöne Seite zu Produkten aus Küche und Weinkellern der einzelnen Regionen Italiens sowie Links zu landestypischen Unterkünften (ital.).
www.italimar.com: Deutsches Portal, das Ferienwohnungen, Landgüter und Übernachtungen in ausgesuchten Hotels anbietet.
www.italianculture.net: Informationen zur italienischen Kultur wie Küche, Bücher, Filme, Mode etc. mit weiterführenden Links (dt.).
www.beniculturali.it: Webseite des italienischen Kulturministeriums, u. a. mit Informationen zu Ausstellungen und Messen (ital.).
www.italien-freunde.de: Portal mit einer umfangreichen Linksammlung zu Themen wie Wandern, Sprachen und Regionen.
www.museionline.it: Italienisches Portal mit Informationen zu den Museen und aktuellen Ausstellungen, nach Regionen gegliedert.
www.bauernhofurlaub.com: Europaweite Angebote für Urlaub auf dem Bauernhof, nach Regionen sortiert, inkl. Suchmaschine und weiterführenden Links (dt.).
www.feeitalia.org: Aktuelle Liste der Strände und Küsten mit guter Qualität (ital.).
www.meteo.it: Aktueller Wetterbericht für die einzelnen Regionen und Orte in Italien.

Fremdenverkehrsämter

Das Staatliche Italienische Fremdenverkehrsamt **ENIT** (Ente Nazionale Italiano per il Turismo) versendet auf Anfrage Informationsmaterial, das gewöhnlich innerhalb einer Woche zugeschickt wird.

... in Deutschland

Barckhausstr. 10
60325 Frankfurt a. M.
Tel. 069 23 74 34, Fax 069 23 28 94
www.enit-italia.de

Prinzregentenstr. 22
80538 München
Tel. 089 53 13 17, Fax 089 53 45 27
enit-muenchen@t-online.de

... in Österreich

Kärntner Ring 4
1010 Wien
Tel. 01 505 16 39, Fax 01 505 02 48
www.enit.at

... in der Schweiz

Uraniastr. 32
8001 Zürich
Tel. 043 466 40 40, Fax 043 466 40 41
www.enit.ch

... in Italien

Für die vier Regionen Kampanien, Basilikata, Apulien und Kalabrien gibt es jeweils eigene Touristenbüros. Auf den entsprechenden Internetseiten erhält man Infos zu Geschichte, Sehenswürdigkeiten, Veranstaltungen, Essen und Trinken, meist auch in Deutsch und Englisch. Ausführliche Unterkunftsverzeichnisse können überall angefordert werden.

Regione Campania Assessorato al Turismo e ai Beni Culturali
Via Terracina 230
80125 Napoli
Tel. 081 796 87 66
Fax 081 796 86 60
www.turismoregionecampania.it

Azienda di Promozione Turistica (APT) Basilicata
Via del Gallitello 89
85100 Potenza

Tel. 0971 50 76 11
Fax 0971 50 76 00
www.aptbasilicata.it

Azienda di Promozione Turistica (APT) Puglia
Piazza Moro 33/a
70122 Bari
Tel. 080 524 22 44
Fax 080 524 23 29
aptbari@viaggiareinpuglia.it
www.viaggiareinpuglia.it

Assessorato al Turismo della Regione Calabria
Via S. Nicola 8, Galleria Mancuso
88100 Catanzaro
Tel. 0961 79 27 23
www.turiscalabria.it

Diplomatische Vertretungen

... in Deutschland

Italienische Botschaft
Hiroshimastr. 1
10785 Berlin
Tel. 030 25 44 00
segreteria.berlino@esteri.it, www.esteri.it

... in Österreich

Italienische Botschaft
Rennweg 27
1030 Wien
Tel. 01 712 51 21
ambasciata.vienna@esteri.it, www.esteri.it

... in der Schweiz

Italienische Botschaft
Elfenstr. 14
3006 Bern
Tel. 031 350 07 77
ambasciata.berna@esteri.it
www.ambberna.esteri.it

... in Italien

Deutsche Botschaft Rom
Via San Martino della Battaglia 4
00185 Rom
Tel. 06 49 21 31, Fax 06 445 26 72
www.rom.diplo.de

Generalkonsulat der Bundesrepublik Deutschland
Via Crispi 69
80121 Napoli
Tel. 081 248 85 11, Fax 081 761 46 87
www.neapel.diplo.de

Österreichische Botschaft Rom
Via Pergolesi 3
00198 Rom
Tel. 06 844 01 41, Fax 06 854 32 86
www.bmeia.gv.at

Österreichisches Konsulat Neapel
Corso Umberto I Nr. 275
80138 Neapel
Tel. 081 28 77 24, Fax 081 28 77 24

Schweizer Botschaft Rom
Via Barnaba Oriani 61
00197 Roma
Tel. 06 80 95 71
www.eda.admin.ch/roma

Schweizer Konsulat Neapel
Via dei Mille 16
80121 Napoli
Tel. 081 410 70 46, Fax 081 40 09 47
www.eda.admin.ch/napoli

Landkarten

Straßenkarten sind sowohl im heimischen Buchhandel als auch vor Ort erhältlich. Zu empfehlen sind die Karten des Touring Club Italiano im Maßstab 1 : 200 000, die in Deutschland von Kümmerly & Frey herausgegeben werden: Nr. 12 für Kampanien und Basilikata, Nr. 13 für Apulien, Nr. 14 für Kalabrien.

Vom italienischen Fremdenverkehrsamt ENIT gibt es eine Campingkarte für Gesamtitalien und für Apulien inkl. diverser Stadtpläne. Diese Karten sowie Spezial- und Wanderkarten erhält man zum Teil gratis an Flughäfen bzw. in Touristeninformationen.

Lesetipps

Belletristik

Carofiglio, Gianfranco: Reise in die Nacht, München 2007. Das Gesetz der Ehre, München 2009. Die Krimis um den Anwalt Guerrieri von Carofiglio spielen alle in Bari. Seine Themen sind Korruption, Fragen der Ehre und Angst vor der Wahrheit.

De Crescenzo, Luciano: Also sprach Bellavista, Zürich 1988. Anhand kleiner kurioser Geschichten erhält man einen Einblick in das Denken und Fühlen der Neapolitaner.

Levi, Carlo: Christus kam nur bis Eboli, München 2003. Als Verbannter kam der Autor zu Zeiten des Faschismus in den Süden Italiens und hat dem archaischen Land mit seinem Buch ein literarisches Denkmal gesetzt.

Raffalt, Reinhardt: Eine Reise nach Neapel, München 1957. Der Klassiker über eine Reise von Nord- nach Süditalien ist noch heute ein guter Begleiter. Man wird mit dem italienischen Naturell vertraut gemacht und lernt ganz nebenbei auf eine sehr amüsante Art die italienische Sprache.

Sontag, Susan: Der Liebhaber des Vulkans, Frankfurt/M. 1996. Der historische Roman um den englischen Gesandten William Hamilton führt zurück ins endende 18. Jh. Es wird u. a. erzählt von den Ausgrabungen in Pompeji und Herculaneum, von Beobachtungen des Vesuv, vom Einfall von Napoleons Truppen in Neapel und von Lord Nelson, der sich als Liebhaber und Held einen Namen machte.

Weiler, Jan: Maria, ihm schmeckt's nicht, Berlin 2003. Unterhaltsame Story über einen deutschen Mann, der in eine typisch italienische Familie einheiratet und mit den italienischen Sitten, Bräuchen und Eigenheiten konfrontiert wird.

Historische Reiseberichte

Goethe, Johann Wolfgang von: Italienische Reise, München 2006. Goethes Eindrücke vom italienischen Süden sind auch 200 Jahre später noch gut nachzuempfinden.

Munthe, Axel: Das Buch von San Michele, München 1978. Eines der meistgelesenen Erinnerungsbücher beschreibt auf eine sehr eigene Art den Charme von Anacapri und Capri. Außerdem ist es die ungewöhnliche Biografie des schwedischen Arztes Axel Munthe.

Peterich, Eckart: Italien, Bd. 2 und 3, München 1961/63. In diesem Buch findet man ausführlichere Beobachtungen als bei Goethe, die den Blick des Reisenden auch auf die Details lenken.

Sachbücher

Schönfelder, Peter und Ingrid: Was blüht am Mittelmeer, Stuttgart 1987. Ein idealer Führer für all jene, die mehr über die Flora des Mittelmeerraums erfahren wollen. Die Pflanzen sind nach Farben sortiert, sodass man sich sehr einfach in dem Buch zurechtfindet.

Hausmann, Frederike: Garibaldi, Berlin 2005. Die beste bisher erschienene Biografie über den italienischen Freiheitskämpfer des Risorgimento.

Richter, Dieter: Neapel, Berlin 2005. Wer die Neapolitaner verstehen will und sich für die Metropole begeistert, sollte zu dieser Stadtbiografie greifen.

Saviano, Roberto: Gomorrha. Eine Reise ins Reich der Camorra, München 2007. Ein brillantes und aufrüttelndes Buch über Aufbau und Funktionsweise der im Raum Neapel ansässigen Mafia.

Süditalien als Reiseziel

Im Vergleich zum Rest des Landes wurde Süditalien erst in den 1990er-Jahren als eigenständige Reisedestination entdeckt. Zuvor besuchten ausländische Touristen vor allem geschichtsträchtige Stätten wie Pompeji, Paestum, Melfi oder Lecce. Unter Italienern dagegen ist der Süden schon lange ein beliebtes Urlaubsziel, das Sonne und Meer zu annehmbaren Preisen bietet. Im Laufe der Zeit sind Aktivurlaub sowie Ferien auf dem Land hinzugekommen und mittlerweile ist der Süden Italiens nicht allein unter Italienern ein Insidertipp. Je nach Interesse gibt es verschiedene Möglichkeiten, sich den Stiefelabsatz der Apenninhalbinsel zu erschließen. Entlang der Küsten und zwischen größeren Orten kann man sich gut mit öffentlichen Verkehrsmitteln fortbewegen. Will man jedoch abgelegene Orte oder das bergige Hinterland besuchen, ist ein eigenes Fahrzeug meist unumgänglich.

Was ist sehenswert?

Kampanien

Das Herz der Region ist **Neapel.** In der geschichtsträchtigen Stadt befindet sich neben unzähligen Museen und Kirchen das wichtigste archäologische Museum Italiens. In den Katakomben unter der Altstadt kann man eine Entdeckungsreise durch griechische und römische Zeiten machen.

Eines der größten und besterhaltenen Amphitheater für Gladiatorenkämpfe steht in **Pozzuoli.** Gleich dort befinden sich auch die **Phlegräischen Felder** mit ihren schwefeligen Dämpfen. Auf der anderen Seite des Golfs von Neapel ragt der **Vesuv** in die Höhe, dessen Vulkankrater einer der schönsten in Europa ist. Zu seinen Füßen erstrecken sich **Pompeji** und **Herculaneum,** die spektakulärsten Ausgrabungsstätten Italiens. Im Golf von Neapel liegen die drei Inseln Ischia, Capri und Procida. **Capri** ist unbedingt einen Besuch wert, und wenn möglich, sollte man mehr als einen Tag dort verbringen.

Entlang der atemberaubend schönen **Amalfitana** verläuft die spektakulärste Küstenstraße Italiens. Unterwegs passiert man so bezaubernde Orte wie Amalfi, Positano oder Ravello, die alle zum längeren Verweilen einladen. Das antike **Paestum** mit den besterhaltenen griechischen Tempeln und dem Grab des Tauchers kann es ohne Weiteres mit den Tempelanlagen im griechischen Mutterland aufnehmen. Erholungsuchende und Naturliebhaber zieht es ins **Cilento** mit seinen traumhaften Stränden, Grotten und einem waldreichen Hinterland.

Basilikata

Die Höhlenstadt **Matera** war einst das Armenhaus des Südens, zählt jedoch seit 1993 zum Weltkulturerbe. Viele Höhlen wurden zu wohnlichen Hotels und Pensionen umfunktioniert und laden zu einem längeren Aufenthalt in dieser Region mit ihren Schluchten und Höhlenkirchen ein. Weiter im Norden, in der Nähe der lebendigen Hauptstadt Potenza, befindet sich **Melfi,** das von einem der eindrucksvollsten Stauferkastelle Italiens dominiert wird. Nur wenig weiter liegt das geschichtsträchtige **Venosa,** auch als die Heimat von Horaz bekannt. An den Hängen des **Monte Vúlture** gedeihen die Trauben für den besten Wein der Basilikata, den Aglianico. Im Krater des einstigen Vulkans liegen zwei zauberhafte Seen. Weiter südlich verlockt die bizarre Bergwelt der **Dolomiti Lucane** zu einem Aktivurlaub. Die **Costa Maratea** am Tyrrhenischen Meer zählt zu den schönsten Küsten Italiens und hat sich ihren Liebreiz bewahren können. Von hier aus ist es auch nicht weit in den **Pollino-Nationalpark,** Italiens größten Nationalpark, der sich bis nach Kalabrien hinein erstreckt und tolle Wandermöglichkeiten bietet.

Apulien

Die meisten Touristen zieht es auf die landschaftlich traumhafte Halbinsel des **Gargano,** wo man wählen kann zwischen Gebirgsszenerie, ausgedehnten Wäldern und einer abwechslungsreichen Küste mit herrlichen Stränden und vielen Grotten.

Liebhaber der Antike sollten die Jatta-Sammlung in **Ruvo di Puglia** nicht versäumen, ebenso wenig wie die Schätze in **Canosa di Puglia.** Apulien ist aber auch das Land der Staufer. Als markantestes Bauwerk hat Friedrich II. sein geheimnisumwobenes **Castel del Monte** hinterlassen. Es befindet sich in der **Murgia,** einem Kalksteinplateau im Hinterland Apuliens, das sich in Terrassen teilweise bis zu 700 m über den Meeresspiegel erhebt. In der südlichen Murgia liegt die **Valle d'Itria** mit ihren unzähligen **Trulli,** den Wahrzeichen Apuliens. Unbedingt sollte man dort **Alberobello** einen Besuch abstatten, wo sich die weißen Häuschen mit den Kegeldächern zu Hunderten drängen.

Sehr sehenswert sind auch **Gallípoli,** die weiße Stadt am Meer, sowie die Barockstadt **Martina Franca,** nicht zuletzt aufgrund ihrer kulinarischen Angebote. Unangefochtene Königin des Barock ist **Lecce** im Salento.

Kalabrien

Am Tyrrhenischen Meer liegen die schönsten Badestrände Kalabriens – und zwar an der **Costa dei Cedri,** um **Tropea** und am **Capo Vaticano.** Von hier aus kann man wunderbare Abstecher in die bizarre Gebirgswelt des **Pollino** und der **Sila** unternehmen, wo noch alte Bräuche lebendig sind.

Reggio di Calabria überrascht nicht nur mit der italienischen Variante des Jugendstils, sondern beherbergt in seinem archäologischen Museum auch die schönsten griechischen Skulpturen, die in Italien bisher gefunden wurden. Der unzugänglich wirkende **Aspromonte** zählt zu den Gebirgen, die noch auf ihre Erschließung warten.

Das weiter nördlich liegende **Stilo** war einst ein Zentrum byzantinischen Glaubens, wovon noch heute die einzigartige Kreuzkuppelkirche La Cattolica zeugt. Auf ionischer Seite liegen am **Capo Rizzuto** schöne Tauchgründe, und weiter nördlich in **Rossano** wird der Codex purpureus Rossanensis verwahrt, eine der weltweit ältesten illustrierten Handschriften.

Vorschläge für Rundreisen

1 Woche

Wer lediglich eine Woche Zeit hat, sollte sich auf eine Region beschränken und diese genauer kennenlernen. So kann man z. B. Quartier in Neapel beziehen, um von hier aus die Sehenswürdigkeiten der Stadt und am Golf zu erkunden sowie einen Ausflug auf mindestens eine der Inseln zu unternehmen. Dank der guten Verkehrsverbindungen sind die meisten Orte auf direktem Weg und ohne eigenes Fahrzeug zu erreichen.

Will man die Großstadt Neapel umgehen, so kann man sich andernorts einen festen Standort suchen und von hier aus Ausflüge und Wanderungen in die Umgebung machen. Dafür bieten sich beispielsweise die Amalfiküste, das Cilento, das Pollino-Gebirge oder die Gargano-Halbinsel an. Ebenso ist es natürlich möglich, mit einem Mietwagen zu reisen und einen der Küstenabschnitte wie die Adriaküste zwischen dem Gargano und Brindisi zu erkunden. Empfehlenswerte Abstecher führen ins Hinterland, beispielsweise in die Trulli-Region, zum Castel del Monte oder nach Ruvo di Puglia.

2 Wochen

Während eines zweiwöchigen Aufenthalts in Süditalien kann man jeweils eine der Regionen relativ gut kennenlernen. Es bietet sich an, mehrere Standorte zu wählen, um von

Tagsüber Sightseeing und abends Shoppen – Matera hat Touristen viel zu bieten

hier aus Ausflüge zu unternehmen. Wählt man als einen der ersten Standorte eine größere Stadt mit guter Verkehrsanbindung wie beispielsweise Neapel, Lecce oder Venosa, kann man in den ersten Tagen auf einen Mietwagen verzichten.

Eine weitere Option wäre, die Küste auf der tyrrhenischen, ionischen oder adriatischen Seite entlangzufahren und gelegentlich Abstecher ins Hinterland zu machen. Diese Routen bieten die Möglichkeit, unterschiedliche Flughäfen für die An- und Abreise zu wählen wie Neapel und Lamezia Terme oder Reggio di Calabria und Bari.

3 bis 4 Wochen

Wer für den Mezzogiorno einen ganzen Monat Zeit hat, kann in jeder Region fünf bis sieben Tage verweilen und sich so einen guten Überblick verschaffen. Es bietet sich an, zuerst Neapel und die Sehenswürdigkeiten am Golf von Neapel kennenzulernen, um dann entlang der Küste nach Süden zu reisen – am besten fährt man einmal um den ganzen Stiefelabsatz herum und beendet die Küstentour im Gargano, von wo aus man über Melfi nach Neapel zurückkehren kann. Auch die Querung des Sila-Massivs vom Ionischen ans Tyrrhenische Meer oder umgekehrt ist sehr spektakulär, allerdings würde man dann die Stiefelspitze mit Reggio di Calabria auslassen. Auf jeden Fall aber sollte man stets ausreichend Pausen einplanen, denn Süditalien überrascht immer wieder und es könnte durchaus passieren, dass man irgendwo länger verweilen möchte.

Tipps für die Reiseorganisation

Individualtouren

Während die großen Städte sehr gut mit öffentlichen Verkehrsmitteln verbunden sind, braucht man für die Erkundung abgelegener Gebiete ein eigenes Auto – oder aber sehr viel Zeit. Bei Reisen entlang der Küste kann man auf Bus und Bahn zurückgreifen, bei Reisen durchs bzw. ins Landesinnere empfiehlt sich ein Mietwagen.

Vor allem bei kürzeren Aufenthalten sollte man Flug und Mietwagen miteinander kombinieren. Wählt man für seinen Urlaub einen festen Standort, muss man auf eine gute verkehrstechnische Anbindung achten. Eine empfehlenswerte Variante ist es auch, eine organisierte Rundreise zu buchen und einen Individualurlaub mit festem Standort anzuhängen.

Studien- und Spezialreisen

Geführte Reisen bieten sich besonders für Alleinreisende sowie für Kultur- und Kunstinteressierte an. Zum einen braucht man sich um nichts zu kümmern und zum anderen erfährt man dank der professionellen Reiseleitung viel Wissenswertes über Land und Leute und lernt auch Ecken abseits der Touristenpfade kennen.

Das Angebot an guten Studien- und Wanderreisen nach Süditalien ist bisher noch sehr überschaubar. Die meisten dieser Reisen führen nach Kampanien und Apulien, an die Orte der Grand Tour, die einen hohen kulturgeschichtlichen Wert haben. Bewährt haben sich bei den Studienreisen besonders die Unternehmen **Studiosus,** www.studiosus.de, und **Wikinger,** www.wikinger.de. Wikinger sowie der kleine deutsche Veranstalter **La Kooperativa,** www.lakooperativa.de, bieten auch interessante Wanderreisen mit hohem Genussfaktor in den vier Regionen Süditaliens an.

Reisen mit Kindern

Italiener lieben Kinder und so stößt man auch im Süden auf viel Sympathie und Verständnis. Ein wahres Urlaubsparadies für Kinder sind die Sandstrände. Hier können nicht nur Sandburgen gebaut werden, sondern man kann auch Boote mieten und zu nahe gelegenen Grotten paddeln. Vorsicht jedoch mit den Strömungen und der Sonne – viele Familien verlassen den Strand in der größten Mittagshitze und kehren erst am späten Nachmittag wieder zurück.

Spielplätze, wie wir sie in Mitteleuropa kennen, wird man in Süditalien eher selten finden. Doch einige Unterkünfte bieten einen Pool, Feriendörfer haben spezielle Angebote für Kinder und besonders die Agriturismi (s. S. 79) sind bei Familien sehr beliebt.

Zu Entdeckungen laden auch die Höhlen in Kampanien und Apulien ein. Wer in Geschichte bewandert ist oder ein entsprechendes Buch dabei hat, kann einen Besuch von Pompeji oder einer anderen archäologischen Stätte zu einem spannenden Ausflug in die Vergangenheit werden lassen. Es existieren aber auch sehr gute Museen für Kinder wie das auf die sinnliche Erfahrung ausgerichtete Museum zur Villa Oplontis.

Reisen mit Handicap

Steigende Besucherzahlen sorgen dafür, dass man sich auch in Süditalien allmählich auf Reisende mit Handicap einstellt. In den Unterkunftsverzeichnissen wird auf behindertengerechte Einrichtungen hingewiesen. Einige Strände besitzen mittlerweile einen entsprechenden Zugang. Viele Lokale liegen ebenerdig und haben breite Türen, sodass auch Rollstuhlfahrern der Zutritt möglich ist. Informationen über behindertengerechte Restaurants und Unterkünfte bietet die Website **www.italiapertutti.it** (auch dt.).

Einreiseformalitäten

Ausweispapiere

Entsprechend dem Schengener Abkommen ist die Einreise nach Italien ohne Grenz- und Zollkontrolle möglich. Für EU-Bürger genügt ein gültiges Personaldokument, das noch mindestens drei Monate Gültigkeit besitzen muss. Schweizer benötigen einen Pass oder eine Identitätskarte mit noch mindestens sechs Monaten Gültigkeit. Kinder unter 16 Jahren müssen über einen Kinderpass verfügen oder bei den Eltern mit eingetragen sein. In jedem Fall empfiehlt es sich, eine Kopie sämtlicher wichtigen Dokumente mit auf die Reise zu nehmen. Im Falle eines Verlusts der Originale können sie bei der Wiederbeschaffung sehr von Nutzen sein und das gesamte Prozedere beschleunigen.

EU-Bürger, die länger als 90 Tage in Italien bleiben möchten, benötigen eine Aufenthaltsgenehmigung, Schweizer ein Visum. Dieses kann man zu Hause bei der Botschaft oder am Aufenthaltsort in Italien beantragen. In Deutschland, Österreich oder der Schweiz lebende Bürger von Nicht-EU-Staaten müssen grundsätzlich ein Visum bei der italienischen Botschaft beantragen.

Zollbestimmungen

Trotz des vereinfachten Warenverkehrs zwischen den Schengen-Staaten gibt es in allen EU- und EFTA-Mitgliedsstaaten nationale Ein-, Aus- oder Durchfuhrbeschränkungen. Waren für den persönlichen Gebrauch dürfen in unbeschränkter Menge mitgenommen werden. Dafür hat der Zoll sogenannte Freigrenzen festgelegt – für darüber liegende Mengen muss nachgewiesen werden, dass die Waren für den persönlichen Gebrauch bestimmt sind. Die für Deutschland und Österreich geltenden Freimengen liegen bei 90 l Wein, 110 l Bier oder 10 l Spirituosen über 22 % und 20 l unter 22 %, 800 Zigaretten, 400 Zigarillos, 200 Zigarren oder 1 kg Tabak, 10 kg Kaffee sowie 20 l Kraftstoff in einem Kanister. Weitere Infos sind auch unter **www.zoll.de, www.bmf.gv.at** und **www.zoll.admin.ch** zu finden.

Mitnahme von Haustieren

Bei der Mitnahme von Hunden oder Katzen muss ein sogenannter Heimtierausweis mitgeführt werden. Es ist nötig, dass dieser dem Tier eindeutig zugeordnet werden kann, d. h. dass das Tier per Mikrochip identifizierbar ist. Die Kennzeichnungsnummer muss im Pass eingetragen werden, und der Ausweis muss auch einen Impfnachweis gegen Tollwut enthalten, der nicht älter als elf Monate sein darf. Weiterhin ist ein aktuelles tierärztliches Gesundheitszeugnis mitzuführen, das bei der Einreise höchstens einen Monat alt sein darf. Näheres erfährt man beim Tierarzt oder unter **www.verbraucherministerium.de, www.bmf.gv.at** und **www.zoll.admin.ch.**

Anreise

... mit dem Flugzeug

Internationale Flughäfen gibt es in Neapel, Bari und Brindisi sowie in Lamezia Terme und Reggio di Calabria. Die Flugzeit bei Direktflügen beträgt bis zu 3 Std. Bei frühzeitiger Buchung kostet z. B. ein Hin- und Rückflug von Berlin nach Neapel um die 160 €, von Wien nach Reggio di Calabria ca. 270 € oder von Zürich nach Bari an die 150 €.

Preiswerter als mit den Linienflügen von **Lufthansa,** www.lufthansa.de, **Swiss,** www.swiss.com, **Air France,** www.airfrance.com, und **Alitalia,** www.alitalia.com, geht es mit **Air Berlin,** www.airberlin.com, **Easyjet,** www.easyjet.com, **German Wings,** www.germanwings.com, **Tuifly,** www.tuifly.com, und **Ryanair,** www.ryanair.com. Wer bei den Billig-Airlines früh und online bucht, kann mit etwas Glück für 29 € pro Strecke fliegen. Es werden keine Tickets ausgestellt, stattdessen bekommt man per E-Mail eine Buchungsnummer. Zur

Nicht Asien, sondern Capri: Auch hier kann man sich ein Tuk-Tuk mieten

Bezahlung wird in der Regel eine Kreditkarte verlangt.

Wer sich im letzten Augenblick für eine Reise nach Süditalien entscheidet, kann Ausschau nach Last-Minute-Flügen halten, die von einigen Airlines mit deutlicher Ermäßigung ab etwa 14 Tage vor Abflug angeboten werden. Last-Minute-Flüge lassen sich u. a. bei folgenden Spezialisten buchen: **L'Tur,** www.ltur.com, und **Lastminute.com,** www.de.lastminute.com.

Der wichtigste Flughafen Süditaliens ist derjenige von **Neapel,** www.gesac.it. Von hier aus gelangt man am besten mit dem Ali-Bus ins Zentrum zum Bahnhof an der Piazza Garibaldi bzw. an den Fähranleger. Buslinien in die Zentren gibt es auch von den Flughäfen in **Bari,** www.aeroportodipuglia.it (AMTAB-Busse), **Brindisi,** www.aeroportodipuglia.it (STP-Busse) und **Reggio di Calabria,** www.sogas.it (ATAM-Busse). Die Busse fahren in der Regel von ca. 5.30 bis 23 Uhr alle 20 bis 40 Min. Je nach Strecke beträgt die Fahrzeit zwischen 20 und 40 Min., die Kosten liegen zwischen 1 und 5 € pro Strecke. Die einzige Ausnahme bildet der wichtigste Flughafen von Kalabrien, **Lamezia Terme,** www.sacal.it. Er liegt rund 60 km von Tropea und 35 km von Catanzaro entfernt. Busse verschiedener Linien fahren vom Flughafen in die Städte Catanzaro, Cosenza, Crotone, Tropea und Vibo Valentia.

... mit der Bahn

Für die Zugfahrt von Mitteleuropa nach Süditalien muss man durchschnittlich mit 15 bis 25 Std. rechnen. Es empfiehlt sich, mit dem **Nachtzug** von München oder Innsbruck über die Alpen nach Roma Termini zu fahren (10–12 Std.). Auf dieser Strecke gibt es City-Night-Line-Angebote ab 40 € p. P. für die einfache Strecke. Die Tickets sind entweder unter www.nachtzugreise.de zu buchen oder per Telefon unter 01805 14 15 14.

Für die Weiterreise ab Rom stehen verschiedene Strecken zur Verfügung. Nach Neapel dauert die Fahrt z. B. 1 bis 2 Std. und kostet um die 50 €, nach Brindisi benötigt man ca. 5 Std. und zahlt knapp 100 €. Wer lieber bei Nacht durch Italien reisen möchte, kann auch in ca. 12 Std. von Mailand nach Neapel reisen. Die Kosten für eine Person in einem 4er-Liegewagen liegen bei 73 €. Infos über das italienische Streckennetz sind erhältlich unter **www.trenitalia.com.**

Sowohl in Deutschland als auch in Italien, Österreich und der Schweiz bietet die Bahn viele Ermäßigungen und Sondertarife an. Es lohnt sich, hier etwas Zeit in die Recherche zu investieren, denn die Kostenersparnis kann beachtlich sein.

... mit dem Bus

Die **Deutsche Touring GmbH,** Tel. 069 790 35 01, www.touring.de, bietet Busfahrten von verschiedenen deutschen Städten nach Süditalien an. Die Fahrt von Hamburg nach Bari dauert z. B. 25 Std. und kostet hin und zurück 230 €, von Berlin nach Neapel sind es 19 Std. und 248 €. Bei frühzeitiger Buchung werden Preisnachlässe gewährt. Informationen und Fahrpläne sind auch erhältlich bei **Eurolines** in Österreich, Tel. 01 798 29 00, www.eurolines.at, und in der Schweiz, Tel. 043 444 65 20, www.eurolines.ch.

... mit dem Auto

Wer mit dem eigenen Auto fährt, kann sich vor Ort zwar sehr flexibel bewegen, benötigt allerdings allein für die Anreise nach Süditalien gute 24 Std. Besonders an den Sommerwochenenden und an der Küste ist es kein Vergnügen, unterwegs zu sein, denn das ganze Land ist dann auf dem Weg ans Wasser. Nicht zu reden vom Verkehr in den großen Städten, der auf Mitteleuropäer meist sehr chaotisch wirkt – schon manch einer ist an den vielen Einbahnstraßen und italienischen Ausschilderungen nahezu verzweifelt. Vor allem Letztere sind zuweilen verwirrend bis gar nicht vorhanden.

Eine Alternative ist der **Autoreisezug.** Sowohl von Deutschland, Tel. 01805 99 66 33, www.dbautozug.de, als auch von Österreich, Tel. 05 17 17, www.oebb.at, und von der Schweiz, Tel. 0900 30 03 00, www.sbb.ch, werden in Abhängigkeit von der Saison Verbindungen nach Verona und Rom angeboten (12–17 Std.). Die Kosten für einen Pkw normaler Größe und zwei Personen betragen pro Strecke ab 400 €.

Wer mit dem eigenen Auto anreist, benötigt den nationalen Führerschein und die Fahrzeugpapiere. Das Nummernschild muss mit dem jeweiligen Länderkennzeichen versehen sein, sonst drohen bis zu 50 € Strafe. Die grüne Versicherungskarte, die telefonisch bei der jeweiligen Versicherung bestellt werden kann, muss man nicht mehr mitführen, jedoch kann sie für notwendige Schadensregulierungen sehr nützlich sein.

Unterwegs im Land

Das öffentliche Verkehrsmittelsnetz ist vor allem zwischen den großen Städten und entlang der Küsten gut ausgebaut. Für Reisen ins Landesinnere empfiehlt sich zumeist ein eigenes Fahrzeug bzw. ein Mietwagen.

... mit dem Flugzeug

Bari, Brindisi und Neapel werden regelmäßig von anderen italienischen Flughäfen angeflogen, u. a. von Alitalia, www.allitalia.com, sowie den Billigfliegern Condor, www.condor.com, Easyjet, www.easyjet.com, und Ryanair, www.ryanair.com. Auch hier gilt: Frühzeitiges Buchen sichert günstige Tarife.

... mit dem Zug

Das Bahnnetz entlang der Küsten ist recht gut ausgebaut. Durch das Landesinnere verkehren zwar auch Bahnlinien, oftmals muss man jedoch auf Busverbindungen zurückgreifen. Die Bahnhöfe größerer Städte liegen meist in der Nähe des Zentrums, diejenigen kleinerer Städte oft etwas außerhalb. In Süditalien gibt es auch einige Privatbahnen, die bestimmte Streckenabschnitte bedienen, z. B.

die Ferrovie della Calabria, eine Schmalspurbahn durch das Sila-Gebirge. Informationen zu diesen Verbindungen sind in den jeweiligen Ortskapiteln zu finden.

Die Fahrpreise liegen noch deutlich unter mitteleuropäischem Standard. Dennoch lohnt es sich auch hier, Sondertarife und -angebote zu erfragen. Eine genauere Recherche ist zwar zeitaufwendig, kann aber eine gute Kostenersparnis bringen.

Viele Züge in Italien sind reservierungspflichtig. Die Fahrkarten sind nur gültig, wenn sie vor Fahrtantritt entwertet werden, hierfür steht am Zugang zum Bahnsteig ein gelber Kasten bereit. Vom Zeitpunkt der Entwertung an muss die Fahrt innerhalb von 6 Std. angetreten werden. Wird die Fahrkarte nicht abgestempelt, kann das den Fahrgast bis zu 500 € Strafe kosten. Zusätzliche Kosten (ab 25 €) fallen auch an, wenn man Fahrkarten im Zug nachlöst. Für die eigene Zeitplanung sollte man berücksichtigen, dass viele italienische Bahnhöfe außerhalb der Zentren liegen. Informationen zum italienischen Streckennetz und zu den Preisen liefert die Webseite **www.trenitalia.com.**

... mit dem Bus

Die Busse in Süditalien bedienen alle größeren und kleineren Orte und fahren auch in abgelegene Regionen. Dabei gilt: Verbindungen von bzw. in größere Orte bestehen mehrmals am Tag, Busse zwischen kleineren Orten verkehren meist nur 2 x tgl. (frühmorgens und abends). Bushaltestellen befinden sich in der Nähe des Bahnhofs oder am Hauptplatz. Fahrscheine gibt es entweder an der Station selbst oder im nächstliegenden Tabacchi.

Die Busunternehmen befinden sich in privatem, staatlichem oder halbstaatlichem Besitz, weswegen die Fahrpläne oftmals nicht aufeinander abgestimmt sind und es zu längeren Wartezeiten kommen kann. Demzufolge sollte man sich vor Fahrtantritt so genau wie möglich informieren. Die Fahrpläne sind in den jeweiligen Tageszeitungen abgedruckt oder man erhält sie über die zentrale Touristeninformation im Internet bzw. vor Ort am Flughafen, am Bahnhof oder in der Information. Die Preise sind günstiger als in Mitteleuropa üblich.

... mit dem Taxi

In den größeren Städten sowie an den Flug- und Bahnhöfen stehen jede Menge Taxis zur Verfügung. Sie sind allerdings keine Garantie dafür, schnell an sein Ziel zu kommen. Vor allem in der Metropole Neapel mit ihrem dichten Verkehr ist man mit der Metro oder der Seilbahn oftmals schneller (und preiswerter) unterwegs.

Die Taxi-Tarife sind nicht einheitlich. Letztlich ist es immer von Vorteil, vorher einen Preis auszuhandeln.

... mit dem Mietwagen

An den Flughäfen und Bahnhöfen finden sich alle bekannten Autovermieter. Wenn möglich, sollte man den Mietwagen schon von zu Hause aus buchen – das spart Kosten und Missverständnisse. Auf jeden Fall mitgebucht werden sollten Vollkasko- und Diebstahlversicherung. Voraussetzung für die Nutzung eines Mietwagens ist das vollendete 21. Lebensjahr, ein seit mindestens einem Jahr gültiger Führerschein sowie eine Kreditkarte. Will man kleinere Ausflüge in die Umgebung machen, kann man vor Ort auch ein Motorrad oder eine Vespa leihen.

Verkehrsregeln

In Italien gilt dieselbe Straßenverkehrsordnung wie im übrigen Europa. Die absolute Höchstgeschwindigkeit auf Autobahnen beträgt 130 km/h, auf Schnellstraßen 110 km/h und auf Landstraßen 90 km/h. Auf kurvigen Straßen, die wie die Amalfitana zuweilen auch ziemlich schmal sind, wird man diese Geschwindigkeiten jedoch kaum erreichen. Vor engen und nicht einsehbaren Kurven ist es besser zu hupen, um entgegenkommende Fahrzeuge zu warnen.

Aus Sicherheitsgründen müssen alle Kraftfahrzeuge auf Autobahnen und Staatsstraßen auch tagsüber mit Abblendlicht fahren. Pflicht für alle Fahrzeuginsassen ist auch das Mitführen von Sicherheitswesten, die das Kontrollzeichen EN 471 tragen müssen. In Italien besteht sowohl auf Vorder- als auch Rücksitzen Anschnallpflicht, für Motorradfahrer Helmpflicht. Telefonieren während der Fahrt ist nur mit einer Freisprecheinrichtung gestattet. Die Promillegrenze liegt bei 0,5. Mit Verkehrssündern geht die Verkehrspolizei *(polizia stradale)* sehr streng um. Alkohol am Steuer kann weit über 2000 € Strafe kosten, Geschwindigkeitsüberschreitungen von 20 km/h gut und gerne 150 €.

Autobahngebühren

Die Benutzung der Autobahnen in Italien ist kostenpflichtig. Grundsätzlich gilt, dass stark befahrene Autobahnen, besonders in Ballungsgebieten, sowie Autobahnen zu den Küsten bzw. entlang der Küsten teurer sind als andere. Pro Autobahnkilometer muss man mit 0,10 € rechnen. Bisher gebührenfrei ist die Strecke von Salerno bis Reggio di Calabria an der südlichsten Stiefelspitze.

Je nach Anreiseroute muss man unter Umständen noch eine Autobahnvignette für Österreich (10 Tage/7,70 €, 2 Monate/22,20 €, 1 Jahr/73,80 €) oder die Schweiz (1 Jahr/27,50 €) erstehen. Für die Brennerautobahn muss zusätzlich eine Mautgebühr bezahlt werden (8 € einfach).

An den italienischen Zahlstellen werden alle gängigen Kreditkarten und die sogenannte Viacard akzeptiert. Mit Letzterer erfolgt die Passage an den bargeldlosen Schaltern schneller. Sie sind im Wert von 25 bzw. 50 € bei Automobilclubs, an Raststätten und an der Grenze zu kaufen.

Parken

Eine Besonderheit in Italien ist das Parkverbot an schwarz-gelben und gelb markierten Bordsteinen. Ist die Markierung blau, so ist das Parken gebührenpflichtig. Parkscheine können entweder an einem Automaten gelöst bzw. im nächsten Tabacchi gekauft werden (hier muss man die entsprechende Zeit freirubbeln). Das Bußgeld für Falschparken beträgt 30 €, die Mahnbescheide erreichen den Urlauber auch im Heimatland. Wenn möglich, sollte man bei Ausflügen in Städte oder zu historischen Stätten auf öffentliche Verkehrsmittel zurückgreifen, da die Parkplatzsituation im Juli und August meist katastrophal ist und bewachte Parkplätze viel Geld kosten.

Tanken

In Metropolen und Ballungszentren gibt es ein gutes Tankstellennetz. Wer in ländlichere Gegenden fährt, sollte vorher auf der Karte kontrollieren, ob Tankstellen an der Strecke liegen. Die Öffnungszeiten sind in der Regel 7.30–13 und 15–20 Uhr, Tankstellen an den Autobahnen haben rund um die Uhr geöffnet. Oft kann man das Auto von Mitarbeitern der Tankstelle betanken lassen und auch bei ihnen bezahlen. Es ist nicht üblich, ein Trinkgeld zu geben. Ist die Tankstelle geschlossen, gibt es meist einen Selbstbedienungsservice, für den man eine Kreditkarte mit PIN oder Bargeld benötigt. In Italien gibt es nur zwei Sorten Kraftstoff: Benzin bleifrei *(benzina verde)* und Diesel *(gasolino)*. Die Preise sind etwas höher als in Mitteleuropa.

Notrufnummern

ADAC in Italien Tel. 02 66 15 91, in Deutschland Tel. 089 22 22 22

ÖAMTC in Italien Tel. 02 66 15 95 53, in Österreich Tel. 01 251 20 00 bzw. 01 251 20 20 für medizinische Notfälle

TCS in der Schweiz Tel. 022 417 22 20

Offizielle Saisondaten
Generell beginnt die Saison kurz vor Ostern und endet zwischen Mitte und Ende Oktober. Die Osterfeiertage werden von vielen Italienern für Ausflüge genutzt, sodass die Preise in diesem Zeitraum höher liegen als üblicherweise in der Nebensaison. Die Hauptsaison beginnt mit den Schulferien Mitte Juni und endet Mitte September. Ihren absoluten Höhepunkt erreicht sie im August.

Das Angebot an Unterkünften in Süditalien ist sehr vielfältig und bietet für jeden Geschmack und Geldbeutel etwas. Neben den Hotels haben sich B & Bs sowie Ferienwohnungen und Agriturismi etabliert. Vor allem Letztere liegen oft in landschaftlich atemberaubender Lage. An der Küste gibt es zumeist auch Campingplätze und Feriendörfer.

Außerhalb der Ferienzeiten und der Hochsaison findet man relativ einfach eine Unterkunft zu annehmbaren Preisen. Dennoch ist es empfehlenswert, sich vorab zu informieren und auch zu buchen. Denn zum einen können zwischen den einzelnen Unterkünften bei gleichen Preisen markante Unterschiede bestehen, und zum anderen ist es von Ende Juli bis Ende August nahezu aussichtslos, spontan eine Übernachtung zu finden, die schön und preiswert ist. Bei den Touristeninformationen (s. S. 66) kann man Unterkunftsverzeichnisse bestellen. Auch auf den Webseiten der regionalen Touristenbüros bzw. der Orte sind in der Regel Unterkünfte gelistet und direkt buchbar. Der Vorteil ist, dass man hier meist auch Informationen zur Lage erhält.

Hotels

In Süditalien finden sich Hotels aller Kategorien, aber am häufigsten sind Drei-Sterne-Hotels. Alles, was darüber liegt, ist sehr luxuriös und in ausgesuchter Lage, allerdings auch deutlich teurer.

Die Hotels der Drei-Sterne-Kategorie unterscheiden sich weniger im Preis als in der Ausstattung. Einige liegen sehr schön am Meer, andere haben Pools und Restaurants. Einige bieten den Luxus eines Gartens oder Fitnessraums, wieder andere sind sehr geschmackvoll eingerichtet. Die meisten Hotels öffnen eine Woche vor Ostern und schließen spätestens Ende Oktober. Nur wenige haben ganzjährig geöffnet. In der Nebensaison kann man das Zimmer meist wahlweise inkl. Frühstück oder mit Halbpension buchen. Die Preise beginnen bei ca. 30 € p. P. Im Sommer muss die Halbpension oft mitgebucht werden, ob man will oder nicht. Dafür sind durchschnittlich 10 € p. P. mehr einzukalkulieren. In vielen Hotels ist auch Vollpension möglich, was dann noch einmal 10 bis 20 € zusätzlich kostet. Im August kann es vorkommen, dass Hotelzimmer nur bei einem Mindestaufenthalt von sieben Tagen zu buchen sind.

Grundsätzlich werden Ermäßigungen für Kinder gegeben (Aufbettungen sind möglich), ebenso ab einer bestimmten Anzahl von Tagen. Jedes Hotel ist verpflichtet, in allen Zimmern eine Preisliste auszuhängen (meist sind dort nicht die Zimmerpreise, sondern die Preise pro Person vermerkt). Die in diesem Buch angegebenen Preise entsprechen einer Nacht im Doppelzimmer inkl. Frühstück. Der Preisunterschied zwischen Neben- und Hauptsaison kann mehr als das Doppelte betragen. Viele Hotels verfügen über Parkplätze, die teilweise 5 bis 12 € pro Tag extra kosten.

Bed & Breakfast

Eine besondere Form der Unterkunft mit sehr persönlicher Atmosphäre sind die B & Bs, die meist in renovierten Palazzi, Villen und Landhäusern untergebracht sind. Die Pracht der historischen Räumlichkeiten, zuweilen kombiniert mit moderner, klarer Ausstattung und Einrichtung, kann absolut überwältigend sein.

Die B & Bs sind häufig familiengeführt und in vielen ist schon das Frühstück ein kulinarisches Highlight. Außerdem bekommt man meist viele gute Tipps und Informationen. Die Preise beginnen bei ca. 35 € für ein Doppelzimmer inkl. Frühstück. Hilfreiche Webseiten für die Suche nach B & Bs sind u. a. **www.bbitalia.it, www.anbba.it, www.bedandbreakfast.it** und **www.bed-and-breakfast.it.**

Agriturismo

Agriturismo ist die italienische Variante des in Mitteleuropa bekannten Urlaubs auf dem Land. Alte Anwesen und Bauernhöfe wurden zu komfortablen Unterkünften ausgebaut, gelegentlich ist sogar ein Pool dabei. Häufig werden die Agriturismi wie ein B & B geführt und sind sehr schön gelegen – mit Blick aufs Meer, inmitten von Zitronen-, Orangen- oder Olivenhainen, in Weinbergen etc. Meist kann man das eigene Haustier mitbringen. In Apulien und in der Basilikata handelt es sich bei den Agriturismi oft um herrschaftliche Höfe, die **Masseria** genannt werden. Die Zimmer und Apartments sind generell mit Handtüchern und TV ausgestattet. Vielleicht ist die Ausstattung nicht immer die modernste, doch die Umgebung macht das meist wieder wett. Manche Agriturismi bieten auch Reitmöglichkeiten und Ausflüge an. Wenn von den Besitzern ein Abendessen serviert wird, sollte man sich das nicht entgehen lassen. Die Preise beginnen bei ca. 50 € für ein Doppelzimmer inkl. Frühstück. Bei der Suche nach Agriturismi helfen die Webseiten **www.agriturist.it, www.agriturist.it, www.agriturismo.it** und **www.agriturismo-on-line.it.**

Ferienwohnungen

Eine verbreitete und beliebte Art der Unterkunft sind auch Ferienwohnungen, die entweder zu großen Apartmentanlagen gehören

Für den etwas dickeren Geldbeutel gibt es zauberhafte Unterkünfte

oder von Privatpersonen vermietet werden. Die Wohnungen sind meist mit allem Notwendigen ausgestattet, aber man sollte sich vorher genau nach ihrer Lage erkundigen. In der Hochsaison wird nur wochenweise vermietet, sonst auch tageweise. Wenn man an Häusern ein Schild mit der Aufschrift *affitarsi* sieht, bedeutet das ›zu vermieten‹. Am besten gleich die angegebene Nummer anrufen, die Besitzer wohnen meist um die Ecke und kommen vorbei. Die Preise zwischen Neben- und Hochsaison sind auch hier sehr unterschiedlich und können zwischen 200 und 2000 € pro Woche variieren. Gute Internetseiten für die Suche nach Ferienwohnungen und -häusern sind **www.nonsolocasa.de** und **www.fewo-direkt.de.**

Ferienclubs und -dörfer

Vor allem entlang der Küste lassen sich unterschiedlich große und ausgestattete Feriendörfer finden – manche in Form einer Apartmentanlage mit einer entsprechenden Infrastruktur, andere sind wie ein Club organisiert, der Kinderbetreuung, Animation, Rundumservice, Vollverpflegung etc. bietet. Häufig ist deutschsprachiges Personal beschäftigt und zumeist kann nur wochen-, nicht tageweise gebucht werden. Informationen erhält man über Reisebüros oder auch auf der deutschen Internetseite **www.casa mundo.de.**

Jugendherbergen und Hostels

Jugendherbergen, die preiswerteste Übernachtungsmöglichkeit, gibt es in Süditalien nicht allzu häufig. Auf den Webseiten des italienischen Jugendherbergsverbands Alberghi per la Gioventù, **www.ostellionline.org** und **www.aighostels.com,** kann man sich über die einzelnen Standorte informieren. In den italienischen Jugendherbergen gibt es keine Altersbeschränkungen. Neben Schlafsälen werden zum Teil auch Doppelzimmer angeboten.

Camping

Entlang der süditalienischen Küstenlinie finden sich viele Campingplätze, die meist zu Ostern öffnen und je nach Temperaturen, Lage und Besucherzahlen zwischen Mitte und Ende Oktober schließen. Im Landesinnern bieten auch einige Agriturismi (s. S. 79) Stellplätze für Zelte und Wohnmobile an. Außerhalb der Feiertage und der Sommermonate Juli, August ist es relativ unkompliziert, einen Stellplatz für sein Zelt oder den Wohnwagen zu bekommen. Ansonsten sollte man jedoch vorab reservieren, da auch viele Italiener gerne auf Campingplätze gehen. Bei ihnen ist besonders der Urlaub im Wohnmobil beliebt. Mehr und mehr Kommunen richten daher entsprechende Stellplätze mit sanitären Anlagen ein, ausgewiesen mit *Area attrezzata per Camper*.

Supermarkt und Bar/Restaurant gehören bei den meisten Campingplätzen zum Standard. Einige bieten sogar Internetzugang, teilweise WLAN, und Programme für Kinder an. Die Bezeichnung *Villaggi turistici* verweist darauf, dass auch Bungalows und Apartments vermietet werden, die allerdings von unterschiedlicher Qualität sind.

Für einen Campingurlaub muss man ungefähr mit folgenden Preisen pro Tag rechnen: 7–12 €/Pers., 7–15 €/Zelt, 9–23 €/Wohnwagen bzw. -mobil. Haustiere und Pkw-Parkplätze werden mit 2–5 €/Tag extra berechnet. Der niedrigste Preis bezieht sich auf die Vor- bzw. Nebensaison, der höchste Preis auf die Hauptsaison. Listen italienischer Campingplätze findet man unter **www.camping.it** und **www.campeggievillaggi.it.**

Süditalien bietet eine große Vielfalt an Sport- und Erholungsmöglichkeiten. Sehr verbreitet sind insbesondere Radfahren, Tauchen und Wandern. Auf konkrete Angebote wird in den jeweiligen Ortskapiteln hingewiesen.

Angeln

Sportangler und Amateure finden sowohl im Meer als auch in Seen und Flüssen ein großes Betätigungsfeld. Ausnahmen bilden Wasserschutzgebiete wie beispielsweise die Küste des Cilento in Kampanien oder das Gewässer vor den Trémiti-Inseln in Apulien. Im Gegensatz zu Seen und Flüssen braucht man für das Angeln unmittelbar vor der Küste meist keine Genehmigung. Dennoch sollte man sich in der entsprechenden Touristeninformation vor Ort nach den aktuellen Gegebenheiten erkundigen.

Baden

Die 2000 km lange Küste Süditaliens bietet sowohl lange Sandstrände als auch kleine Buchten und felsige Klippen. Die schönsten Strände finden sich im Cilento in Kampanien, an der Costa di Maratea in der Basilikata, an der Costa dei Cedri in Kalabrien sowie auf der Gargano-Halbinsel und im Salento in Apulien. In den touristisch erschlossenen Regionen gibt es bewachte Strände *(spiaggia in concessione)* mit Bademeistern bzw. Rettungsschwimmern. An diesen Stränden kann man sich Sonnenschirme und Liegestühle ausleihen (1 Schirm und 2 Liegen je nach Saison 5–25 €/Tag). Kommt man erst am Nachmittag an den Strand, ist der Preis in den meisten Fällen verhandelbar. In der Hochsaison allerdings wird am Nachmittag gar nichts mehr zu mieten sein. Die bewachten Strände sind sehr gepflegt und oft mit WC, Duschen sowie Bar oder Strandlokal ausgestattet. An warmen Tagen stellen sich auch die fliegenden Händler ein, die Accessoires, Badetücher, frische Kokosnüsse etc. anbieten. Im Juli und August stehen einige Buchten, meist zu Hotelanlagen gehörend, unter musikalischer Dauerbeschallung – Teil des Unterhaltungsprogramms, das zumeist von jungen Animateuren bestritten wird.

Golf

Golf erfreut sich zunehmender Beliebtheit. Die süditalienische Region mit den meisten Angeboten für Golfspieler ist Apulien, wo gepflegte Anlagen beispielsweise bei Bari oder auch im Golf von Tarent zu finden sind. Kalabrien bietet schöne Plätze in Cetraro und am Golf von Squillace, die Basilikata hat einen Golfplatz bei Metaponto und auch die Provinz Kampanien zieht allmählich nach.

Auf der deutschsprachigen Internetseite **www.1golf.eu** findet man nach Regionen geordnet nützliche Informationen und weiterführenden Links zu Golfplätzen und -clubs in Italien.

Kajakfahren und Rafting

Ein Kajak ist ideal, um die Küste entlangzupaddeln und die Landschaft von der Meeresseite aus kennenzulernen. So kann man auch einige Buchten oder Grotten besuchen, die nur vom Wasser aus zugänglich sind. Allerdings sollte man sich vorher erkundigen, ob es Restriktionen gibt, z. B. wenn Seevögel brüten. An vielen Stränden findet man Kajakverleiher, die auch über mögliche Routen sowie die Wind- und Strömungsverhältnisse informieren.

Zu Raftingtouren lädt in Kalabrien der Fluss Lao nordwestlich des Pollino-Gebirges ein. Veranstalter findet man in den Orten Laino Borgo und Scalea.

Radfahren

Für geübte Radfahrer mit guter Kondition dürfte Süditalien ein wahres Dorado sein – bizarre Küstenlandschaften, im Hinterland kurvenreiche Bergstraßen und immer tolle Aussichten. Auch für Mountainbiker gibt es einige Pisten, z. B. im Aspromonte in Kalabrien, allerdings lässt das Kartenmaterial noch etwas zu wünschen übrig. Am besten erkundigt man sich vor Ort in der Touristeninformation nach markierten Routen oder besorgt sich im italienischen Buchhandel entsprechende Literatur. Für Touren im Hinterland abseits größerer Orte sollte man das nötige Reparaturmaterial dabeihaben.

Reiten

Einen klassischen Reittourismus gibt es in Süditalien noch nicht, nur vereinzelt werden mehrtägige Touren angeboten (Informationen bei den jeweiligen Orten). Wer sich nur für ein paar Stunden in den Sattel schwingen will, hat dazu oftmals auf den Agriturismi (s. S. 79) Gelegenheit.

Segeln und Surfen

Die Adria, das Tyrrhenische und das Ionische Meer sind ein abwechslungsreiches Segelrevier mit vielen idyllischen Häfen. Die zerklüftete Küste bietet unterschiedliche Windbedingungen. Wer mit dem eigenen Boot unterwegs ist, sollte beachten, dass es besonders im Juli und August schwierig sein kann, einen Platz im Hafen zu ergattern. Unter **www.pagineazzurre.com** findet man nach Regionen gegliedert alle wichtigen Infos zu den Häfen in Italien mit Angaben zu Wassertiefe, Serviceeinrichtungen etc. (ital., teilweise engl.).

Auch für Surfer ist Süditalien ein lohnendes Ziel. Besonders der Golf von Squilace und das Capo Vaticano in Kalabrien sowie die Gebiete um die Gargano-Halbinsel und vor der Salento-Küste (beide Apulien) sind beliebte Reviere. Erste nützliche Tipps sind unter **www.surfspot.de** zu finden.

Paradies für Outdoorfans: die Dolomiti Lucane bei Castelmezzano

Tauchen

Für Taucher sind die Meere um Süditalien ein wahres Dorado. Das Wasser ist meist sehr klar und seine Temperaturen mäßig bis angenehm warm. Auch Flora und Fauna haben einiges zu bieten: Seeanemonen und Korallen, Seeaale, Zackenbarsche, Langusten, Muränen, Kraken, Delfine ... um nur einige zu nennen. Auch Schiffswracks liegen an einigen Stellen.

Zu den interessantesten Tauchgründen zählen die gesamte tyrrhenischen Küste vom Cilento (Kampanien) bis hinunter nach Kalabrien, der Parco Marino di Capo Rizzuto auf der ionischen Seite sowie die Küste des Salento und vor allem die Trémiti-Inseln vor der Gargano-Halbinsel (beides Apulien).

An Tauchschulen herrscht kein Mangel, teilweise werden die Kurse sogar auf Deutsch abgehalten. Voraussetzung für die Teilnahme ist ein ärztliches Attest, das man sich sinnvollerweise bereits zu Hause besorgen sollte. Unter **www.diveitaly.com** kann eine Liste aller Tauchzentren Italiens, nach Regionen gelistet, abgerufen werden (ital.).

Thermen und Wellness

Vor allem in Kalabrien und Kampanien sind aufgrund der vulkanischen Aktivität einige Heilquellen zu finden, die bei den unterschiedlichsten Leiden helfen, sei es bei Hautempfindlichkeit, Rheuma, Asthma, Gelenkerkrankungen oder Nierenproblemen. Auch Schönheits- und Verjüngungskuren sind im Angebot. Mekka des Kurtourismus ist die Insel Ischia im Golf von Neapel. Andere heilkräftige Quellen finden sich im Pollino-Gebirge oder auch bei Lamezia Terme. Viele Hotels, besonders diejenigen ab drei Sternen aufwärts, bieten Wellnessprogramme an, die verschiedene Bäder, Massagen, Kuren und Sportangebote umfassen.

Wandern

Süditalien, vor allem die dortigen Natur- und Nationalparks, wird zunehmend auch von Wanderern entdeckt. Dank der landschaftlichen und geologischen Bandbreite gibt es Wanderungen jeder Schwierigkeit – von sehr leicht bis sehr anspruchsvoll. Zu den interessantesten Gebieten zählen das Cilento, die Gargano-Halbinsel sowie die rauen Gebirge des Pollino, der Sila und des Aspromonte. Leider sind nicht alle Wege ausreichend markiert, doch in den örtlichen Touristenbüros oder Unterkünften kann man zum Teil genaue Wanderkarten bzw. Wegbeschreibungen erhalten. Zuweilen werden auch geführte Touren angeboten, selten jedoch auf Deutsch oder Englisch.

Wer in Süditalien Wanderungen machen möchte, braucht auf jeden Fall knöchelhohe Wanderschuhe mit einem guten Profil, denn speziell in den Gebirgen haben viele Touren nahezu alpinen Charakter. Da es schon im Mai in schattenarmen Gebieten sehr heiß sein kann, gehört auch eine Kopfbedeckung und Sonnenmilch ins Gepäck, außerdem ausreichend Trinkwasser sowie im Frühjahr und Herbst eine Regen- oder Windjacke. Wanderstöcke können bei manchen An- und Abstiegen hilfreich sein.

Wintersport

Nur wenige bringen Süditalien mit Wintersport in Verbindung. Dabei verwandeln sich einige höher liegende Orte in der Sila und dem Aspromonte (beide Kalabrien) im Januar und Februar zu richtiggehenden Winterressorts. Insbesondere sind das Camigliatello, Gambarie und Villlaggio Palumbo. In der kalten Jahreszeit geht es dort zu wie in den Alpen, während nur wenige Kilometer entfernt am Meer die ersten Vorbereitungen für die Sommersaison laufen.

Kunsthandwerk

Das bekannteste Mitbringsel aus Süditalien ist wohl **Keramik,** besonders die bunt glasierten Majolika-Produkte. Das Zentrum hierfür ist Vietri sul Mare in Kampanien, wo die aus der arabischen Welt eingeführte Technik des Glasierens weiter gepflegt wird. Das Angebot reicht von Gebrauchsgegenständen bis hin zu figurativem Schmuck.

Zu Zeiten der amalfitanischen Seerepublik brachten die Araber auch die Kunst der Papierherstellung nach Europa. Unbestrittenes Zentrum für **Papierwaren** ist Amalfi, auch wenn man die Produkte ebenso andernorts in Papiergeschäften erwerben kann.

Auf der Sorrentiner Halbinsel, vor allem in Sorrent, werden in kleinen Handwerksbetrieben edle **Intarsienarbeiten** für entsprechendes Geld angefertigt. Weitaus erschwinglicher sind **Webarbeiten.** Vor allem Kleidung und Stoffe aus traditioneller Spitze sind ein beliebtes Mitbringsel, z. B. aus Positano (Kampanien) oder dem Salento (Apulien). Eine besondere Tradition sind die aus dem Holz der Erika geschnitzten **Pfeifen,** die vor allem in ländlichen Gebieten angeboten werden. Liebhaber von **Weihnachtskrippen** werden in Süditalien immer wieder auf Läden treffen, die ein riesiges Sortiment entsprechender Figuren auf Lager haben. Eine regelrechte Hochburg befindet sich in der Via San Gregorio Armeno in Neapel. In Lecce hingegen gibt es traditionelle und raffinierte Produkte aus **Pappmaschee.**

Alta Moda

Italien ist das Land der Mode und so findet man vor allem in Neapel und in den Provinzhauptstädten viele bekannte und auch extravagante Modegeschäfte. Besonders im Januar und Februar sowie im August und September prangt in großen Lettern die Parole *saldi* in den Schaufenstern – dann ist Winter- bzw. Sommerschlussverkauf und die beste Gelegenheit, um das eine oder andere Stück zu einem Schnäppchenpreis zu erstehen.

Kulinarische Spezialitäten

Wie überall in Italien stehen an oberster Stelle die Verkaufsschlager **Wein** und **Olivenöl,** am besten beim Hersteller direkt gekauft und mit dem Qualitätssiegel DOC für Wein (Denominazione Origine Controllata) bzw. DOP für Öl (Denominazione Origine Protetta) versehen. Besonders schmackhaft in Süditalien sind auch die **Wurstwaren,** speziell aus der Basilikata und Kalabrien, sowie die vielerorts angebotenen **Feigenprodukte,** getrocknet oder auch mit Nüssen, Mandeln und Schokolade zubereitet. Aus Kalabrien kommt außerdem beste **Lakritze** – sie wird in Rossano hergestellt. Nicht zu vergessen sind die scharfen **Peperoncini** aus der Basilikata und Kalabrien und die köstlichen **Backwaren** aus Apulien.

In touristischen Orten sind Läden mit der Bezeichnung *Prodotti tipici* zu finden. Diese Spezialitätenläden bieten neben typischen Produkten der Region auch hin und wieder Häppchen zum Probieren an.

Wochenmärkte

Überall in Süditalien gibt es Wochenmärkte, die zwischen Montag und Samstag jeweils von 8 bis 12/13 Uhr stattfinden, meist auf dem zentralen Platz. Zum Verkauf stehen Obst und Gemüse, Fisch und landestypische Produkte wie Oliven, Käse, Wurstwaren oder Honig, aber auch Kleidung, Schuhe, Taschen und andere Lederwaren bis hin zu Stoffen und Haushaltsgegenständen. Wer die Möglichkeit hat, einen Fischmarkt zu besuchen, z. B. den von Pozzuoli in Kampanien, sollte sich diese Chance nicht entgehen lassen.

Ausgehen

Die größeren Städte haben abends ein umfangreiches Unterhaltungsangebot, seien es klassische oder Rockkonzerte, Theater- oder Ballettaufführungen, Bars oder (Jazz-)Clubs. Allerdings schließen die Theater und Konzerthäuser der Städte in den Sommermonaten. Dafür finden von Mai bis September sowie speziell im Juli und August sehr viele thematische Festivals und Konzerte statt.

Süditaliener lieben Musik und so spielt beispielsweise auf jedem Dorffest eine Kapelle. Diese Festivitäten werden meist mit Plakaten angekündigt. Außerdem erhält man entsprechende Infos in den örtlichen Touristenbüros bzw. in den Lokalteilen der Zeitungen.

Selbstverständlich haben insbesondere die touristisch erschlossenen Orte ein Nachtleben. Angefangen bei Bars, in denen Livemusik gespielt wird, bis hin zu Clubs und Diskotheken. Letztere liegen meist am Ortsrand, unter freiem Himmel am Meer und sind dem jüngerem Publikum vorbehalten.

Beim Wort ausgehen denken die meisten Italiener eher an die *passegiata,* d. h. den abendlichen Spaziergang. Nach dem Essen spaziert man am Arm des Gatten, im Kreis der Familie oder gemeinsam mit Freunden über die Strandpromenade *(lungomare)* oder den Corso und kehrt evtl. noch auf ein Eis oder einen Cocktail ein. Der Lungomare ist außerdem nachts ein beliebter Treffpunkt bei Jugendlichen.

Begrüßung und Abschied

Normalerweise begrüßt man sich mit *buon giorno* (›guten Tag‹) und ab dem Spätnachmittag mit *buona sera* (›guten Abend‹). Auch zum Abschied werden diese Worte verwendet. Das allseits bekannte *ciao* ist eine eher unter guten Bekannten und Freunden übliche Art des Sichbegrüßens und -verabschiedens.

Ferragosto

Ferragosta steht für den Monat August und hat seinen Ursprung in den ›Ferien‹ des römischen Kaisers Augustus. Dieser hatte schon damals erkannt, dass er seine Soldaten im heißen achten Monat nicht in den Kampf schicken konnte, und verordnete ihnen stattdessen Ferien. Bis heute ist der August in Italien der Ferienmonat schlechthin und in den weniger touristischen Regionen und großen Städten haben viele Geschäfte und Lokale geschlossen. Höhepunkt ist der 15. August, Mariä Himmelfahrt – ganz Italien hat frei und macht sich auf den Weg ans Meer.

Fotografieren

In beinahe allen Museen, Kirchen und Klöstern ebenso wie in archäologischen Zonen herrscht ein Aufnahmeverbot, das man respektieren sollte. Oftmals können stattdessen im Museumsshop oder einem der umliegenden Geschäfte entsprechende Postkarten erworben werden. Zuweilen kann sich der Besucher auch eine Aufnahmeerlaubnis an der Kasse ausstellen lassen.

Will man Menschen, vor allem in ländlichen Gegenden und mit höherem Lebensalter, fotografieren, sollte man vorher unbedingt um Erlaubnis fragen, da dies nicht selten als Eingriff in die Privatsphäre empfunden wird.

Frauen allein unterwegs

Frauen können sich in Süditalien relativ frei und ungestört bewegen. Wie andernorts auch, ist eine gewisse Anmache immer möglich, vor allem in den südlicheren und ländlicheren Gegenden. Eine häufig gestellte Frage ist *»Lei é sposata?«* – ›Sind Sie verheiratet?‹ Darauf sollten Frauen am besten immer mit »Si« antworten.

Handeln

In Geschäften und auf Wochenmärkten ist es nicht üblich, zu handeln. Auf Floh- und Antiquitätenmärkten hingegen sollte man unbedingt den Versuch unternehmen, einen günstigeren Preis zu erzielen.

Höflichkeit und Anrede

Italiener reden zwar gern und viel, doch in die Angelegenheiten anderer Personen mischen sie sich nicht ein. Man tritt Fremden mit Respekt gegenüber und erwartet das Gleiche von ihnen. Womit sich die Italiener hingegen gar nicht zurückhalten, das sind Komplimente – sie gehören zu einer guten Konversation dazu.

Man redet sich mit *signore* (›Herr‹), *signora* (›Frau‹) und *signorina* (›Fräulein‹) an. Vor allem zwischen den beiden Letzteren wird genau unterschieden – der Herrenwelt dient das auch als Test, ob die Dame noch ledig ist.

Öffnungszeiten

Abgesehen von größeren Einkaufszentren und gastronomischen Einrichtungen schließen die Geschäfte während der *siesta.* Die Mittagsruhe dauert ca. 13–16 Uhr. In den Sommermonaten kann sie auch länger ausfallen.

Gewöhnlich haben die Geschäfte 10–13 und 16–19/20 Uhr geöffnet, in touristischen Orten auch weitaus länger. Restaurants öffnen mittags 12.30/13–14.30/15, abends ab 19.30/20 Uhr. Banken haben 8.30–13.30 und 14.30–16 Uhr geöffnet.

Rauchen

Seit 2006 darf in allen öffentlichen und damit auch gastronomischen Einrichtungen nicht mehr geraucht werden. Eine Ausnahme bilden Sitzgelegenheiten im Freien, beispielsweise Terrassen. Manche Restaurants verfügen über Raucherbereiche.

Sciopero

Auf dieses Wort sollte man achten, wenn man mit öffentlichen Verkehrsmitteln unterwegs ist – es bedeutet Streik. Da die Gewerkschaften in Italien recht aktiv sind, gehören Streiks mehr oder weniger zur Tagesordnung, werden allerdings zuvor mit Plakaten angekündigt. In extra eingerichteten Büros erhält man Auskunft, wie man in einer solchen Situation an sein Ziel gelangt.

Scontrino

Der *scontrino* ist der Kassenzettel, den man sich immer aushändigen lassen sollte. Es ist gesetzlich vorgeschrieben, den Kassenbeleg der gekauften Waren bis mindestens 500 m nach dem Ort des Einkaufs für eventuelle Kontrollen der *polizia fiscale* (›Finanzpolizei‹) mit sich zu führen. Auch um mögliche Schummeleien zu verhindern, sollte man sich immer die Rechnung aushändigen lassen.

Trinkgeld

Ist in der Rechnung in einem Restaurant kein *servizio* (normalerweise 10 %) enthalten, gibt man 5 bis 10 % *mancia* (›Trinkgeld‹), das einfach auf dem Tisch liegen gelassen wird. Auch in der Bar kann man ein kleines Trinkgeld hinterlassen, den Barista freut's.

In Hotels sollte man 5 bis 7 € pro Woche für die Zimmermädchen rechnen und ein Trinkgeld für den Service von Rezeption und evtl. Restaurant einkalkulieren. Bei Taxifahrten wird der Betrag aufgerundet. Tankstellenbedienstete erwarten kein Trinkgeld.

Geld und Banken

In Italien gilt der Euro (1 € = ca. 1,40 CHF). Die Bargeldabhebung mit der **EC/Maestro-Karte** ist in Süditalien sehr unkompliziert. An allen Bankfilialen gibt es entsprechende Automaten, die in verschiedenen Sprachen zu bedienen sind. Mit der PIN-Nummer kann man meist bis zu 400 € täglich abheben, was mit einer Gebühr von jeweils ca. 5 € berechnet wird. In Supermärkten und Geschäften kann man mit den Karten gebührenfrei einkaufen.

Auch mit der **Kreditkarte** lässt sich Bargeld abheben, was jedoch mit Gebühren von bis zu 5,5 % der abgehobenen Summe belegt werden kann. Bei bargeldloser Bezahlung mit der Kreditkarte innerhalb Europas fallen keine zusätzlichen Kosten an.

Für Reisen innerhalb Europas sind **Reiseschecks** heute kaum noch zu empfehlen, da beim Eintausch erneut Gebühren anfallen und man auf die Öffnungszeiten der Banken (s. links) angewiesen ist. Den Personalausweis sollte man nicht vergessen.

Preisniveau

Das Preisniveau in Süditalien entspricht in etwa jenem in Mitteleuropa, wobei es zum Teil markante Unterschiede zwischen der Großstadt, einer touristisch erschlossenen Region oder einem eher abgelegenen Gebiet gibt. Das zeigt sich besonders an den Unterkunftspreisen, die zudem stark von der Saison abhängig sind. So zahlt man für ein Doppelzimmer in einem Drei-Sterne-Hotel im Frühjahr zwischen 40 und 70 €, im August kann es mehr als das Doppelte sein – nach oben gibt es keine Grenze.

Die Preise für Essen sind von der Wahl des Lokals abhängig. Eine Pizza bekommt man an einigen Orten schon ab 3 €, Pasta ab 6 €. In Neapel muss man für eine einfache Pizza, 0,25 l Wein und Wasser ab 9 € rechnen, in den Sommermonaten an der Küste mit 15 €. Hauptgerichte beginnen bei 8 €. Für ein Mahl in einem guten Fischlokal muss man für zwei Personen inkl. Vorspeise und Wein mit 70 bis 100 € rechnen. In vielen Orten werden auch Touristenmenüs für rund 15 € angeboten, Wasser inklusive.

Ein Espresso an der Bar kostet maximal 1 €, ein Cappuccino bis zu 1,50 €. Nimmt man die Getränke am Tisch zu sich, können die Preise mehr als dreimal so hoch sein.

Die Eintrittspreise für Museen bewegen sich generell zwischen 2 und 10 €, in Abhängigkeit von Reputation und Lage.

Ermäßigungen

EU-Bürger unter 18 und über 65 Jahren erhalten gegen Vorlage des Personalausweises in den staatlichen Museen freien Eintritt. Einige Städte und Regionen bieten Bonuskarten an – z. B. die campania artecard (www.artecard.it, s. S. 101) –, mit denen man in einer Reihe von Sehenswürdigkeiten ermäßigten Eintritt bekommt. Entsprechende Informationen gibt es in den örtlichen Touristenbüros.

Sperrung von EC- und Kreditkarten bei Verlust oder Diebstahl*:

+49 116 116

oder +49 30 4050 4050
(* Gilt nur, wenn das ausstellende Geldinstitut angeschlossen ist, Übersicht: www.sperr-notruf.de)
Weitere Sperrnummern:
- MasterCard: +49 69 79 33 19 10
- VISA: +49 69 79 33 19 10
- American Express: +49 69 97 97 2000
- Diners Club: +49 69 66 16 61 23

Bitte halten Sie Ihre Kreditkartennummer, Kontonummer und Bankleitzahl bereit!

Reisezeit und Reiseausrüstung

Klima und Reisezeit

Das **Klima** in Süditalien kann sehr unterschiedlich sein. So herrscht auf den Inseln und an den Küsten ganzjährig ein mildes Klima mit trockenen Sommern und feuchten Wintern. Der sich von Nord nach Süd erstreckende Apennin sorgt dafür, dass Apulien im Regenschatten liegt und so immerhin 300 Sonnentage im Jahr aufweist. Die Niederschläge auf der westlichen Seite nehmen zum Landesinnern hin und mit der Höhe zu. Im Winter werden sie in den höheren Lagen zu Schnee, der besonders in Kalabrien und der Basilikata länger liegen bleibt. In den gebirgigen Regionen herrscht ein subkontinentales Klima, d. h., die Winter sind kälter und die Sommer wärmer. Die Temperatur kann im Juli oder August schon mal auf 40 °C klettern.

Ideal für einen **Strandurlaub** sind die Monate Juni bis September. Das Wasser hat ab Ende Mai Badetemperatur. Allerdings sollte man bei der Reiseplanung berücksichtigen, dass der Juli und speziell der August die Urlaubsmonate der Italiener sind. Dann sind vor allem die Küstenorte meist restlos überfüllt, ebenso wie die Hotels – entsprechend hoch sind die Preise. Außerdem ist man in den touristischen Orten einer Dauerbeschallung bis ca. 24 Uhr ausgesetzt.

Für **Rundreisen** eignen sich besonders die Monate März bis Juni sowie September bis November. Die Strände sind so gut wie leer, wenn nicht gar verlassen, in den Städten ist die Hitze noch nicht oder nicht mehr allzu groß, man erlebt den normalen Alltag der Süditaliener und die Preise sind oft noch auf Nebensaison-Niveau. Einzige Ausnahme ist das Osterwochenende, das viele zum Reisen und Treffen mit Freunden nutzen.

Für einen **Wanderurlaub** sind besonders das Frühjahr mit seiner Blütenpracht sowie der Herbst geeignet, wenn Erntezeit ist. Tagsüber herrschen angenehm warme Temperaturen, doch in der Nacht kann es beachtlich abkühlen. Man sollte bei der Hotelbuchung also darauf achten, dass eine Heizung vorhanden ist.

Die Wintermonate eignen sich vor allem für Städtebesuche bzw. für einen **Wintersporturlaub** im Sila-Gebirge und im Aspromonte.

Klimadaten Neapel

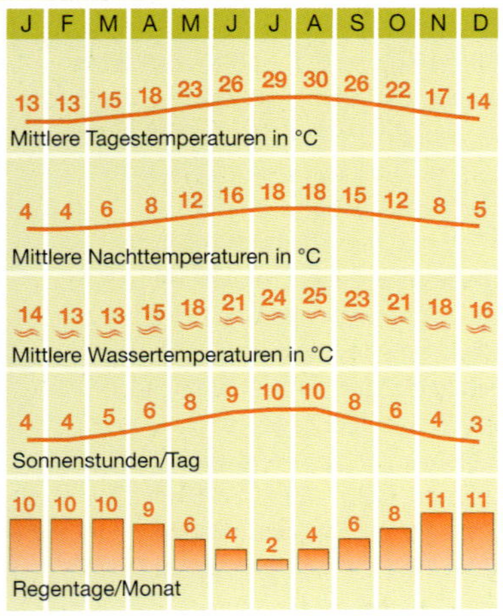

Kleidung und Ausrüstung

Wer in Italien Urlaub macht, sollte die gute Garderobe nicht vergessen. Denn auch wenn tagsüber eher legere Kleidung angesagt ist, so ist es doch üblich, sich am Abend herauszuputzen. Kein Italiener, der auf sich hält, würde beispielsweise in kurzen Hosen zum Abendessen in einem Ristorante erscheinen. Selbstredend zeigen sich die Frauen gerne weiblich-schick. Beim Besuch von Kirchen und Klöstern sollte auf entsprechend respektvolle Kleidung geachtet werden. Frauen sollten ihre Schultern bedecken und, wenn möglich, keine Shorts tragen.

In den Monaten Mai bis September ist leichtere Kleidung ausreichend. Im Frühjahr

Türkisfarbenes Meer und eine zauberhafte Altstadt – Tropea bietet beides

und Herbst kann es abends jedoch recht kühl sein. Es empfiehlt sich also, eine Jacke oder einen Pullover für den Abend dabeizuhaben. Bei Reisen in den Wintermonaten gehört wärmere Kleidung ins Gepäck, vor allem in den Gebirgsregionen kann es sehr kalt werden. Wer wandern oder Rad fahren will, sollte in höheren Lagen auch im Sommer eine leichte Jacke oder Weste einpacken, um Erkältungen zu vermeiden.

Elektrizität

Die Stromspannung beträgt auch in Italien 220 Volt. Allerdings sind die breiteren Stecker (von Laptop, Fön oder Rasierapparat) nicht mit den italienischen Steckdosen kompatibel. In diesem Falle kann man sich vor Ort einen Adapter *(spina di adattamento)* kaufen. Oft haben auch die Hotels Adapter, die sie den Gästen ausleihen.

Gesundheit und Sicherheit

Krankenversicherung

Schweizer Staatsbürger werden wie Privatpatienten behandelt. Die gesetzlichen Krankenkassen von Deutschland und Österreich garantieren eine ärztliche Behandlung im akuten Krankheitsfall. Dazu benötigt man die Europäische Krankenversicherungskarte. Im Krankheitsfall besteht Anspruch auf Behandlung bei jedem zugelassenen Arzt sowie in staatlichen Krankenhäusern. Da jedoch die Leistungen nach den gesetzlichen Vorschriften im Ausland abgerechnet werden, ist es möglich, dass man die Behandlungskosten zunächst selbst tragen muss. Kosten für einen Rücktransport werden von den Krankenkassen nicht übernommen. Daher sollte man eine entsprechende Auslandskrankenversicherung abschließen, zumindest sofern man nicht bereits über den ADAC oder die Kreditkarte abgesichert ist. Besondere gesundheitliche Vorsichtsmaßnahmen sind bei einer Reise nach Süditalien nicht zu beachten.

Ärzte und Apotheken

Krankenhäuser *(ospedale)* finden sich in allen Städten. Während der Saison gibt es in vielen Orten eine *guardia medica* mit einem diensthabenden Notarzt und/oder eine *soccorso medico urgente* (Erste-Hilfe-Station). Eine Liste solcher Stationen ist bei den Touristeninformationen erhältlich. Auch die Mitarbeiter von Hotels und Campingplätzen sind gerne behilflich bei der Suche nach einem Arzt vor Ort. Wer Wert auf die Behandlung durch einen deutschsprachigen Arzt legt, kann sich vom ADAC unter Tel. 089 76 76 77 die Adressen deutschsprachiger Ärzte in der Nähe des Urlaubsorts geben lassen.

In nahezu jedem Ort gibt es eine *farmacia* (›Apotheke‹), die an einem grün leuchtenden Kreuz zu erkennen ist. Die Öffnungszeiten sind Mo–Sa 8.30–13 und 16–19.30 Uhr. Sollte man außerhalb dieser Zeiten Medikamente benötigen, findet man an jeder Apotheke eine Liste mit Bereitschaftsdiensten *(farmacia di turno)*. Viele Medikamente, die man von zu Hause kennt, gibt es auch in Italien, meist unter einem anderen Namen. Spezielle Medikamente sollten besser von zu Hause mitgenommen werden.

Notrufnummern

Polizei, Feuerwehr: 113
Krankenwagen: 118
Pannenhilfe: 116

Sicherheit

Auch wenn Camorra, 'Ndrangheta & Co. in Süditalien aktiv sind, wird man als Tourist damit kaum in Berührung kommen. In kleineren Orten und auf dem Land kann man sich sicher fühlen. Lediglich in den großen Städten, an belebten touristischen Orten und im Gedränge sollte man etwas Vorsicht walten lassen. Dazu zählt u. a., Wertgegenstände nicht im Auto liegen zu lassen. Stattdessen lässt man besser das Handschuhfach geöffnet, sodass klar zu erkennen ist: Hier gibt es nichts zu holen. Eine andere Möglichkeit ist ein bewachtes Parkhaus.

Geldbeutel sollte man nicht in der Gesäßtasche tragen. In Großstädten kommt es außerdem häufig zu Handtaschendiebstählen vom Motorroller aus. Es empfiehlt sich, die Umhängetasche auf der zur Straße abgewandten Seite zu tragen. Vorsicht auch vor bettelnden Kindern, die auf einen zukommen. Sie gehören meist zu professionellen Banden und sind auf Taschendiebstahl spezialisiert.

Wird man doch einmal bestohlen, sollte man das bei der Polizei zu Protokoll geben, um eine schriftliche Bestätigung für die Reisegepäckversicherung zu haben.

Internet

Es gibt in allen größeren Orten ein Internetcafé, zuweilen auch mit WLAN für den eigenen Laptop. Zunehmend mehr Hotels, B & Bs und Campingplätze bieten im Rezeptionsbereich einen Internetzugang an (1–3 €/15 Min.). Wer mit dem eigenen Computer reist, hat oft die Möglichkeit, per Kreditkarte die WLAN-Angebote von Telecom Italia oder SwissCom zu nutzen. Große Hotels bieten Internetzugang auch auf den Zimmern an.

Post

Die Postämter haben in der Regel Mo–Fr 8.15–13.30 und Sa 8.15–12.30 Uhr geöffnet. In großen Städten sind sie durchgehend bis 19 Uhr geöffnet.

Briefe und Karten nach Deutschland, Österreich und in die Schweiz werden mit einer Briefmarke *(francobollo)* im Wert von 0,65 € frankiert. Man sollte mit drei bis sechs Tagen rechnen, ehe die Post am Bestimmungsort eintrifft. Briefmarken erhält man nicht nur auf der Post, sondern auch in den *tabacchi* (›Tabakwarenläden‹) bzw. dort, wo man die Postkarten kauft.

Telefonieren

Um von Deutschland nach Italien zu telefonieren, muss man die italienische Landesvorwahl 0039 vorwählen, dann die Vorwahl des italienischen Orts mit der Null davor und danach die jeweilige Rufnummer. Auch innerhalb eines Orts muss die Vorwahl mitgewählt werden. Italienische Mobilnummern beginnen immer mit einer 3 und sind 10-stellig. Es gibt sogenannte grüne Nummern *(numero verde)*, die mit 800 beginnen und kostenlos sind. Andere 800er- und 100er-Nummern schlagen mit mindestens 0,24 €/Min. zu Buche.

Vorwahlen

nach Deutschland: 0049
nach Österreich: 0043
in die Schweiz: 0041
Es folgen die Vorwahlnummern ohne Null und die Rufnummer.

Am kostengünstigsten telefoniert man zwischen 22 Uhr abends und 8 Uhr morgens sowie von öffentlichen Telefonzellen aus. Dazu werden Münzen oder eine Telefonkarte *(schedia telefonica)* benötigt. Telefonate vom Hotel aus sind grundsätzlich teuer, es sei denn, man nutzt eine *schedia telefonica internazionale* (internationale Telefonkarte). Diese sind ab 5 € von unterschiedlichen Anbietern am Zeitungskiosk *(edicola)* und in den Tabacchi erhältlich.

Das eigene Mobiltelefon lässt sich in Italien problemlos nutzen, denn die meisten Mobilfunkgesellschaften haben Roamingverträge mit den italienischen Unternehmen. Für ein Gespräch ins europäische Ausland zahlt man 0,49 €/Min., für ankommende Anrufe maximal 0,24 €. Nicht zu vergessen sind die passiven Kosten, wenn man von zu Hause angerufen wird (Mailbox abstellen!). Der Anrufer zahlt nur die Gebühr ins heimische Mobilnetz, die teure Rufweiterleitung ins Ausland zahlt der Empfänger.

Fernsehen und Zeitungen

In Hotels ab drei Sternen gibt es einen Fernseher, häufig sind auch deutsche Sender zu empfangen, allen voran RTL, ARD und ZDF.

Neben der Bildzeitung sind auch die bekannten deutschen Tageszeitungen wie die Süddeutsche oder die FAZ an den großen Zeitungskiosks erhältlich, meist sogar am Erscheinungstag. Gleiches gilt für Wochenpublikationen wie den Spiegel und die Zeit.

Sprachführer

Ausspracheregeln

In der Regel wird Italienisch so ausgesprochen wie geschrieben. Treffen zwei **Vokale** aufeinander, so werden beide einzeln gesprochen (z. B. E-uropa). Die **Betonung** liegt bei den meisten Wörtern auf der vorletzten Silbe. Liegt sie woanders, ist die Verwendung eines Akzents möglich (z. B. città, mèdico).

Konsonanten:

c	vor a, o, u wie k, z. B. conto; vor e, i wie tsch, z. B. cinque
ch	wie k, z. B. chiuso
ci	vor a, o, u wie tsch, z. B. doccia
g	vor e, i wie dsch, z. B. Germania
gi	vor a, o, u wie dsch, z. B. spiaggia
gl	wie ll in Brillant, z. B. taglia
gn	wie gn in Kognak, z. B. bagno
h	wird nicht gesprochen
s	teils stimmhaft wie in Saal, z. B. museo; teils stimmlos wie in Haus, z. B. sinistra
sc	vor a, o, u wie sk, z. B. scusi; vor e, i wie sch, z. B. scelta
sch	wie sk, z. B. schiena
sci	vor a, o, u wie sch, z. B. scienza
v	wie w, z. B. venerdi
z	teils wie ds, z. B. zero; teils wie ts, z. B. zitto

Allgemeines

guten Morgen/Tag	buon giorno
guten Abend	buona sera
gute Nacht	buona notte
auf Wiedersehen	arrivederci
Entschuldigung	scusa
hallo/grüß dich	ciao
bitte	prego/per favore
danke	grazie
ja/nein	si/no
Wie bitte?	Come dice?

Unterwegs

Haltestelle	fermata
Bus/Auto	autobus/màcchina
Ausfahrt/-gang	uscita
Tankstelle	stazione di servizio
rechts/links	a destra/a sinistra
geradeaus	diritto
Auskunft	informazione
Telefon	telèfono
Postamt	posta
Bahnhof/Flughafen	stazione/aeroporto
Stadtplan	pianta della città
alle Richtungen	tutte le direzioni
Einbahnstraße	senso ùnico
Eingang	entrata
geöffnet	aperto/-a
geschlossen	chiuso/-a
Kirche/Museum	chiesa/museo
Strand	spiaggia
Brücke	ponte
Platz	piazza/posto

Zeit

Stunde/Tag	ora/giorno
Woche	settimana
Monat	mese
Jahr	anno
heute/gestern	oggi/ieri
morgen	domani
morgens/abends	di mattina/di sera
mittags	a mezzogiorno
früh/spät	presto/tardi
Montag	lunedì
Dienstag	martedì
Mittwoch	mercoledì
Donnerstag	giovedì
Freitag	venerdÌ
Samstag	sàbato
Sonntag	doménica

Notfall

Hilfe!	Soccorso!/Aiuto!
Polizei	polizìa
Arzt	mèdico
Zahnarzt	dentista
Apotheke	farmacìa
Krankenhaus	ospedale
Unfall	incidente
Schmerzen	dolori
Panne	guasto

Übernachten

Hotel	albergo
Pension	pensione
Einzelzimmer	camera singola
Doppelzimmer	camera doppia
mit/ohne Bad	con/senza bagno
Toilette	bagno, gabinetto
Dusche	doccia
mit Frühstück	con prima colazione
Halbpension	mezza pensione
Gepäck	bagagli
Rechnung	conto

Einkaufen

Geschäft/Markt	negozio/mercato
Kreditkarte	carta di crédito
Geld	soldi
Geldautomat	bancomat
Bäckerei	panificio
Lebensmittel	alimentari
teuer	caro/-a
billig	a buon mercato
Größe	taglia
bezahlen	pagare

Zahlen

1	uno	17	diciasette
2	due	18	diciotto
3	tre	19	diciannove
4	quattro	20	venti
5	cinque	21	ventuno
6	sei	30	trenta
7	sette	40	quaranta
8	otto	50	cinquanta
9	nove	60	sessanta
10	dieci	70	settanta
11	ùndici	80	ottanta
12	dòdici	90	novanta
13	trédici	100	cento
14	quattòrdici	150	centocinquanta
15	quìndici	200	duecento
16	sédici	1000	mille

Die wichtigsten Sätze

Allgemeines

Sprechen Sie … Deutsch/Englisch?	Parla … tedesco/inglese?
Ich verstehe nicht.	Non capisco.
Ich spreche kein Italienisch.	Non parlo italiano.
Ich heiße …	Mi chiamo …
Wie heißt Du/ heißen Sie?	Come ti chiami/ si chiama?
Wie geht es Dir/Ihnen?	Come stai/sta?
Danke, gut.	Grazie, bene.
Wie viel Uhr ist es?	Che ora è?

Unterwegs

Wie komme ich zu/nach …?	Come faccio ad arrivare a …?
Wo ist bitte …?	Scusi, dov'è …?
Könnten Sie mir bitte … zeigen?	Mi potrebbe indicare …, per favore?

Notfall

Können Sie mir bitte helfen?	Mi può aiutare, per favore?
Ich brauche einen Arzt.	Ho bisogno di un mèdico.
Hier tut es weh.	Mi fa male qui.

Übernachten

Haben Sie ein freies Zimmer?	C'è una càmera lìbera?
Wie viel kostet das Zimmer pro Nacht?	Quanto costa la càmera per notte?
Ich habe ein Zimmer bestellt.	Ho prenotato una càmera.

Einkaufen

Wie viel kostet …?	Quanto costa …?
Ich brauche …	Ho bisogno di …
Wann öffnet/ schließt …?	Quando apre/ chiude …?

Capri hält, was es verspricht: beeindruckende Landschaft, traumhafte Buchten und tiefblaues Meer

Unterwegs in Süditalien

Neapels Kathedrale des
Kommerz: die Galeria Umberto I.

Kapitel 1

Kampanien

Mit durchschnittlich 424 Einwohnern pro Quadratkilometer ist Kampanien mehr als doppelt so dicht besiedelt als jede andere italienische Region. Die größte Bevölkerungskonzentration findet sich in Neapel. Hier pulsiert das Leben und von hier aus erreicht man alle wichtigen Orte: Pompeji und Ercolano, den Vesuv, Pozzuoli, Cuma und Caserta sowie die Inseln Capri, Ischia und Procida.

Der Golf von Neapel mit seinen Kunst- und Kulturschätzen ist seit knapp 300 Jahren das Ziel vieler Reisender, ebenso wie die Halbinsel von Sorrent mit der Amalfitana. Alte Bäderkultur, orientalische Einflüsse, wildromantische Küsten und immer wieder Zitronenhaine begleiten den Besucher. Etwas ruhiger wird es erst in Salerno und Paestum. Die Tempelanlage zieht noch heute jeden in ihren Bann. Wer Einsamkeit sucht, sollte sich dagegen ins Cilento zurückziehen, insbesondere in das bewaldete und bergige Hinterland. Die Küsten des Cilento mit ihren schönen Sandstränden, Klippen und Grotten haben sich zu einem Urlaubsmagneten entwickelt.

Neapel und die kulturell bzw. geschichtlich interessanten Orte eignen sich als ganzjähriges Reiseziel. Lediglich in den Monaten Juli und August kann es dort extrem heiß werden. Ideal für einen Aufenthalt sind die Monate April bis Juni sowie September bis November, dann fallen relativ wenig Niederschläge, die Temperaturen sind erträglich und alles blüht bzw. es ist Erntezeit. Auch die Preise liegen in diesen Jahreszeiten auf einem zumeist annehmbaren Niveau. Egal, für welche der sechs hier beschriebenen Regionen Kampaniens man sich entscheidet, eine Woche sollte man jeweils einplanen.

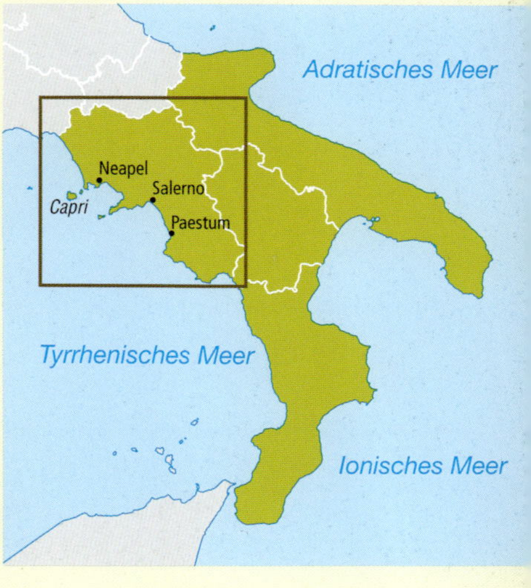

Auf einen Blick

Kampanien

Sehenswert

1 **Neapel:** 3000 Jahre Geschichte auf engstem Raum und das einzigartige Lebensgefühl der Neapolitaner (s. S. 100).

2 **Pompeji:** Es gibt keine andere Ausgrabungsstätte, die so viel Einblick in das Alltagsleben der Römer gewährt (s. S. 149).

3 **Capri:** Hier herrscht ein ganz besonderes Flair. Wenn möglich, sollte man wenigstens eine Nacht auf der Insel verbringen (s. S. 169).

4 **Amalfitana:** Mehr als 30 km spektakuläre Küstenstraße mit kleinen Buchten und bezaubernden Orten (s. S. 186).

5 **Paestum:** Die besterhaltenen Tempel Italiens aus griechischer Zeit (s. S. 199).

Schöne Routen

Von Casertavecchia nach San Leucio: Die Fahrt dauert nur eine gute halbe Stunde, zählt aber zu den landschaftlich schönsten Strecken im Raum Neapel (s. S. 132).

Rund um Ischia: Mit dem Linienbus einmal um die Insel fahren und aussteigen, wo es einem gefällt (s. S. 163).

Entlang der Küste des Cilento zur Marina di Camerota: Mit dem Meer als Begleiter führt die kurvige Straße durch zauberhafte Ortschaften und um das einmalige Capo Palinuro (s. S. 202).

Meine Tipps

Neapels Unterwelt: Der Besuch der Ausgrabungen unterhalb der Piazza San Gaetano kommt einer Zeitreise gleich (s. S. 107).

Kathedrale Architektur: Bei Bacoli befindet sich die Piscina Mirabile, ein Trinkwasserspeicher aus römischer Zeit, durch den man wie durch eine Kathedrale wandelt (s. S. 141).

Vesuv: Der Aufstieg zum Gipfel wird mit wundervollen Ausblicken und einem faszinierenden Blick in den Krater belohnt (s. S. 141).

Virtuelle Antike: MAV, das archäologische Museum in Ercolano, ist vor allem mit Kindern einen Besuch wert, denn es informiert auf anschauliche Weise über das Leben in Pompeji und Ercolano (s. S. 145).

Salerno: Eine Stadt im Aufbruch, die zum Wohlfühlen und Flanieren einlädt (s. S. 196).

aktiv unterwegs

Auf dem Sentiero dei Fortini zu Capris Blauer Grotte: Über blendend weiße Klippen wandert man direkt bis zur berühmten Grotta Azzurra (s. S. 176).

Wanderung von Nerano zur Punta Penna: Eine Tour für Genießer, besonders im Frühjahr, wenn alles in saftiges Grün getaucht ist (s. S. 187).

Sentiero degli Dei – wo einst die Götter wandelten: Der wohl schönste Wanderweg an der Amalfitana führt von Bomerano weit oberhalb des Meers bis hinab nach Positano – Ausblicke, Ausblicke, Ausblicke (s. S. 190)!

Kurze Wanderung zu den Grotte di Morigerati: Auf einfachem Weg gelangt man zu einer Höhle, aus der sich der Bussento spektakulär in eine Schlucht ergießt (s. S. 208).

1 Neapel ►1, C 7/8

Diese Metropole des Südens ist ein ganz eigener Kosmos, den man entweder liebt oder flieht. Auf engstem Raum gibt es sonnenbeschienene Plätze, verwinkelte Gassen, ehrwürdige Zeugnisse einstiger Epochen, und jedes freie Eckchen wird genutzt, um ein Lokal oder ein Geschäft zu betreiben. Herzstück und Seele des Ganzen sind die Neapolitaner, die der Stadt ihren einzigartigen Charakter verleihen.

»Neapel selbst kündigt sich froh, frei und lebhaft an, unzählige Menschen rennen durcheinander, der König ist auf der Jagd, die Königin guter Hoffnung, und so kann's nicht besser gehen …« So hat Goethe seine ersten Eindrücke von Neapel in seiner »Italienischen Reise« notiert. Zwar wurden König und Königin inzwischen durch Republik und Bürgermeister ersetzt, doch die Atmosphäre und die Neapolitaner selbst haben sich kaum geändert. Letztlich sind es ihr Witz, ihr überbordendes Temperament und ihr unerschöpfliches Reservoir an guter Laune, die sie die Wechselfälle ihres nicht gerade einfachen Lebens mit stoischer Ruhe meistern lässt. Ebenso abwechslungsreich präsentiert sich das Stadtbild von Neapel: Da gibt es die alten Viertel, verfallen oder teilweise saniert, die Neubauten auf Vomero und Posillipo sowie die Problemviertel Secondigliano, Scampi und Sanità. Letztere sollte man eher meiden, ebenso wie am Abend die kleinen Straßen des Bahnhofsviertels und die Quartieri Spagnoli (›Spanisches Viertel‹).

Geschichte

In der Mythologie hieß der Ort nach der Sirene Parthenope, die Odysseus mit ihrem Gesang nicht zu bezirzen vermochte. Aus Verzweiflung darüber stürzte sie sich ins Meer und wurde bei dem Felsvorsprung Megaris, heute Castell dell'Ovo, leblos ans Ufer gespült. Gesichert ist, dass die Griechen 500 v. Chr. von Kyme, dem heutigen Cuma, das hier liegende Paläopolis (griech. ›alte Stadt‹) erweiterten und schließlich Neapolis (griech. ›neue Stadt‹) errichteten.

Auch die Römer, die ab dem 4. Jh. v. Chr. nach einer Belagerung zunächst Neapel und dann den gesamten Absatz eroberten, verliebten sich in die Landschaft am Golf von Neapel. Viele ließen sich hier ihre prachtvollen Sommerresidenzen erbauen, weitab von der Politik und den Intrigen in der Hauptstadt Rom. Tiberius residierte auf Capri, Nero und Augustus hielten sich mit Vorliebe in Neapel und Baiae auf und auch Lucullus und Cicero hatten hier ihre Villen.

Die Anjou und Aragonesen (13.–16. Jh.) hinterließen zwar einige Spuren, allerdings nicht in dem Maß wie die im 16. Jh. folgenden Spanier. Während ihrer gut 200-jährigen Herrschaft beeinflussten diese nachhaltig das Aussehen der Stadt, die religiösen Sitten und auch die Sprache. Aus dieser Zeit stammen z. B. die Quartieri Spagnoli.

Zu einer wahren Blüte gelangte Neapel ab 1735 unter den Bourbonen, als die Hauptstadt Unteritaliens auch zu einem Zentrum der Gegenreformation und damit des Barock wurde. Eine Stilrichtung, die in Neapel bis heute präsent ist.

Nach dem Zweiten Weltkrieg machte die Stadt meist nur mit negativen Schlagzeilen von sich reden. Mit Geldern der Cassa per il Mezzogiorno (s. S. 25) entstanden unter dem Bürgermeister Achille Lauro (1887–1982) und seinen Nachfolgern städtebauliche Katastrophen, die nicht mehr rückgängig zu machen sind. So wurden die Hänge des Posillipo und Vomero rücksichtslos bebaut, und statt der prachtvollen Villen des 17. und 18. Jh. an der sogenannten Goldenen Meile zwischen Neapel und Portici reiht sich nun ein gesichtsloser Vorort an den anderen. Das Blatt wendete sich erst, als die Neapolitaner 1993 Antonio Bassolino zu ihrem Bürgermeister wählten. Ihm ist es zu verdanken, dass Neapel heute eine der interessantesten Kulturmetropolen Europas ist.

Vomero

Cityplan: S. 114

Man ist gut beraten, sich zuerst einen Überblick über die Stadt zu verschaffen, und von keinem Ort geht dies besser als vom **Vomero,** den man entweder zu Fuß oder mit der Funicolare Centrale vom Corso Vittorio Emanuele aus erreicht. Auf diesem Hügel südwestlich des historischen Zentrums hat sich die neapolitanische Oberschicht niedergelassen und genießt wunderbare Ausblicke. Der Trubel des Spanischen Viertels und der Altstadt sind in diesem ruhigen Wohngebiet weniger zu spüren.

Castel Sant'Elmo 1

Den höchsten Punkt des Vomero beherrscht das massive **Castel Sant'Elmo,** von der Seilbahnstation aus in wenigen Fußminuten über die Via Scarlatti und die Via Tito Angelini zu erreichen. An der Stelle der Festung befand sich im 10. Jh. eine kleine Kirche, die dem heiligen Erasmus gewidmet war. Sein Name veränderte sich im Laufe der Zeit in Eramo, dann Ermo und schließlich Elmo, die heutige Bezeichnung für das Bauwerk. Die sternenförmige Festungsmauer geht auf den spanischen Vizekönig Pedro de Toledo zurück, der die Anlage zwischen 1537 und 1546 umbauen ließ.

Das so gut wie uneinnehmbare Kastell diente jedoch weniger der Verteidigung als der Beherrschung Neapels und wurde vor allem nach der neapolitanischen Revolution 1799 als Gefängnis genutzt. Von seinen Mauern bietet sich ein wunderbarer Panoramablick über den Golf und die Altstadt von Neapel. Gut zu erkennen ist von hier oben auch die Spaccanapoli (s. S. 102), die die Altstadt der Länge nach durchzieht (Via Tito Angelini 20, Mi–Mo 9–18.30 Uhr, 3 €, erm. 1,50 €, inkl. Museo di San Martino 6 €).

Museo di San Martino 2

Gleich neben dem Kastell liegt das **Museo di San Martino,** Neapels Nationalmuseum, untergebracht in einem ehemaligen Kartäuserkloster. Die **Certosa di San Martino** wurde im 14. Jh. auf Befehl von Charles, Herzog von Kalabrien und Sohn von Robert von Anjou, gegründet. In Anbetracht seiner Größe ist es erstaunlich, dass hier einst nur 70 Mönche lebten. Mit Gründung des italienischen Königreichs 1861 wurde die Kartause geschlossen und nur wenige Jahre später zum Museum umfunktioniert.

Dank vieler Schenkungen verfügt das Museum heute über einen Fundus, der die Geschichte Neapels beinahe lückenlos widerspiegelt. Besonders beeindruckend ist die Gemäldeausstellung mit historischen Stadtansichten – man begibt sich gleichsam auf eine Zeitreise. Die Krippensammlung besticht

Tipp: Museumspass

Für einen Besuch Neapels und der Golfregion empfiehlt sich der Kauf der **campania artecard,** die freien bzw. ermäßigten Eintritt in verschiedene Museen in Neapel, den Phlegräischen Feldern und der Vesuvregion ermöglicht. Der Pass hat eine Gültigkeitsdauer zwischen drei und sieben Tagen (12–30 €), wahlweise mit oder ohne Nutzung der öffentlichen Verkehrsmittel, und kann in Museen, archäologischen Ausgrabungsstätten, am Flughafen und in Infozentren erworben werden (www.campaniartecard.it).

Tipp: Im Eishimmel

Wer auf dem Vomero umherschlendert, sollte nicht versäumen, in der **Gelateria Soave** 14 einzukehren. Neben Eis und Semifreddo gibt es auch köstliche Törtchen. Der Laden ist immer voll – ein gutes Zeichen (Via Scarlatti 130, tgl. geöffnet).

durch ihre Vielfalt und Größe. Einige Stücke dürften heute unbezahlbar sein, zumal dieses Handwerk allmählich auszusterben droht. Eine ebenso interessante Ausstellung ist jene mit Schiffen und Booten. Zu ihren Schmuckstücken gehört die königliche Barke, die im 19. Jh. zu Repräsentationszwecken für das Königshaus der Savoyen gebaut wurde: Sitzbänke und Boden bestehen aus Holzgitterwerk, die Ruderpinne aus einer bizarr geformten Wurzel und um die Bordwand läuft eine Leiste mit Muscheln, Krabben und Gesichtern berühmter Seefahrer. Sehenswert ist auch die Certosa di San Martino selbst. In der Anlage mit Gärten und Kreuzgängen kann man flanieren und genießt überdies einen herrlichen Blick über die Stadt und den Golf (Do–Di 8.30–19.30 Uhr, Erw. 6 €, Kind. 3 €, jeweils inkl. Castel Sant'Elmo; leider haben nicht immer alle Ausstellungsbereiche geöffnet).

Von der Certosa di San Martino führt ein Treppenweg, die **Via Pedamentina a San Martino,** den Hügel hinunter und durchs Spanische Viertel ins historische Zentrum.

Villa Floridiana 3

Ab Mitte der 1950er-Jahre fielen auf dem Vomero viele Jugendstilvillen und Parkanlagen einem unkontrollierten Bauboom zum Opfer, doch zum Glück blieb eines der schönsten Exemplare erhalten. Unweit der Seilbahnstation liegt in der Via Cimarosa der Eingang zur **Villa Floridiana.** Ferdinand VI. ließ das herrschaftliche Gebäude und den dazugehörigen englischen Landschaftspark zwischen 1815 und 1817 für seine Geliebte und spätere zweite Frau Lucia Migliaccio errichten. In der Villa ist heute das **Museo della Ceramica Duca di Martina** untergebracht, das eine Porzellanausstellung beherbergt (Mi–Mo 9–14, Erw. 2,50 €, erm. 1,25 €).

Ebenso sehenswert ist der sehr gepflegte Park mit seinen verträumten Eckchen und romantischen Ausblicken auf den Golf und hinunter nach Mergellina. Hier findet man sowohl sonnige als auch schattige Plätze zum Verweilen (Via Cimarosa 77, tgl. 8.30–18.30 Uhr, Eintritt frei).

Von der Villa Floridiana aus kann man ebenfalls in die Stadt hinuntergehen. Etwas unterhalb des Gebäudes führt die **Calata di San Francesco** bis nach Mergellina und in den Park der Villa Comunale.

Centro Storico

Cityplan: S. 105
Die Altstadt ist das lebendige Zentrum Neapels, ihr Rückgrat ist die **Spaccanapoli.** Offiziell trägt diese Straße nicht nur einen, sondern gleich vier Namen: von West nach Ost erst Via Benedetto Croce, dann Via San Biagio dei Librai, Via Vicaria Vecchia und schließlich Via Forcella. Doch im Volksmund wird der Straßenzug schlicht Spaccanapoli (›Spalt Neapels‹) genannt, weil er die Altstadt in zwei Teile trennt. Sein Verlauf geht auf die strenge Struktur des ehemaligen Neapolis (s. S. 100) und ein von Hippodamos entwickeltes System zurück, das die Stadt in Parzellen aufteilt. Diese Parzellen waren von Hauptadern durchzogen, beispielsweise der Spaccanapoli oder auch der parallel verlaufenden **Via dei Tribunali,** die den nördlichen Rand der Altstadt bildet. Immer wieder wird einem im historischen Zentrum die schachbrettartige Anlage der Straßen auffallen, ebenso wie die großen schwarzen Steine, mit denen sie gepflastert sind: Lava vom Vesuv.

In der Altstadt schlägt Neapels Herz. Hier wird gewohnt und gearbeitet, am Morgen in einer der unzähligen Bars der Caffè genommen, am Abend eine Pizza aus der Hand gegessen, allerorten sieht man spielende Kinder, tratschende Alte und kleine Marktstände, an denen frischer Fisch und Gemüse angeboten wird. Und auch hier gilt immer noch

Goethes Wort über die Neapolitaner: »Man merkt bei ihnen, wie bei frohen Kindern, denen man etwas aufträgt, dass sie zwar ihr Geschäft verrichten, aber auch zugleich einen Scherz aus dem Geschäft machen.«

Piazza del Gesù, Santa Chiara und Piazza Bellini

Einer der zentralen Plätze des historischen Zentrums ist die **Piazza del Gesù,** an der es auch eine gute Touristeninformation gibt (s. S. 123). Gleich dahinter befindet sich der Kirchen- und Klosterkomplex **Santa Chiara** **4**. Dieser durch Robert I. von Anjou 1310 in Auftrag gegebene Bau beherbergt die Königsgräber der Anjou und auch einiger Bourbonen. Von der im 17. und 18. Jh. vorgenommenen Barockisierung ist heute nur noch in den Seitenkapellen der Basilika etwas zu sehen. Beim Wiederaufbau nach den Zerstörungen des Zweiten Weltkriegs kehrte man zu den gotischen Formen zurück. Im angegliederten **Museo dell'Opera di S. Chiara** gibt es viele aussagekräftige Bilder und Fotos, auf denen man sehen kann, wie die Kirche in Barockzeiten ausgesehen hat und wie sehr sie im Zweiten Weltkrieg zerstört wurde. Auf der Galerie findet sich eine interessante Sammlung von Figuren mit einem Loch in der Brust. Dieses diente einst für die Aufbewahrung von Reliquien, die allerdings alle verloren gegangen sind. Während die Beschriftungen im Museum nur in Italienisch vorhanden sind, hat man die archäologische Zone im Außenbereich auch mit deutschen Erklärungen versehen. Dabei handelt es sich wahrscheinlich um ein öffentliches Thermalbad aus römischer Zeit. Die absolute Hauptattraktion des Komplexes ist der **Chiostro delle Maioliche,** der Klostergarten der Klarissen, ein Kleinod der Majolika-Kunst. Er diente den Nonnen einst zur Kontemplation und zum stillen Gebet und lädt heute zum Verweilen ein. Zitronen- und andere Bäume beschatten steinerne Bänke und die Wände werden von Fresken und Majolika-Bildern geziert, auf denen sich Neapelansichten mit biblischen sowie Jagd- und Naturszenen abwechseln. Wenn

Piazza Bellini: lauschiges Pausieren im Angesicht antiker Mauerreste

Neapel Zentrum

Sehenswert
1 – 3 s. Cityplan S. 114
4 Santa Chiara
5 Piazza Bellini
6 Conservatorio San Pietro a Maiella
7 Basilica di San Domenico Maggiore.
8 Capella Sansevero
9 San Paolo Maggiore
10 Napoli Sotterranea
11 Basilica di San Lorenzo Maggiore
12 Via San Gregorio Armeno
13 Duomo und Museo del Tesoro di San Gennaro
14 Chiesa Pio Monte della Misericordia
15 – 32 s. Cityplan S. 114

Übernachten
1 s. Cityplan S. 114
2 Constantinopoli 104
3 Caravaggio
4 s. Cityplan S. 114
5 Zia Maria Home
6 – 8 s. Cityplan S. 114
9 6 small rooms
10 Duomo
11 s. Cityplan S. 114

Essen & Trinken
1 s. Cityplan S. 114
2 Ristorante und Pizzeria Bellini
3 – 5 s. Cityplan S. 114
6 Antica Osteria Pisano
7 – 9 s. Cityplan S. 114
10 Di Matteo
11 – 14 s. Cityplan S. 114

Einkaufen
1 – 2 s. Cityplan S. 114
3 Giuseppe e Marco Ferrigno
4 – 5 s. Cityplan S. 114

Abends & Nachts
1 – 2 s. Cityplan S. 114
3 Velvet
4 Jail Club
5 s. Cityplan S. 114
6 Teatro Bellini

Aktiv
1 – 2 s. Cityplan S. 114

möglich, sollte man den Garten bei Sonnenschein besuchen, weil dann die Farben richtig leuchten und das Wechselspiel aus Sonne und Schatten dem Ganzen einen besonderen Reiz verleiht. Zwar darf man sich nicht auf die Majolika-Bänke setzen, doch rundherum gibt es Steinbänke, auf denen man sich niederlassen kann. Die meisten Besucher kommen ohnehin nur kurz vorbei, sodass man immer wieder Momente der Ruhe findet (Via Benedetto Croce, www.santachiara.info, Basilika: tgl. 8.30–12.30, 16.30–19.30, Fei 9.30–13 Uhr, Museum und Garten: Mo–Sa 9.30–17.30, So 10–14.30 Uhr, Erw. 5 €, erm. 3,50 €).

Spaziert man die Via Benedetto Croce ein paar Schritte weiter Richtung Osten, zweigt an der nächsten Kreuzung die Via San Sebastiano links ab und führt geradewegs zur gemütlichen **Piazza Bellini** 5**,** die den Mittelpunkt einer Art Künstlerviertel bildet. In der Via San Sebastiano haben sich viele Musikalienläden niedergelassen, Papier- sowie Antiquitäten- und Kunstgeschäfte säumen die Via Strada di S. Maria Costantinopoli und entlang der Via Port'Alba Richtung Piazza Dante findet man Buchläden aller Couleur.

An der Piazza Bellini liegt auch das **Conservatorio San Pietro a Maiella** 6**,** seit 1828 Sitz des berühmtesten Musikkonservatoriums Italiens. Einst fungierte es als Kloster, in dem man ab dem 17./18. Jh. begann, Kinder zu unterrichten, die meisten davon Waisen. Die Jungen mussten sich der Kastration unterziehen und sangen dann im Erwachsenenalter mit hohen Frauenstimmen. Weil sie der Konstitution nach aber immer noch Männer waren, hatten sie einen entsprechend kräftigen Thorax und verfügten über ein erstaunliches Stimmvolumen. Der berühmteste Absolvent der Schule war Carlo Broschi (1705–82), der sich als Farinelli in ganz Europa einen Namen machte (Via San Pietro a Maiella 35, Tel. 081 564 44 11).

Basilica di San Domenico Maggiore 7

Wieder zurück auf der Spaccanapoli, gelangt man bald auf die **Piazza San Domenico,** wo sofort ein riesiger Obelisk ins Auge fällt. Er wurde zum Gedenken an die Pest von 1656 und als Dank für die Rettung errichtet.

Beherrscht wird der Platz jedoch von der **Basilica di San Domenico Maggiore.** In dem dahinter liegenden Konvent haben u. a. Thomas von Aquin und Giordano Bruno studiert. Beim Besuch der Kirche hält vor allem

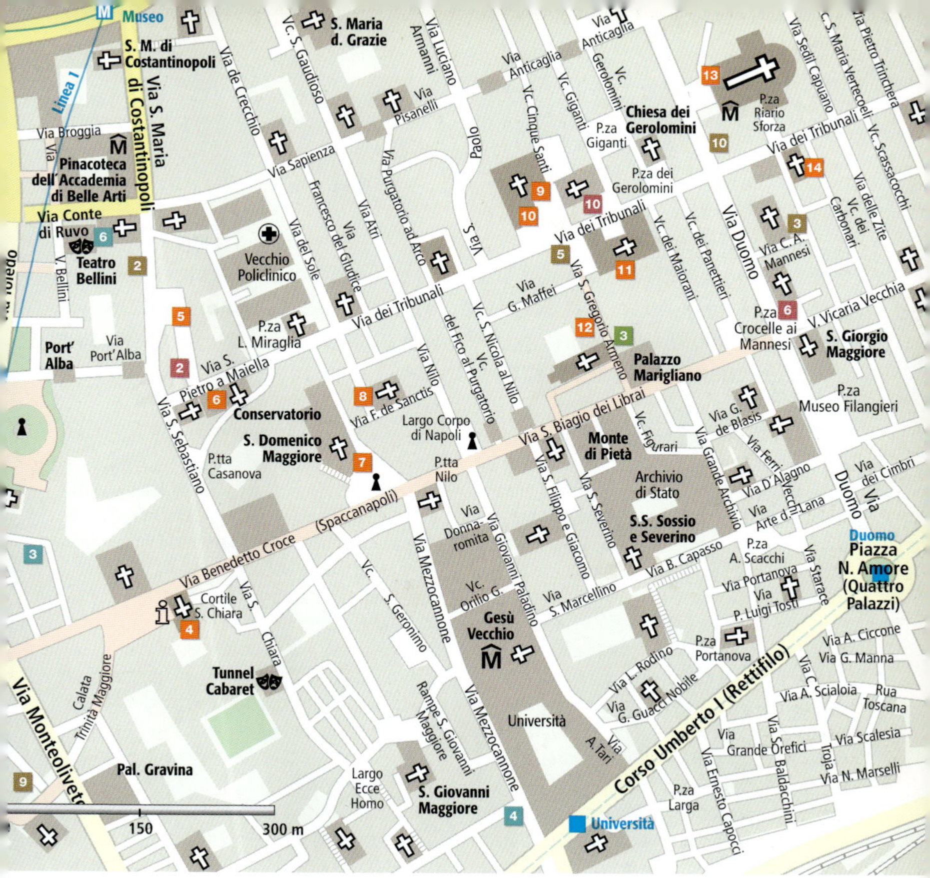

die Sakristei Ungewöhnliches bereit. Gleich am Eingang liegt eine große Marmorplatte, das Grab von Richard Luke Concanen, des ersten Bischofs von New York. Man fragt sich vermutlich, warum er hier in Neapel begraben liegt – die Erklärung ist ganz einfach: Als Concanen im 18. Jh. auf Besuch hier weilte, verstarb er plötzlich. Da man in dieser Zeit einen Leichnam noch nicht so weit überführen konnte, wurde der Bischof an Ort und Stelle beigesetzt. Ebenso ungewöhnlich in der Sakristei sind die 42 Särge unterschiedlicher Größe, einige davon mit den einbalsamierten Körpern von Adligen und Angehörigen der aragonesischen Königsfamilie, darunter König Ferrante I. und dessen Enkel. Man erkennt die königlichen Särge an ihrer Umhüllung aus weißer Seide, ein paar sind sogar mit Gemälden versehen. Todesursache war in den meisten Fällen die Pest, die im 16. Jh. in Neapel wütete (Mo–So 9–12, 16.30–19 Uhr).

Das eigentliche Highlight ist jedoch die **Sala di Tesoro,** der Schatzraum der Kirche. Er ist ziemlich klein und stammt, wie auch der Terrakotta- und Majolika-Fußboden, aus dem 17. Jh. In den großen massiven Holzschränken mit ihren wunderbar verzierten Innentüren wird die Kleidung der verstorbenen Mitglieder der Königsfamilie aufbewahrt. Einst befand sich im Schatzraum der Kirchenschatz, darunter viele Reliquien. Leider wurde er in napoleonischer Zeit geplündert, sodass vieles spurlos verschwunden ist. Heute beherbergt der seit dem Jahr 2000 öffentlich zugängliche Raum die Schätze des Dominikanerordens, der in einem angeschlossenen

Pizza, Pasta, Pomodori

Thema

Beim Gang durch die Via dei Tribunali bemerkt man die vielen ›Pizza-auf-die-Hand-Läden‹ mit der Aufschrift *vera pizza,* ›wahre Pizza‹. Sie hat in Neapel ihren Ursprung und – wie auch die Pasta – von hier aus ihren Siegeszug um die Welt angetreten.

Man kann sagen, dass es die Pizza schon in der Antike gab, und zwar in Form einer Art Focaccia, eines mit Olivenöl, Salz und manchmal auch Kräutern belegten Fladenbrots, das *pica* genannt wurde. Bis ins 11. Jh. setzte sich dafür der Name *piza* durch. Im 18. Jh. entdeckte Ferdinand IV. (s. S. 35) die *piza* für sich. Doch seine Frau Maria Caroline, eine strenge Habsburgerin, sträubte sich gegen die einfache Kost aus dem Volk. Um sie von der Speise zu überzeugen, veranstaltete der König ein großes Festmahl in Capodimonte und ließ dazu extra einen Pizzaofen bauen. Wie erhofft war seine Gattin begeistert von dem Brot und damit war die Pizza salonfähig. Erst im 19. Jh. jedoch begann man die Pizza mit allem zu belegen, was einem gerade in die Hände fiel – den Anfang machten die Neapolitaner mit der Tomate.

Obwohl die Pflanze bereits Mitte des 16. Jh. mit Kolumbus nach Europa gelangt war, dauerte es zwei Jahrhunderte, bis ihre Frucht Eingang in die Küche fand. Mitte des 18. Jh. begann man in Kampanien, den *pomo d'oro* (›Goldapfel‹) zu kultivieren. Da die Tomaten nur von Sommer bis Spätherbst geerntet werden können, entwickelten die pfiffigen Neapolitaner Verfahren zur Konservierung: Ernte in noch grünem Zustand, Einkochen und vor allem Trocknen. Die bekannteste Tomate aus Kampanien heißt San Marzano, deren kleine Früchte birnenförmig, fleischig und saftig sind. Sie wurde auch von Pizzabäcker Raffaele Esposito aus der Pizzeria Brandi in Neapel für seine berühmte Kreation, die Pizza Margherita, verwendet. 1889 statteten König Umberto I. und seine Frau Margherita der Stadt einen Besuch ab. Ihre Hoheit verlangte nach einer Pizza und in Anlehnung an die Trikolore der Italiener verwendete Raffaele rote Tomaten, weiße Büffelmozzarella und frische grüne Basilikumblätter. Zu Ehren der Königin nannte er seine Kreation Pizza Margherita – der Klassiker war geboren. Die Pizza als solche blieb lange Zeit eine rein neapolitanische Leidenschaft und gelangte erst mit den Auswanderern in die Welt hinaus.

Die von den Italienern am häufigsten verzehrte Gemüseart, die Tomate, kommt fast jeden Tag auf den Tisch. Gerade bei den Pastagerichten wird nur selten darauf verzichtet. Die Pasta, selbst wenn sie nicht am Fuß des Vesuv erfunden wurde, hat wie die Pizza von Neapel aus die Welt erobert. Es heißt, schon Chinesen und Römer hätten Nudeln gekannt. Auch in Boccaccios »Decamerone« werden Nudeln erwähnt, aber nicht weiter erklärt. Nudeln galten als Arme-Leute-Essen, denn Hartweizen – aus dem sie hergestellt sind – ist das einzige Getreide, das im süditalienischen Klima wirklich gut gedeiht und so günstig war, dass es sich auch die Armen leisten konnten. Zu Beginn des 19. Jh. etablierte sich in Neapel so etwas wie eine Nudelindustrie, d. h. fahrende Nudelhändler zogen durch die Stadt und boten ihre Ware an. Die Neapolitaner aßen ihre an den Straßenständen für zwei Lire gekauften Makkaroni mit den Händen. 1833 wurde in Neapel die erste Fabrik eingeweiht, in der man Teigwaren herstellte.

Kloster fortbesteht. Für die Besichtigung empfiehlt es sich, den englischen Audioguide zu nutzen (Fr 16.30–19, Sa 9.30–12, So 10–12 Uhr, 3 €).

Capella Sansevero 8

Am nördlichen Rand der Piazza San Domenico geht die kleine Straße Via Francesco de Sanctis ab. Dort befindet sich ein Kleinod des neapolitanischen Barock, die **Capella Sansevero.** Ursprünglich eine Familienkapelle, wurde sie 1749–66 unter Raimondo di Sangro, Prinz von Sansevero, umgestaltet. Um seine Person ranken sich verschiedene Geschichten und Legenden. So soll er sich mit Alchemie und Esoterik beschäftigt haben und Mitglied der Rosenkreuzer gewesen sein. In jedem Fall zeigt sich das Besondere seiner Person in dieser kleinen Kapelle – so überbordend von Barock, dass es einen fast erdrückt. Staunend betrachtet man die fein ausgeführten Steinarbeiten, sei es die für ein Grabmal ungewöhnliche, weil sinnliche Statue La Pudicizia (›Die Schamhaftigkeit‹) oder das Netz, das über der Statue Il Disinganno (›Die Enttäuschung‹) liegt. Hauptattraktion ist die Figur des Christo Velato (›Verhüllter Christus‹), die 1753 von Giuseppe Sanmartino geschaffen wurde. Man kann kaum glauben, dass das hauchdünne Tuch, das den Körper des toten Christus bedeckt, wirklich aus Stein ist (Via Francesco de Sanctis 19, www.museosansevero.it, Mi–Mo 10–17, So/Fei 10–13 Uhr, Erw. 6 €, erm. 2 €).

Von der Kapelle ist es nicht mehr weit in die **Via dei Tribunali,** die in Richtung der Piazza San Gaetano führt. Diese Straße lebt von vielen kleinen Geschäften, Marktständen und Pizza-auf-die-Hand-Läden (s. links).

Piazza San Gaetano

An der **Piazza San Gaetano** steht die Kirche **San Paolo Maggiore 9,** aller Wahrscheinlichkeit nach an der Stelle, an der sich in der Antike das Forum von Neapolis befand. Gleich links der Kirche liegt der Eingang zu Neapels Unterwelt, **Napoli Sotterranea 10,** die man auf den lohnenswerten Führungen des gleichnamigen Kulturvereins erkunden kann. Zuerst betritt man einen *basso,* einen der alten und zum Großteil noch heute genutzten Wohnräume im Erdgeschoss, um kurz darauf Teile eines römischen Amphitheaters zu entdecken. Das Staunen setzt sich fort, wenn man über Treppen bis 40 m unter die Erde steigt. Dabei wird anschaulich erklärt, dass das heutige Neapel seit mehr als 2000 Jahren auf einem System aus Grotten und Gängen ruht, das aus zwei Gründen geschaffen wurde. Zum einen brauchte man Baumaterial, d. h. aus dem unterirdischen weichen Tuffstein vulkanischen Ursprungs entstanden oberirdische Wohnhäuser. Zum anderen wurde gegraben, um ein Zisternensystem zur Wasserversorgung der Stadt anzulegen. Auf dem zweiten Teil der Führung – Höhepunkt der Tour, aber nichts für Personen mit Platzangst – schleicht man durch einen schmalen Gang zu einem solchen Zisternenbecken. Der schmale Weg wird nur durch flackerndes Kerzenlicht beleuchtet, das man vor sich herträgt. Insgesamt bewegt man sich gut 90 Minuten unter der Erde, weshalb man etwas Warmes zum Anziehen mitnehmen sollte (Piazza Gaetano 68, www.napolisotterranea.org, Führungen Mo–Fr 12, 14, 16, Sa/So 10–18 Uhr alle 2 Std., Erw. 9,30 €, erm. 6–8 €, Führungen in Dt./Engl. müssen vor Ort erfragt werden).

Gleich an der Piazza Gaetano befindet sich auch die **Basilica di San Lorenzo Maggiore 11.** Ursprünglich stand hier eine christliche Basilika aus der Mitte des 6. Jh., deren Bau vom Bischof von Neapel, Giovanni II., initiiert wurde. Sie war San Lorenzo gewidmet und wurde genau über dem römischen Marktplatz gebaut. Jeweils seitlich des Altarraums und unter Glas sind noch Mosaike aus dieser Zeit zu sehen. Nachdem die Basilika gegen Ende des 12. Jh. zerstört worden war, ließ Karl I. von Anjou nach dem endgültigen Sieg über die Staufer die heutige Basilika errichten. Hier hat sich Boccaccio während seines Neapelaufenthalts (1327–40) in die neapolitanische Adlige Maria d'Aquino verliebt, die als Fiammetta in seinen Werken wieder auftaucht. San Lorenzo Maggiore ist die bedeutendste gotische Kirche in Neapel, die im Innern mit ihren weiten und hohen Formen beeindruckt. Beachtung verdient die **Sala Capitolare** mit den sehr schön gestalteten Stammbäumen der *santi* (›Heiligen‹), *dotti* (›Gelehrten‹), *cardinali* (›Kardinäle‹) und *missionari* (›Missionare‹).

Bei den Restaurierungsarbeiten in den 1950er-Jahren entdeckte man unter der Kirche römische und griechische Bauten. Seitdem werden diese systematisch freigelegt. Mithilfe einer englischsprachigen Broschüre kann man durch die unterirdischen Ausgrabungen spazieren, doch leider gibt es nur wenige Beschriftungen und auch Führungen werden nicht angeboten, sodass es bei einem eher oberflächlichen Streifzug bleibt (Via Tribunali 316, www.sanlorenzomaggiore.na.it, Kirche: Mo–Sa 8–19, So/Fei 8.45–13, 17–19.15 Uhr, Museum: Mo–Sa 9.30–17.30 Uhr, Erw. 5 €, erm. 3 €).

Via San Gregorio Armeno 12

Neben der Basilika liegt die **Via San Gregorio Armeno,** die Gasse der Krippenmacher. Seit man im 18. Jh. begann, die Figuren und Gegenstände für die Weihnachtskrippen aus Ton, Holz, Gips, später auch aus Kork und Moos zu fertigen, fanden sie auch im Volk große Verbreitung. Die neapolitanischen Krippen sind besonders für ihre Realitätsnähe bekannt, so kann man heute beispielsweise (Heiligen-)Figuren von Diego Maradona oder dem ehemaligen Bürgermeister Antonio Bassolino erwerben. Die Straße ist gesäumt von Krippenmachern und zur Weihnachtszeit herrscht hier dichtes Gedränge. Doch leider stirbt das alte Handwerk allmählich aus und viele der Figuren sind nicht das Resultat wirklich guter Handarbeit.

In der Straße befindet sich auch das **Monastero di S. Gregorio Armeno.** Als armenische Nonnen im 10. Jh. nach Neapel kamen und um Aufnahme baten, wurde ihnen dieser Ort und etwas Geld zugewiesen. Die Nonnen lebten streng abgeschieden von der Außenwelt, lediglich die Priorin durfte in einem Zimmer gleich beim Klostereingang Besuch empfangen. Sehenswert sind der schöne Innenhof mit Kreuzgang sowie die Galerie, von der aus die Nonnen einst am öffentlichen Gottesdienst teilnahmen. Sie liegt oberhalb gegenüber dem Altar und ist durch ein dickes Holzgitter vom Rest der Kirche abgetrennt. Heute leben noch rund 30 Nonnen verschiedener Nationalität im Kloster und betreuen eine hier untergebrachte Grundschule und ein Internat für Studenten (Mo–So 9–12 Uhr).

Duomo und Museo del Tesoro di San Gennaro 13

Folgt man von der Basilica di San Lorenzo Maggiore der Via dei Tribunali noch ein paar Meter und biegt dann links in die Via del

Unter dieser prächtigen Kuppel in Neapels Dom ruhen die Reliquien des Schutzpatrons der Stadt: San Gennaro

Duomo ein, so gelangt man automatisch zum **Duomo San Gennaro.** Seine Fassade ist nicht außergewöhnlich spektakulär, doch das Innere lohnt auf jeden Fall einen Blick – nicht zuletzt ist dies der Ort, wo die Reliquien des Schutzpatrons von Neapel, San Gennaro, aufbewahrt werden.

Die Baugeschichte des Gotteshauses ist eng mit der Geschichte Neapels verbunden. Im Auftrag von Kaiser Konstantin wurde an dieser Stelle 324 n. Chr. die **Basilica Santa Restituta** errichtet, Neapels älteste Kirche. Teile davon riss man später wieder ab, um Platz für den heutigen Dom zu schaffen. Das Niveau des Gotteshauses wurde im Laufe der Zeit immer wieder erhöht, sodass der ursprüngliche Boden heute – unter Glas sichtbar – 40 cm tiefer liegt.

In den unterirdischen archäologischen Ausgrabungen, den **Scavi del Duomo,** kann man die Reste der ursprünglichen Basilika sowie das **Battisterio S. Giovanni in Fonte** bewundern. Bei dieser Taufkapelle handelt es sich wahrscheinlich um die älteste ihrer Art. Unter der Decke besitzt sie wunderschöne Mosaike mit orientalischen Elementen. Das runde Taufbecken stammt von der Wende des 4. zum 5. Jh. Im hinteren Teil der Scavi befindet sich eine weitere archäologische Zone, die 1969 entdeckt und im Laufe der Jahre zugänglich gemacht wurde. Zeitlich fügt sie sich in die übrigen griechisch-römischen Ausgrabungen des historischen Zentrums ein, doch ist die gesamte Struktur bis heute nicht ganz geklärt.

In der **Cappella del Tesoro di San Gennaro** werden die Blutampullen des San Gennaro aufbewahrt, die 1389 wieder auftauchten und 1479 nach Neapel überführt wurden. Dreimal jährlich findet im Gedenken daran eine Prozession statt, bei der diese heiligsten aller Reliquien zur Basilicata di Santa Chiara und wieder zurück getragen werden. Danach vollzieht sich das Blutwunder (s. S. 46, 127). Wer dabei sein möchte, sollte besser schon vier bis fünf Stunden vorher in die Altstadt kommen und sich einen guten Platz in der Spaccanapoli sichern. Eine Alternative wäre Pozzuoli, wo der Bischof hingerichtet wurde (s. S. 138). Es heißt, wenn sich das Blutwunder in Neapel vollzieht, dann leuchtet der Stein, auf dem San Gennaro einst enthauptet wurde.

Eine kleine Kuriosität am Rande: Im Dom gibt es auf der rechten Seite eine Kapelle, die Sant'Aspreno gewidmet ist. Er war 450 n. Chr. der erste Bischof von Neapel, und es geht die Legende, dass Kopfschmerzen verschwinden, wenn man seinen Kopf in den unter dem Altar befindlichen Kasten hält. Daher leitet sich vermutlich auch der Name Aspirin ab.

In dem neben dem Dom liegenden **Museo del Tesoro di San Gennaro** sind viele wertvolle Kirchengegenstände wie Kerzenleuchter, Statuen etc. ausgestellt. Leider findet man nur wenige brauchbare Hinweise zu den Heiligen und den beigefügten Symbolen. Im 3. Stock werden kirchliche Gewänder mit Licht und Musik in Szene gesetzt (Via Duomo 147–149, www.duomodinapoli.it, www.museosangennaro.com; Dom: Mo–Sa 8–12.30, 16.30–19, So/Fei 8–13.30, 17–19.30 Uhr; Scavi del Duomo: Mo–Sa 9–12, 16.30–19, So/Fei 9–13 Uhr, 3 €; Museum: Mo–So 9–17 Uhr, Erw. 6 €, erm. 4,50 € inkl. Audioguide auf Dt.).

Tipp: Sfogliatelle

In dem seit 1930 bestehenden Familienbetrieb **R. M. Attanasio** 12 gibt es, ganz frisch aus dem Ofen, die besten Sfogliatelle von Neapel, ein Blätterteiggebäck mit verschiedenen, klassischerweise jedoch einer Vanillecremefüllung. Das Rezept dafür ist über 2000 Jahre alt. Damals buk man die Sfogliatelle vor der Hochzeit – dreieckig, als Hinweis auf das weibliche Geschlecht. In christlicher Zeit wurde das Gebäck verboten, doch das Rezept hat überlebt, ironischerweise in einem Kloster. Eine gute und frische Sfogliatella ist daran zu erkennen, dass sie so gut wie nicht fettig und auch nicht knusprig-hart ist (Vico Ferrovia 1-2-3-4, beim Bahnhof, www.sfogliatellecalde.com, Di–So, 6.20–19.30 Uhr).

Chiesa Pio Monte della Misericordia 14

Auf der Höhe des Doms, in der Via dei Tribunali, befindet sich die **Chiesa Pio Monte della Misericordia.** Die kleine Kapelle ist ein Besuchermagnet, weil hier eines der Bilder von Caravaggio hängt, die er während seines Aufenthalts in Neapel schuf: »Le Sette Opere di Misericordia Corporale« (›Die sieben Taten der Barmherzigkeit‹). Für die Figuren auf dem riesigen Gemälde standen ihm Neapolitaner Modell, sodass es sehr realistisch wirkt, wie auch das gesamte Geschehen eine unwahrscheinliche Dynamik besitzt (Via dei Tribunali 253, www.piomontedellamisericordia.it, Do–Di 9–14.30 Uhr, Eintritt frei, mehrsprachige Infobroschüre).

Museo d'Arte Donna Regina 15

Nicht weit entfernt vom Dom liegt das **Museo d'Arte Donna Regina (MADRE).** 2005 eröffnet, versammelt dieser modernisierte Palazzo Werke von Künstlern wie Rebecca Horn, Jeff Koons, Joseph Beuys und Andy Warhol. Beeindruckend ist auch das Cavallo (›Pferd‹) von Mimmo Paladino auf dem Dach des Museums, das man betreten kann. Neben der Dauerausstellung gibt es wechselnde Sonderschauen sowie eine gut sortierte

Buchhandlung und ein einladendes Café. Überhaupt strahlt der gesamte Bau eine sehr angenehme Atmosphäre aus. Besonders montags herrscht reger Besucherandrang, weil an diesem Tag der Eintritt frei ist (Via Settembrini 79, www.museomadre.it, Mo, Mi–Fr 10–21, Sa/So 12–24 Uhr, Erw. 7 €, erm. 3,50 €, engl. Audioguide 4,50 €).

Um die Piazza del Plebiscito

Cityplan: S. 114
Die riesige **Piazza del Plebiscito** erinnert mit ihrem Namen an den 21. Oktober 1862, als sich die Stadt per Plebiszit dem Vereinigten Königreich Italien anschloss. Nach jahrelanger Vernachlässigung erwachte der Platz 1994 wieder zu neuem Leben, als der Bürgermeister Antonio Bassolino in Vorbereitung des G7-Treffens der Stadt einen neuen Anstrich verpasste. Seitdem ist die Piazza del Plebiscito für den Autoverkehr gesperrt und am Abend sowie vor allem am Wochenende eine beliebte Flaniermeile. In der Weihnachtszeit stellen hier internationale Künstler ihre Werke zur Schau, und an Silvester wird ein großes Konzert veranstaltet, bei dem bekannte Stars auftreten.

Chiesa San Francesco di Páola und Palazzo Reale

Auf der einen Seite der Piazza wölbt sich in weitem Halbrund eine Kolonnadenreihe, in deren Mitte sich die **Chiesa San Francesco di Páola** 16 erhebt, die unverkennbar das Pantheon in Rom zum Vorbild hat. Zwar wurde der Kirchenbau von Napoleons Schwager Murat begonnen, doch erst unter dem Bourbonen Ferdinand I. beendet. Gerade er beliebte den Platz für ein Fest der besonderen Art zu nutzen: die sogenannte *cuccagna* (›Schlaraffenland‹) – eine Belustigung des reichen Mannes auf Kosten des armen Volkes, die neapolitanische Art des *panem et circenses* (›Brot und Spiele‹). Auf dem Platz wurde eine riesige essbare Landschaft errichtet, die auf ein Zeichen des Königs von den Volksmassen gestürmt, erobert und geplündert werden durfte. Währenddessen standen der König und seine Familie sowie geladene Adlige und Gäste hinter den Fenstern des Palazzo Reale und sahen dem Schauspiel zu.

Der **Palazzo Reale** 17 wurde Anfang des 17. Jh. von Domenico Fontana errichtet, sein heutiges Aussehen erhielt er nach einem Brand im Jahr 1837. Erst zu diesem Zeitpunkt brachte man die acht überlebensgroßen Herrscherfiguren an der Fassade an, die die unterschiedlichen Dynastien repräsentieren, die über Neapel geherrscht haben. Bei einem Besuch des **Museo di Palazzo Reale** kann man beim Blick durch die Fenster die Aussichten genießen, wie sie einst die Könige hatten. Sehenswert sind das großzügig gestaltete Treppenhaus und der große Herkulessaal. Sein Name geht auf die Herkulesstatue aus der Sammlung Farnese zurück, die jetzt im Museo Archeolocigo (s. S. 117) zu bewundern ist. Der Thronsaal wirkt dagegen eher schlicht. Auch hier hängen Bildnisse einstiger Herrscher. Unter der Decke findet sich ein umlaufender Fries mit 13 weiblichen Figuren, die für die Distrikte des Königreichs beider Sizilien stehen. In der ehemaligen Kapelle des Königshauses befindet sich eine bemerkenswerte Krippe. Aufgrund ihrer Größe kann man erstaunlich viele Details ausmachen, beispielsweise die Glasaugen des Kamels, Früchte und Gebäck, das Feuer in der Schmiede, der Ausdruck in den Gesichtern und die Gesten der Hände. Die Krippe zeigt das kosmopolitische Gesicht der Hafenstadt Neapel, denn neben Neapolitanern sind auch Sarazenen und andere Nationalitäten zu entdecken. Im Palazzo Reale hat man sich gut auf fremde Gäste eingestellt, die ungewohnt ausführlichen Erklärungen sind auch in Englisch vorhanden (Piazza del Plebiscito 1, www.palazzorealenapoli.it, Do–Di 9–20 Uhr, Erw. 4 €, erm. 2 €, Audioguide 2,50 € in Engl. und Frz.).

Teatro San Carlo und Galeria Umberto I.

Für Neapel und Süditalien waren die Jahre 1735–59 eine goldene Zeit. Damals regierte

Mittelalterliche Babyklappe

Neapel war schon immer eine der bevölkerungsreichsten Städte Europas. Die Herrscher kamen und gingen, mit ihnen die Soldaten. In den Palazzi waren Affären an der Tagesordnung, zwischen Hausherren und Mägden gab es regelmäßig Tändeleien. Das Resultat waren nicht selten ungewollte Babys.

In der Nähe von Neapels Bahnhofsviertel, zwischen Corso Umberto und Castel Capuano, sowohl die Via dell'Annunziata als auch die Via Ranieri flankierend, steht ein riesiger grauer Gebäudekomplex älteren Datums. Es ist die Chiesa dell'Annunziata, die Kirche der Beschützerin der Kinder. Viele Menschen gehen hier ein und aus, denn hinter den Mauern verbirgt sich nicht nur eine Kirche, sondern auch ein Hospital. Kaum einem fällt jedoch der kleine Stein in der Außenmauer auf, der die Jahreszahl 1875 trägt. Sie markiert das Datum, an dem die Türe, die sich an dieser Stelle einst befand, sich für immer schloss: Neapels älteste ›Babyklappe‹.

Auf Initiative von Johanna von Anjou entstand 1320 eine Kirche mit einem angeschlossenen Heim, wo Eltern und Mütter ihre Säuglinge abgeben konnten, wenn es ihnen nicht möglich war, für diese zu sorgen. Das Besondere dabei war, dass Anonymität garantiert wurde, indem man eine drehbare Trommel mit Klappen in die Kirchenwand einbaute. Die Lade konnte von außen geöffnet und das Baby hineingelegt werden. Dann drehte man die Trommel. Auf der anderen Seite waren immer eine oder mehrere Nonnen zugegen, die das Kind in Empfang nahmen. Vom Kircheninnern aus konnten sie nicht sehen, wer den Säugling gebracht hatte. Meist geschah dies ohnehin nachts, denn niemand wollte dabei erkannt werden. Über die Anzahl der in all den Jahren hier abgegebenen Babys lassen sich keine gesicherten Angaben machen, denn eine systematische Registrierung fand erst ab dem 16. Jh. statt. Besonders in bzw. nach Zeiten der Belagerung durch fremde Soldaten oder in Zeiten von Hunger und Epidemien bekamen die Nonnen mehr Babys als gewöhnlich zu versorgen. In einem Jahr sollen sogar einmal 8000 Kinder abgegeben worden sein.

Zunächst erhielten alle Babys den Nachnamen Esposito. Diese Handhabung wurde jedoch um 1800 abgeschafft, weil der Name einem Brandzeichen gleichkam und sein Träger sofort als Findelkind identifiziert werden konnte. Stattdessen ersannen die Nonnen fortan Namen, die mit dem Anfangsbuchstaben des Abgabemonats begannen.

Um die Kinder zu versorgen, gab es eine begrenzte Anzahl von Schwestern und Ammen. Die Jungen durften lediglich bis zu ihrem sechsten Lebensjahr bei den Nonnen bleiben, dann kamen sie ins Collegio (›Internat‹). Hier konnten sie wohnen, solange sie wollten, auch bis ins hohe Alter, doch die meisten zog es in die Welt hinaus. Ein Großteil der Mädchen hingegen blieb im Heim, manche später auch als Nonnen. Die beste Möglichkeit für sie auf ein anderes, vielleicht besseres Leben war eine Heirat. Wer sich dazu entschloss, stellte sich am 25. März zu Mariä Verkündigung im einstigen Salone delle Colonne des Klosters auf. An diesem Tag wurde der Salon auch für alle heiratswilligen

Thema

Männer geöffnet. Gefiel einem Mädchen einer der Männer, ließ sie ein weißes Spitzentaschentuch fallen. War der Auserwählte auch ihr zugetan, hob er das Taschentuch auf und die Sache war besiegelt. Wollte umgekehrt der Mann eines der Mädchen heiraten, musste er erst eine der Schwestern um Erlaubnis bitten. Diese befragte das Mädchen, das jederzeit Nein sagen konnte, ohne irgendwelche Folgen zu fürchten.

1875, genau 15 Jahre nach Gründung der italienischen Republik, wurde die Klappe geschlossen. Kleinkinder gab man allerdings auch weiterhin bei den Nonnen der Chiesa dell'Annunziata ab. Das letzte Baby wurde 1987 vor die Kirchentür gelegt.

Noch heute werden an diesem Ort pflegerische Dienste geleistet, u. a. gibt es ein Hospital für Kinder. Den Raum mit der ehemaligen Babyklappe hat man zu einem kleinen Museum umgestaltet. Man sieht die hölzerne Trommel, Seiten aus den Registrierbüchern, Kleidung und Gegenstände, die die Babys bei sich trugen, sowie Fotos aus den vergangenen über 100 Jahren (Via Raneri, Mo–Sa 9–19 Uhr).

Chiesa dell'Annunziata – die Kirche der Beschützerin der Kinder

RIONE SANTACROCE
MATER DEI
Tangenziale Est Ovest
MN
Montedonzelli
Via Pietro Castellino
Via Marino e Cotronei
Linea 1
ARENELLA
Materdei
Via Pietro Castellino
Via Giuseppe Orsi
Salvator Rosa
Via Salvator Rosa
La Pigna
Piazza Medaglie d'Oro
M. d'Oro
Villa Genzano
Corso Vittorio Emanuele
Linea 2
ANTIGNANO
Via G. Ruoppolo
Via Gioacchino Rossini
Via Luigi Caldieri
Metrop. F.S. Montesanto
Stadio Collana
Cilea
Via Luca Giordano
Via Ribera
AVVOCATA MONTECALVARIO
VOMERO
Vanvitelli
Via Francesco Cilea
Villa Floridiana
Corso Vittorio Emanuele
Linea 2
Metrop. F.S. Amedeo
Piazza S. Mercadante
Corso Vittorio Emanuele
Via dei Mille
Villa Pignatelli
Via Chiaia
RIONE ARATA
CHIAIA-S. FERDINANDO
Piazza dei Martiri
San Pasquale
Arco Mirelli
Linea 6 (2013)
Riviera di Chiaia
Chiaia
Villa Comunale
Via Morelli
Piazza della Repubblica
Via Francesco Caracciolo
Piazza Vittoria
Via Piedigrotta
Via Partenope
Metrop. F.S. Mergellina
Rada Caracciolo
Piazza J.Sannazzaro
Via Francesco Caracciolo
Terminal Aliscafi
Porto Sannazzaro Barbaia
Largo Barbaia
Via Mergellina
MERGELLINA

Neapel

Sehenswert

1 Castel Sant'Elmo
2 Museo di San Martino
3 Villa Floridiana
4 – 14 s. Cityplan S. 105
15 Museo d'Arte Donna Regina (MADRE)
16 Chiesa San Francesco di Páola
17 Palazzo Reale
18 Teatro San Carlo
19 Galeria Umberto I.
20 Castel Nuovo
21 Quartieri Spagnoli
22 Museo Archeologico Nazionale
23 Catacombe di San Gennaro
24 Capodimonte
25 Borgo Marinaio
26 Castel dell'Ovo
27 Stazione Zoologica Anton Dohrn
28 Museo Pignatelli

Fortsetzung s. S. 116

Neapel

29 Palazzo delle Arte di Napoli
30 Mergellina
31 Posillipo
32 Bagnaia

Übernachten
1 Grand Hotel Parkers
2 – 3 s. Cityplan S. 105
4 Chiaia Hotel de Charme
5 s. Cityplan S. 105
6 Donna Regina
7 Real Ortobotanico
8 Casa Mira Napoli
9 – 10 s. Cityplan S. 105
11 Ostello Per La Gioventu'

Essen & Trinken
1 Mimì alla Ferrovia
2 s. Cityplan S. 105
3 Pizzeria Brandi
4 Mattozzi
5 Trattoria Matino
6 s. Cityplan S. 105
7 Antica Pizzeria Da Michele
8 Trianon da Ciro
9 Trattoria Nennela
10 s. Cityplan S. 105
11 Gran Caffé Gambrinus
12 R. M. Attanasio
13 Chalet Ciro
14 Gelateria Soave

Einkaufen
1 Marinella
2 Feltrinelli
3 s. Cityplan S. 105
4 Markt für Alltagsgüter
5 Fischmarkt

Abends & Nachts
1 Gran Bar Rivera
2 Around Midnight
3 – 4 s. Cityplan S. 105
5 Otto Jazz Club
6 s. Cityplan S. 105

Aktiv
1 CitySightseeing Napoli
2 Stadio San Paolo

der Bourbonenkönig Karl III., Sohn des spanischen Königs Philipp und der Italienerin Elisabetta Farnese. Unter seiner Regentschaft wurde 1737 gleich neben dem Palazzo Reale das **Teatro San Carlo** 18 erbaut. Das älteste bekannte Operntheater der Welt öffnete seine Pforten 40 Jahre vor der Mailänder Scala und 45 Jahre vor dem Teatro La Fenice in Venedig. Komponisten wie Donizetti, Verdi, Rossini oder Bellini ließen hier ihre Werke uraufführen. 1816 wurde das Theater von einem Feuer zerstört und 1841 neu eröffnet. Auch heute noch ist das Teatro San Carlo für seine Opern- und Konzertaufführungen international bekannt (Via San Carlo, www.teatrosancarlo.it, Besichtigungen unregelmäßig Do–Mo 9–17 Uhr, Erw. 5 €, erm. 3 €).

Direkt gegenüber dem Theater erhebt sich die **Galeria Umberto I.** 19**,** eine Einkaufspassage unter einer riesigen Konstruktion aus Glas und Eisen, die 1890 als Antwort auf ähnliche Bauten in Mailand und Rom errichtet wurde. Schon seit Jahren wird sie renoviert und die Baugerüste stehen mal hier, mal dort, dennoch ist die Galeria am Wochenende eine beliebte Flaniermeile.

Castel Nuovo 20

Das im 13. Jh. von den Anjou errichtete **Castel Nuovo** ist ein regelrechter Festungsbau. Als die Anjou von den Aragonesen aus Neapel vertrieben wurden, erlitt das Kastell schwere Beschädigungen, wurde jedoch wenig später wieder aufgebaut, dieses Mal mit deutlichen architektonischen Einflüssen aus der Frührenaissance. Ein schönes Beispiel hierfür ist das doppelstöckige Triumphtor aus weißem Marmor, das zwischen die beiden Rundtürme gesetzt wurde und auf dem der Einzug Alfons von Aragon 1443 in Neapel darstellt ist.

In der ersten Etage finden sich Gemälde älteren und jüngeren Datums, interessanter jedoch sind die Werke im zweiten Stock zur Geschichte Neapels mit Stadtansichten auch von anderen Städten wie Amalfi und Verona. Die Beschriftungen sind nur in Italienisch, eine Infobroschüre oder einen Audioguide gibt es nicht.

Von den Terrassen des Castel Nuovo genießt man schöne Aussichten auf Neapel, den Hafen und den Golf. Beeindruckend ist die **Sala dei Baroni** (›Saal der Barone‹), so genannt, weil König Ferrante von Aragon aufständische Barone zu einem Bankett lud und sie dann hier einsperrte, bis sie sich ihm ergaben. Noch bis 2006 fanden in dem Saal regelmäßig die Sitzungen des Stadtrats statt (Piazza Municipio 74, Mo–Sa 9–19 Uhr, Erw. 5 €, erm. 4,15 €).

Via Toledo und Quartieri Spagnoli 21

Cityplan: S. 114

An der Piazza del Plebiscito beginnt die **Via Toledo,** deren erster Teil eine Fußgängerzone und beliebte Flaniermeile mit unzähligen Geschäften ist. Gleich zu Beginn zweigt nach links eine der wichtigsten Shoppingmeilen Neapels, die **Via Chiaia,** in das gleichnamige Viertel ab (s. S. 119).

Die Via Toledo wurde nach dem spanischen Vizekönig in Neapel benannt, Don Pedro di Toledo, der sie 1536 entlang der damaligen Stadtmauern anlegen ließ. Viele Adlige der Stadt wählten diesen Straßenzug für den Bau ihrer Paläste, die noch heute zu bewundern sind. Don Toledo ließ aber auch Unterkünfte für die spanischen Garnisonen bauen, die zuhauf mit ihren Familien in die Stadt kamen und Wohnraum benötigten. So entstanden zwischen der Via Toledo und dem Vomero die **Quartieri Spagnoli.** Im Laufe der Zeit entwickelte sich das schachbrettartig angelegte Spanische Viertel zu einer Stadt in der Stadt. Typisch sind die schmalen Straßen, zwischen deren Häusern unzählige Wäscheleinen gespannt sind. Alles wirkt eng und dunkel, erst nach oben wird es etwas lichter. Es ist spannend, dieses alte neapolitanische Viertel zu durchstreifen – allerdings besser tagsüber, in der Dunkelheit sollte man die Gegend aus Sicherheitsgründen eher meiden.

Nördliches Zentrum

Cityplan: S. 114

Museo Archeologico Nazionale 22

Weiter nördlich wird die Via Toledo zur Via Enrico Pessina, die direkt zum **Museo Archeologico Nazionale** führt, dem ältesten archäologischen Museum Italiens und einem der weltweit wichtigsten Museen für die klassische Antike. Hier kann man gut und gerne einen halben Tag verbringen, entweder vor oder nach einem Besuch der Ausgrabungsstätten von Pompeji (s. S. 149) und Ercolano (s. S. 145), denn die unwahrscheinlich vielfältige Ausstellung beherbergt einen Großteil der dort gemachten Funde. So gibt es beispielsweise vollendet schöne Figuren aus der Villa dei Papiri (bei Ercolano, für die Öffentlichkeit nicht zugänglich) zu sehen, Skulpturen aus weißem und schwarzem Marmor oder auch die Skelette von Männern, Frauen und Kindern aus Ercolano, die beim Vulkanausbruch in Richtung Meer flüchteten.

Auf keinen Fall sollte man den Farnese-Stier verpassen, der – wie auch die Tiere zu seinen Füßen – aus einem einzigen Marmorblock gefertigt ist. Ebenso einzigartig ist die Kopie der Artemis aus Ephesos (2. Jh. v. Chr.). Den Oberkörper dieser Alabasterskulptur bedecken zahlreiche Brüste, von denen es u. a. heißt, es seien Stierhoden als Zeichen der Fruchtbarkeit. Artemis trägt eine Kette aus Eicheln, überall an ihr finden sich Bienen und Blumen.

Tipp: Trattoria Nennella

Wer zur Mittagszeit in den Quartieri Spagnoli unterwegs ist und Lust auf ein typisch neapolitanisches, wenngleich etwas hektisches Mahl hat, dem sei die **Trattoria Nennela** 9 empfohlen. Um eine lange Wartezeit zu vermeiden, sollte man am besten vor 13 Uhr da sein, dann geht alles ganz flott. Die Liste der Vorspeisen wird vom Kellner mündlich heruntergerattert. Sobald die Teller auf dem Tisch stehen, zieht er mit einer Schüssel vorbei und streut Parmesan darüber – das muss reichen. Auch die Hauptspeise, eines von mehreren, auf einfache Zettel kopierten Tagesgerichten, kommt prompt. Kaum hat man aufgegessen, muss man auch schon bezahlen, und dann wird es noch einmal richtig laut in der Trattoria: Wenn man Trinkgeld gibt, wird von der Decke ein geflochtener Korb herabgelassen. Dort legt man die Münzen hinein und wie auf ein Kommando brüllen alle Kellner und die Männer in der Küche ein gemeinsames »Grazie!« (Via Lungo Teatro Nuovo 105, Mo–Sa 12–14.30 Uhr).

Das Geheimkabinett oder Erotik aus der Antike

Thema

Als im 18. Jh. die Ausgrabungen in Ercolano und Pompeji begannen, traten Skulpturen, Amulette, Bildchen und Wandermalereien zutage, die ein Indiz dafür sind, dass Sex und Erotik in der Antike wichtige Elemente des Lebens waren, der Umgang damit natürlich und vertraut.

Alle diese Funde wurden ab Mitte des 18. Jh. im königlichen Schloss von Portici (s. S. 145) in einer gesonderten Ausstellung gesammelt, die treffenderweise den Namen Priapi trug – Priapos, Sohn des Dionysos und der Aphrodite, war der Gott der Fruchtbarkeit und der Beschützer der Felder. Statuen von ihm, meist mit einem erigierten Glied ausgestattet, wurden als Glücksbringer für die Ernte sowie als Schutz vor Dieben auf Feldern und in Obstgärten aufgestellt. Schon damals bedurfte es einer Sondererlaubnis, um die Ausstellung zu besuchen. König Ferdinand IV. hatte guten Grund zu dieser Vorgehensweise, denn er lief Gefahr, mit den gezeigten Exponaten dem Bild eines dekadenten und ausschweifenden Königshauses Vorschub zu leisten.

Gerade diese Handhabung schürte jedoch das Interesse der Öffentlichkeit. Nachdem Franz I. mit seiner Frau Isabella und seiner 15-jährigen Tochter Luisa Carlotta im Jahr 1819 nichts ahnend die Ausstellung besucht hatte, bemerkte er: »Es wäre sicherlich das Beste, alle obszönen Objekte, gleich welchen Themas sie sind, in einem einzigen Raum einzuschließen. Es sollten nur Personen reiferen Alters und anerkannter moralischer Integrität Zugang dazu haben.« Tatsächlich wurde zwei Jahre später das Gabinetto degli osceni (›Kabinett obszöner Objekte‹) eingerichtet – und doch wurde die Sammlung immer berühmter. So viele Besucher wollten die Exponate sehen, dass sogar ein entsprechendes Antragsformular gedruckt werden musste.

Nach der Republikgründung 1860 erhielt die Sammlung allmählich eine wissenschaftliche Funktion zur Erforschung der Sexualität in der Antike. Als der Platz im Schloss von Portici nicht mehr ausreichte, siedelte die Ausstellung in ein ehemaliges Universitätsgebäude im Zentrum von Neapel über, das heutige Museo Archeologico Nazionale (s. S. 117). Noch immer war das Gabinetto Segreto (›Geheimkabinett‹), wie es nun genannt wurde, nicht für die Öffentlichkeit zugänglich. Das änderte sich für kurze Zeit nach dem Zweiten Weltkrieg. Danach war die Ausstellung aufgrund baulicher Maßnahmen über viele Jahre hinweg geschlossen und öffnete ihre Pforten erst wieder im Frühjahr 2000.

Anhand von zahlreichen unterschiedlichen Exponaten zeigt das kleine Kabinett den Umgang mit Sex und vor allem Erotik in der Antike, seien es Skulpturen von Pan und Daphne, die in Gärten aufgestellt waren, Mosaike wie jenes von Pan und der Nymphe Pytis oder eine Vielzahl von Bildern, die die Wände in Salons, Bädern und Schlafzimmern zierten. Die meisten stammen aus Pompeji und zeigen einen deutlich sichtbaren Phallus, in der römischen Welt ein Talisman und ein Zeichen für Wohlstand. So ist es auch nicht verwunderlich, dass man bei einem Streifzug durch Pompeji bei genauem Hinsehen immer wieder entsprechende Symbole auf den Pflastersteinen und an Hauswänden entdeckt. Sie sind jedoch nicht ausschließlich als Hinweis auf käufliche Liebe zu verstehen, sondern auch als Schutz und Segen.

Eine wahre Pracht ist die Sammlung der fein ausgeführten und farbenprächtigen Mosaikarbeiten, insbesondere die knapp 6 x 3 m große, in Pompeji gefundene Darstellung der Alexanderschlacht. Und selbstverständlich erfreut sich das Gabinetto Segreto (›Geheimkabinett‹, s. links) ungeminderter Aufmerksamkeit (Piazza Museo 19, Mi–Mo 9–20 Uhr, Erw. 6,50 €, erm. 3,15 €, Audioguide 3,50 € auf Engl., Frz., Ital.; Zutritt in das Gabinetto Segreto für Kinder nur in Begleitung Erwachsener; aufgrund von baulichen Maßnahmen oder auch Personalmangel sind einige Abteilungen manchmal nicht zugänglich).

Catacombe di San Gennaro 23

Auf dem Weg Richtung Norden nach Capodimonte, ob zu Fuß (eine knappe Stunde) oder mit dem Bus (Nr. 178 vom Museo Archeologico Nazionale aus, hält direkt davor), kommt man an den **Catacombe di San Gennaro** vorbei. Die Katakomben gehören zum unterirdischen Labyrinth Neapels (s. S. 107) und beherbergen Fresken, die bis auf das 2. Jh. zurückdatiert werden können. Der Name geht auf den Kult um den heiligen Gennaro zurück, da ab dem 5. Jh. seine Gebeine hier aufbewahrt wurden und dies der Hauptort seiner Verehrung war. Noch bis ins 10. Jh. hinein diente der Komplex als Grabstätte für die neapolitanischen Bischöfe und Herzöge (Via Capodimonte 13, Führungen stdl. Mi–Sa 9–12 Uhr, 5 €, die Öffnungszeiten werden sehr variabel gehandhabt).

Capodimonte 24

Ca. 3 km nördlich des Zentrums erhebt sich der bewaldete Hügel von **Capodimonte,** eine wahrhaft königliche Residenz mit einem der schönsten Museen Italiens in einem 7 ha großen einladenden Park, der sich wunderbar für einen Tagesausflug inklusive Picknick eignet.

Karl IV. jagte gerne und wollte sich auf diesem stadtnahen Hügel ein Jagdschloss mit Sommerresidenz errichten. Doch als er 1732 die riesige Kunstsammlung seiner Mutter Elisabetta aus dem Hause Farnese erbte und keinen Raum dafür zur Verfügung hatte, änderte er kurzerhand die Pläne. So entstand dieser mit den Anlagen von Versailles, Sanssouci oder Schönbrunn vergleichbare Palast, der von Anfang an als Museumsgebäude diente, jedoch erst nach 100 Jahren Bauzeit komplett fertiggestellt war. **Museo e Galleria di Capodimonte** können sich wahrlich sehen lassen. Zu bewundern sind einige der ehemaligen Wohnräume des Königs, darunter ein im pompejianischen Stil gestaltetes Zimmer mit Möbeln aus Alabaster und Wandmalereien. Die Inspiration dazu erhielt Karl III. durch die Ausgrabungen in Pompeji, die zu dieser Zeit die ganze Welt in Atem hielten.

Die Pinakothek, eine der größten der Welt, umfasst u. a. eine sehr gut zusammengestellte Sammlung religiöser Bilder, darunter von Caravaggio die Flagellazione di Christo (›Geißelung Christi‹), bei der Gesichter und Körper nahezu fotografisch abgebildet sind. Neben Caravaggio finden sich auch Arbeiten von Raffael, Tizian, Simone Martini, Botticelli, Breughel und sogar ein Andy Warhol.

Ebenfalls zu besichtigen ist die **Real Fabbrica di Porcellana,** in der einst das Porzellan von Capodimonte angefertigt wurde. Zur Gründung der Fabrik ließ sich Karl IV. von seiner Frau Maria Amalie anregen, die aus Sachsen stammte, Heimat des berühmten Meißener Porzellans. Einen Eindruck von den filigranen Stücken gibt der eigens für Königin Amalia gefertigte bezaubernde Salettino in Porcellane im Museo di Capodimonte, ein komplett aus Porzellan gefertigter Raum (Via Miano 2, www.museo-capodimonte.it, Museum: Do–Di 8.30–19.30 Uhr, Erw. 7,50 €, erm. 3,75 €, Audioguide 4 €; Park: tgl. bis 1 Std. vor Sonnenuntergang, Eintritt frei).

Santa Lucia und Chiaia

Cityplan: S. 114

Borgo Marinaio und Castel dell'Ovo

Das alte Fischerviertel Santa Lucia existiert nicht mehr. Moderne Bauten sind an seine Stelle getreten und lediglich der **Borgo Marinaio 25,** der kleine Hafen, in dem jetzt größere und kleinere Boote der Luxusklasse liegen, vermittelt noch eine Vorstellung vom einstigen Idyll. Einige der Fischlokale auf dem Inselchen gehören zu den besten und teuersten von Neapel – für Atmosphäre und Ausblick zahlt man gleich mit. Doch zumindest einen Caffè oder Aperitif sollte man sich hier gönnen.

Auf dem Inselvorsprung steht auch das älteste Kastell der Stadt, das **Castel dell'Ovo** 26, von den Normannen im 9. Jh. errichtet und von Friedrich II. im 13. Jh. ausgebaut. Der Name ›Ei-Kastell‹ geht höchstwahrscheinlich auf dessen eiförmigen Grundriss zurück. Aber vielleicht ist wirklich etwas an der Legende, wonach der Dichter Vergil ein Ei in eine Flasche gezaubert hat und diese in einem Eisenkäfig unter dem Felsvorsprung verbarg. So lange das Ei unversehrt bliebe, sei auch die Stadt Neapel sicher, heißt es. Heute dient die Festung als Tagungsort und bietet neben einigen wenigen Beschreibungen zu ihrer Entstehung ein paar schöne Aussichten sowie hin und wieder eine Ausstellung (Borgo Marinari, Mo–Sa 9–18, So 10–14 Uhr, Eintritt frei).

Villa Comunale und Stazione Zoologica Anton Dohrn 27

Die Via Partenope führt als Uferpromenade in Richtung Mergellina (s. rechts). Auf der anderen Straßenseite liegt ein großer Park, die **Villa Comunale,** wo es sich flanieren oder in einem der vielen Pavillons auf einen Caffè einkehren lässt.

In der Grünanlage liegt die **Stazione Zoologica Anton Dohrn** mit dem ältesten Aquarium Europas. Anton Dohrn, ein Biologe aus Stettin, der bei Ernst Haeckel in Jena promoviert hatte, entschied sich gegen die klassische akademische Laufbahn und ging stattdessen nach Neapel, wo er mit eigenen und fremden Mitteln im Jahr 1874 die Stazione Zoologica eröffnete, von allen bis heute nur L'Aquario (›Das Aquarium‹) genannt. Der Grund für diese Namensgebung war ein großes Schauaquarium mit der Flora und Fauna des Golfs von Neapel, das nicht nur zahlende Besucher, sondern auch viele Forscher anlockte. Nach dem Zweiten Weltkrieg wurde das Aquario, das bis dahin in Dohrn'schem Familienbesitz gewesen war, enteignet und ist heute ein autonomes Forschungszentrum des italienischen Staats. Der Besuch lohnt sich vor allem in Begleitung von Kindern. Neben diversen Aquarien mit Seepferdchen, fluoreszierenden Seeanemonen, Schildkröten und einer Sammlung diverser Tiere in Formaldehyd fasziniert vor allem das sogenannte Touch-Becken, in dem man ganz vorsichtig einige Meerestiere berühren kann (Villa Comunale, www.szn.it, Di–Sa 9–16.30, So 9–13.30 Uhr, Erw. 1,50 €, erm. 1 €).

Riviera di Chiaia und Museo Pignatelli 28

Nördlich des Stadtparks verläuft die **Riviera di Chiaia,** schon seit eh und je eine beliebte Flaniermeile, wie bereits Mark Twain feststellte: »Allabendlich um sechs Uhr zieht ganz Neapel hinaus, um auf der Riviera di Chiaja (was das auch immer heißen mag) spazieren zu fahren; und zwei Stunden lang kann man dort stehen und die buntscheckigste und gemischteste Prozession vorüberziehen sehen, die Augen je erblickten. Fürsten (es gibt in Neapel mehr Fürsten als Polizisten – die Stadt ist von ihnen überschwemmt), die sieben Treppen hoch wohnen und keinerlei Fürstentümer besitzen, halten sich eine Kutsche und hungern; Verkäufer, Handwerker, Näherinnen und Dirnen verzichten auf ihr Essen und verschwenden das Geld an eine Mietkutschenfahrt auf der Chiaja; der Pöbel und Abschaum der Stadt drängt sich zu 20 oder 30 in einen wackligen kleinen Gängelwagen, gezogen von einem Esel, nicht viel größer als eine Katze, und auch sie fahren auf der Chiaja; Herzöge und Bankiers in prunkvollen Kutschen und mit prächtigen Kutschern und Lakaien ziehen ebenfalls hinaus, und so nimmt der tolle Umzug seinen Lauf. Zwei Stunden lang rasseln Hoch und Niedrig, Reich und Arm in der wildesten Prozession Seite an Seite dahin, und dann gehen sie gelassen, glücklich und ruhmbedeckt nach Hause!«

Etwa auf Höhe des Aquario befindet sich in einer sehr schönen Villa aus dem Jahr 1836

Neapels Shoppingmeile für Edelboutiquen: die Via Chiaia

das **Museo Pignatelli.** Im Untergeschoss wird eine ständige Gemäldeausstellung italienischer Künstler gezeigt. Die Werke sind zumeist speziell neapolitanischen Themen gewidmet und so angeordnet, dass die Stilentwicklung über mehrere Jahrhunderte hinweg deutlich wird. Im Erdgeschoss kann man wunderschöne Räume mit der Einrichtung von einst bewundern. Sie geben Einblick in das herrschaftliche Leben im 19. Jh., als in diesem Gebäude Ferdinand Acton, der Premier- und Kriegsminister von Ferdinand IV., residierte. Das Obergeschoss wird für gut kuratierte Wechselausstellungen genutzt, meist zu italienischen Künstlern (Via Chiaia 200, Mi–Mo 8.30–14 Uhr, Erw. 2 €, erm. 1 €).

Palazzo delle Arti di Napoli 29 und Umgebung

Ganz in der Nähe hat man den fast zerfallenen **Palazzo Roccella** aus dem 18. Jh. renoviert und darin ein Museum für moderne Kunst eingerichtet, den **Palazzo delle Arte di Napoli (PAN),** in dem auch Symposien und Workshops abgehalten werden. Neben Wechselausstellungen zu verschiedenen Themen beherbergt das Museum ein Dokumentationszentrum, das sich um die Erforschung der zeitgenössischen Kunst und Kultur verdient macht – angefangen bei Malerei und Skulptur über Architektur und Fotografie bis hin zu Design und Kinematografie (Via dei Mille 60, www.palazzoartinapoli.net, Mi–Mo 9.30–19.30, So/Fei 9.30–14.30 Uhr, Erw. 5 €, erm. 3 €).

Die **Via dei Mille** und die nahe **Piazza dei Martiri** sind die Shoppingmeilen von Neapel schlechthin, in denen sich auch einige Edelboutiquen befinden.

Westlich des Zentrums

Cityplan: S. 114

Mergellina 30

Vom Castel dell'Ovo aus kommend, erreicht man am Ende der Uferpromenade Partenope den kleinen Hafen **Mergellina.** Von hier starten die Schnellboote zu den Inseln im Golf, einige Fischerboote liegen vor Anker und an warmen Abenden ist dies ein beliebter Treffpunkt. Es gibt Kioske, Restaurants und Eisdielen, die bis weit in die Nacht geöffnet haben. An der oberhalb gelegenen **Piazza Sannazzaro** findet man günstige Lokale, die vor allem von Einheimischen frequentiert werden.

Posillipo 31

Oberhalb von Mergellina liegt der **Posillipo.** Schon bei den Römern war der Berg als Wohngegend beliebt, bekannt für Luxus und Müßiggang. Der Name leitet sich vom griechischen Pausylipion ab, was ›der Sorgen Ende‹ bedeutet. Nach den Römern wurde es ruhig auf dem Berg, erst unter Karl III. entdeckte man dieses Gebiet erneut und es entstanden prächtige Villen und Parks. Am besten nimmt man den Bus Nr. 140, der die Küstenstraße entlang über das **Capo di Posillipo** hinauf zum **Parco Virgilliano** fährt, eine Art Volkspark, in dem Jogger, Spaziergänger und Liebespaare unterwegs sind. Außerdem bieten sich von hier tolle Blicke über Neapel bis hin zum Vesuv und auf die Bucht von Pozzuoli.

Bagnaia 32

Vom Parco Virgilliano aus kann man auch schon hinuntersehen nach **Bagnaia.** Dort verschmutzte bis Anfang der 1990er-Jahre ein Stahlwerk die Landschaft, die Luft und auch den Golf. Ruinen zeugen von der eins-

Hier lebt das Klischee Neapel: in den Quartieri Spagnoli

tigen Industrieanlage. Um das Gebiet wieder attraktiv zu machen, hat man die **Città della Scienza** eröffnet. Besonders für Kinder ist der Museumsbesuch sehr spannend, weil sie die Gegenstände nicht nur anfassen, sondern auch Experimente durchführen können (Via Coroglio 104, www.cittadellascienza.it, Di–Sa 9–17, So 10–19 Uhr, Erw. 7 €, erm. 5 €, Anfahrt mit Bus Nr. 109 von der Metrostation Campi Flegrei).

Infos

ASST: Piazza del Plebiscito, Tel. 081 252 57 11, www.inaples.it, Mo–Fr 10–19, Sa/So 10–14 Uhr.

Touristeninformation: Piazza del Gesù, Tel. 081 551 27 01, Mo–Fr 10–19, Sa/So 10–14 Uhr; Zweigstellen am Flughafen und in der Galeria Umberto I. (s. S. 116). Hier erhält man u. a. die Infobroschüre »Qui Napoli« (it./engl.) mit vielen praktischen Adressen und einem Überblick über Museen, Sehenswürdigkeiten, aktuelle Ausstellungen, Konzerte etc.

Übernachten

Infos über Unterkünfte bei der Touristeninformation (s. o.) sowie unter www.bb-napoli.com und www.rentabed.it. Nahezu alle Unterkünfte verfügen über Internetzugang.

Mondän ▶ Grand Hotel Parkers 1: Corso Vittorio Emanuele 135, Tel. 081 761 24 74, www.grandhotelparkers.it. In dem Luxushotel zwischen Villa Floridiana und Villa Comunale genießt man seit 1870 Gastfreundschaft auf sehr hohem Niveau sowie traumhafte Ausblicke. Auch Suiten. DZ 255–360 €.

Luxuriöse Oase ▶ Constantinopoli 104 2: Via S. Maria di Constantinopoli 104, Tel. 081 557 10 35, www.costantinopoli104.com. Ein kleines Hotel der Spitzenklasse mit stilvoll eingerichteten Zimmern, Kamin im Salon und kleinem Pool im Garten. Das Archäologische Museum ist gleich um die Ecke. DZ ab 220 €.

Nahe dem Dom ▶ Caravaggio 3: Piazza Cardinale Sisto Riario Sforza 157, Tel. 081 211 00 66, www.caravaggiohotel.it. Schönes Hotel im historischen Zentrum, aber trotzdem ruhig. Komfortable Zimmer, einige mit Blick auf die Piazza. DZ 150–190 €.

Charmant ▶ Chiaia Hotel de Charme 4: Via Chiaia 216, Tel. 081 41 55 55, www.hotelchiaia.it. Das einstige B & B wurde in ein kleines Hotel verwandelt. 27 luxuriös möblierte Zimmer mit Jacuzzi. Zu vielen Zimmern gibt es persönliche Geschichten aus der Familienhistorie. Nur wenige Meter von der Piazza del Plebiscito entfernt. DZ ab 100 €.

Über den Dächern von Neapel ▶ Zia Maria Home 5: Piazza San Gaetano 322, Tel. 34 91 87 90 87 u. 33 55 34 68 89, www.discovernaples.net. Das wunderschöne B & B befindet sich gleich bei der Kirche San Lorenzo im obersten Stock eines typisch neapolitanischen Hauses. Mit Fahrstuhl, modern und geschmackvoll renoviert, viel Licht und freundliche Atmosphäre. Das Frühstück kann auf der Dachterrasse eingenommen werden, die einen herrlichen Blick über den Dom bis zum Golf von Neapel bietet. DZ 95 €.

Neapolitanische Gastfreundschaft ▶ **Donna Regina** 6: Via Luigi Settembrini 80, Tel. 081 44 67 99, www.discovernaples.net. Das gemütliche B & B liegt neben dem MADRE im historischen Zentrum und nimmt eine Etage des Palazzo der Donna Regina Vecchia ein, ehemals ein Stift. Mimmo Mazzella kümmert sich rührend um seine Gäste, gibt viele wertvolle Tipps und vermittelt so seine Philosophie des Teilens – hier wird man mit dem neapolitanischen Leben vertraut gemacht. Das Frühstück wird gemeinsam in der großen Küche eingenommen. DZ 93 €.

Blick ins Grüne ▶ **Real Ortobotanico** 7: Via Foria 192, Tel. 081 442 15 28, www.hotelrealortobotanico.it. Die meisten der angenehm gestalteten Hotelzimmer gehen auf den Botanischen Garten hinaus. Im Sommer kann man das Frühstück auf der Dachterrasse des Palazzo aus dem 18. Jh. einnehmen. DZ 80–130 €.

Idylle in Mergellina ▶ **Casa Mira Napoli** 8: Via Giordano Bruno 169, Tel. 081 761 10 35 www.casamiranapoli.it. Kleines, geschmackvoll eingerichtetes B & B oberhalb des Hafens in Mergellina mit exklusiven Ausblicken und schmackhaftem Frühstück. Gute Verkehrsanbindung ins Zentrum, nur wenige Minuten zu den Fähren auf die Inseln und nach Sorrent. DZ 70–120 €.

Internationaler Treff ▶ **6 small rooms** 9: Via Diodato Lioy 18, Tel. 081 790 13 78, www.6smallrooms.com. In dem von einer Australierin betriebenen Hostel nahe der Piazza Dante treffen sich Backpacker aus aller Welt. Offene, herzliche Atmosphäre, keine Schließzeiten. Dorm 20 € p. P., DZ 40–65 €.

Klein und fein ▶ **Duomo** 10: Via Duomo 228, Tel. 081 26 59 88, www.hotelduomonapoli.it. Das familiengeführte Hotel liegt im 1. und 2. Stock eines Altstadt-Palazzo nahe dem Dom. Die Zimmer sind geräumig und sauber, die Betreiber sehr freundlich und hilfsbereit. DZ 55–65 €.

Jugendherberge ▶ **Ostello Per La Gioventu' Mergellina** 11: Salita della Grotta 23, Tel. 081 761 23 46, www.ostellionline.org, www.hostelsclub.com. Neapels offizielle Jugendherberge befindet sich in einem gesichtslosen Bau am Bahnhof von Mergellina. Dorm ab 13 € p. P.

Essen & Trinken

Viele Lokale sind Familienbetriebe, die sonntags geschlossen haben. Es gelten die allgemein üblichen Öffnungszeiten (s. S. 86).

Traditionslokal ▶ **Mimì alla Ferrovia** 1: Via Alfonso d'Aragóna 19/21, Tel. 081 553 85 25, Mo–Sa mittags u. abends. Das auf Fischgerichte spezialisierte Lokal im Bahnhofsviertel steht für gute Qualität. Hier treffen sich Promi und Familienvater, Jung und Alt – jeder wird vom Wirt persönlich begrüßt. Gehobene Preise. Menü 30–40 €.

Gemütlich ▶ **Ristorante und Pizzeria Bellini** 2: Via Costantinopoli 79/80, Tel. 081 45 97 74, Juli–Sept. tgl. mittags u. abends. Seit 1946 gibt es dieses schöne Lokal an der Piazza Bellini. Zu empfehlen sind die *Linguine al Cartaccio* (Pasta mit Meeresfrüchten, kleinen Tomaten und Gewürzen), dazu einen Faiano-Wein. Menü 20–30 €.

Pizza-Geschichte ▶ **Pizzeria Brandi** 3: Salita S. Anna di Palazzo 1/2, Tel. 081 41 69 28, www.brandi.it, Di–So mittags u. abends. Es war Pizzabäcker Raffaele Esposito aus der Pizzeria Brandi, der einst die Pizza für Königin Margherita kreierte (s. S. 106). Nach wie vor sehr gute Pizza. Menü 15–25 €.

Köstlich ▶ **Pizzeria und Ristorante Mattozzi** 4: Via G. Filangieri 16, Tel. 081 41 63 78, Mo–Sa mittags u. abends. Hier kann man sowohl drinnen als auch draußen sitzen. Neben den Antipasti sehr zu empfehlen sind die *friarielle* (neapolitanische Würste). Zum Nachtisch die Zeppole probieren. Menü 20–25 €.

Kleine Kostbarkeiten ▶ **Trattoria Matino** 5: Via Marino Turchi 3, Tel. 081 76 48 91, Mo–Sa mittags u. abends. Das kleine Lokal (seit 1927) von Ernesto Marino könnte man im Vorbeigehen fast übersehen. Der Innenraum ist schlicht, doch die Gerichte sind hervorragend. Menü um 20 €.

Volkstümlich ▶ Antica Osteria Pisano 6: Piazza Crocelle Mannesi 2 (Via Duomo, Ecke Via Vicaria Vecchia), Tel. 081 554 83 25, Mo–Sa mittags u. abends. Lokale Küche in Familienbetrieb. Es ist relativ klein und eng, im Sommer gibt es einige Tische draußen, bunt gemischtes Publikum. Zu empfehlen sind Fisch und Fleisch vom Grill. Menü 15–25 €.
Auch zum Mitnehmen ▶ Antica Pizzeria Da Michele 7: Via Cesare Sersale 1/3, Ecke Via P. Colletta, Tel. 081 553 92 04, www.damichele.net, Mo–Sa 10–23 Uhr. Volkstümliche Pizzeria, hochgelobt, abends lange Schlangen, schneller Service. Pizza ab 4 €.
Schlangen bereits zur Mittagszeit ▶ Trianon da Ciro 8: Piazza Vincenzo Calenda 9, Tel. 081 553 94 26, www.pizzeriatrianon.com, Mo–Sa, mittags u. abends. Eine weitere traditionelle, bei Einheimischen überaus beliebte Pizzeria (seit 1923). Pizza ab 4 €.
Pizza Pizza ▶ Di Matteo 10: Via dei Tribunali 94, www.pizzeriadimatteo.it, Mo–Sa 11–23 Uhr. Den Familienbetrieb gibt es seit 1936, abends wird auch viel über den Tresen zum Mitnehmen verkauft, besonders zu empfehlen sind die frittierten Auberginen, Zucchini etc. (0,20 €/Stück). Pizza ab 4 €.
Elegant ▶ Gran Caffè Gambrinus 11: Via Chiaia 1/2, Piazza Trieste e Trento, Tel. 081 41 75 82, Mo–So ganztags. Das Kaffeehaus der Belle Époque bietet neben gutem Kaffee eine Vielzahl an Kreationen aus der hauseigenen Konditorei.
Ein Muss ▶ Chalet Ciro 13: Via Caracciolo, Tel. 081 66 99 28, geöffnet an warmen Tagen und im Sommer. Die beste Eisdiele von Mergellina, wenn nicht von ganz Neapel.

Einkaufen

Einkaufen in Neapel ist ein wahres Erlebnis. Es gibt zu viele gute Läden, um sie alle aufzuführen – am besten lässt man sich einfach treiben. Hier einige Anregungen:
Mode ▶ Wer das Angebot in den Edelboutiquen prüfen will, ist in Chiaia richtig, und zwar im Gebiet zwischen der **Via Riviera di Chiaia** und der **Via Chiaia,** an der **Piazza dei Martiri** und in der **Via dei Mille.** Auch die **Via Scarlatti** auf dem Vomero ist eine beliebte Einkaufsstraße. **Marinella 1:** Riviera di Chiaia 287, Tel. 081 764 42 14, www.marinellanapoli.it. Traditionsreiches Krawattengeschäft in der 3. Generation, auf Wunsch werden auch Einzelstücke gefertigt. Bush, Gorbatschow und Kennedy haben hier schon eingekauft.
Bücher ▶ Buchläden jeglicher Art konzentrieren sich in der **Via Port'Alba** und im historischen Zentrum. **Feltrinelli 2:** Via Santa Caterina a Chiaia 23, Tel. 081 240 54 11, www.lafeltrinelli.it. Hier gibt es auch fremdsprachige Literatur.
Kunsthandwerk ▶ In der Krippengasse **Via San Gregorio Armeno** im historischen Zentrum gibt es eine Vielzahl von Läden, die Figuren und andere Krippenutensilien anbieten. Die wenigsten davon sind jedoch auf die traditionelle Art hergestellt. Eine Ausnahme bilden **Giuseppe e Marco Ferrigno 3:** Via San Gregorio Armeno 10, www.arteferrigno.it, Mo–Sa 10–19 Uhr.
Märkte ▶ Ein Schauspiel der besonderen Art sind die Märkte Neapels. Auf der Piazza vor dem Bahnhof werden **Alltagsgüter 4** verkauft, u. a. Haushaltsgegenstände, auch elektronischer Art. Doch vor einem solchen Kauf sei gewarnt, denn oftmals steckt in der Verpackung nur ein Holzscheit oder Ähnliches anstatt des bezahlten Handys oder der Digitalkamera. **Fischmarkt 5:** an der Porta Nolana in der Nähe des Bahnhofs, Mo–Sa 7–12 Uhr. Mit lautem Rufen wird der täglich frische Fang angeboten.

Tipp: Kaffee umsonst

Eine schöne Art, in Neapel in den Genuss eines kostenlosen Espresso zu kommen, ist der **Caffè sospeso:** Ist ein Neapolitaner besonders guter Laune, so bestellt er einem Unbekannten einen Kaffee. Dieser Caffè sospeso wird dann vom Wirt bei der nächsten Gelegenheit an einen Armen bzw. Fremden ausgeschenkt.

Abends & Nachts

Das Nachtleben in Neapel verändert sich ständig. Neben Theatern und Bars findet man

Playtime

natürlich auch Clubs und Diskotheken, Letztere meist etwas außerhalb. Nachtleben für Einheimische bedeutet aber auch, am Lungomare entlang oder über den Corso zu schlendern und in eine Bar oder auf ein Eis einzukehren. Die beliebtesten Viertel dafür sind **Chiaia, Vomero** und das **Centro Storico.** Über Veranstaltungen informieren die Touristeninformation sowie Flyer und Plakate. Einige Adressen:

Pulsierend ▶ Gran Bar Rivera 1: Riviera di Chiaia 183, Tel. 081 66 50 26, Mo–So 24 Std. Große Bar, stark frequentiert von jungen Leuten. Es gibt Eis und viele Dolci, auch belegte Brötchen.

Jazz und Folk ▶ Around Midnight 2: Via Bonito 32A, Tel. 081 742 32 78, www.aroundmidnight.it. Beliebter kleiner Pub und Club für ca. 80 Gäste auf dem Vomero, neben Lesungen werden v. a. Konzerte organisiert.

Modern ▶ Velvet 3: Via Cisterna dell'Olio 11, Tel. 081 55 21 57, Mi–So ab 22.30 Uhr. Der Kellerclub im Centro Storico ist der älteste seiner Art in Neapel. Das Ambiente in den alten Olivenöl-Lagerhallen ist historisch, die Musik reicht von Techno bis Easy. Am Wochenende spielen hin und wieder Bands.

Live-Rock ▶ Jail Club 4: Via Sedile di Porto 65, Tel. 34 71 70 35 85, tgl. ab 20 Uhr. In dem Gewölbekeller in der Nähe des Fährhafens spielen jeden Abend Rockgruppen.

Jazz pur ▶ Otto Jazz Club 5: Salita Cariati 23, Tel. 081 551 74 53, Do–So ab 21 Uhr. Das älteste Jazz-Lokal Neapels auf dem Vomero hat Kultstatus. Neben Jazzkonzerten wird auch neapolitanischer Folk geboten.

Theater ▶ Teatro Bellini 6: Via Conte di Ruvo 14, Tel. 081 549 12 66, www.teatrobellini.it. Theater von 1864 an der Piazza Dante. Auch Musicals und Shows. Karten ab 12 €.

Teatro San Carlo 18: Via San Carlo, Tel. 081 797 23 31, 797 24 12, www.teatrosancarlo.it, Oper-, Konzert- und Ballettaufführungen mit nationalen und internationalen Stars, auch viele Gastspiele. Karten ab 30 €.

Auch dazu verführt Neapel: in den zahlreichen kleinen Läden nach Spezialitäten zu stöbern

Aktiv

Stadttouren ▶ CitySightseeing Napoli 1: Piazza Municipio, Tel. 081 551 72 79, www.napoli.city-sightseeing.it. Im Angebot sind fünf Touren, bei denen man nach dem Motto *hop on hop off* Neapel und die Umgebung entdecken kann. Tour A: Kunststätten in Neapel, Tour B: Aussichten am Golf von Neapel, Tour C: San Martino, Tour D: Vesuv (auf Anfrage), Tour R: Pompeji (auf Anfrage). Erw. 22 €, Kinder 11 €.

Fußball ▶ Stadio San Paolo 2: Via F. Galeota 17, Fuorigrotta, Tel. 081 593 40 01, 593 38 51. Hier führte Diego Maradona den SSC Napoli zur Meisterschaft. Spiele von Sept. bis Juni jeweils So nachmittags, Vorverkauf über Azzurro Service, www.azzurroservice.net.

Termine

V. a. im Sommer gibt es zahlreiche Open-Air-Veranstaltungen, deren Termine in der Touristeninformation erfragt werden können.

Festa di San Gennaro: Sa vor dem 1. So im Mai, 19. Sept., 16. Dez. 3 x jährlich wird im Dom das Blutwunder des Heiligen San Gennaro vollzogen, der wichtigste ist der Frühlingstermin (s. S. 46, 110).

Maggio dei Monumenti: Im ›Mai der Monumente‹ öffnen Kirchen, Palazzi, Villen und andere sonst der Öffentlichkeit verschlossene Bauten ihre Pforten.

Estate a Napoli: Juli/Aug. Open-Air-Veranstaltungen an verschiedenen Plätzen in Neapel.

Verkehr

Flüge: Der Aeroporto Internazionale di Napoli Capodichino, Tel. 081 789 62 59, www.gesac.it, liegt ca. 8 km vom Zentrum entfernt. Vom Flughafen fährt der blaue Alibus im 30-Minuten-Takt zum Bahnhof und weiter zur Piazza Municipio (6–23 Uhr, 4 €) nahe dem Molo Beverello (s. S. 128). Ein Taxi in die Stadt/Piazza Garibaldi kostet ca. 20 €, zum Molo Beverello 30 €. Fluglinien: Air France, Tel. 848 88 44 66; Alitalia, Tel. 06 22 22; British Airways, Tel. 199 71 22 66; Easy Jet, Tel. 899 67 67 89; Tuifly, Tel. 199 19 26 92; Lufthansa, Tel. 199 40 00 44.

Züge: Die Stazione Centrale FS, Tel. 081 89 20 21, befindet sich an der Piazza Garibaldi.

Von hier aus verkehren Züge in alle größeren Städte Italiens und in Orte der Region. Unter den Nahverkehrszügen sind besonders zwei Linien von besonderem Interesse für Touristen: Die Circumvesuviana, Tel. 081 772 22 44, www.vesuviana.it, fährt am Vesuv vorbei und über die Ausgrabungsstätten von Ercolano und Pompeji nach Sorrent; die FS Cumana, Tel. 081 551 33 28, www.sepsa.it, fährt von der Stazione Montesanto westlich der Altstadt nach Baia, Pozzuoli und zu den Phlegräischen Feldern. Auskünfte und Buchungen für alle Züge unter www.trenitalia.it.

Fähren: Vom Molo Beverello unterhalb des Castel Nuovo fahren Autofähren u. a. nach Sizilien und Sardinien: SNAV, Tel. 081 428 55 55, www.snav.it (Pontinische und Liparische Inseln, Palermo); Tirrenia, Rione Sirignano 2, Tel. 02 26 30 28 03 (0,18 €/Min.), www.gruppotirrenia.biz, www.tirrenia.it (ca. alle 2 Tage nach Palermo, 2 x wöchentl. nach Cagliari). Vom Molo Beverello gibt es auch Schiffsverbindungen zu den Inseln im Golf von Neapel und nach Sorrento. Schnellboote nach Sorrento und zu den Inseln legen vom Hafen in Mergellina (s. S. 121) ab. Es gibt zwei Schiffstypen: *traghetti* (Fähren) und *aliscafi* (Tragflügelboote). Letztere sind schneller und dafür auch etwas teurer, außerdem kann man sich meist nicht nach draußen begeben. Fahrpläne erhält man im Internet unter www.aliscafi.it (nur it.) und in den Touristenbüros, außerdem sind sie in den Tageszeitungen und im Magazin »Qui Napoli« (s. S. 123) abgedruckt. Die Fähren im Golf von Neapel verkehren ungefähr stdl. 6–20 Uhr, danach seltener bzw. gar nicht. Die verschiedenen Gesellschaften bedienen jeweils fast alle Routen, sodass es selten zu langen Wartezeiten kommt: Alilauro, Tel. 081 497 22 38, www.alilauro.it; Caremar, Tel. 081 551 38 82, www.caremar.it; Medmar, Tel. 081 551 33 52, www.medmargroup.it; Metrò del Mare, Tel. 199 60 07 00, www.metrodelmare.com; SNAV, Tel. 081 428 55 55, www.snav.it; Traghetti Pozzuoli, Tel. 081 99 28 03.

Mietwagen: Vertretungen vieler Verleiher am Flughafen, u. a. Avis, Tel. 081 780 57 90, www.avisautonoleggio.it; Europcar, Tel. 199 30 70 30, www.europcar.it; Hertz, Tel. 081 780 29 71, www.hertz.it.

Tipp: Günstiger Nahverkehr

Es empfiehlt sich der Kauf eines **UNICO-Tickets,** mit dem man Bus, Metro, Tram, Schienenseilbahn und die Vorortzüge benutzen und innerhalb eines bestimmten Zeitraums jederzeit umsteigen kann (2 Std./1,70 €, 1 Tag/ab 3,50 €, Wochenende/ab 2,80 €).

Fortbewegung in der Stadt

In den Touristenbüros erhält man einen Übersichtsplan mit Infos zu allen innerstädtischen Verkehrsmitteln.

Metro: Die wichtigste Linie ist die M 1, die das historische Zentrum umfährt und künstlerisch gestaltete Stationen hat, wobei insbesondere die Haltestellen Dante, Museo und Materdei sehenswert sind. Infos unter Tel. 800 56 88 66, www.metro.na.it.

Busse: Busse kommen in Neapel aufgrund des dichten Verkehrs nur langsam voran. Wichtige Linien sind die Nr. 24 (Piazza Trieste e Trento – Piazza Dante – Museo Archeologico – Capodimonte), die Nr. 140 (Piazza Vittoria – Mergellina – Capo Posillipo) und die Nr. 152 (Piazza Garibaldi – Pozzuoli/Porto).

Schienenseilbahnen: Es gibt vier Routen, drei auf den Vomero (Funicolare Montesanto ab Stazione Montesanto, Funicolare Centrale ab Stazione Augusteo und Funicolare di Chiaia ab Stazione Piazza Amedeo) und eine vom Hafen auf den Posillipo (Funicolare Mergellina). Infos: Tel. 800 56 88 66, www.metro.na.it.

Taxis: Sie sind keine Garantie dafür, zügig ans Ziel zu kommen – durch den dichten Stadtverkehr geht es mit Metro oder Seilbahn oftmals schneller (und preiswerter) voran. Telefonisch bestellen kann man Taxis unter Tel. 081 551 51 51 (Free Taxi) oder 081 55 60 66 66 (Taxi Partenope). In den Touristeninformationen erhält man eine Tarifübersicht. Für eine Fahrt vom Bahnhof zum Molo Beverello muss man mit ca. 10 € rechnen. Immer darauf achten, dass der Taxameter eingeschaltet ist.

Das Hinterland von Neapel

Auch wenn Orte wie Santa Maria Cápua Vétere, Caserta und Benevento Geschichte geschrieben haben, so ist das Hinterland von Neapel vom Tourismus relativ unberührt – was für den Reisenden Vor- und Nachteile mit sich bringt: Gute Unterkünfte sind schwer zu finden, dafür taucht man ein in den ganz normalen italienischen Alltag.

Santa Maria Cápua Vétere und Umgebung

Santa Maria Cápua Vétere

▶ 1, C 6

Das lang gezogene **Santa Maria Cápua Vétere** nördlich von Neapel rühmt sich des zweitgrößten Amphitheaters nach dem Kolosseum in Rom. Aufgrund ihrer Lage an der Via Appia gelangte die im 9. Jh. v. Chr. gegründete Siedlung unter den Römern zu großer wirtschaftlicher Bedeutung. Nach dem Zerfall des Römischen Reichs zerstörten die Sarazenen im 9. Jh. die – damals noch Cápua genannte – Stadt, doch nur wenige Jahre später errichteten die Langobarden einige Kilometer entfernt Cápua Nova, das ›Neue Capua‹ (s. S. 130). Erst im Mittelalter entstand auf den Ruinen des alten Cápua ein zweiter Ort, Santa Maria Maggiore, das spätere Santa Maria Cápua Vétere.

Auch wenn die antike Stadt als Steinbruch für das neue Cápua diente, sind noch deutliche Spuren vom einstigen Wohlstand sichtbar, allen voran das gut erhaltene **Anfiteatro.** In der vierstöckigen, 46 m hohen Arena hatten 50 000 Zuschauer Platz. Der berühmteste Kämpfer, der hier auftrat, war Spartakus, der in der angeschlossenen Gladiatorenschule sein Handwerk lernte und von hier aus 73 v. Chr. den später nach ihm benannten Sklavenaufstand in Gang setzte. In Erinnerung daran wurde auf dem Gelände des Amphitheaters ein kleines **Gladiatorenmuseum** errichtet, das mit seinen drei Gladiatorenpuppen in Originalgröße, einigen Tieren und akustischer Inszenierung vor allem für Kinder ein Erlebnis ist (Piazza 1 Ottobre, Tel. 0823 79 88 64, April–Okt. 9–18, Nov.–März 10–16 Uhr, Erw. 2,50 €, erm. 1,25 €, gilt auch für Mitreo und Museo dell'Antica Cápua).

Bei Ausschachtungsarbeiten im Keller eines Wohnhauses entdeckte man 1922 ein Mithrasheiligtum aus dem 2./3. Jh. n. Chr., das **Mitreo.** Der besonders von Legionären und ausschließlich von Männern ausgeübte Kult stammt vermutlich aus Kleinasien. Verehrt wird dabei der Gott des Lichts, Mithras. Wie alle anderen bislang gefundenen Heiligtümer dieser Art befindet sich auch dieses in einem unterirdischen Raum. Die gewölbeartige Decke ist mit einem Sternenhimmel bemalt und an der Stirnseite ist die zentrale Szene des Kults abgebildet: Mithras tötet einen Stier, aus dessen Samen und Blut sich die Welt erneuern soll. Davor befindet sich eine Art Opferaltar, auf dem vermutlich rituelle Tötungen stattfanden. Wer die Grotte besichtigen möchte, wendet sich an die Wärter des Amphitheaters.

Unweit vom Mitreo befindet sich das sehenswerte **Museo dell'Antica Cápua.** Die Exponate vermitteln einen guten Einblick in die Besiedlung und religiöse Entwicklung des antiken Cápua. Besonders beeindruckend sind die meist sitzend dargestellten Frauenstatuen, jede mit mindestens einem Baby im Arm. Mit dieser Darstellung huldigte man der

Szenen aus dem Alten und Neuen Testament schmücken die mittelalterliche Kirche von Sant'Angelo in Formis

Mater Matuta, der Göttin des Frühlings, der Geburt und des Wachstums (Via Roberto d'Angiò 80, Tel. 0823 84 42 06, Di–So 9–19 Uhr, Erw. 2,50 €, erm. 1,25 €, gilt auch für Mitreo und Anfiteatro).

Cápua ►1, C 6

Die Langobarden errichteten im 9. Jh. das heutige **Cápua** am ehemaligen Flusshafen der antiken Stadt, Casilinum. Hier stehen noch die Grundpfeiler eines Brückentors von Friedrich II., das die nördliche Grenze seines Reichs markierte. Im 16. Jh. durch Karl V. baulich verändert und im Zweiten Weltkrieg stark zerstört, ist vom einstigen Bau kaum noch etwas zu erkennen. Im **Museo Campano** jedoch gibt es ein rekonstruiertes Modell dieser Brücke sowie einige Originalköpfe zu sehen, die einst dort angebracht waren. Des Weiteren findet sich im Museum eine beeindruckende Sammlung aus Tuffstein gefertigter sitzender Frauen. Sie wurden in einem der Mater Matuta gewidmeten Tempel gefunden und werden die Mütter von Cápua genannt, weil sie viele Kinder in ihren Armen halten. (Via Roma 68, Tel. 0823 96 14 02, wegen Renovierung auf unbestimmte Zeit geschlossen).

Cápua ist in erster Linie eine Stadt zum Leben mit italienischem Alltag pur, in der sich jeder Besucher sofort wohl fühlt. Am Stadtrand fallen dem Besucher an Häuser erinnernde Holzgerüste auf. Diese nutzte man bis vor Kurzem noch zum Trocknen von Tabak, der jetzt allerdings kaum mehr angebaut wird.

Sant'Angelo in Formis ►1, C 6

Ca. 6 km nordöstlich von Santa Maria Cápua Vétere liegt **Sant'Angelo in Formis,** eine der schönsten mittelalterlichen Kirchen Süditaliens. Die dreischiffige Basilika wurde 1072 auf Veranlassung von Desiderius, Abt von Montecassino (Latium), gebaut. Zuvor befand sich an dieser Stelle eine Kirche aus dem 6. Jh., die auf den Ruinen eines Diana-Tempels errichtet worden war. Auch das für die neue Basilika verwendete Baumaterial stammt überwiegend aus abgetragenen vorchristlichen Tempeln. Vermutlich waren es Künstler

aus Konstantinopel, die die beeindruckenden Fresken mit Szenen aus dem Alten und Neuen Testament schufen. Die Kirche mit einer wunderschönen Piazza davor liegt etwas oberhalb und bietet einen herrlichen Ausblick in die Ebene der Campania Felix (Tel. 0823 96 08 17, tgl. 9.30–12.30, 15–18 Uhr).

Übernachten

... in Cápua:

Feudal ▶ **Palazzo Lanza:** Corso Gran Priorato di Malta 25, Tel. 0823 96 20 97, www.palazzolanza.it. Dieses überaus prächtige B & B in einem alten Palazzo liegt mitten im historischen Zentrum von Cápua. Große Terrasse und rundum Wohlfühlen garantiert. DZ 170 €.

... in Sant'Angelo in Formis:

Spartanisch ▶ **Casa di Accoglienza San Benedetto:** neben der Basilika, Tel. 340 350 67 65, www.basilicainformis.org. Schlichte Zimmer mit je einem Einzel- und Doppelstockbett und eigenem Bad, Frühstück im kleinen Speiseraum, evtl. sogar mit dem Pastor. 15–20 € p. P.

Essen & Trinken

... in Cápua:

Kreativ ▶ **Osteria die Nobiluomini:** Piazza de Renzis 6, Tel. 0823 62 00 62, tgl. mittags und abends, So/Mo nur mittags. In modernem Ambiente kann man eine ausgefallene Küche probieren, wobei es aber auch nicht an der typisch italienischen Pasta und den Antipasti fehlt. Menü ab 30 €.

... in Santa Maria Cápua Vétere:

Frisch und gut ▶ **La Locanda del Decumano:** Via Martucci 51, Tel. mobil 338 612 36 03, Di–So abends. In dem kleinen Lokal nahe dem Archäologischen Museum isst man herzhaft und gut – und das zu vernünftigen Preisen. Menü 15–20 €.

Verkehr

Züge: Regelmäßige Verbindungen von Neapel und Caserta. Der Bahnhof liegt gut 1 km außerhalb des Stadtzentrums.

Busse: Die Busse der Gesellschaft ACMS (s. S. 134) verbinden die verschiedenen Orte miteinander.

Caserta und Umgebung

Gut 30 km nördlich von Neapel befindet sich in der Provinzhauptstadt **Caserta** eine der meistbesuchten Sehenswürdigkeiten Italiens: das Barockschloss Reggia di Caserta, das gemeinsam mit San Leucio zum Weltkulturerbe der UNESCO gehört.

Caserta und Reggia di Caserta ▶ 1, C 6

Als Karl IV. beschloss, sich eine königliche Residenz außerhalb des zunehmend gefährlicher werdenden Neapel zu erschaffen, fiel seine Wahl auf die weite Ebene, in der das heutige, um das Schloss entstandene **Caserta** liegt. Mit dem Bau der **Reggia di Caserta** wurde Luigi Vanvitelli beauftragt, der hier von 1751–74 ein wahres Meisterwerk schuf. Der Bourbonenkönig selbst zog in seine neue Wohnstatt nie ein, denn er wurde 1759 als Karl III. auf den spanischen Thron berufen. Stattdessen lebten sein Sohn und Nachfolger Ferdinand IV. sowie dessen Frau Maria Carolina zuweilen in dem Schloss.

Der klassizistische, um vier Höfe errichtete Bau beeindruckt allein ob seiner Größe: 1200 Zimmer und 1970 Fenster zählt die Reggia di Caserta, die wie viele andere königliche Residenzen jener Zeit das Schloss von Versailles zum Vorbild hatte. Man betritt den Palast über die sogenannte Ehren- bzw. Prunktreppe und gelangt in ein oktogonales Vestibül, das durch meterhohe Fenster mit Licht versorgt wird. Der Rundgang führt durch die königlichen Gemächer, reich geschmückt mit Marmor und Gemälden sowie Möbeln und Zierrat der damaligen Zeit. Auffallend sind die pompejanischen Malereien, die durch die Ausgrabungen von Ercolano und Pompeji inspiriert sind. Sie stehen zuweilen in starkem Kontrast zur ebenfalls anzutreffenden barocken Kunst. Sehr häufig sind die Gottheiten Minerva und Mars dargestellt, wie überhaupt antike Themen sehr präsent sind. Dennoch haftet allen Räumen etwas Kühles, wenig Wohnliches an. Lediglich in der Bibliothek von Königin Maria Carolina mit über 10 000 Werken aus Literatur, Kunst, Philosophie und Militär kommt so etwas wie Gemütlichkeit auf.

An die Rückseite des Palasts schließt sich eine 120 ha große Parkanlage an, die leicht nach oben ansteigt und von einem knapp 3 km langen Wasserkanal durchzogen wird. Zahlreiche Kaskaden, Brunnen, Fontänen und Grotten liegen auf dem Weg zur Großen Kaskade, auch Dianabrunnen genannt, wo der Kanal endet. Um diese ausgeklügelte Anlage mit ausreichend Wasser zu versorgen, ließ Vanvitelli einen über 40 km langen Aquädukt bauen. Links und rechts der Hauptallee erstrecken sich geometrische Rasenflächen, Blumenbeete und Wälder. Ein weiteres Prunkstück der Parkanlage ist der Englische Garten mit seinen verschlungenen Wegen. Er wurde unter Mithilfe des damaligen englischen Botschafters, Sir William Hamilton, für Königin Maria Carolina angelegt. Der gesamte Park wird heute gerne von Einheimischen für ein Picknick, zum Radfahren, Joggen und Walken im Schatten der Bäume oder auch für ein Sonnenbad genutzt. Für den Besuch des Versailles Italiens sollte man sich ruhig etwas Zeit nehmen, vielleicht auch etwas zum Essen und ein Buch mitbringen und sich ein lauschiges Plätzchen suchen (Via Douhet 22, Tel. 0823 46 20 78, 44 80 84, www.reggiadicaserta.beniculturali.it; Schloss: Mi–Mo 8.30–19; Park: Mi–Mo Nov.–Febr. 8.30–14.30, März/Okt. 8.30–16, April/Mai u. Sept. 8.30–17, Juni–Aug. 8.30–18 Uhr; Schloss 7 €, Park 3 €, zus. 9 €).

Casertavecchia ►1, D 6

Mit dem Bau der Reggia di Caserta verlor das im 9. Jh. gegründete ›Alte Caserta‹ oder **Casertavecchia** an Bedeutung. Doch ein Besuch in dem 10 km nördlich von Caserta gelegenen Städtchen lohnt sich auf jeden Fall – und das nicht nur wegen der Ausblicke, die sich bereits auf der Fahrt in den 400 m hoch gelegenen Ort andeuten. Das Auto kann man auf einem der zahlreichen Parkplätze unterhalb des mittelalterlichen Städtchens abstellen. Hier versammeln sich an warmen Wochenenden viele italienische Familien zum Picknicken und Grillen.

Der wunderschöne alte **Borgo,** eine Gründung aus dem 9. Jh., ist hervorragend erhalten und lädt zum Schlendern geradezu ein. Auch zum Einkehren gibt es zahlreiche Möglichkeiten: Viele Restaurants bieten kampanische Gerichte zu annehmbaren Preisen sowie natürlich Pizza und vor allem Dolci. Beim Spaziergang durch die alten Gassen erhascht man Blicke in kleine, gemütliche Höfe und wird von kreativen Einfällen bei der Gestaltung der Häuserfassaden überrascht.

Zentrum des Orts ist die **Cattedrale San Michele** mit ihrem polychromen Vierungsturm. An der Frontseite der Kathedrale aus dem 12. Jh. sind verschiedene symbolische Figuren wie beispielsweise Schildkröte und Mollusken abgebildet, die typisch für die Baukunst der Langobarden sind. 1234 wurde der 32 m hohe Kirchturm hinzugefügt (also 81 Jahre später als die Kathedrale selbst), dessen pyramidenartiges Dach im 18. Jh. durch einen Blitzschlag zerstört wurde. Danach erhielt die oberste Etage ihre heutige oktogonale Form mit kleinen Türmchen. Im Innern der Kathedrale finden sich auf jeder Seite neun Säulen mit ionischen und korinthischen Kapitellen, die von römischen Bauten stammen und aus der Ebene herauftransportiert wurden. Wunderschön ist der Blick in die architektonisch reizvolle Kuppel mit ihren insgesamt 32 Ecken.

San Leucio ►1, C 6

Von Casertavecchia führt eine landschaftlich wunderschöne Straße in einer etwa halbstündigen Autofahrt ins westlich gelegene **San Leucio,** das für seine hochwertige Seidenproduktion berühmt ist. Hier ließen bereits die Königin von England, amerikanische Präsidenten und verschiedene Sultane Stoffe für ihre Kleidung anfertigen.

Seinen Anfang nahm alles 1789, als Ferdinand IV. beschloss, hier die **Real Colonia di S. Leucio** zu gründen. Dahinter verbirgt sich, begünstigt durch die aufklärerischen Gedanken jener Zeit, die Idee einer Seidenmanufaktur im Rahmen einer ›idealen‹ Kolonie. Der eigens hierfür formulierte Rechte-Kodex besagte u. a., dass Frauen und Männer gleichberechtigt sein sollten, alle die gleiche Kleidung trugen, Kinder ab sechs Jahren eine Schulbildung erhielten und Alte und Invalide durch eine Art Krankenkasse abgesichert waren. Bleiben durfte nur, wer gute Arbeit leistete. Untergebracht waren die Arbeiter und Arbeiterinnen in den zwei unterhalb der Manufaktur liegenden Quartieren San Carlo und San Ferdinando. Die Gebäude werden noch heute bewohnt, wenn auch nicht mehr unbedingt von Mitarbeitern aus der Seidenproduktion. Während die Quartiere lediglich von außen zu betrachten sind, kann man die ehemalige Seidenmanufaktur und das Schloss von Ferdinand IV. im Rahmen einer lohnenswerten Führung besuchen. Die Wohnstatt des Königs und die Fabrik befanden sich sozusagen Wand an Wand, denn es gefiel dem Herrscher, die Arbeit seiner Untergebenen zu verfolgen. Auf der Führung gelangt man zunächst in die Gemächer des Königspaars. Beeindruckend ist das Bad von Maria Carolina mit einem 6 m langen Bassin aus schwarzem Marmor, das in den Boden eingelassen ist. Das Schlafzimmer der Königin besitzt an der Decke einen Fries, der römische Götter zeigt. Maria Carolinas Bett stand in der Mitte

Seit dem 18. Jh. werden in San Leucio hochwertige Seidenstoffe hergestellt

des Raums, und wenn sie erwachte, erblickte sie über sich Aurora, die Göttin der Morgenröte. Die getrennten Gemächer des Königspaars grenzten in einem Raum über der Kirche aneinander, von dem aus sie gemeinsam dem Gottesdienst beiwohnten. Im Anschluss an das Schloss besichtigt man die ehemaligen Manufakturräume, wo auf äußerst anschauliche Weise die Schritte von der Gewinnung der Seidenfäden bis zum fertigen Stoff nachvollziehbar sind.

Schloss und Manufaktur liegen auf einer Anhöhe, davor erstreckt sich eine große Terrasse inklusive Café, vom dem man einen fantastischen Blick auf die Ebene und die Reggia di Caserta genießt. Allerdings muss man wissen, dass das Umland bis ins 18. Jh. hinein vor allem aus Waldgebiet bestand und bei Weitem nicht so zersiedelt war wie heute. Bei klarer Sicht kann man bis Neapel und zum Vesuv sehen, manchmal sogar bis Ischia (Belvedere Reale San Leucio, Tel. 0823 32 20 81, www.comune.caserta.it/belvedere, Führungen Mi–Mo 9.30, 10.45, 12, 15.30 u. 17 Uhr, Führungen auf Dt. können vorbestellt werden unter der gebührenfreien Telefonnummer 80 04 41 15 15, 6 €).

Infos

EPT di Caserta: in der Reggia di Caserta, Tel. 0823 32 11 37, www.eptcaserta.it, Mo–Fr 9–18 Uhr.

Essen & Trinken

... in Casertavecchia:

Rustikal ► **La Castellana:** Via Torre 4, Tel. 0823 33 37 12 30, Fr–Mi mittags u. abends. Einfache Küche für jeden Geschmack, frische Pasta und leckere Antipasti. Menü 15–20 €.

Einkaufen

... in San Leucio:

Edel ► **Piazza della Seta:** Via Antonio Planelli 1, Tel. 0823 36 25 89, tgl. 9–20 Uhr. Stoffe und kleine Accessoires.

Verkehr

Züge: Der Bahnhof liegt gegenüber der Reggia di Caserta. Tgl. mehrmals nach Neapel.

Busse: Tgl. zur Piazza Garibaldi in Neapel mit CTP, Tel. 081 700 11 11, www.ctpn.it. Zwischen Caserta, Casertavecchia, San Leucio, Cápua und Cápua Vétere fahren Busse von ACMS, Tel 0823 224 80, www.acms-spa.it. Die Haltestelle befindet sich am Bahnhof.

Mietwagen: Avis, am Bahnhof von Caserta, Via Verdi 24, Tel. 0823 44 37 56.

Benevento ► 1, E/F 6

In das ca. 60 km nordöstlich von Neapel gelegene **Benevento** verirren sich nur wenige Touristen, dabei besitzt die Stadt einige faszinierende Bauwerke, insbesondere aus römischer Zeit. Benevento geht auf eine samnitische Siedlung aus dem 9. Jh. v. Chr. zurück, die 275 v. Chr. von den Römern nach deren Sieg über Pyrrhus übernommen und Beneventum genannt wurde. Aus dieser Zeit stammt das bedeutendste Monument der Stadt, der **Trajansbogen.** Der 194 n. Chr. an der Abzweigung der Via Traiana nach Brindisi errichtete, 15 m hohe Bau ist in gutem Zustand und zeigt auf mehreren Reliefplatten die Taten des Kaisers. Ebenfalls aus römischer Zeit stammen der **Arco di Sacramento,** von dem allerdings nur noch das blanke Mauerwerk zu sehen ist, sowie das schon sehr verwitterte **Teatro Romano** (Piazza C. Ponzio Telesino, Tel. 0824 299 70, tgl. 9 Uhr bis 1 Std. vor Sonnenuntergang, Eintritt 2 €).

Essen & Trinken

Traditionell ► **Panificio Rosiello:** Via Port' Arsa 15, gegenüber dem Anfiteatro, Tel. 0824 212 13, Mo–Fr 7.30–13, 16–19 Uhr, So nur vormittags. Traditionsbäckerei (seit 1820) und -konditorei, die köstliche Küchlein zaubert.

Verkehr

Züge: Vom Bahnhof, ca. 1 km außerhalb der Altstadt, in alle größeren Orte der Region.

Busse: Mo–Fr fahren Busse von Metrocampania Nordest, Tel. 081 789 71 11, www.metrocampanianordest.it, zwischen Neapel und Benevento. Der Busbahnhof liegt nur wenige Gehminuten vom Zentrum entfernt.

Der Golf von Neapel

Zahlreiche Sehenswürdigkeiten am Golf von Neapel laden zum Entdecken ein. Im Nordwesten liegen die Campi Flegrei, die die Landschaft um Pozzuoli prägen. Südöstlich von Neapel erhebt sich der Vesuv, zu dessen Füßen die antiken Städte Ercolano und Pompeji liegen.

Golf von Pozzuoli und Campi Flegrei

Das Gebiet der **Campi Flegrei,** der **Phlegräischen Felder,** erstreckt sich über 150 km^2 von Neapels Vorort Posillipo bis nach Cuma. Von einem erhöhten Standort aus wie z. B. dem Parco Virgilliano in Neapel (s. S. 122) oder dem Monte Nuovo zwischen Pozzuoli und Cuma kann man die vielen Vulkankegel, Seen und Krater erkennen. Die teils mondartig wirkende Landschaft bildet dabei einen herrlichen Kontrast zum blauen Meer und der grünen Vegetation. Mittlerweile ist das Gebiet in weiten Teilen zersiedelt. Dennoch gibt es viele spannende Zeugnisse des Vulkanismus und der Besiedlung durch die Griechen und Römer zu entdecken.

Die Region der Phlegräischen Felder lässt sich besser mit einem eigenen Fahrzeug bereisen. Die Nutzung öffentlicher Verkehrsmittel ist umständlich und mit einigen Fußmärschen verbunden.

Geschichte

Die ersten Griechen, die im 8. Jh. v. Chr. nach Süditalien kamen, stammten aus Euböa und ließen sich auf Ischia nieder. Von hier aus breiteten sie sich auch auf dem Festland aus. Ihre erste Gründung war Kyme, das heutige Cuma. Die damals noch überall aus dem Erdboden aufsteigenden heißen Dämpfe wirkten auf die griechischen Siedler wie das Totenreich des Hades und so nannten sie das Gebiet *phlegraios*, ›brennende Erde‹.

Kyme war das Zentrum der Region. Von hier aus wurde Parthenope, das spätere Neapolis gegründet. In der nahe gelegenen Bucht von Pozzuoli ließen sich 530 v. Chr. Griechen aus Samos nieder und errichteten Dikaiarcheia, die Stadt der ›gerechten Regierung‹. Dies war als Polemik gegen ihren Ursprungsort zu verstehen, wo der Tyrann Polykrates herrschte. Als die Römer ab dem 4. Jh. Süditalien eroberten, benannten sie den Ort in Puteoli um, nach den brunnenähnlichen Öffnungen in der Erde *(pozzi),* die übel riechende Schwefeldämpfe ausstießen. Puteoli, heute Pozzuoli, entwickelte sich bald zum Zentrum der Region und zum wichtigsten Handelshafen des westlichen Mittelmeers.

Ab dem 2. Jh. n. Chr. mussten sich die Römer aus dieser Gegend zurückziehen. Zum einen hatte Roms Hafen Ostia den hiesigen Stützpunkten den Rang abgelaufen, zum anderen litten immer mehr Gebäude unter dem hier sehr ausgeprägten Bradyseismus. Dieser führt durch zähflüssige Magma im Erdinnern zu Hebungen oder Senkungen der Erdoberfläche, eine Art Erdbeben im Zeitlupen-

Tipp: Sparticket

Das **Biglietto cumulativo Campi Flegrei** berechtigt zum Betreten des Amphitheaters und des Tempels in Pozzuoli, der Ausgrabungen in Cuma und des Archäologischen Parks und Museums in Baia. Das Ticket ist an all diesen Stätten erhältlich (Erw. 4 €, erm. 2 €).

Bereit zum Auslaufen: die Fischerboote im Hafen von Pozzuoli

tempo. Während sich die Oberfläche in römischer Zeit absenkte, hebt sie sich gegenwärtig wieder. Zeugen dieser Bewegungen sind die versunkenen Villen von Baiae und der Serapiontempel in Pozzuoli. Erst mit den Reisenden der Grand Tour im 18. Jh. wurde die Region wieder entdeckt.

Im Zentrum von Pozzuoli

▶ 3, D 2

Die schönste Art, in **Pozzuoli** anzukommen, ist von der Meerseite her. So landet man gleich im lebendigen Hafen, in dem vormittags – außer sonntags – einer der schönsten Fischmärkte Süditaliens stattfindet. Wer in Pozzuoli essen gehen möchte, sollte auf jeden Fall *cozze* (Miesmuscheln) oder *pesce azzurro* (sogenannte Schwarmfische wie Makrelen, Sardellen ...) probieren und dazu einen Wein der Campi Flegrei genießen, bei dem zuweilen eine leicht schwefelige Note festzustellen sein wird. Am Hafen kann man auch gut in eine der Bars einkehren und das Ambiente einer typisch italienischen Stadt am Meer auf sich wirken lassen. Oder man stellt sich vor, wie der Apostel Paulus hier lan-

dete und sieben Tage lang predigte, bevor er nach Rom aufbrach, oder auch wie Sophia Loren in ihrer Jugend hier entlangflanierte – Pozzuoli ist ihre Heimatstadt.

Am südlichen Hafenende erstreckt sich das Altstadtviertel **Rione Terra.** Es hat seinen Ursprung in griechisch-römischer Zeit, was jedoch erst nach einem Brand in den 1960er-Jahren und bei neuerlichen bradyseismischen Bewegungen 1970 und 1983 festgestellt wurde. Diese waren so stark, dass die Bevölkerung evakuiert wurde und nicht mehr zurückkehren konnte. Seitdem ist man mit dem Wiederaufbau beschäftigt. Am Wochenende werden Touren durch das Viertel angeboten, auf denen man die gut erhaltenen Geschäfte, Fischverkaufstände, Sklavenunterstände etc. bewundern kann (Largo Sedile di Porto, Tel. 0848 80 02 88, Sa/So 9–18 Uhr, Erw. 3 €, erm. 2 €, unregelmäßige Öffnungszeiten).

Oberhalb der Mole steht der römische **Tempio di Serapide,** einst ein *macellum,* ein Lebensmittelmarkt. In den Säulengängen waren Geschäfte und öffentliche Latrinen untergebracht, und auf der Ostseite befand sich eine Apsis mit drei Nischen, in denen Statuen des Kaisers und der Schutzgottheiten verehrt wurden – eine davon war Serapis, der ägyptische Gott der Fruchtbarkeit und der Getreideversorgung. Der Tempel ist vor allem deswegen so bemerkenswert, weil sich an den Säulen vor der Apsis der Verlauf des Bradyseismus der letzten 2400 Jahre sehr gut nachvollziehen lässt. Die Muschelablagerungen sind ein deutlich sichtbares Zeichen der Hebungen und Senkungen, die der Hafen von Pozzuoli seit der Antike erfahren hat (Via Serapide, Tel. 081 526 60 07, Mi–Mo 9 Uhr bis 1 Std. vor Sonnenuntergang, 2,50 €).

Anfiteatro Flavio e Serapeo

▶ 3, D 2

Nördlich des Zentrums liegt das **Anfiteatro Flavio e Serapeo,** das drittgrößte seiner Art in Italien nach dem Kolosseum in Rom und dem Amphitheater in Santa Maria Cápua Vétere (s. S. 129). Der 149 x 116 m messende Bau stammt aus dem 1. Jh. und wurde unter Kaiser Vespasian eingeweiht. In keinem anderen Amphitheater sind die unterirdischen Bauten so gut erhalten wie in diesem. Bei dem faszinierenden Rundgang sieht man u. a. die Räume, in denen sich die Gladiatoren vor dem Kampf aufhielten, und die Vorrichtungen, mit denen man Klappen im Boden öffnete, um beispielsweise die wilden Tiere in die Arena einzulassen. Ebenso imposant ist es, das Areal von außen zu umrunden, vorbei an den vier Haupteingängen und zwölf Nebeneingängen, die in Spitzenzeiten mehr als 40 000 Zuschauern ein zügiges Betreten und Verlassen der Arena garantierten. Einen der größten Auftritte dürfte der Heilige San Gennaro gehabt haben, als er hier den Löwen zum Fraß vorgeworfen werden sollte. Die Legende berichtet, die Tiere hätten sich friedlich zu seinen Füßen niedergelegt, woraufhin San Gennaro enthauptet wurde (Via Terracciano 75, Tel. 081 526 60 07, Mi–Mo 9 Uhr bis 1 Std. vor Sonnenuntergang, Erw. 4 €, erm. 2 €).

Solfatara und Santuario San Gennaro ► 3, D 2

Über die Via Solfatara gelangt man vom Amphitheater aus zur **Solfatara** (lat. *sulpha terra,* ›Schwefelerde‹), einem seit 4000 Jahren erloschenen Vulkan, der unterirdisch aber noch aktiv ist. Sichtbares Zeichen hierfür sind brodelnde Schlammtöpfe, Eisen- und Schwefelablagerungen sowie die im alten Kraterrund austretenden Schwefeldämpfe, die eine Temperatur von bis zu 160 °C haben und meist nach faulen Eiern riechen. Die schönste dieser Austrittsstellen ist die **Bocca Grande** (›Großes Maul‹), die beständig raucht und faucht. Schon die Römer nutzten die Solfatara als Thermalbad und ließen sich hier Schlammpackungen auflegen. Ihre Kureinrichtungen bestanden bis ins 19. Jh. Ein Besuch der Solfatara empfiehlt sich frühmorgens oder spätnachmittags, weil es dann nicht so überlaufen ist (Via Solfatara 161, Tel. 081 526 74 13, www.solfatara.it, Mo–So 9–19 Uhr, im Sommer bis 1 Std. vor Sonnenuntergang, Erw. 6 €, erm. 4 €, Infobroschüren auch in Dt.).

Knapp fünf Fußminuten weiter in Richtung Ortsausgang erblickt man zur Rechten das **Santuario San Gennaro.** Diese kleine, eher schlichte Kirche wurde 1580 an der Stelle errichtet, an der der Heilige geköpft worden sein soll (s. S. 46). In der ersten Nische auf der rechten Seite befinden sich eine Marmorbüste von San Gennaro und der Stein, auf dem er enthauptet wurde. Immer wenn sich sein Blut in Neapel verflüssigt (s. S. 110), soll dieser sich rot färben (Via San Gennaro ad Agnano, Tel. 081 526 11 14, tgl. 7–12.30, 16–19 Uhr).

Infos

AACST di Pozzuoli: Via Campi Flegrei 3, Tel. 081 526 24 19, www.infocampiflegrei.it.

Übernachten

Wellness ► **Villa Luisa:** Via Tripergola, Tel. 081 804 28 70, www.villaluisaresort.it. Modernes Hotel nahe Pozzuoli oberhalb des Lago Lucrino. Gut geeignet als Basis für Ausflüge in die Umgebung. DZ 85–120 €.

Camping ► **Camping Internazionale Vulcano Solfatara:** Via Solfatara 161, Tel. 081 526 23 41, www.solfatara.it. Schattiger Platz an der Solfatara mit gutem Service. Zelt 5–10 €, Wohnmobil ab 10 €, Bungalows für 2–4 Pers. 45–102 €, Wohnwagen 14–18 €.

Essen & Trinken

Um den Tempio di Serapide befinden sich viele gute, auch preiswerte Fischrestaurants.

Edel ► **O'Valjone:** Via S. Paolo 2–4, Tel. 0815 26 56 05, Mo–Sa mittags u. abends. Gutes Fischlokal. Blick auf den Hafen, Sitzplätze im Freien. Menü 30–35 €.

Verkehr

Züge: Pozzuoli liegt ca. 25 km von Neapel entfernt und ist von dort aus mit der Metro (ab Piazza Garibaldi) und dem Nahverkehrszug FS Cumana (ab Stazione Montesanto) leicht zu erreichen (s. S. 128).

Busse: Vom Bahnhof in Pozzuoli fährt der Bus P9 zur Solfatara. Es gibt auch einen Bus direkt von der Piazza Garibaldi in Neapel zur Solfatara (Nr. 152).

Fähren: Zwischen Pozzuoli und Procida sowie Ischia verkehren Fähren und Schnellboote (je 20–40 Min.). Adressen der Fährgesellschaften s. S. 128.

Mietwagen: Für die flexible Erkundung des Gebiets empfiehlt sich ein eigenes Fahrzeug, z. B. von Pozzuoli Car Hire, Via S. Paolo 14, Tel. 081 526 68 15.

Rund um den Monte Nuovo ► 3, C 2

Westlich von Pozzuoli erhebt sich der **Monte Nuovo,** der ›Neue Berg‹. Es ist der letzte und auch der einzige Vulkan, der entstand, als die Gegend bereits besiedelt war. 1538 gab es einige starke Beben, denen ein mehr als 1-wöchiger heftiger Vulkanausbruch folgte – dabei bildete sich der 140 m hohe Monte

Nuovo. Heute kann man in gut einer Stunde den Hügel besteigen, den Krater umrunden und dabei den Ausblick über die Phlegräischen Felder genießen.

Bei dem Ausbruch wurden auch große Teile des **Lago Lucrino** verschüttet. In diesem See befand sich zuvor eine Fisch- und Molluskenzucht, die sehr viel Gewinn einbrachte. Daher auch der Name des Sees – er stammt von lateinischen *lucrum* ab (›einträglich‹, ›Profit‹). Wir gebrauchen heute noch das Wort lukrativ.

In der Nähe des Sees an der Straße nach Baia befinden sich die **Stufe di Nerone,** ein antikes Schwitzbad im Felsen, das heute noch genutzt wird. Es sind vier natürliche Thermalgrotten, in denen man badet. Daneben gibt es mehrere Pools und andere Freizeiteinrichtungen, alles eingebettet in einen schönen Garten. Zusätzlich bieten verschiedene Lokale Pizza und Salate an. Die Stufe di Nerone sind bei den Italienern sehr beliebt und eine gute Alternative zu Ischia (Via Stufe di Nerone 45, Tel. 081 868 80 06, www.termestufedinerone.it, Mo–Sa 8–20 Uhr, So/Fei 8–15 Uhr, 15 €).

Etwas weiter im Westen liegt der **Lago d' Averno** (von griech. *aornon,* ›ohne Vögel‹). Dieser See wurde bei dem Vulkanausbruch von 1538 teilweise verschüttet. Um den Lago d'Averno rankten sich früher zahlreiche Mythen, die vor allem Homer, Dante und Virgil in ihren Dichtungen besingen. Für die Griechen war das Gewässer der Eingang zur Unterwelt, denn damals schwebten giftige Dämpfe über der Oberfläche, sodass kein Vogel den See lebend überqueren konnte.

Essen & Trinken

Volltreffer ▶ **Abraxas:** Via Scalandrone 15, westlich des Lago d'Averno, Tel. 081 854 93 47, www.abraxasosteria.it, Mi–Mo abends, So/Fei auch mittags. Osteria und Weinbar in traumhafter Lage mit Terrasse und entsprechender Aussicht. Serviert werden kampanische Gerichte, insbesondere viel Gemüse und gegrilltes Fleisch. Große Weinauswahl. Menü 20–35 €.

Schön für die Augen, aber schlecht für die Nase: die Solfatara bei Pozzuoli

Arco Felice und Cuma ►3, C 2

Fährt man vom Lago d'Averno weiter in Richtung Westen, so gelangt man zum **Arco Felice,** einem 20 m hohen und 6 m breiten Einschnitt, den die Römer einst in den **Monte Grillo** trieben, um eine direkte Verbindung nach Cuma zu schaffen. Das damalige Cumae war für sie ein Ort der Verehrung und des Kults, hatte doch Äneas hier die Weissagung der Sibylle erhalten, dass er der Gründer Roms und Stammvater des siegreichen römischen Volks sein würde – so beschrieben in der »Aeneis« von Vergil.

Die Hauptattraktion für alle Besucher in **Cuma** ist demnach auch der berühmte **Antro della Sibilla** (›Grotte der Sibylle‹) in den **Scavi Archeologici.** Gefunden wurde die Grotte der Sibylle erst 1930, als der italienische Archäologe Amadeo Maiuri auf Grundlage der Beschreibungen aus der Aeneis hier zu graben begann. Zugegeben, der gut 130 m lange, in den Tuff geschlagene Tunnelgang, der an einer Seite von sechs Lichtschächten erhellt wird, könnte auch der Zugang in eine Grabkammer sein. Es existieren keine absoluten Beweise, dass die Sibylle hier einst weissagte. Und dennoch umgibt diesen Ort eine mystische Stimmung. Am Ende des Gangs, schon fast in Dunkel getaucht, liegen die drei Räume, in denen die Wahrsagerin vermutlich residierte und ihre Orakel verkündete. Am schönsten ist der Besuch in den Morgen- und Abendstunden, wenn kaum andere Besucher anwesend sind, dann kann man die besondere Atmosphäre am besten genießen. Auf dem archäologischen Ausgrabungsgelände befinden sich überdies die Akropolis sowie Reste der Tempel des Zeus und des Apollon (Via Licola, Tel. 081 854 30 60, tgl. 9 Uhr bis 1 Std. vor Sonnenuntergang, Erw. 4 €, erm. 2 €).

Übernachten

Harmonisch ► **Villa Giula:** Via Cuma Licola 178, zwischen Arco Felice und Cuma, Tel. 081 85 4 01 63, www.villagiulia.info. Kleine Oase der Spitzenklasse mit Apartments verschiedener Größe, die geschmackvoll und mit viel Liebe zum Detail eingerichtet sind. Die Tuffsteingebäude liegen in einem gepflegten Garten mit Pool. Apartment für 2 Pers. 80–135 €, für bis zu 8 Pers. (Vermietung nur wochenweise) 400–2700 €.

Baia ►3, C 3

Gegenüber von Pozzuoli, am gleichnamigen Golf, liegt **Baia.** Im weithin sichtbaren **Castello di Baia,** erbaut im 16. Jh. unter Vizekönig Pedro de Toledo, beherbergt das **Museo Archeologico dei Campi Flegrei** eine interessante archäologische Sammlung, die die einstige Blüte des in der Antike mondänen Baiae dokumentiert. Am meisten beeindruckt die Rekonstruktion eines versunkenen Nymphäums. Auf die Überreste dieses Nymphenheiligtums stieß man, nachdem Fischer eine kopflose Statue an Land gezogen hatten und man daraufhin an dieser Stelle zur forschen begann. Im Museum sind aber auch Funde aus Rione Terra in Pozzuoli zu sehen (Via Castello 39, Tel. 081 523 37 97, Di–So 9 Uhr bis 1 Std. vor Sonnenuntergang, Erw. 4 €, erm. 2 €).

Aufgrund der vielen Thermalquellen, des angenehmen Klimas und der schönen Lage ließ sich die High Society des römischen Reichs hier ihre luxuriösen Villen sowie nicht minder luxuriöse **Thermalbäder** errichten. Heute erinnern lediglich ein paar über Baia verteilte Kuppelreste an die einstige Pracht. Sie werden als Tempel des Mercurio oder der Venus bezeichnet, sind aber vermutlich Reste von Thermalanlagen. Auch die **Zona Archeologica,** die sich über 14 ha in Terrassen vom Meer den Hang hinaufzieht, vermag das mondäne Baiae kaum heraufzubeschwören. Nach dem Verfall des römischen Imperiums haben Wind und Wetter sowie der Bradyseismus das Ihre zum Verfall beigetragen (Via Fusaro 37, Tel. 081 868 75 92, Di–So 9 Uhr bis 1 Std. vor Sonnenuntergang, Erw. 4 €, erm. 2 €).

Aktiv

Tauchen ► **Parco Sommersa di Baia:** Via Castello 39, Tel. 081 868 89 23, www.areamarinaprotettabaia.it, tgl. 10–18 Uhr. Exkursionen zum versunkenen Baia.

Bacoli

Weiter südlich liegen **Bacoli** und das **Capo Miseno,** beides beliebte Residenzen der Römer und unter Kaiser Augustus bedeutende Militärhäfen. Um die Flotte mit frischem Trinkwasser zu versorgen, legte man mehrere Zisternen an, von denen die **Piscina Mirabile** am besten erhalten und absolut beeindruckend ist. Mit einem Fassungsvermögen von 15 000 m^3 ist sie die größte erhaltene Zisterne der Antike. Das Tonnengewölbe wird von 48 Säulen getragen, durch Öffnungen in der Decke tritt spärliches Oberlicht ein und alles ist bemoost – man wandelt wie durch einen verwunschenen Wald und fühlt sich gleichzeitig an eine gigantische Kathedrale erinnert. Bislang verirren sich nur wenige Besucher hierher, da die Zisterne etwas abseits liegt und schlecht ausgeschildert ist. Am besten erreicht man die Piscina Mirabile, indem man vom Zentrum in Bacoli die Via Chiesa Sant' Anna zur gleichnamigen Kirche hinaufspaziert. Dort biegt man in die Via Ambrogico Greco ein, die in die Via Piscina Mirabile übergeht. Im Haus mit der Nr. 9 wohnt Signora Giovanna Scotto, die einen zur Zisterne begleitet und das Tor aufschließt (Tel. 081 523 31 99, Eintritt frei, Trinkgeld erbeten).

Essen & Trinken

In allen Orten findet man v. a. an den Strandpromenaden Bars und Restaurants.

Ausgezeichnet ▶ **Da FeFe:** Via Shoah 15, am Hafen von Miseno, Tel. 081 52 330 11, www.fefeabacoli.it, Di–Sa abends, Fr–So auch mittags. Schneller Service, gute Meeresgerichte, das Essen ist seinen Preis wert. Tipp: Fusili Genovese di Polpo (Pasta mit Tintenfisch und Zwiebeln, süßlich) oder Fusili con Zucchini e Cozze (Pasta mit Zucchini und Muscheln, pikant). Menü 25–30 €.

Vesuv ▶ 3, G/H 2/3

Majestätisch erhebt sich der **Vesuv** über Neapel und den gleichnamigen Golf. Im Volksmund wird er schlicht *la montagna* (›der Berg‹) genannt. Der letzte Ausbruch des meisterforschten Vulkans der Erde fand 1944 statt. Seitdem ist seine Rauchfahne *(pennacchio)* verschwunden. An seinen Flanken wohnen mehr als 700 000 Menschen. Trotz der Gefahr eines neuen Ausbruchs haben sie, zumeist illegal, Häuser errichtet und Gärten angelegt. Denn Obst, Gemüse und Wein gedeihen auf Vulkanerde besonders gut. Einer Legende zufolge soll Christus geweint haben, als er auf das sündige Neapel blickte. Seine Tränen fielen auf die Hänge des Vesuv und die Erde dort wurde zur fruchtbarsten weit und breit. So hat der Wein vom Vesuv auch den treffenden Namen Lacrima Christi (›Träne Christi‹) bekommen. Berühmtheit erlangte der Vesuv 79 n. Chr., als bei seinem spektakulären Ausbruch die römischen Städte Pompeji und Ercolano verschüttet wurden.

Entstehung und Erforschung

Der Vesuv ist eigentlich ein Vulkan in einem Vulkan. Die Entstehung des ersten Vulkans, des **Monte Somma,** fand vor 35 000 bis 17 000 Jahren statt. Es bildete sich ein riesiger Vulkankegel mit einem flachen Gipfel. Im Laufe der Jahrhunderte senkte sich die darunter liegende Magmakammer ab, sodass im Innern ein Hohlraum entstand. Dem griechischen Geografen und Geschichtsschreiber Strabon erschien der Berg merkwürdig, und er bemerkte richtig, nur die Hänge des Bergs seien fruchtbar, der Gipfel hingegen ähnele einem Aschehaufen, gerade so, als ob er ehedem gebrannt habe. Doch niemand nahm den Berg als einen Vulkan wahr. Umso größer war die Überraschung, als der bis dahin friedliche Monte Somma im August des Jahres 79 n. Chr. plötzlich Steine, Asche und später auch Feuer spie. Kaum jemand war sich der Gefahr bewusst. Als der Ascheregen immer dichter wurde, war es für eine Flucht zu spät. Das Innere des alten Kraters stürzte zusammen und drei Tage später lag Pompeji unter Schichten von Asche und Ercolano unter Lavaschlamm begraben.

Bis 1944 gab es weitere Ausbrüche, die jedoch keinen so großen Schaden anrichteten wie jener von 79 n. Chr. Damals hatte sich im alten Krater der neue, 1281 m hohe **Cono Ve-**

Von Platten und Vulkanen

Wer in Süditalien unterwegs ist, wird – vor allem an der Westküste – immer wieder auf Formen und Zeugen eines aktiven oder abklingenden Vulkanismus treffen. Da sind der Vesuv, die Phlegräischen Felder, die Thermalquellen auf Ischia oder die Erinnerungen an die Erdbeben in Neapel und im Süden Kalabriens. Doch wie hängt eigentlich das eine mit dem anderen zusammen?

Die Erde besteht aus lithosphärischen Platten, die sich aufgrund von Veränderungen im Innern des Planeten entweder aufeinander zu, aneinander vorbei oder voneinander weg bewegen. Verhaken oder verkanten sich die Platten in dieser Bewegung, kommt es bei der nächsten Spannungsentladung zu Erdbeben. Die letzten großen Erdbeben in Süditalien waren jenes von 1908, bei dem Reggio di Calabria beinahe vollständig zerstört wurde, jenes vom November 1980 (Terremoto dell'Irpinia), dessen Schäden in Neapel noch heute zu sehen sind, sowie jenes von L'Aquila im Frühjahr 2009.

Die italienische Landmasse liegt zum Teil auf der Bruchzone zwischen der Europäischen und der Afrikanischen Platte. Beim Zusammenprall beider Platten entstand vor Millionen von Jahren der Apennin, der Italien von Nord nach Süd durchzieht. Auch jetzt treiben beide Platten wieder aufeinander zu, wobei in großer Tiefe die eine unter die andere abtaucht. Bei diesem Prozess wird das Gestein durch Reibung und Druck aufgeschmolzen. Diese Schmelze wird Magma genannt. Sie ist angereichert mit gelösten Gasen und sucht sich durch Spalten in der Erdkruste einen Weg nach oben. Reichen diese Spalten bis kurz unter die Erdoberfläche (etwa 2 km), kommt es hier mit großer Wahrscheinlichkeit zu einem Vulkanausbruch. Mehr als 90 % aller Vulkane sitzen an den Rändern lithosphärischer Platten. Je weiter die Schmelze nach oben steigt, desto geringer wird das Gewicht der darüber liegenden Erd- und Gesteinsschichten. Gleichzeitig drängt von unten Magma nach, weiterer Druck wird aufgebaut, der irgendwann so groß ist, dass er die Erdkruste sprengt – ein Vulkan bricht aus. In diesem Moment gehen die unter hohem Druck im Magma gelösten Gase sofort in ihren normalen gasförmigen Zustand über und ›schäumen‹ das Gestein auf. In Abhängigkeit von der Zusammensetzung kann die jetzt austretende Lava sehr flüssig oder auch zäh sein. Je höher der Gasanteil in dem Magma ist, desto explosiver wird der Ausbruch vonstatten gehen. Was bleibt, ist ein Vulkan, ein neuer Berg, ein Krater. Ob ein Vulkan erneut ausbrechen wird, lässt sich nicht mit Bestimmtheit sagen.

Der Vesuv bei Neapel beispielsweise hat sich seit 1944 nicht mehr geregt, die jahrhundertelang über seinem Krater tanzende Rauchwolke ist verschwunden. Häuser, Gärten und Weinberge verteilen sich heute über die Hänge des Feuerbergs, obwohl die Möglichkeit besteht, dass er jederzeit wieder ausbrechen kann. Eine halbe Million Menschen würde dann obdachlos werden. Zur genaueren Erforschung und in der Hoffnung, die Bevölkerung rechtzeitig warnen zu können, wurde an seiner Westflanke ein vulkanologisches Institut errichtet (s. S. 144).

Thema

Der Vesuv ist der einzige aktive Vulkan auf dem europäischen Festland

Untrügliches Zeichen für eine zwar nachlassende, auf jeden Fall aber vorhandene Aktivität eines Vulkans sind Fumarolen und Solfataren. Bei beiden treten Gase durch Spalten und Öffnungen an die Oberfläche. Fumarolen sind meist in Vulkankratern, an deren äußeren Hängen sowie im näheren Umfeld zu finden. Die austretenden Gase bestehen zu 50 bis 90 % aus Wasserdampf, die Temperatur kann 200 bis 1000 °C betragen. Tritt das heiße Gas durch die Spalten an die Erdoberfläche, kommt es durch die plötzliche Abkühlung zum Abscheiden von Elementen wie beispielsweise Eisen. So entstehen an Fumarolen die typischen bunt gefärbten Austrittsstellen. Das Gas der Solfataren hingegen hat ›nur‹ eine Temperatur zwischen 100 und 250 °C und besteht hauptsächlich aus Wasserdampf sowie aus Schwefelgas. Beim Austritt an die Erdoberfläche oxidiert der Schwefelwasserstoff und es entsteht elementarer Schwefel, zu erkennen an der gelb-grünen Färbung. Dieser lagert sich in der Umgebung ab und es können dicke Krusten entstehen. Die Solfatara in den Phlegräischen Feldern nördlich von Neapel ist übrigens der Namensgeber für dieses Phänomen.

Ein Zeichen unterirdischer vulkanischer Aktivität können auch heiße Quellen bzw. Thermalquellen wie jene auf der Insel Ischia sein. Da das Wasser aus Tiefen bis zu 2000 m aufsteigt und dabei verschiedene Zirkulationen durchläuft, nimmt es auch die im Gestein gelösten Mineralien auf.

suviano gebildet – er ist es, den die Besucher heute bestaunen, wenn sie oben angelangt sind. Blickt man Richtung Osten, kann man noch den alten gewaltigen Kraterrand sehen, der den neuen Krater stellenweise wie ein Wall umschließt.

Mit der wissenschaftlichen Erforschung des Vulkans begann man bereits im 18. Jh. Der Bourbonenkönig Ferdinand II. ließ 1845 das **Osservatorio Vesuviano** an der Westseite des Vulkans bauen, um den Feuerberg im Blick zu behalten. Es ist heute noch in Betrieb und somit das älteste vulkanische Observatorium weltweit. Zwar befinden sich viele der wissenschaftlichen Einrichtungen mittlerweile in Neapel, doch im Observatorium selbst werden die wichtigen Messungen vorgenommen. Das angeschlossene **Museo Vulcanilogico dell'Osservatorio Vesuviano** bietet eine interessante Ausstellung über den Vesuv und seine letzten 2000 Jahre. Gezeigt werden anschauliche Modelle und man kann sogar durch eine Kamera einen Blick direkt in den Krater werfen. Das Museum liegt an der Straße zum Cono Vesuviano (Via dell'Osservatorio 14, Tel. 081 777 71 49, www.ov.ingv.it, Sa/So 10–14 Uhr, Eintritt frei).

Kraterbesichtigung

Viele Reisende der Grand Tour, darunter Goethe und Tischbein, ließen es sicht nicht nehmen, den Vulkan zu besteigen, wenn auch mit tatkräftiger Unterstützung von Führern. Ende des 19. Jh. baute man eine dampfbetriebene Drahtseilbahn, die die vielen Besucher von Ercolano aus an den Kraterrand brachte. Der letzte Ausbruch des Vesuv 1944 markierte jedoch das Ende der Vesuvbahn. Ab 1953 verkehrte auf der gleichen Strecke ein Sessellift, doch seit dem großen Erdbeben 1980 ist auch er wieder geschlossen. Heute bieten sich zwei Möglichkeiten, den Vesuv zu erobern: per Auto über die Straße von **Ercolano** (s. rechts) oder zu Fuß über einen der zum Teil ausgeschilderten Wanderwege, die rund um den Vesuv beginnen, u. a. in **San Sebastiano.** Hier befindet sich auch ein Nationalparkbüro, in dem man entsprechende Informationen zu den mehrstündigen Wanderungen erhält.

Kunstvolle Mosaike zieren die Casa di Nettuno e Anfitrite in Ercolano

Ausgangspunkt für die Besichtigung des Kraters ist der Parkplatz unterhalb des Gran Cono del Vesuvio, wo man auch die Eintrittsgebühr für den 1992 gegründeten **Parco Nazionale del Vesuvio** bezahlt. Von hier wandert man noch knapp 300 Höhenmeter auf einem breiten, mit Asche bedeckten Weg hinauf zum Krater. Der Aufstieg ist nicht sehr beschwerlich, feste Schuhe und ein bisschen Kondition genügen.

Europas wohl schönster Vulkankrater ist ungefähr 200 m tief und hat einen Durchmesser von ca. 600 m. An einigen Stellen qualmt es noch und je nach Sonneneinstrahlung lassen sich herrliche Farbspiele bewundern. Ebenso überwältigend ist die Aussicht auf den Golf von Neapel, die Stadt, Pompeji in der Ferne und die Halbinsel von Sorrent. Die beste Sicht hat man an klaren Frühlings- oder Herbsttagen (Dez.–Febr. tgl. 9–15, April–Juni und Sept./Okt. 9–17, Juli/Aug. 9–18 Uhr, Erw. 6,50 €, erm. 4,50 €).

Infos

Parco Nazionale del Vesuvio: am Parkplatz auf dem Gipfel und am Fuß des Vulkans in San Sebastiano al Vesuvio, beide Tel. 081 771 09 11, www.parconazionaledelvesuvio.it. Verkauf von Tickets, Führungen etc.

Verkehr

Von Neapel aus gelangt man mit den Zügen der Circumvesuviana, www.vesuviana.it, nach Ercolano (ca. alle 30 Min.). Weiterfahrt entweder mit den unregelmäßig verkehrenden Bussen der Vesuviana Mobilità, www.eavbus.it, oder mit dem Vesuvio Espress, einem Taxi-Service auf den Vesuv vom Bahnhof Ercolano aus, Tel. 081 739 36 66 (10 € p. P. hin und zurück, 1,5 Std. Aufenthalt auf dem Gipfel).

Ercolano ► 3, F 3

Karte: S. 146

Am Fuß des Vesuv, südlich von Neapel, liegt der Ort Ercolano, der selbst nur wenig Reizvolles bietet. Umso faszinierender sind dagegen die Ausgrabungen des antiken **Ercolano** bzw. **Herculaneum** – im Vergleich zu Pompeji weniger überlaufen und weitaus überschaubarer.

Tipp: Kombiticket

Wer nicht nur Ercolano und das Museo Archeologico Virtuale Ercolano besuchen will, sondern auch Pompeji und die Villa Oplontis, sollte den Kauf eines Kombitickets erwägen. Es hat drei Tage Gültigkeit und kostet 20 € für Erw., erm. 10 €.

Dass Ercolano wiederentdeckt wurde, ist einem Zufall zu verdanken. Als Prinz d'Elboeuf, Kommandant der österreichischen Flotte, 1709 für seine Sommerresidenz an den Hängen des Vesuv einen Brunnen ausschachten ließ, stieß man auf ein antikes Theater. 1738 veranlasste Bourbonenkönig Karl III. den Beginn der Ausgrabungen von Ercolano und ließ im nahe gelegenen Portici ein Schloss errichten, in dem die Funde präsentiert wurden. Als die Sammlung immer weiter anwuchs, zog man aus Platzmangel nach Neapel um, wo in einem ehemaligen Universitätsgebäude das Archäologische Museum eingerichtet wurde (s. S. 117).

Museo Archeologico Virtuale Ercolano

Auf dem Weg vom Bahnhof in Ercolano zu den Ausgrabungen kommt man am **Museo Archeologico Virtuale Ercolano** (MAV) vorbei. Ein Besuch ist sehr lohnend, besonders mit Kindern, denn das Museum vermittelt einen sehr plastischen und lebendigen Einblick in das antike Leben. 3-D-Animationen lassen aus den heutigen Ruinen die Paläste von damals auferstehen, und die Imitation der Feuerwolken über Ercolano, untermalt von Donner und Stimmengewirr, ist ein Erlebnis für die Sinne (Via IV Novembre 44, Tel. 081 19 80 65 11, www.museomav.com, Di–So 9–17 Uhr, 7 €, erm. 4 €).

Scavi di Ercolano

Das antike Ercolano, die **Scavi di Ercolano,** ist erst zu einem Drittel freigelegt. Anders als

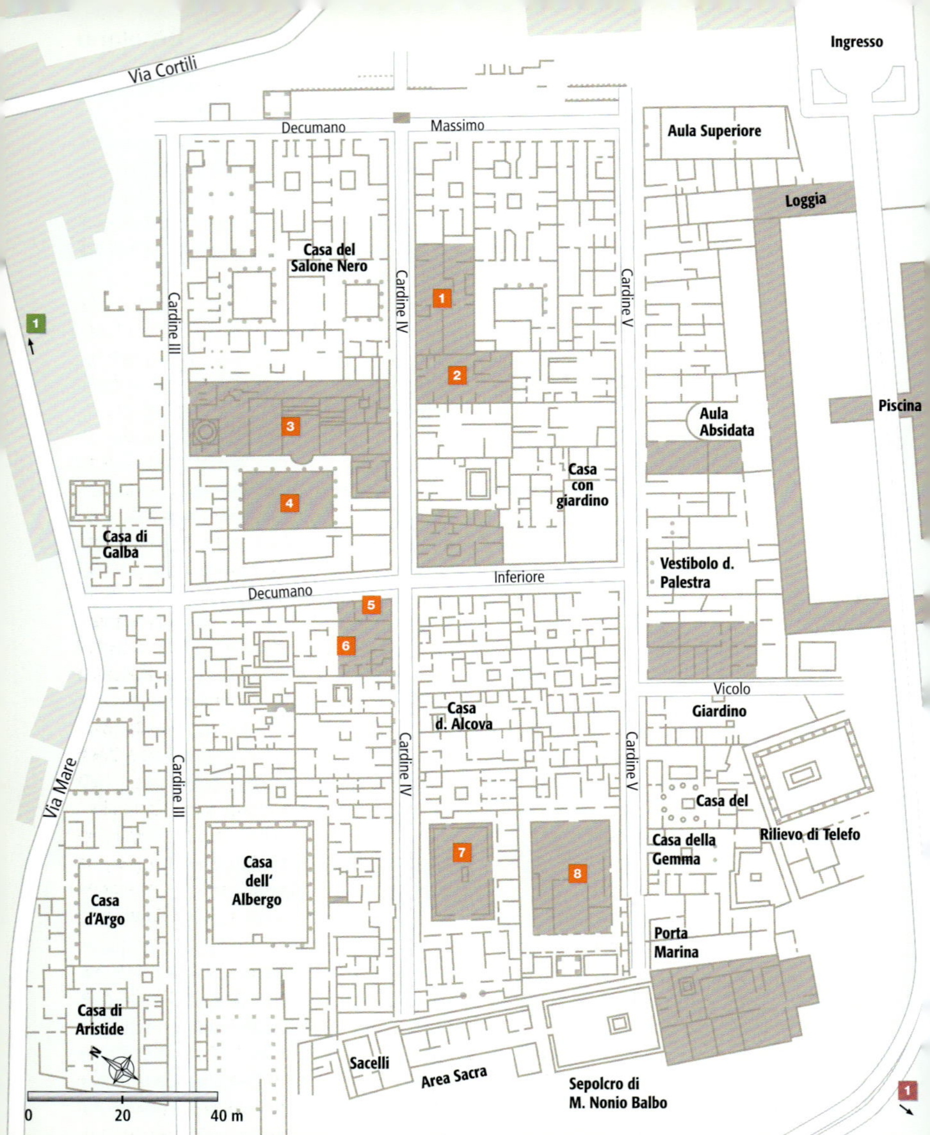

Ercolano

Sehenswert

1 Casa del Bel Cortile
2 Casa di Nettuno e Anfitrite
3 Terme del Foro
4 Palästra
5 Casa del Tramezzo di Legno
6 Casa a Graticcio
7 Casa dell'Atrio a Mosaico
8 Casa dei Cervi

Essen & Trinken

1 Viva Lo Re

Einkaufen

1 La Resina

Pompeji wurde Ercolano von einer Schlammlawine verschüttet, die allmählich erstarrte. Zwar blieben dadurch organische Materialien wie Holz, Stoffe und Speisen weitestgehend erhalten, aber die Ausgrabungsarbeiten gestalten sich mühsam. Infolge der Schlammlawine wurde der Boden nämlich nicht nur um 20 m erhöht, sondern die Küstenlinie verschob sich um gut 450 m ins Meer hinaus. Auf dieser Fläche entstand im Laufe der Zeit die neue Stadt.

Gelangt man zu dem Ausgrabungsgelände, schaut man hinab wie in einen Krater, an dessen Rand sich das moderne Ercolano befindet. Von oben kann man wunderbar die geometrische Anlage der um 500 v. Chr. gegründeten Stadt erkennen. Vieles im antiken Ercolano ist in einem weitaus besseren Zustand als in Pompeji. Die Häuser haben teilweise noch ihre Dachkonstruktionen, man entdeckt hölzerne Geländer und sogar mehrgeschossige Gebäude (Corso Resina 6 bzw. Via Alevo, Tel. 081 732 43 37, April–Okt. 8.30–19.30, letzter Einlass 18 Uhr, Nov.–März 8.30–17, letzter Einlass 15.30 Uhr, Erw. 11 €, erm. 5,50 €).

Am besten beginnt man den Rundgang am **Decumanus Maximus,** der 12 m breiten Hauptstraße von Herculaneum. Etwa nach der Hälfte des Boulevards zweigt der **Cardo IV** ab. Zunächst passiert man die **Casa del Bel Cortile** 1 mit ihrem schönen mosaikgeschmückten Innenhof, von dem eine Treppe ins Obergeschoss führt.

Gleich daneben liegt die **Casa di Nettuno e Anfitrite** 2, das ›Haus von Poseidon und Amphitrite‹, das um ein kleines Atrium herum erbaut wurde. Sehenswert ist vor allem der rückwärtige, hinter dem Tablinum (repräsentativer Raum des Hausherrn) gelegene Hof. Eine der Wände schmückt ein wunderschönes Mosaik von Poseidon und Amphitrite, der obere Abschluss ist wie eine Muschel gestaltet. Außerdem gibt es ein mit Mosaiken verziertes Nymphäum sowie Darstellungen von Hunden, Hirschen und Pflanzen. An das Haus angeschlossen war eine Weinhandlung, die größte der antiken Welt, die bislang entdeckt wurde. Hier stehen ein Verkaufstisch, Terrakottabehälter für Lebensmittel, auf Holzgestellen aufgebaute Amphoren, ein Herd und ein Ausguss.

Auch ein Blick in die **Terme del Foro** 3 lohnt sich. Die ›Forumsthermen‹ gehen auf die Kaiserzeit zurück und sind in eine größere Männer- und eine kleinere Frauenabteilung unterteilt. Vom Apodyterium (Umkleideraum), versehen mit Sitzbänken und Konsolen zum Aufhängen der Kleider, gelangt man auf der einen Seite ins Frigidarium (Abkühlraum) mit einem runden Wasserbecken und auf der anderen Seite ins Tepidarium (Wärmeraum), versehen mit einem doppelten Fußboden, in dem heiße Luft zirkulierte, um den Raum zu erwärmen. Von hier aus ging man dann zum Schwitzen ins Calidarium (Heißluftraum). Besonders sehenswert ist der Mosaikfußboden im Umkleideraum der Frauen. Er zeigt einen Triton, der auf seinen Schultern ein Ruder trägt und von Delfinen, Putten, Polypen und einem Tintenfisch umgeben ist. Angeschlossen an die Forumsthermen ist die **Palästra** 4, eine Art Sportplatz im Freien.

Überquert man den **Decumano Inferiore,** so liegt gleich auf der rechten Seite die **Casa del Tramezzo di Legno** 5, das ›Haus mit der hölzernen Zwischenwand‹. Zwischen Atrium und Tablinum befindet sich eine hölzerne Trennwand mit Bronzebeschlägen, die komplett erhalten blieb. Gleich dahinter steht die **Casa a Graticcio** 6, das ›Fachwerkhaus‹.

Folgt man dem Cardo IV weiter nach Süden, so gelangt man an die alte Küstenlinie, wo zwei der schönsten Patriziervillen zu besichtigen sind – schon damals wusste die Oberschicht den Meerblick zu schätzen. Die **Casa dell'Atrio a Mosaico** 7 (›Haus mit dem mosaizierten Atrium‹) besitzt einen wunderschönen schwarz-weißen Mosaikfußboden und in der **Casa dei Cervi** 8 (›Haus der Hirsche‹) kann man Repliken von verschiedenen Marmorfiguren bestaunen, die im Garten gefunden wurden. Sie zeigen u. a. Hirsche, die von Hunden angegriffen werden, und einen trunkenen Herkules. Die Originale stehen im Archäologischen Museum in Neapel (s. S. 117).

Infos

Ufficio Turistico: Via IV Novembre 82/84, auf dem Weg vom Bahnhof zu den Ausgrabungen, Tel. 081 788 12 43, variable Öffnungszeiten.

Übernachten

Goldene Zeiten ▶ Miglio d'Oro Park Hotel: Corso Resina 296, Tel. 081 739 99 99, www.migliodoroparkhotel.it. Die Villa aus dem 18. Jh. liegt in einem schönen Park in Ercolano. Die Zimmer sind modern eingerichtet und bis zu den Sehenswürdigkeiten um den Vesuv ist es nicht weit. DZ 90–200 €.

Essen & Trinken

Gehobener Genuss ▶ Viva Lo Re 1: Corso Resina 261, Ercolano, Tel. 081 739 02 07, www.vivalore.it, Di–Sa mittags u. abends. Die Osteria und Weinbar nahe der Ausgrabungen ist Mitglied bei Slow Food – genussvolles Essen und Trinken mit frischen Zutaten aus der Region sind garantiert. Menü 25–35 €.

Einkaufen

Kleidung ▶ La Resina 1: Der tgl. Altkleidermarkt in der Via Pugliano, wenige Gehminuten von den Ausgrabungen entfernt, ist ein Mekka für Fashion-Jäger. Er erlangte in den 1970er-Jahren Kultstatus, als viele Nonkonformisten ihre Kleidung hier einkauften V. a. am Wochenende kommen Designer und junge Leute aus der gesamten Golfregion auf der Suche nach einem besonderen Stück.

Verkehr

Züge: Ab Neapel mit der Circumvesuviana bis Stazione Ercolano-Scavi.

Miglio d'Oro und Villa Oplontis ▶ 3, F/G 2/3

Der Bau des Schlosses von Portici bei Ercolano (s. S. 145) löste bei den Adligen einen wahren Bauboom aus und es entstand der **Miglio d'Oro.** Entlang der sogenannten ›Goldenen Meile‹, die sich entlang der Küste von Neapel bis Portici erstreckte, entstanden zahlreiche vornehme Landhäuser. Sie alle waren in ihrer Architektur von dem gerade wieder entdeckten klassischen Ideal der Antike geprägt, verfügten über großzügige Gartenanlagen und boten einen Ausblick aufs Meer und den Vesuv. Durch die Errichtung der Eisenbahnlinie Mitte des 19. Jh. und wilde Bauspekulationen nach dem Zweiten Weltkrieg hat der Miglio d'Oro viel von seinem ehemaligen Glanz und Charme verloren. Von den einst mehr als 200 Villen gibt es heute noch 121, viele davon in Privatbesitz. Die Ente per le Ville Vesuviane, eine unabhängige Organisation, kümmert sich um die Renovierung der Gebäude und deren kulturelle Nutzung, sei es als Bibliothek, Konzertsaal, Ausstellungs- oder Bühnenraum. So konnten bisher einige Villen vor dem Verfall bewahrt und für die Öffentlichkeit erhalten werden. Den kleinen Abstecher wert sind auf jeden Fall die **Villa Campolieto** (Corso Resina 3), die **Villa Favorita** (Via Gabriele D'Anunzio) und die **Villa Petti Ruggerio** (Via A. Rossi 40). Sie alle befinden sich in der Nähe der Circumvesuviana-Station Ercolano-Miglio d'Oro‹ (Di–So 10–13 Uhr, 3 € für alle drei Villen).

Etwas weiter südlich, in **Torre Annunziata,** liegt die riesige **Villa Oplontis.** Auch sie wurde 79 n. Chr. vom Ascheregen begraben. Die Villa Oplontis ist das bedeutendste Beispiel einer antiken Muße- und Luxusvilla. Vermutlich gehörte sie Poppea, der zweiten Ehefrau Neros. Es heißt, sie starb an den Folgen eines Fußtritts, den ihr Nero in den schwangeren Bauch versetzt hatte. Die Villa umfasste 94 Räume, ein Schwimmbad von 60 m Länge und natürlich einen großen Garten. Nicht nur die teils sehr verwirrende Anlage der Räume ist beeindruckend, sondern auch die gut erhaltenen Fresken mit filigran ausgeführten Arbeiten. Viele der Wanddekorationen erzeugen eine unglaubliche Raumtiefe, was durch die Anordnung der Säulen und Gänge weiter verstärkt wird. Und immer wieder stößt man auf kleinere Gärten, Springbrunnen und Marmorskulpturen (Via Sepolcri 11, Tel. 081 862 17 55, April–Okt. tgl. 8.30–19.30, Einlass bis 18, Nov.–März tgl. 8.30–17, Einlass bis 15.30 Uhr, Erw. 5,50 €, erm. 2,75 €, s. S. 145).

Infos

Ente per le Ville Vesuviane: Corso Resina 283, Ercolano-Miglio d'Oro, in der Villa Campolieto, Tel. 081 732 21 34, www.villevesu viane.net.

Termine

Festival delle Ville Vesuviane: Die Organisation Ente per le Ville Vesuviane organisiert von Frühjahr bis Herbst Konzerte und Aufführungen in den Villen der Goldenen Meile.

2 Pompeji ▶ 3, H 3

Karte: S. 150

Geschichte

Die Osker, ein altitalienischer Stamm aus Kampanien, besiedelten um 700 v. Chr. ein am Fluss Sarno ins Meer ragendes Lavaplateau. Schon bald wurde reger Handel mit Griechen und Etruskern betrieben. Ab 500 v. Chr. geriet die Siedlung unter den Einfluss der Samniten, eines kriegerischen Volksstamms aus dem Norden. Die Stadt wurde nach griechischem Vorbild kontinuierlich erweitert und erstreckte sich im 3. Jh. v. Chr. über 66 ha, die von einer Mauer umgeben waren.

Im römischen Bundesgenossenkrieg eroberte Sulla 89 v. Chr. die Stadt und erklärte sie neun Jahre später zur römischen Kolonie. Pompeji erhielt römisches Stadtrecht und in der Folgezeit siedelten sich viele ehemalige römische Legionäre an, die die Romanisierung und Latinisierung maßgeblich vorantrieben. Es entstanden Amphitheater, Forumsthermen und römische Tempel. Der einstige Marktplatz wandelte sich zum Forum, dem Schauplatz römischer Macht mit dazugehörigem Kaiserkult, und Wohnhäuser, bis dahin eher schlicht gehalten, spiegelten den Wohlstand ihrer Besitzer wider. Sowohl Reichtum als auch Handel blühten. Haupthandelsgüter waren Wein, Tuch- und Wollprodukte sowie Garum (s. S. 194), eine Würzsoße aus vergorenem Fisch.

Der erste große Schicksalsschlag ereilte Pompeji am 5. Februar 62 n. Chr.: Ein Erdbeben erschütterte die Region und zerstörte viele Gebäude. Die Wiederaufbauarbeiten waren noch in vollem Gang, als am 24. August 79 der Vesuv ausbrach und innerhalb von drei Tagen die Stadt unter einer 6 bis 7 m dicken Schicht aus Asche und Lapilli (kleines vulkanisches Gestein) begrub. Pompeji wurde aufgegeben und geriet in Vergessenheit. Stattdessen gründete man ganz in der Nähe einen neuen Ort namens Pompei.

Die Entdeckung von Herculaneum (s. S. 145) entfachte eine neue Begeisterung für die Antike, die Karl III. veranlasste, auch in Pompeji 1738 mit Ausgrabungen zu beginnen. Der lockere Boden konnte leicht abgetragen werden und förderte Skulpturen, Mosaike, Bronzen etc. zutage, die bald die königlichen Schatzkammern und Kunstsammlungen füllten. Nachdem man alle Schätze geborgen hatte, wurden die Grabungen wieder zugeschüttet. Eine systematische Freilegung des Geländes begann erst mit Giuseppe Fiorelli (1823–96). Berühmtheit erlangte der Archäologe vor allem für seine Methode, Hohlräume, die durch die Verwesung organischen Materials entstanden waren, mit Gips auszufüllen. Auf diese Weise erhielt man nicht nur Erkenntnisse über die Flora der damaligen Zeit, sondern auch über die Menschen, die Pompeji nicht mehr rechtzeitig verlassen konnten – im Haus des Fauns fand man z. B. eine Frau mit Geld und Schmuck in ihren Händen. Einige der Gipsabdrücke sind heute verteilt über das Gelände in Vitrinen ausgestellt.

Bisher sind gut zwei Drittel von Pompeji freigelegt. Ein Spaziergang durch die Ausgrabungen gleicht einer Zeitreise in die römische Antike, denn durch den Vulkanausbruch wurde das Leben von damals konserviert und wie in einem Standbild festgehalten.

Rundgang

Für den Besuch in Pompeji sollte man mindestens einen halben Tag einplanen. Am Eingang erhält man einen Plan und Infos darüber, welche Sehenswürdigkeiten derzeit zugänglich sind (Via Villa dei Misteri 2, Tel. 081 857 53 47, www.pompeiisites.org, April–Okt. 8.30–19.30, Einlass bis 18, Nov.–März 8.30–

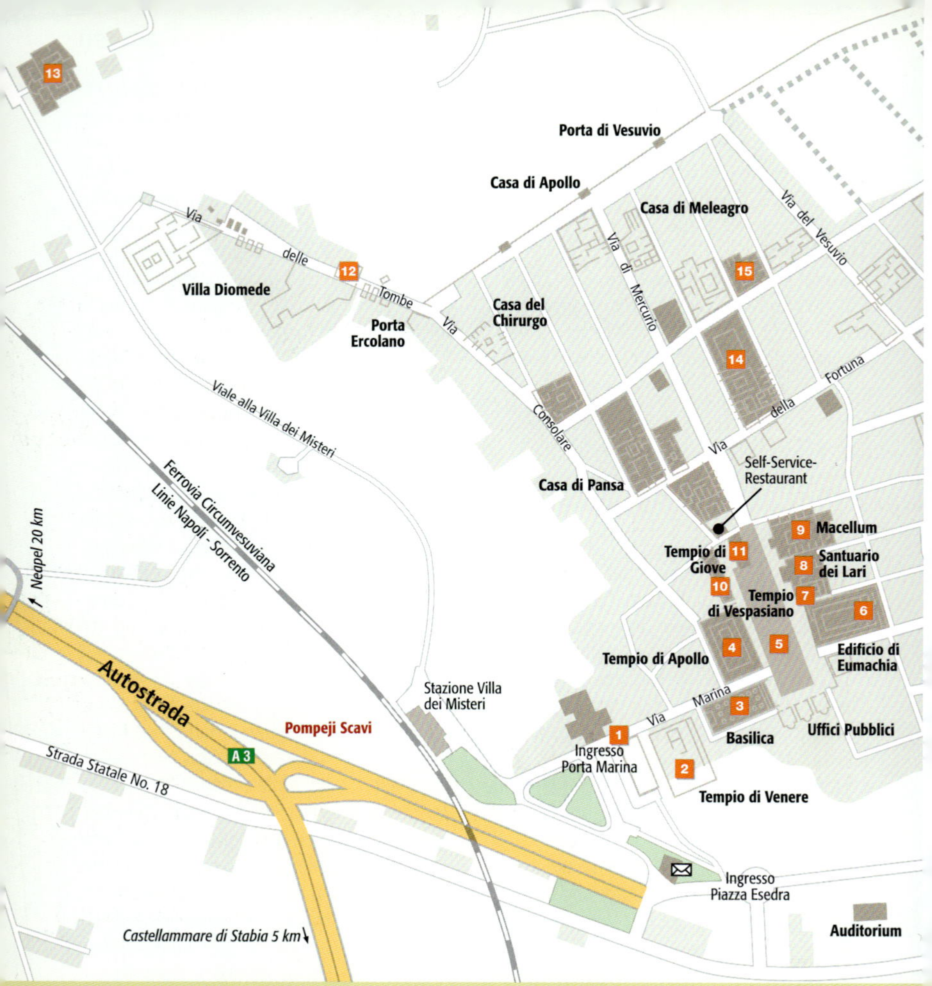

Pompeji

Sehenswert

1 Porta Marina
2 Tempio di Venere
3 Basilica
4 Tempio di Apollo
5 Foro
6 Edificio di Eumachia
7 Tempio di Vespasiano
8 Santuario dei Lari Publicci
9 Macellum
10 Granai del Foro
11 Tempio di Giove
12 Necropoli di Porta di Ercolano
13 Villa dei Misteri
14 Casa del Fauno
15 Casa dei Vettii
16 Lupanar
17 Terme Stabiane
18 Anfiteatro
19 Palestra Grande
20 Casa del Menandro
21 Tempio di Iside
22 Teatro Grande
23 Quadriportico dei Teatri
24 Teatro Piccolo

Übernachten

1 Forum

Essen & Trinken

1 Zi Caterina

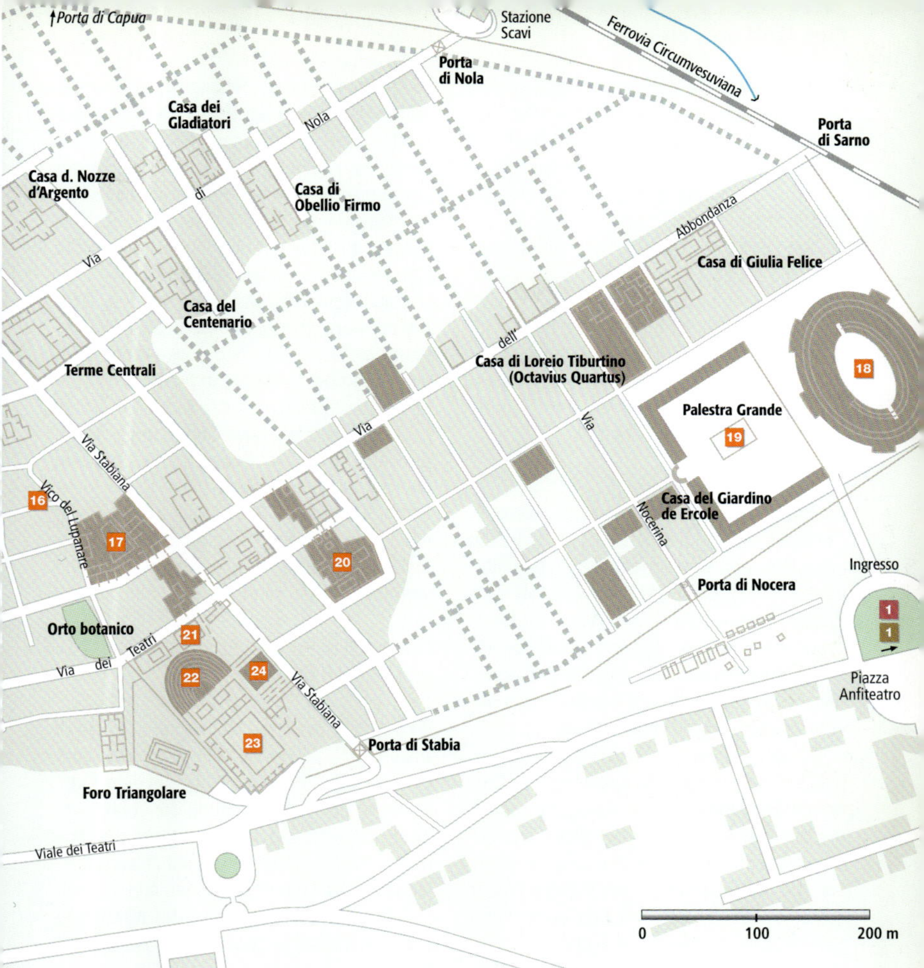

17, Einlass bis 15.30 Uhr, Erw. 11 €, erm. 5,50 €, Kombiticket s. S. 145, 2-stündige Führungen ca. 100 €).

Via Marina

Der Rundgang beginnt beim Haupteingang an der **Porta Marina** 1 aus dem 2. Jh. v. Chr. mit ihren zwei Durchgängen – der eine war für Fußgänger bestimmt, der andere für genormte pompejanische Fuhrwerke. Da die Straßen so angelegt waren, dass sie nur von Fuhrwerken mit einem bestimmten Radabstand befahren werden konnten, mussten auswärtige Händler ihre Waren hier umladen.

Hinter dem Tor lag rechter Hand der zu Ehren von Pompejis Schutzgottheit Venus errichtete **Tempio di Venere** 2. Beim Erdbeben von 62 war er jedoch fast komplett zerstört und danach nie wieder aufgebaut worden.

Ebenfalls aus dem 2. Jh. v. Chr. stammt die **Basilica** 3, die als Versammlungsplatz und Sitz des Gerichts diente. Der große, dreischiffige Innenraum wurde von mehreren Säulen getragen, deren gewaltige Stümpfe heute noch zu sehen sind. An der Stirnseite der Basilica, etwas erhöht und einst über eine Holztreppe zu erreichen, befand sich das Tribunal, wo die Richter saßen. Unter den vielen

Inschriften, die die Wände der Basilica zierten, zeugt besonders Folgende vom Witz der Bewohner Pompejis: »Es wundert mich, oh Wand, dass du unter der Last der Dummheiten so vieler Schreiberlinge noch nicht eingestürzt bist.«

Gegenüber der Basilica liegt der **Tempio di Apollo** 4. Hier wurde ab dem 6. Jh. v. Chr. der erste Schutzpatron der Stadt, Apoll, verehrt. Mit den Römern verlor der Tempel an Bedeutung und diente später vermutlich der Verehrung von Kaiser Augustus – zumindest deutet die Inschrift in der vor dem Tempel stehenden Sonnenuhr darauf hin.

Rund um das Forum

Weitaus beeindruckender ist das **Foro** 5, Pompejis wichtigster Platz, der ab 80 v. Chr. komplett nach römischem Stil umgestaltet wurde. Nur Fußgänger hatten Zutritt zum Zentrum des städtischen Lebens, für Fahrzeuge war das Areal gesperrt. Neben religiösen, politischen und wirtschaftlichen Gebäuden wurde das Forum auf drei Seiten von einem zweistöckigen Portikus umgeben.

Auf der anderen Seite des Forums, gegenüber dem Tempel des Apoll, liegt das **Edificio di Eumachia** 6, das ›Gebäude der Eumachia‹. Diese Priesterin der Venus war die Beschützerin der Weber, Wäscher und Färber, die hier vermutlich den Wollgroßmarkt abhielten. Um die Wolle vor ihrer Verabeitung zu entfetten, wurde menschlicher Urin verwendet, was den cleveren Kaiser Vespasian (69–79 n. Chr.) anregte, eine Urinsteuer einzuführen. Als sein Sohn Titus darüber die Nase rümpfte, ließ er ihn an einer Münze riechen und verkündete: »Pecunia non olet!« (›Geld stinkt nicht!‹). An dem Gebäude selbst ist besonders das Eingangsportal mit seinen Ornamenten und Figuren bemerkenswert. In den Nischen standen einst Statuen des Äneas, Romolus, Augustus und Tiberius.

Der **Tempio di Vespasiano** 7 diente vermutlich dem Kaiserkult und das benachbarte **Santuario dei Lari Publicci** 8 (›Larenheiligtum‹) der Verehrung der Schutzgottheiten Pompejis. Dahinter erstreckt sich der **Macellum** 9, der zentrale Markt für Fleisch und Fisch. Bei der runden Holzkonstruktion in der Mitte wurden viele Gräten und Schuppen gefunden, sodass anzunehmen ist, dass sie dem Fischverkauf vorbehalten war. In der Markthalle sind u. a. Vitrinen mit versteinerten Körpern ausgestellt. Einer davon ist ein Sklave, zu erkennen am Gürtel, in den der Name seines Besitzers eingraviert ist.

Gegenüber dem Macellum liegt der **Granai del Foro** 10, der alte Gemüsemarkt, der heute als Lager für Fundstücke dient. Zwischen den beiden Märkten an der Stirnseite des Forums stand einst der **Tempio di Giove** 11 (›Jupitertempel‹), auch **Capitolum** genannt. Er war jedoch nicht nur Jupiter, sondern ebenso Juno und Minerva geweiht, der römischen Göttertrias. Auch dieser Tempel war nach dem Erdbeben 62 n. Chr. nicht wieder aufgebaut worden, sodass heute nur noch vermutet werden kann, wie er genau aussah.

Necropoli di Porta di Ercolano und Villa dei Misteri

Geht man vom Forum aus Richtung Norden, so gelangt man in die **Necropoli di Porta di Ercolano** 12, eine der Gräberstraßen von Pompeji mit Grabdenkmälern aus dem 1. Jh. v. und n. Chr. Die Gestaltung der Grabsteine lässt Rückschlüsse auf Geschlecht oder Beruf zu. So deutet ein Frachtschiff beispielsweise auf eine kaufmännische Tätigkeit hin.

Die nahe gelegene **Villa dei Misteri** 13 (›Mysterienvilla‹) ist das schönste Beispiel für einen herrschaftlichen Landsitz und beherbergt einen der berühmtesten römischen Freskenzyklen. Noch heute lässt sich die Anlage des Hauses aus dem 2. Jh. v. Chr. sehr gut erkennen, auch wenn immer wieder Umbauten erfolgten. Es gibt die Wirtschaftsräume mit Küche, Kelter und Bäckerei, die Kammern der Bediensteten und natürlich die herrschaftlichen Wohnräume, die um ein Atrium angeordnet sind und sich zu einem Peristyl (begrünter Innenhof mit Säulengang) öffnen. Das Fresko, nach dem die Villa benannt ist, zieht sich um die Wände des Triclinium (Speisesaal). Es stellt eine Kulthandlung dar, offenbar die Initiation einer Frau vor der Hochzeit in die dionysischen Mysterien, denn im Zentrum des Zyklus steht Dionysos mit seinen Begleitern (Silen und Satyrn sowie nackte und tanzende Bacchantinnen) und Symbolen (Nacktheit, Phalli, seine Hochzeit mit Ariadne). Absolut beeindruckend sind die kraftvollen Farben, die heute noch leuchten. Allerdings sind sich die Wissenschaftler nicht über die genaue Deutung einig.

Casa del Fauno und Casa dei Vettii

Mit ihren knapp 3000 m² ist die **Casa del Fauno** 14 (›Haus des Fauns‹) das größte Haus in Pompeji. Der Luxuspalast aus dem 2. Jh. v. Chr. ist von architektonischer Ausgesuchtheit und besitzt je zwei Atrien und Peristylen. Im ersten Atrium fand man die Statue eines tanzenden Fauns, der dem Haus seinen Namen gab. Die zahlreichen Bodenmosaike können heute im Archäologischen Museum von Neapel besichtigt werden, vor Ort befinden sich lediglich Nachbildungen, z. B. zwischen den beiden Gärten die berühmte Darstellung der Alexanderschlacht, in der Alexander der Große über den Perserkönig Darius siegt.

Unweit davon liegt die **Casa dei Vettii** 15 (›Haus der Vettier‹), eine der Hauptattraktionen von Pompeji, was in erster Linie an dem Fresko im Eingangsbereich liegen dürfte. Darauf ist Priapos abgebildet, Sohn des Dionysos und der Aphrodite, der seinen riesigen erigierten Penis gegen einen Geldbeutel aufwiegt. Man könnte es für eine pornografische Abbildung halten, doch der Phallus ist ein Symbol für Kraft und Fruchtbarkeit. Er schützt gegen den bösen Blick und die Auswirkungen von Neid und fungiert als Vermittler von Wohlstand. Bei den Brüdern Vettius, den Besitzern des Hauses, hat das offensichtlich Wirkung gezeigt. Kaum ein Haus in Pompeji ist so luxuriös ausgestattet und wurde nach dem Erdbeben 62 n. Chr. so umfassend renoviert. Im weitläufigen Atrium sind zwei Geldkisten aufgestellt, die das noch einmal unterstreichen. Der Raum zur Linken besitzt einen wunderschönen Fries mit Meerestieren und Bildern aus der Mythologie, u. a. Theseus und Ariadne. Rechts des Atriums liegen die gut erhaltenen Wirtschaftsräume. Besonders schön ist der Garten, der originalgetreu bepflanzt wurde. Hier befindet sich auch das Triclinium, das allein durch seine rote Farbe viele Besucher in den Bann zieht. Auf einem umlaufenden Fries sind Putten und Eroten bei der Ausübung so unterschiedlicher Tätigkeiten wie Goldschmieden, Öl- und Weinverkauf, Parfümherstellung, Wagenrennen oder Weinlese dargestellt. Den in Bildfelder unterteilten Sockel zieren u. a. Pflanzen, Liebespaare und mythologische Figuren.

Lupanar und Terme Stabiane

Eine weitere Hauptattraktion ist das **Lupanar** 16**,** das größte der rund 25 pompejanischen Bordelle. Im Erdgeschoss befinden sich eine Latrine sowie fünf schlichte Zimmer, jeweils nur mit gemauerten Betten versehen, auf denen einst noch Matratzen lagen. Fünf weitere Räume gibt es im Obergeschoss, das jedoch nicht betreten werden darf. Die Wände des kleinen Hauses sind mit erotischen Fresken verziert. Der Begriff Lupanar kommt von *lupa,* dem lateinischen Wort für Wölfin und Prostituierte. Meist waren dies Sklavinnen aus Griechenland und dem Orient.

Geht man die Vicolo del Lupanare weiter in Richtung Via dell'Abbondanza, gelangt man zu den **Terme Stabiane** 17 aus dem 2. Jh. v. Chr. Pompejis älteste öffentliche Badeanstalt wurde immer wieder umgebaut und renoviert. Die letzte, allerdings nicht abgeschlossene Erneuerung erfolgte nach dem Erdbeben von 62 n. Chr. Vom Haupteingang in der Via dell' Abbondanza betritt man eine riesige Palästra, in der für die Ringkämpfe trainiert wurde. Von dort aus geht es in die Frauen- und Männerbäder. Besonders gut zu sehen ist die Heizmethode: Die obere Ebene des doppelten Fußbodens wurde von Backsteinpfeilern getragen. Durch den so geschaffenen Hohlraum wurde heiße Luft getrieben, sodass sich der Raum darüber erhitzte. Das gleiche Prinzip wandte man auch bei den Wänden an.

Anfiteatro und Palestra Grande

Die **Via dell'Abbondanza** war die Hauptgeschäftsstraße von Pompeji. Geht man in Richtung der Porta di Sarno und biegt in die Vicolo dell'Anfiteatro rechts ab, kommt man zum **Anfiteatro** 18. Um 70 v. Chr. erbaut, ist es das älteste erhaltene römische Amphitheater. Im Gegensatz zu späteren Bauten dieser Art war die Anlage noch nicht unterkellert. Die Gladiatoren gelangten durch eines der Tore in die Arena und verließen sie – tot oder lebendig – durch das gegenüberliegende Tor. Außentreppen führten zur Zuschauertribüne, deren obere Ränge den Frauen vorbehalten waren. Bei Bedarf konnte ein riesiges Sonnensegel gespannt werden.

Neben dem Amphitheater liegt die **Palestra Grande** 19**,** der Sportplatz, der unter Augustus errichtet wurde. Auf drei Seiten ist er von einem Säulengang umgeben, in der Mitte befindet sich ein Schwimmbecken.

Casa del Menandro 20

Geht man von hier aus über die Via del Castricio wieder in Richtung Forum, so gelangt man zur **Casa del Menandro.** Die 1800 m^2 große Villa in einer der besten Wohngegenden Pompejis besitzt ein eigenes Thermalbad mit feinen Mosaiken und gehört zu den luxuriösesten der Stadt. Das Haus war im Besitz von Poppaei, einer Verwandten von Poppea Sabina, der zweiten Frau von Kaiser Nero. Im Peristyl findet sich in einer Nische ein Bildnis des griechischen Komödienschreibers Menander, der dem Haus seinen Namen verlieh. Bei den Ausgrabungen wurde außerdem ein Silberschatz gefunden, der heute im Archäologischen Museum in Neapel ausgestellt ist.

Theaterviertel

Unweit davon liegt das Theaterviertel mit dem **Tempio di Iside** 21 (›Isistempel‹), offenbar der Lieblingstempel der Pompejer. Er ist das einzige öffentliche Gebäude, das nach dem Erdbeben wieder aufgebaut wurde, sogar größer als zuvor. Der Isiskult war ab dem 2. Jh. v. Chr. sehr populär bei den Römern, denn die Göttin stand den Menschen in der Not bei und stellte überdies ein besseres Leben in Aussicht. Eine hohe Mauer umgibt den Komplex, sodass die Kulthandlungen von außen nicht einsehbar waren. Der Tempel selbst steht auf einem hohen Podium mit dem Altar am Fuß der Treppe.

Hinter dem Tempel erhebt sich das **Teatro Grande** 22**,** das 5000 Zuschauern Platz bot. Das im griechischen Stil erbaute Theater stammt aus dem 2. Jh. v. Chr. und wurde vor allem für Theateraufführungen genutzt, nach dem Erdbeben auch für Gladiatorenkämpfe, da das Amphitheater in Trümmern lag.

Der sich anschließende **Quadriportico dei Teatri** 23 diente der Bewegung und Zerstreuung für die Zuschauer in den Pausen. Im **Teatro Piccolo** 24**,** auch **Odeion** genannt, wurden Musik, Pantomime und Lesungen dargeboten. Das 80 v. Chr. erbaute Theater war mit einem Holzdach versehen und bot 1000 Zuschauern Platz. Die Sitze sind fast vollständig erhalten.

79 n. Chr. unter einer meterdicken Ascheschicht begraben: Pompeji

Infos

AAST: Via Sacra 1, Tel. 081 850 72 55, www.pompeiturismo.it, Mo–Sa 8–15.30 Uhr, zurzeit geschlossen.

Übernachten

Zentral ▶ Forum 1: Via Roma 99, Tel. 081 850 11 70, www.hotelforum.it. Das komfortable Hotel liegt direkt gegenüber den Ausgrabungen und hat einen gemütlichen Garten. DZ 130–200 €.

Essen & Trinken

Rustikal ▶ Zi Caterina 1: Via Roma 20, Tel. 081 850 74 47, www.zicaterinapompei.it, tgl. mittags u. abends. Familiengeführtes Lokal nahe dem Amphitheater. Schneller und guter Service. Menü 15–30 €.

Termine

Soprintendenza Speciale per i Beni Archeologici di Napoli e Pompei: Juli–Okt. Theater, Konzerte, Führungen und andere Events bei Nacht etc. auf dem Grabungsgelände. Infos: Tel. 081 861 64 05, www.pompeiisites.org.

Verkehr

Züge: Anfahrt ab Neapel mit der Circumvesuviana Napoli–Sorrento, an der Haltestelle Villa dei Misteri oder Porta Marina (Haupteingang) aussteigen.

Die Inseln im Golf von Neapel

Die drei Inseln in der weiten Bucht vor Neapel könnten unterschiedlicher kaum sein. Capri ist das Ziel vieler Tagestouristen und des italienischen Jetsets. Ischia lockt mit einem milden Klima und gesundheitsfördernden Thermalquellen. Die kleinen Schönheiten von Procida hingegen offenbaren sich nicht auf den ersten Blick.

Procida ► 3, B/C 3/4

Karte: S. 158

Procida ist die unscheinbarste der drei Golfschönheiten. Mit ca. 12 000 Einwohnern auf nur 3,75 km^2 ist sie die am dichtesten besiedelte Insel Italiens. Dennoch geht das Leben hier einen beschaulichen Gang. Am Hafen herrscht noch das Gedränge der Reisenden, doch dann verteilt sich alles gleichmäßig über die Insel. Busse, Mopeds und Dreiräder knattern durch die mehr oder weniger engen Straßen. Zuweilen müssen Fußgänger in Tornischen und Eingänge ausweichen, damit die Fahrzeuge passieren können.

Procida und Ischia (s. S. 162) waren ursprünglich mit dem Festland verbunden. Geologisch gesehen gehören beide Inseln zu dem vulkanisch geprägten Gebiet von Pozzuoli (s. S. 135). Allerdings gibt es auf Procida keinen aktiven Vulkanismus mehr. Vier der einst sieben mittlerweile abgesackten Vulkankrater sind entlang der Küstenlinie jedoch noch gut zu erkennen.

Bevor der Tourismus Ende der 1980er-Jahre auf der Insel Einzug hielt, verdienten die Bewohner ihr Geld mit Fischfang, etwas Landwirtschaft, vor allem aber mit der Seefahrt. Viele Männer von Procida waren als Matrosen und Kapitäne auf den Meeren der Welt unterwegs – und sind es heute noch. Am Hafen findet sich das Istituto Nautico Francesco Caracciolo, eine der ältesten Seefahrtsschulen Europas, in der nicht mehr nur Einheimische ausgebildet werden. Auch ein Großteil der Fährleute, die zwischen den Inseln unterwegs sind, stammt von Procida.

Die männlichen Bewohner sind auch die Hauptakteure der **Karfreitagsprozession** (s. S. 162), die jedes Jahr unzählige Besucher anzieht. Junge Männer finden sich in Gruppen zusammen und gestalten jedes Jahr aufs Neue die sogenannten Mysterien. Dabei nehmen sie oft auch Bezug auf aktuelle Ereignisse wie den Tod Mutter Theresas, Drogenopfer, Mafiamorde etc. Am Morgen des Venerdi Santo versammeln sie sich am Eingang zur Terra Murata (s. rechts) und ziehen, alle in blau-weiße Kutten gekleidet, in einer langen Prozession hinunter zum Hafen. Die Strecke ist gesäumt von unzähligen Zuschauern, darunter natürlich die stolzen Mütter, die sich nach der gut und gerne 40 Mysterien zählenden Prozession darauf freuen, ihre *angeli* (›Engelchen‹) in Empfang zu nehmen – zauberhaft angezogene Jungen, aber auch einige Mädchen (!), die maximal zwei Jahre alt sein dürfen, in schwarz-goldene Mäntelchen gekleidet sind und von ihren Vätern getragen werden. Nicht wenige der Kinder schlummern bereits fest oder heulen schmerzlich, weil sie ja schon zwei Stunden auf ihren Einsatz warten. Dann endlich folgt die Madonnenstatue, vorneweg gehen noch einmal Blumenmädchen. Ganz zum Schluss kommt dann die Jesusstatue, begleitet von mit Ketten rasselnden Männern und einer monotonen Trommel. Die gesamte Prozession dauert an die 3–4 Std., und es ist wirklich ein Ereignis, hier dabei zu sein!

Der berühmteste Mann der Insel war vermutlich Giovanni di Procida. Er hat an der sizilianischen Vesper teilgenommen und soll maßgeblich an ihr beteiligt gewesen sein. Manche behaupten sogar, er organisierte sie, um Konradin von Hohenstaufen zu rächen.

Sancio Cattolico 1

Alle Fähren und Schiffe legen im großen Hafen von Procida an, Marina Grande oder einfach nur Porto genannt, wenngleich der eigentliche Name **Sancio Cattolico** lautet. Entlang der Hafenpromenade stehen pastellfarbene Häuser mit Geschäften, Bars und Restaurants, am Ende gut sichtbar die **Chiesa Santa Maria della Pietà** 2. Ihr zu Füßen erstreckt sich ein weiter Platz, auf dem man abends die auch hier obligatorische *passeggiata* unternimmt.

Terra Murata 3

Über die Via V. Emanuele und die Via Principe Umberto gelangt man zur **Piazza dei Martiri,** von der aus der Weg etwas steiler hinauf zur **Terra Murata** führt. Terra Murata bedeutet ›gemauertes Land‹ und bezieht sich auf die mittelalterliche festungsartige Siedlung, die ab dem 9. Jh. zum Schutz vor den Sarazenenüberfällen auf dem 91 m hohen Berg entstand. Der Platz war ideal gewählt – auf der einen Seite steil abfallende Felsen, auf der anderen Seite die Befestigungsmauer. Im 15. Jh. wurde der verhältnismäßig große Palast für Kardinal d'Avalos und seine Familie gebaut. Als die Bourbonen 1744 das Castello übernahmen, diente es ihnen als Jagdschloss, die Insel als Jagdrevier. Letzteres wurde bald wieder aufgegeben, und man richtete im Castello eine Kadettenanstalt ein, die jedoch 1818 zu einem Gefängnis umfunktioniert wurde. Dem Tourismus zuliebe wurde die Strafanstalt 1988 geschlossen. Seither ringen Privatleute, Kommune und Staat um ein Nutzungskonzept, währenddessen die Terra Murata immer mehr verfällt. Der Aufstieg lohnt sich dennoch, denn von hier oben genießt man einen wunderbaren Ausblick auf das malerische Hafenviertel Corricella, bei klarem Wetter sind sogar Neapel und in der Ferne der Vesuv, Ischia und Capri zu erkennen.

Am höchsten Punkt der Terra Murata befindet sich die **Abbazia di San Michele Arcangelo** 4 aus dem 7. Jh. Das ursprüngliche Kloster wurde mehrfach von den Sarazenen zerstört und im 15. Jh. im Auftrag von Kardinal Antonio Pignatelli (später Papst Innozenz XII.) wieder aufgebaut, allerdings unter der Maßgabe, dass die Abtei von nun an dem Erzengel Michael geweiht sei. Dieser ist seither der Schutzpatron von Procida und hat die Insel mehrmals vor den Überfällen der Sarazenen bewahrt. Einige Votivbilder und Gemälde im Kircheninnern berichten von seinen Taten, u. a. jenes rechts vom Altar. Darauf ist der Erzengel zu sehen, wie er die Sarazenenschiffe wegpustet. Die Darstellung geht auf ein Ereignis im 16. Jh. zurück. Damals war es üblich, bei nahenden Angriffen der Sarazenen die Holzstatue des Heiligen auf der Terrasse der Sakristei aufzustellen, damit sie der Verteidigung beistand. So geschah es auch im 16. Jh.: Ein heftiger Wind kam auf, der die Sarazenen zur Umkehr zwang. Unter der Kirche befinden sich u. a. sehenswerte weitere Gebetsräume, eine Bibliothek und eine schöne neapolitanische Krippe aus dem 19. Jh. Leider wurden die wertvollsten Figuren bei einem Diebstahl im März 2009 entwendet. Vor dem Altar kann man die Grabplatten der sogenannten *turchini* (›Türkisen‹) und *bianachi* (›Weißen‹) betrachten. Im 15. Jh. wurden auf der Insel vier Bruderschaften gegründet, die die Kirche miteinander teilten. Gegen eine Gebühr konnte man Mitglied in einer der Bruderschaften werden und sicherte sich damit zugleich eine Begräbnisstatt in der Kirche, also in heiliger Erde. Einen Friedhof gab es damals nicht. Stattdessen wurden die Leichen in einem speziellen Raum zum Verwesen aufgehängt (der Meerwind tat sein Übriges) und dann ins Beinhaus der jeweiligen Bruderschaft gelegt. Den Raum, den die *gialli* (die ›Gelben‹) zur Aufbewahrung der Gebeine nutzten, befindet sich unter der Kirche. Richtig bedrückend wird es aber noch eine Ebene tiefer, dem Gebets- und Versammlungsraum der *rossi* (›Roten‹). Sie waren die

Procida

Sehenswert
1 Sancio Cattolico
2 Chiesa Maria della Pietà
3 Terra Murata
4 Abbazia di San Michele Arcangelo
5 Corricella
6 Parco Letterario L'Isola di Arturo
7 Marina di Chiaiolella
8 Spiaggia Chiaiolella
9 Vivara

Übernachten
1 Casa sul Mare
2 Albergo Solcalante
3 Celeste
4 Camping Punta Serra

Essen & Trinken
1 La Pergola
2 La Lampara
3 Crescenzo
4 Graziella
5 La Piazetta

Aktiv
1 Moby Dick
2 Graziella Travel

einzige Bruderschaft, die keine Gebühr verlangte. Ihr Glauben konzentrierte sich auf die Erinnerung an Vergänglichkeit und Tod. Dementsprechend sieht auch ihr Gebetsraum aus: düstere Farben, Totenschädel auf dem Altar etc. Man könnte fast versucht sein, zu vermuten, dass hier Verbotenes geschah und Geheimnisse verborgen liegen. Die einzige heute noch aktive Bruderschaft sind übrigens die *turchini, die* auch die Osterprozession organisieren (Via San Michele 1, Tel. 081 896 76 12, www.abbaziasanmichele.it, Mo–Sa 9.45–12.30 Uhr, 3 €, evtl. Führungen durch Mitarbeiter auf Engl. oder Dt.).

Corricella 5

Verlässt man die Terra Murata und kehrt zurück auf die Piazza dei Martiri, so gelangt man von hier aus über einen abwärts führenden Treppenweg oder die Straße in den idyllischen Hafen von **Corricella.** Hier lässt es sich aushalten: kleine Lokale, auch das eine oder andere Fischrestaurant, Katzen auf der Suche nach etwas Essbarem, Fischer, die

ihre Netze flicken, ein- und ausfahrende Boote – eine Kulisse wie aus einem Film. Und manch einer wird sie wiedererkennen, die Szenerie des alten Hafens aus den 1950er-Jahren, die u. a. in den Filmen »Der talentierte Mr. Ripley« (Anthony Mingella, 1999) und »Il Postino« (Michael Radford, 1994) als Kulisse diente (s. S. 54). Weitere Postino-Schauplätze befinden sich im Limoncello-Laden an der Piazza dei Martiri. Dort ist im Film das Postamt untergebracht, in dem Mario die zahlreichen Briefe an Neruda sortiert. Im benachbarten Tabacchi befand sich das Kino. Auf der anderen Seite der Insel liegt die Bucht Pozzo Vecchio, wo Philippe Noiret sein filmisches Bad im Meer nahm. Zuweilen wird dieser Strand jetzt auch Postino-Beach genannt.

Nahezu am Ende des Hafens von Corricella führt eine grüne Treppe wieder hinauf zur Straße Via San Rocco, die bald darauf ihren Namen in Via M. Scotti ändert und in die Via V. Emanuele mündet. Die Straßen sind wie in Neapel mit Lavasteinen gepflastert. Auf Procida sind sie sehr schmal und wirken we-

220

gen der hohen Mauern links und rechts teilweise wie Schluchten. Hin und wieder kann man einen Blick durch offene Tore in die dahinterliegenden Gärten werfen und ist überrascht ob des vielen Grüns und der Weite, die sich dort auftut. Mit etwas Glück ist auch das Tor der Via V. Emanuele 118 geöffnet. Einst befand sich hier das **Hotel Eldorado,** in dem zeitweise die italienische Schriftstellerin Elsa Morante (1912–85) lebte. Im angeschlossenen Zitronenhain schrieb sie viele Passagen ihres Inselromans »Aturos Insel«, übrigens ein Buch, das sich hervorragend als Urlaubslektüre eignet und nicht nur eine ergreifende und geheimnisvolle Liebesgeschichte ist, sondern auch ein Hohelied auf die Schönheit der Insel. Seit einiger Zeit schon soll hier der **Parco Letterario L'Isola di Arturo** 6 entstehen, doch es gibt bislang weder ein stimmiges Konzept noch geregelte Öffnungszeiten.

Chiaiolella

Folgt man der Inselhauptstraße weiter nach Süden, gelangt man an die **Marina di Chiaolella** 7. Besonders im Sommer ist dies der meistbesuchte Ort der Insel, was zum einen an dem zauberhaften geschützten Hafen liegt und zum anderen an der über 1 km langen **Spiaggia Chiaolella** 8. An dem Sandstrand gibt es einige Hotels und gute Restaurants, am Abend ist es der Treffpunkt der jungen Leute.

Vivara 9

Südwestlich vor Procida liegt die kleine Insel **Vivara,** auf der Geschirr aus mykenischer Zeit gefunden wurde, was auf eine Besiedlung bereits 2000 v. Chr. schließen lässt. Den Bourbonen diente das Eiland im 18. Jh. als Jagdrevier, wovon noch einige Mauerreste zeugen, doch bewohnt wird es schon lange nicht mehr. Für den Bau einer Wasserleitung nach Ischia wurden Procida und Vivara 1959 miteinander verbunden, aber abgesehen von ein paar Archäologen mit spezieller Genehmigung darf niemand die Insel betreten.

Idyllischer geht's kaum: im Hafen von Corricella

Infos

Ufficio Informazione: Via Roma, Stazione Marittima, Tel. 081 810 19 68, April–Sept. 10–18 Uhr.

Übernachten

Hafenidylle ▶ **Casa sul Mare** 1: Via Salia al Castello 13, Tel. 081 896 87 99, www.lacasasulmare.it. Wunderhübsches Hotel mit 10 einladenden Zimmern, alle mit Terrasse und Blick auf den kleinen Hafen Corricella. Gesundes Frühstück im Garten mit Meerblick. DZ 99–170 €.

Gemütlich ▶ **Albergo Solcalante** 2: Via Serra 1, Tel. 081 810 18 56, www.solcalante.it. Das praktische und gut ausgestattete Hotel liegt über dem Meer, nicht weit entfernt von der Spiaggia del Pozzo Vecchio. 10 der 12 Zimmer haben eine eigene Terrasse. Im schönen Garten laden Hängematten zum Entspannen ein. Vom Hafen aus mit dem Bus C1 zu erreichen. DZ 70–130 €.

Himmelblau ▶ **Celeste** 3: Via Rivoli, 6, Tel. 081 896 74 88, www.hotelceleste.it. 1921 erbautes, immer wieder renoviertes Hotel unter familiärer Leitung. Mediterranes Ambiente, nette Zimmer und schöner Garten, in Gehdistanz zum Hafen Chiaiolella. DZ 60–110 €.

Camping ▶ **Camping Punta Serra** 4: Loc. Punta Serra, Tel. 081 896 95 19, außerhalb der Saison 081 896 76 49. Ausreichend schattige Plätze, auch Vermietung von Bungalows. Von hier aus ist es nicht weit zum Sandstrand der Cala del Pozzo Vecchio. Zelt inkl. 2 Pers. 18–30 €.

Apartments ▶ **Graziella Travel** 2: Via Roma 117, Tel. 081 896 95 94, www.isoladiprocida.it. In dem Reisebüro werden u. a. Ferienwohnungen vermittelt.

Essen & Trinken

Mit Garten ▶ **La Pergola** 1: Via Vincenzo Rinaldi 37, Tel. 081 896 95 34, www.lapergolaprocida.it, Ostern–Okt. tgl. ab 20 Uhr. Das kleine Lokal im Herzen der Insel bietet den besten Einblick in die lokale Küche, sei es Kaninchen, hausgemachte Pasta, frischer Fisch oder ausgefallene Gemüsezubereitungen. Menü 30–35 €.

Fangfrisch ▶ La Lampara 2: Via Marina Corricella 88, Tel. 081 896 06 09, tgl. mittags u. abends. Das Restaurant am etwas höher gelegenen Ende des Corricella-Hafens ist bekannt für den frischen Fisch, der täglich mit dem eigenen Boot aus dem Meer geholt wird. Bei warmem Wetter sitzt man draußen mit idyllischem Blick auf den Hafen. Menü 30 €.
Meer und Land ▶ Crescenzo 3: Via Marina Chiaiolella 33, Tel. 081 896 72 55, Do–Di mittags u. abends. Gemütliches und immer gut besuchtes Lokal (mit Hotel) am Jachthafen von Chiaiolella mit bester Meeresküche und lokalen Gerichten, besonders die Gemüsegerichte der Saison sind zu empfehlen. Menü 25–30 €.
Gut und schnell ▶ Graziella 4: Via Marina Corricella 14, Tel. 081 896 74 79, tgl. ab 9 Uhr. Flotter Service und gutes Preis-Leistungs-Verhältnis. Viel frischer Fisch und Meeresfrüchte. Hier waren schon Sophia Loren, Matt Damon und Mario Troisi zu Gast, wovon diverse Fotos zeugen. Wenn nicht so viel Betrieb ist, erzählt Besitzer Vincenzo gerne davon, auch von seinem Job als Nebendarsteller. Menü 15–20 €.
Volkstümlich ▶ La Piazetta 5: Piazza dei Martiri 5, Tel. 081 896 72 45, Do–Di ab 19 Uhr, So/Fei auch mittags. Das Lokal ist Bar und Pizzeria in einem, bei schönem Wetter kann man draußen an der kleinen Piazza sitzen. Vor allem gute Pizza. Menü 10–15 €.

Aktiv

Bootstouren ▶ Moby Dick 1: Piazza Marina Grande, Tel. 081 896 87 53, mobil 334 352 57 53. Einer von mehreren Anbietern für Inselrundfahrten im Hafen Corricella, teilweise sind auch Hotels bei der Vermittlung behilflich (ca. 15–20 € p. P. inkl. Badestopp).
Radverleih ▶ Graziella Travel 2: Via Roma 117, Tel. 081 896 95 94. Hier kann man für ca. 10 €/Tag Räder leihen.

Termine

Processione dei Misteri: Karfreitag. Eine der eindrucksvollsten Prozessionen dieser Art in Süditalien. Jedes Jahr werden die Mysterien neu gestaltet und in einer über 3-stündigen Prozession ab ca. 7.30 Uhr morgens von der Terra Murata aus durch den Ort getragen.
Procida Portoniaperti: Juli/Aug. In diesen Monaten findet mehrfach der Tag der offenen Tür statt, an dem alte Wohnhäuser Procidas besichtigt werden können. Bei der Touristeninformation erhält man entsprechende Informationen.

Verkehr

Da die Straßen auf Procida sehr eng sind und es kaum Parkplätze gibt, empfiehlt sich die Anreise ohne eigenes Auto.
Busse: Alle 10–20 Min. zwischen Porto und Chiaiolella. Fahrscheine gibt es in den Tabakläden.
Fähren: Tgl. mehrmals zwischen Pozzuoli, Neapel und Ischia. Fahrpläne der einzelnen Linien erhält man an den Ticketschaltern, bei der Touristeninformation und auf den Webseiten der Fährgesellschaften (s. S. 128).
Taxis: Radiotaxi, Tel. 081 896 87 85.

Ischia

Mit gut 46 km² ist **Ischia** die größte der drei Inseln im Golf von Neapel. Zwar liegen der letzte Vulkanausbruch über 700 Jahre und das letzte Erdbeben weit über 100 Jahre zurück, doch die Thermalquellen sprudeln wie eh und je. Sie ziehen jährlich Tausende Besucher an und besonders bei deutschen Kurtouristen ist Ischia ein beliebtes Reiseziel.

Geschichte

Im 7. Jh. v. Chr. landeten die Euböer auf der Insel und errichteten hier eine Handelsniederlassung, die kurz darauf zu einer festen Siedlung mit Akropolis wurde und damit zur ersten griechischen Kolonie in Süditalien. Als Standort wählte man den Monte Vico bei Lacco Ameno. Der Berg erhielt den Namen Pithekoussai, der schon bald für die gesamte Insel stand. Höchstwahrscheinlich leitet sich der Name vom griechischen *pitecusa* (›Töpferei‹) ab, denn die Griechen fanden auf der Insel reiche Tonvorkommen, die sie für ihre Keramikproduktion verwendeten – ein Wirtschaftszweig, der auf Ischia als eines der alten Handwerke gepflegt wird.

Ende des 1. Jh. n. Chr. fiel die Insel an die Römer, danach kamen die Byzantiner, die Normannen, die Staufer und schließlich die Grafen von Anjou. Im 15. Jh. entstanden unter Alfons I. von Aragon auf dem Felsen vor dem heutigen Ischia Ponte eine Festung zum Schutz gegen die Sarazenen sowie weitere Siedlungen. Spätestens zu dieser Zeit muss sich der Name Ischia durchgesetzt haben, der erstmals im 9. Jh. auftauchte und entweder vom lateinischen *insula* (›Insel‹) abstammt oder von *ishion* (›Festung‹).

Nach der Eröffnung des ersten Heilbads im 18. Jh. begann der Kurtourismus. Einen herben Einschnitt gab es durch das Erdbeben im Jahr 1883, bei dem ca. 3000 Menschen ums Leben kamen und Casamicciola vollkommen zerstört wurde. Der Kurtourismus lief danach nur langsam wieder an und entwickelte sich erst nach dem Zweiten Weltkrieg zum Haupterwerbszweig der Ischianer. In den 1970er-Jahren entdeckten die Deutschen die Insel für sich und stellen noch heute das Gros der jährlich ca. 500 000 ausländischen Touristen.

Ischia Porto ▶ 3, B 4

In der Inselhauptstadt, die durch die zwei ineinander übergehenden Stadtteile Ischia Porto und Ischia Ponte gebildet wird, lebt knapp ein Drittel der Inselbevölkerung. Hier herrscht immer reges Treiben, besonders im Hafen von **Ischia Porto.** Die Einfahrt ist relativ schmal, das Hafenbecken selbst jedoch nahezu kreisrund. Man könnte meinen, es sei natürlichen Ursprungs, doch war es ursprünglich ein flacher Kratersee. Während eines Kuraufenthalts kam Bourbonenkönig Ferdinand II. auf die Idee, den See zu einem Hafen auszubauen. Innerhalb eines Jahres wurde der See 8 m tief ausgehoben, mit dem Meer verbunden und 1854 eingeweiht. So bekam Ischia einen geschützten Hafen und die Wirtschaft neuen Auftrieb.

Von Ischia Porto führt die Via Roma weiter südwärts, von der gleich zu Beginn die Via di Buonocore direkt ins alte **Fischerviertel San Pietro** führt. Von hier aus kann man auch am Strand entlang oder durch die Gassen in Richtung Castello schlendern. In diesen Sträßchen sowie am **Corso Vittoria Colonna** befinden sich zahlreiche Geschäfte und Edelboutiquen, Bars und Eisdielen, Restaurants und Hotels. Dabei kommt man auch an der **Pineta** (›Pinienhain‹) vorbei, die grüne Lunge zwischen Ischia Porto und Ischia Ponte. Angelegt wurde sie um 1853 von Giovanni Gelsone, damals Direktor des botanischen Gartens in Neapel. Bis dahin befand sich hier nur eine Lavazunge, die an den letzten Vulkanausbruch von 1301 erinnert. Die Lavaformationen sind heute noch zu erkennen.

Tipp: Per Bus um die Insel

Ein schöner Ausflug führt in rund 90 Minuten mit dem Bus um die Insel, entweder mit der **Linie CD** (*circolare destra,* ›rechts umrundend‹) oder mit der **Linie CS** (*circolare sinistra,* ›links umrundend‹). Abfahrt ist tgl. 6–24 Uhr alle 15–60 Min. am Busbahnhof in Ischia Porto (s. u.), die Fahrscheine erhält man direkt am Busbahnhof oder in den Tabakläden der Insel. Ein einfaches Ticket kostet 1,20 €, empfehlenswert ist jedoch ein Tagesticket für 4 €, mit dem man die Fahrt jederzeit unterbrechen kann.

Übernachten, Essen

Oase über dem Meer ▶ Continental Mare: Via B. Cossa 25, Tel. 081 98 25 77, www.continentalmare.it. In der Nähe von Ischia Porto in einer ehemaligen Villa eingerichtetes Hotel mit Zimmern, die zum Bleiben einladen, alle mit Blick aufs Meer oder in den am Hang angelegten Garten. Pool und Wellnessbereich. DZ 130–280€.

Romantischer Hafenblick ▶ La Baia del Clipper: Via Porto 116, Tel. 081 333 42 09, tgl. ab 8 Uhr. Ein Ristorante, das zugleich Bar und Pizzeria ist. Serviert wird mediterrane Küche, vor allem frische Fischgerichte und gute Pizza. Man sitzt draußen mit Blick auf den Hafen. Ideal geeignet für ein Dinner zu zweit. Menü 15–30 €.

Tipp: Wellness auf Ischia

Im 18. Jh. wurde auf Ischia das erste Heilbad für den Adel eröffnet und zog schon bald mehr und mehr Kurreisende auf die Insel. Die Quellen, von den Einheimischen schlicht *aqua bollente* (›kochendes Wasser‹) genannt, entwickelten sich für die Inselbewohner zu einer Quelle des Wohlstands. 103 Exemplare gibt es auf der Insel, außerdem 69 Fumarolen und 29 Thermalquellen. In der Nähe der Quellen entstanden Hotels mit modernen Wellnessangeboten und *giardini termali* (›Thermalgärten‹), wahre Wellnessoasen mit unterschiedlich temperierten Wasserbecken, eingebettet in subtropische Gartenanlagen.

Zu den schönsten Anlagen gehören die **Terme Castiglione**, www.termecastiglione.it, die **Terme Negombo**, www.negombo.it, die **Giardini Poseidon,** www.giardiniposeidon.it, das **Aphrodite Apollon Sea Resort and Spa,** www.aphrodite.it, die **Giardini di Cavascura** (keine Webseite) und die **Fonte delle Ninfe Nitrodi,** www.fonteninfenitrodi.com. In den Thermalgärten kann man es gut und gerne einen ganzen Tag aushalten, ohne ein Fünkchen Langeweile zu verspüren. Übrigens helfen die Heilwasser der Insel erwiesenermaßen bei Hauterkrankungen, Frauenleiden sowie Gelenk- und Atemwegsbeschwerden (April–Okt. meist ganztägig, Tageskarten 22–30 € (Nitrodi 10 €), ab 14 Uhr 8–20 €, in einigen Thermen besteht Badekappenpflicht).

Ischias Heilbäder, hier die Giardini Poseidon, sind wahre Wellnessoasen

Ischia Ponte und das Castello Aragonese ▶ 3, B 4

Ischia Ponte, dessen Lido mit seinen pittoresken Häuserfassaden schon für manchen Film als Kulisse diente, wird durch das vorgelagerte Castello Aragonese geprägt. Auf dem Weg dorthin kommt man am **Palazzo dell'Orologio** mit dem **Museo del Mare** vorbei, das auf drei Etagen eine Sammlung diverser Gaben der Inselbewohner beherbergt. Interessant sind besonders die Fotos, die den Ort zeigen, wie er früher einmal ausgesehen hat. Außerdem sind Aufnahmen von Filmen zu sehen, die auf Ischia entstanden, z. B.

»Scampolo« (1957) mit Romy Schneider oder »Cleopatra« (1962) mit Elizabeth Taylor und Richard Burton (Via Giovanni da Procida 2, Tel. 081 98 11 24, www.museodelmareischia.it, Sept.–Jan., März–Juni Di–So 10.30–12.30, 15–19, Juli/Aug. Di–So 10.30–12.30, 19–23 Uhr, 2,50 €, Kinder bis 12 Jahre frei).

Wenig später steht man auch schon vor dem **Castello Aragonese.** Der heutige Bau geht auf Alfons I. von Aragon zurück, der die Burg 1441 errichten ließ. Über eine anfangs aus Holz, nach Bannung der Piratengefahr aus Stein bestehende Brücke ist das Castello mit der Insel verbunden. Zu Beginn des 18. Jh. beherbergte die Burg nicht nur die fürstliche Familie, das Kloster der Klarissinnen und eine Abtei, sondern auch rund 1892 Familien sowie 13 Kirchen. Wer den Bau heute besucht, kann sich das kaum noch vorstellen. Ab dem Jahr 1823 diente das Kastell als Gefängnis, das nach der italienischen Republikgründung im Jahr 1860 geschlossen wurde. 1912 gelangte die Anlage bei einer Versteigerung in Privatbesitz.

Um das Castello Aragonese zu besichtigen, kann man mit einem Aufzug hinauffahren. Viel aufregender ist jedoch der Weg durch die in den Fels geschlagenen Treppengänge. Oben angekommen, sind ein Kirchenraum und der etwas düstere Friedhof der Klarissinnen zu besichtigen. Dabei handelt es sich um sogenannte Sitzgräber, in denen die toten Nonnen bis zu ihrer Verwesung ›saßen‹. Die noch lebenden Nonnen gingen täglich an diesen Ort, um zu beten – immer die Vergänglichkeit vor Augen. Besonders lohnend ist der Sonnenpfad des Castells, einst einer der wichtigen Wege innerhalb der Burg, der viele wunderschöne Aussichten auf den Golf und die Insel bietet (Piazzale Aragonese, Tel. 081 99 28 34, www.castelloaragonese.it, Febr.–Dez. tgl. 9.30 bis 1 Std. vor Sonnenuntergang, 11 €).

Info

AACST delle isole di Ischia e Procida: Via Antonio Sogliuzzo 72, Ischia Porto, Tel. 081 507 42 30/31, www.infoischiaprocida.it, Mo–Sa 9–14, 15–20 Uhr.

Übernachten

Im Kloster ▶ **Il Monastero:** Castello Aragonese, Tel. 081 99 24 35, www.castelloaragonese.it. Stilvolles Hotel im ehemaligen Kloster auf dem Burgberg. Ruhige Atmosphäre, Frühstück auf der Sonnenterrasse, im angeschlossenen Restaurant gibt es jeden Abend ein Überraschungsmenü. DZ 100–140 €.

Camping ▶ **Eurocamping dei Pini:** Via delle Ginestre 28, Tel. 081 98 20 69. Funktionaler Zeltplatz mit Bar und Bungalows 1 km vom Zentrum von Ischia Ponte. Stellplatz 7–10 €, Bungalow für 2 Pers. 50–70 €.

Essen & Trinken

Süße Verführung ▶ **La Dolce Sosta:** Via Vittoria Colonna 101, Tel. 081 99 16 78, April–Okt. tgl. ab 7 Uhr. Ausgezeichnetes Eis und Kuchen aus eigener Produktion.

Abends & Nachts

... in Ischia Porto:

Die **Via Porto** entlang dem Hafenbecken ist eine beliebte Meile für Nachtschwärmer. Wer tanzen gehen will, findet gegenüber die Disco **Blue Jane.**

... in Ischia Ponte:

Cocktails ▶ **Kiwijam:** Via Luigi Mazzella 42, Tel. 081 99 16 98, Di–So ab 21 Uhr. Ein guter Treffpunkt, um mit Freunden zu schwatzen oder Leute kennenzulernen.

Verkehr

Busse: Busbahnhof, Piazza Trieste, gegenüber dem Fähranleger in Ischia Porto. Verbindungen s. S. 163.

Fähren: Tgl. zahlreiche Verbindungen u. a. nach Neapel, Pozzuoli und Capri sowie Casamicciola westlich von Ischia Porto.

Casamicciola ▶ 3, A 4

Östlich von Ischia Porto überrascht **Casamicciola** mit seinem sehr modernen Aussehen, obwohl es das älteste Thermalzentrum der Insel ist. Einer Legende nach erlangte die römische Dame Zizzola Heilung, als sie ihre lahmen Beine in einem Bach in der Nähe ihres Hauses badete. Die Sage wird zumindest durch das Wappen am Rathaus bestätigt, auf dem genau diese Szene abgebildet ist. Aus der Casa di Zizzola (›das Haus der Zizzola‹) wurde der Ortsname Casamicciola.

Im 16. Jh. erklärte der Arzt Giulio Jasolino die Heilwasser der Region als schönheitsfördernd – möglicherweise entstanden deshalb in Casamicciola ab dem 19. Jh. die ersten Kureinrichtungen auf Ischia. 1883 wurden der Ort und seine Bäderarchitektur durch ein Erdbeben zerstört, um die 3000 Menschen verloren dabei ihr Leben. Schon bald darauf baute man den Ort wieder auf, was sein heutiges modernes Aussehen erklärt. Um vor neuen Erdbeben gewarnt zu sein, wurde 1885 zwischen den Orten Casamicciola und Lacco Ameno das **Osservatorio Geofisico** errichtet. Das Observatorium verfügte über eine schwimmende Messstation und registrierte die Erdbeben am Vesuv, in San Francisco und dem chilenischen Valparaiso, alle im Jahr 1906. Aus vermutlich wirtschaftlichen Gründen wurde das Observatorium 1923 geschlossen und erst vor Kurzem als kleines **Museum** wieder eröffnet. Zu sehen sind Fotos und alte Messgeräte sowie Dokumentationen der Erdbeben, außerdem erfährt man einiges über italienische Forscher und zum Thema Geologie (Via Sentinella, Dez.–April, So 10–12, Mai, Juni, Okt. Sa/So 10–12, Juli–Sept. Fr–So 19–23 Uhr).

Übernachten

Zentral am Meer ▶ **Marina 10:** Piazza Marina 10, Tel. 081 90 05 16, www.marina10.it. Kleines, modernes Hotel am Sporthafen mit stilvollen Zimmern, Thermalpools und Garten. Ideale Lage. DZ 110–180 €.

Einkaufen

Keramik ▶ **Fratelli Mennella:** Via Salvatore Girardi 47, Mo–Sa 9–13, 16–20 Uhr, Tel. 081 99 44 42, www.mennella.it. Von Porto kommend am Ortseingang. Eine der ältesten und größten Keramikwerkstätten der Insel.

Lacco Ameno und Umgebung

▶ 3, A 3/4

Das Wahrzeichen von **Lacco Ameno** ist der Fungo (›Pilz‹), der vor dem Ort aus dem Wasser ragt. Der riesige Tuffstein rollte einst vom Monte Epomeo herab und blieb hier liegen. Wind und Wasser haben dem Fels seine heutige Form verliehen.

In den 1950er-Jahren war Lacco Ameno der vornehmste Badeort der Insel, was noch heute zu spüren ist. Seine Pracht hat Lacco Ameno vor allem dem italienischen Verleger Angelo Rizzoli zu verdanken, der sich hier ein Anwesen errichten ließ und mit dem der italienische Jetset Einzug hielt.

Eine Büste von Rizzoli findet sich im Garten der **Villa Arbusto,** in der auch das **Museo Archeologico die Pithecusae** untergebracht ist. Zwischen 1952 und 1983 wurden bei Ausgrabungen im antiken Pithekoussai unter Leitung des deutschen Archäologen Giorgio Bucher über 1300 Gräber freigelegt. Absolutes Prunkstück des Museums ist der sogenannte Nestor-Becher. Die Trinkschale – zusammengesetzt aus 27 Scherben, die man 1954 in einem der Gräber fand – trägt folgende Inschrift: »Nestor hatte einen Becher, der die Mühe, daraus zu trinken, wert war. Wer aber aus meinem Becher trinkt, wird sofort vom Verlangen nach der schönen Aphrodite ergriffen.« Durch ihren Bezug auf Homers »Ilias« konnte die Inschrift auf das Jahr 725 v. Chr. datiert werden und gilt damit als eines der ältesten griechischen Schriftbeispiele (Corso A. Rizzoli 210, Tel. 081 90 03 56, www.pithecusae.it, Juni–Sept. tgl. 9.30–13, 16–20, sonst Di–So 9.30–13, 15–19 Uhr, 3 €).

Oberhalb von Lacco Ameno befindet sich das kleine **Fango,** wo noch immer der berühmte Heilschlamm gewonnen wird. In dem Ort haben sich mittlerweile einige (Kur-)Hotels und sehr schöne Lokale angesiedelt.

Weiter nordwestlich gelangt man zum **Lido di S. Montano,** an dem sich neben einem beliebten Strand auch einer der schönsten Thermalgärten von Ischia befindet. Die **Terme Negombo** (s. S. 164) wurde 1946 von Duke Luigi Silvestre Camerini konstruiert, der gleichzeitig einen botanischen Garten integrierte. Ein botanisches Kleinod sind auch die zwischen Lacco Ameno und Forio gelegenen **Giardini La Mortella.** Sie gehörten einst dem englischen Musiker William Walton, der die

Gärten vom Landschaftsarchitekten Russel Page entwerfen ließ. Die terrassenförmige Anlage besitzt Brunnen, Wasserläufe und Teiche, einen Sonnentempel, eine Halle mit Lotusblüten und Orchideen etc. Im Sommer finden im kleinen Theater Konzerte statt (Via Francesco Calise 39, Tel. 081 98 62 20, www.lamortella.org, April–Nov. Di, Do, Sa/So 9–19 Uhr, Konzerte im Frühjahr Sa 17, So 16 und 18 Uhr, im Sommer variierendes Programm, Eintritt 12 €).

Übernachten

Familiär ▸ Albergo Terme Villa Angelica: Via IV Novembre, Tel. 081 99 45 24, www.villaangelica.it. Familiengeführtes Hotel nahe dem Strand. Mit Garten und Thermalpool, alle Zimmer mit Blick aufs Meer oder den Monte Epomeo. DZ 100–140 €.

Essen & Trinken

Herzhaft ▸ Mamma Teresa: Via Borbonica 38, 081 99 59 35, April–Okt. tgl. mittags u. abends. Viel gepriesenes Lokal im oberhalb von Lacco Ameno gelegenen Fango. Lokale Küche, gemütliche Terrasse. Menü 20–30 €.

Brot und Pizza ▸ La Beccaccia: Via Cava Scialicco, Tel. 081 99 45 10, tgl. ab 19.30 Uhr. Restaurant und Pizzeria im Ortsteil Fango. Absolut lohnenswert sind die Pizza und das selbst gebackene Brot. Ab 8 €.

Termine

Santa Restituta: Anfang/Mitte Mai. Fest zu Ehren der Santa Restituta, der Schutzpatronin von Lacco Ameno, mit einer großen Schiffsprozession.

Forio ▸ 3, A 4

Forio ist ein einladendes Städtchen an der Westküste, das einiges an mediterranem Flair bietet. Wahrzeichen ist die strahlend weiße, auf einem Felsvorsprung thronende **Chiesa della Santa Maria del Soccorso,** ein beliebtes Fotomotiv. Manch einer wird sie vielleicht aus dem Film »Avanti, Avanti« von Billy Wilder wiedererkennen, in dem sie allerdings als Leichenhalle diente. Es ist eine Wallfahrtskirche für Seeleute, wovon die vielen Schiffsmodelle und Bilder im Innern zeugen. Hier oben wird man jedoch nur selten alleine sein, ebenso wenig auf der Piazza vor der Kirche, die ein beliebter Treffpunkt ist. Vor allem zum Sonnenuntergang versammeln sich hier viele Menschen in der Hoffnung auf den grünen Strahl, der entsteht, kurz bevor die Sonne komplett im Meer versinkt – ein Phänomen, das nur in diesem Teil von Ischia zu sehen ist.

Wer an der **Chiesa della Arciconfraternità di Santa Maria Visitapoveri** (Kirche der Erzbruderschaft der barmherzigen Maria) vorbeikommt, kann vielleicht einen Blick auf die in der Sakristei verwahrten, goldgefassten Holzstatuen des Engels, der Madonna, Jesus und Johannes des Täufers werfen. Noch besser ist es jedoch, sie in Aktion zu erleben. Einmal im Jahr, am Vormittag des Ostersonntags, sind sie die Hauptfiguren für die **Corsa dell' Angelo,** den Engelslauf von Forio. Hauptakteur ist der Engel, der von Mitgliedern der Bruderschaft dreimal auf dem Corso Umberto zwischen Jesus sowie der Madonna und Johannes hin- und hergetragen wird, allerdings nicht in Form einer feierlichen Prozession, sondern im schnellstmöglichen Laufschritt. Schließlich gilt es, die freudige Botschaft von der Auferstehung des Herrn zu verkünden. Während dessen bewegen sich die Statuen immer weiter aufeinander zu. Eine Stunde dauert der Lauf. Dazwischen wird immer wieder gesungen. Am Ende ste-

Tipp: Corbaro-Park

Im alten Corbaro-Krater, in dem sich vor 300 Jahren ein Weingut befand, hat Giro Machio den **Corbaro-Park** angelegt, einen beeindruckenden Garten mit Kräutern, einheimischen und exotischen Pflanzen, die alle beschriftet sind, auch in Deutsch. Liegen und Hängematten laden zu einer Siesta ein. Wer will, kann das kleine Thermalbad ausprobieren oder einen Snack auf der Terrasse mit Aussicht genießen (Via Bocca 10, Loc. Corbaro, zwischen Forio und Monte Epomeo, Tel. 081 99 80 30, mobil 347 887 54 13, www.corbaro.it).

Tipp: Wandern auf Ischia

Die Insel eignet sich sehr gut zum Wandern. Besonders um den Monte Epomeo gibt es viele Wanderwege. Empfehlenswert ist die Kompass-Karte ›Isole d'Ischia e Procida‹ im Maßstab 1:15 000.

hen die Figuren dicht beieinander. Maria erkennt Jesus und lässt ihren Trauerschleier fallen. Jubel bricht los. Danach werden die Statuen in einer nun feierlichen Prozession in die Kirche zurückgebracht.

Südlich von Forio befindet sich einer der schönsten Strände Ischias, die **Spiaggia di Citara,** in deren unmittelbarer Nähe auch die **Giardini Poseidon** (s. S. 164) liegen, ein besonders von Deutschen gern besuchter Thermalgarten.

Übernachten

Individuell ▶ **Pietradonica:** Via San Vito 1, Tel. mobil 346 087 00 05, www.pietradonica.it. Kleines B & B im Zentrum von Forio mit individuell eingerichteten Zimmern. Außerdem kann man den Garten und einen Grillplatz nutzen. DZ 66–90 €.

Jugendherberge ▶ **Il Gabbiano:** Via Provinciale Panza 182, Tel. 081 90 94 22. An der Straße nach Panza. Mit kleinem Pool und über 100 Betten in 2-, 4- und 6-Bett-Zimmern. Sehr einfach, doch dafür zentral gelegen. 17–25 € p. P.

Essen & Trinken

Herrlicher Ausblick ▶ **Umberto a Mare:** Via Soccorso 2, Tel. 081 99 71 71, www.umbertoamare.it, April–Okt. tgl. mittags u. abends. Das familienbetriebene Fischlokal liegt unterhalb der Kirche Santa Maria del Soccorso und bietet neben frischem Fisch auch hausgemachte Pasta und viele eigene Kreationen. Menü 15–30 €.

Termine

Corsa dell'Angelo: Ostersonntag. Vormittags findet seit 1620 der Engelslauf auf dem Corso Umberto statt.

Serrara-Fontana und Monte Epomeo ▶ 3, A 4

Das Gebiet von Serrara-Fontana mit den beiden kleinen Orten **Serrara** (380 m) und **Fontana** (430 m) liegt auf der Südseite der Insel an den Hängen des Monte Epomeo. Der **Belvedere in Serrara** ist der beste Aussichtspunkt auf die Südküste von Ischia und das viel gepriesene Sant'Angelo (s. rechts).

Beide Orte dienen als ideale Ausgangspunkte für Wanderungen auf den 789 m hohen Monte Epomeo oder in den Kastanienwald Bosco di Falanga. Vor allem in dieser Gegend liegen die für Ischia typischen Felswohnungen. Es handelt sich dabei um riesige Brocken aus Tuffstein, die einst vom Monte Epomeo hinuntergerollt sind und in flacheren Landstrichen liegen blieben. Als die Piratenüberfälle auf die Insel zunahmen, zog sich die Bevölkerung von der Küste in die höheren Lagen der Insel zurück, höhlte diese Blöcke aus und schuf sich so Häuser, Ställe, Weinkeller und Kirchen. Die schönsten Höhlenhäuser findet man zwischen **Ciglio** und **Panza** sowie im **Bosco di Falanga.** Dort kann man auch noch einige der alten *fosse della neve* (›Schneegruben‹) entdecken, 2 bis 4 m tiefe, befestigte Gruben. Im Winter holte man Schnee aus den höheren Lagen und lagerte ihn hier ein. Dazu wurde er mit langen Stangen festgeklopft und mit Matten und Kastanienlaub abgedeckt. So konnte sich das Eis über den Sommer halten.

Der **Monte Epomeo** selbst ist mit 789 m der höchste Berg von Ischia. Viele halten ihn für einen Vulkan, was jedoch nicht stimmt. Er ist eine Art Bruchscholle aus Tuffstein, die sich im Zuge der Auffaltung des Apennin aus dem Meer erhoben hat. Der Monte Epomeo liegt mehr oder weniger in der Mitte der Insel, ist fast bis zum Gipfel bewaldet und zum Teil sehr steilwandig. Eine Wanderung auf den Gipfel sollte man nur bei klarer Sicht und trockenem Wetter unternehmen.

Essen & Trinken

Gipfelglück ▶ **La Grotta da Fiore:** auf dem Gipfel des Monte Epomeo, Tel. 081 99 95 21, mobil 339 165 47 39, www.epomeolagrotta.

com, Febr.–Nov. bei gutem Wetter ganztägig, Juli/Aug. auch abends. Schöne Terrasse, Snacks und kleine Gerichte zu moderaten Preisen. Menü 15–25 €.

Sant'Angelo und Spiaggia dei Maronti ►3, A 4

Von Serrara führt die Straße direkt bis zum Ortseingang von **Sant'Angelo.** Von hier muss man zu Fuß weiter. Sant'Angelo ist die Urlaubsidylle schlechthin. Alle abwärts führenden Gassen und Treppen enden früher oder später am Hafen. Über eine schmale Landzunge, rechts und links von kleinen Stränden und Booten gesäumt, gelangt man auf die Felseninsel **La Roia.** Spätestens wenn man von hier aus zurückblickt und die pastellfarbenen, an den Hang geschmiegten Häuser sieht, im Hintergrund das Massiv des Monte Epomeo und darüber den – meist – strahlend blauen Himmel, kann man verstehen, weshalb so viele Gäste für diesen Ort schwärmen. Sant'Angelo ist nicht nur der feinste, sondern auch der teuerste Ort der Insel.

Die Treppenwege Via Sant'Angelo und Via Fondolillo führen an die östlich gelegene **Spiaggia dei Maronti,** mit 3 km der längste Sandstrand der Insel. Oberhalb davon liegen viele Hotels und das **Aphrodite Apollon Sea Resort and Spa** (s. S. 164). Am Strand selbst gibt es einige Bars und Restaurants sowie frei zugängliche Fumarolen, die einen Teil des Strands und einige aufgeschichtete Felsbrocken erhitzen. Vorsicht: Die Fumarolen erreichen Temperaturen von bis zu 100 °C. Man kann auf den Steinen saunieren und sich danach im Meer abkühlen.

Folgt man dem Strand in Richtung Osten, so kommt man zur Cavascura-Schlucht mit den **Giardini di Cavascura** (s. S. 164), deren Wasser schon bei den Römern als Wundermittel bei unfruchtbaren Frauen galt. In dem Thermalbad geht es eher rustikal zu. Die Becken sind in den Tuff geschlagen und werden über Rinnen mit warmem Wasser versorgt.

Übernachten

Bezaubernd ► **La Conchiglia:** Sant'Angelo, Tel. 081 99 92 70, www.conchigliahotel.it. Kleines Familienhotel mit empfehlenswertem Restaurant im historischen Ortszentrum. Dachterrasse, 11 gemütliche Zimmer, teils mit Meerblick. DZ 60–70 €

Camping ► **Campeggio Mirage:** Spiaggia dei Maronti, Tel. 081 99 05 51, www.campingmirage.it. Schattiger Terrassengrund am Maronti-Strand. Zelt inkl. 2 Pers. 30–36 €.

Essen & Trinken

Zuverlässig ► **Da Peppino:** Via Sauro 26, Tel. 081 99 92 83, April–Okt. mittags u. abends. Alteingesessenes und für seine Fischküche weithin bekanntes Lokal auf der kleinen Felseninsel vor Sant'Angelo. Menü 20–35 €.

Preiswert und landestypisch ► **La Dolce Siesta:** Via Vallone di Cavascura, Tel. 081 99 03 65, April–Okt. tgl. ab 10 Uhr. Das Lokal liegt am Eingang zur Cavascura-Schlucht und ist nur zu Fuß zu erreichen. Aber der Weg lohnt sich – entweder für einen Imbiss, einen frischen Fisch oder auch ein *coniglio alla cacciatore* (›Kaninchen nach Jägerart‹). Menü 10–25 €.

Termine

'Ndrezzata: Vorabend des 24. Juni. Zu Ehren des Dorfheiligen von Buonopane, San Giovanni Battista, wird eine Art Stocktanz aufgeführt.

3 Capri ►3, E 6/7

Karte: S. 170

Wer kennt es nicht, das Lied der Caprifischer? Der berühmte Schlager aus den 1950er-Jahren stand für die Sehnsucht der Deutschen nach dem fernen Süden. Schon die Römer der Antike wussten **Capri,** die Trauminsel im Mittelmeer, zu schätzen. Inzwischen kommen während der Saison täglich um die 15 000 Touristen auf die gerade mal 10,4 km² große Insel, doppelt so viele, wie Capri Einwohner hat. Die meisten bleiben jedoch nur für einen Tag und statten der Piazzetta in Capri-Stadt, der Villa San Michele in Anacapri und der Blauen Grotte einen kur-

Capri

Sehenswert

1 Marina Grande
2 Piazza Umberto I.
3 Villa Jovis
4 Villa Lysis
5 Arco Naturale
6 Casa Malaparte
7 Faraglioni
8 Belvedere di Tragara
9 Certosa di San Giacomo
10 Giardini di Augusto
11 Marina Piccola
12 Piazza Vittoria
13 Monte Solaro
14 Museo Villa San Michele
15 Scala Fenice
16 Chiesa di San Michele
17 Capri Philosophical Park
18 Belvedere di Migliera
19 Blaue Grotte
20 Faro di Punta Carena
21 Fortino di Pino
22 Punta Campetiello
23 Fortino di Mesola
24 Fortino di Orrico

Übernachten

1 Grand Hotel Quisisana
2 Villa Sarah
3 Villa Eva
4 Il Tramonto

Essen & Trinken

1 Da Gemma
2 Scialapopolo
3 Il Solitario
4 Café Michelangelo

Einkaufen

1 Carthusia – Profumi di Capri
2 L'Arte del Sandalo Caprese

Aktiv

1 Gruppo Motoscafisti

Vom Monte Solaro liegt einem Capri zu Füßen

zen Besuch ab. Dabei hat Capri noch viel mehr zu bieten, besonders wenn man zu Fuß über die Insel streift.

Geschichte

Als Octavian, der spätere Kaiser Augustus, 29 v. Chr. auf der Insel an Land ging, soll eine tot gesagte Steineiche plötzlich wieder neue Triebe gebildet haben. Dieses gute Zeichen und die Schönheit der Insel nahm Octavian zum Anlass, Capri bei den damals noch griechischen Neapolitanern gegen Ischia einzutauschen. Später übernahm sein Adoptivsohn und Nachfolger Tiberius die Insel. Von den zwölf Villen, die dieser auf Capri errichten ließ, war die Villa Jovis die größte – damals ein Palast und heute die besterhaltene Ruine aus römischer Zeit auf Capri.

Als unter den Bourbonen Mitte des 18. Jh. die Ausgrabungen von Pompeji und Ercolano begannen, entdeckten die Reisenden der Grand Tour auch die Inseln im Golf von Neapel, speziell Capri, das schon bald zu einem Treffpunkt für Künstler und Bohemiens avan-

cierte. Einige haben sichtbare Spuren hinterlassen, andere hatten hier schicksalhafte Begegnungen und für wieder andere war es das selbst gewählte Exil – bei allen jedoch hat die Insel tiefe Eindrücke hinterlassen.

Marina Grande und Piazza Umberto I. in Capri-Stadt

Die Fähren und Schnellboote legen in der **Marina Grande** 1 an, wo auch die Ausflugsboote zu Inselrundfahrten, meist verbunden mit einem Besuch der Blauen Grotte, starten. Ein dementsprechendes Getümmel herrscht im Hafen.

Die meisten zieht es sofort nach **Capri-Stadt** auf die berühmte **Piazza Umberto I.** 2**,** liebevoll **Piazzetta** genannt. Man kann entweder mit der Standseilbahn hinaufrattern oder über die Via S. Francesco bzw. die Via Aquaviva in ca. 20 Minuten hochspazieren. Die Piazzetta ist das Zentrum von Capri. Hier kann man in einer der Bars einen Caffè genießen und dem Treiben zusehen, das erst am Abend allmählich verebbt. Für Einheimische und regelmäßige Inselbesucher gehört es zum guten Ton, auf der Piazzetta vor dem Abendessen einen Aperitif zu nehmen. Da man in den Bars wie auf Logenplätzen sitzt und praktisch einer immerwährenden Theatervorstellung beiwohnt, sind die Preise entsprechend hoch. Doch das ist es wert.

Die malerische Piazza Umberto I. wird von der **Chiesa Santo Stefano** überragt. Hier lohnt sich für Interessierte ein Blick auf die marmornen Einlegearbeiten im Fußboden des Chorraums und der linken Apsis. Sie stammen mit großer Wahrscheinlichkeit aus der Villa Jovis.

Villa Jovis 3

Folgt man von der Piazzetta aus den Keramikschildern mit der Aufschrift ›Villa Jovis‹, so gelangt man in rund 30 Minuten – anfangs durch arabisch anmutende Gassen mit vielen schönen Läden und dann die Via Tiberio hinauf – zur **Villa Jovis.** Benannt nach Jupiter, dem höchsten der griechischen Götter, war sie die Residenz von Kaiser Tiberius (42 v. Chr.–37 n. Chr.), der sich 26 n. Chr. für seine letzten zehn Lebensjahre nach Capri zurückzog, wahrscheinlich ziemlich verbittert und des Lebens in der Hauptstadt müde.

Die Villa Jovis erstreckt sich über ein Areal von mehr als 7000 m^2 und liegt auf dem 334 m hohen **Monte Tiberio,** dessen Felswände im Norden nahezu senkrecht ins Meer abfallen. Von dieser Stelle, dem **Salto di Tiberio,** soll der Kaiser seine Feinde in den Tod gestürzt haben. Tiberius' Palast verteilte sich terrassenförmig über sieben bis acht Stockwerke und erreichte eine Höhe von 40 m. Zentrum war das Atrium, um das nach Norden die Privaträume des Kaisers lagen, nach Süden die Thermen, nach Westen die Zimmer des Personals und nach Osten die Empfangsräume. Mittels Beschriftungen und einem Plan kann man sich einen Überblick verschaffen, doch auch ohne dieses Material erhält man einen guten Eindruck von den Ausmaßen des einstigen Palasts. Herrlich ist die Aussicht auf den Golf und die Amalfitana (Via Tiberio, Tel. 081 837 45 49, tgl. 9 Uhr bis 1 Std. vor Sonnenuntergang, 3 €).

Villa Lysis 4

Wer über genügend Zeit und Lust verfügt, kann die Villa Jovis auch über die **Villa Lysis** erreichen, indem man der Via Lo Capo folgt. Die Villa gehörte einst dem Baron Jacques d'Adelswärd-Fersen (1880–1923). Im Jahr 1903 musste dieser Paris verlassen, denn der Skandal um die in seinem Haus veranstalteten orgiastischen Feste mit Pariser Schuljungen hatte ihn zu einer *persona non grata* gemacht, woraufhin er unterhalb der Villa Jovis ein Grundstück kaufte, dort die Villa Lysis errichten ließ und nach Capri umsiedelte. Der Name der Villa geht auf einen Dialog Platons zurück, der von Freundschaft und homosexueller Liebe handelt.

In der Villa Lysis lebte er zusammen mit seinem jugendlichen Freund Nino Cesarini, einem Zeitungsverkäufer aus Rom, und zelebrierte diverse skandalträchtige Feste. So gab es in seinem Keller einen großen Rauchsalon, wo auch Opium genossen wurde. Dort setzte Fersen, wie er sich selbst nannte, seinem Leben 1923 mit einer Überdosis Kokain ein Ende. Die herrlich gelegene Villa wurde erst in jüngerer Zeit restauriert und der Öffentlichkeit zugänglich gemacht. Man kann die Ausblicke aus dem Garten und von den Terrassen genießen sowie die Wohnräume, Bäder und den Rauchsalon bewundern. Außerdem sind einige großformatige Fotos aus dem Leben von Fersen und Cesarini ausgestellt. Von der Villa führt ein neu hergerichteter Wanderweg relativ steil bergauf zur Villa Jovis (Via Lo Capo, Tel. 081 837 53 08, Ostern–Sept. Mo–Sa 9.30–13, 15–18 Uhr, Eintritt frei).

Küstenweg von der Villa Jovis zum Belvedere di Tragara

Der Rundweg um den östlichen Inselteil führt von der Villa Jovis zunächst auf der Via di Tiberio zurück, um dann der Abzweigung zum **Arco Naturale** 5 zu folgen. Nach etwa 30 Minuten gelangt man an ein natürliches Felsentor, durch das man aufs Meer blicken kann. Bänke laden zum Verweilen ein.

Steigt man die Treppen wieder hinauf und geht hinter dem Restaurant Le Grottelle einen steilen Treppenweg abwärts, gelangt man zur **Casa Malaparte** 6, die auf einem ins Meer ragenden Felsplateau steht. Mit dem faszinierenden Gebäude machte sich der gleichnamige Journalist und Schriftsteller auch als Bauherr einen Namen (s. S. 180).

Wenig später kommt eines der Wahrzeichen von Capri in Sicht, die **Faraglioni** 7, drei Felsnadeln im Meer, die durch jahrtausendelange Erosion entstanden sind. Der Weg endet nach einer guten Stunde am **Belvedere di Tragara** 8.

Certosa di San Giacomo 9

Vom Belvedere aus kann man schon die gewaltigen Mauern der **Certosa di San Giacomo** sehen. Von der Edelmeile **Via V. Emanuele** ist der Weg erneut mit Keramikschildern ausgewiesen. Das Karthäuserkloster entstand zwischen 1371 und 1374 und war über Jahrhunderte hinweg Hauptarbeitgeber der Insel. Heute lädt es mit seinen beiden Kreuzgängen, einer herrlichen Aussichtsterrasse und einem Garten mit imposanten Bäumen zu einem ruhigen Aufenthalt ein.

Im Kloster hat man ein **Museum** für die mystischen Tafelbilder des deutschen Malers Karl Wilhelm Diefenbach (1851–1913) eingerichtet. Er hatte seine letzten Jahre auf Capri verbracht und als erklärter Vegetarier und Nudist auch für die eine oder andere Aufregung gesorgt. Seine düsteren, dem Symbolismus und auch Jugendstil verhafteten Gemälde sind beeindruckend (Via Certosa di S. Giacomo, Tel. 081 837 62 18, Ausstellung Di–So 9–14 Uhr, Certosa mit Garten Di–So 9 Uhr bis 1 Std. vor Sonnenuntergang, Eintritt frei).

Giardini di Augusto und Marina Piccola

In unmittelbarer Nähe befinden sich die **Giardini di Augusto** 10, ein hübsch angelegter Garten, von dem man noch einmal einen beeindruckenden Blick auf das Kloster genießt (Via G. Mateotti, tgl. 9–18.30 Uhr).

Die ›Gärten des Augustus‹ waren ein Geschenk von Friedrich Alfred Krupp (1854–1902) an die Gemeinde Capri. Der deutsche Industrielle verbrachte viel Zeit auf der Insel, die ihm so sehr behagte. Er ließ einen Ser-

Hier schlägt das Herz von Capri: Piazza Umberto I.

aktiv unterwegs

Auf dem Sentiero dei Fortini zu Capris Blauer Grotte

Tour-Infos

Start: Faro di Punta Carena, Anfahrt mit dem Linienbus von der Piazza Vittoria in Anacapri
Länge: 8 km
Dauer: 3–4 Std.
Schwierigkeitsgrad: mittel, z. T. recht steile Klippenwege, nur für Schwindelfreie
Wichtige Hinweise: viel Sonne, daher Trinkwasser nicht vergessen; gutes Schuhwerk erforderlich
Karte: S. 170

Der Badestrand beim **Faro di Punta Carena** 20 ist einer der beliebtesten auf Capri. Warum also nicht noch ein Bad im Meer nehmen, bevor die Wanderung beginnt? Vom Leuchtturm aus ist der **Sentiero dei Fortini** mit Keramiktafeln beschildert. Der ›Weg der Forts‹ wurde erst vor wenigen Jahren angelegt und führt von Süden nach Norden entlang der Westküste Capris, vorbei an mehreren kleinen Festungen. Aber Achtung: Die traumhaft schöne, beständig auf und ab führende Route sollte nur von schwindelfreien Wanderern begangen werden. Entlang der Strecke finden sich ca. 200 Majolika-Tafeln mit Erklärungen zu Pflanzen und Tieren.

Vom Leuchtturm führt ein breiter, mit Platten gepflasterter Weg aufwärts, der nach etwa 10 Min. die Straße erreicht. Nach einer kurzen Strecke kurz unterhalb der Straße folgt man einer nach links abwärts führenden Betonpiste zum **Fortino di Pino** 21**,** einem runden Wehrturm etwa 40 m oberhalb des Meers. Weiter in Richtung Norden ist die nächste Herausforderung eine steile Treppe, die zu einer Holzbrücke über die **Cala di Mesola** führt. Über zerklüftete Kalksteine geht es in die Bucht an der **Punta Campetiello** 22**.** Von hier aus führt der Weg erst landeinwärts, steigt dann etwas an und führt nach links zum **Fortino di Mesola** 23**,** wo Funde aus griechischer und römischer Zeit gemacht wurden. Wer diesen Abstecher nicht unternehmen will, geht weiter auf dem Hauptweg rechts an der Mauer eines Hauses vorbei. Der schmale Weg führt nun immer entlang der Küste, dann zwischen zwei Torpfosten hindurch und steigt schließlich erneut an. An einer Treppe folgt man dem Weg nach links und weiter entlang der Küste. Hin und wieder tauchen nach rechts weisende Schilder zur Via Grotta Azzurra auf. Diese führen jedoch nur auf die Straße und sind zu ignorieren. Der Küstenweg passiert nun den **Fortino di Orrico** 24**,** der zu Beginn des 19. Jh. eine wichtige Rolle spielte, als die Truppen Murats auf Capri zu landen versuchten. Schließlich gelangt man auf dem Weg über eine Treppe auf die Asphaltstraße **Via Grotta Azzurro.** Von hier aus sind es nach links gehend noch gut 500 m bis zur Bushaltestelle und zur **Blauen Grotte** (s. rechts). Oberhalb davon gibt es eine kleine Bar – ein guter Ort, um das Treiben vor der Grotte zu beobachten und sich selbst darauf einzustimmen. Die Rückfahrt nach Anacapri erfolgt mit dem Bus.

pentinenweg in die Felsen schlagen, die spätere **Via Krupp,** über die man in 25 Minuten ans Meer und zur **Marina Piccola** 11 gelangt, wo Krupp eine Höhle für gemütliches Beisammensein gehabt haben soll. Im Juli 1902 wurden in einer italienischen Zeitung Vorwürfe geäußert, er habe dort Exzesse mit jugendlichen Liebhabern gefeiert. Die November-Ausgabe des deutschen, sozialdemokratischen »Vorwärts« bezeichnete Krupp daraufhin als homosexuell. Sieben Tage später verstarb Krupp in seiner Villa Hügel in Essen. Als offizielle Todesursache wurde ein Gehirnschlag angegeben, aber Gerüchte um einen Selbstmord kursieren bis heute. Während die Höhle des Friedrich Alfred Krupp Geschichte ist, hat sich die Marina zum Luxusankerplatz von Capri gemausert. Wer den Rückweg hinauf zu Fuß scheut, kann den Bus nehmen.

Piazza Vittoria in Anacapri und Monte Solaro

Während Capri das mondäne und schicke Leben verkörpert, steht **Anacapri** eher für das Leben der einfacheren Leute. Der Name Anacapri kommt aus dem Griechischen und bedeutet schlicht und einfach ›Ober-Capri‹. Schon immer waren sich die beiden Gemeinden nicht ganz grün. Daher ist es kaum verwunderlich, dass es die Verbindungsstraße zwischen den Orten erst seit 1877 gibt. Zuvor war Anacapri nur über eine steile Felspassage zu erreichen bzw. über einen 800 Stufen langen Treppenweg, die **Scala Fenice** (s. u.).

Das touristische Zentrum von Anacapri ist die **Piazza Vittoria** 12. Nahebei liegt die Talstation der **Seggiovia al Monte** auf den 589 m hohen **Monte Solaro** 13. Von oben kann man die gesamte Insel überblicken, bei klarem Wetter sogar bis zum Cilento sehen (Via Caposcuro, Tel. 081 837 14 28, März–Okt. 9.30–18.30, Nov.–Febr. 10.30–15 Uhr).

Museo Villa San Michele und Scala San Fenice

Von der Piazza Vittoria führt die Via Capodimonte zum **Museo Villa San Michele** 14, dem legendären Haus des schwedischen Modearztes Axel Munthe (1857–1949). Als jungen Arzt hatte es ihn auf die Insel verschlagen, in die er sich sofort verliebte und wo er sich später seine Traumvilla schuf, umgeben von lichtdurchfluteten Terrassen, Balustraden und einem lauschigen Garten. Eines der Glanzstücke der Ausstellung ist die Sphinx, deren Fundstelle Munthe in einem Traum verraten wurde. Es heißt, wenn man ihr über die Flanke streicht, gehe ein Wunsch in Erfüllung (Viale Axel Munthe 34, Tel. 081 837 14 01, tgl. Nov.–Febr. 9–15.30, März/April, Okt. 9–17, Mai–Sept. 9–18 Uhr, 6 €).

Bei der Villa befindet sich auch der Zugang zur **Scala Fenice** 15. Die ›Phönizische Treppe‹ geht auf die Griechen zurück und endet an der Chiesa di San Constanzo kurz vor der Marina Grande. Von den ursprünglich 800 Stufen sind noch 536 erhalten.

Chiesa di San Michele 16

Folgt man von der Piazza Vittoria der Via G. Olandi, so gelangt man in das Ortszentrum von Anacapri. An der kleinen **Piazza San Nicola** liegt die sehenswerte **Chiesa di San Michele.** Der Kirchenfußboden besteht aus einem einzigen Majolika-Gemälde aus dem Jahr 1761, das die fantasievolle Vertreibung von Adam und Eva aus dem Paradies zeigt. Nicht nur Adam und Eva, sondern auch die realen und fabelhaften Tiere sind in leuchtenden Farben dargestellt und es gibt viele Details zu entdecken, am besten von der Orgelempore aus (Tel. 081 837 23 96, www.chiesa-san-michele.com, tgl. Okt.–März 9–15, April–Sept. 9–19 Uhr, 2 €).

Capri Philosophical Park und Belvedere di Migliera

Von der Piazza Vittoria aus führt die Via Caposcuro, später die Via Migliera, oberhalb des Orts in westlicher Richtung zum **Capri Philosophical Park** 17, den es erst seit ein paar Jahren gibt. Die Initiatoren, darunter ein Schwede, haben dieses Stück Land gekauft, um es vor Bebauung zu schützen und der Allgemeinheit zugänglich zu machen. In dem schön angelegten Park finden sich kleine Majolika-Tafeln mit Zitaten berühmter Philosophen auf Englisch, Italienisch und Deutsch (Via Migliara, www.philosophicalpark.org).

Nur wenige Minuten weiter liegt der wunderschöne Aussichtspunkt **Belvedere di Migliera** 18.

Blaue Grotte 19

Um zur **Blauen Grotte** oder **Grotta Azzurra** an der Nordwestseite von Capri zu gelangen, nimmt man am besten den kleinen Linienbus von der Piazza Vittoria aus. Entdeckt wurde die Höhle von dem Deutschen Alfred Kopisch, der 1826 wagemutig in die Teufelsgrotte schwamm, wie sie von den Einheimischen genannt wurde. Als er sich im Innern umsah, war er schlichtweg überwältigt von

Spezialitäten vom Golf von Neapel: Delicia al limone und Limoncello

dem in eisig-blaues Licht getauchten Wasser. Kopisch gab der Grotte den Namen Grotta Azzurra, nicht wissend, dass er damit einen Touristenmagneten schaffen würde.

Wenig interessiert es dabei, dass das Lichtphänomen durch Tageslicht erzeugt wird, das durch eine unter der Wasseroberfläche befindliche Öffnung im Fels einfällt. Der Besuch der Blauen Grotte ist ein unvergessliches Erlebnis – egal ob man sie im Rahmen einer Inselrundfahrt per Boot oder ›von Land aus‹ besucht. In beiden Fällen muss man in ein kleines Boot (um-)steigen, in dem außer dem Gondoliere maximal drei Personen Platz finden. Damit wird man einmal durch die Höhle gerudert, bevor es schon wieder hinausgeht. Trotz der kurzen Zeit: unvergesslich (bei schönem Wetter tgl. ab 9 Uhr, kein Service bei unruhiger See, ca. 10 €)!

Infos

AACST dell'Isola di Capri: Piazza Umberto I, Capri-Stadt, Tel. 081 837 06 86, www.capritourism.com, www.capri.it, www.caprionline.com, tgl. 9–13, 15.30–18, im Sommer 8.30–20.20 Uhr. U. a. gibt es hier für 1 € eine Karte von Capri, die ideal ist, wenn man die Insel zu Fuß erkunden möchte.

AACST dell'Isola di Capri: Via Giuseppe Orlandi 59, Anacapri, Tel. 081 837 15 24, www.capritourism.com.

Übernachten

... in Capri-Stadt:

Luxusherberge ▶ **Grand Hotel Quisisana** **1**: Via Camerelle 2, Tel. 081 837 07 88, www.quisisana.com. Die ursprünglich 1841 von einem Schotten errichtete Klinik mit dem hoffnungsvollen Namen Quisisana (›Hier wird man gesund‹) wurde schon bald zu einem Hotel, das allen Komfort bietet, u. a. Pools, Beautycenter und Sauna. DZ 340–770 €.

Ideal ▶ **Villa Sarah** **2**: Via Tiberio 3 a, Tel. 081 837 78 17, www.villasarah.it. Das kleine Hotel mit Pool und einem Garten voller Zitronen und Oliven liegt auf dem Weg zur Villa Jovis. Ruhig und komfortabel. DZ 145–220 €.

... in Anacapri:

Individuell ▶ **Villa Eva** **3**: Via La Fabbrica 8, Tel. 081 837 15 49, www.villaeva.com. Beliebt nicht nur wegen der moderaten Preise, sondern auch wegen der ruhigen Lage in der Nähe der Villa Damcuta. Die Zimmer haben alle einen separaten Eingang und sind mit Erkern, Treppchen und Kuppeldecken interessant gestaltet. DZ 90–140 €.

Mit Sonnenuntergang ▶ Il Tramonto 4: Via Migliera 30 b, Tel. mobil 338 487 66 40, www.iltramonto.it. Schönes B & B oberhalb von Anacapri, ruhig gelegen mit großem Garten, von dem aus man den Sonnenuntergang genießen kann. Drei liebevoll ausgestattete Doppelzimmer. Nahe Belvedere Migliera, 5 Min. bis zur Piazza Caprile. DZ 80–120 €.

Essen & Trinken

... in Capri-Stadt:

Exzellent ▶ Da Gemma 1: Via M. Serafina 6, in der kleinen Kasbah-Gasse oberhalb der Via Roma, Tel. 081 837 04 61, www.dagemma.com, Di–So mittags u. abends. Alteingesessenes Ristorante mit Pizzeria. Tipp: *fritta da gemma* (frittiertes Gemüse der Saison, u. a. Zucchiniblüten). An den Wänden hängen Bilder prominenter Gäste. Menü 25–35 €.

Für zwischendurch ▶ Scialapopolo 2: Via V. Emanuele 55, Tel. 081 837 05 58, www.scialapopolo.com. Snacks, gute Panini und Erfrischungen. Zu empfehlen: die Granita.

... in Anacapri:

Gemütlich ▶ Il Solitario 3: Via G. Orlandi 96, Tel. 081 837 13 82, www.trattoriailsolitario.it, April–Okt., Mi–Mo mittags u. abends. In der Trattoria gibt es Pizza, hausgemachte Pasta und viel frischen Fisch. Die Gäste sitzen in einem schönen Garten unter einer Pergola. Menü 10–25 €.

Beste Torta Caprese ▶ Café Michelangelo 4: Via G. Orlandi 138, Tel. mobil 333 778 43 31, April–Okt. tgl. ab 9 Uhr. Hier kann man zu jeder Tageszeit einkehren. Modernes Ambiente, gute Weine und Snacks. Auf jeden Fall sollte man die *torta caprese* (Schoko-Mandel-Kuchen, 4 €) probieren – Kenner meinen, dass sie hier am besten schmeckt.

Einkaufen

Parfüm und mehr ▶ Carthusia – Profumi di Capri 1: Via Matteotti 2 und Via Camerelle 10, beide Capri-Stadt, Tel. 081 837 03 68, www.carthusia.com, tgl. 10–19 Uhr, im Sommer länger. Das Geschäft ist auch aufgrund der ausgestellten Promifotos von u. a. Elizabeth Taylor, Faye Dunaway, Clark Gable und Jacky Kennedy einen Besuch wert.

Sandalen ▶ L'Arte del Sandalo Caprese 2: Via Giuseppe Orlandi 75, Anacapri, Tel. 081 837 35 83, www.sandalocaprese.it, April–Okt. tgl. 10–13, 15.30–18 Uhr. Hier kann man sich von Antonio Viva die Capreser Sandalen seiner Wahl fertigen lassen. Er ist einer der wenigen, die dieses Handwerk noch beherrschen und pflegen.

Aktiv

Bootstouren ▶ Zahlreiche Anbieter an der Marina Grande, z. B. **Gruppo Motoscafisti 1:** Via Provinciale 282, Tel. 081 837 77 14, www.motoscafisticapri.com. Die Rundfahrt um die Insel kostet um 12 € und dauert ca. 1,5 Std. Ebenso lange braucht man für den Besuch der Blauen Grotte (ca. 10 € extra).

Verkehr

Auf Capri dürfen nur Inselbewohner das eigene Auto nutzen. In den engen Gassen verkehren lediglich Elektrowagen.

Busse: Alle 30 Min. Verbindungen zwischen Capri-Sadt und Anacapri mit Bussen der ATC, Tel. 081 837 04 20.

Fähren: Tgl. regelmäßig nach Neapel, Ischia und Sorrento (s. S. 128).

Standseilbahn: Zwischen der Marina Grande und der Piazzetta verkehrt alle 15 Min. eine Standseilbahn (Tel. 081 837 04 20, tgl. 6.30–21.30, Juni–Sept. 6.30–00.30 Uhr, 1,30 €).

Tipp: Eis in warmen Waffeln

In der Via V. Emanuele 35 liegt die alteingesessene **Pasticceria Buoncuore,** die neben süßen Teilchen auch Eis in frisch gebackenen Waffeln anbietet. Allein der Anblick lässt einem das Wasser im Mund zusammenlaufen (Tel. 081 837 78 26, tgl. ab 8 Uhr).

Curzio Malaparte, sein Leben und sein ›Schuhkarton‹

Der Deutsch-Italiener und Herzensbrecher Curzio Malaparte machte auf vielerlei Arten von sich reden. Politisch bewegte er sich in nahezu allen Spektren, als Schriftsteller berichtete er vom Grauen des Zweiten Weltkriegs in Süditalien und mit seinem einzigartigen Haus auf Capri setzte er sich selbst ein Denkmal.

Curzio Malaparte wurde 1898 als Sohn des deutschen Industriellen Erwin Suckert und der Mailänderin Edda Perelli geboren. Seinen eigentlichen Namen, Kurt Erich Suckert, änderte er in den wilden 1920er-Jahren zu Curzio Malaparte ab – der ›schlechte Teil‹ als Gegenstück zu Buonaparte, womit er sich wahrscheinlich in Verbindung zu Napoleon bringen wollte.

Schon früh zeigten sich seine journalistischen und draufgängerischen Neigungen. So gab Malaparte bereits mit 15 Jahren eine satirische Zeitschrift heraus und meldete sich mit 16 als Freiwilliger, um in den Ersten Weltkrieg zu ziehen, wo er sich durch große Tapferkeit auszeichnete. Anschließend ging er in den diplomatischen Dienst und arbeitete als Attaché der italienischen Regierung in Warschau. Während dieser Zeit begann er mit den Faschisten zu sympathisieren, wurde 1921 Mitglied der Partei Mussolinis und nahm im Jahr darauf beim Marsch auf Rom teil. Auch als Frauenheld machte Malaparte von sich reden. So soll sich eine Schauspielerin wegen ihm das Leben genommen haben und dem Industriellen Edoardo Agnielli vom Fiat-Konzern spannte er die Frau und Mutter seiner sechs Kinder aus.

Als Malapartes kritische Äußerungen gegen die Politik Mussolinis zunahmen und er Hitler öffentlich als »Waschweib« titulierte, wurde er 1933 aus der Partei ausgeschlossen, verhaftet und zu fünf Jahren Verbannung auf Lipari verurteilt. Dank einflussreicher Freunde konnte er die Zeit jedoch überwiegend auf dem weitaus belebteren Ischia absitzen und nach nur 18 Monaten war das Urteil bereits aufgehoben. In dieser Zeit entdeckte Malaparte Capri und während seiner Streifzüge auch das dort ins Meer ragende Capo Massullo, das er für nur 300 Lire vom örtlichen Metzger erwarb. Um das von Malaparte selbst entworfene Haus bauen zu können, musste erst einmal ein 300 m langer Weg in die Klippen gehauen werden. Dem Haus gab er den Namen *Casa come me* (›ein Haus wie ich‹).

In der unteren Etage befindet sich ein langer Flur, von dem mehrere Türen in kleine Zimmer abgehen. Sie erinnern ein wenig an Mönchszellen und dienten als Schlaf- und Gästezimmer. Die obere Etage ist hauptsächlich von einem riesigen Raum mit Panoramafenstern gekennzeichnet. Clou des Ganzen ist ein riesiger Kamin zur Meerseite hin, dessen rückwärtige Wand aus Glas besteht. Das markanteste äußere Kennzeichen ist zum einen das gemauerte Sonnensegel auf dem Dach und zum anderen die Freitreppe, die sich ungewöhnlicherweise nicht von unten nach oben verjüngt, sondern genau umgekehrt. Damals und heute gilt die Casa Malaparte als architektonisches Kleinod, das weit über Capri hinaus bekannt ist.

In der Folgezeit arbeitete Malaparte als Korrespondent und Kriegsberichterstatter für

Thema

italienische Zeitungen in Nordafrika, Frankreich, Deutschland, Finnland, Russland und dem Balkan. Ab 1945 fungierte er als Verbindungsoffizier der Amerikaner in Neapel. Aus dieser Zeit stammen auch seine literarischen Hauptwerke »Kaputt« und »Die Haut«. In einer stark expressionistisch gefärbten Sprache schildert er die Situation in der Zeit vor und nach Kriegsende, den Ausverkauf Neapels und den Verlust menschlicher Werte. Später wandte er sich dem Kommunismus zu, trat jedoch kurz vor seinem Tod zum Katholizismus über. Als Malaparte 1957 starb, erwartete seine Nachkommen noch eine Überraschung: In seinem Testament hatte er seinen begehrten ›Schuhkarton‹ der Kommunistischen Partei Chinas vermacht. Erst nach etlichen Anfechtungsprozessen erhielt die Familie das Haus zurück. Heute ist es im Besitz einer privaten Stiftung, die Künstler zu Arbeitsaufenthalten hierher einlädt. Ein Besuch ist nicht möglich. Wer jedoch unbedingt einen Blick in das Innere der Casa Malaparte werfen möchte, dem sei die Verfilmung von »Die Haut« (Liliana Cavani, 1981, s. S. 54) empfohlen oder der Streifen »Die Verachtung« (1965) von Jean-Luc Godard mit Brigitte Bardot, Michel Piccoli und Fritz Lang.

Futuristische Architektur aus den 1930er-Jahren: die Villa Malaparte auf Capri

Sorrentina und Amalfitana

Auf der südlich von Neapel ins Meer ragenden Halbinsel beginnt das Land der Zitronenbäume. Hinter dem belebten Sorrento nimmt der Großstadtrummel allmählich ab. Und dann öffnet sich auch schon die Amalfitana, eine der spektakulärsten Landschaften Süditaliens.

Egal, ob man Neapel in Richtung Süden mit dem Zug, Auto oder Bus verlässt, so richtig schön wird es erst hinter Castellammare und Vico Equense, wenn nicht mehr eine Ortschaft in die andere übergeht, Zitronenhaine häufiger die Straßen säumen und die Ausblicke auf die Küste, den Golf und hinüber nach Capri das Urlaubsgefühl wachsen lassen. In Richtung Südspitze der **Halbinsel von Sorrent** wird es immer ländlicher. Hier gibt es kleine Ortschaften, Badebuchten sowie eine Vielzahl von Wanderwegen, die ans Meer oder hinauf in den **Parco Regionale dei Monti Lattari** führen. Die vom Kalk weißen ›Milchberge‹ sind ein Ausläufer des Apennin und trennen den Golf von Neapel vom Golf von Salerno. Rasch steigen die Berge auf der nördlichen **Costiera Sorrentina** auf über 1000 m an und fallen auf der südlichen **Costiera di Amalfitana** steil wieder ab. Für Autofahrer ist diese Straße entlang der wilden, zerklüfteten Küste eine wahre Herausforderung. Um die spektakuläre Szenerie besser genießen zu können, sollte man daher lieber in einen öffentlichen Bus umsteigen.

Von Castellammare nach Sorrento ► 3, H 4–G 5

Eingang zur Sorrentina ist **Castellammare di Stabia.** Wie Pompeji wurde auch dieser Ort mit seinen römischen Villen beim Ausbruch des Vesuv 79 n. Chr. verschüttet, jedoch wieder aufgebaut. Allerdings lädt die heutige moderne Stadt nicht unbedingt zu einem längeren Aufenthalt ein. Sehenswert sind jedoch die Ausgrabungen der römischen **Villa San Marco** am Stadtrand (zu Fuß vom Bahnhof aus 20 Min. entlang einer hässlichen Straße). Sie war die erste Villa, die in Barockzeiten ausgegraben wurde. Heute verirren sich allerdings nur wenige Besucher hierher, was bedauerlich ist, denn in dieser ausgesprochen schönen Luxusvilla kann man u. a. die größte Küche aller bisher zugänglichen Ausgrabungen aus pompejanischer Zeit bewundern. Beeindruckend sind die typisch roten Wände mit den kleinen, feinen Zeichnungen, wie man sie aus Pompeji und Ercolano kennt, doch sind sie hier sehr gut erhalten, und man ist fast immer alleine, um sie sich genauer anzusehen. Außerdem gibt es ein schönes Schwimmbecken, an dessen Rand sich Kopien zweier Mosaike finden, die man am Boden des Pools gefunden hat. Der umgebende Garten lädt zum Verweilen ein, und es wird sehr deutlich, dass man schon damals gut zu leben wusste. Der Name der Villa stammt übrigens von der nahe gelegenen Kirche (Via Passeggiata Archeologica, Tel. 081 871 45 41, 857 53 47, Mo–So 9–18 Uhr, Eintritt frei).

Das nahe liegende **Gragnano** ist für seine Pasta weltberühmt. Dank der Flüsse aus dem Quellgebiet der Monte Lattari konnte man in diesem Ort viele Wassermühlen betreiben. Aus Getreide wurde Hartweizengrieß produziert, den man ab dem 18. Jh. zu Nudeln weiterverarbeitete. Gragnano wurde bekannt als Zentrum hochwertiger Pastaproduktion, eine

Tradition, die bis heute gepflegt wird. Neben einem proteinhaltigen Hartweizengrieß verwendet man sehr feine Eisen, um die Pasta zu ziehen, was ihr die typische raue Oberfläche verleiht. Anschließend wird sie – je nach Sorte (insgesamt über 40!) – zwischen 24 und 48 Stunden getrocknet. So bleiben Nährwerte und der besondere Geschmack erhalten. Feinschmecker schwören auf die Pasta aus Gragnano.

An der weiteren Strecke nach Sorrento liegt das ruhigere Städtchen **Vico Equense,** das vor allem für seine in den 1940er-Jahren erfundene *pizza a metro* bekannt ist, eine rechteckige Pizza, die meterweise verkauft wird.

Infos

Azienda Autonoma di Cura e Soggiorno e Turismo: Via San Ciro 16, Vico Equense, Tel. 081 879 88 26, www.vicoturismo.it. U. a. Wanderkarten für das Gebiet um den Monte Faito.

Essen und Trinken

... in Vico Equense:

Meterweise Pizza ▶ **Gigino:** Via Nicotera 15, Tel. 081 79 83 09, www.pizzametro.it, tgl. ab 12 Uhr. Das gigantisch gewachsene Lokal, in dem Gigino die *pizza a metro* erfand, ist auch bei Italienern der absolute Renner.

Einkaufen

Pasta ▶ **Cooperativa Pastai Gragnanesi:** Via Giovanni Della Rocca 20, Gragnano, Tel. 081 801 29 75, www.pastaigragnanesi.it, Mo–Fr 9–13, 15.30–18.30 Uhr. Hier wird die Pasta noch nach alter Tradition hergestellt.

Sorrento ▶ 3, G 5

Wer aus Neapel kommend nur bis **Sorrento** fahren will, dem sei die Circumvesuviana als Verkehrsmittel empfohlen, denn gerade zwischen Castellammare und Sorrento schieben sich lange Autokolonnen über die schmalen Straßen, immerhin mit schönen Ausblicken auf die Küste und den Golf. Am schönsten jedoch ist die Anreise mit der Fähre, denn so kann man sehr gut die außergewöhnliche Lage der Stadt auf einem 50 m hohen, gelblichen Tuffsteinplateau bewundern. An der steilen Abbruchkante reiht sich eine Luxusresidenz an die andere, früher im Besitz vermögender Aristokraten, heute meist zu exklusiven Hotels umgebaut. Die Lage ist ideal, der Blick auf den Golf von Neapel und den Vesuv einmalig.

Vom Hafen in die Stadt

Alle Fähren legen in der **Marina Piccola** an. Per Bus oder zu Fuß über eine lange Treppe gelangt man hinauf in die Stadt und zur **Piazza Tasso.** Von dem Platz geht in zwei Richtungen der **Corso Italia** ab, die Hauptflanier- und Shoppingmeile von Sorrento.

An der Piazza Tasso befindet sich auch der **Duomo di Sorrento,** in dem viele Intarsienarbeiten aus neuerer Zeit an der Innentür und im Chorgestühl zu bewundern sind. Bemerkenswert ist auch der an den Seiten angebrachte Kreuzweg (Corso Italia 1, Tel. 081 837 00 72, Mo–So 7.30–13, 14–19 Uhr).

Museo Correale di Terranova

Folgt man von der Piazza Tasso aus der Via Correale, so gelangt man in das mondäne Sorrento, das die Reisenden der Grand Tour so schätzten, vor allem die Amerikaner und Briten machten hier Station. Außerdem befindet sich hier eines der sehenswerten Museen der Stadt, das **Museo Correale di Terranova.** Die herrschaftliche Villa aus dem 18. Jh. gehörte einst der gleichnamigen Adelsfamilie, die den Palazzo mitsamt einer umfangreichen Kunstsammlung mangels Nachkommen der Stadt vermachten. Auf drei Etagen verteilt sind Porzellan, Veduten, Möbel, antike Fundstücke sowie eine kleine Kollektion von Intarsienarbeiten. Beim Rundgang ist man immer wieder fasziniert von der Aussicht durch die großen Fenster auf den Garten und den Golf (Via Correale 50, Tel. 081 801 56 68, Mi–Mo 9–14 Uhr, 6 €).

Museobottega della Tarsialignea

Auf der anderen Seite der Piazza Tasso liegt hinter dem Corso Italia ein kleines Labyrinth aus Gassen, das zu durchstreifen sich lohnt. Wer sich für Intarsienarbeiten interessiert, sollte unbedingt die **Museobottega della Tarsialignea** besuchen. Schon seit den 20er-Jahren des 19. Jh. widmet man sich in Sorrent der Kunst der Intarsienarbeiten. Zu den bevorzugten Themen gehörten das volkstümliche Leben der Neapolitaner und die Ausgrabungen von Pompeji, die zu dieser Zeit für großes Aufsehen sorgten. Die damals gegründete Scuola d'Arte besteht noch heute. Verwendet wurde und wird vor allem Walnuss-, Orangen- und Olivenholz, eher selten Edelhölzer. Die Sorrentiner Intarsienarbeiten bestechen durch ihre farbliche Vielfalt und ihre feine Ausführung. Das seit 1998 existierende Museum zeigt eine Auswahl bewundernswerter Arbeiten und gibt einen detaillierten Einblick in Geschichte, Technik und Design. Nebenan liegen einige Bottegas, wo man den Meistern bei ihrer Arbeit zusehen oder ein Stück in Auftrag geben kann (Via San Nicola 28, Tel. 081 877 19 42, www.alessandrofiorentinocollection.it, April–Okt. Mo–Sa 9.30–13, 15–18 Uhr, Erw. 8 €, erm. 5 €).

Bagno della Regina Giovanna

Ein schöner Spaziergang führt in etwa 20 Minuten vom **Capo di Sorrento** (zu erreichen mit dem Stadtbus A) durch Oliven- und Zitronenhaine zur **Punta di Capo.** Ruinen der altrömischen Villa des Pollius Felix stehen auf den flachen Felsen des Kaps, auf denen man sich wunderbar sonnen kann. Zu einem entspannten Bad lädt das **Bagno della Regina Giovanna,** ein von hohen Felsen umgebenes Wasserbecken, benannt nach Königin Johanna, die hier des Öfteren ein Bad genommen haben soll.

Infos

AACST di Sorrento: Via L. de Maio 35, Tel. 081 807 40 33, www.sorrentotourism.com, Mo–Fr 8.30–16 Uhr.

Übernachten

Luxuriöser Ausblick ► **Mediterraneo:** Via Crawford 85, Tel. 081 878 13 52, www.mediterraneosorrento.com. Das in Sant'Agnello di Sorrento an der Steilküste gelegene Hotel bietet u. a. einen eigenen Strand, einen

Sorrentina und Amalfitana – wo die Zitronen wachsen …

Jachthafen – und sagenhafte Ausblicke auf den Golf. Ca. 1,5 km von der Piazza Tasso entfernt. DZ 80–350 €.

Im Zitronenhain ▶ **Regina Giovanna:** Via Calata di Punta Cap, Tel. 081 807 16 77, www.reginagiovanna.com. Auf dem Weg zum Bagno Regina. Schlichte Zimmer und Apartments für 2–4 Pers., entweder im Haus oder in Holzbungalows. Im Zitronenhain gibt es lauschige Picknick- und zwei Grillplätze, die Sicht auf Sorrento ist genial. DZ 40–70 €, Apartment 270–800 €/Woche.

Billig ▶ **Hostel Le Sirene:** Via degli Aranci 160, Tel. 081 807 29 25, www.hostellesirene.com. Sehr einfaches Hostel an der Hauptverkehrsstraße. Zentral, Internetzugang. Im Mehrbettzimmer ab 16 € p. P., DZ 50 €.

Essen & Trinken

Verstecktes Juwel ▶ **Inn Bufalito:** Vico Fuoro 21, Tel. 081 365 69 75, www.innbufalito.it, April–Okt. tgl. ab 19 Uhr. Das kleine Slow-Food-Restaurant in einem Gässchen abseits der Touristenmeilen hat sich der kampanischen Küche verschrieben. Wie der Name schon sagt, gibt es vor allem Gerichte mit Büffelmozzarella. Menü ab 20 €.

Volkstümlich ▶ **Sant'Anna da Emilia:** Via Marina Grande 62, Tel. 081 807 27 20, Mi–Mo mittags u. abends. Die alteingesessene Trattoria an der Marina Grande mit einer Terrasse über dem Meer überzeugt mit guter Atmosphäre, köstlichen Speisen und angemessenen Preisen. Menü 20–25 €.

Eis ▶ **Bar, Pasticceria und Gelateria Antonio Carferio:** Corso Italia 142, Tel. 081 807 32 52, tgl. ab 8 Uhr. In Sorrento gibt es viele Eisdielen. Überraschend ist, dass in vielen ganze Wände mit Fotos bekannter und für Touristen wahrscheinlich weniger bekannter Prominenter beklebt sind. Die Qualität des Eises schwankt, teuer ist es überall. Das Eis von Antonio Carferio hat bisher jedoch noch niemanden enttäuscht.

Einkaufen

Intarsienarbeiten ▶ **Allessandro Fiorentino Collection:** Via San Nicola 28, Tel. 081 877 19 42, www.alessandrofiorentinocollection.it. Gehört zum Museobottega della Tarsialignea. Klassische und moderne Intarsienarbeiten.

Verkehr

s. S. 183

Südliche Sorrentina

▶ 3, F 5/6

Verlässt man Sorrento in Richtung Südwesten, so gelangt man allmählich in ländlichere Gegenden. Die Straße schlängelt sich oberhalb der **Costiera Sorrentina** entlang, zwischendurch zweigen immer wieder kleine Stichstraßen oder Wanderwege ans Meer ab. **Massa Lubrense** heißt der letzte größere Ort vor der Südspitze der Halbinsel. Das kleine, ruhige Städtchen ist vor allem Fans des Freediving bekannt: Von dem hiesigen Felsen, Vervece genannt, sprang Enzo Maiorca 1987 ins Meer und stellte den Weltrekord im Free-Diving auf (87 m).

In der Region um Massa Lubrense beginnen die berühmten Zitronenhaine, die sich um die Südspitze herum bis nach Salerno ziehen. Die auf der Halbinsel von Sorrent und an der Amalfitana beheimatete Sorte Nostrano gilt als beste Zitronenart Italiens und liefert das Aroma für den berühmten Limoncello, einen Zitronenlikör, der – kalt und in gekühlten Gläsern – vielerorts zum Abschluss eines Essens serviert wird. Zitronenschalen bilden die Basis für das unvergleichliche Aroma, das man gewinnt, indem die Schalen mehrere Wochen in hochprozentigem Alkohol eingeweicht und danach mit einer zuckrigen Wasserlösung verdünnt werden. Jede Azienda hat ihr eigenes Rezept und bei einer Rundreise bietet sich immer wieder die Gelegenheit zu einer Verkostung.

Weiter südwestlich offeriert **Termini,** eine kleine Ortschaft 320 m über dem Meer, von seiner Aussichtsterrasse einen herrlichen Blick auf die Südspitze und das vorgelagerte Capri. Wer gerne wandert, kann von hier aus (ab der Ceramica) den Ausschilderungen zur ca. 45 Minuten entfernten **Punta Campa-**

nella folgen, der Südspitze der Halbinsel, von der man einen fantastischen Ausblick auf das gegenüberliegende Capri genießt. Es wird vermutet, dass in der Antike an dieser Stelle ein erst den Sirenen, dann der Athene geweihter Tempel stand. Heute sind nur noch die Reste eines Leucht- und Wachturms zu sehen, der den Golf zwischen Punta Campanelle und Capri bewachte und von dem man bei drohenden Piratenüberfällen Alarm schlug.

Der Hausberg von Termini ist der **Monte San Costanzo** (485 m). An seinem Hang findet sich ein Pinienhain, den man mit dem Auto erreichen kann. Von hier aus führt ein zehnminütiger Weg zu einer kleinen Kirche, von der aus man fantastische Blicke auf den Golf von Neapel und Salerno sowie die Amalfitana hat.

Von Termini führt eine kurvenreiche Straße über **Nerano** in rund 30 Minuten zu einer der schönsten Buchten der Halbinsel, **Marina del Cantone.** Im Sommer herrscht in dem kleinen Ort Hochbetrieb. Am Strand sowie in den Hotels und Restaurants ist dann kaum ein freies Plätzchen zu bekommen. Sonst liegt über allem eine idyllische Ruhe.

Infos

Pro Loco di Massa Lubrense: Via Filangieri 11, Tel. 081 533 90 21, ganzjährig Mo–Sa 10–13, 16–19 Uhr, im Sommer auch So.

Übernachten

... in Nerano:

Meerblick ▶ **Olga's Residence:** Piazza Nerano 3, Tel. 081 808 10 13, www.olgasresidence.com. Einladende Anlage mit 5 Apartments für 2–6 Pers., Pool, Grill- und Parkplatz, Garten und tollen Ausblicken. Besonders für Familien geeignet. Privatstrand in Marina del Cantone. 80 €/Tag, 1150 €/Woche.

... in Marina del Cantone:

Meeresrauschen ▶ **La Certosa:** Marina del Cantone 23, Tel. 081 808 12 09, www.hotelcertosa.com. Das Hotel verfügt über 15 gut ausgestattete Zimmer, teils mit Meerblick. Angeschlossen ist das Ristorante da Pappone mit schönen großen Sälen und Terrasse. Im August nur mit HP. DZ 49–100 €.

Essen & Trinken

... in Marina del Cantone:

Urig ▶ **Ristorante da Maria Grazia:** Tel. 081 808 10 11, www.massalubrense.it/mariagrazia.htm, März–Okt. mittags, im Sommer auch abends. Man sitzt auf einer Holzterrasse über dem Meer und isst hervorragend. Moderate Preise, nur beim frischen Fisch, den man sich selbst aussuchen kann, wird es teuer. Zu empfehlen sind die Spaghetti con Zucchini und die Fischsuppe. Menü 15–30 €.

Einkaufen

Alles aus Zitronen ▶ **Limoneto Il Gesu:** Via IV Novembre 26 b, Massa Lubrense, Tel. 081 808 94 19, keine festen Öffnungszeiten. Hier gibt es aus Zitronen hergestellte Produkte.

Aktiv

Wandern ▶ Auf der Kompasskarte Nr. 682 »Peninsola Sorrentina, Costiera Amalfitana« (1:50 000) sind über 30 Wanderwege eingezeichnet. In allen Touristenbüros kann man zusätzliches Kartenmaterial und nützliche Infos zu den einzelnen Wegen erhalten.

4 Amalfitana

Die **Amalfitana** erstreckt sich über ca. 40 km zwischen Positano und Vietri sul Mare. Nur dreimal – in Amalfi, Minori und Maiori – kommt die Straße direkt ans Meer. Ansonsten verläuft sie oberhalb davon zwischen steil abfallenden Felsen. Die Straße gibt es erst seit 1853. Sie verbindet die einzelnen Orte miteinander, die zuvor nur vom Meer aus oder über die Berge zu erreichen waren. Positano, Ravello ... in fast allen Orten ist der orientalische Einfluss spürbar, der sich im Zuge der Seerepublik Amalfi an diesem Küstenstreifen ausbreitete.

Von Positano nach Amalfi

▶ 3, H–K 5/6

Den ersten Ort, den man erreicht, wenn man sich von der Südspitze aus der Sorrentina nähert, ist **Positano.** Wie ein Wasserfall ergießt sich der Ort über den Hang. Mit seinen pas-

aktiv unterwegs

Wanderung von Nerano zur Punta Penna

Tour-Infos

Start: Nerano
Länge: 7 km hin und zurück
Dauer: 2,5–3 Std. hin und zurück
Schwierigkeitsgrad: leicht
Wichtige Hinweise: Die Auf- und Abstiege erfolgen fast alle in der Sonne, was speziell in der heißen Mittagszeit sehr anstrengend sein kann.

Der Wanderweg verläuft auf alten Wirtschaftspfaden durch Macchia, Oliven- und Zitronenhaine mit herrlichen Ausblicken auf die Amalfitana. Startpunkt ist der kleine Ort **Nerano** auf halber Strecke zwischen Termini und Marina del Cantone. An der Piazza des Orts zweigt von der Straße ein gepflasterter Weg ab, der sich schon kurz darauf durch eine bezaubernde Landschaft schlängelt – zur Linken das Meer, zur Rechten Felsen. Nachdem man einen Marienaltar passiert hat, führt der Weg allmählich bergab und gibt den Blick auf die **Baia di Jeranto** frei.

Der Wanderweg zur Punta Penna ist nach links ausgeschildert. Durch Macchia geht es abwärts, wobei man vor allem im Frühjahr die Augen offen halten sollte nach Orchideen, die hier gedeihen. Schon jetzt sind die weiter unterhalb von einer Kooperative auf Terrassen angelegten Olivenhaine zu erkennen. Der Weg windet sich durch die Haine weiter abwärts, zwischendurch geht man an kleinen Holzhäusern vorbei und quert mehrere Weggabelungen. Immer im Visier ist das große Plateau, auf dem Häuser und Überreste eines alten **Steinbruchs** zu erkennen sind. Der Steinbruch wurde 1952 geschlossen, doch hat man die Gebäude und Anlagen instand gehalten und Erklärungen auf Italienisch und Deutsch angebracht, sodass man wie durch ein Freiluftmuseum spaziert. Mit dem Steinbruch ist die **Punta Penna** erreicht und damit das Ziel der Wanderung. Auf demselben Weg geht es anschließend wieder zurück nach Nerano.

tellfarbenen Häusern, den Bögen, Treppen und kleinen Brücken wirkt Positano sehr anmutig. Kein Wunder, dass sich hier viele Künstler und VIPs niedergelassen haben bzw. ihren Urlaub verbringen. Die bunte Majolika-Kuppel der Pfarrkirche **Santa Maria Assunta** (9./10. Jh.) ist schon von Weitem sichtbar. Drumherum gibt es viele Gassen mit Geschäften, die Moda di Positano anbieten – hauptsächlich Leinenkleidung, teilweise mit

Schöner geht's nicht: Positano ist das urbane Schmuckstück an der Amalfitana

Häkelspitze, ein Handwerk, das seit Jahrhunderten gepflegt wird. Dabei ist man auch offen für neue modische Entwicklungen. So eroberte z. B. der Bikini 1959 zuerst Positano und trat von hier seinen Siegeszug um die Welt an.

Oberhalb von Positano liegen die beiden zauberhaften Orte **Montepertuso** und **Nocelle,** die entweder mit dem Bus oder über knapp 2000 Stufen zu erreichen sind. Von hier bieten sich berauschende Ausblicke, die man ganz besonders genießen kann, wenn man sich zu Fuß auf den Weg gemacht hat und über den berühmten Götterpfad (s. S. 190) hierher ›gewandelt‹ ist.

Weiter auf der spektakulären Küstenstraße gelangt man hinter **Praiano** zum **Vallone di Furore,** dem ›Tal des Zorns‹. Dabei handelt es sich um einen Fjord, den einzigen seiner Art in Südeuropa, der weit in die Küste einschneidet und in dem sich bei stürmischem Wetter die Wellen brechen. Das Schauspiel lässt sich von der Straße aus gut beobachten, die den Fjord auf einer Brücke quert.

Infos

Azienda Autonoma di Cura Soggiorno a Turismo di Positano: Via del Saracino 4, Positano, Tel. 089 87 50 67, www.aziendaturismopositano.it, Mo–Sa 9–13, 15–18 Uhr. Hier

Hotel San pietro nahe bei posit.

erhält man auch das Faltblatt »Agerola – Sui Sentieri degli Dei«.

Übernachten

sehr schön

... in Positano:

Luftig ▶ Marincanto: Via Cristoforo Colombo, Tel. 089 87 51 30, www.marincanto.it. Gediegenes Hotel mit komfortabel-gemütlichen Zimmern, Terrassen, Pool, Wellness und bestem Service. DZ 170–210 €.

Jugendherberge ▶ Ostello Brikette: Via G. Marconi 358, Tel. 089 87 58 57, www.brikette.com. An der Straße von Positano in Richtung Salerno. Klein und fein, mit Sonnenterrasse. DZ 75 €, im Schlafsaal 22 € p. P.

Essen & Trinken

(Via) Laurito

... in Positano:

Süße Verführung ▶ La Zagara: Via dei Mulini 8, Tel. 089 87 50 64, Ostern–Okt. Do–Di ab 8 Uhr. In dieser seit über 50 Jahren bestehenden Pasticceria gibt es jede Menge Leckereien, allein die Auslagen lassen einem das Wasser im Mund zusammenlaufen.

... in Montepertuso:

Gerühmt ▶ Il Ritrovo: Via Montepertuso 77, Tel. 089 87 54 53, Do–Di mittags u. abends. Das schön gelegene Lokal bringt Gemüse aus dem eigenen Garten sowie köstliche Fleischgerichte auf den Tisch. Das wusste auch schon Gerhard Schröder zu schätzen, der hier 1999 während seines Positano-Urlaubs zusammen mit Luciano di Crescenzo speiste. Menü ab 25 €.

... in Nocelle:

Alteingesessen ▶ Santa Croce: Via Nocelle 19, Tel. 089 81 12 60, tgl. mittags u. abends. Das familiengeführte Lokal bietet nicht nur einen wundervollen Ausblick, sondern auch einfache und gute kampanische Küche. Menü 15–20 €.

... im Vallone di Furore:

Im Fjord ▶ Al Monazeno: Via Anna Magnani 17, Tel. mobil 349 077 25 44, www.monazeno-fiordo-furore.com, Ostern–Okt. ganztags. Die Trattoria im Fiordo di Furore bietet ganztägig Snacks und frische Fischgerichte zu moderaten Preisen. Menü 15–25 €.

Abends & Nachts

... Positano:

Coole Grottendisco ▶ Music on the Rocks: Via Grotte dell'Incanto 51, am Ende der Spiaggia Grande, Tel. 089 812 28 07, www.musicontherocks.it. Von Juni–Sept. jeden Abend verschiedene Musikprogramme. In der Nebensaison nur Fr/Sa.

Verkehr

Busse: Die Busse der SITA, Tel. 089 87 35 89, www.sitabus.it, verbinden alle Orte der Amalfitana wenigstens stdl. miteinander. In Positano pendelt außerdem der kleine orangefarbene Stadtbus zwischen dem Meer und der oberhalb davon gelegenen Hauptstraße.

aktiv unterwegs

Sentiero degli Dei – wo einst die Götter wandelten

Tour-Infos

Start: Bomerano (► 3, J 5), Anfahrt mit dem Auto oder öffentlichen Bus
Ziel: Montepertuso bzw. Positano
Länge: 14,5 km bis Positano
Dauer: 3,5–4 Std.
Schwierigkeitsgrad: mittelschwer, z. T. steile Passagen
Ausschilderung: Wanderweg Nr. 27
Wichtige Hinweise: Für diese Wanderung sollte man schwindelfrei sein und ausreichend Trinkwasser mitnehmen.
Karte: Kompasskarte Nr. 682 »Wanderweg Nr. 27« oder das Faltblatt »Agerola – Sui Sentieri degli Dei«, erhältlich in der Information (s. S. 188).

Zerklüftete Felsen, viel Macchia und hinter jeder Wegbiegung eine neue überwältigende Aussicht – der **Sentiero degli Dei** (›Weg der Götter‹) ist einer der schönsten Wanderwege, die man an der Amalfitana in Angriff nehmen kann. Die Wanderung startet in **Bomerano** (636 m) an der Piazza Capasso, von wo der Weg bereits ausgeschildert ist. Zur generellen Orientierung steht auf dem Platz auch eine Übersichtstafel der Wanderwege in der Umgebung.

Man folgt der kleinen Via Pennina bergab, läuft unter einer Brücke hindurch und dann auf einer schmalen Asphaltstraße nach links in das **Vallone di Praia.** Später geht das Sträßchen in einen Maultierpfad über und führt unterhalb der **Grotta Biscotto** vorbei. Der Weg wird zu einem Stufenweg, auf dem man nun leicht bergan zum Sattel **Colle la Serra** (578 m) wandert. Bis hierher ist man ca. 1 Std. unterwegs.

An der folgenden T-Kreuzung setzt sich der Wanderweg nach rechts in Richtung Nocelle fort. Wurde man bis hierher schon mit Aussichten verwöhnt, so beginnt jetzt ein Abschnitt, von dem man wünscht, er möge nie zu Ende gehen. In ständigem Auf und Ab schlängelt sich der Weg oberhalb der Küste entlang und macht seinem Namen alle Ehre. Nach ca. 1 Std. gelangt man in das Bergdorf

Amalfi ► 3, J/K 5

Amalfi ist die älteste Seerepublik Italiens und das Zentrum der Costiera Amalfitana. Vermutlich geht die Gründung des Orts auf das 4. Jh. n. Chr. zurück, als an diesem Küstenabschnitt Soldaten von Kaiser Konstantin strandeten, die ursprünglich ›aus Melphe‹ *(a Melphe)* an der Adria stammten, woraus sich dann der Name Amalfi abgeleitet hat. Geschickt wussten die neuen Siedler die Rivalitäten zwischen Byzantinern, Langobarden und dem Papst für sich zu nutzen. Durch ihren Warenaustausch mit dem Orient entwickelte sich der Ort schnell zu einem bedeutenden Handelszentrum und wurde bereits 920 zur Seerepublik Amalfi ernannt. In dieser Zeit entwickelte man hier auch den Handels- und Seefahrtskodex. Die Tabula Amalphitana fungierte in den darauf folgenden Jahrhunderten als das grundlegende Regelwerk der Mittelmeernavigation.

Zum Wohlstand der Stadt trug auch der Pilgertourismus bei, der einsetzte, nachdem die Gebeine des heiligen Andreas, Bruder des Simon Petrus, während des Vierten Kreuzzugs (1203/04) von Konstantinopel nach Amalfi überführt worden waren. Die Blüte der Seerepublik Amalfi währte rund 300 Jahre. In Spitzenzeiten lebten bis zu 50 000 Menschen in Amalfi und den umliegenden Gemeinden Ravello, Scala, Monori, Maiori, Atrani und Minuto, heute sind es noch knapp 5500.

Unterdessen hatten sich die Seerepubliken Genua, Pisa und Venedig gegründet, wobei besonders das kriegerische Pisa Amalfi den Orienthandel streitig machte. 1343 wur-

Nocelle (420 m). Das letzte Stück ist ein relativ steiler Pfad, der in einen Treppenweg übergeht und direkt in die lauschige Piazza Maria Santissima del Carmelo mündet.

Durch eine schmale Gasse, vorbei an der Trattoria Santa Croce (s. S. 189), erreicht man schließlich eine asphaltierte Straße, in die man links einbiegt und nach ca. 10 Min. den Ort **Montepertuso** (s. S. 188). erreicht. Von hier kann man entweder den Bus nach **Positano** nehmen oder man steigt über den Treppenweg Via Pestella in den Ort ab (ca. 1 Std.).

den Werft und Hafen durch ein Seebeben zerstört, bei dem auch viele Menschen umkamen. Das gesamte Gebiet der Amalfitana versank zunehmend in der Bedeutungslosigkeit und wurde erst im 19. Jh. von den Reisenden der Grand Tour wiederentdeckt. Auch für heutige Touristen ist der Besuch von Amalfi ein lohnendes ›Muss‹, denn viel blieb von der orientalisch beeinflussten Pracht der alten Seerepublik erhalten.

Aus dem 11. Jh. stammen die **Arsenale della Republica** an der **Piazza Flavio Gioia** am Hafen. Die gewölbeartigen Hallen der alten Werft werden gelegentlich für Wechselausstellungen genutzt.

Das beherrschende Bauwerk der zentralen **Piazza del Duomo** in der Altstadt ist der **Duomo Sant'Andrea,** zu dem eine beeindruckende Treppe hinaufführt. Der Dom selbst stammt aus dem 9. Jh., seine imposante Fassade ist eine Rekonstruktion aus dem 19. Jh. Ursprünglich stand hier nur die frühchristliche Chiesa del Crocifisso aus dem 6. Jh. An sie wurde im 10. Jh. der dem heiligen Andreas geweihte Dom angebaut. Beide Gebäude sind durch einen Säulengang miteinander verbunden und wirken durch die im Laufe der Jahrhunderte vorgenommenen baulichen Veränderungen wie miteinander verwachsen. Bei der Besichtigung des Ensembles betritt man zunächst den **Chiostro del Paradiso.** Der zwischen 1266 und 1268 im orientalischen Stil erbaute ›Paradieskreuzgang‹ mit seinen zierlich verflochtenen Bögen auf 120 Säulen war einst der Friedhof der Adligen und ist heute ein bezaubernder kleiner Garten. Danach gelangt man in die **Chiesa del Crocifisso,** ursprünglich eine Basilika, die mehrfach um- und ausgebaut wurde. Bei der letzten Restaurierung 1994 entfernte man jeglichen Barockschmuck, sodass nunmehr wieder die mittelalterliche Baustruktur sichtbar ist. Von der Kirche aus geht es in die **Cripta di S. Andrea Apostolo** mit den Gebeinen des heiligen Andreas. Die Krypta wurde im 13. Jh. eigens zu deren Aufbewahrung gebaut und ist das Herzstück des gesamten Komplexes. Auf dem Grabaltar steht eine Kristallampulle, worin sich am Vorabend des Heiligenfests Manna ansammeln soll, eine dicke Flüssigkeit, die man verdünnt und für religiöse Zwecke verwendet (Tel. 089 87 13 24, tgl. 9.30–17, im Sommer bis 19.45 Uhr, 2,50 €, erm. 1 €).

Links und rechts der **Via Lorenzo d'Amalfi** führen schmale Gassen und Treppenwege in das Altstadtlabyrinth, das sich für einen kurzen Bummel anbietet. Die Via Lorenzo d'Amalfi geht über in die Via delle Cartiere, ›die Straße der Papierfabriken‹. Fast am Ende befindet sich in der Nr. 23 das **Museo della Carta,** untergebracht in einer Papiermühle aus dem 13. Jh., die zwar nicht die älteste, aber die einzige in Europa ist, die noch komplett selbst produziert. Über den Beginn der Papierherstellung aus Lumpen gibt es keine genauen urkundlichen Überlieferungen. Fest steht jedoch, dass das Wissen darüber aus dem Orient stammt. Amalfi war schon bald für sein handgefertigtes Papier berühmt, selbst der Papst ließ seine Urkunden eine geraume Zeit nur auf Papier aus Amalfi schreiben. Dieser Wirtschaftszweig war es letztlich auch, der Amalfi nach dem Ende der Seerepublik einen gewissen Wohlstand erhielt. Die Papierherstellung erfolgte in der oberhalb von Amalfi gelegenen **Valle dei Mulini** (›Tal der Mühlen‹). Von den einst 16 Papiermühlen am Fluss Canneto produzieren heute noch zwei. Eine davon ist das **Museo della Carta,** wo man das traditionelle Handwerk anschaulich erklärt bekommt und manchmal selbst Papier schöpfen darf (Tel. 089 830 45 61, www.museodellacarta.it, tgl. 10–18.30 Uhr, geführte Touren auch in Dt., 3,50 €, erm. 2,60 €).

Von Amalfi aus ist es nur ein Katzensprung – entweder entlang der Straße oder über den oberhalb verlaufenden Treppenweg – in das gleich um die Ecke gelegene, zauberhafte **Atrani.** In Zeiten der Seerepublik war dies der Sitz der Adelsfamilien, wo sie wohnten, aber auch ihren Dogen krönten. Ein kleines Gewirr von Gassen, Treppen und Brücken lädt zu einem Spaziergang ein. Leider wurde der Ort im September 2010 durch eine Schlammlawine etwas in Mitleidenschaft gezogen.

Infos

AACST di Amalfi: Via delle Repubbliche Marinare 27, Tel. 089 87 11 07, www.amalfitouristoffice.it, Mo-Fr 9–13, 15-17, Sa 9–13 Uhr.

Übernachten

Am Meer ▶ **La Bussula:** Lungomare di Cavalieri 16, Tel. 089 87 15 33, www.labussolahotel.it. Modern und freundlich mit allem Komfort und freundlichem Service. In wenigen Minuten ist man am Dom und noch schneller am Meer. DZ 98–200 €.

Zentral ▶ **Amalfi:** Via dei Pastai 3, Tel. 089 87 24 40, www.hamalfi.it. Im historischen Zentrum. Gemütliche und ruhige Zimmer sowie eine herrliche Dachterrasse, Frühstücksbüfett. 80–170 €.

Essen & Trinken

Sympathisch ▶ **Da Baracca:** Piazza dei Dogi, Tel. 089 87 12 85, Do–Di mittags u. abends. In der Trattoria wird mit viel Esprit gute traditionelle italienische Küche serviert, besonders sehr gute Fischgerichte. Menü 25–35 €.

Ein Gedicht ▶ **Pasticceria Pansa:** Piazza Duomo 40, Tel. 089 87 10 65, www.pasticceriapansa.it, tgl. 8–19 Uhr. Die alteingesessene Konditorei (seit 1830) bietet Gebäck und auch Schokolade vom Feinsten. Allein die Ladeneinrichtung und die Dekoration sind einen Besuch wert.

Einkaufen

Handgeschöpftes Papier ▶ **Arte e Carta di Rita Cavalieri:** Via Casamare 3, Tel. 089 87 19 54, tgl. 10–19 Uhr.

Aktiv

Täler-Wanderung ▶ Von Amalfi aus kann man eine etwa 4-stündige Rundwanderung unternehmen. Sie beginnt am nördlichen Ortsende und führt in die **Valle delle Ferre** (›Eisental‹). Von dort aus geht es zurück durch die **Valle dei Mulini** (›Tal der Mühlen‹) nach Pontone. Hier steigt man dann wieder nach Amalfi ab. Eine Wanderkarte erhält man in allen örtlichen Touristeninformationen.

Termine

Regata delle quattro Repubbliche Marinare: alle 4 Jahre im Juni/Juli (2013 etc). Bei der seit 1955 ausgetragenen Regatta mit historischen Ruderbooten treten die vier Seerepubliken Genua, Venedig, Pisa und Amalfi gegeneinander an und erinnern an ihre glanzvolle Geschichte. An Land findet ein historischer Kostümumzug *(corteo storico)* statt.
Festa di Sant'Andrea: 25.–27. Juli. Ehrung des Ortsheiligen mit Umzügen und Gottesdiensten. Der Bischof weiht die Fischerboote, krönender Abschluss ist ein Feuerwerk.

Verkehr

Fähren: Travelmar, www.travelmar, fährt in den warmen Monaten 6 x tgl. nach Salerno.

Ravello ▶ 3, J/K 5

Sein Ruf eilt **Ravello** voraus und der Ort ist wahrlich einen Besuch wert. Wiederentdeckt wurde das oberhalb von Amalfi liegende Ravello vor allem durch englische Reisende, die sich ab Ende des 19. Jh. hier niederließen – was die bis heute anhaltende Präsenz englischer Besucher erklärt. Nicht nur Richard Wagner, sondern auch viele andere Künstler machten auf der Suche nach Inspiration Station in diesem Ort, darunter David H. Lawrence, der hier zahlreiche Kapitel seines Romans »Lady Chatterleys Liebhaber« schrieb.

Die zentrale **Piazza del Duomo** wird von der **Cattedrale di San Pantaleone** dominiert, die im 12. Jh. zu Ehren des Stadtheiligen errichtet wurde. Neben der Löwenkanzel ist vor allem das Bronzeportal sehenswert, bestehend aus 54 von Barisano di Trani (s. S. 296) einzeln gegossenen Reliefplatten mit Szenen aus dem Leben Christi. Das Innere der Kathedrale ist eher schlicht gehalten. Links des Altarraums befindet sich in einer Art Kapelle eine prunkvolle Ampulle mit dem Blut des heiligen Pantaleone, das sich jedes Jahr am 27. Juli verflüssigt (Tel. 089 85 83 11, tgl. 9–19 Uhr, ab 13 Uhr 2 €).

Unweit davon befindet sich die **Villa Rufolo** mit einem beeindruckenden Quaderturm am Eingang. Sie wurde zwischen 1270 und 1280 von den Rufolo, einer der reichsten Familien Ravellos gebaut. In den folgenden Jahrhunderten wechselten die Besitzer der Villa mehrmals, bis diese 1851 in den Besitz von Sir Francis Neville Reid überging. Dieser widmete sich mit besonderer Aufmerksamkeit der Gestaltung des Gartens, der heute zu den schönsten Parkanlagen in Süditalien zählt. Hier war es, wo Richard Wagner seinen »Garten von Klingsor« fand und seine Schaffenskrise überwand, aus der letztendlich der Parsifal hervorging – Anlass für das 1953 ins Leben gerufene **Festival Musicale di Ravello.** Für einen Besuch der Anlage sollte man sich etwas Zeit nehmen, um mit Muße durch den Garten zu schlendern und die grandiosen Aussichten von der Terrasse nach Cetara und Minori sowie auf den Golf von Salerno zu genießen (Piazza del Duomo, Tel. 089 576 57, www.villarufolo.it, 9 Uhr bis 1 Std. vor Sonnenuntergang bzw. 9–17 Uhr, wenn Konzerte stattfinden, 5 €).

Im Januar 2010 wurde das neue Konzerthaus **Auditorio Oscar Niemeyer** für das Musikfestival eingeweiht. Der kostenlose Entwurf stammt vom mittlerweile 103 Jahre alten brasilianischen Stararchitekten Oscar Niemeyer. Gut 70 Monate (!) wurde über das Projekt diskutiert, ehe man 2006 endlich mit dem Bau begann, den die EU mit 16 Mio. Euro finanzierte. An dem Bau scheiden sich bis heute die italienischen Geister und auch die politischen Interessen. So wurde das Auditorium aus baurechtlichen Gründen kurz nach der Eröffnung vorerst wieder geschlossen. Wie ein großer weißer Vogel liegt das Konzerthaus derzeit am Hang oberhalb von Ravello und wartet auf seine Wieder- und hoffentlich endgültige Eröffnung, die seit Dezember 2010 auch vehement von der EU eingefordert wird.

Auf keinen Fall sollte man versäumen, die **Villa Cimbrone** zu besuchen. Ein gut 15-minütiger Spaziergang führt durch hübsche Gassen zu dem kleinen, schlossartigen Gebäude, dessen Name auf den Fels Cimbronium zurückgeht, auf dem es erbaut wurde. Ursprünglich war es ein einfaches Landgut, das 1904 von dem Londoner Banker Ernest William Beckett, dem späteren Lord Grimthorpe, gekauft wurde. Er ließ das Anwesen in eine Villa umbauen, eingebettet in einen grandiosen, ca. 6 ha großen Park mit Balustraden, Fontänen und Statuen. Unvergleichlich ist der **Terazzo del Infinito** (›Terrasse der Unendlichkeit‹) mit dem vielleicht schönsten Ausblick der Welt – es ist, als würde man zwischen Himmel und Meer schweben (Via Santa Chiara 26, Tel. 089 580 72, www.villacimbrone.com, ganzjährig tgl. 9–18 Uhr, 6 €, erm. 4 €).

Infos

AACST di Ravello: Via Roma 18 bis, Tel. 089 85 70 96, www.ravellotime.it, tgl. 9–19 Uhr.

Übernachten

Elegant ▶ Giordano: Via Trinità, 14, Tel. 089 85 72 55, www.giordanohotel.it. Das Hotel mit Pool und Solarium liegt zwischen der Villa Rufolo und der Villa Cimbrone. Die stilvoll eingerichteten Zimmer verbreiten angenehme Eleganz. Mit Garten. DZ 160–300 €.

Angekommen ▶ Villa Maria: Via S. Chiara 2, Tel. 089 85 72 55, www.villamaria.it. Die ehemalige Sommerresidenz eines römischen Adligen ist in ein luxuriöses Hotel umgebaut worden, das viel Ruhe und eine angenehme Atmosphäre ausstrahlt. Ebenfalls zu empfehlen ist das angeschlossene Restaurant mit Blick aufs Meer. DZ 105–240 €.

Essen & Trinken

Gemütlich ▶ Cumpa Cosimo: Via Roma 42, Tel. 089 85 71 56, Mo Ruhetag, Di–So mittags u. abends, im Sommer tgl. In der Trattoria gibt es gute amalfitanische Gerichte und hausgemachte Pasta. Wie alles in Ravello etwas teurer. Menü 25–35 €.

Termine

Festival Musicale di Ravello: April–Okt. Musikfestial mit Veranstaltungen unterschiedlicher Genres. Infos und Tickets bei der Touristeninformation oder unter www.ravelloarts.org, www.ravellofestival.com. Shuttle-Service von den Orten der Costiera zum Festival.

Nach Vietri sul Mare ▶ 3, K/L 5

Der Küstenabschnitt zwischen Amalfi und Cetara gilt als spektakulärster der gesamten Costiera – schroffe, steil ins Meer abfallende Felsen, wilder Macchiabewuchs und kaum Besiedlung. Die beiden Orte **Minori** und **Maiori** werden von den meisten Reisenden nur durchfahren, obwohl man hier direkten Zugang zum Meer hat, beide über einen angenehmen Lungomare verfügen und sich auch als gute Standorte für einen Amalfi-Urlaub anbieten. Die im Vergleich mit anderen Orten geringere Ausstrahlung liegt sicherlich am architektonischen Charme der 1950er-Jahre, denn 1954 wurden beide Orte nach heftigen Regenfällen von einer Schlammlawine überrollt und teilweise zerstört.

Etwas weiter, unterhalb der Hauptstraße, liegt **Cetara** mit einem idyllischen Fischerhafen. Der Name leitet sich vermutlich vom römisch-lateinischen *cetaria* ab, ›Fangstelle für Tunfische‹, die man über Jahrhunderte hinweg hier aus dem Meer zog. Ebenso wurden und werden noch Sardellen gefangen. Daraus stellt man die *colatura di alici* her, eine Spezialität des Orts. Monatelang fermentierte Sardellen bilden die Basis für eine würzige Sauce, die bereits in der Antike unter dem Namen *garum* bekannt war. Wenige Tropfen davon reichen aus, um dem jeweiligen Gericht eine sehr spezielle Note zu verleihen.

Der letzte Ort der Costiera Amalfitana, **Vietri sul Mare,** steht ganz im Zeichen des Keramikhandwerks. Schon von Weitem sieht man die leuchtende Majolika-Kuppel der **Chiesa San Giovanni Battista.** Im Ortskern selbst wimmelt es nur so von Majolika-Kacheln an Brunnen, Laden- und Hauseingängen. Vermutlich waren es die Etrusker, die im 5./6. Jh. v. Chr. die reichen Tonerdevorkommen im Osten von Salerno zu nutzen wussten und den Ort zu einem Zentrum des Töpferhandwerks machten. In den 1920er-Jahren gründete der deutsche Unternehmer Max Melamerson hier die ICS (Industria Ceramica Salernitana). Sein Markenzeichen, ein Fisch, ziert heute die Erzeugnisse von MACS (Manifattura Artistica Ceramica Salernita). Im Gefolge von Melamerson ließen sich u. a. die Künstler Richard Dölker, Irene Kowaliska und Margarete Tewalt Hannasch in Vietri sul Mare nieder und beeinflussten die örtliche Keramikproduktion mit ihren Motiven.

Im etwas höher gelegenen Ortsteil **Raito** wurde in der **Villa Guariglia** ein Keramikmuseum eingerichtet, in dem man vieles über die örtliche Keramikproduktion erfährt, von den Anfängen bis heute. Ausgestellt sind Arbeiten der deutschen Künstler, außerdem Geschirr, eine Sammlung religiöser Objekte und Öllampen mit Augen gegen den bösen Blick (Tel. 089 21 18 35, Di–So 9–13, 15–18, im Sommer 16–19 Uhr, Eintritt frei).

Tipp: Für Feinschmecker

In dem gemütlichen und absolut empfehlenswerten **Ristorante S. Pietro** von Francesco Tamarro kann man *à la carte* speisen oder zwischen mehreren Menüs wählen, sei es vegetarisch, mit Fisch oder Fleisch oder sogar glutenfrei. Die Produkte dafür kommen alle aus der Region und so variieren die Gerichte je nach Jahreszeit. Im Frühjahr sollte man unbedingt *pezzonia scutata in foglia di limone con agretto di pomodoro e asparagi salvatica* probieren (›Fisch in Zitronenblatt mit Kartoffeln, süßen pürierten Tomaten und wildem Spargel‹). Die *tubetti con colaturi di alici* (kurze dicke Nudeln mit Sardellen, Ei und Knoblauch, dazu etwas Petersilie) gibt es hingegen zu jeder Jahreszeit (Piazzetta S. Francesco 2, Cetara, Tel. 089 26 10 91, www.sanpietroristorante.it. Mi–Mo mittags u. abends, im Sommer tgl., Menü ab 25 €).

Übernachten

... in Minori:

Paradiesisch ▶ **Orto Paradiso:** Via Cesare Carola, Tel. 089 85 12 09, www.ortoparadiso.com. Das bezaubernde B & B liegt oberhalb von Minori in einem Zitronenhain. Die kleinen Apartments sind stilvoll eingerichtet, haben eine Kochnische im Schrank, Majolika-Fußböden, Terrassen mit Blick auf Minori, Maiori und den Golf von Salerno. Vom B & B führt ein Treppenweg in ca. 1 Std. nach Ravello. DZ 75–100 €.

Essen & Trinken

... in Minori:

Auch beliebt bei Einheimischen ▶ **La Botte:** Via S. Maria Veterano 15, Tel. 089 87 78 93, Mi–Mo mittags u. abends. Das Ristorante mit Pizzeria (nur am Abend) ist seit mehr als 20 Jahren im Besitz der Familie Pantaleone. Einfache Einrichtung und empfehlenswerte lokale Küche. Probieren sollte man die *scialatelli,* eine Art sehr dicke Spaghetti, oder die sehr sättigenden *N'Dunderi Minoresi,* selbst gemachte Klößchen mit Ragout oder Tomaten. Menü 15–25 €.

Einkaufen

... in Cetara:

Alles aus Fisch ▶ **Cetarii:** Via Largo Marina 48/50, Tel. 089 26 18 63, www.cetarii.it, tgl. 10–13, 16–19 Uhr. Produkte aus Sardellen und Tunfisch nach alten Rezepten, u. a. auch das berühmte Garum.

... in Vietri sul Mare:

Keramik ▶ **Ceramica Artistica Solimene Vincenzo**: Via Madonna degli Angeli 7, Tel. 089 21 02 43, www.solimene.com, Mo–Fr 8–19, Sa 8–13.30, 16–19 Uhr. Vincenzo Solimene, dessen Familie schon mehr als ein Jahrhundert im Business tätig ist, beauftragte 1951 den Architekten Paolo Soleri mit dem Bau einer neuen Werkstatt, eines der markantesten Gebäude im Ort. Hier kann man alle Art von Keramik erwerben – Teller, Tassen, Kannen, Kännchen, Eierbecher, Blumentöpfe, Schalen, Platten – oder persönliche Bestellungen aufgeben.

Termine

Sagra delle Acciughe – a tutto Tonno: Juli. Kulinarisches Fest in Cetara rund um Sardellen und Tunfisch.

Der Süden von Kampanien

Diese Region Kampaniens hat weitaus mehr als nur die hellenischen Tempel von Paestum zu bieten. Salerno ist eine Stadt im Aufwind. Und das Cilento, zu großen Teilen Naturschutzpark, begeistert mit über 100 km schönster Küsten und Strände und mit einem Hinterland voller fantastischer Bergwelten, Höhlen und guter ländlicher Küche.

Salerno ► 1, E 8/9

Cityplan: rechts

Geschichte

Die Ursprünge des am gleichnamigen Golf gelegenen **Salerno** gehen auf die Griechen und Etrusker zurück. Unter den Römern nahm der Ort durch seine günstige Lage ab 194 v. Chr. als Kolonie Salernum einen wirtschaftlichen und kulturellen Aufschwung. Seine Blütezeit erlebte Salerno im Mittelalter unter den Normannen – 1076 wurde es von Robert Guiscard erobert und avancierte zu seiner Hauptstadt. Lange war in Salerno eine der wichtigsten medizinischen Schulen Italiens ansässig.

Ein Großteil der Stadt wurde zerstört, als die Alliierten im September 1943 im Hafen landeten, um von hier aus Italien zu erobern. Überschwemmungen in den 1950er-Jahren sowie das Erdbeben von 1980 trugen dazu bei, dass Salerno nurmehr als Hafenstadt von sich reden machte.

Das änderte sich in den 1990er-Jahren mit dem neuen Bürgermeister Vincenzo de Luca, unter dem Salerno und vor allem das historische Zentrum zu neuem Leben erwachten. Unter Federführung des spanischen Architekten Oriol Bohigas, der sein Geschick bereits bei den Bauten für die Olympischen Spiele 1992 in Barcelona unter Beweis gestellt hatte, wurden Gassen neu gestaltet. Viele Läden eröffneten (wieder), die geschichtsträchtigen Orte wurden nach und nach restauriert. Das Prachtstück ist der palmenbestandene Lungomare, eine der längsten und schönsten Uferpromenaden Italiens. Salerno hat sich zu einer Stadt gemausert, die touristisch gerade entdeckt wird.

Orientierung

Östlich der **Piazza Sedile di Portanova** 1 liegt die **Neustadt.** Der von vielen Geschäften gesäumte Corso Vittorio Emanuele führt von hier aus zum **Bahnhof** 2**,** die Via dei Mercanti hingegen ins **Centro Storico.**

Castello di Arechi 3

Um sich einen ersten Überblick zu verschaffen, lohnt sich der Aufstieg bzw. die Fahrt mit dem Stadtbus Nr. 19 (vom Hafen) zum **Castello di Arechi,** benannt nach einem langobardischen Prinzen. Die strategisch günstig gelegene Festung wurde in der Folgezeit von Normannen, Staufern und Anjou ausgebaut. Im Innern ist heute ein **Museum** zur Stadtgeschichte untergebracht. Viel spannender jedoch ist der weite Blick über den Golf von Salerno und die unterhalb gelegene Stadt (Loc. Croce, Tel. 089 28 54 33, www.ilcastellodiarechi.it, Eintritt frei).

Museo della Scuola Medica Salernitana 4

In der ehemaligen **Kirche San Gregorio** befindet sich das **Museo della Scuola Medica Salernitana.** Die Ursprünge dieser Medizin-

Salerno

Sehenswert

1 Piazza Sedile di Portanova
2 Bahnhof
3 Castello di Arechi
4 Museo della Scuola Medica Salernitana
5 Duomo di San Matteo
6 Giardino della Minerva

Übernachten

1 Il Convento San Michele
2 Villa Avenia
3 Ostello di Salerno

Essen & Trinken

1 Osteria Canali
2 Il Brigante
3 Pasticceria Pantaleone

schule reichen vermutlich bis ins 6. Jh. v. Chr. zurück, konkret auf die Philosophenschule von Velia (s. S. 205). Der Legende nach wurde die Schule im 7. Jh. von einem jüdischen, einem arabischen, einem griechischen und einem römischen Arzt gegründet, sodass das medizinische Wissen aus vier Kulturkreisen in die Lehre einfloss. Basierend auf den Gedanken von Hypokrates, war der Mittelpunkt der Welt die Natur, mit der man im Gleichgewicht zu sein hatte. Die salernitanische Ärzteschule war im Mittelalter in ganz Europa berühmt, sogar Frauen durften hier lernen und lehren. Friedrich II. gestand der Schule im 13. Jh. das Privileg zu, die einzige medizinische Fakultät des Königreichs zu sein, doch gründete er gleichzeitig auch eine Universität in Neapel. Letztere nahm allmählich an Bedeutung zu, allein wegen ihrer Anbindung an die süditalienische Hauptstadt. Die Scuola Medica Salernitana bestand dennoch weiter, bis sie 1812 von Joachim Murat aufgelöst wurde.

In dem Museum ist die Geschichte der Schule anhand interessanter Dokumente, Gegenstände und Abbildungen dargestellt (Via dei Mercanti 72, Tel. 089 257 32 13/228, www.lascuolamedicasalernitana.beniculturali.it, Di–So 9–13.30 Uhr).

Duomo di San Matteo 5

Folgt man der Via Duomo nach Norden, so gelangt man zum **Duomo di San Matteo** aus dem 11. Jh., der anlässlich der Ernennung Salernos zur Hauptstadt des Normannenreiches erbaut wurde. Geweiht ist er dem Apostel Matthäus, dessen Gebeine aus Paestum (s. rechts) hierher überführt worden sein sollen. Der Dom gilt als eines der Meisterwerke normannischer Architektur in Süditalien. Der Campanile aus dem 12. Jh. mit seinen arabischen Spitzbögen diente als Vorbild für viele weitere Türme. Nach starken Erdbeben erneuerte man den Dom im 18. Jh. im barocken Stil, was bei Renovierungsarbeiten im letzten Jahrhundert teilweise wieder rückgängig gemacht wurde. Durch ein typisch normannisches Löwenportal betritt man eine Art Atrium. Die den Portikus tragenden Säulen stammen aus Paestum. Durch ein weiteres Löwenportal mit aus Konstantinopel stammenden Bronzetüren gelangt man ins eigentliche Kircheninnere. Hier mischen sich Romanik und Barock, wobei Letzterer noch relativ schlicht gehalten ist. Man kann auch gut erkennen, wo die Neuerungen vorgenommen wurden. In der stark barockisierten Krypta liegen die Gebeine des Heiligen (Piazza Alfano 1, Tel. 089 23 13 87, Mo–Sa 9.30–12, 16–18, So/Fei 16–18 Uhr, Eintritt frei).

Giardino della Minerva 6

Folgt man vom Dom aus der Via Torquato Tasso, erreicht man den **Giardino della Minerva** im Herzen der antiken Stadt Salerno. Das Grundstück befand sich ab dem 13. Jh. im Besitz der Familie Silvatico. Matteo Silvatico, Professor an der Scuola Medica Salernitana, legte hier zu Beginn des 14. Jh. einen Heilkräutergarten an, den der letzte Eigentümer nach dem Zweiten Weltkrieg der Stadt schenkte. Im Zuge der Entwicklungen der 1990er-Jahre ließ man auch den Garten der Minerva in seiner ursprünglichen Form wieder aufleben. Auffällig ist die lange Treppe, die die vier Ebenen der Anlage miteinander verbindet. Daran gekoppelt ist ein interessantes Wasserleitsystem – oben gedeihen die Pflanzen, die wenig Wasser benötigen, und unten jene, die viel Wasser brauchen. Der Garten wird auch heute wieder für die Lehre genutzt. Leider sind die Beschriftungen der Pflanzen bisher weder auf Deutsch noch auf Englisch (Via Ferrante S. Severino 1, Tel. 089 25 24 23, www.giardinodellaminerva.it, Mo–Fr 9–13, 15–17 Uhr, 2 €, erm. 1 €).

Infos

EPT di Salerno: Piazza V. Vento 1, Tel. 089 23 14 32, www.eptsalerno.it, Mo–Sa 9–14, 15–19 Uhr.

Übernachten

Modern ▶ **Il Convento San Michele 1:** Via San Michele 10, Tel. 089 285 45 33, www.ilconventosanmichele.it. Historisches Gebäude in angenehm schlichtem modernem Gewand. Ruhige Zimmer mit allem Komfort. Mit Restaurant. DZ 100 €.

Im Grünen mit Ausblick ▶ **Villa Avenia 2:** Via Torquato Tasso 83, Tel. 089 25 22 81, www.villaavenia.com. Das B & B unterhalb des Gartens der Minerva ist eine kleine Oase. Gemütliche Zimmer, eine schöne große Terrasse, viel Grün, ein kleiner Pool sowie herrliche Blicke aufs Meer, Hafen und Lungomare – hier bleibt man gerne länger. DZ 90–100 €.

Jugendherberge ▶ **Ostello di Salerno 3:** Via Canali, Tel. 089 23 47 76, www.ostellodisalerno.it. Eine der besten Jugendherbergen in Süditalien. Mitten im Zentrum gelegen, stilvoll, freundliche Zimmer, Garten, Restaurant – ein internationaler Treffpunkt, nicht nur für junge Leute. DZ 51 €, Schlafplatz 18 € p. P.

Essen & Trinken

Fisch & Fleisch ▶ **Osteria Canali 1:** Via Canali 34, Tel. mobil 338 807 01 74, Di–Sa mittags u. abends, So nur mittags. Diese neue Osteria in der Nähe des Doms bietet köstliche Fisch- und Fleischgerichte. Regel-

mäßig finden auch spezielle Verkostungen sowie kleinere Konzerte statt. Menü 25–35 €.
Rustikal ▶ **Il Brigante** 2: Via Fratelli Linguiti 4, Tel. mobil 328 342 34 28, Di–So mittags u. abends. Die von Einheimischen empfohlene Osteria im Zentrum überzeugt mit herrlich einfachen und absolut schmackhaften Gerichten. Wenn möglich, sollte man *l'aqua pazza* (›verrücktes Wasser‹, Fisch gemischt mit Knoblauch, Öl, Petersilie und Tomaten) probieren. Menü 15–20 €.
Süße Passion ▶ **Pasticceria Pantaleone** 3: Via dei Mercanti 73–75, Tel. 089 22 78 25, Mi–Mo 8.30–14, 16–20 Uhr, So nur vormittags. In dieser Konditorei werden seit 1868 süße Köstlichkeiten aller Art kreiert. Unbedingt das Dolce der Saison probieren.

Termine

Salerno Porte Aperte: Mai. An jedem Wochenende werden Führungen zu vergessenen und sonst geschlossenen Palazzi und Kulturdenkmälern angeboten.
San Matteo: 21. Sept. Der Apostel und Stadtpatron Matthäus wird mit einer großen Prozession und anschließendem Feuerwerk gefeiert.

Verkehr

Züge: Stdl. Verbindungen nach Neapel und Rom. Infos: www.trenitalia.it.
Busse: Innerhalb der Stadt fahren die Busse der CSTP, Tel. 089 48 71 11.
Fähren: Travelmar, www.travelmar.it, bietet in den warmen Monaten 6 x tgl. einen Service auf den Strecken Salerno–Amalfi und Salerno–Positano an. Von Juni bis Sept. verkehren Schiffe der Metro del Mare, www.metrodelmare.net, von Salerno an die Amalfiküste und die Küste des Cilento.

5 Paestum ▶ 1, F 10

Karte: S. 200
Die Tempel von **Paestum** gelten als die besterhaltenen der Magna Graecia. Im 10. Jh. aufgegeben und im Sumpfland verschwunden, wurden sie 800 Jahre später bei Straßenbauarbeiten wiederentdeckt und gehören

Das besterhaltene Bauwerk von Paestum: der Poseidon-Tempel

Paestum

Sehenswert
1 Museo Archeologico
2 Athena-Tempel
3 Poseidon-Tempel
4 Basilika
5 Forum
6 Amphitheater
7 Markt
8 Museo Narrante di Hera Argiva

Übernachten
1 Azienda Agrituristica Seliano
2 Villaggio Turistico Paestum

Essen & Trinken
1 La Pergola

Einkaufen
1 Masseria Lupata

seitdem zum festen Programm einer Italienreise – zu Recht! Gewaltig künden sie von längst vergangenen Zeiten.

Geschichte

Sybariten (s. S. 31) gründeten in der Sele-Ebene am Golf von Salerno im 6. Jh. v. Chr. eine griechische Kolonie, die sie zu Ehren des Meeresgotts Poseidonia nannten. Die drei erhaltenen großen Tempelbauten belegen den Wohlstand, der hier zwischen 530 und 470 v. Chr. geherrscht haben muss. Der Geschichtsschreiber Strabon berichtet, dass Jason und die Argonauten weiter oberhalb des Flusslaufs ein Hera-Heiligtum errichteten, Hera Argiva (s. S. 202), das bald in der ganzen griechischen Welt berühmt wurde und ein wichtiger Kultort war.

73. v. Chr. wurde die Stadt römische Kolonie, hieß von nun an Paestum und avancierte schon im frühen Christentum zu einem Bischofssitz. Hier fand man auch die Gebeine des Heiligen Matteo, die im 11. Jh. in den Dom von Salerno überführt wurden. Zu diesem Zeitpunkt war Paestum praktisch schon aufgegeben. Das hemmungslose Abholzen der Bäume in der Sele-Ebene hatte den Fluss ungehindert über die Ufer treten lassen. Malaria breitete sich aus. Hinzu kamen immer häufiger Überfälle der Sarazenen, sodass sich die Bewohner auf die nahe liegenden Hügel zurückzogen. Paestum lag verlassen in

der sumpfigen Ebene und verschwand allmählich unter dichter Vegetation. Die Tempel jedoch blieben sichtbar und dienten so manchem Seefahrer als Orientierungspunkt.

Als Karl III. im 18. Jh. anordnete, die Ebene trockenzulegen, um eine Küstenstraße zu bauen, wurde man wieder auf die Tempel aufmerksam und legte sie frei. Und wieder einmal war es den Reisenden der Grand Tour zu verdanken, dass die Kunde von diesen Funden sich verbreitete und archäologische Ausgrabungen begannen, die bis in die heutige Zeit andauern.

Inzwischen ist die Sele-Ebene trockengelegt und wieder besiedelt. Die Küstenstraße verläuft entlang dem langen Sandstrand hinter Pinien und bietet außerhalb der Monate Juni bis September einen eher trostlosen Anblick. Auffallend sind die vielen Felder mit Artischocken, für die Paestum bekannt ist und die hier eine gewisse kulinarische Bedeutung erlangt haben, sodass man der Frucht sogar ein eigenes Fest widmet (s. S. 202).

Museo Archeologico 1

Gleich am Eingang befindet sich das **Museo Archeologico.** Die Sammlung – eine der besten über die Magna Graecia – hilft nicht nur, die Ausgrabungen in einen historischen und geografischen Kontext zu stellen, sondern birgt auch ein paar wirkliche Schätze. Neben vielen interessanten Votivgaben, Grabfresken, Bauskulpturen und Vasen gibt es zwei einzigartige Funde, für die allein sich der Museumsbesuch lohnt. Im Heiligtum der Hera Argiva (s. S. 202) fand man einen nahezu vollständig erhaltenen Fries von **Reliefmetopen** (verzierte Steinplatten), die in der archäologischen Welt einzigartig sind. Die Metopen stammen aus der Zeit zwischen 570 und 560 v. Chr. 33 der insgesamt 36 Platten konnten unversehrt geborgen werden. Viele der dargestellten Szenen beziehen sich auf den Mythos um Herakles.

Ein weiteres beeindruckendes Exponat ist die **Tomba del Tuffatore** (›Grab des Tauchers‹), das man 1968 in Paestum entdeckte. Auf den Grabplatten ist ein Beerdigungsbankett abgebildet sowie ein Taucher, der gerade im Begriff ist, ins Wasser zu springen. Das Fresko aus der Zeit zwischen 470 und 480 v. Chr. ist das einzige bisher bekannte Original griechischer Wandmalerei jener Epoche (Via Magna Grecia 919, Tel. 0828 72 26 54, tgl. 9–19 Uhr, 1. und 3. Mo im Monat geschl., 4 €, kombiniert mit archäologischer Zone 6,50 €).

Area Archeologica

Direkt gegenüber dem Archäologischen Museum befindet sich der Eingang zur **Area Archeologica.** Die gesamte Stadt von Paestum ist von einer 4750 m langen antiken Stadtmauer umgeben. Die eigentliche Hauptattraktion sind jedoch die drei griechisch-dorischen Tempel, die alle auf einer Ost-West-Achse liegen.

Auf der rechten Seite, im Norden der Stadt, steht auf einer kleinen Anhöhe der **Athena-Tempel** 2. Anfangs wurde er irrtümlich als Ceres-Tempel bezeichnet, doch haben die bei den Ausgrabungen gefundenen Votivgaben an die Göttin eindeutig belegt, dass er der Athene geweiht war. Er stammt aus der Zeit um 500 v. Chr. und ist im Vergleich mit den beiden anderen Tempeln kleiner, aber in seinen Proportionen weitaus ausgewogener.

Südlich davon befindet sich das jüngste Bauwerk, der **Poseidon-Tempel** 3. Er entstand um 470 v. Chr. und war ehemals komplett mit weißem verziertem Marmor verkleidet. Der Tempel gilt als das besterhaltene Bauwerk der griechisch-dorischen Epoche. Nach wie vor sind sich die Experten jedoch nicht einig, ob er wirklich dem Poseidon oder vielleicht doch dem Apollon geweiht war.

Hinter dem Poseidon-Tempel steht das älteste und bedeutendste Bauwerk des Trios, der **Tempel der Hera,** auch **Basilika** 4 genannt, der vielen als schönster Tempel gilt. Der Name Basilika rührt daher, dass man ihn aufgrund seiner länglichen Form anfangs für eine römische Basilika hielt. Doch spätere Funde sowie der Altar bewiesen eindeutig, dass dieser Tempel der Hera geweiht war. Ihr zu Ehren wurde er um 550 v. Chr. erbaut und ist einer der größten aus Stein errichteten Tempel seiner Zeit.

Neben den griechischen Tempeln lassen sich auch römische Ausgrabungen besichtigen, darunter Reste eines **Forums** 5, eines **Amphitheaters** 6 und eines **Markts** 7 (Tel. 0828 81 10 23, Mo–So 9 Uhr bis 1 Std. vor Sonnenuntergang, 1. und 3. Mo im Monat geschl., 4 €, inkl. Museum 6,50 €).

Heiligtum der Hera Argiva

Auf der Grundlage der Schriften von Strabon (s. S. 200) machten sich 1934 zwei neapolitanische Archäologen auf die Suche – und wurden fündig. Zwar entdeckten sie keine gigantische Tempelanlage, aber einen der Hera geweihten Tempel sowie die berühmten Metopen und zahlreiche Votivgaben, die heute im archäologischen Museum von Paestum ausgestellt sind. Auf dem Gelände des Heiligtums nordöstlich der archäologischen Zone befindet sich heute das **Museo Narrante di Hera Argiva** 8. Es informiert über die Ausgrabungen und erläutert auf anschauliche Weise den Hera-Kult. Dieser lebt fort im Kult um die Madonna mit dem Granatapfel, wie er heute noch in Capáccio Vecchia oberhalb von Paestum zelebriert wird. Das Museum zeigt u. a. die Schiffe, die noch heute in der Prozession getragen werden, und Filmausschnitte der Prozession (Masseria Procuriali, Tel. 0828 86 14 40, Di–Sa 9–16 Uhr, Eintritt frei).

Cattedrale della Madonna del Granato

Fährt man von Paestum in Richtung der SS 18, so sieht man schon aus der Ferne die rosafarbene, auf einem Felsvorsprung thronende **Cattedrale della Madonna del Granato** unterhalb von **Capáccio Vecchia.** Zunächst wird man sicherlich die fantastische Aussicht auf die Sele-Ebene und die Tempel von Paestum genießen. Sehr interessant im Kircheninnern ist der nach oben ansteigende Boden. Im rechten Seitenschiff steht die Madonna mit dem Granatapfel – schlicht, aber beeindruckend (tgl. 7.30–12, 15–18 Uhr).

Infos

AST Paestum: Via Magna Grecia 887/891, gegenüber dem Eingang zum Ausgrabungsgelände, Tel. 0828 81 10 16, www.infopaestum.it, Mo–Sa Juni–Sept. 8–20, Okt.–Mai 8.30–13, 14–15.30 Uhr.

Übernachten

Gemütlich ▶ **Azienda Agrituristica Seliano** 1**:** Via Seliano, 2 km nördlich von Paestum, Tel. 0828 72 36 34, www.agriturismoseliano.it, April–Okt. Dieses absolut schöne und gastfreundliche B & B ist eine ideale Basis zur Erkundung der Region. DZ 80–120 €.

Camping ▶ **Villaggio Turistico Paestum** 2**:** Litoranea Loc., ca. 12 km nördlich der Ausgrabungen rechts der Küstenstraße, Tel. 828 69 10 03, mobil 395 91 56 33, www.campingpaestum.it, Mai–Sept. Gepflegt, mit eigenem Strand, Pools und Bungalows. Shuttle-Service zum nahe gelegenen Meer. Zelt inkl. 2 Pers. 20–30 €.

Essen & Trinken

Spezialitäten aus der Region ▶ **La Pergola** 1**:** Via Magna Grecia 1, Tel. 0828 72 33 77, Di–So mittags u. abends, im Sommer tgl. In dem Ristorante beim Ausgrabungsgelände gibt es u. a. Büffelfleisch, Büffelmozzarella und Artischocken. Zum Nachtisch kann man *torta di melanzane al ciocolato* (Schokoladen-Auberginenkuchen) probieren. Menü ab 30 €.

Termine

Festa di Carciofo: Ende April. Beim Artischockenfest gibt es Gerichte und Köstlichkeiten rund um diese Frucht.

Festa della Madonna del Granato: 2. Mai. Fest zu Ehren der Madonna del Granato mit einer Wallfahrt zur Kirche in Capáccio Vecchia.

Die Küste des Cilento

An die Sele-Ebene schließt sich der **Cilento** an, der erst ganz allmählich vom Tourismus entdeckt wird. Der Cilento, das ist eine Mischung aus tiefblauem klarem Meer, versehen mit Sand- und Felsstränden und bizarren Grotten, sowie einem bergigen Hinterland mit wildromantischen Tälern, faszinierenden Höhlen und weitestgehend unberührten Wander-

Tipp: Büffelmozzarella

Überall in der Gegend gibt es hervorragende Büffelmozzarella. Die Milch dazu stammt von den Wasserbüffeln, die in der feuchten Sele-Ebene gehalten werden. Der Name Mozzarella stammt vermutlich von *mozzare* (›abschlagen‹, ›abschneiden‹), denn die kleinen Kugeln werden erst zu einem späteren Zeitpunkt des Reifeprozesses aus der Käsemasse geformt bzw. ›abgeschnitten‹. Einen Einblick in die Herstellung bekommt man vormittags bei Vincenzo und Raffaele Barlotti in der **Masseria Lupata** 1 unmittelbar bei der alten Stadtmauer. Im Angebot sind Produkte rund um die Mozzarella, ob groß oder klein, frisch oder geräuchert, in Pesto eingelegt etc. Die Büffelmozzarella aus Kampanien trägt übrigens seit 1993 das DOC-Prädikat *Mozzarella di Bufala Campana* (Via Porta Marina, Paestum, Tel. 0828 72 20 02, mobil 333 404 20 65, tgl. 8-20 Uhr).

Nur wenn die Käsekugeln schön fest sind, handelt es sich um frische Ware

gebieten. Die einzigartige Schönheit dieser Landschaft erkannten auch die Naturschützer und so wurde 1991 der **Parco Nazionale del Cilento e Vallo di Diano** gegründet, der seit 1996 auf der Liste des Weltnaturerbes der UNESCO steht.

Große Hotelanlagen wird man im Cilento kaum finden, dafür kleine Herbergen und unzählige Agriturismi, an den Küsten auch viele Campingplätze. Es empfiehlt sich, diese Region mit dem eigenen Auto zu erkunden, denn Züge fahren fast nur entlang der Küste und die Bahnhöfe liegen meist weit außerhalb der Orte. Busse verbinden zwar alle Orte miteinander, fahren aber nicht allzu häufig. Die Küstenstraßen befinden sich im Gegensatz zu den Straßen im Landesinnern weitestgehend in einem guten Zustand.

Agrópoli ► 1, F 10

Nähert man sich dem Cilento von Norden, so erreicht man zunächst das kleine, lebendige **Agrópoli.** Entlang der Küste erstreckt sich ein langer **Lungomare,** gesäumt von einem

Sandstrand auf der einen, Bars, Pizzerias und Restaurants auf der anderen Seite – ideal für einen Urlaub am Meer, was vor allem die Neapolitaner zu schätzen wissen. Südlich des Lungomare befindet sich das **Centro Storico** auf einem Felsvorsprung, den schon die Griechen als Akropolis nutzten und auf dem die Byzantiner im 6. Jh. eine Befestigungsanlage errichteten. Von oben hat man einen tollen Blick hinüber nach Paestum und bei guter Sicht sogar bis zur Amalfitana.

Übernachten

Jugendherberge ▶ La Lanterna: Via della Lanterna 8, Tel. 0974 83 83 64, www.cilento.it/lanterna. Privat geführt, in Gehdistanz zum Zentrum. Die Zimmer sind sehr einfach und der Preis angemessen. Im Schlafsaal 15 € p. P., DZ 72–96 €.

Essen & Trinken

Spaß am Kochen ▶ Ristorante Il Ceppo: Via Madonna del Carmine 31, Tel. 0974 84 30 36, mobil 349 415 40 42, Mi–Mo mittags u. abends. Das gemütliche Ristorante am Stadtrand von Agrópoli lebt von der Freude an gutem Essen, den sowohl die Besucher als auch die Betreiber haben. In der Küche werden ausschließlich frische Zutaten verwendet. Menü ab 20 €.

Castellabate und Umgebung

▶ 1, F 10/11

Eines der Zentren an dieser Küste des Cilento ist das ca. 14 km südlich gelegene Castellabate mit seinen beiden Ablegern am Meer: Santa Maria di Castellabate und San Marco. Diese Orte zwischen der Punta Tresino im Norden und der Punta Licosa im Süden wurden als Erste für den Tourismus erschlossen, doch Hotelburgen sucht man hier vergeblich. Die langen Sandstrände und kleinen Buchten konnten sich ihren Charme erhalten, für Taucher und Schnorchler nicht minder verlockend ist das vor der Küste befindliche Wasserschutzgebiet **Parco Marino Subacqueo.**

San Marco als kleiner Bade- und Hafenort ist schlichtweg bezaubernd. In Richtung Norden kann man am Strand entlang in Richtung **Santa Maria di Castellabate** spazieren. Dort gibt es noch ein paar traditionelle *maestri d'ascia,* Schiffsbaumeister, die meist im Freien bis zu 15 m lange Holzboote zimmern. Hin und wieder werden in den Sommermonaten am Hafen Ausflüge mit diesen Booten angeboten. Die größte Anziehungskraft in Santa Maria di Castellabate besitzt jedoch der halbrunde Sandstrand im Ort, um den sich Bars und andere Lokale versammeln. Einige der Häuser stehen direkt am Strand, die mehrstufige Holzterrasse wird vor allem abends von Liebespaaren bevölkert und über alldem wacht eine bunte Madonnenstatue.

Über den beiden Orten thront **Castellabate,** das mit dem Fahrzeug über eine Serpentinenstraße zu erreichen ist. 1123 ließ der Abt von Cava dei Tirreni als Schutz vor Sarazenenüberfällen hier ein Kastell errichten, das Castello dell'abate. Um die Burg entstand ein kleiner Ort mit einem faszinierenden Labyrinth aus kleinen Gassen, zusammenhängenden Häusern und Höfen, Gärten und einem herrlichen Aussichtspunkt. Nicht umsonst wurde Castellabate von der UNESCO zum Weltkulturerbe erklärt.

Übernachten

... zwischen Meer und Castellabate:

Idylle und Ausblick ▶ Cilentissimo: Loc. Il Cannito, Tel. 0974 96 75 07, in Deutschland 030 812 01 47, www.cilentissimo.de, www.crapa.de. In zwei Gebäuden in den Hügeln oberhalb des Meers werden 8 bzw. 4 Apartments in renovierten Gutshäusern vermietet. Jeweils mit Kamin/Ofen, Terrasse, Blick aufs Meer und sehr geschmackvoller Einrichtung. Apartment für 4–8 Pers. ab 70 €/Tag.

... in Castellabate:

Urgemütlich ▶ B & B Dolcefarniente: Via Cusati 14, Tel. 0974 93 54 06, www.dolce-farniente.it. April–Sept. Wunderhübsches B & B mit kleinem Garten, Terrasse, Ausblick und viel Ruhe. DZ 50–60 €.

Essen & Trinken

... in Santa Maria di Castellabate:

Frischer Fisch ▶ La Taverna del Pescatore: Via Lamia 1, Tel. 0974 96 82 93, März–

Nov. Di–So mittags u. abends, im Sommer tgl. In dem gemütlichen Lokal versteht es Chefkoch Alfonso Preti auf geniale Weise, Fisch mit frischen Zutaten der Region zu kombinieren. Menü ca. 35 €.

... in San Mauro Cilento (oberhalb der Punta Licosa):

Cilentanische Küche ▶ **Il Frantonio:** bei der Cooperativa Agricola Nuovo Cilento (s. u.), Tel. 0974 90 32 43, Juni–Sept. tgl., sonst nur Sa/So, mittags u. abends. Restaurant mit typischer Hausmannskost des Cilento. Menü ab 15 €.

Einkaufen

Cilento vom Feinsten ▶ **Cooperativa Agricola Nuovo Cilento:** San Mauro Cilento (oberhalb der Punto Licosa), Tel. 0974 90 32 39, www.cilentoverde.com, Juli/Aug. tgl. 8–17 Uhr, sonst Mo–Fr u. Fei. Mehr als 100 Landwirte vermarkten hier neben dem berühmten, DOC-zertifizierten Olivenöl aus dem Cilento zahlreiche andere Produkte der Region, z. B. Feigen.

Aktiv

Wandern ▶ Von San Marco aus führt eine schöne Küstenwanderung zur **Punta Licosa** und weiter zur **Punta Ogliastro** (ca. 2,5 Std. einfach). Unterwegs bieten sich viele Möglichkeiten zu einem erfrischenden Bad im Meer. Entweder man geht auf dem gleichen Weg wieder zurück oder man nimmt den öffentlichen Bus.

Scavi di Velia ▶ 1, G 11/12

Die Küstenstraße führt vorbei an kleinen und eher felsigen Stränden zum 30 km weiter südlich gelegenen **Velia.** Die antike Stadt wurde entdeckt, als man im Jahr 1888 einen Eisenbahntunnel baute. Nachforschungen des deutschen Ingenieurs und Hobbyarchäologen Wilhelm Schleuning ergaben, dass es sich bei den Funden um das antike **Elea** handelte, das 540 v. Chr. von Griechen aus Phokäa in Kleinasien gegründet wurde. Die Bewohner betrieben regen Handel mit den umliegenden Städten, doch insbesondere die Philosophenschule des Parmenides und Zenon trug zum Ruhm der Hafenstadt bei. Die medizinische Ausrichtung dieser Schule lebte später in der Scuola Medica Salernitana fort (s. S. 196).

Im Gegensatz zu anderen griechischen Städten wie beispielsweise Paestum blieb Elea lange Zeit unabhängig und wurde erst 88 v. Chr. zur römischen Kolonie Velia. Infolge der allmählichen Versandung des Hafens ab dem 2./3. Jh. und zahlreicher Sarazenenüberfälle verringerte sich die Bevölkerung, sodass der Ort im 9. Jh. aufgegeben wurde. Lediglich die Akropolis blieb bestehen. Auf ihr wurde im Mittelalter ein Wachturm erbaut, der heute noch weithin sichtbar ist.

Sind Pompeji und Herculaneum viel besuchte Ausgrabungsstätten, so ist man in den **Scavi di Velia** so gut wie alleine unterwegs. Auf Englisch ausgeschildert sind zwei Rundgänge, für die man entweder 2 bis 5 Std. oder aber zwei Tage (!) benötigt. Sehr gut zu erkennen sind die alten gepflasterten Straßen, die zentrale Therme sowie ein Teil der Stadtmauer, die einst einen Umfang von 4,5 km hatte. Nicht entgehen lassen sollte man sich die Porta Rosa, einen der vollkommensten Torbögen aus der griechischen Epoche im 4. Jh. v. Chr. (Tel. 0974 97 23 96, tgl. 9 Uhr bis 1 Std. vor Sonnenuntergang, 2 €).

Nur wenige Kilometer südlich der Ausgrabungsstätte von Velia liegt der moderne Küstenort **Ascea,** der über eine gute touristische Infrastruktur verfügt.

Essen & Trinken

Historisch ▶ **Le Macine:** Via Grisi 14, Tel. 0974 97 21 42, www.ristorantelemacine.eu, Do–Di mittags u. abends. Das Ristorante von Luciano Ferolla an der Straße vom historischen Velia nach Ascea ist in einer alten Ölmühle untergebracht. Im Lokal sind noch die

Tipp: Urlaub auf dem Land

Im Cilento gibt es viele **Agriturismi** (s. S. 79). Bei der Suche nach einer passenden Unterkunft helfen die Portale www.cilento-ferien.de sowie www.agriturismo.it.

antiken Steine sowie das Modell einer Ölmühle zu sehen. Die Auswahl an Antipasti (Spinat, Spargel, gefüllte Zucchini oder Auberginen, Käse und Wurst, Fisch) ist enorm. Auch die selbst gemachte Pasta sollte man probieren. Menü 20–25 €.

Pisciotta und Capo Palinuro

▶ 1, G/H 12

Das Gebiet um Pisciotta, ca. 6 km südlich von Ascea, ist vor allem von sehr großen Olivenbäumen geprägt, die in unzähligen Hainen gedeihen. Die Bäume, die eine Höhe von durchschnittlich 18 m erreichen, sind zum Markenzeichen des Cilento geworden.

Die **Marina di Pisciotta** ist lieblich anzusehen, doch die wirkliche Attraktion stellt das historische **Pisciotta** dar. Gegründet wurde der Ort vermutlich zu Beginn des 10. Jh., erwähnt wurde er erstmals 1144. Pisciotta gehört zu den schönsten Orten des Cilento. Die Gassen sind mal breiter und (meist) sonnenbeschienen, dann wieder ganz eng, verwinkelt und dunkel. Die Aussicht vom Ort aufs Meer ist fantastisch.

An unendlich weiten Sandstränden entlang, die beständig zu einem Bad locken, gelangt man von Pisciotta und durch den touristisch gut erschlossenen Ort **Palinuro** nach gut 12 km zum **Capo Palinuro.** Der Name geht zurück auf den Steuermann des Äneas, der an dieser Stelle ertrunken sein soll. Eine Legende berichtet, er sei eingeschlafen und über Bord gefallen, eine andere Legende will es, dass Palinuro dem verführerischen Gesang einer Sirene erlag und ihr ins Wasser folgte. Vor der Erschließung der Küste für den Badetourismus gab es hier nur ein paar Fischerboote und Holzhütten. Doch dann erinnerte man sich der Grotten und der wunderschönen kleinen Buchten – und ein neues Urlaubsparadies war geboren. Das Kap selbst ist nur mit einem Boot zu erreichen, eine Tour, die unbedingt zu empfehlen ist. Unterwegs besichtigt man einige der Höhlen, allen voran die **Grotta Azzurra,** in der ein ähnlich silbrigblaues Licht herrscht wie in jener auf Capri. Außerdem gibt es noch die Blutgrotte, die Mönchsgrotte, die Schwefelgrotte und die Silbergrotte.

Die Küste des Cilento, im Hintergrund das Capo Palinuro

Der Küstenabschnitt um das Capo Palinuro bis nach Marina di Camerota (s. r.) gilt als der spektakulärste des Cilento. Außerhalb der Saison im Juli und August sind die Badebuchten so gut wie menschenleer.

Infos

Pro Loco di Palinuro: Via Parocchia 1, Palinuro, Tel. 0974 93 81 44.

Übernachten

... in Pisciotta:

Umwerfend schön ▶ Marulivio: Via Castello, Tel. 0974 97 37 92, www.maruliviohotel.it, www.casapixus.it. Die 11 Zimmer des Hotels, alle mit Meerblick, befinden sich in einem Kloster aus dem 14. Jh., dessen Wände man in die neue Struktur integriert hat, ebenso wie Nischen und kleine Seitenfenster. Angegliedert ist die Casa Pixus mit Apartments für 2–6 Pers. Apartment 45–130 €/Tag bzw. 300–900 €/Woche, DZ 80–210 €.

Camping ▶ Villaggio Lido Paradiso: etwa 2 km außerhalb, Tel. 0974 97 32 32, www.lidoparadiso.eu. Schöner Sandstrand, Sportangebote, Pool, Supermarkt, Restaurationen. Auch Vermietung von Bungalows. Zelt inkl. 2 Pers. 24–40 €.

Essen & Trinken

... in Marina di Pisciotta:

Von Einheimischen empfohlen ▶ Angiolina: Via Passariello 2, Tel. 0974 97 31 88, Ostern–Okt. tgl. mittags u. abends, außer So abends u. Di. Das seit 1960 bestehende Lokal am Lungomare serviert cilentanische Küche, d. h. frischen Fisch und Gemüse der Saison. Einheimische empfehlen die Gerichte mit *alici* (Sardellen). Menü 30 €.

... in Pisciotta:

Preiswert ▶ I Tre Gufi: Via Roma, Tel. 0974 97 30 42, Di–So abends, So/Fei sowie auf Vorbestellung auch mittags, Juli/Aug. tgl. Allein die herrliche Terrasse und die Lage im historischen Zentrum von Pisciotta gefällt. Gute Gerichte zu fairen Preisen, z. B. hausgemachte Pasta, Antipasti, frischer Fisch, Pizza aus dem Holzofen – für jeden ist etwas dabei. Pizza ab 5 €, Menü 15–20 €.

Einkaufen

Sardellen ▶ Alici di Menaica di Donatella Marino: Via Stazione Vecchia 3, Marina di Pisciotta, Tel. 0974 97 30 24, tgl. 9–13, 16–19 Uhr. Sardellen zum sofortigen Verzehr oder im Tongefäß zum Mitnehmen.

Aktiv

Tauchen ▶ Palinuro Sub Diving Center: Via Porto 5, Palinuro, Tel. 0974 93 85 09, www.palinurosub.it. U. a. Tauchexkursionen in die Meeresgrotten von Palinuro.

Bootstouren ▶ Am Lungomare von Palinuro gibt es mehrere Anbieter für Ausflüge unterschiedlicher Länge. **Da Alessandro:** Spiaggia del Porto Palinuro, Tel. mobil 347 654 09 31, www.costieradelcilento.it, April–Okt. Tour zu allen fünf Grotten inkl. einem abschließenden Bad in der Bucht von Buondormire (90–120 Min, ca. 10 € p. P.).

Camerota und Golfo di Policastro ▶ 1, H/J 12

Nach einer atemberaubenden, etwa 10 km langen Fahrt entlang von Sandstränden und vereinzelt ins Meer ragenden Felsen kommt man in den Badeort **Marina di Camerota.** Das ehemalige Fischerdorf hat sich ab den 1970er-Jahren zum beliebtesten Urlaubszentrum an der Küste des Cilento entwickelt. Der Fischfang wurde vom Tourismus als Haupterwerbszweig abgelöst und besonders in den Monaten Juli und August geht es in Marina di Camerota sehr lebhaft zu. Grund hierfür ist die wunderbare Küstenlinie um den Ort.

Oberhalb davon liegt auf gut 300 m das historische **Camerota,** ein kleines Städtchen mit verwinkelten Gassen und lauschigen Plätzen. In einem der hier bzw. an der Küste befindlichen Spezialitätengeschäfte sollte man es sich nicht entgehen lassen, die weißen Feigen des Cilento zu probieren – mit Schokoüberzug oder Fenchel oder einfach nur auf Holzstäbchen aufgespießt und in der Sonne getrocknet.

Hinter Marina di Camerota erstreckt sich entlang dem **Golfo di Policastro** bis kurz vor Sapri eine überwältigende Küste mit zahlreichen weiteren Grotten, abgelegenen Strän-

aktiv unterwegs

Kurze Wanderung zu den Grotte di Morigerati

Tour-Infos

Start: Piazza in Morigerati (ca. 40 km nordöstlich von Camerota)
Länge: 2 km
Dauer: 70 Min.
Schwierigkeitsgrad: einfach (130 Höhenmeter)
Wichtige Hinweise: Taschenlampe, Badesachen und ein Handtuch mitnehmen. Die Grotten betreut der WWF, im Sommer wird ein Eintritt von 3 € erhoben.
Essen & Trinken: Il Castello, Piazza Piano La Porta, Morigerati, Tel. 0974 90 52 51, tgl. mittags u. abends. In den historischen Gewölben eines alten Palasts wird deftige Bauernküche mit Zutaten aus dem eigenen Garten serviert. Menü 15–20 €.

Ein wahres Schauspiel bietet der Fluss Bussento, wenn er nach 8 km unterirdischen Verlaufs aus einer Grotte wieder hervorsprudelt. Von der Piazza in **Morigerati** folgt man zunächst den Hinweisschildern in Richtung »Oasi WWF« und »Grotte del Bussento«. Nach einem halben Kilometer abwärts gelangt man an den Kiosk des WWF, Tel. 0974 98 22 23, bei dem man evtl. Infomaterial zu Morigerati, dem Fluss Bussento, der Grotte und dem Umland erhalten kann.

Gut ausgeschildert führt ein bestens erhaltener Saumpfad von hier in Richtung Fluss, aus dem die Bewohner Morigeratis früher ihr Wasser heraufholten. Nachdem man vom Infokiosk aus einige Zeit abwärts gegangen ist, gelangt man an ein nach links weisendes Hinweisschild zu den »Grotte«, bleibt jedoch auf dem weiter abwärts führenden Pfad, bis man den Fluss mit einer Brücke erreicht. Rechts davon liegt ein sehr schöner Bade- und Picknickplatz, der ideal für eine kürzere oder längere Pause ist.

Man folgt dem Pfad weiter flussabwärts und wechselt dabei zwei Mal das Ufer, bis man über Steinstufen auf eine Art Plateau gelangt. Von hier aus sieht man die Grotte, aus der der Bussento wieder austritt. Von einer Brücke kann man in die Höhle mit ihren Tropfsteinformationen hineinsehen. Für den Rückweg folgt man von der Grotte dem Hauptweg nach rechts, der zum Kiosk des WWF und weiter zum Ausgangspunkt führt.

den und bizarren Felsformationen. Absoluter Höhepunkt ist die **Baia degli Infreschi,** auch Porto degli Infreschi genannt. Der Name geht auf die Süßwasserquellen zurück, die in einigen Grotten sprudeln. Sehr empfehlenswert ist die Wanderung von Marina di Camerota zur Baia degli Infreschi (ca. 3,5–4 Std. hin und zurück, insgesamt 12 km). Für den Rückweg kann man aber auch vorab in Marina di Camerota ein Boot ordern.

Infos

Pro Loco di Camerota: Marina di Camerota, Tel. 0974 93 29 00, www.marinadicamerota.info, Juli/Aug. 9–13, 16–20 Uhr, sonst wechselnde Öffnungszeiten.

Übernachten

Freundlich ▶ **Agriturismo Nonna Rosa:** Via Monte di Luna, oberhalb der Straße von Marina di Camerota nach Lentiscosa (ausgeschildert), Tel. 0974 93 90 58, www.nonnarosa.de. Von dem Hof hat man eine herrliche Aussicht. Helle Zimmer, einige mit Blick aufs Meer, himmlische Ruhe, gutes Abendessen. Bis an den Kieselstrand sind es ca. 15 Min. zu Fuß. DZ/HP 90–130 €.

Essen & Trinken

... in Marina di Camerota:

Süß, süß ▶ **Pasticceria Napoletana:** Via Lungomare Trieste 72, Tel. 0974 37 96 48. Ein scheinbar unendliches Angebot an Kuchen und Törtchen. Gleich nebenan lockt auch noch die beste Eisdiele des Orts, La Sirena.

... in Camerota:

Was das Herz begehrt ▶ **La Cantina del Marchese:** Via del Marchese 13, Tel. 0974 93 25 70, tgl. abends, mittags nur auf Vorbestellung. In dem gemütlichen Ristorante bekommt man ausgesprochen gute kampanische Küche aufgetischt. Allein die Auswahl an Antipasti ist überwältigend. Nicht versäumen sollte man, eines der hausgemachten Dolci zu probieren. Menü 20–25 €.

Abends & Nachts

... in Marina di Camerota:

Diskothek ▶ **Il Ciclope:** Via Mingardo, Tel. 0974 93 15 50, www.ilciclope.com, April–Sept. Disco in einer Grotte – ein wirklich tolles Ambiente.

Aktiv

Tauchen ▶ **Diving Center:** Lungomare Trieste 29, Marina di Camerota, Tel. 0974 93 26 05, www.divingcamerota.it.

Bootstouren ▶ In Marina di Camerota gibt es am Lungomare mehrere Anbieter für Bootstouren sowohl in Richtung Palinuro als auch zur Baia degli Infreschi, z. B. **Pescatori Monti Luna,** Tel. mobil 349 648 18 27.

Das Hinterland des Cilento

Grotta di Pertosa ▶ 1, H/J 9

Im Norden des Cilento liegen die **Monti Alburni,** deren Name sich vom lateinischen *albus* (›weiß‹) ableitet und sich auf die kalkweißen Bergwände bezieht. In den Monti Alburni gibt es neben vielen Quellen und Flüssen auch einige unterirdische Wasserläufe, die im Laufe von Jahrmillionen zur Herausbildung großer Höhlensysteme und faszinierender Grotten geführt haben. Die bekannteste und mit 3 km längste Höhle in Kampanien ist die **Grotta di Pertosa** ca. 75 km südöstlich von Salerno. Sie entstand vor etwa 35 Mio. Jahren und wurde in frühchristlicher Zeit als Kultort genutzt, worauf ein dem heiligen Michael geweihter Altar hindeutet, den man im 16. Jh. entdeckte und der seitdem das Ziel von Prozessionen ist. Der Altar gab der Grotte auch ihre beiden anderen, hauptsächlich verwendeten Namen: **Grotta dell'Angelo** und **Grotta di San Michele.**

Im Gegensatz zu anderen Höhlen war man sich dieser Grotte immer gewahr, nur dass aus ihrer Öffnung der Fiume Negro strömte und man sie daher nicht besichtigen konnte. Als in den 30er-Jahren des 20. Jh. der Fluss gestaut wurde, bildete sich im 20 m hohen und 15 m breiten Eingangsbereich der Grotte ein See, über den man mit kleinen Booten in die Grotte hineinfährt. Zunächst gelangt man in einen hohen Raum mit Wasserfall. Von hier begibt man sich zu Fuß weiter auf Entdeckungstour durch ein einzigartiges Höhlenlabyrinth. Immer wieder ist der alte Flusslauf zu sehen, sowie unzählige Stalagmiten und Stalaktiten, die sofort Assoziationen mit Medusen, Orgeln oder Elefanten aufkommen lassen, alles sehr effektvoll mit Lichtinstallationen in Szene gesetzt. Im Angebot sind drei verschiedene Führungen: Bei der Inferno-Tour unternimmt man einen ca. 1 km langen Rundgang durch große Hallen und Gänge. Auf der Purgatorio-Tour stößt man noch einmal 200 m weiter in die Grotte vor und gelangt dabei in die besonders faszinierende **Sala delle Spugne** (›Saal der Schwämme‹). Die schönste Tour ist die 1,5 km lange Paradies-Route, bei der man zusätzlich mit dem Boot zu einem blau angestrahlten Wasserfall gondelt, hinter dem sich die Paradieshöhle auftut (Tel. 0975 39 70 37, www.grottedellangelo.sa.it, tgl. Nov.–Febr. 9–16, März–Okt. 9–19 Uhr; Inferno-Tour, 60 Min., 10 €, erm. 7 €; Purgatorio-Tour, 75 Min., 13 €, erm. 10 €; Paradiso-Tour, 90 Min., 16 €, erm. 13 €; Eintritt

Tipp: Unbedingt probieren

Nach dem Besuch der Grotte sollte man sich auf jeden Fall die Zeit nehmen, um an einem der Imbissstände am Parkplatz ein **Panino con Carciofi** (Brötchen mit eingelegten Artischocken) zu probieren – einfach köstlich!

nur mit Führung – ital., meist auch engl., dt. nur auf Vorbestellung).

Grotte di Castelcivita ▶ 1, G/H 9

Im südlichen Teil der Monti Alburni liegt auf 587 m das mittelalterliche **Castelcivita,** dessen Hauptattraktion die weiter unterhalb im Calore-Tal gelegenen **Grotte di Castelcivita** sind, von Pertosa aus über eine ca. 45 km lange, kurvenreiche Straße zu erreichen. Die Grotten entstanden vor rund 200 Mio. Jahren und wurden durch einen Fluss ausgewaschen, der heute 20 m tiefer liegt. Der Legende nach soll sich Spartakus 71 v. Chr. in der Höhle versteckt haben. Entsprechend wird auch eine Brücke, die in der Nähe über den Galore-Fluss führt und schon in römischer Zeit bestand, Spartakus-Brücke genannt.

Mit der Erforschung der Grotten begann man erst 1925. Das ca. 4,5 km lange Höhlensystem ist heute bestens erschlossen, wenngleich nur ein Drittel davon für die Öffentlichkeit zugänglich ist. In der immer noch aktiven Grotte gibt es weniger künstliche Lichtquellen als in Pertosa, sodass sie natürlicher wirkt. Die Welt der Stalagmiten und Stalaktiten scheint hier sehr viel lebendiger. Sie wachsen ca. 1 bis 2 mm pro Jahr. Es ist verboten, sie anzufassen, denn das Fett unserer Haut verschließt deren Poren und unterbricht so den Wachstumsprozess. Einige der Stalagmiten und Stalaktiten sind dünn und fragil, andere kräftig und imposant. Wo sie zusammengewachsen sind, ragen beeindruckende Säulen vom Boden bis zur Decke. Und wieder gibt es viele assoziative Formationen, u. a. den Hexenhut und die Medusa (Tel. 0828 97 55 24, www.grottedicastelci vita.it, April–Sept. Führungen um 10, 11, 12, 13.30, 14.30, 15.30, 16.30, 17.30, 18.30, Okt.–März um 10.30, 12, 13.30, 15 und 16.30 Uhr, Führungen auf Dt. oder Engl. auf Vorbestellung, Dauer 1 Std., 10 €, erm. 8 €).

Übernachten, Essen & Trinken

Kleines Paradies ▶ **Terra Nostra:** in Corleto Monforte, von Castelcivita aus in Richtung Felitto zu erreichen, Tel. mobil 333 806 92 31, 333 456 02 87, www.agriturismoterra nostra.it. Der Agriturismo bietet 18 liebevoll eingerichtete Zimmer, Garten, Pool, Pferde für einen Ausritt und ist ideal für Ausflüge ins Cilento. Im angeschlossenen Restaurant (tgl. mittags u. abends) sitzt man sehr gemütlich entweder drinnen oder draußen auf der Terrasse mit Blick in den Garten. Fast alles wird hier selbst gemacht, u. a. eingelegtes Gemüse, Eis und Dolci. DZ 50–66 €, Menü 20 €.

Essen & Trinken

Regionale Küche ▶ **Ristorante Grotte:** Piazza Umberto, Tel. 0828 97 55 24, tgl. April–Sept. 10–20, sonst bis 18 Uhr. Hier kann man sich vor oder nach dem Grottenbesuch stärken. Spezialität des Hauses sind u. a. hausgemachte Pasta mit Bohnen oder Kichererbsen. Menü 15 €.

Roscigno Vecchia ►1, G/H 9

Gut 50 km südöstlich von Castelcivita liegt der Ort Roscigno, eine Neuansiedlung vom Beginn des 19 Jh., als man **Roscigno Vecchia** aufgrund drohender Erdrutsche evakuieren musste. Der neue Ort besteht aus einer Ansammlung mehr oder weniger moderner Häuser und besitzt eine gute Infrastruktur. Der Besuch in Roscigno Vecchia hingegen kommt einer Zeitreise gleich, erhält man hier doch einen nahezu perfekten Eindruck vom Leben im Cilento um die vorvergangene Jahrhundertwende – Roscigno Vecchia ist so etwas wie das Pompeji des 19. Jh. Über alte gepflasterte Treppen- und Karrenwege gelangt man in den Ort, entlang an verfallenen Mauern und Gehöften, die erst in letzter Zeit zum Teil wieder instandgesetzt werden. Alle Wege führen auf den zentralen, großen Dorfplatz. Munter wie eh und je plätschert hier am Brunnen das Wasser. Ein Bauer treibt regelmäßig seine Kühe und Bullen an die schöne Tränke. Auf einer Seite des Platzes befindet sich die Touristeninformation des Orts. Matt weht darüber eine amerikanische Flagge. Die Verbindung zwischen dem kleinen Ort im Cilento und dem großen Land überm Atlantik ist schnell hergestellt, wenn man mit Giuseppe Spagnola ins Gespräch kommt. Er stammt eigentlich aus Kalabrien, war als Bauarbeiter mal hier und mal dort tätig, kam 1997 nach Roscigno Vecchia und blieb. Heute lebt er in einem der Häuser an der Piazza, wo er auch ein kleines **Museum** zur Geschichte des Dorfs und des ländlichen Lebens eingerichtet hat. Das Haus nennt er lie-

Seit 1996 auf der UNESCO-Liste: der Parco Nazionale Cilento e Vallo di Diano

bevoll Zio Tom (›Onkel Tom‹), in Anlehnung an den Sohn eines Schusters, der mit der Evakuierung nicht im neuen Roscigno sein neues Domizil wählte, sondern nach Amerika auswanderte. Dennoch hält er die Verbindung zu seiner Heimat aufrecht, spendet hin und wieder etwas Geld und kommt beinahe jedes Jahr zu Besuch – meist im September, und dann wird ein großes Fest veranstaltet.

Valle di Calore und Vallo della Lucania ►1, G/H 10/11

Die Valle di Calore und die Valle della Lucania bilden das Zentrum des Cilento mit einer Vielzahl von Wanderwegen durch wildromantische Täler, herrliche Wälder, tiefe Schluchten und zu aussichtsreichen Gipfeln.

Die **Valle di Calore** wurde durch den gleichnamigen Fluss gebildet, der weiter nördlich in den Monte Alburni entspringt. Auf seinem Weg zum Meer formte er fünf Schluchten, von denen die beeindruckendste die bei **Felitto** ist, beginnend in **Remolino.** Auf einer gut 2-stündigen Wanderung kann man die Schlucht erkunden, allerdings ist der Weg nicht ganz einfach zu meistern, da er zu weiten Teilen im Schatten liegt und dadurch besonders im Frühjahr und nach Regenfällen sehr rutschig ist. Außerdem sind einige Wegabschnitte recht marode. Festes Schuhwerk ist auf dieser Wanderung unbedingt erforderlich. Auf jeden Fall sollte man sich am Kiosk der Oasi WWF, der sich am Parkplatz von Remolino befindet, vor dem Start nach der aktuellen Situation erkundigen. Hat der Kiosk geschlossen, kann man auch in der kleinen Trattoria nachfragen.

Tipp: Wandern

Das Cilento ist eines der schönsten Wandergebiete Süditaliens. In den Informationsbüros bzw. an Zeitungskiosken kann man die Wanderkarte des **Parco Nazionale Cilento e Valle di Diano** im Maßstab 1 : 50 000 erwerben, die gute Dienste leistet, da nicht alle Wege hinreichend ausgeschildert sind (rotweiße Markierungen).

Folgt man der kleinen und kurvenreichen Straße 488 weiter nach Süden, so gelangt man nach **Vallo della Lucania,** Verwaltungshauptstadt des Cilento und Sitz der Nationalparkbehörde. Etwas weiter südlich liegt das mittelalterliche **Novi Velia.** Von hier aus führt eine Straße bis fast auf den Gipfel des **Monte Gelbison,** auch Monte Sacro (›heiliger Berg‹) genannt. Mit 1705 m ist dies der zweithöchste Berg im Cilento. Von oben genießt man einen fantastischen Blick, der bei klarer Sicht zuweilen bis zum Vesuv oder gar bis zum Stromboli reicht. Anstatt mit dem Auto hinaufzufahren, kann man auch den alten, mit Steinplatten gepflasterten Pilgerweg wählen, der bei Novi Velia beginnt (2,5 Std. einfach, 5 km). Auf dem Gipfel befindet sich das **Santuario della Madonna del Sacro Monte,** das vermutlich seit dem 8. Jh. als Heiligtum genutzt wird. Von Mai bis Oktober wird in einem offenen Schrein eine Schwarze Madonna verehrt. Pilger, die den beschwerlichen Weg zu Fuß zurücklegen, hinterlassen einen Stein als Votivgabe für die Madonna.

Infos

Ente Parco del Cilento e del Vallo di Diano: Via F. Palombo, Vallo della Lucania, Tel. 0974 71 99 11.

Übernachten, Essen & Trinken

... in der Valle dell'Angelo (nordöstlich des Vallo della Lucania):

Gemütlich ► Locanda dell'Angelo: Piazza Canonico Lannuzzi, Tel. 097 494 20 08, www.cilentanaprodotti.it. Schön gelegener Agriturismo, man wohnt in alten Steinhäusern. Die Vermieter bieten Trekkingtouren an und betreiben die von Slow Food empfohlene Osteria La Piazetta. Menü 20–25 €, DZ 50–70 €.

Essen & Trinken

... bei Felitto:

Hausmannskost ► Remolino: 2 km hinter Laurino (ausgeschildert), Tel. 0828 94 53 60, Di–So 9–19 Uhr, im Sommer auch länger. Das Lokal liegt an einem Picknickplatz, wo zwei Wanderungen entlang dem Galore beginnen. Gute Antipasti und Pastagerichte. Menü 10 €.

Termine

Maria del Sacro Monte: am letzten So im Mai und am 2. So im Okt. Hunderte Pilger wandern zum Teil barfuß zum Santuario auf dem Monte Sacro hinauf.

Padula ► 1, J 10

An der Grenze zur Basilikata, weit im Hinterland des Cilento, liegt das Städtchen **Padula,** das sich auf einem der Hänge der **Monti della Maddalena** ausbreitet. Der Ort rühmt sich einer der schönsten und größten Klosteranlagen Süditaliens, der **Certosa di Padula.** Gegründet 1306, ist sie dem Märtyrer San Lorenzo gewidmet. Dieser hatte nach der Ermordung von Papst Sixtus durch den römischen Kaiser Valerian das Kirchenvermögen an die Gemeinde verteilt, wofür er zunächst gefoltert und dann auf einem Gitterrost bei lebendigem Leib gegrillt wurde. Den gitterförmigen Grundriss des Klosters führt man auf diese Geschichte zurück. Als Vorbild für den Bau diente das Escorial in Madrid. Bis zur Fertigstellung des Klosters gingen Jahrhunderte ins Land, und vielleicht würden die Arbeiten noch andauern, wäre es nicht 1860, dem Jahr der Einigung Italiens, aufgelöst worden. Viele Schätze sind in dieser Zeit verloren gegangen. Gelitten hat das Bauwerk auch durch die Zweckentfremdung als Waisenhaus, Gefängnis und Konzentrationslager. Später wurde die Certosa restauriert und gehört seit 1998 zum UNESCO-Weltkulturerbe.

Die Kartause weist entsprechend den Ordensregeln des heiligen Bruno zwei Bereiche auf. Zuerst betritt man den **Domus inferior** (lat. ›Unterhaus‹), in dem sich die Laienbrüder aufhielten. Um die mit einem prächtigen Chorgestühl versehene Kirche San Lorenzo befinden sich die Gemeinschaftsräume, viele mit Fresken aus dem Leben des Heiligen. Besonders beeindruckend sind jene in der Küche, die von einem riesigen Herd dominiert wird. Dieser Raum diente ursprünglich als Refektorium und wurde erst später zur Klosterküche umfunktioniert.

Von der Küche gelangt man in einen kleinen Wirtschaftshof und einen ersten Kreuzgang. Die noch erhaltenen Verzierungen an den Wänden und Säulen vermitteln einen guten Eindruck von der einstigen Pracht des Klosters, wobei der barocke Stil überwiegt. Etwas weiter gelangt man in den großen Kreuzgang, der mit seiner Grundfläche von 90 x 130 m einer der größten existierenden Kreuzgänge ist. Hier beginnt der **Domus alta** (lat. ›Oberhaus‹), der den Mönchen vorbehalten war. Der gewaltige Kreuzgang mit seiner zweigeschossigen Fassade wirkt sehr harmonisch. Von ihm gehen die Mönchszellen ab, wobei man in diesem Fall kaum von Zelle sprechen kann: Jede verfügt über einen kleineren und zwei große Räume sowie einen Garten und einen kleinen Arkadengang. Am Ende des großen Kreuzgangs führt eine imposante Barocktreppe ins zweite Stockwerk. Von der Treppe aus hat man einen guten Blick in den liebevoll gestalteten Park und in die Gärten der Mönchszellen (Viale Certosa, Tel. 0975 771 17, Mi–Mo 9–19.30 Uhr, 4 €, erm. 2 €).

Tipp: Agriturismo Alvaneta

Der weit oberhalb von Padula gelegene **Agriturismo Alvaneta** von Lucia und Francesco Barra lässt keine Wünsche offen: schlafen in frischer Bergluft, weite Ausblicke – und köstliches Essen. Die Zutaten dafür stammen größtenteils aus eigener Produktion. Besonders schmackhaft sind die getrockneten und gerösteten Paprikaschoten, Wurst und Fleisch von den eigenen Wild- und Hausschweinen oder Gemüse in überraschenden Variationen wie Kürbis mit Lorbeer. Am besten lässt man sich einfach von Lucia überraschen. Auf Vorbestellung wird auch für Nicht-Gäste gekocht (Campo da Alvaneta, Tel. 0975 771 39, www.fattoriaalvaneta.it, DZ 42–55 €, HP 15 € p. P. extra, Menü 20–25 €).

Infos

Ufficio di Informazione: im Klosterhof, Tel. 0975 77 85 49, tgl. 9–13, 15–17.30, So 9–13 Uhr (unregelmäßig).

Nur 26 Küstenkilometer zählt die Basilikata am Golf von Policastro, diese jedoch gehören zu den schönsten in ganz Süditalien

Kapitel 2

Basilikata

Die kleinste Region des Mezzogiorno liegt zwischen Apulien und Kalabrien, sozusagen zwischen dem Stiefelhacken und der Stiefelspitze. Im Altertum unter dem Namen Lukanien bekannt, setzte sich nach der normannischen Eroberung Süditaliens die Bezeichnung Basilikata durch. Die Einwohner nennen sich jedoch nach wie vor Lukaner.

Die Basilikata grenzt mit wenigen Küstenkilometern sowohl ans Tyrrhenische als auch ans Ionische Meer, beides bei Italienern beliebte Urlaubsziele. Doch die ›wirkliche‹ Basilikata liegt im Landesinnern. Bis in die Mitte der 1950er-Jahre das Armenhaus Süditaliens, wird dieses Gebiet erst seit ein paar Jahren vom Tourismus entdeckt. Besucher finden hier noch eine intakte Tier- und Pflanzenwelt sowie uralte lebendige Traditionen.

Von der paradiesischen Steilküste bei Maratea am Tyrrhenischen Meer gelangt man in den Parco Nazionale del Pollino mit bis zu 2000 m hohen Bergen. Ebenso überwältigend sind die bizarren Felsformationen der Dolomiti Lucane. Nördlich davon liegen die Provinzhauptstadt Potenza sowie einige der geschichtsträchtigsten Orte Süditaliens wie Lagopésole, Melfi und Venosa. Im Südosten gelangt man zu den Sassi der Höhlenstadt Matera, wo basilianische Mönche über 100 Kirchen in den Tuffstein gegraben haben. Am Ionischen Meer schließlich liegen Metaponto und Policoro, ehemals wichtige Zentren der Magna Graecia.

Für die Erkundung der Basilikata sollte man zwei bis drei Wochen einplanen, wobei ein eigenes Fahrzeug ratsam ist. Ideal sind die Monate April bis Juni sowie September bis November, denn im Juli und August können die Temperaturen auf über 40 °C klettern.

Auf einen Blick

Basilikata

Sehenswert

6 **Maratea:** Kleines Paradies vor gewaltiger Bergkulisse am Tyrrhenischen Meer – versteckte Buchten, steile Klippen und glasklares Wasser (s. S. 218).

Parco Nazionale del Pollino: Gigantische Berge, jahrhundertealte Panzerkiefern, lebendige Bräuche und eine herzhafte Küche (s. S. 225).

Acerenza: Hier steht die Kathedrale, die in Venosa nie vollendet wurde (s. S. 243).

7 **Venosa:** In einem einmaligen Freiluftmuseum treffen Antike, christliche und jüdische Religion aufeinander (s. S. 254).

8 **Matera:** Die Sassi von Matera sind eine in den Tuffstein gegrabene Stadt und seit 1993 UNESCO-Weltkulturerbe (s. S. 258).

Schöne Routen

Von Rotonda über Viggianello nach San Severino Lucano: Eine faszinierende Strecke durch die gigantische Bergwelt des Pollino-Nationalparks (s. S. 226).

In die Lukanischen Dolomiten: Die Fahrt von der SS 407 nach Pietrapertosa und Castelmezzano nimmt einem fast den Atem (s. S. 230).

Anfahrt nach Acerenza: Das Stadtbild mit der hoch aufragenden Kathedrale beeindruckt, egal aus welcher Richtung man sich dem Ort nähert (s. S. 243).

Von Policoro nach Aliano: Am Fluss Agri entlang geht es durch eine unwirkliche Erosionslandschaft ausgewaschener Lehmberge über das kleine Alianello in den Verbannungsort von Carlo Levi, wo nicht nur das Andenken an den Schriftsteller, sondern auch alte Mythen lebendig sind (s. S. 276).

Meine Tipps

Castelmezzano und Pietrapertosa: Zwei lauschige Dörfer inmitten einer spektakulären Berglandschaft (s. S. 230, 233).

Archäologische Museen in Potenza und Melfi: Beide Ausstellungen geben hervorragende Einblicke in die Geschichte der Basilikata (s. S. 238, 250).

Aglianico-Wein am Monte Vúlture: Wer in diesem Gebiet weilt, sollte es auf keinen Fall versäumen, den einzigen DOC-Wein der Basilikata zu probieren (s. S. 246).

Chiesa San Donata in Ripacandida: Die Bibel der Armen – Wände und Decken der kleinen Kirche sind mit unzähligen Freskendarstellungen aus dem Alten und Neuen Testament bedeckt (s. S. 248).

aktiv unterwegs

Wanderung im Bosco Magnano: Flusswanderung mit Ottern (s. S. 227).

Il Volo dell'Angelo – der Flug des Engels: Wenn man an dem über ein Tal gespanntes Seil von Castelmezzano nach Pietrapertosa rauscht, wird der Traum vom Fliegen Wirklichkeit (s. S. 232).

Radtour durch die Hügellandschaft um Venosa: Geschichte, Wein und schöne Landschaften (s. S. 252).

Wandern im Parco della Murgia: Weite Ebenen, Canyons und einzigartige Höhlenkirchen (s. S. 270).

Zu Fuß, per Rad, mit dem Kanu oder auf dem Pferderücken durch die Oasi Policoro: Entdeckungstouren je nach Gusto im italienischen Amazonas (s. S. 275).

Maratea, Parco Nazionale del Pollino und Valle dell'Agri

Die Basilikata verfügt nur über einen winzigen Zugang zum Tyrrhenischen Meer, doch dafür ist jeder dieser 26 Küstenkilometer ein kleines Juwel. Über kurven- und aussichtsreiche Straßen gelangt man von der Küste in die überwältigende Bergwelt des Pollino-Nationalparks mit seinen lebendigen Traditionen und in die seit jeher wirtschaftlich bedeutende Valle dell'Agri.

6 Maratea ► 2, J/K 12/13

Umgeben von hohen Bergen liegt **Maratea** am Golf von Policastro, einem der schönsten Abschnitte an Italiens Westküste. Die steil abfallenden Felsen des Sirino-Massivs, kleine Buchten und Orte, eine sich am Fels entlangschlängelnde Straße, azurblaues Meer und thronend über allem die Statue des Redentore ergeben eine überwältigende Szenerie. Auch Taucher und Schnorchler schätzen diesen Küstenstrich sehr, der seit Jahren mit einem Qualitätssiegel ausgezeichnet wird.

Costa di Maratea

Die touristische Entwicklung der **Costa di Maratea** nahm ihren Anfang mit dem piemontesischen Conte Stefano Rivetti di Vall Cervo (1914–88), der hier 1955 ursprünglich nur einen Ableger seiner Textilfirma ansiedeln wollte. Doch der Unternehmer verliebte sich in den Landstrich und ließ bei Fiumicello das Luxushotel Santa Venere erbauen, noch heute ein Fünf-Sterne-Hotel mit einer Reihe illustrer Gäste. Mit dem Conte und dem Hotel hielt die High Society Einzug. Auch heute, vor allem in den heißen Sommermonaten, geht es an diesem Küstenabschnitt ein wenig elitär zu. Hinter hohen Hecken versteckt sich die eine oder andere Villa, deren Besitzer lieber unerkannt bleiben möchten.

Die Costa di Maratea ist gesäumt von sechs **Sarazenentürmen,** die gegen Ende des 16. Jh. im Zuge der Befestigung der tyrrhenischen Küste unter den Spaniern errichtet wurden. Der mächtigste ist jener an der **Punta Santa Venere.** Nicht weit davon erstreckt sich auch der Kiesstrand von **Fiumicello Santa Venere,** der größte an der gesamten lukanischen Küste und zugleich der beliebteste, weil es hier auch Abschnitte gibt, für deren Nutzung man im Sommer nicht bezahlen muss.

Oberhalb der Küste verläuft eine kurvenreiche Straße, mit deren Bau erst im Jahr 1925 begonnen wurde. Sie verbindet die einzelnen Stadtteile von Maratea miteinander – der südlichste ist **Castrocucco** mit einem unendlich langen Sandstrand, der nördlichste **Acquafredda** mit schönen Kiesbuchten. Acquafreddas Name (›kaltes Wasser‹) rührt da-

Tipp: Infos und Busverbindungen

Die beiden von der Agenzia di Promozione Territoriale della Basilicata (APT) betreuten Webseiten **www.aptbasilicata.it** und **www.discoverbasilicata.com** geben in Deutsch viele hilfreiche Informationen zur Reiseplanung, über das Wetter, zu Unterkünften etc. Die **Busse** der SITA, www.sitabus.it, verbinden die Orte in der Basilikata miteinander. Außerdem gibt es Verbindungen nach Kalabrien und Kampanien.

her, weil untermeerisch ein Fluss aus den Bergen ins Meer mündet und das Wasser deswegen hier kälter ist als anderswo. Der Name des sich an den Ort anschließenden **Cersuta** mit kleinen Kiesstränden leitet sich von den umgebenden Eichenwäldern ab. Zwischen Fiumicello Santa Venere und dem idyllischen **Porto di Maratea** führt eine Straße hinauf nach Maratea Borgo.

Maratea Borgo

Das historische Maratea, **Maratea Borgo** genannt, ist ein schönes mittelalterliches Städtchen, das man besser zu Fuß erkundet. Man schlendert durch schmale Gassen, vorbei an kleinen Läden, die traditionelles Kunsthandwerk und Leckereien verkaufen, und gelangt auf der Via San Pietro zur **Chiesa Annunziata.** Vor der Kirche steht die in Stein gehauene Statue des San Biágio, seines Zeichens der Stadtpatron von Maratea, dessen Basilika sich jedoch oben beim Redentore befindet (s. u.).

Nur einige Schritte entfernt von der Chiesa Annunziata liegt die kleine **Piazza Buraglia.** Sie ist das Wohnzimmer von Maratea Borgo, wo man sich auf einen Kaffee oder Aperitif trifft, zu einem Schwatz und zum Schauen. Eine Treppengasse führt vom Platz hinauf zur **Chiesa Santa Maria Maggiore,** die vor allem durch ihr monumentales Portal beeindruckt.

Maratea Superiore

Eine gut ausgeschilderte Straße (immer dem Schild »Statua del Redentore« folgen) windet sich auf den Gipfel des 624 m hohen **Monte San Biágio.** Man nennt diesen Ort **Maratea Superiore,** weil er über allem thront und sich von hier fantastische Ausblicke über den Golf von Policastro bieten. Hier befindet sich auch das weithin sichtbare Wahrzeichen von Maratea: **Il Redentore** (›der Erlöser‹). Seit 1965 breitet die 22 m hohe Jesusstatue ihre Arme schützend über das Gebiet der Basilikata. Wie die Balkone in Maratea Borgo ist die Statue nicht dem Meer, sondern dem Landesinnern zugewandt, was davon zeugt, dass die einstigen Bewohner traditionsgemäß keine Fischer, sondern Bauern waren. Anstatt mit dem Auto zum Redentore zu fahren, kann man auch in gut 60 Minuten hinaufwandern. Dazu geht man in Maratea Borgo zunächst die Via Cardinal Gennari aufwärts. Nach ca. fünf Minuten gelangt man auf einen kleinen Platz, wo rechts der anfangs asphaltierte Weg abzweigt, ausgeschildert mit »Madonna delle Grazie«.

Auf dem Weg über die Straße zur Statue passiert man die kleine **Basilica di San Biágio.** Ursprünglich befand sich hier ein Heiligtum der Minerva, auf dem im 6./7. Jh. eine erste Kirche errichtet wurde. Die heutige Basilika stammt aus dem 13. Jh. und ist das letzte intakte Überbleibsel, bevor der Ort zerstört wurde. Von außen mit Elementen der Renaissance eher schlicht gehalten, wurde das Innere im 18. Jh. barockisiert. In einem Marmoraltar werden die Reliquien des Heiligen aufbewahrt. Das Fest ihm zu Ehren mit Prozessionen, Schlüsselübergabe an den Bürgermeister, Tanz und Feuerwerk findet stets in der zweiten Maiwoche statt.

Infos

APT: Piazza del Gesu 32, Fiumicello Santa Venere, Tel. 0973 87 69 08, www.aptbasilicata.com, Mo–Sa 8–13, Di/Do auch 15–18, Juli/Aug. 8–20, So 9–13, 16–20 Uhr.

Übernachten

... an der Costa di Maratea:

Stilvoll ▶ **Murmann:** Via Fiumicello 1, Fiumicello Santa Venere, Tel. 0973 87 31 95, www.hotelmurmann.it. 4-Sterne-Hotel in Gehdistanz zum Fiumicello-Strand. Großzügige Zimmer, kleiner Pool, Dachterrasse mit Bar, Parkplatz (12 €/Tag). DZ 70–200 €.

Kleines Juwel ▶ **Tenuta Palmieri:** Via Cersuta 29/A, Cersuta di Maratea, Tel. 0973 87 64 39, mobil 345 182 65 73. Gemütliches B & B mit freundlichen Zimmern und viel Holz. Garten mit Rosmarin und alten Bäumen. Alles liegt etwas versteckt und ruhig. Ein Fußweg führt hinunter in eine kleine Badebucht. DZ 70–120 €.

... in Maratea Borgo:

Edel ▶ **La Locanda delle Donne Monache:** Via Carlo Mazzei 4, Tel. 0973 87 61 39, www.

In Maratea ist alles ein wenig edler als anderswo, auch die Autos

locandamonache.com. Die 27 Zimmer und Suiten sind alle unterschiedlich und sehr geschmackvoll eingerichtet. Das Hotel mit Pool, Garten und Parkplatz befindet sich in einem Kloster aus dem 18. Jh. und ist Garant für einen stilvollen Aufenthalt. DZ 100–310 €.

Erholsam ▶ Villa Tranquilla: Loc. Massa Maratea (oberhalb von Maratea in der Nähe des Redentore), Tel. 0973 87 60 59, www.villatranquilla.eu. Einladendes B & B in einer modernen Villa mit Gärtchen, Terrassen und geräumigen Zimmern. Gut geeignet zum Entspannen. DZ 50–100 €.

Essen & Trinken

… an der Costa di Maratea:

Alteingesessen ▶ Za' Mariuccia: Via Grotte 2, Maratea Porto, Tel. 0973 87 61 63, April–

Sept. Fr–Mi mittags u. abends. Gourmetrestaurant am Hafen, das u. a. vom Michelin empfohlen wird. Man sitzt sehr aussichtsreich, serviert werden köstliche Fischgerichte und lukanische Küche. Menü 25–50 €.

… in Maratea Borgo:

Zum Probieren ► **La Merenderia:** Trav. Dietro L'Annunziata 12, Tel. mobil 349 147 19 18, Juni–Sept. ab 19.30 Uhr. Das kleine Lokal mit angeschlossenem Spezialitätenladen liegt etwas versteckt, doch das Suchen lohnt sich. Man sitzt an alten Holztischen auf einer Piazza, probiert typische Produkte der Region wie Käse, Wurst, Schinken, Peperoni und Wein. Unbedingt die Cruschi Sinise testen! 10–15 € p. P.

… in Massa Maratea:

Vom Feinsten ► **Il Giardino di Epicuro:** Tel. 0973 87 01 30, April–Okt. Do–Di, Juli/Aug. tgl., nur abends, mittags auf Vorbestellung. Mit Blick auf den Monte Biágio gibt es beste lukanische Küche, v. a. Fleischgerichte, die mit wilden Kräutern und Früchten der Saison zubereitet werden. Menü 30–35 €.

Einkaufen

Spezialitäten der Region ► **La Farmacia del Sani:** Via Cavour 10, Maratea Borgo, Tel. 0973 87 61 48. In dem kleinen Laden findet man viele typische Produkte der Region und kann vor dem Kauf auch das eine oder andere probieren.

Aktiv

Bootstouren und Tauchen ► **Centro Sub Diving:** Via S. Catarina 80, Maratea Porto, Tel. 0973 87 00 13, mobil 338 877 78 99, web.tiscali.it/csmaratea. Von Mai–Sept. Tauchgänge, außerdem Bootstouren zu Grotten, Buchten und Inseln inkl. 2–3 Badestopps (Abfahrt 9.30, Rückkehr 13 Uhr, max. 22 Pers., Erw. 20 €, Kind. 6–12 Jahre 12 €, Kind. unter 6 Jahren frei).

Wandern ► Das **Gebiet um Maratea** wird zunehmend als Wandergebiet erschlossen. Vor Ort kann man die Karte »Guida Cartografica di Maratea« (1 : 50 000) von Pompeo Limongi und Mimmo Longobardi kaufen, auf der nicht nur Wanderwege und Straßen eingezeichnet sind, sondern auch Strände, Herbergen, Restaurants etc.

Verkehr

Züge: Nach Neapel, Salerno sowie in andere Orte der Region. Infos: www.trenitalia.it.

Busse: Von Juni–Sept. gibt es zwischen Maratea Borgo und Fiumicello einen Shuttle-Service.

Das Hinterland von Maratea

Durch die Valle del Noce nach Rivello ►2, K 12/13

Kurz hinter **Castrocucco,** dem südlichsten Ort an der Costa di Maratea, führt die gut ausgebaute SS 588 durch die **Valle del Noce** hinauf in die Berge des Sirino-Massivs, wo es schöne Wanderwege zu erkunden gibt. Das überraschend grüne Tal und der gleichnamige Fluss haben ihren Namen aufgrund der hier zahlreich wachsenden Walnussbäume erhalten, deren Früchte eine wichtige Rolle in der regionalen Küche spielen.

Nach ca. 8 km zweigt eine Straße in den Ort **Trécchina** mit seiner bezaubernden Piazza del Popolo ab. Hier spricht man ebenso wie im 12 km nördlich gelegenen Rivello noch einen galloromanischen Dialekt, den man nur im Hinterland von Maratea und im Osten Siziliens hört. Wahrscheinlich stammt er von Einwanderern aus Norditalien, die sich auf der Flucht vor den Langobarden zwischen dem 11. und 13. Jh. hier ansiedelten.

Essen & Trinken

... in Trécchina:

Ein Muss ► **Lanterna Verde:** Piazza del Popolo 43, Tel. 0973 82 62 16, mobil 368 99 94 50, www.lanterna-verde.it, Juni–Sept. tgl., sonst Sa/So mittags u. abends sowie auf Vorbestellung. Das Lokal, eine Mischung aus Ristorante und Pizzeria, besteht bereits in der zweiten Generation. Der Wirt achtet bei der Zubereitung seiner Gerichte auf Qualität, nahezu alle Zutaten kommen aus der Region – und das schmeckt man auch! Sehr zu empfehlen sind das *filetto ai funghi* (zartes Fleisch mit Pilzen der Saison), die *cingole ai pepi crushi di senisi* (hausgemachte Pasta mit getrockneter Paprika, geröstetem Brot und gesalzenem Ricotta) oder die *torta di noci* (Walnusskuchen). Zum Abschluss vielleicht einen Fenchellikör? Pizza ab 3 €, Menü 20–25 €.

Rivello ►2, K 12

Das wahrlich beschauliche **Rivello** liegt idyllisch auf einem Hügelrücken vor einer absolut fantastischen Bergkulisse. In seiner über 2000-jährigen Geschichte hat der Ort schon einige Erdbeben erleben müssen, zuletzt im Jahr 1998. Die Restaurierungsarbeiten dauern bis heute an.

Als Revelia wird der Ort in offiziellen Dokumenten erstmals 1029 erwähnt, was die These bestätigt, dass sich die Bewohner Velias (s. S. 205) hier niedergelassen haben, als sie im 10. Jh. auf der Flucht vor den Sarazenen ins höher gelegene Landesinnere zogen. Wenig später siedelten sich auch Byzantiner hier an. Sowohl in der auf einer Anhöhe gelegenen **Chiesa Santa Maria del Poggio** als auch in der **Chiesa San Nicola dei Greci** wurden die Gottesdienste bis 1572 nach griechisch-orthodoxem Ritus abgehalten. Die dem heiligen Nikolaus geweihte Kirche San Nicola dei Greci steht mitten in Rivello und besitzt eine sehr schöne einfache Krypta aus dem 9. Jh., die durch zwei lange Säulenreihen in drei Schiffe unterteilt wird. Leider sind beide Kirchen nur selten geöffnet.

Ähnlich verhält es sich mit dem **Convento San Antonio di Padova.** Das Kloster vom Beginn des 16. Jh. liegt am Fuß der Altstadt, wurde 1960 geschlossen und Anfang der 1990er-Jahre restauriert. Zu diesem Zeitpunkt waren allerdings zwei Flügel des Kreuzgangs bereits abgerissen. In der oberen Etage befinden sich die Büros der Beni Culturali. Sofern sie besetzt sind (Mo–Fr 10–13 Uhr), kann man den Kreuzgang mit seinen Fresken von 1537 besichtigen, auf denen Szenen aus dem Leben Christi dargestellt sind. Eine Überraschung ist das Fresko »Das letzte Abendmahl«, das sich an der Stirnseite des ehemaligen Refektoriums in der ersten Etage befindet. Es stammt vermutlich von dem in Potenza gebürtigen Giovanni Todisco (16. Jh.). Auf dem Tisch finden sich typische ländliche Produkte der Region wie Feigen, Melonen, Kirschen, Nüsse, Kaninchen etc. Vor der Tafel, an der die zwölf Jünger und Jesus sitzen, kniet ein Benediktinermönch – offenbar war der Orden Sponsor der Arbeit. Hunde und Katzen tollen umher, wobei vor allem die Katzen eine fast schon menschliche Physiognomie haben.

Festa della Madonna del Pollino

Thema

Am ersten Sonntag im Juni wird die Statue der Madonna del Pollino von San Severino Lucano in das gleichnamige, auf 1537 m gelegene Santuario gebracht. Dort bleibt sie bis zum zweiten Septembersonntag. Am ersten Juliwochenende treffen sich am Santuario Tausende Pilger zu einem riesigen Volksfest.

Mit Ausnahme dieser Termine steht die etwa 1 m große Statue in einer Glasvitrine der Kirche von San Severino Lucano (s. S. 226). Die Madonna trägt ein weinrotes Kleid und eine Krone und hält das Jesuskind im linken Arm. Ihre Schuhe sind von den zahlreichen Berührungen der Gläubigen ganz abgegriffen. Sie ist die Beschützerin des Pollino, egal ob lukanisch oder kalabrisch.

Zur Herkunft der Statue stehen zwei Varianten zur Auswahl. Die eine besagt, sie sei 1750 von zwei Schäfern in einer Höhle am Monte Pollino gefunden worden. Die andere berichtet, dass die Madonna den Schäfern auf dem dortigen Bergkamm erschienen sei, woraufhin sie eine Statue schufen und diese in die Kirche nach San Severino Lucano brachten. Am nächsten Tag jedoch war die Madonna verschwunden. Man fand sie schließlich auf dem Gipfel, wo man ihr ein Sanktuarium errichtete.

Das Heiligtum spielte vor allem für die Hirten der in Süditalien bis weit ins 20. Jh. hinein verbreiteten Transhumanz eine wichtige Rolle. Die Transhumanz ist eine Form der Fernweidewirtschaft, bei der große Herden häufig über lange Strecken von den Tälern auf die hochgelegenen Sommerweiden gebracht werden. Für die Hirten und ihre Tiere diente insbesondere die Madonna del Pollino als Beschützerin. Ihr zu Ehren begründete man die Festa della Madonna del Pollino, die jeweils am ersten Wochenende im Juli stattfindet. Schnell entwickelte sich das Fest zu einem Treffpunkt für Hirten, Bauern, Händler – und Verliebte. Drei Tage lang lagerte man um den Gipfel, errichtete Grashütten und Marktstände, schlachtete und grillte mitgebrachte Tiere und nicht zuletzt verehrte man die Madonna in Prozessionen und Gottesdiensten. Auch Musik, Tanz und Gesang kamen nicht zu kurz. Das traditionelle Instrument, das hierbei nach wie vor zum Einsatz kommt, ist neben der Ziehharmonika und der Flöte vor allem die Zampogna, eine italienische Sackpfeife, die für das gesamte Gebiet des Pollino typisch ist. Der Blaskörper wird aus der Haut eines jungen Zickleins gefertigt, das nicht mehr als 20 kg wiegen und im August geschlachtet werden sollte – dann ist die Qualität der Haut am besten. Die zwei bis sechs Pfeifen bestehen aus Holz, wobei besonders Olive und Ahorn verwendet werden. Das Stimmen des Instruments ist dann eine Wissenschaft für sich.

Auch wenn man heute mit dem Auto fast bis auf den Gipfel fahren kann, die Tiere nicht mehr vor Ort geschlachtet werden und das gesamte Equipment moderner ist, blieb der Brauch lebendig. Das Fest ist auch heute noch ein Treffpunkt für die Bewohner des Pollino, die zum Teil von weither angereist kommen.

Tipp: Wer sich für die Zampogna interessiert, dem sei die Gruppe Suoni aus Terranova empfohlen (www.grupposuoni.it).

Die gleich neben dem Konvent stehende **Chiesa di Santa Maria** hat leider nur selten geöffnet, aber ein Versuch lohnt sich, denn auch diese Kirche birgt einen kleinen Schatz. Das Gestühl im Chorraum, der ursprünglich den Mönchen vorbehalten war, ist mit sehr sehenswerten Schnitzereien versehen. In jede Rückenlehne ist ein Heiliger eingearbeitet, die Armlehnen ruhen auf Sarazenen-, Affen-, Königs- und anderen Köpfen, z. T. sind lokale Handwerke dargestellt, aber auch mythologische Figuren kommen vor.

Essen & Trinken

Herzhafte Speisen ▶ Trattoria Pelegrino: Corso Vittorio Emanuele 2, Tel. 0973 466 17, Dez.–Okt., Fr–Mi mittags u. abends. Hausgemachte Pasta, lukanische Würste, Gemüse und Fleisch vom Grill – auch von Einheimischen wird dieses Lokal empfohlen. Menü 15–20 €.

Einkaufen

Kupferschmiede ▶ Il Rame: Viale Monastero 69, Tel. 0973 463 72, Mo–Sa 16.30–20.30 Uhr. Im 19. Jh. gab es noch um die 60 Schmiede in Rivello, die Produkte aus Kupfer herstellten. Heute geht nur noch die Familie Martino diesem Handwerk nach. In ihrem Geschäft beim alten Kloster sind u. a. diverse Gefäße, Töpfe und Schmuck erhältlich.

Lagonegro und Monte Sirino

▶ 2, K 11/12

Ca. 14 km nördlich von Rivello befindet sich das weitaus modernere **Lagonegro,** eine Gründung der Langobarden aus dem 7. Jh. und lange Zeit bekannt für den Bau von Turmuhren. Heute hat der Ort leider nicht mehr viel zu bieten, nur Mitte der 1980er-Jahre erlebte Lagonegro noch einmal einen Boom. Ein russischer Forscher hatte herausgefunden, dass Giaconda – die Frau eines florentinischen Kaufmanns, die Leonardo da Vinci porträtierte und die als Mona Lisa bekannt wurde – auf einer Reise hier halt machte, vor Ort verstarb und in der **Chiesa di San Nicola** beerdigt wurde. Hotels mit dem Namen Mona Lisa eröffneten, Bars benannten sich nach ihr, Forscher, Wissenschaftler und Fans kamen und suchten, doch bisher wurde nichts gefunden.

Lagonegro liegt am Hang des Monte Sirino, eines Massivs, das die ganze Gegend beherrscht und mit seinen Skipisten zu den beliebtesten Wintersportgebieten der Basilikata gehört. Höchster Berg ist mit 2005 m der Monte Papa.

Vor allem im Sommer erfrischend: eine Wanderung im Bosco Magnano

Parco Nazionale del Pollino

Von Maratea kommend gelangt man über die Autobahn in den südöstlich gelegenen **Parco Nazionale del Pollino,** der 1993 eingerichtet wurde. Das Schutzgebiet reicht vom Tyrrhenischen bis ans Ionische Meer und umfasst Gebiete sowohl in der Basilikata als auch in Kalabrien. Mit knapp 2000 km^2 ist dies der größte Nationalpark Italiens. Fünf Gipfel über 2000 m bilden das Kerngebiet des Nationalparks: Serra del Prete (2181 m), Monte Pollino (2248 m), Serra Dolcedorme (2267 m), Serra di Crispo (2053 m) und Serra delle Ciavole (2127 m). Sie liegen alle in der Basilkata, südlich von Viggianello und San Severino Lucano, den beiden Hauptorten im Pollino Lucano, d. h. dem lukanischen Teil des Nationalparks. Das Wahrzeichen des Schutzgebiets ist die Panzerkiefer, die 8 bis 20 m hoch und bis zu 1000 Jahre alt wird. Wirft man einen Blick auf die dicke Rinde, kann man verstehen, woher der deutsche Name kommt. Neben Rehen, Mardern und Wildschweinen sind im Nationalpark mittlerweile auch wieder Wölfe und Otter heimisch.

Der Pollino mit seiner zerklüfteten Bergwelt, seinen Hochtälern, Wäldern und Flüssen ist nicht nur ein ideales Gebiet zum Wandern und Radfahren, sondern auch für Skitouren hervorragend geeignet. Es gibt viele gut erschlossene Wanderwege, die Straßen sind wenig befahren. Das Fremdenverkehrsamt der Basilikata (APT) hat die »Carta Escursionistica del Pollino Lucano« im Maßstab 1:50 000 herausgebracht, auf der die Wanderwege inklusive einer Legende mit Wanderzeiten und Höhenmetern eingetragen sind.

Neben anderen in dieser Regionen lebendigen Traditionen ist es im Pollino üblich, im Spätherbst ein Schwein zu schlachten. Die daraus hergestellten köstlichen Würste wie *lucania* und *pezzente* sowie den herrlichen Schinken kann man in den gemütlichen Gasthäusern und Unterkünften verkosten.

Rotonda und Umgebung

► 2, L/M 12/13

Nähert man sich dem Nationalpark von Norden über die A 3, so erreicht man zunächst **Rotonda,** ein Städtchen mit mittelalterlichem Kern, wo das Büro des Parco Nazionale del Pollino seinen Hauptsitz hat. Von Rotonda aus ist es nicht weit bis zum südlich gelegenen **Piano Ruggio Belvedere del Malvento** auf 1650 m. Noch vor dem **Rifugio Gasperi** (gelbes Haus) gibt es auf der linken Seite einen Parkplatz. Über einen breiten Weg durch den Wald gelangt man in ca. 30 Minuten zu einem fantastischen Aussichtspunkt. Der lukanische Apennin bricht hier ab und man blickt in den kalabrischen Teil des Nationalparks. Bei gutem Wetter sind sowohl das Ionische als auch das Tyrrhenische Meer zu sehen. Oberhalb des Aussichtspunkts stehen einige Exemplare der Panzerkiefer.

Infos

Ente Parco Nazionale del Pollino: Via delle Frecce Tricolori 6, Tel. 0973 66 93 11, www.parcopollino.it, Mo–Sa 8–14 Uhr.

Übernachten

Gediegen ► Da Miranda: Via Principe Umberto 7, Tel. 0973 66 10 92, www.bbdamiranda.it. Das herrschaftlich eingerichtete B & B im oberen Teil von Rotonda bietet angenehmen Komfort in großen Zimmern, schöne Ausblicke und Abgeschiedenheit. DZ 60–70 €.

Essen & Trinken

Urgemütlich ► Da Peppe: Corso Garibaldi 13, Tel. 0973 66 12 51, tgl. mittags u. abends, So/Mo nur mittags. In dem Lokal im historischen Zentrum sitzt man nicht nur sehr gemütlich, sondern speist auch sehr gut. Neben den lukanischen Fleisch- und Wurstspezialitäten gibt es u. a. Peperoni, Pasta und guten Wein. Menü 20–25 €.

Aktiv

Wandern ► In allen Orten des Pollino gibt es ausgebildete Führer, die Exkursionen und Wanderungen anbieten, z. B. **Leonardo Viceconte,** Tel. 0973 57 61 72, mobil 347 858 75 82, www.leotrekkingpollino.it.

Termine

Festa di Sant'Antonio und La Sagra dell' Abete: Wochenende nach dem 13. Juni. Fest zu Ehren des Heiligen Antonio. Gleichzeitig findet der Maggio statt (s. S. 235).

Viggianello und San Severino Lucano **► 2, L/M 12**

Empfehlenswert ist auch die landschaftlich faszinierende Strecke von Rotonda über **Viggianello** nach San Severino Lucano. Viggianello ist ein Ort aus dem 11. Jh., der sich hervorragend als Basis für die Erkundung des Nationalparks eignet. Einige der Wanderwege beginnen direkt im Ort.

Gut 20 km weiter nordöstlich liegt **San Severino Lucano.** Der Name geht auf den gleichnamigen Großgrundbesitzer zurück, der hier Mitte des 16. Jh. einige seiner Untertanen ansiedelte. Durch den Namenszusatz Lucano wird deutlich gemacht, dass der Ort im früheren Lukanien lag. Vielen ist San Severino Lucano auch als Villaggio delle Stelle (›Sternendorf‹) bekannt, denn durch die wenigen Abgase und die geringe Besiedlung hat man hier einen perfekten Sternenhimmel.

Südlich des Hauptorts liegt der Ortsteil **Mezzana** mit der **Chiesa Madre,** in der von Mitte September bis Ende Mai die Madonna del Pollino aufbewahrt wird, bevor man sie ins Sanktuarium trägt (s. S. 223).

Infos

Pro Loco del Pollino: Via S. Vincenzo 69, im Rathaus von San Severino Lucano, Tel. 0973

aktiv unterwegs

Wanderung im Bosco Magnano

Tour-Infos

Start: an der Brücke des Flusses Frido bei Crópani (► 2, M 12)
Länge: 7 km hin und zurück
Dauer: 2,5 Std.
Schwierigkeitsgrad: leicht
Wichtige Hinweise: Der Weg verläuft fast ausschließlich im Schatten am Bachlauf. Bei heißem Wetter Badesachen mitnehmen! Auf der Wanderkarte der APT trägt der Wanderweg die Bezeichnung ES 11.

Dieser Wanderweg begleitet den Bach Peschiera, dessen Wasser so sauber ist, dass sich hier wieder Otter angesiedelt haben. Der **Bosco Magnano** umfasst ein gut 1000 ha großes Gebiet mit herrlichen Buchen, Zerreichen und Ahorn – eine Wanderung, die einfach nur erfrischt.

Fährt man von **San Severino Lucano** nach Norden, so gelangt man in der **Valle Frido** bei **Crópani** über eine Brücke, unter der das Flüsschen **Frido** rauscht. Es entspringt auf 2000 m und führt zumeist eiskaltes Wasser – was auch die Herkunft seines Namens erklärt, denn *freddo* bedeutet ›kalt‹. Kurz nach der Brücke liegt in einer Rechtskurve ein Parkplatz, wo man sein Auto stehenlassen kann. Zunächst geht man zurück in Richtung Brücke. Kurz vorher zweigt in einer Rechtskurve der **Sentiero Naturale** (ES 11) ab. Der Wanderweg führt ein kleines Stück abwärts, rechter Hand an einem Haus vorbei, das früher einmal eine Wassermühle war, heute jedoch kaum noch als solche zu erkennen ist. Danach geht es weiter am Frido entlang bis zur Einmündung des **Peschiera.** Der Wanderweg führt an dessen rechtem Ufer leicht auf und ab. Unterwegs passiert man einige sehr schöne Bade- und Picknickstellen, die vor allem an heißen Sommerwochenenden stark von Einheimischen frequentiert sind. Unter der Woche – ausgenommen im Monat August – ist es hier jedoch eher ruhig. Der schönste Badeplatz befindet sich an einem etwa 3 m hohen **Wasserfall** mit einem relativen flachen Pool, sodass man hier auch mit Kindern gefahrlos planschen kann.

Mit Pausen kommt man nach ca. 1 Std. an eine Piste. Entweder man nimmt von hier aus den gleichen Weg zurück oder man folgt der Piste nach rechts. An einem größeren Platz im Wald ist der Weg meist mit einer Kette versperrt. Man geht geradeaus weiter, bis man an eine Straße kommt, der man nach rechts folgt. Vorbei am rustikalen **Hotel Bosco Magnano,** wo man auf eine Erfrischung einkehren kann, geht es nun auf der Straße abwärts zurück zum Parkplatz.

57 63 32, www.prolocodelpollino.it, tgl. 10–12.30, 16–18 Uhr.

Übernachten

... in Viggianello:

Gemütlich ▶ La Locanda delle Rose: Loc. Varco, Tel. 0973 57 01 64, www.residenzadellerose.it. Ideal geeignet für Freunde des Winter- und Wandersports. Rustikal eingerichtete Zimmer in Steinhäuschen, reichhaltiges Frühstück. DZ 100 €.

... in San Severino Lucano:

Rustikale Idylle ▶ Mulina Jannarelli: Loc. Mezzana Salice, Tel. 0973 57 02 05, mobil 340 792 88 21, www.mulinoiannarelli.com. Das Hotel befindet sich in den Gemäuern einer ehemaligen Mühle, die liebevoll renoviert wurde. Das Rauschen des Mühlbachs wiegt in den Schlaf. DZ 90–100.

Ausspannen ▶ Torre Vecchia: Via Mezzana Torre 3, Tel. 0973 57 01 74, mobil 340 484 17 62, www.torrevecchia.info. Am Ortsrand, Zimmer und Apartments in kleinen, grauen Steinhäusern mit Heizung, teilweise mit Garten davor. DZ 50 €, Apartment 50–80 €.

Essen & Trinken

... in Viggianello:

Gut und preiswert ▶ Le Ginestre: Via Carella 18, Tel. 0973 66 43 66, tgl. mittags u. abends. In der Trattoria unterhalb der Altstadt kommt täglich frische Pasta mit Zutaten der Saison auf den Tisch, angefangen bei Gemüse und Pilzen bis hin zu herzhaften lukanischen Würsten. Menü 10–15 €.

... in San Severino Lucano:

Raffiniert ▶ Mulina Jannarelli: s. Unterkunft. Köstliche Speisen in tollem Ambiente, sehr gute Weine. Mittag- oder Abendessen bei Kerzenschein am Mühlbach. Menü 25–30 €.

Lukanisch ▶ Torre Vecchia: Via Mezzana Torre 3, Tel. 0973 57 01 74, mobil 340 484 17 62, www.torrevecchia.info, Juni–Sept. tgl. ab 10 Uhr, sonst Di–So. Luciano war der Erste, der nach Gründung des Nationalparks ein Restaurant eröffnete, und noch heute gehen viele Einheimische hier essen. Unbedingt zu empfehlen ist die *pasta boscaiola* (Pasta mit Früchten des Waldes). Menü 12–20 €.

Aktiv

Wandern ▶ s. S. 226 u. 227. Am Santuario della Madonna del Pollino beginnt ein meist durch den Wald führender Weg, der in 3 Std. zur **Serra di Crispo** führt, wo einige Prachtexemplare der Panzerkiefer zu bewundern sind. Auf dem Hinweg sind mehr als 500 Höhenmeter zu überwinden.

Termine

Madonna del Pollino: 1. So im Juni, 2. So im Sept. und 1. Juliwochenende (s. S. 223).

Valle dell'Agri und Grumentum

Valle dell'Agri ▶ 1, K 10–O 11

Nördlich des Pollino-Nationalparks liegt die **Valle dell'Agri.** Der Agri ist der wasserreichste Fluss der Basilikata. Bereits in den 1950er-Jahren schuf man den Stausee **Lago di Pietra del Petrusillo,** der nun über sichtbar durch die Landschaft verlaufende Leitungen die verschiedenen Regionen der Basilikata sowie Teile Apuliens mit Wasser versorgt.

Der Agri selbst zieht sich wie eine Ader durch das 500 km^2 große Tal mitten im lukanischen Apennin und mündet nach 136 km bei Policoro (s. S. 274) ins Ionische Meer. Seine Quelle liegt am Hang des 1856 m hohen **Monte Volturino** im Norden, der das lang gezogene Tal überragt. Im Westen, schon auf kampanischer Seite, liegen die Monti Maddalena (1481 m), südwestlich das Sirino-Massiv und im Süden der 1725 m hohe **Monte Viggiano.** Auf seinem Gipfel befindet sich das **Santuario del Sacro Monte,** das Marienheiligtum der Basilikata. Der im 19. Jh. erneuerte Bau steht an der Stelle, an der im 14. Jh. die Schwarze Madonna gefunden wurde. Die Madonna di Viggiano, wie sie auch genannt wird, wurde bereits mehrfach vergoldet und 1892 von Papst Leo XIII. zur Regina della Lucania (›Königin der Basilikata‹) erklärt. Im Winter steht die Statue in der Chiesa Madre von **Viggiano.** Doch am ersten Sonntag im Mai wird sie von starken Männern geschultert und in einer feierlichen Prozession in die Kapelle auf dem Monte Viggiano gebracht. Die ca. 1,5 km lange Strecke kann nur zu Fuß zurückgelegt werden. Bis Anfang September bleibt die Madonna in der kleinen Kapelle, ursprünglich vor allem zum Schutz der Hirten und ihrer Herden.

Am südlichen Ausläufer des Monte Viggiano, in der Nähe von **Grumento,** befindet sich eine Raffinerie, die so gar nicht in die Landschaft passen will. In den 1980er-Jahren entdeckte man in der Valle dell'Agri große Erdölvorkommen und heute befindet sich hier das größte Erdölfeld nicht nur Italiens, sondern ganz Europas. Im April 1996 begann die ENI, Italiens größtes Unternehmen, mit der kommerziellen Förderung, die derzeit bei rund 93 000 Barrel pro Tag liegt. Die Vorkommen sollen für weitere zehn Jahre reichen. In der Raffinerie zwischen Viggiano und Grumento erfolgt eine erste Aufbereitung, danach wird das Öl über eine unterirdische Pipeline nach Táranto (s. S. 363) in die Raffinerie der AGIP Petroli transportiert. Ein Teil des Gewinns fließt übrigens in den Umweltschutz, denn natürlich hat die Erdölförderung die Naturschützer auf den Plan gerufen. Nach jahrelangem und zähem Ringen wurde 2006 der **Parco Nazionale dell'Appennino Lucano – Valle dell'Agri Lagonegrese** eingerichtet, der gut 67 000 ha umfasst.

Grumentum ► 1, K 11

Seit den Zeiten der ersten Besiedlung fungiert der Agri als wichtige Verkehrsachse. Südlich von Viggiano ließen sich ab dem 3. Jh. v. Chr. auf einem kleinen Hügelrücken Römer nieder und gründeten die Kolonie **Grumentum.** Mit Anbindung sowohl an die Via Appia als auch an die Via Herculea und die Via Popilia, die wichtigsten Handelsstraßen der damaligen Zeit zwischen Rom und allen südlichen Kolonien, lag Grumentum besonders günstig und diente als militärischer Stützpunkt zur Sicherung neuer Kolonien. Der Ort wurde nach gängiger römischer Tradition angelegt, d. h., es gab ein großes Forum, Thermen, Tempel, Märkte und sogar ein Amphitheater. Bis heute kursieren – nicht bewiesene – Theorien, nach denen in Grumentum Schlachten gegen die Karthager sowie Ende des 3. Jh. v. Chr. gegen Hannibal ausgetragen wurden. Gesichert ist, dass Grumentum 370 zum Bischofssitz avancierte, aber Sarazenenüberfälle und Malaria für eine zunehmende Entvölkerung sorgten.

Ende der 1960er-Jahre begann man mit einer systematischen Erforschung des archäologischen Geländes. Da ein Großteil der Überreste jedoch zum Bau neuer Gebäude verwendet wurde, ist in der recht weitläufigen **Area Archeologica Grumentum** nur noch wenig zu sehen. Wirklich beeindruckend sind eigentlich nur das Theater sowie einige Mosaikarbeiten und das etwas außerhalb liegende Amphitheater, das allerdings nur durch den Zaun betrachtet werden kann – aufgrund finanzieller Probleme fehlt es an Wächtern. Thermen, Tempel, Forum und Märkte blieben andernorts weitaus besser erhalten, dafür ist Grumentum sehr schön gelegen und lohnt allein deswegen den Besuch.

Unweit des Ausgrabungsgeländes hat man in einem modernen Bau ein **Museo Archeologico** eingerichtet. Die gesamte Ausstellung wirkt leider etwas angestaubt und lieblos, immerhin gibt es einen guten englischsprachigen Flyer (C.da Spineta, Tel. 0975 650 74, www.archeobasi.it, tgl. 9–20 Uhr, Mo vorm. geschl., 2,50 €).

Übernachten

... bei Márisco Vetere (ca. 3 km westlich):
Mitten im Nationalpark ► **Il Querceto:** Loc. Barricelle, Tel. 0975 693 39, www.ilquerceto.it. Gemütlich gestalteter Agriturismo in einer faszinierenden Landschaft. Der erste Biohof der Basilikata hat neben Ruhe auch kulinarische Genüsse zu bieten. DZ 80 €.

Essen & Trinken

... in Villa d'Agri (zwischen Viggiano und Márisco Vétere):
Rustikal ► **Osteria del Gallo:** Via Nazionale 3, Tel. 0975 35 47 98, www.osteriadelgallo.info, Mi–Mo mittags u. abends. Schmackhafte ländliche Küche mit viel Gemüse und Fleisch (Wild, Schwein, Lamm etc.) aus der Region. Menü 15–20 €.

Dolomiti Lucane

Im Südosten von Potenza liegen die Dolomiti Lucane, eine fantastische Bergwelt mit bizarren Gipfeln und großen Mischwäldern, die man am besten zu Fuß oder mit dem Rad erkundet. Vor allem die beiden Bergorte Castelmezzano und Pietrapertosa sind nicht nur in architektonischer und kulinarischer Hinsicht eine Überraschung.

Seit dem Jahr 1997 werden die Dolomiti Lucane durch den 27 000 ha großen **Parco Naturale di Gallipoli Cognato Piccole Dolomiti Lucane** geschützt. Castelmezzano und Pietrapertosa, nur durch eine 400 m tiefe Schlucht voneinander getrennt, sind die zwei Hauptorte. Beide haben in der Geschichte Süditaliens insofern eine Rolle gespielt, als man von hier aus sehr gut die Via Appia und die umliegenden Orte kontrollieren konnte. Zeitweilig waren die Orte auch von Sarazenen bewohnt.

Castelmezzano ▶ 1, L 9

Die Anfahrt in das knapp 1000 Einwohner zählende Bergdorf ist berauschend schön. Erst sieht man mehrere Felsformationen, eine überwältigender als die andere, und dann gelangt man nach **Castelmezzano** selbst, das sich an den Westhang der **Costa di San Martino** krallt – wortwörtlich, denn in vielen Häusern dienen die Felsen als natürliche Wände. Das auf 750 m gelegene Castelmezzano zählt zu den 37 schönsten Ortschaften Italiens. Der Name des etwa 1000 Jahre alten Dorfs stammt von der alten Bezeichnung Castrum Medianum (›mittlere Festung‹) ab, denn der strategisch wichtige Ort lag mehr oder weniger genau auf der Hälfte zwischen der Sarazenenfestung in Pietrapertosa (s. S. 233) und jener der Normannen in Brindisi di Montagna.

Piazza E. Caizzo

Das Auto muss man am Ortseingang stehen lassen. Nur zu Fuß kann man durch die alten Gassen streifen, deren Häuser in einem erstaunlich guten Zustand sind bzw. gerade wieder hergerichtet werden. Das Herz von Castelmezzano ist die **Piazza E. Caizzo,** von der aus man eine fantastische Aussicht auf ein von der Natur geschaffenes Amphitheater hat.

An der Piazza steht die Hauptkirche des Orts, die **Chiesa Santa Maria dell'Olmo** aus dem 11. Jh., die ihre heutige Form im 16. Jh. erhielt, nach dem Erdbeben von 1980 jedoch stark erneuert wurde. Ihr Name rührt von den vielen Ulmen her, die hier einst standen. Das Prachtexemplar vor der Kirche musste vor ein paar Jahren leider gefällt werden und wurde durch eine junge Ulme ersetzt. Bevor man die Kirche betritt, ist oberhalb des Eingangs in einer Nische hinter Glas das Fresko des Stadtpatrons San Rocco zu sehen. Die Statue der Maria dell'Olmo sitzt in einem Eisengitter, das einst Altar- und Kirchenraum voneinander trennte, nach dem Erdbeben jedoch an der hinteren Wand des Altarraums platziert wurde. Die Madonna ist aus vergoldetem Holz, hat schmale Gliedmaßen und hält einen erwachsen aussehenden Christus in ihren Armen. In der einen Hand, die im Vergleich zum restlichen Körper merkwürdig groß erscheint, liegt eine Kugel als Sinnbild für Universalität. Ein Globus kann es nicht sein, denn als die Statue entstand, ging man

Eine der 37 schönsten Ortschaften Italiens: Castelmezzano

noch fest davon aus, dass die Erde eine Scheibe ist. In der Kirche befinden sich weitere Madonnenstatuen, die u. a. byzantinische Einflüsse verraten (Juni–Sept. tgl. 9–13, 16.30–19.30 Uhr, sonst nur zur Messe bzw. auf gut Glück vorbeischauen).

Castello

Von der Piazza aus kann man der Hauptgasse zum **Castello** folgen. Dabei handelt es sich um die Überreste einer kleinen Festung der Normannen, die von hier aus das Land überwachten. Von dem Kastell an sich ist nur noch wenig zu sehen, doch der Aussichtspunkt hat nichts von seiner Faszination eingebüßt. Kein Wunder: In einen ziemlich steil aufragenden Felsen wurden Stufen gehauen, über die man auf die 1000 m hohe Spitze gelangt. Die Aussicht von oben ist schlichtweg atemberaubend – im wahrsten Sinne des Wortes, denn nur Schwindelfreie sollten sich an den Aufstieg wagen. Zur Sicherheit darf man nur in Begleitung und nur angeseilt aufsteigen (Anmeldung beim Pro Loco, s. u.), 5 € p. P.).

Percorso delle Sette Pietre

Zwischen Castelmezzano und Pietrapertosa (s. S. 233) gibt es einen antiken Verbindungsweg, den man heute **Percorso delle Sette Pietre** (›Der Weg der sieben Steine‹) nennt. Inspiriert wurde die Namensgebung durch Mimmo Sanmartino und dessen Buch »Vito ballava con le Streghe« (›Vito tanzte mit den Hexen‹), in dem er Legenden der Region verarbeitet. Jeder der sieben Steine auf der 2 km langen Strecke erzählt eine der Geschichten (bislang leider nur auf Italienisch), wobei man von Castelmezzano aus ca. 100 m ab- und 260 m aufsteigt (nur Juli/Aug.).

Infos

Pro Loco Castelmezzano: Piazza Rivedi, 1, Tel. 0971 98 60 20, mobil 349 399 37 13, www.castelmezzano.net, Juni–Sept. Di–Fr 9–13.30, 14.30–18, Sa/So 9–18 Uhr.

aktiv unterwegs

Il Volo dell'Angelo – der Flug des Engels

Tour-Infos

Start: Castelmezzano und Pietrapertosa
Mindestalter: ab 16 Jahren
Körpergewicht: 35–120 kg
Öffnungszeiten: Juli–Mitte Sept. Di–Mo 10–13, 15–19, Sa/So 9.30–19.30 Uhr, Juli/Aug. Di–So, Juni u. Sept. nur Sa/So
Kontakt: www.volodellangelo.com bzw. über den Pro Loco in Castelmezzano oder Pietrapertosa (s. S. 231 u. 234)
Kosten: 30 € p. P. für Hin- und Rückflug
Besondere Hinweise: Vor allem im August, wenn es sehr voll werden kann, sollte man die Tickets vorbestellen. Als Kleidung empfehlen sich Hosen und festes Schuhwerk.

Auf der ganzen Welt gibt es nur vier Mal die Möglichkeit, an einem Drahtseil hängend über eine Schlucht zu rauschen. Der **Volo dell'Angelo** zwischen Castelmezzano und Pietrapertosa ist nicht nur die einzige derartige Strecke in Italien, sondern die längste Strecke weltweit. Hier wird der Traum vom Fliegen wahr!

Genau 1500 m misst das Seil, das seit 2007 die Schlucht überspannt. Eingehängt in eine Art Klettergurt segelt man dann mit bis zu 120 km/Std. über die an die 400 m tiefe Schlucht – ein einzigartiges Erlebnis!

Der erste ›Engel‹, der die Schlucht überquerte, war der Bischof von Potenza – damals stolze 71 Jahre alt. Der älteste Kunde bislang zählte 85 Jahre. Will heißen: Das ›Fliegen‹ als solches ist gar nicht so schwer. Die einzige wirkliche Hürde, die man neben der psychischen Überwindung vor dem Start wirklich zu nehmen hat, ist der Aufstieg zum Abflugsort. Von Castelmezzano aus benötigt man knapp 30 Min. (s. S. 231), von Pietrapertosa aus sind es nicht einmal 10 Min. Buon Volo! (›Guten Flug!‹)

Etwas Mut gehört dazu, um an einem Stahlseil aufgehängt über ein Tal zu ›fliegen‹

Übernachten

Zimmer mit Aussicht ▶ La Locanda di Castromediano: Via Michele Volini 50/a, Tel. 0971 98 62 49, www.beccodellacivetta.it. Das in einem Neubau im historischen Zentrum untergebrachte Hotel verfügt über 24 gemütliche Zimmer, die meisten mit Aussicht auf die fantastische Bergkulisse. DZ 80 €.

Essen & Trinken

Raffiniert ▶ Al Becco della Civetta: Vico I. Maglietta 7, Tel. 0971 98 62 49, www.becco dellacivetta.it, Mi–Mo mittags u. abends, im Aug. tgl. In der alteingesessenen Trattoria zaubert Signora Antonietta Santoro beste lukanische Gerichte mit Zutaten aus der Region auf den Tisch. Tipp: frische Pasta mit Zucchini oder Pilzen, Lamm in Kräutersoße. Menü 25–25 €.

Preiswert und gut ▶ Dal Vecchio Scarpone: Corso Vittorio Emanuele 3, Tel. mobil 333 389 00 44, Juni–Sept. tgl. ab 10 Uhr, sonst Fr–So. Bar, Trattoria und Rosticceria in einem. Hier kann man in nettem Ambiente einfache, aber gute lokale Küche genießen. Menü 15 €.

Aktiv

Wandern, Reiten, Radfahren ▶ Der **Parco Naturale di Gallipoli Cognato Piccole Dolomiti Lucane** hat die Broschüre »Guida al Parco« mit Wegbeschreibungen (nur auf Ital.) und einer Karte mit Angaben zu Wanderzeit, Schwierigkeitsgrad etc. herausgegeben. Erhältlich im Pro Loco, ebenso die Informationen zu Radverleih und Reiterhöfen.

Termine

Festa di Sant'Antonio und **Rito del Maggio:** Mitte Sept. Der Schutzpatron von Castelmezzano und der Maggio (s. S. 235) werden am gleichen Tag gefeiert.

Pietrapertosa ▶ 1, L 9

Pietrapertosa ist mit 1088 m der höchstgelegene Ort der Basilikata. Die umliegenden Berge tragen Namen wie Eule, Königsadler oder Große Mutter – und mit ein wenig Fantasie lassen sich diese Formen auch erkennen. Im Hinblick auf die touristische Erschließung ist hier, ebenso wie in Castelmezzano, in der letzten Zeit sehr viel geschehen, u. a. wurde der faszinierende Volo dell'Angelo (s. links) eingerichtet. Und so wie der Nachbarort, war auch Pietrapertosa von den Sarazenen besetzt, allerdings schon ab dem 8. Jh., demzufolge sie hier weitaus mehr Spuren hinterlassen haben.

Castello

Als die Sarazenen sich im 8. Jh. an dieser Stelle niederließen, um das Tal zu kontrollieren, errichteten sie ein **Castello,** das in Italien seinesgleichen sucht. Das Beeindruckende ist, dass man die Festung zunächst kaum sieht, so gut ist sie in den Fels eingefügt bzw. mit ihm verschmolzen. Nur eine künstliche Mauer sticht heraus. Erst wenn man nach dem schweißtreibenden Aufstieg vor dem Kastell steht, offenbart es sich als solches. Derzeit wird die Festung renoviert, die Wiedereröffnung ist für 2012 geplant.

Rione Arabata

Weithin sichtbares Zeichen im Zentrum von Pietrapertosa ist ein Fels namens **Indice** (›Zeigefinger‹), der tatsächlich so aussieht, als würde ein Finger in den Himmel weisen. Die natürliche Skulptur wirkt vor allem bei Vollmond sehr imposant.

Unterhalb des Indice liegt der **Rione Arabata,** das alte Araberviertel, in dem die Sarazenen lebten, bevor der Ort im Jahr 1050 von den Normannen übernommen wurde. Beim Durchstreifen dieses Stadtteils kann man teilweise noch den ursprünglichen hellblauen Hausanstrich der Araber erkennen, doch die meisten Gebäude wurden weiß überpinselt. An anderen Häusern tragen die Umrahmungen von Fenstern und Türen eine blaue Farbe, die allerdings erst in jüngerer Zeit aufgemalt wurde. Typisch arabisch sind auch die kleinen Fenster, Türen und Balkone. Dank dieser Vorsichtsmaßnahme konnte der Feind nicht so schnell ins Haus eindringen, was den Bewohnern mehr Zeit zum Flüchten gab.

Denn jedes Haus besitzt einen großen Hinterausgang, der in einen Garten führt. Besonders schön ist ein Spaziergang durch das Viertel in der kalten Jahreszeit, wenn sich der Duft von Holzfeuern verbreitet.

Chiesa San Giacomo Maggiore

Am Fuß des Arabata-Viertels liegt die **Piazza Garibaldi,** von der eine Gasse zur weithin sichtbaren **Chiesa San Giacomo Maggiore** aus dem 14. Jh. führt, benannt nach dem Schutzpatron von Pietrapertosa. Die Kirche hat nur ein Nebenschiff, das rechte fiel einem Brand zum Opfer. Übrig blieb unter dem Glockenturm lediglich ein Bogen, der auf den ersten Blick wie das Eingangstor in die Stadt wirkt.

Nach dem letzten Erdbeben im Jahr 1980 war die Kirche ganze 17 Jahre geschlossen. Bei den Restaurierungsarbeiten entdeckte man ein altes Fresko, auf dem die Madonna, San Giacomo und die Stifter des Bilds dargestellt sind. Interessant ist auch die Orgel, die im 15. Jh. aus Canna gefertigt wurde, eine Mischung aus Bambus und Schilfrohr (Juni–Sept. 9–13, 17–20 Uhr, außerdem zu Messen, sonst im Pro Loco nachfragen).

Convento di San Francesco

Der **Convento di San Francesco** aus dem 15. Jh. befindet sich derzeit in Restaurierung, was auch noch einige Jahre andauern dürfte. Die Kirche wird jedoch weiterhin genutzt und ist auch meistens geöffnet. Im Innenraum befindet sich eine äußerst ungewöhnliche bildliche Darstellung der Immacolata (›die Unbefleckte‹), denn zum einen ist sie ohne Schleier dargestellt und zum anderen hat sie blondes (!), leicht wallendes Haar. Ihre Füße sind nicht wie sonst üblich unter dem Kleid verborgen, sondern stecken nackt in einfachen Sandalen.

Über dem Ausgang liegt ein Chorraum, in dem einst die Mönche Platz nahmen. Auch hier fällt wieder etwas Ungewöhnliches auf: Die Rückenlehnen sind nicht mit Heiligen versehen, sondern mit Sternzeichen. Wie bei der Immacolata vermischen sich hier Heiden- und Christentum.

Infos

Pro Loco Pietrapertosa: Via della Speranza 159, Tel. 0971 98 35 29, mobil 320 833 78 01, www.prolocopietrapertosa.it, Juni–Sept. Di–Fr 9–13.30, 14.30–18, Sa/So 9–18 Uhr.

Übernachten

Fantastisch ▶ **Borgo Albergo:** Via della Stazione 1, Tel. 0971 98 30 35, www.borghidibasilicata.eu. In historischen Häusern mitten im Zentrum wurden 13 wunderschöne Apartments eingerichtet, wobei man die alte Bausubstanz gekonnt integriert hat. Ideal für einen längeren Aufenthalt in dieser Region. Apartment 72–130 €.

Essen & Trinken

Gemütlich ▶ **Il Frantoio:** Via Michele Toraca 15, Tel. 0971 98 31 90, Mi–Mo mittags u. abends. Ristorante im gleichnamigen Albergo mit herzhafter lukanischer Küche. Die Zutaten kommen aus der Region. Abends auch Pizza. Pizza ab 5 €, Menü 15–20 €.

Herzhaft ▶ **Le Rocce:** Via Roma 107, Tel. 0971 98 32 60, Di–So mittags u. abends. In der gemütlichen Trattoria nahe dem Convento di San Francesco gibt es frische Pasta in verschiedenen Variationen sowie gegrilltes Fleisch. Menü 15 €.

Aktiv

Wandern ▶ s. S. 233

Termine

Festa di Sant'Antonio und Rito del Maggio: Wochenende nach dem 13. Juni. Fest zu Ehren des heiligen Antonio. Gleichzeitig findet der Maggio (s. rechts) statt.

Sulle Tracce degli Arabi: 2. Augustwoche. Zur Erinnerung an die arabische Zeit wird ein Spektakel veranstaltet, bei dem nicht nur kulinarisch etwas geboten wird, sondern auch Wahrsagerinnen, Fakire und Schlangenbeschwörer auftreten (Eintritt 10–15 €).

Verkehr

Busse: Die Renna-Busse, Tel. 0971 98 30 94, www.fratellirenna.it, verbinden Pietrapertosa u. a. mit Potenza.

Wenn Bäume heiraten

Thema

In den waldreichen Bergregionen der Basilikata ist bis heute ein uralter Fruchtbarkeitskult lebendig geblieben, bei dem zwei Bäume miteinander ›verheiratet‹ werden. Dieser heidnische Ritus ist eng an christliche Feiertage gebunden und gehört zu den schönsten Festen im lukanischen Jahreskalender.

In einigen Bergdörfern des lukanischen Apennin hat ein uralter Baumritus überlebt, der sogenannte Rito del Maggio (›Mai-Ritus‹). Das Wort Maggio bezieht sich hierbei sowohl auf den Monat Mai, in dem das Fest generell stattfindet, als auch auf die Große Mutter, die für den Kreislauf der Natur sorgt. Bei dem Ritus werden eine Eiche und eine Stechpalme symbolisch miteinander vermählt und auf dem Hauptplatz des jeweiligen Orts aufgerichtet, wo sie bis zum nächsten Jahr stehen bleiben. Damit soll die Fruchtbarkeit der Pflanzen des Walds und des Felds erhalten und gestärkt werden.

Der eindrucksvollste Maggio ist jener von Accettura (▶ 1, M 9). An Christi Himmelfahrt wird im nahe gelegenen Wald, dem Bosco di Montepiano, eine gut gewachsene, ca. 30 m hohe Zerreiche *(Quercus cerris L.)* ausgesucht. Sie stellt den Bräutigam dar und wird Maggio genannt. Nachdem man den Baum gefällt hat, wird er entlaubt und entrindet. Am darauffolgenden Pfingstsonntag wird der Stamm von bis zu 40 Ochsenpaaren nach Accettura gezogen, begleitet von einer gewaltigen Menschenmenge, von Musik und Tanz sowie von unzähligen Pausen, in denen man etwas isst und trinkt.

Am gleichen Tag suchen die Männer des Orts zu früher Stunde in einem anderen Waldstück, dem Bosco di Galípoli, eine Stechpalme *(Ilex)* aus und fällen sie – dies ist die Braut. Auf den Schultern wird die Stechpalme in den Ort getragen, ebenfalls in Begleitung einer großen Menschentraube. Gegen Abend erreichen beide Züge den Hauptplatz von Accettura, den Largo San Vito. Am Tag darauf werden die Stechpalme und die Zerreiche – Braut und Bräutigam – mittels großer Holznägel miteinander ›vermählt‹.

Der Dienstag ist dann der Tag des Schutzpatrons von Accettura, an dem die Festa di San Giuliano mit einer großen Prozession gefeiert wird. Dabei tragen die Frauen auf ihren Köpfen die sogenannten *cinte,* eine Art Altar aus Kerzen. Ist der Largo erreicht, wird das ›Hochzeitspaar‹ mittels Seilen und Muskelkraft aufgerichtet. Die mutigsten Männer versuchen, an dem inzwischen mit Bändern geschmückten – sehr glatten – Stamm des Maggio hinaufzuklettern. Das ganze Spektakel zieht sich bis weit in den Abend hinein, begleitet von viel Musik und fröhlichem Tanz. Zum Abschluss wird ein gewaltiges Feuerwerk entzündet.

Das ursprünglich heidnische Fest hat mittlerweile Eingang in den christlichen Festkalender gefunden, denn in den Orten der Dolomiti Lucane (Accettura, Castelmezzano, Pietrapertosa) und des Parco Nazionale Pollino (Rotonda, Viggianello, s. S. 226) findet der Maggio zusammen mit dem Fest der jeweiligen Schutzheiligen statt. Da man im Pollino-Nationalpark eine Tanne anstatt der Stechpalme verwendet, heißt der Ritus hier Sagra dell'Abete (›Fest der Tanne‹).

Potenza und der Norden der Basilikata

Der Norden ist neben den Küsten die bei Touristen beliebteste Region der Basilikata. Kein Wunder, denn dieser Landstrich hat einiges zu bieten: die moderne Provinzhauptstadt Potenza, das geschichtsträchtige Venosa, die beeindruckenden Stauferkastelle in Melfi und Lagopésole, versteckte Höhlenkirchen und nicht zuletzt den majestätischen Monte Vúlture, an dessen Hängen die Trauben für den hervorragenden Aglianico-Wein gedeihen.

Potenza ► 1, K 8/9

Cityplan: S. 239

Geschichte

Mit 819 m ist **Potenza** (ca. 70 000 Einw.) die höchstgelegene und wohl auch die modernste Provinzhauptstadt Italiens. Die strategisch günstige Lage auf einem Bergrücken im nördlichen Teil des Bassento-Tals lockte ab dem 4. Jh. v. Chr. Siedler an diesen Ort, wo die Römer ab 250 v. Chr. ihr Municipium Potentia errichteten. Im Zuge der Ausbreitung des Christentums wurde die Stadt gemeinsam mit Venosa (s. S. 254) und Acerenza (s. S. 243) bereits ab dem 5. Jh. Bischofssitz. Einer der Bischöfe war Gerardo della Porta (im Amt von 1111–19), der bereits ein Jahr nach seinem Tod von Papst Calixtus II. seliggesprochen wurde und heute der Schutzpatron von Potenza ist.

Unter Napoleon wurde Potenza 1807 zu einer eigenständigen Provinz und zur Landeshauptstadt der Basilikata. Als erste Stadt Süditaliens erhob sich Potenza im 19. Jh. gegen die Herrschaft der Bourbonen und proklamierte seinen Anschluss an das Königreich Italien.

In seiner jahrhundertelangen Geschichte wurde Potenza immer wieder von verheerenden Erdbeben heimgesucht – 1273, 1694 und zuletzt 1980 –, was das moderne Aussehen der Stadt erklärt. Ein weiterer Grund hierfür ist, dass es in der Provinzhauptstadt Potenza mehr Arbeitsmöglichkeiten als andernorts in der Basilikata gibt, sodass sich die Bevölkerung innerhalb von 120 Jahren mehr als verdreifachte und immerfort neue Wohngebiete geschaffen werden mussten.

Scali Mobili

Da die Stadt verkehrstechnisch zum Chaos neigt, sollte man sein Auto in der Nähe einer der drei **Scali Mobili** (›Rolltreppen‹) abstellen, die die neueren, tiefer gelegenen Stadtteile mit dem historischen Zentrum verbinden. Die Potentini sind sehr stolz auf ihre Rolltreppen, zeigen sie doch das moderne Gesicht der Provinzhauptstadt.

Die älteste Rolltreppe **von der Viale Marconi zur Piazza Vittorio Emanuele II.** 1 wurde im Jahr 1994 konstruiert, ist 430 m lang und eher funktional gestaltet. 2008 folgte die 1547 m lange Rolltreppe **von der Via Armellini zur Via Due Torre** 2**,** die in den Farben grün und lila erstrahlt. Als jüngste Attraktion kam im Januar 2010 die Rolltreppe **zwischen der Porta Salza und der Via Tammone** 3 hinzu. Die extravagante Konstruktion aus Holz und Glas ist über 600 m lang und katapultierte Potenza (nach Tokio) auf Rang zwei in der Weltrangliste der Städte mit dem längsten Rolltreppensystem (tgl. 7–0.30 Uhr, Benutzung bisher kostenlos).

Auch in der Provinzhauptstadt hat man Zeit für einen Plausch

Via Pretoria und Teatro Stabile

Trotz all der Erdbeben hat sich das historische Zentrum von Potenza erstaunlich gut erhalten. Natürlich gibt es auch hier einige Neubauten, doch fügen sich diese meist gut in das alte Stadtbild ein. Die **Via Pretoria,** der alte römische Decumanus, durchzieht das historische Zentrum und ist die Hauptflaniermeile. Sie führt direkt zur **Piazza Mario Pagano,** das Herz der Stadt mit dem **Teatro Stabile** 4**.** Der Bau wurde bereits 1856 beschlossen, doch das Erdbeben ein Jahr später und das Risorgimento (s. S. 38) verzögerten die Eröffnung. Erst im Januar 1888 wurde das Theater in Anwesenheit von König Vittorio Emanuele II. und dessen Frau mit »La Traviata« von Verdi eingeweiht. Noch heute entspricht der Bau mit seinen 400 Plätzen und den vier Rängen dem damaligen Aussehen. Nach dem Erdbeben war es für ein Jahrzehnt geschlossen, wird aber nun wieder für regelmäßige Gastspiele aller Genres genutzt (s. auch S. 240).

Chiesa di San Francesco di Assisi 5

In unmittelbarer Nähe der Piazza Mario Pagano befindet sich die einschiffige **Chiesa di San Francesco di Assisi.** Sie verfügt über ein schönes Holzportal aus dem 15. Jh. mit Pflanzen- und Fabelmotiven. Im Innern steht eine Ikone, die seit 1857 als Madonna del Terremoto (›Madonna des Erdbebens‹) verehrt wird. Gewöhnungsbedürftig sind die aufgesetzten Silberkronen, die sowohl bei der Madonna als auch beim Jesuskind etwas deplatziert wirken (Via Plebiscito, tgl. 7.30–12, 17–19 Uhr).

Duomo di San Gerardo 6

Potenzas **Duomo di San Gerardo** geht ursprünglich auf das 12. Jh. zurück, doch hat man ihn im 19. Jh. komplett erneuert. Seine neoklassizistische Fassade wurde mit zwei verschiedenen Arten von Stein gestaltet – ein heller und ein strohgelber –, die zusammen ein elegantes Farbenspiel ergeben. Vom Vor-

Potenza

Sehenswert

1 Scali Mobili Viale Marconi – Piazza Vittorio Emanuele II.
2 Scali Mobili Via Armellini – Via Due Torre
3 Scali Mobili Porta Salza – Via Tammone
4 Teatro Stabile
5 Chiesa di San Francesco di Assisi
6 Duomo di San Gerardo
7 Museo Archeologico Nazionale della Basilicata

Übernachten

1 La Primula
2 Pretoria

Essen & Trinken

1 Al Duomo
2 La Tettoia

Einkaufen

1 Piaceri Lucani

gängerbau stammen noch die Rosette und die Apsis.

Im krassen Gegensatz dazu steht das von dem kalabrischen Künstler Giovanno Niglia in den 1970er-Jahren gestaltete Hauptportal, dessen klobige Figuren brutale, verzerrte Züge tragen. Bei den meisten Bewohnern Potenzas stößt das Portal bis heute auf erbitterte Ablehnung.

Im Innern wurden viele Fresken 1930 von Mario Prajer geschaffen. Das Fresko in der Kuppel zeigt beispielsweise, wie Jesus das Volk Lukaniens segnet. Links vor Christus sitzt eine Frau mit einem grünen Rock und einer weißen, ausladenden Kopfbedeckung, die typisch lukanische Frauentracht des 19. Jh.

In einer Kapelle auf der rechten Seite werden eine Statue und die Reliquien des Stadtheiligen San Gerardo verwahrt. Er war von 1111 bis 1119 Bischof der Stadt Potenza und soll schon zu Lebzeiten Wunder vollbracht haben. Bereits ein Jahr nach seinem Tod wurde er heiliggesprochen (Largo del Duomo, tgl. 9–12, 16.30–19 Uhr).

Museo Archeologico 7

Gegenüber dem Dom befindet sich der **Palazzo Lo Freddo** aus dem 16. Jh., einer der wenigen Palazzi aristokratischer Familien, der durch die Erdbeben nicht zerstört wurde. Nachdem hier im 19. Jh. u. a. die Regierung der Basilikata untergebracht war, diente das Gebäude im 20. Jh. als Sitz verschiedener Bildungseinrichtungen. 2005 schließlich zog hier das **Museo Archeologico Nazionale della Basilicata** ein, in dem einige hervorragend erhaltene Exponate zu sehen sind. Das Museum ist dem Rumänen Dinu Adamesteanu (1913–2004) gewidmet, der 1939 nach Italien kam und sich besonders um die Ausgrabungen in der Basilikata verdient gemacht hat.

Anhand der ausgestellten Vasen von verschiedenen Fundorten kann man beispielsweise die Einflüsse der Griechen, Etrusker und Urvölker in der jeweiligen Region nachvollziehen. Besonders beeindruckend sind die Stücke aus dem Grab der Prinzessin in Braida di Vaglio (s. S. 240). Das sechs oder sieben Jahre alte Mädchen wurde in Hockstellung beigesetzt und nahm entsprechend den damaligen Vorstellungen über das Totenreich auf ihrer Reise in das Leben danach das mit, was sie zu ihrer Hochzeit hätte tragen sollen. Neben Ohrringen war das u. a. ein goldenes Diadem, dekoriert mit Tieren und Gemüsemotiven, das auf ihrer Stirn lag und vermutlich in der Magna Graecia hergestellt worden war. Ihr ganzer Körper war bedeckt mit Anhängern und Perlen aus Bernstein in verschiedenen Formen sowie mit silbernen Fibeln. Absolutes Prunkstück der Ausstellung ist jedoch ein Kopfschmuck aus vergoldetem Silber mit Darstellungen von Blättern, jungen Männern und Pferden – vermutlich wurde damit im 6. Jh. v. Chr. eine Priesterin bestattet (Via Andrea Serrao, Tel. 0971 217 19, www.archeobasil.it, Mo 14–20, Di–So 9–20 Uhr, 2,50 €, erm. 1,25 €).

Infos

APT: Piazza V. Emanuele II., Tel. 0971 41 51 50, www.aptbasilicata.it, Mo–Fr 9–13, 16–19, Sa 9–13 Uhr.

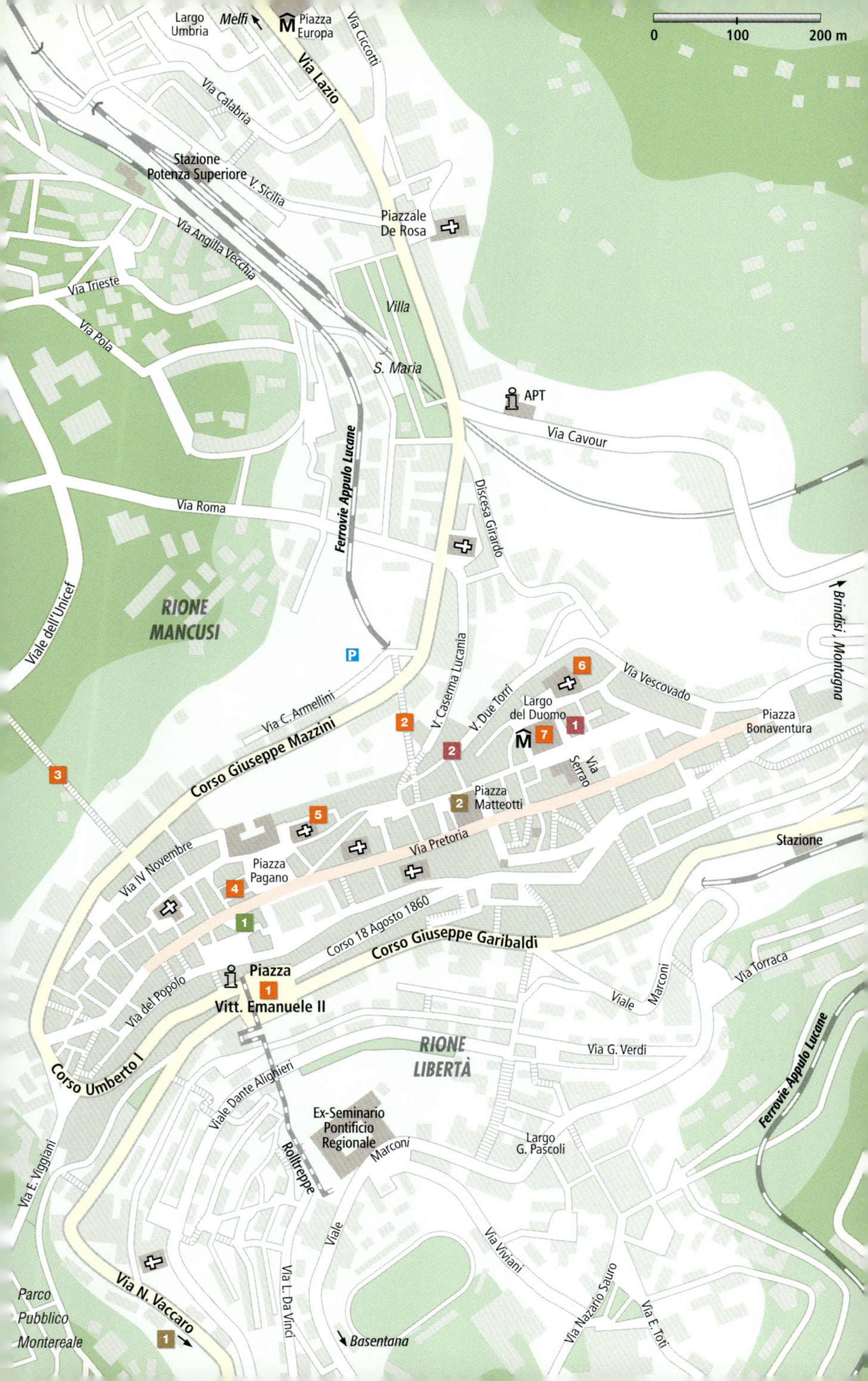

0
100
200 m
Largo Umbria
Melfi
Piazza Europa
Via Ciccotti
Via Lazio
Via Calabria
Stazione Potenza Superiore
V. Sicilia
Piazzale De Rosa
Via Angilla Vecchia
Via Trieste
Via Pola
Villa
S. Maria
APT
Via Cavour
Ferrovie Appulo Lucane
Discesa Girardo
Via Roma
RIONE MANCUSI
Viale dell'Unicef
Brindisi, Montagna
Via Vescovado
V. Caserma Lucania
V. Due Torri
Largo del Duomo
Via C. Armellini
Piazza Bonaventura
Corso Giuseppe Mazzini
Via Serrao
Piazza Matteotti
Stazione
Via Pretoria
Via IV Novembre
Piazza Pagano
Corso 18 Agosto 1860
Corso Giuseppe Garibaldi
Via Torraca
Viale Marconi
Piazza Vitt. Emanuele II
Via del Popolo
RIONE LIBERTÀ
Via G. Verdi
Corso Umberto I
Viale Dante Alighieri
Ex-Seminario Pontificio Regionale
Marconi
Largo G. Pascoli
Ferrovie Appulo Lucane
Via E. Viggiani
Rolltreppe
Viale
Via Viviani
Via L. Da Vinci
Via N. Vaccaro
Via Nazario Sauro
Via E. Toti
Parco Pubblico Montereale
Basentana

Übernachten

Komfortabel ▶ **La Primula** 1: C.da Bucaletto 61/62 a, Tel. 0971 583 10, www.albergolaprimula.it. Am Stadtrand, schon fast im Grünen gelegenes Hotel jüngeren Datums mit Pool, geräumigen Zimmern, Parkplatz und einem ausgesprochen guten Hotelrestaurant. Viele VIPs und Geschäftsleute. DZ 120 €.

Zentral ▶ **Pretoria** 2: Via XX. Settembre 4, Tel. 0971 371 00, www.pretoriahotel.it. Modernes Hotel im historischen Zentrum mit geschmackvoll eingerichteten Zimmern und gutem Service. DZ 80 €.

Essen & Trinken

Am Dom ▶ **Al Duomo** 1: Via A. Serraro 12, Tel. 0971 248 48, Mo–Sa mittags u. abends. In dem Ristorante speist man edel und abwechslungsreich. Menü 20–25 €.

Viel Atmosphäre ▶ **La Tettoia** 2: Via Due Torri, Tel. 0971 241 23, Fr–Sa mittags u. abends. In dem Ristorante von Vito Lorusso gibt es nicht nur herzhafte lukanische Küche, sondern auch raffinierte Antipasti – was die Einheimischen ebenso zu schätzen wissen. Menü 15–25 €.

Abends & Nachts

Theater ▶ **Teatro Stabile** 4: Piazza Mario Pagano, Tel. 0971 27 30 36. Einen Spielplan bekommt man im Theater oder im Touristenbüro APT. Die Tickets kosten zwischen 16 und 40 €.

Einkaufen

Lukanische Spezialitäten ▶ **Piaceri Lucani** 1: Via Caporella 1, Tel. 0971 374 47, www.piacerilucani.it, Mo–Sa 9–13.30, 17–20 Uhr. In einer Seitenstraße der Via Pretoria werden die wichtigsten Spezialitäten der Region angeboten, das Angebot reicht von Wurst bis zu Peperoni.

Termine

Sfilata dei Turchi und Festa di San Gerardo: 30. Mai. Mit einem rauschenden Kostümumzug gedenken die Einwohner der Rettung durch den heiligen Gerardo vor einem türkischen Überfall.

Verkehr

Züge: Von den drei Bahnhöfen Potenzas gibt es Verbindungen nach Neapel und Kampanien sowie nach Bari und Apulien. Infos: www.trenitalia.it.

Mietwagen: Potenza Car Hire, Via Appia 285, Tel. 0971 47 10 40.

In der Umgebung von Potenza

Monte Serra San Bernardo

▶ 1, K 8

Etwa 8 km östlich von Potenza liegt **Vaglio Basilicata** und nochmals 4 km nordwestlich davon der 1095 m hohe **Monte Serra San Bernardo,** auf dem sich eine der ältesten Ausgrabungsstätten der Basilikata befindet. Aufgrund seiner strategisch günstigen Lage – der Blick reicht bis nach Apulien und in die Tavoliere – wurde der Bergrücken schon in der Eisenzeit besiedelt. Die frei gelegte Struktur der Straßen verrät auch eine griechische Besiedlung, bevor die Lukaner den Ort einnahmen und ab dem 4. Jh. v. Chr. mit einer 4 km langen Stadtmauer befestigten. Hierbei ist nach wie vor der griechische Einfluss sichtbar, denn in einigen Steinen wurden griechische Schriftzeichen eingraviert, die wahrscheinlich von den Handwerkern stammen.

Zwei der alten Stadttore sind noch erhalten. Auf der Akropolis selbst hat man nach alten Vorlagen eines der Wohnhäuser nachgebaut, die **Casa dei Pithoi.** Die Lehmkonstruktion besitzt zwei Räume – im ersten stehen die Vorratsgefäße, im zweiten befinden sich die Feuerstelle und ein Webstuhl. Zu sehen sind auch freigelegte frühere Siedlungsschichten. Im 3. Jh. dann wurde die Siedlung durch einen Brand zerstört und nicht wieder aufgebaut

Etwas unterhalb der Akropolis und außerhalb der Stadtmauern, für den Besucher jedoch nicht zugänglich, liegen die **Tombe del Braida,** deren kostbare Funde im archäologischen Museum von Potenza (s. S. 238) ausgestellt sind (Juni–Sept. 9.30–13, 15.30–19 Uhr, sonst nur auf Voranmeldung bei der

Comune di Vaglio, Tel. 0971 30 50 11, 1 € Spende).

Übernachten, Essen

... bei Serra di Vaglio (3 km nördlich von Vaglio Basilicata):

Idyllisch gelegen ▶ La Dimora Dei Cavalieri: Con. Tataseppe 1, Tel. mobil 340 374 57 30, www.dimoracavalieri.it, Di–So abends (besser vorher anrufen). Agriturismo mit geschmackvoll und gemütlich eingerichteten Zimmern und guter Küche. DZ 56–64 €, Menü 20–25 €.

Santuario delle dea Mefitis

▶ 1, L 8

Über kleine Sträßchen in Richtung Nordosten erreicht man nach ca. 8 km das bei **Rossano** liegende **Santuario della dea Mefitis,** ursprünglich ein Heiligtum der Lukaner, das vor allem von und für Frauen genutzt wurde. Darauf deuten die gefundenen Exvoti hin, die heute im Archäologischen Museum von Potenza ausgestellt sind. Sanktuarien dieser Art befinden sich immer auf Hügeln, wo eine Quelle entspringt (für die rituelle Waschung) und eine reiche Vegetation vorhanden ist. Die Göttin Mefitis wird mit Wasser assoziiert, steht für Fruchtbarkeit und bewegt sich zwischen Ober- und Unterwelt. Darüber hinaus steht Mefitis, wie auch die Göttin Demeter, für den Wechsel der Jahreszeiten und eine gute Ernte und gilt wie Aphrodite als Göttin der Schönheit. Diese Verbindung gibt Anlass zu der Vermutung, dass hier wie auch an anderen heiligen und heidnischen Stätten die heilige Prostitution ausgeübt wurde, wobei die Priesterinnen stellvertretend für die Göttin den heiligen Akt der Liebe vollzogen.

Das gegenwärtige Aussehen des Mefitis-Heiligtums geht auf römische Zeit zurück, die es im 2. Jh. v. Chr. von den Lukanern übernahmen und bis ins 1. Jh. n. Chr. nutzten. Die Quelle sprudelt heute noch, gleich zur Linken, wenn man das Sanktuarium betritt. Durch Erdrutsche hat sich der heilige Ort in den letzten Jahren zum Eingang hin abgeneigt, sodass der Brunnen heute tiefer liegt. Umlau-

Kleine Orte mit großer Aussicht prägen die Umgebung von Potenza

fend kann man noch Reste von Kolonnaden entdecken, die das Heiligtum einst an drei Seiten begrenzten. Blickfang ist jedoch der riesige, 27 x 4 m große Altar. Zu diesem wurde das Wasser gelenkt, das für die rituellen Waschungen, Zeremonien und auch für die Reinigung nach den Opferungen notwendig war (Juni–Sept. 9.30–13.30, 15.30–20.30 Uhr, sonst Anmeldung unter Tel. 0971 590 51 oder mobil 331 875 16 81).

Bríndisi Montagna ► K/L 9

Die Basilikata spielte in den Zeiten der Brigantenbewegung (s. S. 36) eine wichtige Rolle. Aufgrund der unzugänglichen Gegend konnten sich die Aufständischen hier gut verstecken, außerdem erhielten sie hier große Unterstützung durch die Bevölkerung. Jedes Jahr findet in **Bríndisi Montagna,** von Potenza aus über die Autobahn Richtung Osten in etwa 40 Minuten zu erreichen, ein großes Spektakel statt, das an diese Zeit erinnert. Anhand der Autobiografie eines der berühmtesten Briganten seiner Zeit, Carmine Crocco (s. S. 36, 248), lassen über 400 Laiendarsteller und einige Profis die Abenteuer der Briganten noch einmal lebendig werden. Die Burgruine des Orts gibt dafür die perfekte Kulisse ab. Davor liegt die eigentliche Freilichtbühne, Teil des **Parco Storico, rurale e ambientale – La Grancia.** Auch wenn die Aufführung natürlich in Italienisch stattfindet, kann man anhand der imposanten Inszenierung der Handlung ohne Weiteres folgen (www.parcostorico.it, Tickets auch über Tel. 0971 27 47 04, 16–30 €).

Castello Lagopésole

► 1, K 7/8

Fährt man von Potenza aus in Richtung Norden, so sieht man schon aus der Ferne, wie sich das **Castello Lagopésole** auf einem 829 m hohen Hügel über die Ebene erhebt. Der Name einer der bedeutendsten Burgen Süditaliens leitet sich wahrscheinlich von dem See Lacus Pensilis ab, den es hier einst gegeben hat.

Geschichte

Vermutlich waren es die Byzantiner, die an dieser Stelle – strategisch günstig oberhalb der Via Herculea gelegen – im 8. Jh. n. Chr. eine erste Festung errichteten. Urkundlich erwähnt wird das Kastell jedoch erstmalig in der Regierungszeit von Stauferkaiser Friedrich II. Dieser hielt sich besonders in den heißen Monaten häufig zur Jagd im Norden der Basilikata auf. 1242 ließ er mit den Erweiterungsarbeiten am Castello Lagopésole beginnen, die jedoch nie vollendet wurden.

Nach dem Tod von Friedrich II. hielt sich sein Sohn Manfred mehrere Sommer lang in der Burg auf, danach übernahmen die Anjou die Herrschaft über Süditalien. Sieben Jahre lang, bis 1280, verbrachte der königliche Hof die heißen Sommermonate in Lagopésole. In diesen Jahren wurde das Kastell weiter aus- und umgebaut.

Danach verfiel die Festung allmählich, bis sie zusammen mit den Ländereien 1513 in den Besitz der Familie Doria gelangte, die das Kastell als Landgut nutzten. 1968 erwarb der Corpo dello Stato Forestale (staatliche Forstverwaltung) das mittlerweile recht heruntergekommene Anwesen inklusive 23 ha Wald, doch erst in den 1980er-Jahren wurde mithilfe von EU-Geldern mit der Restaurierung begonnen. Eine kleine Fotoausstellung erlaubt Einblicke in die wechselvolle Geschichte der Burg.

Besichtigung

Bereits aus der Ferne werden die immensen Ausmaße des Kastells deutlich. Umso ungewöhnlicher erscheint, dass es bis auf die hohen Mauern und das Falltor keine Verteidigungsanlagen gibt – was nur damit erklärt werden kann, dass das Gebäude ursprünglich als Jagdschloss konzipiert war.

Vom großen Hof gelangt man in die Kirche und in das Kastell selbst. Dabei passiert man im Erdgeschoss u. a. eine Ausstellung zur Falkenjagd (s. S. 326). Besonders schön ist in der oberen Etage mit den königlichen Gemächern der Gang, der vom vermutlichen Schlafzimmer des Königs erst gewunden, dann gerade zu den Gemächern der Königin führt. In dem Gang befindet sich ein Fenster, durch das man in die Kapelle blicken kann – von hier aus konnten König und Königin den Gottesdiensten beiwohnen. Im großen Saal mit einer herrlichen Holzbalkenkonstruktion sollte man unbedingt einen Blick durch die Fenster auf den Monte Vúlture im Norden werfen. Im südlichen Gebäudeteil befindet sich noch ein kleiner Hof, der zurzeit jedoch nicht zu betreten ist. Hier steht ein imposanter, quadratischer Bergfried, der noch einige Rätsel aufgibt. Der Eingang befindet sich in etwa 4 m Höhe. Vermutlich gab es dort einmal eine Brücke. Im unteren Teil befindet sich eine Zisterne, im oberen ein Raum mit gut ausgestattetem Bad. Man nennt den Turm auch Torre Federico II., nach dem gleichnamigen Herrscher, der sich während seiner seltenen Aufenthalte gern hieher zurückgezogen haben soll. Dagegen spricht der Fakt, dass es sich bei den Gebäuden im kleinen Hof offenbar um den Küchentrakt handelt. Bei Restaurierungsarbeiten in diesem Teil entdeckte man eine fast 17 m tiefe Müllgrube, die in staufischer und anjouvinischer Zeit 60 Jahre lang genutzt wurde. Aus dieser Grube förderte man u. a. einen Stauferlöwen aus Marmor zutage – vermutlich waren die Anjou überaus bemüht, alles, was an die Staufer erinnern könnte, zu entfernen (Cooperativa il Castello, Tel. 0971 860 83, Juni–Sept. 9.30–13, 16–19, Okt.–Mai 9.30–13, 15–17 Uhr, 1,50 €, geführte Touren 2 € extra, Touren auf Engl. oder Dt. nur auf Vorbestellung).

Essen & Trinken

Regionale Küche ▶ **La Taverna dei Briganti:** Via Federico II. 7, Tel. 0971 86 50 94, tgl. mittags u. abends. Unterhalb des Kastells gelegenes Ristorante mit teilweise gehobener lukanischer Küche. Tgl. frische Pasta und Dolci. Menü 20 €.

Acerenza ▶ 1, K/L 8

Egal, ob man sich vom Castello Lagopésole auf kleinen Straßen seinen Weg sucht oder von der SS 169 die Serpentinen hinauffährt: Die Anfahrt nach **Acerenza** (3000 Einw.) ist aus jeder Richtung sehr schön. Man sieht die Stadt auf einer Bergkuppe liegen und schon von Weitem die majestätische Kathedrale, eine der schönsten im Süden Italiens. Die auf 833 m gelegene Stadt ist heute kein bedeutender Verkehrsknotenpunkt mehr, sodass nur relativ wenig Fremde hierherkommen. Doch nicht nur die Kathedrale, sondern der ganze Ort ist wahrhaft einen Besuch wert.

Geschichte

Besiedelt seit dem 3. Jh. v. Chr., stand an der Stelle der Kathedrale einst ein dem Herkules geweihter Tempel. Es wird vermutet, dass San Pietro auf seinem Weg von Brindisi nach Rom hier Station machte und eine frühchristliche Gemeinde gründete. Mit Sicherheit weiß man, dass es im Jahr 300 bereits einen Bischof gab, Marcello. Damit ist Acerenza die erste Diözese der Basilikata. Seine absolute Blüte erlebte der Ort allerdings in normannischer Zeit.

Auf dem Konzil von Melfi im Jahr 1059 wurde dem Normannen Robert Guiscard von Papst Nikolaus II. der Titel eines Grafen von Apulien und Kalabrien verliehen. Gleichzeitig ernannte der Papst den damaligen Bischof von Acerenza, Godanus, zum Erzbischof und erhob damit Acerenza zum wichtigsten Ort von Gottes Gnaden in Süditalien. Robert Guiscard hatte den Bau der Kathedrale ursprünglich in Venosa geplant, doch nach dem Konzil von Melfi entschied er sich für Acerenza.

Cattedrale di S. Maria Assunta e S. Canio

Noch 1059 wurde unter Bischof Godanus mit dem Bau der **Cattedrale di S. Maria Assunta e S. Canio** begonnen. Ab 1067 wurden die Arbeiten unter seinem Nachfolger Erzbischof Arnaldo fortgesetzt, der dem Gotteshaus seinen Stempel aufdrückte. Arnaldo war zuvor Abt des Benediktinerordens in Cluny. Von dort brachte er architektonische Neuerungen mit wie beispielsweise das Deambulatorio, einen tiefen Chor mit Umgang, der die Kathedrale heute auszeichnet.

1080 fand man während der Bauarbeiten die Gebeine und den Wanderstab des heiligen Canio, eines Märtyrers, der im 3. Jh. in Nordafrika zu Tode kam. Man wertete den Fund als Zeichen Gottes und beschloss kurzerhand, Canio zum Schutzheiligen von Acerenza zu machen und die Kathedrale nach ihm zu benennen.

Das Portal im normannisch-pugliesischen Stil erinnert an Portale in Bari und Altamura. Es fehlen nur die Löwen unter den Säulen, in diesem Falle Säulchen. Heute wachen über dem Tor lediglich noch die Chimären, die eine nackte Frau in ihren Händen halten, so, als wollten sie diese gleich beißen oder fressen. Solche Darstellungen sollten bewirken, dass alles Schlechte und Böse von der Kirche abgeschreckt würde.

Betritt man dann das Innere der Kathedrale, muss man erst einmal innehalten, so beeindruckend schön ist der gewaltige, aber schlichte Kirchenraum. Bei der letzten Restaurierung wurde aller Barockschmuck entfernt und der ursprüngliche Zustand wieder hergestellt. Hinter dem Altar befindet sich der Deambulatorio mit drei Kapellen, wobei die dritte Kapelle die interessanteste ist, gehört sie doch dem Schutzpatron von Acerenza. Links unten in den Altar ist ein Fenster eingelassen, durch das man die Spitze des Wanderstabs von San Canio betrachten kann. Es heißt, der Stab bewege sich, je nachdem wie stark der Glaube der Gemeinde bzw. des Besuchers ist – ist der Glaube stark, liegt der Stab näher am Guckfenster.

Der Turm der Kathedrale wurde schon zu Zeiten von Guiscard errichtet, der ihn auch zu Verteidigungs- bzw. Beobachtungszwecken nutzte. Von oben bietet sich ein herrlicher Blick bis in die Dolomiti Lucane, zum Monte Vúlture und hinüber nach Apulien. Bei klarer Sicht sieht man sogar den Gargano. Man kann den Turm allerdings nur im Rahmen einer Führung besteigen (Largo Diaz, Tel. 0971 74 11 12, Kathedrale: tgl. 9–13, 16–19 Uhr, Eintritt frei, Führungen auf den Turm im Pro Loco erfragen, s. u.).

Von beeindruckender Schönheit: die Cattedrale di S. Maria Assunta e S. Canio, hier die Krypta

Belvedere

Unmittelbar hinter der Kathedrale befindet sich der **Belvedere.** Wer nicht die Möglichkeit hatte, auf den Turm steigen, hat von hier ebenfalls eine sehr schöne Aussicht. Am Abend ist der Belvedere ein beliebter Treffpunkt, besonders an heißen Tagen, denn hier weht immer ein frisches Lüftchen.

Museo Diocesano

In dem Gebäude, das einst das Seminar von Acerenza beherbergte, befindet sich heute das **Museo Diocesano.** In zwei Sälen werden archäologische Funde aus Apulien und Lukanien ausgestellt. Zwei weitere Säle zeigen einige äußerst wertvolle Gegenstände aus dem Kirchenschatz, die für Gottesdienste und Prozessionen verwendet wurden, sowie Votivgaben etc. In der ersten Etage gibt es außerdem eine Galerie mit den Wappen aller Bischöfe und Erzbischöfe, die in Acerenza tätig waren. Zwar wählte jeder Bischof sein eigenes Motto, aber immer abgebildet sind die zehn Troddeln des Erzbischofs bzw. die sieben Troddeln der Bischöfe (Kardinale haben 11) sowie der Stern als Symbol der Madonna, für die man in Dankbarkeit den Dienst verrichtet (Largo Seminario, Tel. 0971 74 12 99, Di–So 9.30–12.30, 16–18.30 Uhr, Eintritt frei).

Infos

Pro Loco: Via Umberto 3, beim Dom, Tel. mobil 320 041 08 18 oder 331 495 01 98 (Gerardo, der auch sehr gute Stadtführungen macht), www.acerenza.net, http://blog.acerenza.info, Di–So 9.30–12.30, 15–18.30 Uhr. Hier bekommt man u. a. auch die hilfreiche Broschüre »Streifzüge im Gebiet des Monte Vúlture« (s. S. 249).

Übernachten

Im Grünen ▶ Il Casone: Via Bosco San Giuliano, Tel. 0971 74 10 39. Das freundliche Hotel mit seinen 18 Zimmern liegt ca. 5 km westlich vom Centro Storico. Angeschlossen ist auch ein Restaurant. DZ 70 €.

Auf dem Land ▶ La Loggia del Monaco: C.da Loggia del Monaco, Tel. 0971 193 38 15, www.loggiadelmonaco.it. Der 5 km südwestlich der Kathedrale gelegene, moderne Agriturismo bietet Ruhe im Grünen, freundliche Zimmer und eine gute Küche. DZ 60 €.

Essen & Trinken

Erfrischend einfach ▶ Al Duomo: Largi Glinni 13/14, Tel. 0971 74 14 02, Mi–Mo tgl. ab 8 Uhr. In den unteren Räumen befindet sich eine Bar, oben der Speisesaal, in dem auch Einheimische gerne zu Mittag essen. Spezialität von Beniamino sind die *zerid con fagioli* (Pasta mit Bohnen) sowie das *agniello all'zaar* (Lamm mit verschiedenen Kräutern, nach altem Rezept zubereitet), abends auch Pizza. Pizza ab 4 €, Menü 15–20 €.

Um den Monte Vúlture

Im Norden der Basilikata erhebt sich der 1326 m hohe Monte Vúlture, ein Vulkan, der vor 500 000 Jahren erloschen ist. In seinen Kratern haben sich die Laghi di Monticchio gebildet. Über dem kleineren der beiden Seen thront heute die Benediktinerabtei San Michele. An den Hängen des **Monte Vúlture** liegen ausgedehnte Wälder und das bedeutendste Weinanbaugebiet der Basilikata, aus dem der vollmundige Aglianico-Wein stammt.

Laghi di Monticchio ▶ 1, J 7

Mit seinen sieben Gipfeln überragt der Monte Vúlture halbkreisförmig die in seinen Kratern entstandenen **Laghi di Monticchio.** Die beiden Seen sind 40 bzw. 10 ha groß und werden im Volksmund einfach nur Lago Grande und Lago Piccolo genannt. Das gesamte Gebiet ist bewaldet und lädt zu größeren und kleineren Wanderungen ein.

Bei den weniger wandereifrigen Italienern ist vor allem am Wochenende die Runde um den kleinen See beliebt, über dem die 1059 geweihte **Abbazia San Michele** thront. Die Abtei, die bis 1866 im Besitz der Benediktiner war, wurde nach Gründung der italienischen Republik aufgelöst und ging in Staatsbesitz über. Der Bau, teils in den Berg gehauen, scheint über dem See zu hängen und strahlt noch immer etwas Erhabenes aus. Betritt man die Kirche, so liegen auf der einen Seite die Fenster, die einen fantastischen Blick auf die Landschaft freigeben. Auf der anderen Seite befindet sich die große Grotte, wo die Geschichte der Abtei ihren Anfang nahm. Griechisch-orthodoxe Mönche hatten

hier im 10. Jh. eine Einsiedelei errichtet, die im 11. Jh. von den Benediktinern zu einem Kloster ausgebaut wurde. Große Unterstützung erhielt die Abtei durch die Normannen, die den Erzengel Michael ganz besonders verehrten.

Auf einem Fresko aus dem 12. Jh. sind Jesus, Johannes sowie einige Apostel abgebildet, die an der Himmelspforte wachen – jeder Tote muss sie passieren und über sein Leben Rechenschaft ablegen. Links vom Fresko ist der Felsen etwas feuchter. Hier tritt an einer Stelle Wasser aus und fließt direkt in ein kleines Becken. Es ist heiliges Wasser, das in den Gottesdiensten verwendet wird. Davor befindet sich eine leicht vertiefte Stelle. Wenn man sich barfuß an diesen Platz stellt, soll man eine starke Energie spüren können, das

Sanfte Hügel und Weingärten bestimmen das Bild um den Monte Vúlture

zumindest behaupten dafür empfängliche Besucher, unter denen – so erzählt der Kustode – besonders viele Deutsche sind

Im Eingangsbereich gibt es eine kleine Ausstellung mit Monumentalbauten der Welt, darunter der Dom von Mailand, die Kirche von Lourdes, der Platz der Wunder in Pisa, der Eifelturm und die Titanic. Die Modelle stammen von Giovanni della Rossa, einem heute 81-jährigen Architekten aus dieser Gegend, der sie aus Vergnügen anfertigt und der Abtei zum Ausstellen überlässt (April–Okt. 9.30–19 Uhr, Nov.–März bei gutem Wetter).

Rionero in Vúlture, Barile und Rapolla ▶ 1, J 7

Über die Straße Nr. 167 erreicht man nach ungefähr 8 km in östlicher Richtung **Rionero in Vúlture.** Dies ist der Geburtsort von Carmine Crocco, dem berühmten Briganten (s. S. 36). In der örtlichen Bibliothek kann man noch das handschriftliche Original seiner Autobiografie betrachten (Piazza G. Fortunato, Tel. 0972 72 92 61, Mo–Fr 9–12.30, Di/Do auch 15.30–17.30 Uhr).

Nach dem französisch-spanischen Krieg im 16. Jh. ließen sich viele Albaner auf ihrer Flucht vor den Türken in der Region nieder. Ihre Traditionen und ihre Sprache, das Arberesh, sind vor allem im weiter nördlich gelegenen **Barile** spürbar. Dort wie auch in Rionero und im noch weiter nördlich gelegenen **Rapolla** findet man in den Tuffstein gehauene Erdkeller (*seshe* auf Arberesh), die heute vielen Familien als Weinkeller dienen. Der Wein hat im Gebiet des Monte Vúlture eine lange Tradition. Nicht nur, dass Weinreben in Vulkanerde gut gedeihen, dieser hier gehört zu den besten italienischen Tropfen. Der herzhafte und vollmundige Aglianico del Monte Vúlture erhielt bereits 1971 ein DOC-Prädikat. Zu empfehlen sind die Weinerzeuger von Barile, Rionero und Melfi (s. rechts).

Tipp: Rund um den Wein

Die gemütliche **Cantina del Notaio** mitten in Rionero nennt zehn zusammenhängende Weinkeller – alle aus dem Tuff geschlagen – ihr Eigen und bietet sehr informative Führungen an. Außerdem kann man an Weinproben teilnehmen und dazu typisches Gebäck der Region verkosten Auf Wunsch und für mehrere Personen wird auch ein Menü organisiert (Via Roma 159, Tel. 0972 72 36 89, www.cantinadelnotaio.it, Juni–Sept. Mo–Sa 9–13, 17.30–20, Okt.–Mai Mo–Sa 9–13, 16–20 Uhr, Weinprobe 12 € p. P.).

Ripacandida ▶ 1, K 7

Wer 10 km auf leicht holprigen Straßen nicht scheut, der sollte unbedingt dem östlich von Rionere in Vúlture gelegenen **Ripacandida** einen Besuch abstatten. Hier verbirgt sich ein Juwel, das man in dem eher verschlafen wirkenden Ort nicht vermuten würde.

Am Ortsrand steht die kleine, dem Ortsheiligen von Ripacandida geweihte **Chiesa San Donato.** Die einschiffige Kirche wird in Dokumenten erstmals 1603 erwähnt, muss jedoch älter sein, weil ihre Fresken aus dem 14./15. Jh. stammen. Die Kirche wird auch **La Bibbia per i Poveri** (›die Bibel der Armen‹) genannt, denn auf unzähligen Fresken sind viele bedeutende Bibelszenen zu sehen. Einst bekleideten die Fresken die gesamte Kirche, doch nicht alle blieben erhalten. Im vorderen Teil, beginnend beim Altar, sind Szenen aus dem Alten Testament dargestellt. Dem Neuen Testament widmet man sich im Eingangsbereich Interessant sind, wie so häufig, die Tiere der Arche Noah, denn nur selten kannte ein Maler diese Tiere vom Sehen, sondern schuf sie aus seiner Fantasie nach den Beschreibungen in der Bibel. Am bedeutendsten ist jedoch das Fresko von San Francesco di Assisi, wie er die Stigmata erhält (tgl. 10–12.30, 16–19 Uhr).

Übernachten

... in Rionero in Vúlture:

Im Grünen ▶ **Villa Maria:** Loc. Monticchio Laghi, Tel. 0972 73 10 25, www.hotelvillamaria.net. Das familiengeführte Hotel mit angeschlossenem Restaurant bietet neben äußerst einladenden Zimmern auch einen kleinen Garten und einen Pool. DZ 70 €.

… in Barile:

Edel ▶ Grand Hotel Garden: Loc. Giardino (an der SS 93, Km 75), Tel. 0972 76 15 33, www.grandhotelgarden.com. Das moderne Hotel nördlich von Barile bietet allen Komfort – geschmackvoll eingerichtete Zimmer, Fitnesscenter und Pool. DZ 110 €.

Essen & Trinken

… in Rionero in Vúlture:

Rustikal ▶ Vecchio Cortile: Via Luigi Lavista 23, Tel. 0972 72 46 64, www.osteriavecchiocortile.it, Di–So mittags u. abends, Mo nur mittags. In der rustikal bis romantisch eingerichteten Osteria gibt es patente lokale Küche zu vernünftigen Preisen. Menü 15–20 €.

Aktiv

Ausflüge ▶ Die APT hat die Broschüre »Streifzüge im Gebiet des Monte Vúlture« herausgegeben, die man sich schon in Potenza (s. S. 238) besorgen sollte. Enthalten sind Empfehlungen mit ausführlichen Beschreibungen (dt.) für Touren zu Fuß, mit dem Rad bzw. mit dem Auto sowie eine Karte.

Verkehr

Busse: Die Busse von Moretti, Tel. 0972 245 90, www.autolineemoretti.it, steuern die Orte um den Monte Vúlture an.

Melfi ▶ 1, J 6

Auf der Nordseite des Monte Vúlture liegt in 530 m Höhe **Melfi.** Mit der Ankunft der Normannen begann hier eine neue Epoche in der Geschichte Süditaliens.

Geschichte

Der Name der geschichtsträchtigen Stadt geht vermutlich auf den schon bei Plinius d. Ä. erwähnten Fluss Melpes zurück. Siedlungsspuren gibt es aber bereits seit dem 8./9. Jh. v. Chr. In langobardischer Zeit wurde die Stadt befestigt und entwickelte sich zu einem wichtigen Handelszentrum, denn in unmittelbarer Nähe verliefen alle bedeutenden Verkehrsachsen: die Via Popilia, die Apulien und Kalabrien verband, sowie die durch Venosa verlaufende Via Appia, die Rom mit Brindisi, Trani, Ótranto und Barletta verband. Von diesen Hafenstädten brachen die Pilger, später die Kreuzritter, in Richtung Heiliges Land auf.

Als Melfi 1018 vom griechischen Katapan (Statthalter des byzantinischen Kaisers) Boiannes erobert wurde und sich damit die Macht der byzantinischen Kirche in Süditalien festigte, rief der Langobarde Arduin, damals Heerführer der Stadt Melfi, die Normannen zu Hilfe. Zum Dank dafür überließ er ihnen die Stadt, die später die Hauptstadt ihres Herzogtums Apulien und Kalabrien wurde.

Mit der Ankunft der Normannen in Süditalien begann eine neue Epoche. Seit 1037 Bischofssitz, berief Papst Nikolaus II. 1059 das Konzil von Melfi ein, in dessen Verlauf Robert Guiscard, einer der Hauteville-Brüder, den Herzogtitel erhielt. Bis 1221 fanden drei weitere Konzile in Melfi statt, die zum einen die Allianz zwischen den Normannen und Rom stärkten, aber auch die Bedeutung der Kirche im Mittelmeerraum.

Auf die Normannen folgten durch Heirat die Staufer. Friedrich II. machte Melfi zu seiner Sommerresidenz. 1231 erschienen hier seine »Constitutiones regni utriusque Siciliae«, ein Gesetzeskodex, der sich an einem ähnlichen Werk von Kaiser Justinian (6. Jh.) orientierte. Mit der Verfassung organisierte Friedrich II. Staat und Finanzen derart, dass der Einfluss des Feudaladels zurückgedrängt wurde. Viele der Gesetze behielten bis zur Gründung der italienischen Republik ihre Gültigkeit.

Die Staufer wurden von den Anjou abgelöst und ausgelöscht. Zwar nahmen diese noch einige bauliche Maßnahmen in Angriff, doch ließen sie die staufertreue Stadt bald in der Bedeutungslosigkeit versinken. Als Lehen wurde Melfi von einem Feudalherrn an den nächsten weitergereicht und im französisch-spanischen Krieg fast vollkommen zerstört. Spätere schwere Erdbeben – 1694, 1851 und 1930 – trugen das Ihre zum Verfall bei. Nach den letzten Erdbeben von 1930 und auch 1980 wurde Melfi wieder aufgebaut. Weit außerhalb der Stadt im Norden hat FIAT ein großes Werk eröffnet, mit dem knapp 14 000 Arbeitsplätze geschaffen wurden.

Orientierung

Jeder Reisende kommt unweigerlich an der verkehrumtosten Piazza vor der **Villa Comunale** an, ein neu und modern gestalteter Stadtpark, der ab dem Nachmittag ein beliebter Treffpunkt ist. Von hier aus gelangt man zur **Porta Venosina,** dem einzigen erhaltenen der einst sechs Stadttore.

Campanile und Duomo Santa Maria Assunta

Über den Corso Garibaldi gelangt man geradewegs zur **Piazza Duomo.** Schon von Weitem ist der 49 m hohe Turm, der **Campanile,** sehr gut zu sehen. Er wurde 1153 im Auftrag von König Roger II. fertiggestellt und hat seitdem jedem Erdbeben standgehalten. Für den Fall einer Zerstörung, so geht die Legende, hatte Roger jedoch vorgesorgt: Er ließ zwei Krüge mit Gold für den Wiederaufbau im Fundament des Campanile vergraben. Seitlich der Fenster sind zwei Greifvögel aus dunklem Lavastein in die Fassade eingearbeitet. Sie sind das Wahrzeichen der normannischen Herrscher in Süditalien und gleichzeitig das Symbol Rogers. Für den quadratischen Turm wurden im unteren Bereich Spolien verwendet, d. h. Überreste älterer Bauten. So kann man hier Grabplatten mit Inschriften entdecken sowie das eine oder andere Relief. Im oberen Teil sind mittels weißem Kalk- und dunklem Lavastein Bänder um die Biforien gelegt. Ursprünglich war der Campanile von einem Kuppeldach gekrönt, das man nach dem letzten Erdbeben jedoch in ein Pyramidendach umwandelte.

Gleich neben dem Glockenturm steht der **Duomo Santa Maria Assunta.** Der Grundstein wurde 1059 von Robert Guiscard gelegt. Im Laufe der Zeit hat die eigentlich normannisch-romanische Kathedrale einige Veränderungen erfahren, die sich kaum noch verfolgen lassen. Nach dem Erdbeben von 1694 wurde sie im Barockstil neu gestaltet, doch ein Großteil dieser Elemente wurde nach dem Erdbeben von 1980 wieder entfernt. Den Altarraum hat man im Barock belassen, wodurch der riesige Innenraum merkwürdig zweigeteilt wirkt. Oben kann man zugemauerte Fenster erkennen. Hier muss sich einmal eine Galerie befunden haben, von der aus die Frauen dem Gottesdienst beiwohnen konnten (Piazza Duomo, tgl. 8–19 Uhr).

Castello di Melfi

Über die Via V. Emanuele in Richtung Norden gelangt man zum **Castello di Melfi,** das sich gut sichtbar über die Altstadt erhebt. Der Bau wurde 1049 im Auftrag von Robert Guiscard begonnen und von seinen Nachfolgern erweitert. Friedrich II. beispielsweise ließ Türme hinzufügen und verwandelte das Kastell in ein geistiges Zentrum. Er richtete eine kleine Universität ein und schuf hier die Constitutiones.

Unter den Anjou wurde das Gemäuer ab dem 13. Jh. zu einer Festung mit Burggraben und Befestigungsmauern ausgebaut. Die vielen späteren Lehnsherren, insbesondere die Famille Doria, gaben dem Kastell zunehmend die Struktur eines Regierungspalasts. 1952 übergaben sie das mittlerweile polygonale Castello mit seinen vielen recht- und fünfeckigen Türmen dem Staat, der es im Laufe der Zeit weitgehend restaurierte und der Öffentlichkeit zugänglich machte.

Man betritt die Festung durch die **Porta Carraia** und gelangt in den ersten großen repräsentativen Hof mit dem Eingang zum **Museo Archeologico Nazionale del Monte Vúlture e Melfise,** das einen Großteil des Castello einnimmt. Das Museum gilt als eines der besten seiner Art in Süditalien. Ausgestellt sind viele Funde, vor allem aus Gräbern der samnitischen, lukanischen und daunischen Kultur, aber auch aus der griechischen und etruskischen Epoche. Die Prunkstücke der Ausstellung sind ein Marmorsarkophag aus dem 2. Jh. n. Chr., auf dessen Deckel eine fein ziselierte, liegende Frau dargestellt ist, sowie eine Vase, die ein Begräbnisritual aus der ersten Hälfte des 3. Jh. v. Chr. abbildet. Ebenso interessant ist das im Raum des Pythagoras ausgestellte Gefäß aus dem

Castello di Melfi: Heimat eines der besten archäologischen Museen Süditaliens

6. Jh. v. Chr., auf dem mit Strichzeichnungen der Aufstieg eines Mannes ins Himmelreich, umgeben von den sieben damals bekannten Sternen, dargestellt ist. Wenn man in den zweiten Stock kommt, sieht man links den nachgebauten Eingang zu einer Tomba und schaut durch die Öffnung in eine solche mit all ihren Grabbeigaben. Lohnend ist auch der Melfi-Raum, wo allmählich ein für die Region eigener Stil erkennbar wird. In diesem Falle sind es kräftigere Figuren, vor allem Hermaphroditen. Zu sehen ist auch eine beachtliche kleine Fibel aus Bernstein in der Form eines Löwen. Leider gibt es bislang weder Erläuterungen auf Englisch noch auf Deutsch (Via Castello, Tel. 0972 23 87 26, Di–So 9–20, Mo 14–20 Uhr, 2,50 €, erm. 1,25 €).

Höhlenkirchen

Fährt man von Melfi aus in Richtung Rapolla und zweigt nach ca. 1 km scharf links zum Friedhof ab, so gelangt man zu einer der spektakulären **Chiese Rupestri** der Basilikata (s. S. 269). Höhlenkirchen sind zumeist von byzantinischen Mönchen in den Tuffstein geschlagene kleine Gotteshäuser, die mit Fresken ausgemalt wurden. Viele der später aufgegebenen Höhlenkirchen wurden in der Folgezeit als Unterstand, Schuppen und Stall genutzt.

Eine dieser Höhlenkirchen ist **Santa Margherita,** die fast vollkommen mit Fresken ausgemalt ist. Gleich gegenüber dem Eingang in der Apsis ist die heilige Margarete abgebildet, ihr zur Seite die Heiligen Petrus und Paulus. Auf anderen Fresken sind Christus, der heilige Nikolaus, Santa Lucia etc. zu erkennen. Die interessanteste Darstellung befindet sich jedoch in einer Kapelle zur Linken. Darauf abgebildet sind zwei (ursprünglich drei) Skelette mit dunklen Bäuchen, in denen sich Maden tummeln. Den Skeletten gegenüber stehen ein Mann, eine Frau und ein Jüngling, alle angetan mit Falknertaschen und scheinbar hermelingesäumten Mänteln, der rothaarige Mann trägt außerdem einen Falknerhandschuh und einen Falken. Ursprünglich hielt man die Darstellung für einen sogenannten Danse Macabre (›Totentanz‹): Drei Lebende begegnen drei Toten. Doch 1993 äußerte der Naturwissenschaftler Lello Capaldo die Auffassung, bei den drei abge-

aktiv unterwegs

Radtour durch die Hügellandschaft um Venosa

Tour-Infos

Start: Venosa (s. S. 254)
Länge: ca. 34 km
Schwierigkeitsgrad: mittelschwer (Höhenunterschiede bis zu 300 m)
Besonderheiten: Einige der Straßen sind vormittags und in den späten Nachmittagsstunden stärker befahren, hier auf den Verkehr achten.
Weitere Infos: Bei der Agenzia di Promozione Territoriale Basilicata (www.aptbasilicata.it, http://cyronmed.basilicatanet.it) kann die deutschsprachige Broschüre »Streifzüge im Gebiet des Monte Vúlture« angefordert werden, die 18 Radtouren unterschiedlicher Schwierigkeitsgrade vorstellt. Die Beschreibungen umfassen Kilometerangaben, detaillierte Streckenverläufe, Wegvarianten, Zeitangaben, Einkehrmöglichkeiten und kulturelle Angebote.

Auf dieser Radtour mit gleichmäßig verteilten Steigungen und Abfahrten lernt man die Hügellandschaft am Südwesthang des Monte Vúlture kennen. Durch Olivenhaine, Weingärten und kleinere Orte gelangt man am Ende wieder zurück nach Venosa.

Die Tour beginnt in **Venosa** auf der Piazza Umberto I., wo man sich vor dem Start in einem der Lokale stärken kann. Von hier aus geht es durch die mit weißen Steinen gepflasterte Via Tangorra zum Kreisverkehr, an dem man die Stadt in Richtung Melfi verlässt. Auf der SS 168 fährt man zunächst abwärts und biegt nach ca. 8,5 km links in die wenig befahrene SP Piano del Cerro ein. An einer T-Kreuzung nimmt man die nach links abzweigende SP 90 Richtung Rapolla und Barile. Wer **Rapolla** (s. S. 248) einen Besuch abstatten möchte, kann der entsprechenden Ausschilderung folgen, ansonsten geht es weiter in südwestlicher Richtung.

Nach ca. 9 km und einem Anstieg von mehr als 300 m erreicht man **Barile** (s. S. 248), eines der albanischen Zentren der Region, wo man die für die Region typischen, in den Tuffstein gegrabenen Erdkeller besuchen und in einer der historischen Weinkellereien einkehren kann (Ausschilderung »Centro-Cantine«).

Auf der Via Roma verlässt man das historische Zentrum von Barile in Richtung Süden und **Rionero in Vúlture.** Nach knapp 2,5 km gelangt man an eine Kreuzung, an der man nach links dem Corso Italia in Richtung Gi-

bildeten Figuren handele es sich um Friedrich II., dessen dritte Frau Isabella von England und seinen Sohn Konrad IV. aus zweiter Ehe. Da man das Fresko um 1240 datiert, würde das auch mit dem realen Alter der abgebildeten Figuren übereinstimmen. Bis heute konnte diese These nicht widerlegt werden.

Die Höhlenkirche wird von Freiwilligen betreut und kann nur im Rahmen einer Führung betreten werden. Dabei besucht man auch die etwas versteckt liegende Höhlenkirche **Santa Lucia.** Eine Inschrift verrät, dass ihre Bemalung 1292 erfolgte. Direkt über dem Eingang sieht man ein Fresko mit der Thronenden Muttergottes, der heiligen Lucia und, weitaus kleiner, dem Stifter des Bilds. Links oben beginnend wird in Bildern die Geschichte der Märtyrerin erzählt. Wunderschön ist auch der Sternenhimmel über San Lorenzo, dessen Todestag, der 10. August, auch die Nacht der Sternschnuppen ist (Führungen: Franco Cacciatore, Tel. mobil 328 948 84 79; Levita, Tel. mobil 329 710 16 87; Moscaritolo: Tel. mobil 339 733 25 09).

Infos

Pro Loco: Piazza Umberto I. 14, Tel. 0972 23 97 51, keine festen Öffnungszeiten.

nestra und Venosa folgt. Nach 220 m abwärts und 150 m aufwärts erreicht man 6 km später **Ginestra.** Auch in diesem Ort gibt es einige historische Weinkeller. Von Ginestra aus führt die SP 10 durch eine herrliche Hügellandschaft und fast nur noch abwärts in das ca. 10 km entfernte **Venosa.** Dort angekommen, hält man sich immer geradeaus, um zum Kastell im historischen Zentrum zu gelangen.

Übernachten

Komfortabel ▶ Relais La Fattoria: SS 303 Loc. Cavallerizza, Tel. 0972 247 76, www.relaislafattoria.it. Nur wenige Kilometer vom Zentrum entfernt. Modernes Hotel mit Garten und Pool. DZ 120 €.

Essen & Trinken

Gemütlich ▶ Delle Rose: Via V. Emanuele 29, Tel. 0972 216 82, Fr–Mi mittags u. abends. In diesem Altstadtrestaurant werden frische Pasta, Gemüse und Gegrilltes serviert, am Abend auch köstliche Pizza. Pizza ab 4 €, Menü 15–20 €.

Lukanisch ▶ Ristorante Lucano: Via Floriano del Zio, Tel. 0972 23 73 91, Sa–Mi mittags u. abends. Wer noch nicht das Lammfleisch im Tontopf, eine lukanische Spezialität, probiert hat, ist hier an der richtigen Adresse. Menü 15–20 €.

Verkehr

Züge: Von Melfi gibt es Verbindungen nach Rionero sowie in alle größeren Orte der Basilikata, nach Kampanien und Apulien.

Busse: Die Busse von Moretti, Tel. 0972 245 90, www.autolineemoretti.it, fahren in die Orte um den Monte Vúlture.

Die Unvollendete: In Venosas archäologischer Zone steht die Chiesa Incompiuta

7 Venosa ► 1, K 7

Venosa ist ein beschauliches Städtchen mit schönen Gassen, einigen hübsch anzusehenden Palazzi und einem schmucken Castello, in dem interessante archäologische Funde ausgestellt sind. Der eigentliche Schatz der Stadt liegt jedoch etwas außerhalb bei der sogenannten Archäologischen Zone, wo sich neben den Ausgrabungen des antiken Venusium der unvollendete Erweiterungsbau einer der beeindruckendsten frühchristlichen Kirchen der Basilikata erhebt.

Geschichte

Ursprünglich siedelten an diesem Ort die vor allem in Kampanien beheimateten Samniten, die jedoch im 3. Jh. v. Chr. von den Römern verdrängt wurden. In der Folgezeit entwickelte sich Venusium, dessen Name mit großer Wahrscheinlichkeit von der Göttin Venus abgeleitet ist, zu einer wichtigen römischen Kolonie mit ca. 20 000 Einwohnern. Den endgültigen Aufschwung brachte die 190 v. Chr. fertiggestellte Via Appia, die Rom an der Westküste und Brindisi an der Adria miteinander verband. Die wichtigste römische Handelsstraße verlief durch Venosa, sodass die Stadt bald zu den 20 bedeutendsten Städten Italiens zählte. Auch als der Verlauf der Via Appia unter Umgehung Lukaniens im 2. Jh. n. Chr. geändert wurde, blieb Venosa eine Handelsstadt, nicht zuletzt aufgrund einer jüdischen Gemeinde, die erstmalig 389 in historischen Dokumenten erwähnt wurde.

In der Folgezeit wechselten sich Langobarden und Sarazenen in der Herrschaft ab, bis die Normannen im 11. Jh. die Stadt übernahmen. Graf Drogo machte Venosa 1042 zu seiner Residenz und bestimmte die Abbazia della Santissima Trinità zur Grabstelle der Familie Hauteville. Im 13. Jh. brachte Bianca Lancia, die Geliebte von Kaiser Friedrich II., die er erst auf ihrem Sterbebett geheiratet hatte, den gemeinsamen Sohn Manfred zur Welt. Ihm war die Stadt später treu ergeben und kämpfte an seiner Seite gegen die Anjou.

Durch Heirat gelangte Venosa im 15. Jh. in den Besitz von Pirro del Balzo, der die Stadt umfassend erneuerte. Zu einem wiederholten

Aufschwung ist es jedoch bis heute nicht gekommen.

Castello und Museo Archeologico

Zentraler Punkt von Venosa ist das **Castello** an der **Piazza Umberto I.** Die Piazza ist die Wohnstube des Orts, wo man sich trifft, Feierlichkeiten abgehalten werden etc. Pirro del Balzo ließ das Kastell ab 1460 anstelle der Kathedrale in nur zehn Jahren erbauen. Burggraben und Bastionen kamen später hinzu. Der Zugang wird von zwei römischen Löwen bewacht, die vermutlich vom Amphitheater aus römischer Zeit stammen.

Im Kastell ist heute das **Museo Archeologico** untergebracht, das über eine prähistorische und eine römische Abteilung verfügt. Neben vielen kleinen Funden sind vor allem der Testa di Diadumeno, der herrliche Marmorkopf eines Jünglings, sowie die zwei Löwen – einer aus römischer Zeit, der andere aus dem Mittelalter – bemerkenswert (Tel. 0972 360 95, tgl. 9–19, Di ab 14 Uhr, 2,50 €, erm. 1,25 €, das Ticket gilt auch für die archäologische Zone und die Katakomben).

Um die Piazza Orazio

Folgt man der Via V. Emanuele II. stadtauswärts in östlicher Richtung, so öffnet sich auf der linken Seite die **Piazza Orazio** mit einer 1898 geschaffenen Bronzestatue des gleichnamigen Dichters, der 65 v. Chr. als Quintus Horatius Flaccus in Venosa zur Welt kam. Etwas weiter liegt zur Linken der **Palazzo del Baliaggio,** heute ein kleines Hotel (s. S. 257) und einst Sitz des Malteserordens, der vom 13. bis ins 19. Jh. in Venosa ansässig war.

Sant'Andrea Apostolo und Casa di Orazio

Hinter dem Rathaus sieht man die Kirche **Sant'Andrea Apostolo,** die Pirro del Balzo errichten ließ, nachdem er die alte Kathedrale San Felice für das Kastell geopfert hatte. Sehenswert an dem Gotteshaus ist der 1589 errichtete Campanile, in dem man Bruchstücke von Grabsteinen mit römischen Inschriften vermauert hat.

Gegenüber führt eine kleine Gasse zur **Casa di Orazio,** ein Gebäude aus römischer Zeit, dessen halbrunder Grundriss jedoch eher darauf schließen lässt, dass es sich um Reste einer römischen Therme handelt. Dass Horaz wirklich hier gelebt hat, konnte bislang nicht eindeutig bewiesen werden.

Chiesa Santissima Trinità

Über die Via F. Frusci und die Strada Provinciale, an der archäologischen Zone vorbei, gelangt man zur **Chiesa Santissima Trinità,** der ältesten Kirche Venosas, weshalb sie auch **Chiesa Vecchia** genannt wird. In der Antike stand hier möglicherweise ein der Liebesgöttin Imene geweihter Tempel. Die erste Kirche wurde 493 errichtet, im 10. Jh. erneuert und unter Drogo von Hauteville erweitert. Den oberen Bereich des Hauptportals zieren arabisch beeinflusste Verzierungen, die nach unten hin jedoch kaum noch sichtbar sind. Da man im Mittelalter glaubte, dass die Berührung der Verzierungen Schutz vor Malaria und anderen Krankheiten bot, wurden die Steine von allen Besuchern angefasst und im Laufe der Jahrhunderte immer abgegriffener.

Das Gleiche gilt für den mittleren Bereich der **Colonna dell'Amicizia** (›Freundschaftssäule‹): Wenn sich zwei Menschen zugetan waren und verbunden bleiben wollten, stellten sie sich einander gegenüber an die Säule, griffen sich bei den Händen und umrundeten die Colonna dell'Amicizia drei Mal. Dieses Ritual wurde bis in die 1960er-Jahre hinein auch bei Hochzeiten gepflegt, sollte es doch die Fruchtbarkeit garantieren. In diesem Fall umarmt die Frau alleine die Säule und umrundet sie drei Mal – ein Kult, der vermutlich auf die Göttin Imene zurückgeht, aber inzwischen nahezu verloren ging, da die Kirche nach einer über 20-jährigen Renovierung erst 1995 wieder geöffnet wurde.

Betritt man die Kirche, so kann man auf der linken Seite den ursprünglichen Eingang aus frühchristlicher Zeit sehen. Das gut erhaltene Fischmosaik ist ein Symbol für Jesus. Etwas weiter vorne steht das schlichte marmorne Grabmal von Robert Guiscards erster Frau Alberada, gegenüber ein von den Maltesern gefertigter Sarkophag mit einem Fresko darüber. Hier sollen die sterblichen Überreste von Robert Guiscard und dessen Brüder Humfried, Wilhelm und Dragone liegen.

Im Laufe der Zeit wurde die Kirche immer weiter vergrößert. Die letzte Erweiterung, die Chiesa Incompiuta (s. u.), wurde allerdings nie fertiggestellt. Man kann sie durch ein Fenster in der Apside sehen. Zu erreichen ist die unvollendete Kirche allerdings nur über die archäologische Zone (s. u., tgl. 10–12.30, 16–19 Uhr).

Archäologische Zone

Schon lange wusste man, dass sich in der heutigen **Zona Archeologica** am Stadtrand Überreste einer römischen Siedlung verbargen, doch erst bei den Aufräumarbeiten nach dem Erdbeben von 1980 stellte sich heraus, dass es sich um das antike **Venusium** handelte. Seitdem finden hier Grabungen statt (Tel. 0972 360 95 Mi–Mo 9–13.30 Uhr, 2,50 €, erm. 1,25 €, Ticket gilt auch für das Archäologische Museum und die Katakomben).

Wohnviertel, Therme und Amphitheater

Die Mosaike und die Raumgröße in dem bislang freigelegten Bereich deuten darauf hin, dass dies das **Wohnviertel** der Wohlhabenden war. Etwas weiter gelangt man zu den Überresten einer öffentlichen **Therme,** deren sehr schönes Mosaik mit Seepferdchen, Delfinen und anderen Meerestieren nahezu komplett erhalten ist. Gut zu erkennen sind auch die ehemaligen Straßen. Eine führt unter der modernen Straße hindurch zu den Resten des alten **Amphitheaters,** das jedoch nicht betreten werden darf. Gewaltige Mauerreste vermitteln eine Vorstellung vom einstigen Bau, in dem 10 000 Zuschauer Platz fanden. Viele der alten Steine wurden u. a. als Baumaterial für die Chiesa Incompiuta verwendet (Infotafeln in vier Sprachen).

Chiesa Incompiuta

Die mächtigen Mauern der **Chiesa Incompiuta** (›Unvollendete Kirche‹) oder **Chiesa Nuova** am anderen Ende des Ausgrabungsfelds sind bereits von Weitem zu sehen. Als Drogo von Hauteville 1042 Venosa zur Residenzstadt wählte, nahm die Bedeutung der Stadt und der hiesigen Benediktinerabtei enorm zu. Dank großzügiger finanzieller Unterstützung durch die Normannen konnte auch eine Erweiterung der Chiesa Vecchia in Angriff genommen werden – und zwar in Form einer neuen großen Kathedrale. 1130 begann man mit den Arbeiten an diesem Gotteshaus, das der Kathedrale in Aceranza in nichts nachstehen sollte. Doch das Vorhaben erwies sich als zu teuer und der Bau wurde nie vollendet. Zum einen führten die Mönche ein zu verschwenderisches Leben und zum anderen flossen die finanziellen Mittel spärlicher, nachdem die Normannen ihre Macht über Süditalien verloren hatten. 1297 ging die Abtei infolge eines päpstlichen Beschlusses an den Orden der Malteser über, die die Kirche während ihrer 500-jährigen Anwesenheit in Venosa ebenfalls nicht beendeten. Besuchern vermittelt die gewaltige Anlage heute einen guten Eindruck von der damaligen Bauweise. Man erkennt u. a. den Grundriss eines lateinischen Kreuzes, den geplanten Umgang hinter dem Chor, die Apsiden sowie die Säulen, die die einzelnen Kirchenschiffe voneinander trennen und das Dach tragen sollten.

Eines der wenigen halbwegs fertiggestellten Elemente ist der **Campanile a Vela,** eine hohe Mauer mit drei großen Bogenfenstern, in denen die Glocken hängen, versehen mit einem Balkon und einem Spitzgiebel. Viele der beim Bau verwendeten Steine stammen aus römischer Zeit, die großen Quader beispielsweise aus dem Amphitheater. Ebenfalls zu erkennen sind wiederverwendete Stelen und Kapitelle sowie Grabplatten mit Inschriften und Reliefarbeiten. Unter den Grabplatten sind erstaunlich viele Exemplare mit hebräischen Schriftzeichen, dem Davidstern und siebenarmigen Leuchtern. Betrachtet man diese Steine genauer, entdeckt man fast immer auch ein Kreuz – dieses mussten die Mönche hinzufügen, um den Stein für den christlichen Bau verwenden zu können. Beeindruckend ist die Akustik, die selbst ohne Dach funktioniert. Stellt man sich mit dem

Gesicht zur Apsis, so wird das Gesprochene durch die Wölbungen nach hinten zurückgeworfen.

Seitlich der Kirche sind die Reste eines Baptisteriums erkennbar, ein kleines Becken in Form eines griechischen Kreuzes. Insgesamt ist die Struktur in diesem Bereich jedoch kaum noch nachvollziehbar.

Katakomben

Auf der Strada Provinciale gelangt man von der archäologischen Zone stadtauswärts nach ca. 2 km zur **Collina Maddalena,** einem Lehmberg, in dem christliche und jüdische **Katakomben** gefunden wurden. Eine jüdische Gemeinde in Venosa ist bis ins 7. Jh. belegt.

Entdeckt wurden die Katakomben 1853, aber mit ihrer Erkundung begann man erst in den 1960er-Jahren. Mittlerweile sind 590 Gräber freigelegt, wie viele weitere sich noch in dem Hügel verbergen, ist ungewiss. Bisherige Analysen ergaben, dass die Gräber zwischen dem 2. und 4. Jh. entstanden und bis ins 6. Jh. genutzt wurden. Viele sind hebräischen Ursprungs, gut zu erkennen an den Kandelabern mit sieben bzw. neun Armen und hebräischen Schriftzeichen. Typisch jüdisch ist auch, dass viele Tote nackt begraben wurden, nur einige tragen eine Tunika. Christen hingegen wurden bekleidet und teilweise mit einer Öllampe beigesetzt.

Die Katakomben wurden 2007 eröffnet, mussten zwischenzeitlich aufgrund starker Regenfälle jedoch wieder geschlossen werden – eine Situation, die immer wieder eintreten kann. Der Leiter der Ausgrabungen, Michele Savarese, arbeitet mit Wissenschaftlern verschiedener Herkunft zusammen, um so genaue Daten wie möglich zu ermitteln, damit bei drohender Gefahr die Katakomben sofort gesperrt werden können. Die entwickelten Sicherungssysteme – innen sieht man hin und wieder Röhren, Sensoren etc. – sind eine Novität und für ähnliche Ausgrabungen andernorts von großer Hilfe. Im Innern hat man einige Stützsysteme errichtet, doch ist man sich der Fragilität der gesamten Angelegenheit bewusst (Führungen über den Pro Loco, s. r., bzw. Lucania Tours).

Infos

Pro Loco: Piazza Castello 47, Tel. 0972 316 09, keine festen Öffnungszeiten.

Übernachten

Zentral ▶ Orazio: Corso Vittorio Emanuele 142, Tel. 0972 311 35, www.hotelorazio.it. Einfaches Hotel mit 14 Zimmern in einem ehemaligen Haus des Malteserordens. Am begehrtesten ist die Nr. 25, die eine große Terrasse mit herrlichem Ausblick hat. Schön sind auch die Frühstücksräume mit ihren Holzarbeiten und den bemalten Decken. DZ 65 €.

Gemütlich ▶ La Maddalena: C.da La Maddalena, Tel. 0972 327 35, www.agrilamaddalena.it. Der von Olivenhainen und Wein umgebene Agriturismo liegt ca. 1 km nördlich der archäologischen Zone. Schöner Garten, Pool und sehr einladende Zimmer. DZ 40–60 €.

Essen & Trinken

Das Auge isst mit ▶ Locanda Accademia dei Piacevoli: Discesa Capovalle 1, Tel. 0972 360 82, www.locandaaccademiadeipiacevoli.it, Di–So mittags u. abends. Ausgesprochen gute Küche. Man sitzt entweder drinnen im modern gemütlichen Ambiente oder auf einer der zwei Terrassen. Zu empfehlen sind die *antipasti dello chef* (5 verschiedene Happen aus Lukanien). Alle Gerichte sind mit sehr viel Liebe zum Detail zubereitet. Menü 25–30 €.

Rustikal ▶ S. Maria della Scala: Corso Garibaldi 59, Tel. 0972 353 31, Di–Sa mittags u. abends, So nur mittags. Die von außen eher unscheinbare Trattoria überrascht mit einem gemütlichen Gastraum, einer Terrasse und sehr guter lukanischer Küche zu fairen Preisen. Menü 15–20 €.

Aktiv

Führungen ▶ Lucania Tours: Largo Baliaggio 5, Tel. 0972 325 69, mobil 333 915 95 47. Ausgezeichnete Führungen (dt./engl.) durch die archäologische Zone (halber Tag 40 € p. P.).

Verkehr

Busse: Die Busse von SITA, Tel. 0971 50 68 11, www.sitabus.it, verbinden Venosa mit Melfi, Rionero und Potenza.

Matera und Murgia di Materana

Im Südosten der Basilikata liegt die Murgia di Materana, ein riesiges, von Schluchten durchzogenes Plateau. Orthodoxe Mönche ließen sich in der Gravina di Matera nieder, wo sie u. a. zahlreiche Kirchen in den porösen Stein gruben, die Chiese Rupestri. Doch auch ganze Städte entstanden. Am berühmtesten ist Matera, das seit 1993 zum Weltkulturerbe der UNESCO gehört.

8 Matera ► 1, N/O 8

Cityplan: S. 263

Was heute die berühmteste Höhlenstadt der Welt ist, war noch in den 1950er-Jahren der Schandfleck der Nation. Nirgendwo sonst sind die zwischen dem 6. und 10. Jh. entstandenen *sassi* (›Höhlensiedlungen‹) so gut erhalten wie in **Matera.** Dazu beigetragen haben Initiativen verschiedener Gruppen und Einzelpersonen, die die alten Sassi sanierten und wieder bewohnbar machten. Inzwischen ist Matera ein lebendiges Freilichtmuseum, das überdies in einer faszinierenden Landschaft liegt, der Murgia di Materana.

Geschichte

Erste Siedlungsspuren lassen sich bereits um 8000 v. Chr. nachweisen. Die besondere Topografie von Matera – ein Tuffsteinplateau (die heutige Civita) und eine Schlucht mit einem nie versiegenden Bach – boten beste Voraussetzungen. Später siedelten hier Griechen und Römer, doch in den Fokus der Geschichte geriet das Gebiet erst, als es die Langobarden ihrem Herzogtum eingliederten, was ihnen die Sarazenen mehrmals streitig machten.

Ab dem 6./7. Jh. ließen sich orthodoxe Basilianermönche aus Kleinasien nieder, die in den weichen Tuffstein Einsiedeleien, Kirchen und Klöster gruben. Die ältesten Kirchen stammen aus dem 6. Jh., die meisten entstanden jedoch im 10. Jh. Nach und nach kamen Hirten, Handwerker und Bauern dazu, sodass eine feste Siedlung entstand. Als die Normannen im 11. Jh. den Ort übernahmen, breitete sich Matera in die unterhalb des Orts liegenden Schluchten aus. Bauern und Handwerker gruben sich ihre Behausungen in den Tuffstein – die Sassi entstanden.

1497 wurde Matera als Lehen an den Grafen Carlo Tramontano gegeben, der aufgrund seiner Grausamkeit jedoch von den Einwohnern getötet wurde. 1663 gelangte der Ort in den Besitz des Königreichs Neapel und avancierte zur Hauptstadt der Basilikata (bis 1806). Mussolini ernannte Matera im Jahr 1927 zur Hauptstadt einer eigenen gleichnamigen Provinz und ließ eine Panoramastraße bauen, die einmal um die Sassi herumführt. Das hielt die Materani jedoch nicht davon ab, bei der Vertreibung der Faschisten eine Vorreiterrolle zu spielen.

Nach dem Krieg setzte sich u. a. Carlo Levi (s. S. 268) für die Verbesserung der ärmlichen Lebensumstände in Matera ein – zu diesem Zeitpunkt lebten zwei Drittel der Bevölkerung in den Sassi. 1952 wurde ein Gesetz erlassen, das die Evakuierung der Sassi festschrieb. Die Bewohner zogen in neu erbaute Siedlungen mit zwei- bis dreistöckigen Häusern um, wobei die typische Struktur der Sassi erhalten blieb: Mehrere Familien teilen sich einen Hof und Einrichtungen wie Bäckerei, Schule etc. Insgesamt entstanden 13 sogenannte *quartieri populari,* in denen heute rund 15 000 Materani leben.

1970 war die ›Evakuierung‹ abgeschlossen. Die alten Sassi gingen größtenteils in den Besitz der Kommune über und begannen zu verfallen. So wie die Organisation La Scaletta (s. S. 269) sich der Höhlenkirchen annahm, so beschlossen einige Jugendliche 1975, in der Rione Malve im Sasso Caveoso zu leben. Diese und viele weitere Initiativen haben dazu beigetragen, dass 1986 ein Gesetz zur Wiederbesiedlung der Sassi verabschiedet wurde. Der Staat stellte hierfür 1 Mrd. Lire zur Verfügung, denn inzwischen hatte man begriffen, wie einzigartig diese Höhlenstadt ist. Seit 1993 gehören die Sassi von Matera und die Murgia di Materana zum Weltkulturerbe der UNESCO. In dem rund 30 ha großen Gebiet leben heute etwa 60 000 Menschen.

Auf dem Piano

Als Matera im 17. Jh. in den Besitz des Königreichs Neapel kam, erlangte es nicht nur als Bischofsstadt, sondern auch als Grenzland zu Apulien Bedeutung. In der Folge zogen wohlhabende Bürger von den Sassi auf die oberhalb davon gelegene Ebene, den **Piano,** und errichteten hier neue Häuser und Paläste. Viele der Höhlenkirchen wurden in dieser Zeit aufgegeben.

Der lebhafteste Platz auf dem Piano ist die **Piazza V. Veneto** **1**. Der alte, tiefer liegende Marktplatz musste der neuen Piazza weichen, wurde später aber wieder freigelegt und kann heute von oben betrachtet werden. Absolut spektakulär ist der Blick, der sich von hier auf den Sasso Barisano und die Kathedrale bietet. An dieser Stelle gewinnt man einen ersten Eindruck von dem Häuser- und Treppengewirr der Sassi, die sich unterhalb davon ausbreiten. Westlich der Piazza V. Veneto verläuft von Nord nach Süd die gut 10 km lange **Via Lucana.** Sie ist so etwas wie die ›zeitliche‹ Grenze der Stadt, denn alles, was westlich von ihr liegt, ist das neue, nach 1952 entstandene Matera.

Um einen fantastischen Überblick über den Sasso Caveoso zu bekommen, begibt man sich über die Via del Corso und die Via Ridola zur **Piazza Pascoli** **2**. Hier befindet sich auch der **Palazzo Lanfranchi** **3**, ein ehemaliges Priesterseminar, in dem heute das **Museo Nazionale d'Arte Medievale e Moderna** mit einer schönen Gemäldegalerie und dem **Centro Carlo Levi** untergebracht ist. Hier kann man einige seiner wichtigsten Arbeiten betrachten, viele davon aus der Zeit seines Exils. Im Erdgeschoss des Museums zu bewundern ist das Gemälde »Lucania 61«, das Levi anlässlich des 100. Jubiläums der italienischen Republikgründung malte und der Stadt vermachte. Der Künstler ist selbst auf dem Bild zu sehen, mit einem leidenden Gesichtsausdruck in einer Trauerszene. Im Hintergrund links ist eine Landschaft mit Friedhof abgebildet, auf dem ein Grabmal besonders heraussticht: Es ist dasselbe, das Levi für sein Grab in Aliano (s. S. 279) entwarf, wo er 14 Jahre später begraben wurde (Tel. 835 25 62 62, Do–Di 9–20 Uhr, 2 €, erm. 1 €).

Zwischen Piazza V. Veneto und Piazza Pascoli liegt die **Piazza del Sedile** **4**, ein belebter Platz, der das eigentliche Zentrum des Piano bildet. Hier treffen die aufsteigenden Treppen von Sasso Barisano (neben dem Konservatorium) und Sasso Caveoso aufeinander und hier liegt auch die **Chiesa San Giovanni Battista** aus dem 13. Jh. Der ursprüngliche romanische Stil der Kirche wurde weitestgehend wieder hergestellt, entsprechend schlicht präsentiert sich das Innere. Am Eingang empfangen einen die Monster, die das Böse abschrecken sollen, und am Altar sind die normannischen Löwen zu sehen.

Civita

Auf einem ins Tal hineinragenden Tuffsteinplateau liegt die sogenannte **Civita** (lat. *civitas,* ›Staat, Gemeinde‹), wo die eigentliche Geschichte Materas ihren Ausgang nahm. Hier entstanden ab dem 6. Jh. die ersten Häuser, von einer Stadtmauer geschützt, später die Kathedrale. Die Stadt wuchs immer weiter und irgendwann reichte der Platz nicht mehr aus, sodass man Wohnungen in den weichen Tuffstein rund um die Civita zu graben begann, die Sassi (s. S. 262).

In den Stein gebaut: Matera, die berühmteste Höhlenstadt der Welt

Matera

Sehenswert
1 Piazza V. Veneto
2 Piazza Pascoli
3 Palazzo Lanfranchi
4 Piazza del Sedile
5 Duomo
6 Chiesa Madonna delle Virtù, Chiesa San Nicola dei Greci
7 MUSMA
8 Chiesa San Pietro Caveoso
9 Casa Grotta di Vico Solitario
10 Chiesa Santa Lucia delle Malve
11 Casa Grotta Casalnuovo
12 Belvedere

Übernachten
1 Sant'Angelo
2 Locanda di San Martino
3 La Dolce Vita
4 Capriotti

Essen & Trinken
1 Le Botteghe
2 Nadi
3 Antica Trattoria Lucana
4 La Latteria
5 Schiuma

Einkaufen
1 Il Sedile

Abends & Nachts
1 Terrazza dell'Annunziata
2 Camera Club Pub

Aktiv
1 Bike Basilicata

Das markanteste Gebäude der Civita ist der über 50 m hohe Campanile des **Duomo** 5 an der gleichnamigen Piazza. Als die Stadt Anfang des 13. Jh. Bischofssitz wurde, errichtete man die Kathedrale. Das 1270 vollendete Gotteshaus ist der Madonna della Bruna und dem heiligen Eustachio geweiht, beides Schutzheilige der Stadt. Über dem Haupttor der romanisch-apulischen Fassade sieht man eine Statue der Madonna della Bruna, ihr zur Seite die Heiligen Peter und Paulus. Darüber ist eine Rosette angebracht, die das Glücksrad symbolisiert, aber auch das Rad des Schicksals. Das Innere der dreischiffigen Kirche ist fast vollkommen im Barockstil gestaltet und umfasst eine Vielzahl kleinerer Kapellen. In der ersten Kapelle auf der linken Seite befindet sich ein byzantinisches Fresko der Madonna della Bruna, die jedes Jahr am 2. Juli mit einem großen Spektakel geehrt wird. Die Feierlichkeiten beginnen bei Sonnenaufgang mit einer Messe und einer Prozession der Hirten, die das Bildnis der Madonna in die Chiesa Annunziata an der Piazza V. Veneto bringen. Am späten Nachmittag wird das Bildnis der Jungfrau auf einem riesigen, mit Pappmaschee geschmückten Wagen, begleitet von mehreren Reitern, in die Kathedrale zurückgebracht. Viele Menschen versuchen danach auf teils abenteuerliche Weise ein Stück des Prozessionswagens zu ergattern – diese ›Reliquien‹ sollen Schutz für das kommende Jahr garantieren. Die **Festa della Bruna** wurde bereits 1389 von Papst Urban VI. (zuvor Erzbischof von Matera) ins Leben gerufen und ist damit eines der ältesten Kirchenfeste in Süditalien.

Sassi

Sasso bedeutet eigentlich ›Stein‹, ist aber auch die Bezeichnung für die beiden in Matera entstandenen Höhlensiedlungen. Wohnräume, Stallungen, Keller und sogar Kirchen wurden in den Tuff gegraben. So entstanden ganze Ortsteile. Geschickt schuf man Übergänge zwischen den einzelnen Behausungen, legte auf gemeinsam genutzten Höfen Zisternen, Terrassen und Gärten an. Das bei den Ausschachtungen gewonnene Material wurde für die Gestaltung der Fassaden, Mauern und Treppenwege verwendet oder man kippte es einfach ins Tal.

Bei einem Streifzug durch die **Sassi** sollte man sich einfach treiben lassen und aufmerksam schauen. So entdeckt man beispielsweise immer wieder Knochen von Kühen, Ziegen und Schafen, die als Dachrinnenhalterung genutzt wurden, oder stilvoll renovierte Wohnhöhlen mit allem Komfort. Seit Beginn der Restauration gegen Ende der 1980er-Jahre leben wieder rund 3000 Menschen in den Sassi.

Sasso Barisano

Vom Dom aus führt eine Treppe direkt hinunter in den **Sasso Barisano,** der nach Bari hin ausgerichtet ist und so vermutlich seinen Namen erhielt. An der Via Madonna delle Virtù

SS7
12
SS7
Via Stigliani
5
0
50
100 m
Via d'Addozio
S. Agostino
Via Amendola
Via Piave
Via S. Cesarea
Via XX Settembre
Via Lucana
Via Stigliani
Via Madonna delle Virtù
Abate
Via d'Addozio
SASSO BARISANO
Via XX Settembre
3
Via Roma
1
Via S. Antonio
6
Piazza
Via S. Biagio
2
Piazza S. Pietro Barisano
1
1
V. Veneto
Via Fiorentini
Via Fiorentini
2
4
Via delle Beccherie
2
5
Piazza Michele Bianco
Via del Corso
Piazza Duomo
Via Duomo
CIVITA
Via Lucana
1
1
Piazza Sedile
Via Scotellaro
4
Piazza S. Francesco
Via Madonna delle Virtù
7
Via Ridola
1
Piazza S. Pietro Caveoso
Via Lanera
Castello
Via Buozzi
8
SASSO CAVEOSO
Vico Solitario
Piazza Pascoli
9
2
4
3
3
Via Duni
10
Via Lucana
Via Ridola
Via Buozzi
Montescaglioso
11

liegen die **Chiesa Madonna delle Virtù** und die **Chiesa San Nicola dei Greci** 6, ein auf das 10. Jh. zurückgehender Komplex und ein schönes Beispiel für eine nachträglich vorgenommene Verbindung mehrerer Etagen.

Die dreischiffige Chiesa Madonna delle Virtù besitzt vier Pfeiler, eine Empore, eine Apsis und Scheinkuppeln, d. h. die in den Tuff geschlagenen Kuppeln erscheinen nur nach innen als solche. Sie ist die einzige Kirche in Matera mit Kuppeln, selbst das Dach zieren Scheingalerien und eine winzige Rosette. Über der Chiesa Madonna delle Virtù wurde die im Gegensatz dazu sehr schlichte Chiesa San Nicola dei Greci erbaut. Die zweischiffige Kirche ist vor allem wegen ihrer Fresken von Bedeutung. Im rechten Schiff findet sich eine Kreuzigung aus dem 14. Jh. sowie in der rechten Apsis nach byzantinischem Vorbild eine Madonna mit Kind und einigen Heiligen, darunter San Nicola dei Greci in einer eher seltenen Darstellung mit Blumen. Dabei handelt es sich um Affodill, die typische Friedhofsblume der Griechen. Dass dieser Kirchenkomplex so gut erhalten ist, geht auf die Initiative der Organisation La Scaletta (s. S. 269) zurück (Tel. 0835 23 62 33, www.lasca letta.net).

In den Kirchenräumen wurde 1978 in Zusammenarbeit mit der Cooperative Arte Zeta eine Internationale Skulpturenausstellung organisiert, die seitdem jeden Sommer stattfindet und immer einem ausgewählten Künstler gewidmet ist. Daraus hervorgegangen ist das 2007 eröffnete **Museo della Scultura Contemporanea Matera (MUSMA)** 7, denn jeder der Künstler überlässt der Kooperative jeweils eine seiner Skulpturen. Das Museum befindet sich unterhalb der Kathedrale bereits im Sasso Caveoso (Via San Giacomo, Tel. 0835 33 05 82, mobil 320 535 09 10, www.ar tezeta.it, www.musma.it, April–Okt. Di–So 10–14, 16–20, Nov.–März Di–So 10–14 Uhr, Eintritt 5 €, erm. 3,50 €).

Sasso Caveoso

Der ältere und südliche Teil der Höhlenstadt heißt **Sasso Caveoso.** Der Name leitet sich wahrscheinlich vom Ort Montescaglioso (ursprünglich Mons Caviosus) ab, zu dem der Sasso ausgerichtet ist.

Folgt man von der Chiesa Madonna delle Virtù der gleichnamigen Panoramastraße in Richtung Sasso Caveoso, so gelangt man zur **Chiesa San Pietro Caveoso** 8. Dies ist die einzige Kirche der Sassi, die nicht in den Tuffstein gegraben wurde. Interessant sind die Barockgemälde an der Decke aus dem 17. Jh. und die reliefartige Gestaltung des Altars, der dem heiligen Antonius gewidmet ist.

Etwas südlich davon bietet die **Casa Grotta di Vico Solitario** 9 einen guten Einblick in das Leben der damaligen Zeit. Die Räumlichkeiten aus dem 18. Jh. waren bis 1956 bewohnt. Allerdings hielt man sich nur zum Schlafen und Essen in der Höhlenwohnung auf. Das restliche Leben spielte sich draußen ab, wo man dank der einzigartigen Anlage eine freie Sicht auf die gesamte Umgebung genoss und sich problemlos auch über mehrere Höhenmeter hinweg verständigen konnte. In der Höhlenwohnung befindet sich u. a. ein originaler *cuccu,* ein bunt bemalter Vogel aus Keramik. Traditionellerweise schenkte man einen solchen Kuckuck zur Hochzeit, als Begleiter für die Eheleute und als Symbol für die Fruchtbarkeit. Teilweise waren die Figuren auch noch mit kleinen Küken behängt. Heute ist der *cuccu* (auch *fischetto* genannt) das Symbol für Matera (Piazza S. Pietro Caveoso, www.casagrotta.it, tgl. 9–20.30 Uhr, 1,50 €, dt. Audioguide).

Wenige Schritte weiter liegt der Komplex der **Chiesa Santa Lucia delle Malve** 10, wo die ersten Basilianermönche lebten. Im 9. Jh. wurden sie von byzantinischen Glaubensbrüdern verdrängt, bis diese im 12. Jh. den Benediktinern weichen mussten. Später wurde die Kirche zum Teil als Gotteshaus genutzt, andere Räume jedoch als Stall zweckentfremdet. Bei der Restaurierung traten wunderschöne Fresken zutage, allen voran gleich links eine Abbildung von San Benedetto mit der typischen Segnungsgeste des byzantinisch-orthodoxen Ritus. Im ersten Raum auf der linken Seite befindet sich ein Fresko der Santa Lucia, zu erkennen an den Augen, die neben ihr in einem Pokal zu sehen sind. Auf dem Dach der Kirche liegt der Friedhof der Mönche. Die mittlerweile leeren Gräber sind in den Stein gehauen, liegen dicht an dicht und sind sehr flach. Von hier oben bietet sich ein sehr schöner Blick auf die Murgia und die Gravina di Matera (Vico Solitario, 2 €).

Etwas oberhalb der Kirche hat man noch einmal die Chance, eine weitere, diesmal um einiges größere Höhlenwohnung zu besichtigen. Die **Casa Grotta Casalnuovo** 11 verfügt über fünf Räume, die tief in den Felsen hineinführen, sodass man einen Eindruck von den Temperaturunterschieden bekommt (Rione Casalnuovo, Tel. 0835 31 41 39, www.casagrottamatera.com, Nov.–März 10–17, April–Okt. 9.30–19.30 Uhr, 1,50 €, dt. Audioguide).

Murgia Timone

Man sollte es keinesfalls versäumen, auch von ›außen‹ auf Matera zu schauen. Den schönsten Blick hat man vom **Belvedere** 12 an der **Murgia Timone,** die östlich der Stadt auf der anderen Seite der Schlucht liegt. Für die Anfahrt nimmt man die SS 7 in Richtung Laterza/Tárento und folgt nach 2 km dem nach rechts mit »Chiese rupestri« und »CEA« ausgeschilderten Abzweig (s. auch S. 270). Vom Aussichtspunkt bietet sich ein fantastischer Blick auf das gegenüberliegende Matera, die Anlage der Höhlenwohnungen und die Landschaft der Murgia di Materana.

Infos

Neben der APT gibt es in Matera viele andere Informations- bzw. Reisebüros, die sich ihre Dienste jedoch bezahlen lassen. Empfehlenswerte Webseiten sind www.turismomatera.it (dt.) sowie www.sassiweb.it (engl., mit vielen Links, u. a. zu Unterkünften).

APT: Piazza V. Veneto, Tel. 0835 33 34 52, tgl. 9.30–13, 15–18 Uhr, im Sommer länger. Stadtpläne, Vermittlung von geprüften Führern für die Sassi und das Umland etc.

Übernachten

Matera bietet eine große Anzahl von verschiedenen Unterkünften. Besonders verbreitet sind B & Bs, in denen man meist sehr gemütlich und sehr zentral wohnt.

Exquisit ▶ Sant'Angelo 1: Piazza San Pietro Caveoso, Tel. 0835 31 40 10, www.hotelsantangelosassi.it. Die Zimmer und Suiten des Hotels verteilen sich über mehrere Höhlenwohnungen. Beeindruckende Architektur, tolle Ausblicke, ein hohes Maß an Gastfreundlichkeit – der einzige Nachteil: Man mag nicht mehr gehen. DZ 160 €.

Wo alles begann ▶ La Dolce Vita 3: Rione Malve 51, Sasso Caveoso, Tel. 0835 31 03 24, mobil 328 711 11 21, www.ladolcevitamatera.it. Vincenzo Altieri und Carla Giacalone vermieten gemütliche und liebevoll gestaltete Apartments für 2–4 Pers. – genau dort, wo ein paar Jugendliche einst begannen, wieder in den Sassi zu leben. DZ 60–80 €.

Am Dom ▶ Capriotti 4: Piazza Duomo, Tel. 0835 33 39 97, mobil 329 619 37 57, www.capriotti-bed-breakfast.it. Gemütliches B & B mit Blick auf den Sasso Barisano und die Murgia. Auch hier hat man einen Großteil der alten Struktur erhalten. DZ 70 €.

Essen & Trinken

Ein Erlebnis ▶ Le Botteghe 1: Piazza San Pietro Barisano 22, Tel. 0835 34 40 72, Febr.–Dez. mittags u. abends. Urgemütliche Trattoria – mit viel Esprit steht der Padrone Antonio Chidichimo am Grill und bereitet herzhafte lukanische Gerichte. Zu empfehlen sind die *pe-*

Tipp: Schlafen in Höhlen

Im Sasso Barisano und nur wenige Schritte vom Zentrum entfernt liegt nahe der aufgegebenen Kirche San Martino das einladende **Hotel Locanda di San Martino 2.** Seine 28 Zimmer verteilen sich auf vier Ebenen und sind in einstigen, sehr achtsam renovierten Höhlenwohnungen untergebracht, die mit allem Komfort ausgestattet wurden. Jedes der Zimmer verfügt über einen eigenen Zugang und eine kleine Terrasse, das Hotel über ein Thermalbad und einen Parkplatzservice (10 €/Tag) – eine Unterkunft wie geschaffen für einen längeren Aufenthalt (Via Fiorentini 71, Tel. 0835 25 66 00, www.locandasanmartino.it, DZ 90–130 €).

peroni cruschi sowie die lukanischen Würste. Großzügige Portionen. Menü 25 €.

Köstlich ▶ Nadi 2: Via Fiorentini 1/3, Tel. 0835 33 28 92, www.ristorantenadi.com, tgl. mittags u. abends. Versteckt im Sasso Barisano liegendes Lokal. Zu empfehlen sind v. a. die *antipasta lucana* (verschiedene Wurstsorten, Peperoni und etwas Käse), die *capriata* (traditionelle Suppe), Hülsenfrüchte sowie die *ferricelli* (Pasta mit getrockneten und gerösteten Peperoni). Zum Abschluss sollte man einen Alloro zu sich nehmen, einen hausgemachten Likör aus Lorbeer, Zucker und Zitrone. Menü 20–25 €.

Urig ▶ Antica Trattoria Lucana 3: Via Lucana 48, Tel. 0835 33 61 17, www.trattorialucana.it, Di–So mittags u. abends. Seit einigen Jahren vom Guide Michelin empfohlen. Gute, herzhafte lukanische Küche, d. h. viel Gemüse und Fleisch. Unbedingt die *antipasti lucano con verdura* probieren. Menü ab 15 €.

Für zwischendurch ▶ Schiuma 5: Via Stigliani 92, Piano, nahe Piazza V. Veneto, Tel. 0835 33 42 83. Alteingesessene Bar und Pasticceria, in der man nicht nur guten Caffè bekommt, sondern auch absolut köstliche süße Teilchen. Im Sommer gibt es hier noch *spumone,* hausgemachtes Eis im großen Becher.

Einkaufen

Keramik ▶ Il Sedile 1: Piazza del Sedile 19, Tel. 0835 33 18 57, tgl. 9.30–13, 15.30–20 Uhr. Hier erhält man von Tommaso Niglio mit viel Liebe zum Detail gestaltete Stücke, u. a. den *cuccu* (s. S. 264).

Tipp: Prodotti Tipici

In **La Latteria 4** bekommt man nicht nur typische Produkte aus der Region, sondern kann mittags auch für 12 € auf einen Snack einkehren. Es gibt verschiedene Sorten Käse und Wurst, dazu Brot sowie natürlich Wein und Wasser – alles von Erzeugern aus dem Umland von Matera. Also erst beim Mittagessen probieren und dann kaufen (Tel. 0835 31 20 58, beim Palazzo Lanfranchi, Mo–Sa 8.30–15, 17–21 Uhr).

Abends & Nachts

In den Sassi gibt es vor allem zwischen Juni und September einige Bars und Clubs mit Livemusik.

Livemusik ▶ Terrazza dell'Annunziata 1: Piazza V. Veneto, Tel. 0835 33 65 25, Di–So. Tagsüber eine Bar, abends manchmal Jazz- und Blueskonzerte. **Camera Club Pub 2:** Via S. Biagio 13, Tel. 0835 33 38 54. Gelegentlich Konzerte.

Aktiv

Führungen ▶ Mit **Raffaele Steffani,** Tel. mobil 333 456 34 40, kann man das wirkliche Matera entdecken (ital., frz.). Ebenso engagiert sind **Monika und Katharina Michel,** Tel.

Wie ein Schweizer Käse präsentiert sich die Murgia di Materana – Höhlen, wohin das Auge blickt, einige davon sind Kirchen

mobil 348 606 63 86 (dt.). Führer vermittelt auch das APT (s. S. 265) und das CEA (s. S. 270). Die Touren dauern in der Regel 2–3 Std. und kosten 50–60 €. Von den Führern, die Touristen direkt ansprechen, sollte man Abstand nehmen.

Radfahren ▶ **Bike Basilicata** 1: Via Cappelluti 34, Tel. 0835 33 65 72, www.bikebasilicata.it. Hier bekommt man Tourenräder für ca. 18 €/Tag sowie Tipps und Infos für Touren in die Umgebung.

Termine

Madonna della Bruna: 2. Juli. Die Bewohner Materas feiern ihre Schutzheilige mit einem Umzug und einem ausgelassenen Fest.

Verkehr

Züge: Auf der Strecke Matera–Bari gibt es regelmäßige Verbindungen mit den Zügen der Ferrovie Appulo-Lucane, Tel. 080 572 52 29, www.fal-srl.it.

Busse: Die Busse von SITA, Tel. 0835 33 28 62, www.sitabus.it, verbinden Matera mit nahezu allen Orten der Region sowie mit Potenza, Melfi, Salerno und Neapel. Innerhalb der Stadt fahren die Busse von CASAM, Tel. 0835 33 56 11, www.casam.it. Die Busse der Ferrovie Appulo-Lucane, Tel. 0835 33 28 61, www.fal-srl.it, verbinden Matera mit Städten in Apulien wie Bari und Ruvo.

Mietwagen: Matera Car Hire, Via Dei Mestieri Zona Paip 1, Tel. 0835 27 18 59.

Christus kam nur bis Eboli Thema

Das Werk des Schriftstellers Carlo Levi über sein zweijähriges Exil in der Basilikata ist vermutlich das erste Buch, das es schaffte, auf die wirklichen Zustände im Süden Italiens aufmerksam zu machen. »Cristo si è fermato a Eboli« und Levis Engagement haben viel zur Verbesserung der Situation beigetragen.

Carlo Levi (1902–75), Maler, Schriftsteller und Arzt, wurde wegen der Gründung einer oppositionellen Gruppe von den Faschisten zunächst inhaftiert und 1935/36 in die Basilikata verbannt. Die dortige Landschaft empfand er unwirklich bis mondartig und die Menschen lebten in einem für Levi bis dahin unvorstellbaren Elend. In seinem 1945 erschienenen Buch »Christus kam nur bis Eboli« notierte er dazu die Meinung vieler Bewohner: »Wir sind keine Christen ... Christus ist nur bis Eboli gekommen ... wir gelten nicht als Menschen, sondern als Tiere, als Lasttiere ...«

Levi lernte zu verstehen, warum die Menschen hier so dachten. Er tauchte ein in ihre Welt aus Arbeit, Misstrauen, Liebe, Religion und Aberglauben. Eine treffende Darstellung von der Armut, in der die Bewohner der Sassi von Matera einst lebten, stammt von Levis Schwester. In einem Brief an ihn schrieb sie: »Die Schlucht hatte eine merkwürdige Form: wie zwei halbe Trichter nebeneinander, die durch einen kleinen Vorsprung getrennt sind und sich unten in einer gemeinsamen Spitze vereinigen ... Diese umgekehrten Kegel, die Trichter, heißen Sassi: Sasso Caveoso und Sasso Barisano. Sie sind so geformt, wie wir uns in der Schule die Hölle Dantes vorgestellt haben. Es sind Höhlen, die man in die verhärtete Lehmwand der Schlucht gegraben hat ... In diesen schwarzen Löchern mit Wänden aus Erde sah ich Betten, elenden Hausrat und hingeworfene Lumpen. Auf dem Boden lagen Hunde, Schafe, Ziegen und Schweine. Im Allgemeinen verfügt jede Familie nur über eine solche Höhle, und darin schlafen alle zusammen, Männer, Frauen, Kinder und Tiere. So leben 20 000 Menschen. Kinder gab es unzählige. In der Hitze, im Staub, fliegenumschwärmt, tauchten sie von allen Seiten auf, entweder ganz nackt oder mit ein paar Lumpen bekleidet ... Ich sah Kinder auf der Türschwelle im Schmutz unter der glühenden Sonne sitzen mit halbgeschlossenen Augen unter roten geschwollenen Lidern; die Fliegen setzten sich auf die Augen, aber sie rührten sich gar nicht, sie verjagten sie nicht einmal mit den Händen. Ja, die Fliegen krochen ihnen über die Augen, und sie schienen es nicht zu spüren ...«

In den letzten beiden Kriegsjahren schrieb sich Levi seine Erinnerungen von der Seele und setzte sich danach mit anderen für eine Verbesserung der Lebensumstände in der Basilikata ein, speziell in Matera. So ist es u. a. ihm zu verdanken, dass 1952 ein Gesetz zur Evakuierung der Sassi verabschiedet wurde (s. S. 258). Auch im Bild hielt Levi seine Eindrücke fest. Ein Großteil seiner Gemälde ist heute in Matera und Aliano (im Buch ›Gagliano‹) ausgestellt. Aliano bestimmte Levi auch als den Ort, an dem er begraben sein wollte. Drei Jahre nach seinem Tod entstand unter der Regie von Francesco Rosi der Film »Christus kam nur bis Eboli«, der u. a. in Aliano und Craco gedreht wurde. Der Film ist ein guter Einstieg in das Verständnis der Basilikata, das Buch ein exzellenter Reisebegleiter.

Murgia di Materana

► 1, O 8/9

Bei einer Murgia handelt es sich um ein weitgehend baumloses Kalksteinplateau, das sich vor Urzeiten aus dem Meer gehoben hat. Im Gegensatz zur Nachbarregion Apulien ist das Gestein der **Murgia di Materana** sehr fest, sandfarben und nicht brüchig. Nur so konnten die vielen Höhlen in den Fels gegraben werden. Typisch für die lukanische Murgia sind die durch Wettereinflüsse entstandenen Canyons, die Calanche. Sie spenden vor allem in den heißen Monaten Schatten, an ihrem Grund fließt häufig ein Bach.

Ab dem 7. Jh. ließen sich viele christlich-orthodoxe Mönche im Gebiet der Murgia nieder, wo sie Einsiedeleien, Kirchen und kleinere Klöster in den Fels gruben und mit Fresken ausmalten, die **Chiese Rupestri.** Dank der Organisation La Scaletta ist ein Teil dieser Kirchen in der Murgia di Materana wieder zugänglich. Die zumeist jungen Menschen dieser Initiative durchstreiften ab 1959 im wahrsten Sinne des Wortes die Landschaft auf der Suche nach diesen Kirchen – 150 davon wurden in und um Matera entdeckt und sind heute durch den **Parco della Murgia** (s. S. 270) geschützt.

La Cripta dei 100 Santi

Eine der schönsten Höhlenkirchen liegt ca. 14 km südlich von Matera in der Nähe der **Cantina Dragone.** Ein alter Bauer erzählte den jungen Leuten von La Scaletta, dass er als junger Hirte mit seinen Tieren häufig in einer Höhle Zuflucht gesucht habe, in der viele Heilige abgebildet waren. Die Hirten nannten die Höhle deswegen **La Cripta dei 100 Santi.** Später wurde ›die Krypta der 100 Heiligen‹ aufwendig restauriert und ist seit ein paar Jahren im Rahmen einer Führung wieder zugänglich. Ein mehrsprachiger Audioguide informiert über die Hintergründe, während ein Fresko nach dem anderen beleuchtet wird. Die Bildnisse stammen aus dem 8. bis 10. Jh. und zählen nicht nur zu den ältesten, sondern auch zu den schönsten, die man bislang gefunden hat. Dargestellt sind Szenen aus der Genesis, u. a. wie Eva Adam den Apfel reicht und der folgende Sündenfall. Daher wird die Höhlenkirche auch **La Cripta del Peccato Originale** (›Krypta der Erbsünde‹) genannt. Faszinierend ist ein im unteren Bereich umlaufender Fries mit roten Blumen, für den es bisher keine eindeutige Erklärung gibt (Kooperative Arte Zeta, Tel. mobil 320 535 09 10, www.artezeta.it, 8 €, Erklärungen auch in Dt., Shuttle-Bus von Matera aus möglich).

Montescaglioso

Über eine landschaftlich schöne Straße erreicht man das 25 km südlich von Matera gelegene **Montescaglioso,** das für seine traditionellen Karnevalsumzüge bekannt ist. Der Ort liegt auf einem 336 m hohen Hügel und hat ein äußerst charmantes Zentrum.

Bereits im 10. Jh. v. Chr. bewohnt, wurde der Ort Montescaglioso später zur römischen Civitas Severiana und hieß im Mittelalter Mons Caveosus. Viele Funde, die heute im archäologischen Museum in Matera ausgestellt sind, wurden rund um diesen Ort gemacht.

Unter den Normannen entwickelte sich Montescaglioso ungemein weiter. In der ersten Hälfte des 11. Jh. bauten Benediktinermönche die **Abbazia di S. Michele Archangelo,** eine der größeren Abteien dieser Glaubensgemeinschaft in Süditalien. Es heißt, viele Äbte aus diesem Kloster seien nach Monte Cassino (Latium) berufen worden. Dies verhinderte jedoch nicht, dass das Kloster 1784 aufgegeben wurde und allmählich verfiel. Seit Jahren wird es nun schon restauriert und einige Bereiche sind für Besucher bereits zugänglich. So kann man z. B. einen Blick auf die beiden schönen Kreuzgänge werfen. Hier befindet sich ein äußerst liebevoll eingerichtetes **Bauermuseum,** zu dessen Exponaten man von den Angestellten bereitwillig Auskunft erhält. Im oberen Stockwerk kann auf einer Führung eine alte Bibliothek mit herrlichen Fresken besichtigt werden (Piazza Racamato 1, Tel. 0835 20 10 16, www.cea.montescaglioso.net, Di–So April–Okt. 10–13, 15–19, Nov.–März 10–13, 15–17 Uhr, Eintritt frei, Führung 4 €).

aktiv unterwegs

Wandern im Parco della Murgia

Tour-Infos

Start: beim Centro di Educazione Ambientale (s. u.); Anfahrt von Matera über die SS 7 in Richtung Laterza/Táranto, nach 2 km rechts abbiegen (Schild »CEA«)

Informationen: Centro di Educazione Ambientale (CEA), Jazzo Gattini, Tel. 0835 33 22 62, www.ceamatera.it u. www.parcomurgia.it, April–Okt. tgl. 9–13.30, 16.30–19.30, Nov.–Febr. tgl. 9–13 Uhr.

Besondere Hinweise: Die Wege sind nicht sehr gut ausgeschildert, aber die Orientierung im Gelände ist relativ einfach. Da es nur in der Schlucht Schatten gibt, sollte man vor allem im Sommer einen Sonnenschutz und ausreichend Wasser dabeihaben. Unbedingt erforderlich ist festes Schuhwerk. Besonders an heißen Tagen sollte man auf Schlangen achten, die sich dann gerne zum Aufwärmen in die Sonne legen.

Wer Abenteuer und ein wenig Anstrengung nicht scheut, der sollte sich im **Parco della Murgia** umsehen, der Natur und Kultur aufs Schönste vereint. Bei einer Wanderung entlang einem der tief eingeschnittenen Flussläufe oder über steppenartige Ebenen entdeckt man zahlreiche Höhlen, die Einblicke in uralte Traditionen der Materani erlauben.

Bereits bei der Anfahrt zum Infozentrum der CEA sieht man Ausschilderungen zu verschiedenen Höhlenkirchen. Kurze Stichstraßen führen an den Rand der **Gravina di Matera.** Ein Stopp empfiehlt sich auch bei der **Masseria Radogna,** wo die CEA ihren Sitz hat. Hier bekommt man nicht nur Auskünfte über die möglichen Aktivitäten im Park, sondern auch eine Menge Events geboten. Jeden Dienstag z. B. findet ein Kinoabend mit anschließender Verkostung lokaler Erzeugnisse statt. Einer der Programmhöhepunkte ist Anfang Juni die Festa della Transumanza, bei der man mit den Hirten und ihren Tieren symbolisch auf Wanderung geht.

Im Park wurden außerdem mehrere Wanderwege erschlossen. Sehr schön ist die ca. 25 km lange Strecke **von der CEA entlang der Gravina di Matera nach Montescaglioso** (s. S. 269). Der Weg führt teilweise in den Canyon hinein und passiert mehrere alte Höhlen und Kirchen sowie ein paar lauschige Picknickplätze. Von Montescaglioso zurück muss man dann ein Taxi nehmen.

Eine kleinere, ebenso schöne Tour ist die 6 km lange Wanderung **vom Belvedere hinunter in die Gravina.** Wenn der Wasserstand es zulässt, kann man das Flüsschen queren und auf der anderen Seite hinauf nach Matera gehen. Unterwegs kann man einige Kirchen anschauen und eine Unzahl von Ausblicken genießen.

Ebenso schön ist es, einfach nur dem Bach am Grund der Schlucht bzw. den Wegen an der Kante der Gravina zu folgen. Von April bis September sieht man häufig den Rötelfalken, der aus Nordafrika zum Brüten in die Murgia kommt. Sobald die Vögel wieder abfliegen, weiß man, dass der Sommer vorbei ist. Nach Regentagen begegnet man zuweilen Einheimischen, die kleine, weiße Schnecken einsammeln, um sie später mit frischer Zitrone zu verspeisen – eine lokale Spezialität, für die sicherlich nicht alle zu begeistern sind.

Übernachten, Essen

Wundervoll ▶ **Il Borgo Ritrovato:** Via Nicola Andrisani 25, Tel. 0835 20 70 77, www.ilborgoritrovato.com. Im Zentrum des mittelalterlichen Montescaglioso bietet diese Initiative Zimmer bzw. kleine Wohnungen an. Alles ist liebevoll restauriert, die alten Strukturen wurden erhalten, einige Zimmer haben sogar einen Kamin, die Einrichtung ist unaufdringlich schön. DZ 70–90 €, Apartment 100 €.

In der Murgia ▶ L'Orto di Lucania: C.da Dogana, Tel. 0835 20 21 95, www.ortodilucania.it. Der herrlich gelegene Agriturismo ca. 10 km westlich von Montescaglioso bietet einige schön und komfortabel eingerichtete Apartments und Zimmer. Außerdem stehen ein Garten zum Entspannen, ein Pool für die heißen Tage und ein Restaurant für die Gaumenfreuden zur Verfügung. DZ 80 €, Apartment 100–160 €, Menü 20 €.

Ionische Küste und Hinterland

Auf knapp 40 km grenzt die Basilikata an das Ionische Meer. Lange Zeit war die Ebene versumpft, bis sie im letzten Jahrhundert trockengelegt wurde und mit Metaponto und Hercaclea zwei der bedeutendsten Städte der Magna Graecia wieder ans Tageslicht kamen. Und auch das Hinterland mit seinen ausgewaschenen Lehmbergen und einsamen Orten lädt zu spannenden Erkundungstouren ein.

Metaponto ► 1, O/P 10

Lange, breite Sandstrände sind das Markenzeichen vom **Lido di Metaponto** und dem etwas weiter im Inland gelegenen **Metaponto.** Beide Orte strahlen nur wenig Charme aus, umso interessanter sind die Überreste des antiken **Metapont,** eine Siedlung, deren Gründung auf die Zeit der griechischen Kolonisation zurückgeht.

Geschichte

Das griechische **Metapont** wurde im 7. Jh. v. Chr. von den Bewohnern Sybaris (s. S. 431) gegründet, vermutlich als Vorposten gegen das feindlich gesinnte, weiter südöstlich gelegene Táranto. Da die neue Siedlung zwischen den beiden Flüssen Basento und Brádano lag, gab man ihr den Namen Metapont (›zwischen den Flüssen‹). Das fruchtbare Land dieser Gegend trug zu dem schnellen wirtschaftlichen und kulturellen Aufschwung bei, den Metapont ab dem 6. Jh. v. Chr. erlebte und der die Siedlung zu einer der reichsten und mächtigsten der Magna Graecia machte. Hier fand auch der aus Kroton (s. S. 427) vertriebene Mathematiker und Philosoph Pythagoras (570–510 v. Chr.) Aufnahme und führte seine Philosophenschule weiter.

Im 3. Jh. v. Chr. verbündete sich Metapont mit seinem einstigen Feind Táranto gegen die von Norden vorrückenden Lukanier, denen bald die Römer folgten. Ihr Bündnis mit Pyrrhus brachte zwar erste Siege, führte letztlich jedoch zum endgültigen Niedergang von Metapont. Die Küstenebene versumpfte und die fruchtbaren Ackerflächen verkamen zu Weideland. 71 v. Chr. machte Spartakus mit seinen Sklaven in der Stadt Station – er war auf der Flucht vor den römischen Legionären und auf der Suche nach Schiffen, um übers Meer zu fliehen. Die Sklaven fielen plündernd über Metapont her, das zusehends verfiel.

1167 errichteten die Normannen das Castell Torre di Mare, das zum neuen Namensgeber der Stadt wurde. Aufgrund der sich im Küstengebiet ausbreitenden Malaria gab man Torredimare im 18. Jh. auf. Zu Beginn des 20. Jh. veranlasste Mussolini schließlich eine Trockenlegung der mittlerweile zum Sumpfgebiet verkommenen Ebene. Fortgesetzt wurde das Projekt nach der Bodenreform der 1950er-Jahre. Im Zuge dieser Arbeiten entdeckte man das antike Metapont, das dem inzwischen neu entstandenen Ort seinen Namen gab.

Le Tavole Palatine

Kurz vor dem Fluss Brádano, der die Grenze zu Apulien bildet, führt von der SS 106 eine kleine Straße zu einem der schönsten Tempel der Magna Graecia, **Le Tavole Palatine.** Dabei handelt es sich um einen der Hera geweihten Tempel aus der Zeit um 540 v. Chr. Er steht – wie damals üblich – außerhalb der eigentlichen Stadt auf einer kleinen Anhöhe.

Hera, oberste griechische Göttin und mit ihrem Bruder Zeus verheiratet, galt als Beschützerin der Frauen, der Gebärenden und der Ehe. In der Magna Graecia war der Hera-Kult weit verbreitet, denn vor allem die nach Süditalien eingewanderten Achäer verehrten diese Göttin. Von dem dorischen Tempel aus der Hochzeit des antiken Metapont stehen heute nur noch 15 der ehemals 32 Säulen. Doch geben sie einen Eindruck von der imposanten Größe dieses Heiligtums. Archäologen vermuten, dass sich hier auch die Schule des Pythagoras befand, doch dafür gibt es keine eindeutigen Beweise (tgl. 9 Uhr bis 1 Std. vor Sonnenuntergang, Eintritt frei).

Parco Archeologico di Metaponto

Wenige Kilometer vom Hera-Tempel entfernt liegt der **Parco Archeologico di Metaponto.** Mit den Ausgrabungen wurde in den 1950er-Jahren begonnen, und bislang hat man Teile des Tempelbezirks und der Agora freigelegt, was gerade 10 % des antiken Metapont entspricht. Interessant ist der einem antiken Theater nachempfundene Ekklesiasterion, in dem Bürgerversammlungen abgehalten wurden. Die Größe des Baus, der 8000 Zuschauer fasste, gibt eine Vorstellung davon, wie wichtig Metapont einst war. Heute werden hier im Sommer Konzerte aufgeführt (Di–So 9 Uhr bis 1 Std. vor Sonnenuntergang, 2,50 €, Ticket gilt auch fürs Museum).

Museo Archeologico Nazionale di Metaponto

Im nahe gelegenen Metaponto befindet sich das **Museo Archeologico Nazionale di Metaponto,** in dem man Funde aus der Region in einer ansprechenden Ausstellung präsentiert. Die Exponate reichen von der prähistorischen Zeit bis in die späte Antike, darunter bemerkenswerte Schmuckarbeiten, die meist aus Gräbern stammen (Via Laveran, Tel. 0835 74 53 27, Di–So 9–20, Mo 14–20 Uhr, 2,50 €, das Ticket gilt auch für Ausgrabungen).

Infos

Pro Loco: Piazza Giovanni XXIII., Tel. 0835 74 56 06, www.prolocodimetaponto.it.

Die riesigen Säulen des Hera-Tempels entsprechen der Bedeutung dieser Göttin

Übernachten

Am Lungomare ▶ Sacco: Piazzale Lido 1, Tel. 0835 74 19 55, www.palacehotel-matera.it. Modernisiertes Hotel in einem Bau aus den 1970er-Jahren mit allem notwendigen Komfort. Gleich gegenüber liegen der Strand und der Lungomare von Metaponto, an dem man herrlich flanieren kann. DZ 90–110 €.

Camping ▶ Village Riva dei Greci: Strada Turistica Archeologica, Tel. 0835 74 89 01, www.rivadeigreci.it. Komfortabler Zeltplatz in einem Pinienhain mit Restaurant, Supermarkt und Bungalows. Nur 500 m bis zum Meer mit eigenem Strandabschnitt. Zelt inkl. 2 Pers. 11–27 €.

Essen & Trinken

Beliebt ▶ La Masseria: Contrada Torre Mare, Tel. 0835 74 18 38, tgl. mittags u. abends. Fisch, Fleisch und Gemüse kommen aus der Region und als schmackhafte Speisen auf den Tisch. Bei Urlaubern und Einheimischen gleichermaßen beliebtes Lokal am Meer. Menü 20 €, abends auch Pizza ab 4 €.

Verkehr

Züge: Der Bahnhof von Metaponto liegt ca. 2 km vom Lido entfernt. Verbindungen in kleinere und größere Orte.

Die Küste zwischen Metaponto und Policoro

▶ 1, O/P 10/11

Die Basilikata nennt gut 40 km an der Ionischen Küste ihr Eigen. Aufgrund des klaren und seichten Wassers ist dieser Abschnitt besonders bei Familien mit Kindern zu einem Urlaubsparadies avanciert. Fährt man auf der SS 106 von Metaponto nach Policoro und über eine der nach links abzweigenden Stichstraßen ans Meer, so findet man lange, weiße Sandstrände, die nicht nur zu einem Bad, sondern auch zu einem längeren Spaziergang einladen. Entlang der Küste gibt es eine große Anzahl von Zeltplätzen und Hotels, wobei Letztere zumeist nur wenig Charme verströmen.

Policoro ▶ 1, O 11

Schon von Weitem ist das über **Policoro** thronende Castello aus dem 13./14. Jh. zu sehen. Der Anblick ist durchaus imposant, viel interessanter ist jedoch, was sich im Hügel unterhalb der Festung verbirgt: Archäologen sind sich sicher, dass dort nicht nur die Akropolis des antiken Heraclea (griech. Heraklaia), sondern auch die ionische Siedlung Siris liegt. Der Ort Policoro selbst hat eine ausreichende Infrastruktur, verlockt aber nicht zu einem längeren Aufenthalt.

Geschichte

Siris, um 700 v. Chr. von den Ionern gegründet, war eine prosperierende, zwischen den beiden Flüssen Agri und Sinni – von Letzterem könnte der Ortsname abstammen – gelegene Stadt, die im 5. Jh. v. Chr. von den weiter südlich in Sybaris (s. S. 431) siedelnden Archäern zerstört wurde. Und so wie die Sybariten im 7. Jh. v. Chr. Metapont als Stützpunkt gegen Tarent gründeten, ließen die Bewohner Tarents an der Stelle des zerstörten Siris um 430 v. Chr. Heraclea entstehen – als Stützpunkt gegen Sybaris.

Heraclea kam schnell zu Macht und Ansehen und nahm eine führende Rolle im Kampf gegen die von Norden einfallenden Lukaner ein. Als diese jedoch den Römern unterlagen und sich das römische Reich immer weiter nach Süden ausdehnte, wechselte die Bevölkerung von Heraclea die Fronten. Vor den Toren der Stadt fand 280 v. Chr. die legendäre Schlacht zwischen dem Heer der Römer unter Führung von Publius Laevinius und dem von Táranto zu Hilfe gerufenen Kriegsherrn Pyrrhus statt, der hier zum ersten Mal seine Kriegselefanten einsetzte. Zwar siegte Pyrrhus, doch die Verluste waren extrem. Später wurde er bei Benevent endgültig geschlagen und Süditalien fiel unter römische Herrschaft. Hercalea konnte davon nicht profitieren, sondern verlor immer mehr an Bedeutung. Erst mit der Trockenlegung der Ebene zur Zeit Mussolinis nahm die Stadt wieder einen Aufschwung und gilt heute als beliebtes Ferienziel bei Einheimischen.

aktiv unterwegs

Zu Fuß, per Rad, mit dem Kanu oder auf dem Pferderücken durch die Oasi Policoro

Tour-Infos

Start: Infozentrum der Oasi WWF Policoro Heraklaia »Bosco Pantano«, Loc. Idrovora, südlich von Policoro an der Sinni-Mündung, Tel. 0835 182 51 57, www.oasiwwfpolicoro.net, April–Sept. 9–19, Okt.–März 9–13, 15–19 Uhr.

Aktivitäten: Wandern, Radfahren, Kanufahren und Reiten (jeweils ab 1 Std. aufwärts), das notwendige Equipment kann vor Ort gemietet werden. In jedem Fall sollte man vorher telefonisch oder per E-Mail Kontakt aufnehmen.

Die Ionische Küste zwischen Agri und Sinni hat nicht nur Altertümer und Meer zu bieten, sondern auch einen ›antiken‹ Urwald, der zum Erkunden einlädt. Südlich von Policoro erstreckt sich am Ufer des Sinni die **Riserva Naturale Bosco Pantano di Policoro,** ein gut 2000 ha großes Gebiet, das seit 2000 vom WWF betreut wird. Ein absolutes Juwel ist der 600 ha große **Bosco del Pantano,** einer der wenigen noch existierenden ›Urwälder‹ Süditaliens. In dem fast undurchdringlichen Dschungel, in dem u. a. Stieleichen, Silberpappeln und Eschen gedeihen, fühlt man sich zuweilen wie am Amazonas – vor allem im späten Winter und im Frühjahr, wenn der Waldboden mit Salzwasser (!) bedeckt ist und überall die Iris Paludis, eine herrlich große weiße Lilie, blüht. Viele Zugvögel machen in diesem Gebiet Station, und es gibt über 2200 Insektenarten, darunter auch solche, die man sonst ausschließlich aus dem Alpenraum kennt. Man kann das Terrain auf eigene Faust zu Fuß, per Rad oder mit dem Pferd erkunden bzw. eine geführte Tour in Anspruch nehmen, wobei man die Dauer selbst festlegt. Der Fluss Sinni bietet sich für Kanutouren an.

Angeschlossen an das Zentrum des WWF ist das **Centro Recupero Animali Selvatici Provinciale,** kurz C.R.A.S., das sich um gefährdete und verletzte Tiere kümmert. U. a. wird eine Population von Wasserschildkröten beobachtet, die jedes Jahr an diesem Küstenabschnitt ihre Eier legt – ein Erlebnis, das nicht nur für Kinder spannend ist (tgl. 11.30–12.30, 18–19.30 Uhr).

Museo Nazionale und Parco Archeologico

Unweit des Hügels mit dem Kastell liegt das **Museo Nazionale della Siritide** mit dem **Parco Archeologico di Heraklaia.** Wie in Metaponto wird auch hier ein zeitlicher Bogen von der ersten Besiedlung in der Bronzezeit über die Lukaner und Griechen bis in die römische Antike gespannt. Viele der ausgestellten Vasen stammen aus dem 4. Jh. v. Chr. und erneut gibt es beeindruckenden Schmuck zu bewundern. Erstaunlich oft wurde Bernstein verwendet, was auf Handelsbeziehungen nördlich der Alpen schließen lässt. In der archäologischen Zone außerhalb des Museums kann man anhand der Brennöfen das Gebiet der Töpfer erkennen. Geht man den Weg in Richtung Kastell, kommt man an den spärlichen Resten der Heiligtümer des Dionysos und der Demeter vorbei (Via Colombo 8, Tel. 0835 97 21 54, Mi–Mo 9–20, Di 14–20 Uhr, 2,50 €, erm. 1,25 €).

Infos

Pro Loco: Piazza Eraclea (in der Bibliothek), Tel. 0835 97 20 91, Mo–Fr 10–13, 16–19 Uhr.

Übernachten

Angenehm ▶ **Heraclea Hotel Residence:** Via Lido, Tel. 0835 91 01 44, www.hotelheraclea.com. Eines der wenigen Hotels mit etwas Charme. Schön und komfortabel eingerichtete Zimmer, Pool, freundlicher Service. Nur 200 m bis zum Meer. DZ 80–170 €.

Modern ▶ Hermes: Loc. Madonnelle, Tel. 0835 98 08 85, www.hermeshotel.it. Neues und modern gestaltetes Hotel mit großen Fenstern unweit des großen Stadtstrands und des Ortszentrums. DZ 50–95 €.

Essen & Trinken

Herzhaft ▶ Al Buco: Via Napoli 16, Tel. 0835 97 23 73, tgl. mittags u. abends. In der Trattoria kann man sich vor oder nach dem Besuch des Museums stärken. Frischer Fisch und viel Gemüse. Menü 15–20 €.

Am Strand ▶ P. Pippo: Via Lido 8, Tel. 0835 91 01 70, tgl. mittags u. abends. Bar, Ristorante und Pizzeria direkt am Strand. Das Ambiente ist zwar etwas schlicht, doch man bekommt gutes Essen zu annehmbaren Preisen. Pizza ab 3 €, Menü 15–20 €.

Einkaufen

Töpferkunst ▶ Maestri Ceramisti: Via Allessandria 61, Tel. 0835 98 12 09, Mo–Fr 10–13, 17–19 Uhr, besser vorher anrufen. Michele Gambarelli ist ein Meister seines Fachs. Er selbst sucht den Ton aus und bereitet ihn in einem aufwendigen Verfahren für die weitere Verarbeitung vor. Die Farben stellt er aus Erde, Eisen, Kupfer, Glas etc. her. Alle archäologischen Museen der Basilikata lassen bei Michele Gambarelli Imitate der Grabungsfunde fertigen. Wer also in einer der Ausstellungen ein schönes Stück entdeckt hat, sollte hier einmal hereinschauen.

Das Hinterland zwischen Sinni und Basento

Das Hinterland der Ionischen Küste erinnert teilweise an eine Mondlandschaft. Sinni, Agri, Basento und Brádano, die vier Flüsse der Basilikata, haben im Laufe der Jahrhunderte eine bizarre Landschaft geformt, geprägt vor allen durch unendlich viele Lehmberge. Mangels öffentlicher Verkehrsmittel sollte man für die Erkundung dieses fantastischen Terrains im Besitz eines eigenen Fahrzeugs sein.

Santa Maria d'Anglona

▶ 1, N/O 11

Ca. 12 km nordwestlich von Policoro liegt auf einem 263 m hohen Höhenrücken zwischen dem Sinni- und Agrital eines der wichtigsten Monumente der Basilikata, die **Chiesa Santa Maria d'Anglona.** Sie entstand im 11./12. Jh. als Kathedrale von Anglona, das schon zuvor Bischofssitz war. Der Ort selbst wurde 1369 von Räubern angegriffen und zerstört, nur die Kirche blieb erhalten.

Im Innern hat die Kirche eine klare romanische Struktur. Die drei Kirchenschiffe sind durch zwei Reihen rechteckiger Säulen voneinander getrennt, über die sich je fünf Bögen spannen. Aus ungeklärten Gründen stürzte die Nordwand ein, wodurch die Fresken auf dieser Seite verloren gingen. Da auf der gegenüberliegenden Wand jedoch Szenen aus der Genesis abgebildet sind, vermutet man, dass hier Szenen aus dem Neuen Testament dargestellt waren.

Das jetzige Presbyterium wurde später hinzugefügt, indem man die alten Apsiden durchbrach. Das ist nicht nur an der in den Altarraum führenden Marmorstufe, sondern auch an den ehemaligen Apsiden der Seitenschiffe sehr gut zu erkennen. Denn dort kann man neben den Mauerresten auch noch Teile von Fresken sehen. Auf der linken Seite ist ein Engel abgebildet, auf der rechten Seite entdeckt man den oberen Teil eines männlichen Kopfes, der an einen Beduinen denken lässt. Tatsächlich jedoch handelt es sich um eine Abbildung von Christus.

An den Pfeilern und in den Bögen sind Heilige des abend- und morgenländischen Kalenders abgebildet. An der rechten Wand des Altarraums hängt eine feine Intarsienarbeit, eine Votivgabe für die Madonna. Beeindruckend sind die vielen Farben und die zum Teil detailverliebte Ausführung wie beispielsweise die Härchen an einer Pflanze.

An der Außenwand des vorgebauten Portals sind das Opferlamm und die Symbole der vier Evangelisten dargestellt, rechts davon sieht man das ältere Kirchengemäuer, das nicht eingestürzt ist. Am schönsten jedoch ist die Apsidenwand von außen (Ostwand), wo man die unterschiedlichen Mauern sieht und in der Mitte ein Fenster mit einer Darstellung des Heiligen Geistes. Auf dem Platz vor der Kathedrale fand an kirchlichen Feiertagen damals ein großer Markt statt, von dem heute lediglich die Mauerreste ehemaliger Verkaufshütten zeugen (Tel. 0835 81 00 02, tgl. 9–12.30, 16–20 Uhr, Eintritt frei).

Termine

Madonna d'Anglona: 8. Sept. Fest zu Ehren der Madonna. Bereits einige Tage zuvor belebt sich der Marktplatz vor der Kirche wie in alten Zeiten mit unzähligen Händlern.

Tursi ► 1, N 11

Fährt man von der Chiesa Santa Maria d'Anglona nochmals ca. 10 km nach Westen, gelangt man nach **Tursi.** Die Stadt wurde vermutlich im 5. Jh. von den Goten gegründet, war längere Zeit von den Sarazenen bewohnt, ab dem 10. Jh. Bischofssitz und im 17. Jh., bis zum Ausbruch der Pest, die bevölkerungsreichste Stadt der Basilikata. Heute ist Tursi für seine Orangenpflanzungen bekannt.

Die Hauptattraktion von Tursi ist die von den Sarazenen angelegte und bewohnte **Rabatana.** Entweder fährt man mit dem Auto die sich aufwärts schlängelnde Straße bis zu einem neu angelegten Parkplatz oberhalb der Rabatana oder man geht zu Fuß durch das mittelalterliche Tursi hinauf – eine Treppe verbindet die beiden Stadtteile. Lange Zeit war die Rabatana verlassen. Erst in den letzten Jahren hat man begonnen, sie zu restaurieren und wieder zu bewohnen. In der rosafarbenen, nicht zu verfehlenden **Chiesa di Santa Maria Maggiore** aus dem 10./11. Jh. gibt es eine beeindruckende Krypta aus dem 7./8. Jh. mit Fresken aus dem 15. Jh. Die Spruchbänder, die die Heiligen umgeben, sind in Spiegelschrift verfasst. Abgebildet sind beispielsweise eine schwarze Frau und ungewöhnliche Haustiere (tgl. 10–12, 16–18 Uhr, Eintritt frei, Spende erbeten).

Vom Parkplatz oberhalb der Rabatana kann man durch die in die Felsen gegrabenen Gänge und Höhlen gehen und wird auf der anderen Seite mit wunderbaren Aussichten überrascht. Die vielen kleinen Löcher in den Gängen sind Nistplätze für Tauben und wurden von früheren Bewohnern angelegt, die sich u. a. vom Fleisch und den Eiern der Tiere ernährten.

Infos

Pro Loco: Via Santi Quaranta, Tel. 0835 50 00 00, Tel. mobil 333 640 16 29 (Franco Ottomano), www.tursi.info.

Übernachten

Stilvoll und ruhig ► Palazzo dei Poeti: Via Manzoni, Tel. 0835 53 26 31, www.palazzodeipoeti.com. In dem Palazzo aus dem 17. Jh. mitten in der Rabatana wohnt man sehr gut. Die Zimmer sind stilvoll gestaltet und die Restaurierung wurde mit viel Liebe zum Detail ausgeführt. DZ 70–80 €.

Essen & Trinken

Urig ► Al'Ammucium: Vico Tito Speri 6, Tel. 0835 182 54 08, Do–Di ab 19.30 Uhr. Pizzeria mit Bar an einer kleinen Treppe in der Rabatana. Die Plätze in einem alten Torbogen sind leider gezählt, doch auch drinnen sitzt man schön. Herzhafte, wohlschmeckende Pizza. Ab 3 €.

Craco ► 1, N 10

Von Tursi aus gelangt man über die SS 598 und die SS 92 in das gut 40 km entfernte Aliano, dem Exil von Carlo Levi (s. S. 268). Ein lohnender Abstecher über die SS 103 führt in das seit 1964 verlassene **Craco.** Allein die Anfahrt ist ein Erlebnis, denn beinahe unvermittelt fällt der Blick auf das in 391 m Höhe einsam thronende Dorf. In Verbindung mit den ausgewaschenen Lehmhängen wirkt die ganze Szenerie völlig unwirklich, als sei man in eine andere Welt versetzt worden.

Zwischen 1963 und 1975 ereignete sich in Craco eine Reihe von Erdrutschen, sodass das Dorf evakuiert werden musste und bis heute nicht mehr betreten werden darf. Ausnahmen werden nur in besonderen Fällen gemacht, beispielsweise für Dreharbeiten, denn als Filmkulisse ist Craco äußerst begehrt. U. a. wurden hier Szenen aus den Filmen

Die Teufelchen der süditalienischen Küche

Thema

In Süditalien, vor allem in der Basilikata, kommen Peperoni in fast allen Gerichten zum Einsatz. Die scharfen Schoten werden entweder pur genossen oder in getrockneter Form zum Kochen verwendet.

Das Nachtschattengewächs aus Südamerika gelangte durch Christoph Kolumbus nach Europa, dessen Reisen u. a. zum Ziel hatten, das Gewürzmonopol Venedigs zu brechen. So lernte er die von den Einheimischen im vermeintlichen Indien verwendeten Früchte kennen, die sie zum Würzen ihrer Speisen verwendeten. Demzufolge nannte man den Chilistrauch anfangs auch Indischen Pfeffer.

Die scharfen Sorten finden vor allem in warmen Regionen Verwendung, weil durch das Capsaicin eine Hitzeempfindung und Schweißbildung verursacht wird, was wiederum die Körpertemperatur senkt. Außerdem stellte man bald fest, dass Peperoni nicht nur desinfizierend und verdauungsfördernd wirken, sondern auch bei Muskelverspannungen und Ischiasbeschwerden helfen. Besonders interessant ist jedoch ihre aphrodisierende Wirkung – Giacomo Casanova soll seine Schokolade stets mit Peperoncino getrunken haben.

In der Basilikata ebenso wie in Kalabrien sind Peperoni eine der Spezialitäten – nicht zufällig hat die Basilikata den höchsten Pro-Kopf-Verbrauch an den *diavulicciu,* den ›kleinen roten Teufelchen‹, wie sie hier liebevoll genannt werden. Eine Mahlzeit ohne die scharfe Frucht ist kaum vorstellbar. Wenn sie nicht schon beim Kochen verwendet wurde, bestellen die Einheimischen immer einen extra Teller mit Peperoni dazu. Auch bei der Herstellung der Lucania, einer Wurst aus Schweinefleisch, kommen sie zum Einsatz.

Geerntet werden die Früchte im August und das nur per Hand. Dann werden sie entweder frisch verkauft oder aufgefädelt an einer *fila* zum Trocknen aufgehängt. Die besten Resultate erzielt man im trockenen Klima der Berge. Als beste Peperoni gelten die durch ein Gütesiegel (IGP) geschützten Peperoni di Senise, einer kleinen Stadt in der südlichen Basilikata – obwohl Schoten dieses Namens auch um Matera und Potenza angebaut werden. Am besten schmecken die Peperoni übrigens frisch in Olivenöl geschmort oder als getrocknete Schoten in Olivenöl knusprig frittiert.

Scharf, schärfer, am schärfsten – die Peperoni aus der Basilikata

»Christus kam nur bis Eboli« (Francesco Rosi) und »Passion Christi« (Mel Gibson) gedreht.

Pläne für einen sicheren Weg durch den Ort liegen bereits in der Schublade. Derweil kann man hin und wieder Konzerten lauschen, die beim alten Konvent am Ortsrand stattfinden (Tel. 0835 45 90 05, www.comune.craco.mt.it, Juli–Sept., Beginn 18 Uhr).

Aliano ► 1, M 10

Der Verbannungsort von Carlo Levi liegt auf 497 m, und hätte der Schriftsteller, Künstler und Arzt nicht sein politisches Exil in **Aliano** (1300 Einw.) verbracht, würde sich wohl kaum jemand hierher verirren. Dabei begeistert heutige Besucher vermutlich gerade die Abgeschiedenheit, die Levi in seinem Werk »Christus kam nur bis Eboli« so beklagte (s. S. 268). Das Gagliano aus seinem Buch hat sich die Geschichte verständlicherweise zunutze gemacht und einen **Parco Letteraio** eingerichtet. Beim Gang durch den Ort wird man von Tafeln mit Passagen aus Levis Buch (nur auf Ital.) begleitet.

Automatisch gelangt man auf dem Spaziergang auch zur **Casa Carlo Levi,** in der er die meiste Zeit seines Exils lebte. Im Atelier des Malers kann man einen halbstündigen Film (auch auf Dt.) sehen, der einen informativen Einblick in das Leben Levis und einige der lokalen Bräuche gibt (s. S. 268).

In der unteren Etage der Casa Carlo Levi ist das **Museo dei Contadini** mit vielen Gerätschaften aus der damaligen Zeit untergebracht. Interessant sind die Masken, die noch heute jeweils am 17. Januar sowie 24 Tage vor Ostern (Martedi grasso) getragen werden. Es sind die Tage der Anarchie, an denen jeder Unsinn erlaubt ist. Ursprünglich waren die Scherze den Männern vorbehalten, doch heute beteiligen sich auch Frauen und Kinder daran. Eine andere Tradition zeigt sich in der Bauweise der Häuser von Aliano. Zum Schutz vor dem bösen Blick baute man in die Fassade zwei kleine Fenster ein, die wie die Augen eines Gesichts wirkten. Zuweilen sitzt dazwischen eine Nase in Form eines Schornsteins oder auch ein Tor als Mund. Aber besonders wichtig waren die Augen. In Aliano nennt man diese Häuser Casa dei Occhi (›Haus der Augen‹).

Am Ortsrand befindet sich der **Cimitereo,** auf dem Levi seine letzte Ruhestätte fand. Sein Grab, eine einfache hohe Steinplatte, wie er sie bereits auf seinem Gemälde »Lucania 61« dargestellt hatte (s. S. 259) , befindet sich am Rand des Friedhofs. Von dieser Stelle – die Grenze für Levis täglichen Spaziergang während seines Exils – genießt man einen schönen Blick über die Landschaft.

Infos

Pro Loco und Pinacoteca Carlo Levi: Via Martiri d'Ugheria 1, Tel. 0835 56 85 29, tgl. Mai–Sept. 10.30–12.30, 16.30–18.30, Okt.–April 10.30–12.30, 16–18 Uhr. Das Informationsbüro ist in der Pinakothek untergebracht, wo auch Bilder, historische Dokumente und Fotos von Carlo Levi ausgestellt sind. Hier erhält man Infos und Eintrittskarten für die Pinacoteca, die Casa Carlo Levi und das Museo dei Contadini (4 €, erm. 2 €).

Übernachten

Ländlich ► **Difesa D'Ischia:** C.da Difesa D'Ischia, Tel. 0971 96 52 48. Der Agriturismo westlich von Aliano in den kargen Hügeln um Guardia Perticora ist in einem schönen alten Steinhaus untergebracht. Angeschlossen ist ein Restaurant, in dem lukanische Gerichte auf den Tisch kommen. Außerdem gibt es einen Pool, einen Fußball- und Tennisplatz sowie Reitmöglichkeiten. DZ 60 €.

Essen & Trinken

Köstlich ► **La Contadina Sisina:** Via Roma 13, Tel. 0835 56 82 39, www.lacontadinasisina.com, Mai–Sept. tgl., Okt.–April Do–Di mittags u. abends. Seit mehr als 30 Jahren pflegt Sisina ihre Passion für die einfache bäuerliche Küche und serviert in ihrer Trattoria herrliche Gerichte. Menü 20 €.

Einkaufen

Masken ► **Le Maschere**: Via C. Claveria 9, Tel. mobil 348 919 34 25. Nicola Toce fertigt als Einziger im Ort noch die traditionellen Karnevalsmasken an.

Die Barockstadt Süditaliens: Lecce

Kapitel 3

Apulien

Die Region Apulien nimmt den Hacken des italienischen Stiefels ein und erstreckt sich vom über 1000 m hohen Gargano im Norden, dem Sporn des Stiefels, bis zur flachen Halbinsel des Salento im Süden. Dazwischen liegt die Ebene der Murgia, ein riesiges Kalksteinplateau mit vielen Olivenhainen und Weizenfeldern.

Mit insgesamt 800 km an Adria und Ionischem Meer besitzt Apulien die längste Küstenlinie Italiens. Besonders auf der adriatischen Seite finden sich faszinierende Abschnitte wie die Isole Trémiti sowie die Küsten des Gargano und südlich von Ótranto. Apulien ist aber vor allem Kulturland, das mit seinen Kirchen, Schlössern, Burgen und Wehrtürmen von einer wechselvollen Geschichte als Grenze und Brücke zwischen Abend- und Morgenland erzählt. Die großen Kathedralen entlang der Costa di Bari sowie im Hinterland künden von dieser Zeit. Im Norden der Murgia gibt das Castel del Monte von Friedrich II. noch heute Rätsel auf. Weiter südlich löst die Valle d'Itria mit ihren weißen Trulli bei jedem Besucher schieres Entzücken aus. Ganz im Süden liegt Lecce, wo der gut zu bearbeitende Stein der Umgebung die Künstler im 17./18. Jh. zu barocken Höhenflügen inspiriert hat. Von der großen griechischen Vergangenheit Tárantos künden hingegen die Funde im archäologischen Museum, einem der besten Italiens.

Mit 300 Sonnentagen im Jahr ist Apulien ein beliebtes Urlaubsziel. Als Reisezeit empfehlen sich die Monate April bis Juni sowie September bis November. Zwei bis vier Wochen sollte man für eine Erkundung Apuliens einplanen, wobei ein eigenes Fahrzeug für Reisen im Hinterland von Vorteil ist.

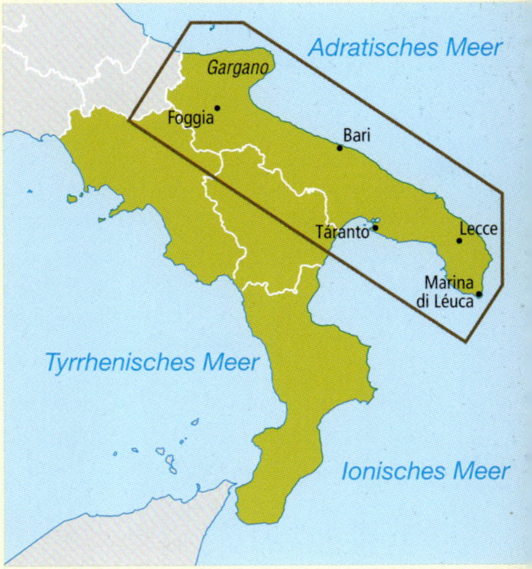

Auf einen Blick

Apulien

Sehenswert

9 **Gargano:** Uralte Bäume, heilige Stätten, fantastische Grotten, glasklares Wasser – eine Halbinsel der Superlative (s. S. 303).

10 **Castel del Monte:** Die Krone Apuliens ist das ungewöhnlichste der Schlösser, die Stauferkaiser Friedrich II. errichten ließ, und das noch heute Rätsel aufgibt (s. S. 325).

11 **Valle d'Itria:** Eine idyllische Hügellandschaft, aus der immer wieder die Kegeldächer der Trulli hervorragen (s. S. 334).

12 **Lecce:** Überbordender Barock und eine charmante, kleine Metropole (s. S. 345).

Ótranto: Eines der größten Fußbodenmosaike des Mittelalters, in dem Morgen- und Abendland aufeinandertreffen (s. S. 353).

Galatina: Märchenhafte Fresken und wilde Heilungsrituale (s. S. 360).

Schöne Routen

Durch die Foresta Umbra: Vom sonnigen Peschici durch das schattige Grün uralter Bäume zum Heiligtum des Erzengels Michael (s. S. 312).

Von Rignano Gargánico in die Tavoliere: Aussichtsreiche Fahrt vom Balkon des Gargano hinab in die Ebene – so schön, dass man nicht weiß, ob man bleiben oder weiterfahren soll (s. S. 316).

Von Ótranto an die Südspitze des Salento: Immerfort neue Panoramen und eine felsige Küste mit einladenden kleinen Buchten – ständiger Begleiter ist das azurblaue Meer (s. S. 355).

Meine Tipps

Trani: Ein schönes Hafenrund, eine verlockende Altstadt, die Königin der Kathedralen und gutes Essen – hier könnte man länger bleiben (s. S. 296).

Isole Trémiti: Kleines Inselparadies inmitten von türkisblauem Meer mit Möglichkeiten zum Wandern, Schnorcheln, Tauchen und natürlich zum Ausruhen (s. S. 308).

Ruvo di Puglia: Eine der schönsten Kathedralen Apuliens und eine antike Vasensammlung, die es ohne Weiteres mit entsprechenden Museen in London und Berlin aufnehmen kann (s. S. 328).

Gallípoli: Eine Stadt mit viel Atmosphäre – keinesfalls versäumen sollte man den täglichen Fischmarkt (s. S. 358).

Táranto: Das archäologische Museum ist eines der besten in Italien (s. S. 364).

aktiv unterwegs

Per Boot oder zu Fuß entlang der Küste: Mit dem Boot die Küste entlanggondeln und eine tolle Grottenwelt entdecken oder per pedes zur Spiaggia di Vignanotica, eine der Traumbuchten des Gargano (s. S. 304).

Wanderung um San Dómino: Von Bucht zu Bucht führt ein Weg um den südlichen Teil der Trémiti-Insel (s. S. 309).

Wanderung in der Riserva Naturale Torre Guaceto: Sauberes Meer, eine Dünenlandschaft, ein alter Küstenwachturm, ein Meeresmuseum und Wanderpfade sorgen für ein abwechslungsreiches Programm (s. S. 344)

Zu Fuß durch die schönste Gravina Apuliens: Wandern für die Sinne – nur so lässt sich die Tour durch die Gravina di Laterza beschreiben (s. S. 367).

Bari und Costa di Bari

Bari ist die pulsierende Hauptstadt Apuliens. Entlang der Adriaküste liegen wie an einer Kette aufgereiht mittelalterliche Städte wie Monopoli, Barletta und Trani, deren weithin sichtbare, strahlend weiße Kathedralen von einem Reichtum künden, der seinen Ursprung in den Pilgerströmen und Kreuzzügen ins Heilige Land hat.

Bari ►1, O/P 5/6

Cityplan: S. 286

Mit 350 000 Einwohnern ist Bari nach Neapel die zweitgrößte Stadt Süditaliens – und eine Stadt der Gegensätze, wie sie größer kaum ausfallen könnten. Das gilt vor allem für die Unterschiede zwischen Alt- und Neustadt, aber auch zwischen Arm und Reich. Denn trotz eines gewissen wirtschaftlichen Aufschwungs ist die Armut in Bari an vielen Stellen sichtbar. Gibt sich die Altstadt familiär und traditionell, so steht die Neustadt mit ihren vielen Geschäften und Büros für den neuen Wohlstand. Noch bis vor ein paar Jahren galt die Altstadt als unsicher, doch dank der Ende der 1990er-Jahre begonnenen Sanierung bröckelt das negative Image allmählich. Auch jugendliche *scippatori* (Diebe auf Mopeds) sind infolge zunehmender Polizeipräsenz immer seltener.

Wegen der schlechten Verkehrs- und Parkplatzsituation sowie dem Labyrinth von Einbahnstraßen sollte man Bari zu Fuß erkunden, am besten unter der Woche, denn an Sonntagen – und zur heißen Jahreszeit – ist die Stadt wie ausgestorben.

Tipp: Infos vorab

Eine sehr hilfreiche Seite für die Urlaubsplanung in Apulien ist **www.viaggiareinpuglia.it.** Das Portal gibt, auch auf Deutsch, viele gute Tipps zu Unterkünften und Restaurants, Rundreisen und Events etc.

Geschichte

Schon in römischer Zeit war Barium ein wichtiger Handelshafen an der Via Traiana. Bedeutung erlangte die Stadt ab dem 6. Jh., als sich Langobarden, Sarazenen und Byzantiner die Herrschaft abwechselnd streitig machten. Letztere eroberten die Stadt gegen Ende des 10. Jh. und setzten in der neu geschaffenen Provinz einen Statthalter ein, dem sie einen imposanten Palast errichteten. Der Aufstand gegen die byzantinische Herrschaft der in der Stadt lebenden Christen unter Führung von Meles wurde 1009 niedergeschlagen (s. S. 34), dennoch eroberten die Normannen Bari im Jahr 1071 für die römische Kirche zurück.

Der Handel, den die Bareser Kaufleute mit dem Orient trieben, brachte der Stadt Reichtum, der ab 1087 mit dem Raub bzw. der Überführung der Gebeine des heiligen Nikolaus von Myra nach Bari weiter zunahm (s. S. 288). Die Stadt entwickelte sich zu einem wichtigen Hafen der Kreuzfahrer. Ein Strom von Pilgern setzte ein, der bis heute anhält.

Mit den Staufern begann im 13. Jh. ein erneuter Aufschwung, der mit Beginn der Herrschaft der Anjou ab dem 14. Jh. jedoch wieder stagnierte. Auch die darauf folgenden Aragonesen brachten Bari nicht die erhoffte Kehrtwende. Infolge der Pest 1656 schrumpfte die Bevölkerung von 15 000 auf 3000 Einwohner. Eine Besserung trat erst wieder mit Joachim Murat ein, der das bourbonenfeindliche Bari 1813 zur Provinzhauptstadt erhob und den Bau der Neustadt anordnete. Hier fand 1930 erstmalig die Fiera di Levante statt, eine sich speziell den Handelsbeziehungen mit den östlichen Ländern widmende Messe, die mittlerweile über ein eigenes Gelände verfügt und nach Mailand die wichtigste Handelsmesse Italiens ist.

Nach dem Zweiten Weltkrieg begann eine Industrialisierung, die einen in den 1960er-Jahren beginnenden Bauboom nach sich zog, der bis heute anhält. In den letzten 60 Jahren ist Bari extrem schnell gewachsen, was u. a. zu großen sozialen Kontrasten geführt hat.

Orientierung

Die **Altstadt** von Bari liegt auf einer Landzunge und besteht aus einem Labyrinth größerer und kleinerer Gassen, die tagsüber zu schönen Streifzügen einladen. Südlich davon verläuft von West nach Ost der **Corso Vittorio Emanuele,** der die Alt- von der schachbrettartig angelegten Neustadt trennt.

Palazzo Ateneo und Teatro Petruzzelli

Vom **Bahnhof** ist es nicht weit bis zur **Piazza Umberto I.,** wo sich das Hauptgebäude der 1923 gegründeten Universität und der **Palazzo Ateneo** 1 befinden. In Letzterem ist das **Museo Archeologico** untergebracht, dessen Eröffnung jedoch seit Jahren auf sich warten lässt. Die vom Platz nach Norden führende **Via Sparano** ist eine der Flanier- und Shoppingmeilen von Bari, an der sich viele Edelboutiquen befinden.

Biegt man von der Via Sparano nach rechts in die Via Putignano ab, so gelangt man direkt zum **Teatro Petruzzelli** 2**,** einem prunkvollen Bau der letzten Jahrhundertwende. Die Aufführungen des einst größten Privattheaters Italiens hatten internationales Renommee. 1991 brannte das Gebäude infolge von Brandstiftung komplett aus. Die Restaurierung, an der sich auch der Staat und die Kommune beteiligten, dauerte über zehn Jahre. Nun erheben gleich drei Besitzer Anspruch auf das Theater – worin vielleicht der Grund zu suchen ist, dass es nur selten geöffnet hat.

Teatro Margherita und Teatro Comunale Piccinni

Über den **Corso Cavour,** ebenfalls eine beliebte Flaniermeile, gelangt man zum nächsten Theater, dem **Teatro Margherita** 3 aus den 20er-Jahren des 20. Jh. Das Gebäude wurde interessanterweise auf Steinbohlen (ehemals Holz) im Wasser errichtet, denn als die Familie Petruzzelli damals auf Privatkosten ihr Theater baute, tat sie es nur unter der Bedingung, dass auf Bareser Boden kein zweites Theater eröffnen würde. So wichen die findigen Bauherren aufs Wasser aus. Nach langer Renovierung wartet man auch hier auf die Wiedereröffnung.

An dem vom Corso Cavour abgehenden Corso Vittorio Emanuele liegt das **Teatro Comunale Piccinni** 4**,** benannt nach dem aus Bari stammenden Komponisten Niccolò Piccinni (1728–1800). In dem Theater finden sowohl Theater- als auch Musikaufführungen statt (s. S. 292).

Cattedrale San Sabino

Am besten betritt man die Altstadt durch die **Porta di Santa Barbara** 5**.** Über die geradeaus nordwärts führende Strada dei Dottula gelangt man direkt zur **Cattedrale San Sabino** 6**,** die 1178 auf den Resten der durch Wilhelm I. zerstörten Vorgängerkirche erbaut wurde. Im Altarbereich an der rechten Wand sind noch Reste eines Mosaiks aus der ersten Unterkirche zu sehen. Das Innere der Kirche wurde weitgehend vom Barockschmuck befreit. Und so wie sich die Gestaltung der Außenfassade an der Basilica San Nicola (s. S. 286) orientiert, weist auch das Zimborium unverkennbare Ähnlichkeiten auf. Die Rundungen in den Apsiden entsprechen byzantinischer Kultur, die Löwen vor dem Altarraum bewachten einst das Portal.

Die Kathedrale ist San Sabino gewidmet, dessen Gebeine angeblich in der Krypta liegen sollen. 24 Säulen stützen die Krypta, die im barocken Stil belassen wurde. Nur an ei-

ner Säule auf der linken Seite hat man den Barockschmuck teilweise entfernt, sodass man die ursprüngliche Struktur betrachten kann – welch ein Gegensatz! In der Krypta befindet sich auch die Ikone der Madonna Hodegritia, die Mönche im 8. Jh. vor dem Bildersturm aus Konstantinopel hierher gerettet haben (Piazza dell'Odegitria, tgl. 8.30–12.30, 16–19.30, So/Fei 8–12.30, 17–20.30 Uhr).

Basilica San Nicola 7

Über die Strada delle Crociate gelangt man zur **Basilica San Nicola,** die dem heiligen Nikolaus geweiht ist und seit 1951 von den Do-

Bari

Sehenswert

1 Palazzo Ateneo
2 Teatro Petruzzelli
3 Teatro Margherita
4 Teatro Comunale Piccinni
5 Porta di Santa Barbara
6 Cattedrale San Sabino
7 Basilica San Nicola
8 Castello Normanno-Svevo
9 Piazza Mercantile

Übernachten

1 Boston
2 Cristal
3 Santa Claus'Hostel

Essen & Trinken

1 La Locanda del Federico
2 Osteria delle Travi
3 Romano
4 Terranima und Batafobrle

Einkaufen

1 Bottega Nikolaus
2 La Luna Storta

minikanern geleitet wird. Auf dem Weg dorthin kann man im Boden immer wieder schwarze Steine entdecken – sie kennzeichnen die Strecke als einen Weg der Kreuzritter, der die heiligen Krieger von Kirche zu Kirche führte.

Mit ihrer Verbindung von morgen- und abendländischer Kultur war die Kathedrale stilprägend für weitere Bauten der romanisch-apulischen Architektur. So findet man an den massiv und nüchtern wirkenden Kirchen häufig ein Löwenportal. In Bari befindet es sich an der Südseite und ist hier zusätzlich mit Bildern der Getreideernte und – eher ungewöhnlich – Kampfszenen versehen.

Der heilige Nikolaus

Der heilige Nikolaus gelangte von Myra in Kleinasien nach Bari, wo er für Wohlstand sorgte und bis heute verehrt wird. Als Heiliger avancierte er schnell zum Beschützer der Kinder und verteilte am 6. Dezember Gaben für die Braven. Später wurde er dann zu Santa Klaus, der am 24. und 25. Dezember die Geschenke bringt.

Der heilige Nikolaus (›Das Volk siegt‹) ist der sowohl in Ost als auch in West meistverehrte Heilige und gilt als Schutzpatron der Kaufleute, Seefahrer, Bäcker und Schüler. Bekannt wurde er jedoch als Beschützer der Kinder.

Um 260 n. Chr. in Patara (Türkei) geboren, wurde Nikolaus etwa 295 zum Bischof von Myra (heute Demre, Türkei) gewählt. Er galt als sehr fromm und es wird von vielen Wundertaten berichtet. Die bekannteste Geschichte ist jene von der Rettung der drei Jungfrauen. Nikolaus erfuhr, dass ein Mann seine drei Töchter zu Prostituierten machen wollte, weil er kein Geld besaß, um sie anständig verheiraten zu können. In der Nacht schlich Nikolaus zu dem Haus und warf einen mit Goldmünzen gefüllten Beutel über die Mauer, sodass die erste Tochter verheiratet werden konnte. Zwei weitere Male wiederholte er seine Tat und konnte so die Mädchen retten. Diese Geschichte machte Nikolaus zum Beschützer der Schwachen und der Kinder und auf diese Geschichte gehen die Symbole zurück, mit denen der Heilige oft abgebildet ist: drei Goldmünzen bzw. Goldklumpen, meist zu seinen Füßen liegend.

In welchem Jahr Nikolaus starb, ist nicht gewiss. Man vermutet um 335. Umso genauer kennt man jedoch seinen Todestag, den 6. Dezember. Schnell wurde Nikolaus von Myra zum wichtigsten Heiligen im byzantinischen Reich. Mit dessen Ausbreitung ab dem 8. Jh. nach Süditalien wurden auch in Westeuropa der Kult um Nikolaus und die Legenden von seinen Wundertaten bekannt. Schon bald war Nikolaus der häufigste Name nach Johannes in Bari, das sich zu einer der wichtigsten Städte der Byzantiner entwickelt hatte.

1071 wurde Bari von den Normannen erobert und zu großen Teilen zerstört. Um der Stadt wieder zu Bedeutung sowie zu neuem wirtschaftlichem und politischem Aufschwung zu verhelfen, entschloss man sich, die Gebeine des hl. Nikolaus aus dem zunehmend unsicheren Myra nach Bari zu holen. Ob es sich bei dieser Aktion um eine Rettung oder einen Diebstahl der Gebeine handelte, wird bis heute diskutiert. Am 9. Mai 1087 erreichten die Gebeine in Obhut von 62 Bareser Kauf- und Seeleuten den Hafen von Bari und werden seitdem in der ihm geweihten Kathedrale verwahrt.

So wie der heilige Markus in Venedig, der heilige Andreas in Amalfi oder der heilige Matthäus in Salerno brachte auch Nikolaus der Stadt gesegneten Schutz und Wohlstand. Wenn jährlich am 9. Mai das Fest der Ankunft seiner Gebeine in Bari gefeiert wird, halten sich rund 20 000 Pilger in der Stadt auf. In der Krypta wird das Manna entnommen, in riesigen Bottichen mit Wasser gemischt und dann verkauft. Das Manna, meinen einige, sei das Schwitzwasser des Sarkophags, andere wiederum glauben, es stamme von den Gebeinen.

Schon früh entstand der Brauch, dass Nikolaus am 6. Dezember Gaben an die Kinder

Thema

verteilte, als deren Beschützer er gilt. Von den Anhängern der Reformationsbewegung wurde eine solche Heiligenverehrung jedoch rigoros abgelehnt – sie erkannten nur einen als den wahren Gabenbringer an: das Christkind, das seine Geschenke in der Nacht vom 24. auf den 25. Dezember verteilt.

Als die protestantischen Holländer mit ihren Schiffen in die Neue Welt aufbrachen, hatten sie den Schutzheiligen – der auch für die Seeleute zuständig war – in Form einer Galionsfigur dabei. In ihrer Sprache hieß der heilige Nikolaus Sinterklaas und wurde später sogar zum Schutzpatron von New Amsterdam ernannt, dem heutigen New York. Der Sinterklaas der Holländer war ein kräftiger, bärtiger Mann mit breitkrempigem Hut, einer langen Pfeife und typisch flämischen Pluderhosen, teilweise noch heute Attribute des Weihnachtsmanns. Aufgrund der Werbekampagne eines amerikanischen Getränkekonzerns überflügelte Santa Claus in den 1930er-Jahren Christkind und Nikolaus und etablierte sich als Gabenbringer.

Dem heiligen Nikolaus geweiht: die Basilica San Nicola in Bari

Tipp: Scalgliozze

Zwischen dem Arco Basso und dem Arco Alta liegt an der Piazza Federico Svevo die Hausnummer 60. Hier werden abends **scalgliozze** verkauft, frittierte Polentascheiben, die bei den Einheimischen sehr beliebt sind.

In Innern beeindrucken die Größe sowie der Bischofsstuhl, der hinter einem prächtigen Ziborium, einem auf Säulen ruhenden Altaraufbau steht. Er ist aus einem Marmorblock gefertigt und gilt in der romanischen Kunst als weltweit schönster seiner Art. Zu sehen sind Sklaven, die mit schmerzverzerrtem Gesicht den Thron halten, sowie Löwe und Löwin, die mit ihren Tatzen die Beute zerreißen.

In der Krypta ruhen die Gebeine des heiligen Nikolaus (s. S. 288), eines der populärsten katholischen Heiligen. Eine der 24 Säulen in der Krypta ist mit Eisenringen umgürtet. Es heißt, Nikolaus habe sie im Tiber gefunden und auf seinen Befehl hin sei sie nach Myra ›gewandert‹. Als beim Bau der Krypta in Bari noch eine Säule fehlte, tauchte sie plötzlich wieder auf und wurde seither von unzähligen Pilgern berührt. Der aus buntem Marmor gefertigte Altar mit den Gebeinen des heiligen Nikolaus ist mit einer Glasplatte bedeckt, die jedes Jahr am 9. Mai abgenommen wird, um das Manna, das sich dort gesammelt hat, zu entnehmen. Mit Wasser verdünnt wird es dann an die Pilger verkauft

Seitlich des Sarkophags hängt ein Boot mit dem heiligen Nikolaus darin, der auf jeder Schulter eine große Schale trägt. In die eine wird katholisches, in die andere orthodoxes Öl gefüllt, womit das Schisma von 1054 (die Trennung von Ost- und Westkirche) ausgeglichen werden soll. Da der heilige Nikolaus der russische Nationalheilige ist, kommen besonders viele russische Pilger hierher. Ihnen wurde 1966 von den Dominikanern links des Altars eine Kapelle für ihre Liturgie zur Verfügung gestellt, die eifrig genutzt wird.

Am Haupteingang befindet sich gleich rechts ein Raum mit Exvoti, darunter viele Glas- und Kristallflaschen, in die sich die Könige ihr Manna abfüllen ließen. In einer Vitrine rechts sind ein paar alte Holzbretter mit roten Siegeln und weißen Bändern zu sehen. Dabei soll es sich um die Kiste handeln, in der die Gebeine des Heiligen nach Bari gebracht wurden. An der Nordseite der Kirche sind die Namen der Seeleute eingemeißelt, die 1087 die Gebeine des Nikolaus aus Myra retteten (tgl. 7.30–12.45, 16–19.30 Uhr).

Castello Normanno-Svevo 8

Hält man sich von der Basilika in Richtung Südwesten, so kommt man durch einige Gassen, in denen vormittags Frauen vor den Türen sitzen und mit flinken Händen *orichiette* formen. Die Pasta in Form kleiner Öhrchen wird für den Hausgebrauch gefertigt bzw. an die örtliche Gastronomie und Passanten verkauft.

Durch den **Arco Basso** und den **Arco Alta** gelangt man auf die **Piazza Federico Svevo.** Da viele Haushalte rund um den Platz noch nicht ans Wassernetz angeschlossen sind, wird der hiesige Brunnen noch ausgiebig genutzt.

Gegenüber der Piazza liegt das **Castello Normanno-Svevo.** Die Festung wurde im 11. Jh. von den Normannen als Wehranlage errichtet und zwischen 1233 und 1240 unter Friedrich II. um- und ausgebaut, woran heute insbesondere der Rundturm und das orientalisch verzierte Spitzbogenportal erinnern. Der eher im Renaissancestil gestaltete Innenhof geht auf Isabella von Aragon zurück, die den Mailänder Hof mit hierher brachte und die Anlage auf wohnliche Zwecke ausrichtete. Die Bourbonen nutzten das Kastell als Gefängnis. Heute sind hier die Büros der Denkmalbehörde untergebracht. Die großen Säle werden für wechselnde Ausstellungen genutzt und im Erdgeschoss befindet sich eine **Gipsoteca,** die eine beachtliche Sammlung von Gipsabdrücken wichtiger apulischer Plastiken sowie Gipsmodelle apulischer Bauten beherbergt. Beim Gang durch die Räume bekommt man einen guten Eindruck von der Anlage, kann noch einige Fresken entdecken und die Ausblicke genießen (Tel. 080 528 62 18, Do–Di 8.30–19 Uhr, 2 €, erm. 1 €).

Von Castello aus führt ein Weg um die Altstadt zur wunderschönen **Piazza Mercantile** 9 und der sich anschließenden **Piazza Ferrarese,** beides sehr beliebte Treffpunkte der Baresen.

Infos

APT: Piazza Aldo Moro, Tel. 080 990 93 41, www.infopointbari.com, Mo–Sa 9–19, So 9–13 Uhr (nicht verbindlich). Eine Zweigstelle befindet sich am Flughafen.

Übernachten

Abgesehen von einem Backpackerhostel, das etwas einsam an der Spitze der Landzunge liegt, gibt es im historischen Zentrum bisher keine Unterkunft.

Zentral ▶ **Boston** 1: Via Piccinni 155, Tel. 080 521 66 33, www.bostonbari.it. In Fußentfernung von der Altstadt gelegenes Hotel in einem nicht mehr ganz modernen Gebäude. Jedoch gepflegte Zimmer und guter Service, häufig von Geschäftsleuten frequentiert. DZ 135–180 €.

Angenehm ▶ **Cristal** 2: Via Trevisani 190, Tel. 080 521 84 67, www.hotelcristalbari.it. Das Hotel zwischen Bahnhof und Altstadt verfügt über 39 schlichte, aber saubere Zimmer. Transfer-Service zum Flughafen, Garagenplatz für ca. 10 €/Tag. DZ 50–75 €.

Backpacker ▶ **Santa Claus'Hostel** 3: Arco San Pietro 4, Piazza San Pietro, Tel. mobil 338 174 46 95, www.baribackpackers.com. Die 2008 eröffnete Herberge bietet Unterkunft in zwei Schlafsälen, Doppelzimmern und gut ausgestatteten Familienapartments. Schlafsaal (gemischt) 18–20 € p. P., DZ mit eigenem Bad 27–29 €, Apartment für 4 Pers. 95–100 €.

Essen & Trinken

Cucina Barese ▶ **La Locanda del Federico** 1: Piazza Mercantile 63–64, Tel. 080 522 77 05, tgl. mittags u. abends, Mo nur abends. Das Lokal zwischen Alt- und Neustadt bietet schmackhafte Gerichte der Bareser Küche. Den Jahreszeiten entsprechende Zutaten aus der Region. Köstliche Antipasti. Menü 30–35 €.

Tradition ▶ **Osteria delle Travi** 2: Largo Chiurlia 12 (Verlängerung der Via Sparano da Bari), Tel. 080 561 71 50, Di–Sa mittags u. abends, So nur mittags. Die Osteria am Rand der Altstadt wird in der 3. Generation von der Familie de Mastro geführt. Oricchiette mit frischem Fisch oder Gemüse, gegrillte Sardellen etc. – für jeden Geschmack ist etwas dabei. Menü 15–20 €.

Volkstümlich ▶ **Romano** 3: Via Abate Gimma 228, Tel. 080 521 16 20, Di–So mittags u. abends. Die Trattoria in der Neustadt, in Fußentfernung vom Kastell, wird gerne von Einheimischen aufgesucht. Hier kommen einfache lokale Gerichte auf den Tisch, dazu gibt es einen Hauswein. Menü 15–20 €, abends auch Pizza ab 4 €.

Ristorante und Café ▶ **Terranima und Batafobrle** 4: Via Putignani 213–215, Tel. 080 521 97 25, tgl. mittags u. abends. Kleines Lokal mit tollem Ambiente und guter lokaler Küche, v. a. viel Gemüse. Nebenan lockt außerdem ein hübsches Café. Menü 15–20 €.

Einkaufen

Flaniermeile sowohl am Tag als auch am Abend ist die **Via Sparano.** Hier gibt es viele Geschäfte, auch Edelboutiquen, sowie einladende Cafés.

Kunsthandwerk ▶ **Bottega Nikolaus** 1: Via delle Crociate 16, Mo–Fr 17.30–20, Sa/So 10–13 Uhr. Meister Francesco fertigt in seiner Werkstatt, versteckt in einer Seitengasse, kleine Kunstwerke aus Styropor, darunter verschiedene Ansichten von Bari. So ist u. a. ein beeindruckendes Modell der Basilika zu sehen (bisher nicht zum Verkauf). Und natürlich gibt es hier auch Nikolause zu kaufen. **La Luna Storta** 2: Strada Palazzo di Città 31, Tel. mobil 320 165 53 90, www.lalunastorta.com, Di–Fr 10.30–20.30, Fr/Sa 10.30–24.30 Uhr. In dieser Werkstatt für Restaurationsarbeiten werden feine Artikel aus Terrakotta verkauft, u. a. *fischetti* (s. S. 264), sowie etwas Mode und Schmuck.

Abends & Nachts

Informationen zu aktuellen Veranstaltungen erhält man im monatlich erscheinenden Ma-

Für dieses grandiose Ambiente zahlt man gerne etwas mehr: Romantik pur in der Grotta Palazzese bei Polignano al Mare

gazin »Voz'ap«, das am Kiosk erhältlich ist. Beliebte Treffpunkte sind die **Piazza Mercantile** und die **Piazza Farrarese,** wo ab dem frühen Abend lebhafter Trubel herrscht.

Theater ▶ **Teatro Piccinni** 4**:** Corso Vittorio Emanuele II 84, Tel. 080 521 24 84. Karten über Camerata Musicale Barese, Via Sparano 141, Tel. 080 521 19 08, Mo–Sa 9–13, 16.30–20 Uhr.

Aktiv

Stadttouren ▶ In Bari werden sehr gute Themenführungen angeboten, auch auf Deutsch. **Mirella Tempone,** Tel. mobil 338 506 29 88, mirellatempone@alice.it, beispielsweise organisiert außerdem auch deutschsprachige Führungen in die Städte an der Costa di Bari sowie im Hinterland und anderen Teilen Apuliens (s. dort).

Verkehr

Flüge: Der internationale Flughafen von Bari, www.aeroportidipuglia.it, befindet sich etwa 10 km nordwestlich des Stadtzentrums. Mit der Linie 16 des AMTAB-Busses, Tel. 080 539 31 11, www.amtabservisio.it, ist man in ungefähr 40 Min. an der Piazza Aldo Moro (stdl., 5–21 Uhr).

Züge: Bari ist der Knotenpunkt nahezu aller in Apulien verkehrenden Bahngesellschaften, deren Züge vom Bahnhof an der Piazza Aldo Moro abfahren: Trenitalia, www.trenitalia.it – über Foggia nach Norditalien sowie entlang der Küste; Ferrotramviaria Bari, Tel. 080 527 71 23, www.ferrovienordbarese.it – über Bitonto und Ruvo nach Barletta; Ferrovie Sud-Est, Tel. 080 546 21 11, www.fseonline.it – nach Alberobello, Locorotondo, Táranto, Martina Franca, Lecce, Ótranto und Gallípoli; Ferrovie Appulo Lucane, Tel. 080 572 52 29, www.fal-srl.it – über Altamura nach Matera und Potenza.

Busse: In der Stadt selbst verkehren die Busse von AMTAB, Tel. 080 539 31 11, www.amtabservisio.it. Die Busse von SITA, Tel. 080 579 01 11, www.sitabus.it, sowie STP, Tel. 080 975 26 72, www.stpsta.it, fahren vom Bahnhofsvorplatz aus in alle größeren Orte Apuliens.

Fähren: Im Nordwesten der Altstadt liegt der Hafen von Bari, von dem verschiedene Fähren nach Griechenland, Albanien und Kroatien ablegen. Informationen sind beispielsweise erhältlich unter www.superfast.com oder www.tirrenia.it.

Mietwagen: Avis, Bari Palese Airport, Tel. 080 531 61 68, www.avisautonoleggio.it.

Termine

San Nicola: 7.–9. Mai. Fest zur Erinnerung an die Ankunft des Heiligen. Zuerst wird eine Holzstatue von der Kathedrale aus durch die Stadt getragen. Am 8. Mai bringt man sie auf einem Schiff in Begleitung vieler Boote aufs Meer hinaus und am Abend wieder zurück in die Stadt. Den Abschluss am 9. Mai bildet ein gewaltiges Feuerwerk.

Die südliche Costa di Bari

Polignano al Mare ► 1, Q 6

Die Küste südlich von Bari ist durch oftmals hohe und steil aufragende Klippen geprägt. Wind, Wasser und Wellen haben im Laufe der Zeit eine Unmenge größerer und kleinerer Grotten entstehen lassen. Badestrände gibt es nur wenige. Mitten in dieser atemberaubenden Landschaft liegt **Polignano al Mare,** die Geburtsstadt von Domenico Modugno (1928–94), der mit »Volare« einen Welthit landete. In erster Linie ist Polignano jedoch ein kleines Urlaubsjuwel. Enge Gassen prägen die Altstadt und führen zuweilen bis ans Meer, wo sie den Blick freigeben auf eine grandiose Kulisse mit Grotten, Klippen und dem türkisblauen Meer. Eine der spektakulärsten Höhlen ist die **Grotta Palazzese,** die vom gleichnamigen Hotel als Restaurant genutzt wird (s. u.).

Übernachten

Stilvoll mit Meerblick ▶ **Covo dei Saraceni:** Via Conversano 1/A, Tel. 080 424 11 77, www.covodeisaraceni.com. Das komfortable und stilvoll eingerichtete Hotel liegt unweit des historischen Zentrums. Von den meisten Zimmern hat man Meerblick und zum Strand von Cala Paura sind es nur rund 200 m. DZ 75–130 €.

Jugendherberge ▶ **Ostello della Gioventù:** C.da Cavuzzi, ca. 3 km südwestlich von Polignano an der Straße nach Castellana Grotte, Tel. 080 549 45 91, www.ostellopolignanoamare.com. Im Oktober 2010 eröffnete Jugendherberge, für Backpacker und Familien gleichermaßen geeignet. Große Sonnenterrasse, Garten, Parkplatz. Am Radweg nach Polignano. DZ 40 €.

Essen & Trinken

Grottenspektakel ▶ **Grotta Palazzese:** Via Narciso 59, Tel. 080 424 06 77, www.grottapalazzese.it, Mai–Sept. tgl. mittags u. abends (Okt.–April im Hotelrestaurant). Grandioses Ambiente – das Ristorante des gleichnamigen Hotels ist in einer großen Grotte beheimatet! Mit Muschel- und Fischbecken. Gute Meeresküche, allerdings bezahlt man das Ambiente mit. Menü ab 50 €.

Frischer Fisch ▶ **Il Grottone:** Via Modugno, Tel. 080 424 89 38, Mai–Sept. tgl. mittags u. abends. Die gemütliche Trattoria auf dem felsigen Ufer bietet köstliche Fischgerichte zu fairen Preisen. Menü 15–20 €.

Verkehr

s. S. 293

Monopoli ▶ 1, Q/R 6

Das ca. 43 km von Bari entfernte **Monopoli** hat – wie auch die Hauptstadt – eine Neu- und eine Altstadt, wobei Letztere wesentlich interessanter ist. Durch ein Gewirr von Gassen gelangt man zum Hafen, in dem es vor allem am späten Nachmittag sehr lebendig zugeht, wenn die Fischkutter einlaufen und ihren frischen Fang anbieten – einer der schönsten Fischmärkte an der apulischen Adriaküste!

Einen guten Blick auf die gesamte Szenerie genießt man vom 1976 sanierten **Castello Carlo V.** aus dem 16. Jh., in dem auch eine kleine archäologische Sammlung untergebracht ist (Tel. 080 930 30 14, Di–So 10–12, 17–20 Uhr, Eintritt frei).

Zentraler Punkt der Altstadt ist neben dem Hafen die **Piazza Cattedrale,** an der sich die **Cattedrale Madonna della Madia** erhebt. Wie viele ihrer Schwestern an der Adriaküste entstand auch sie im 12. Jh., wurde jedoch im 18. Jh. in opulenten Barock gekleidet. Die Namensgeberin des Kirchenbaus ist die Ikone der Madonna della Madia aus dem 13. Jh. Die Ikone soll durch Kreuzfahrer nach Monopoli gelangt sein und wird in einer Kapelle hinter dem Chor verehrt (tgl. 10–12, 17–20 Uhr bzw. zur Messe).

Die Gründung von Monopoli geht auf das 6. Jh. zurück, als die Einwohner aus Egnazia sich hier niederließen, nachdem die Langobarden deren Stadt zerstört hatten.

Übernachten

Historisch ▶ **La Porta Vecchia 2004:** Via Peroscia 21, Tel. 080 80 26 90, www.laportavecchia.it. Das kleine B & B in einem Palazzo im historischen Zentrum bietet 4 Zimmer, die nicht minder historisch, aber charmant eingerichtet sind. Bei warmem Wetter wird das Frühstück auf der Terrasse mit Blick aufs Meer serviert. DZ 50–70 €.

Essen und Trinken

Urgemütlich ▶ **Osteria Perricci:** Via Orazio Gomez 1, Tel. 080 937 22 08, Do–Di mittags u. abends. Die familiengeführte Osteria in der Altstadt ist einen Besuch wert. Frische Fisch-

und Fleischgerichte, köstliche Pastagerichte, leckere Antipasti und viel Atmosphäre. Menü 20–25 €.

Aktiv

Bootstouren ▶ Von Mai bis September werden am **Molo Lungo** Bootstouren zu den Grotten entlang der Küste angeboten.

Egnazia ▶ 1, R 7

Wer sich für Geschichte und Archäologie interessiert, dem sei der Abstecher nach **Egnazia,** dem griechischen Gnathia, empfohlen, das ca. 10 km südöstlich von Monopoli liegt. Schon zu Bronzezeiten besiedelt, befand sich in dieser Region auch das Grenzgebiet zwischen den Messapiern (im Süden Apuliens) und den Peuketiern (bis zur Tavoliere). Aus dieser Zeit, dem 5. Jh. v. Chr., stammt eine heute noch zu sehende 2 km lange Befestigungsmauer, die die Akropolis teilweise umschließt. Die Blütezeit des antiken Gnathia setzte im 3. Jh. v. Chr. mit den Römern ein. Forum und Basilika wurden gebaut, ein Hafen angelegt, im Jahrhundert darauf die Via Traiana durch den Ort geführt. Auf der freigelegten gepflasterten Straße sind noch die alten Wagenrinnen zu erkennen. In frühchristlicher Zeit ein Bischofssitz, wurde die Stadt von den Goten im 6. Jh. zerstört und aufgegeben. Die Steine ihrer Bauten dienten später dem Aufbau u. a. von Monopoli.

Beim Besuch des Geländes kommt man zuerst zum **Museum,** das eine sehr schöne und didaktisch gut aufgebaute Ausstellung zu den Ausgrabungen und der Geschichte der Messapier, Peuketier etc. beherbergt. Die Informationen sind bisher nur in Italienisch vorhanden, doch viele der Skizzen sowie das eine oder andere Ausstellungsstück sind selbst erklärend bzw. einfach nur beeindruckend schön, beispielsweise das Mosaik der drei Grazien aus dem 4./3. Jh. v. Chr.

Im weitläufigen und äußerst sehenswerten Ausgrabungsgelände, durch das die Küstenstraße verläuft, geben Infotafeln und ein Audioguide in Englisch viele ausführliche Informationen (Via Egnazia 87, April–Sept. 8.30–19.15, Okt. 8.30–18, Nov.–Febr. 8.30–16.30, März 8.30–17.30 Uhr, Kassenschluss 1 Std. vorher, 3 €, erm. 1,50 €, Audioguide 5 €).

Übernachten

Luxusherberge ▶ Borgo Egnazia: C. da Masciola, Tel. 080 225 50 00, www.borgoegnazia.com. Diese komplett neue Hotelanlage im historischen Stil liegt in der Nähe der Ausgrabungen und der Adria. Komfort und Luxus kennen hier kaum eine Grenze. Suiten, Häuser mit eigenem Pool, ein riesiger Garten, Terrassen, Wellness etc. DZ ab 280 €.

Die nördliche Costa di Bari

Nördlich von Bari liegen einige Küstenstädte, in deren historischen Zentren sich imposante Kathedralen erheben. Für eine Erkundung dieser Gegend nimmt man von Bari aus am besten die alte Küstenstraße SS 16 oder aber den Zug.

Giovinazzo ▶ 1, O 5

Der erste größere Ort hinter Bari bietet sich nicht nur für einen Ausflug an, sondern auch als guter Standort, um die Region zu erschließen. Das von Mauern umschlossene historische Zentrum von **Giovinazzo** liegt auf einer kleinen, ins Meer ragenden Landzunge. Die idyllischen Gassen im komplett restaurierten Borgo mit seinen vielen Balkonen und Blumen laden zum Schlendern geradezu ein.

In der romanischen **Cattedrale Santa Maria Assunta,** 1283 geweiht, ist die Krypta mit ihren romanischen Kapitellen sehenswert. Im geschützten Hafen schaukeln viele bunte Fischerboote. Die großen Steine der ins Meer ragenden Mole sind an heißen Tagen von sonnenbadenden Italienern bevölkert. In Giovinazzo bleibt man gerne länger.

Übernachten

Bezahlbarer Luxus ▶ S. Martin: Via Spirito Santo 44, Tel. 080 394 26 27, smartinhotel@gmail.com. 20 Zimmer in einem ehemaligen Kloster der Benediktinerinnen. Edel, Sonnenterrasse, viel Privatsphäre. DZ 130 €.

Essen und Trinken

Versteckt ▶ **Hosteria San Domenico:** Vicco Freddo 10, Tel. 080 394 54 92, mobil 349 391 89 87, Mi–Mo mittags u. abends. Das gemütliche Lokal in den Gassen des historischen Zentrums serviert sowohl einfache als auch raffinierte Gerichte mit Fisch und Fleisch. Menü 20–25 €.

Verkehr

s. S. 293

Molfetta ▶ 1, N 5

Kommt man über die SS 16 von Giovinazzo nach **Molfetta,** so trifft man auf den Corso Dante Alighieri, der Neu- und Altstadt voneinander trennt. Gleich am Beginn zur Linken erhebt sich die ganz im Barock gestaltete **Cattedrale Santa Maria Assunta** aus dem 18. Jh. Man betritt sie am besten über den schönen **Largo Municipio** gleich rechts zu Beginn des Corso. An dem Platz steht auch die **Sala Templari,** ein Gebäude, in dem die Templer von 1148 bis zu ihrem Verbot residierten – auch Molfetta war zu Zeiten der Kreuzzüge ein wichtiger Hafen für die Reisen ins Heilige Land.

Beim Schlendern durch die Gassen landet man früher oder später auf der westlichen Seite der Altstadt am **Duomo Vecchio San Corrado,** eine der imposantesten Kathedralen an der Costa di Bari. Molfetta, seit dem 12. Jh. Bischofssitz, erhielt die Kathedrale 1150, vollendet wurde sie allerdings erst 100 Jahre später. Benannt ist das Gotteshaus nach dem heiligen Konrad, einem Kreuzritter, der vor seinem Tod im nahen Modugno einige Wunder tat. Das Dach der Kirche ist mit drei Tambouren versehen, die im Innern große Kuppeln bilden und dem Raum eine besondere Höhe verleihen. Betritt man den Kirchenraum, fällt gleich der Saraceno ins Auge, der ein Becken mit Weihwasser in den Händen hält. Umlaufend an den Wänden kann man Symbole der Kreuzritter erkennen, wobei sowohl christliche als auch byzantinische Elemente auffallen, z. B. Blendbögen, Pflanzen- und Tiermotive sowie Ornamente (tgl. 9–12.30, 16–20 Uhr).

Vom Platz vor dem Dom bietet sich ein fantastischer Blick auf den großen Hafen von Molfetta, in dem jede Menge Fischkutter ankern. Nach links gelangt man wieder auf den Corso Dante Alighieri, diesmal mit der **Piazza Mazzini,** wo die Fischer ihren täglichen Fang verkaufen.

Infos

Pro Loco: Piazza Municipio, Tel. 080 335 94 78, Mo–Sa 9–12, 16–20, So 9–12 Uhr.

Essen & Trinken

Viel frischer Fisch ▶ **Bistro:** Corso D. Alighieri 33, Tel. 080 397 58 12, Do–Di mittags u. abends. Das eher schlicht gestaltete Lokal bietet herrlich einfache, dafür aber umso schmackhaftere Gerichte, v. a. mit frischem Fisch. Auch die Primi sind nicht zu verachten. Menü 20–25 €.

Einkaufen

Fabrikverkäufe ▶ Molfetta ist bekannt für seine vielen **Outlets,** v. a. im Bereich Bekleidung. Unter www.fashiondistrict.it findet man einen Überblick der hier vertretenen Firmen.

Abends & Nachts

Disco ▶ **Nautilus:** an der Straße zwischen Giovinazzo und Molfetta, Tel. 080 394 69 55, Fr/Sa ab 22 Uhr. Angesagte Diskothek mit Live-Acts.

Livekonzerte ▶ **Blues Cafè:** Corso D. Alighieri 49, Tel. 080 387 64 11. Am Tag Bar, am Abend beliebter Treffpunkt der Jugendlichen. Im Sommer öfter Livekonzerte.

Trani ▶ 1, N/M 5

Cityplan: S. 298

Trani ›strahlt‹ dem Besucher schon von Weitem entgegen. Viele Gebäude sind aus der *pietra tranese* errichtet, einem hellen Kalkstein, der heute noch in der Umgebung gebrochen und verarbeitet wird. Über dem historischen Zentrum erhebt sich am Meer die Königin der apulisch-romanischen Kathedralen. Der Hafen bildet ein weites Rund, in dem sich das Meer, die Segel- und Fischerboote, der tägliche Fischmarkt sowie das leuchtende Weiß des Centro Storico und vor allem die Kathedrale gegenseitig den Rang ablaufen. Am Abend lädt der Lungomare zum Flanieren ein. Das außergewöhnlich schöne und einladende Trani ist ein idealer Standort, um die Costa di Bari sowie einen Teil des Hinterlands zu erkunden.

Einen ersten schönen Blick auf die Kathedrale und die Altstadt hat man vom Park der **Villa Comunale** 1 auf der südlichen Seite des Hafens. In dem Park steht ein Monument, das an die *Ordinamenta maris* erinnert, ein Seehandelsrecht, das sich die Stadt Trani 1063 selbst gegeben hat (tgl. 7–20 Uhr).

Über 100 Jahre dauerte der Bau der romanischen **Cattedrale San Nicola Pellegrino** **2**, die als eine der schönsten ihrer Art in ganz Italien gilt. Mit den Byzantinern, später den Normannen und Staufern war auch Trani zu einer wichtigen Stadt für den Handel und die Kreuzfahrer geworden und stand damit in ständiger Konkurrenz zu Bari. Als dort die Gebeine des heiligen Nikolaus anlangten (s. S. 288) und Pilgerströme die Wirtschaft zum Erblühen brachten, hatte Trani das Nachsehen – doch nur für einige Jahre. Am 18. Mai 1094 kam ein griechischer Pilger namens Nikolaus in die Stadt, auf seinen Schultern trug er ein Kreuz. Auf der Treppe zur damaligen Kathedrale S. Maria della Scala brach er mit einem Kyrie eleison auf dem Lippen zusammen, so wird zumindest berichtet. Trani nutzte die Chance auf einen ›eigenen‹ Nikolaus und bereits 1097 wurde der Pilger von Papst Urban II. heiliggesprochen. Sofort ging man an den Bau der Cattedrale San Nicola Pellegrino, die man über der bereits bestehenden errichtete – und natürlich wetteiferte man auch hier mit Bari um den schöneren, vollkommeneren Bau. Die schon bestehende Kirche wurde zur Unterkirche. Eine Freitreppe führt über sie hinweg zum Eingang in die neue Kathedrale. Daneben erhebt sich der 60 m hohe und sehr elegant wirkende Campanile. In dem mit Ornamenten und biblischen Szenen verzierten Portal befand sich ursprünglich das von Barisano da Trani im 12. Jh. geschaffene Bronzeportal, bei dem er erstmals

Weithin sichtbar: die Cattedrale San Nicola Pellegrino in Trani

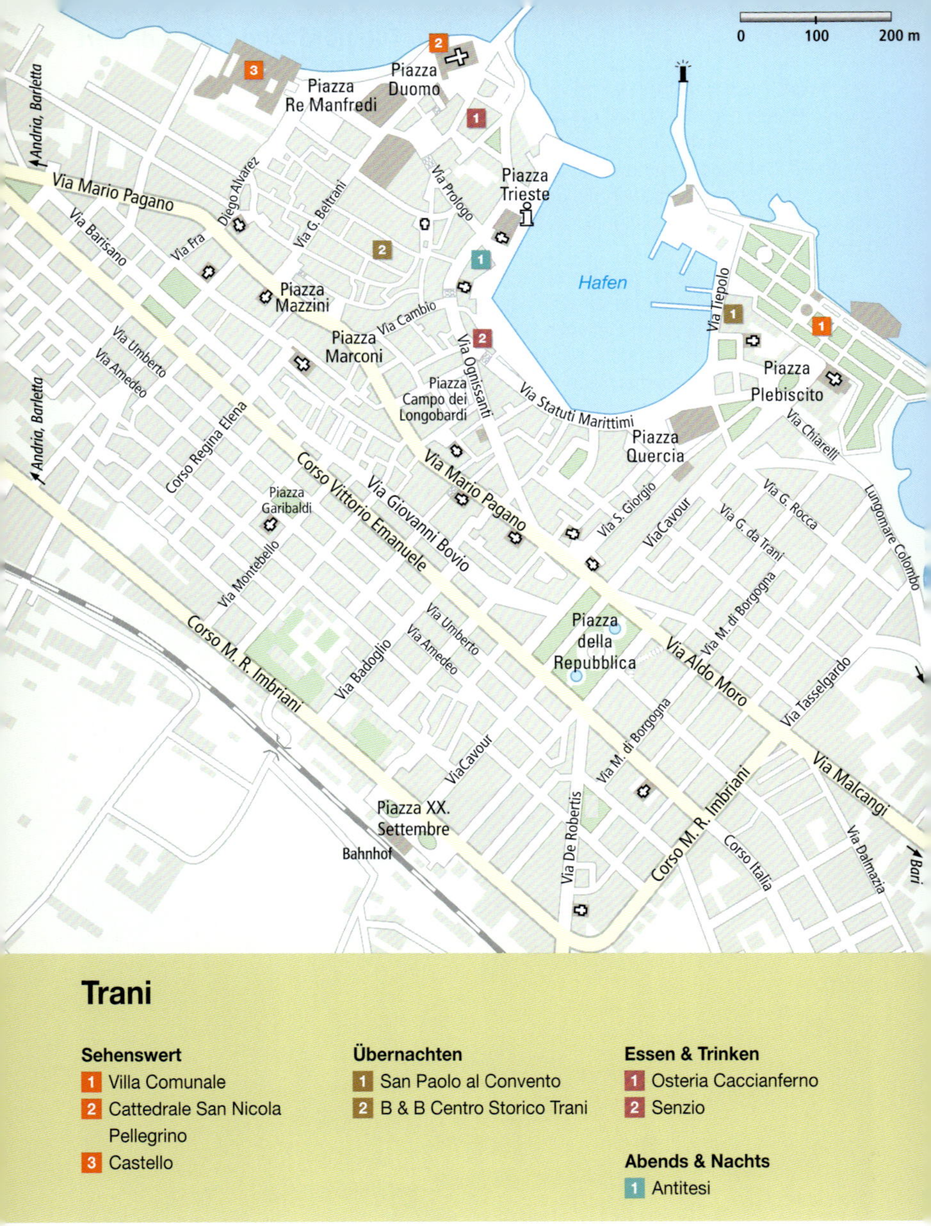

Trani

Sehenswert
1 Villa Comunale
2 Cattedrale San Nicola Pellegrino
3 Castello

Übernachten
1 San Paolo al Convento
2 B & B Centro Storico Trani

Essen & Trinken
1 Osteria Caccianferno
2 Senzio

Abends & Nachts
1 Antitesi

die Relieftechnik anwandte. Heute ist es geschützt im Innern zu bewundern, das sich durch Weite und viel Licht auszeichnet. Rechts vom Altar kann man noch Mosaike erkennen, klassische Szenen des Hochmuts (Adam und Eva sowie König Alexander), die in ihrer Gestaltung an die Mosaike von Ótranto erinnern (s. S. 353). Über an der Seite abwärts führende Stufen erreicht man die Unterkirche, in der die Gebeine des Nikolaus verwahrt werden. Noch weiter darunter, doch schon seit Jahren in Restaurierung und nicht zu betreten, liegt die Ursprungskirche aus dem 6. Jh., die San Leucio geweiht ist und mittlerweile knapp 1 m unter dem Meeresspiegel liegt (tgl. Mai–Okt. 9.30–12.30, 15.30–18.30, Nov.–April 9.30–12.30 Uhr, Eintritt frei, Turm 3 €).

Von der Piazza Duomo aus ist das **Castello** 3 zu sehen, 1230 von Friedrich II. in Auftrag gegeben und schon drei Jahre später fertiggestellt. In den oberen Räumen finden Wechselausstellungen statt, ansonsten kann man durch die beeindruckende Anlage schlendern (Piazza Manfredi, Tel. 0883 50 66 03, tgl. 9–19 Uhr, 2 €, erm. 1 €).

Infos

IAT: Piazza Trieste 10, im Palazzo Palmieri, Tel. 0883 58 88 30, Mo–Sa 9–13.30, Do/Do auch 15–18 Uhr.

Übernachten

Hafenidylle ▶ San Paolo al Convento 1: Via Statuti Marittimi 111, Tel. 0883 48 70 96, www.sanpaoloalconvento.traniweb.it. Hotel in einem alten Klarissenkonvent am Hafen von Trani mit Blick auf die Kathedrale. Geräumige Zimmer und Bäder, alles farblich auf den für Trani typischen Kalkstein abgestimmt. Die Zimmer liegen zum Meer hin, zum Park und zum Kreuzgang. DZ 120–150 €.

Faszinierend ▶ B & B Centro Storico Trani 2: Via Leopardi 29, Tel. 0883 50 61 76, www.bbtrani.it. Gemütliche Zimmer in einem alten Kloster, das vor ca. 60 Jahren aufgegeben wurde. Schon der Eingang und das Treppenhaus sind ein Erlebnis – alte Waschbecken, Wasserrinnen, breite Treppen und große Fenster in den Innenhof. Außerdem gibt es einen kleinen Garten, in dem man gut entspannen kann. DZ 41–51 €.

Essen & Trinken

Am Dom ▶ Osteria Caccianferno 1: Via S. Nicola 9, Tel. 0883 58 59 78, www.osteriacaccianferno.it, Di–So mittags u. abends. Gemütliches Lokal mit regionaler Küche. Gute Antipasti, frisches Gemüse, aber kein Fisch. Angenehme Atmosphäre. Menü 20 €.

Für zwischendurch ▶ Senzio 2: Via Supportico la Conca 20, Tel. 0883 95 61 31, tgl. ab 7 Uhr. Die Bar bietet neben Eis und Dolci auch eine große Auswahl an kalten und warmen Snacks. Schneller und guter Service, außerdem ein wunderbarer Ort, um das Geschehen auf dem Lungomare zu verfolgen.

Abends & Nachts

Cool ▶ Antitesi 1: Via Ognisanti 2, Tel. 0883 50 10 72. Tagsüber ein Café, abends eine coole Bar und nachts hin und wieder eine Party Location.

Aktiv

Stadtführungen ▶ s. S. 292

Termine

Festa San Nicola Pellegrino: Ende Juli/Anfang Aug. Der Stadtheilige wird vier Tage lang mit Umzügen, Musik, Feuerwerk gefeiert.

Verkehr

Züge und **Busse:** s. S. 293

Mietwagen: Trani Car Hire, Piazza XX. Settembre 9, Tel. 0883 58 88 74.

Barletta ▶ 1, M 4

Barletta war schon im 11. Jh. von Kreuzfahrern und Pilgern stark frequentiert und ist heute einer der wichtigsten Häfen an der Adria. Friedrich II. brach von Barletta zu seinem Kreuzzug auf. Das **Castello** im Osten der Stadt ließ er auf einer normannischen Anlage aus dem 11. Jh. errichten. Der staufische Adler im Innenhof, mit einem Hasen in seinen Klauen, erinnert noch an diese Zeit. Als Karl I. von Anjou die Staufer besiegt hatte, schickte er seinen Festungsbaumeister Pierre d'Angicourt nach Barletta, um den Bau zu erweitern und zu verstärken. Karl V. ließ im 16. Jh. die spitzen Wehrbastionen anfügen. Heute ist in dem Kastell das **Museo Civico** mit einer Sammlung von Gemälden des aus Barletta stammenden Impressionisten de Nittis (1846–84) untergebracht. Außerdem beherbergt das Museum eine Büste Friedrichs II., die 1930 bei Ausbesserungsarbeiten in einer Masseria (s. S. 79 und 321) gefunden wurde und über die bis heute gestritten wird, ob sie wirklich den Kaiser abbildet. Vom Dach des Museums hat man eine wunderbare Panoramasicht (Tel. 0883 57 86 21, Di–So 9–13, 15–19 Uhr, 4 € inkl. Pinakothek, erm. 2 €).

In Richtung Westen erreicht man den **Duomo Santa Maria Maggiore,** ein romanisches Bauwerk mit einem später im Renaissancestil gestalteten Portal.

Folgt man dem Corso G. Garibaldi nach links, so gelangt man bald zum berühmten **Colosso di Barletta.** Die mehr als 5 m hohe Bronzestatue mit einem Kreuz in der erhobenen Hand, fremdländischem Gesicht und eigentümlicher Gewandung wirkt wie ein entschlossener Krieger, stellt jedoch vermutlich den oströmischen Kaiser Valentinian I. dar. Als die Venezianer 1204 Konstantinopel eroberten, beluden sie ihre Schiffe mit Beutegut. Jenes mit der Bronzestatue an Bord strandete jedoch bei Barletta. 1309 wurden der Figur die Gliedmaßen abgenommen, um eine Bronzeglocke daraus zu fertigen, aber im 15. Jh. machte man die Verstümmelung wieder rückgängig und stellte den Koloss vor der **Basilica del Santo Sepolcro** auf.

Hält man sich nun in den Altstadtgassen Richtung Norden, gelangt man zum **Palazzo della Marra,** wo sich die **Pinacoteca Giuseppe de Nittis** befindet und Wechselausstellungen stattfinden. Auch hier sind noch einmal viele seiner Arbeiten ausgestellt (Via Enrico Cialdini 74, Tel. 0883 53 83 12, Di–So 10–20, Mo 10–14 Uhr, in Abhängigkeit von den Ausstellungen ab 3 €).

Mittlerweile befindet man sich inmitten eines Gassengewirrs, dessen quirliges Zentrum die **Piazza della Sfidia** ist. In ihrem Umkreis gibt es viele Bars, Pubs, Restaurants und andere Lokale, darunter die **Cantina delle Sfida.** In dem historischen Weinkeller machte ein Franzose einst die feigen italienischen Soldaten für seine Gefangennahme verantwortlich. Das fassten diese natürlich als Beleidigung und Herausforderung *(disfida)*

Auch in Barletta hinterließen die Staufer ihre Spuren, ein ganz typisches Bauwerk ist das Castello

Tipp: Ein Hauch Irland

Vor etwas mehr als zehn Jahren eröffnete der irlandbegeisterte Francesco Petruzzelli den **Saint Patrick Jazz Club,** einen Irish Pub mit Restaurant, in dem zu Guinness typisch apulische Küche serviert wird. Das Lokal ist inzwischen einer der angesagtesten Treffpunkte in ganz Süditalien – besonders an den Wochenenden, wenn Livemusik gespielt wird.

Angeschlossen ist das gemütliche **B & B Saint Patrick Guest House** mit fünf Zimmern, die nach irischen Schriftstellern wie Beckett oder Wilde benannt sind (Pub: Via Cialdini 15–17, Tel. 0883 34 71 57, tgl. mittags u. abends, Menü ab 12 €, Pizza ab 5 €; Guest House: Corso Garibaldi 145, Barletta, www.saint-patrick.it, DZ 60–120 €).

auf und forderten die Franzosen zum Duell. Am 13. Februar 1503 trafen sie sich zum Kampf, 13 gegen 13, bei dem ein Franzose getötet wurde. Damit hatten die Italiener ihre Revanche. An das Ereignis wird heute mit einem jährlich stattfindenden Spektakel erinnert, der Disfida di Barletta (s. rechts).

Infos

IAT: Corso Garibaldi 104, Tel. 0883 33 13 31, Mo–Fr 9–19, Sa 9–12 Uhr.

Übernachten

Historisch ▶ **Vins Lounge:** Via Del Duomo 5, Tel. 0883 39 07 88, www.vinslounge.it. B&B in einem Palazzo aus dem 16. Jh. mit gemütlichen Zimmern in historischem Ambiente, zumeist im Art-déco-Stil eingerichtet. Ideale Lage, in Fußentfernung zu allen Sehenswürdigkeiten. DZ 60–80 €.

Essen & Trinken

Ausgefallen ▶ **BaccOsteria:** Via San Giorgio 5, Tel. 0883 53 40 00, Di–Sa mittags u. abends, So nur mittags. Das viel gelobte Lokal wird nicht umsonst im Guide Michelin genannt – ausgezeichnete Küche und ein tolles Ambiente mit Gewölbe und transparentem Fußboden. Menü ab 30 €.

Unbedingt testen ▶ **Al Savoia:** Via Nazareth 9, Tel. mobil 349 467 30 57, tgl. ab 9 Uhr. Die Gelateria bietet nicht nur hervorragendes Eis, sondern auch leckere Crêpes.

Abends & Nachts

Die Broschüre »Barletta by Night« gibt einen Überblick über aktuelle Veranstaltungen, erhältlich im Tourismusbüro oder an Kiosken.

Termine

Disfida di Barletta: Sept. In Erinnerung an das Kräftemessen zwischen italienischen und französischen Rittern findet ein entsprechendes Spektakel statt, inkl. historischem Umzug und Turnier (s. links).

Manfredonia und Umgebung

▶ 1, K 3

Fährt man die Küste weiter nach Norden in Richtung Gargano-Halbinsel, so kommt man am **Golf von Manfredonia** mit der gleichnamigen Stadt vorbei. **Manfredonia** wurde 1256 von Manfred, dem Nachfolger von Friedrich II., gegründet, nachdem das antike Siponto 1223 durch ein Erdbeben zerstört worden war. Die Stadt hat abgesehen von einem **Museo Archeologico** nur wenig Sehenswertes zu bieten. Ausgestellt sind Stelen der im Norden Apuliens siedelnden Daunier aus dem 7./6. Jh. v. Chr. Die Bedeutung der in den 1960er-Jahren gefundenen Pfeiler ist jedoch bis heute nicht gänzlich geklärt (Corso Manfredi/Castello, Tel. 0884 53 88 31, tgl. 9–19 Uhr, 2,50 €).

Südlich der Stadt befinden sich die größten **Salinen** Europas. Die Salzbecken ziehen sch über eine Länge von 20 km und liefern mehr als 50 % der jährlichen Salzproduktion Italiens. Das ganze Jahr über kann man hier Flamingos beobachten.

Nördlich der Stadt erstreckt sich ein riesiges Industriegebiet, das bis Mitte der 1990er-Jahre Standort des petrochemischen Werks Enichem war und dessen weitere Nutzung bis heute nicht geklärt ist. Doch schon bald hat man diesen eher unschönen Küstenabschnitt hinter sich gelassen und erreicht die herrliche Küste des Gargano.

9 Gargano und Tavoliere

Der Stiefelsporn Italiens, das ist der hoch aufragende Gargano mit einer atemberaubend schönen Küste zu seinen Füßen und uralten Wäldern an seinen Hängen. Sowohl der Erzengel Michael als auch Padre Pio haben hier ihre Wahlheimat und machen sich gegenseitig Konkurrenz. Die Ebene der Tavoliere hingegen bietet landschaftliche Weite und viel staufische Geschichte.

Der **Gargano,** auch Promontorio genannt, erhebt sich bis auf über 1000 m. Die Küste mit ihrem türkisgrünen Meer zählt zu den schönsten an der Adria. Südlich von Vieste liegt eine Welt voller faszinierender Grotten und lauschiger Buchten, noch eine Steigerung sind die vorgelagerten Trémiti-Inseln, (außerhalb der Hochsaison) ein kleines Paradies. Ein Großteil des Promontorio ist von den gewaltigen Bäumen der Foresta Umbra bedeckt, Reste eines Waldes, der vor langer Zeit große Teile Apuliens bedeckte und heute zu schönen Wanderungen einlädt. An der Südseite des Gargano liegt Monte Sant'Angelo, seit Ende des 5. Jh. die selbst gewählte Heimat des Erzengels Michaels. Unzählige Pilger haben den heiligen Berg besucht und in jüngster Zeit sind es durch Padre Pio in San Giovanni Rotondo noch mehr geworden. Um die Landschaft zu erhalten und zu schützen, wurde der Stiefelsporn 1995 zum **Parco Nazionale del Gargano** erklärt.

Die Küste des Gargano

Mattinata ▶ 1, L 2

Von Süden kommend, ist **Mattinata** der erste Ort an der Küste des Gargano. Das historische Mattinata liegt ca. 2 km vom Meer entfernt, das touristische Mattinata hingegen hat sich von der alten Fischersiedlung am langen Kiesstrand immer weiter über den Hang ausgebreitet und ist vor allem an warmen Wochenenden das Ziel vieler Italiener aus dem Hinterland. Sowohl die Küstenorte des Gargano, die Foresta Umbra als auch der Monte Sant'Angelo und die Orte der Tavoliere um Foggia sind von hier aus gut zu erreichen.

Übernachten

Im Grünen ▶ **Collotorto:** C.da Collotorto 1, Tel. mobil 338 804 12 07. Das einladende B & B auf halber Strecke zwischen Mattinata und dem Meer liegt zwischen Oliven- und Zitronenbäumen. Einfache und freundlich eingerichtete Zimmer, ruhige Atmosphäre. DZ 50–90 €.

Essen & Trinken

Tolle Atmosphäre ▶ **Trattoria dalla Nonna:** Loc. Funni, Tel. 0884 55 92 05, tgl. mittags u. abends. Gleich in der Nähe des Hafens gelegene Trattoria mit viel Charme und Tradition. Ausgefallene Antipasti und tgl. frischer Fisch. Pizza ab 4 €, Menü 25–30 €.

Tipp: Verkehrsverbindungen

Die Busse der beiden Unternehmen SITA, www.sitabus.it, und Ferrovie del Gargano, www.ferroviedelgargano.com, verbinden die Orte des Gargano mit Manfredonia, Bari und Foggia.

aktiv unterwegs

Per Boot oder zu Fuß entlang der Küste

Tour-Infos

Start: für die Wanderung bei km 17,4 an der Straße von Vieste nach Baia del Zagare; am Startpunkt steht eine Hinweistafel des Gargano-Nationalparks. Die Bootstouren beginnen in Vieste und Mattinata.

Ziel: für die Wanderung die Spiaggia di Vignanotica

Länge der Wanderung: 5 km, 130 Höhenmeter

Schwierigkeitsgrad der Wanderung: leicht

Dauer: 2,5–3 Std. hin und zurück

Bootstouren: In den Häfen gibt es diverse Anbieter, z. B. in Vieste C. Michele & G. Trimogno, Tel. 0884 70 14 39 (Mai–Sept. tgl. 9 u. 14/15 Uhr, jeweils ca. 10–15 € p. P.).

Besondere Hinweise: Die Bootstour ist besser für den Vor-, die Wanderung eher für den Nachmittag geeignet. Trinkwasser, Badesachen sowie Schnorchel und Taucherbrille nicht vergessen.

Die Gargano-Küste zwischen Mattinata (s. S. 303) und Rodi Gargánico (s. S. 306) ist gespickt mit *trabucchi,* alten Küstenwachtürmen, traumhaften Buchten und ebensolchen Grotten, die man zu Fuß oder auch mit dem Boot erkunden kann. Schon von der Straße aus ist dieser Küstenabschnitt ein Erlebnis, aber die faszinierende Welt der Grotten, die sich im weißen Kalkfelsen gebildet haben, lernt man nur vom Boot aus richtig kennen. Zwischen den einzelnen Grotten liegen immer wieder verschwiegene Buchten, die teilweise nur vom Meer aus zu erreichen sind – vielleicht hat man ja Glück und der bei den Bootstouren obligatorische Badestopp wird in genau solch einer Bucht eingelegt.

Wer die Wahl der Badebucht nicht dem Kapitän überlassen möchte, dem sei die einfache Küstenwanderung an die Spiaggia di Vignanotica südlich von Vieste empfohlen. Auf einem breiten, mit Holzgeländern versehenen Küstenweg geht man vom Startpunkt aus zunächst abwärts, hält sich an der ersten Gabelung rechts und erreicht nach rund 70 Min. den Kiesstrand. Unterwegs kann man einen Blick in die wahrhaft schöne **Baia delle Zagare** werfen, die seit einiger Zeit leider nur noch den Gästen des dortigen Hotels zur Verfügung steht (www.baiadeifaraglioni.it). Am Zielort, der **Spiaggia di Vignanotica,** kann man wunderbar baden und schnorcheln und leicht einen ganzen Tag verbringen.

Vieste ►1, L 1

Die Küste zwischen Mattinata und Vieste gilt als schönster und aufregendster Abschnitt der gesamten Gargano-Halbinsel. Kurvenreich geht es am Hang entlang, aufwärts und abwärts. Zwischendurch laden immer wieder kleine Stichstraßen zu einem Abstecher in eine der tiefer gelegenen Buchten ein, von denen einige nur zu Fuß zu erreichen sind. Der Küstenabschnitt ist ein Dorado für Taucher, Schnorchler und Wanderer (s. S. 304).

Vieste ist das touristische Zentrum und die größte Stadt der Gargano-Halbinsel. Ihr Wahrzeichen ist der **Pizzomunno** (›Spitze der Welt‹), ein 28 m hoher, weißer Monolith, der am Ende der **Spiaggia della Scialara** in Ufernähe aus dem Meer aufragt. Der Fels ist ein beliebter Ort zum Baden und Tauchen, so wie der goldgelbe Sandstrand mit seinem Lungomare südlich von Vieste ein beliebtes Ausflugsziel ist.

Hinter dem Pizzomunno schiebt sich das Centro Storico auf einer Felsspitze ins Meer hinaus. Gleich am Anfang erhebt sich das **Castello,** das militärisch genutzt wird und demzufolge nicht zu besichtigen ist. Unweit davon steht der barocke Turm der **Cattedrale S. Maria Oreta.** Der aus dem 11. Jh. stammende Kirchenbau wurde über einem einst hier befindlichen Vesta-Tempel errichtet, auf den vermutlich auch der Name Vieste zurückgeht.

Ganz auf der Spitze liegt der **Convento San Francesco,** von dem man eine wunderbare Aussicht hat. Rechts unterhalb davon ist einer der für die gesamte Gargano-Küste so typischen *trabucco* zu sehen – im Fels verankerte Holzplattformen, von denen Masten aufs Meer hinausragen, an denen wiederum Fischnetze befestigt sind. Die Netze können mittels einer Winde ins Meer hinabgelassen und heraufgezogen werden.

Infos

APT: Piazza Kennedy 1, Tel. 0884 70 88 06, www.vieste.it, Mo–Fr 8.30–13.30, Di/Do auch 15.30–20 Uhr.

Übernachten

Einfach nur erholen ▶ **Pizzomunno Vieste Palace Hotel:** Lungomare E. Mattei Km 1, Tel. 0881 70 87 41, www.hotelpizzomunno.it. Die weitläufige Hotelanlage in Fußentfernung zum historischen Zentrum bietet neben komfortabel eingerichteten Zimmern und gutem Service auch einen Pool, Sport- und Wellnessangebote sowie einen eigenen Strand. Das reichhaltige Frühstücksbüffet wird auf der Sonnenterrasse eingenommen. DZ 160–480 €.

Zwischen Olivenbäumen ▶ **B & B Shanti:** Vieste Mattinata (ca. 6 km außerhalb), Tel. mobil 349 784 39 99, www.bbshanti.com. Das schön gelegene B & B im Hinterland von Vieste bietet freundlich eingerichtete Zimmer, Abgeschiedenheit und Ruhe. DZ 45–80 €.

Camping ▶ **Capo Vieste:** Litoranea Vieste, Tel. 0884 70 63 26, www.capovieste.it. Schöner Zeltplatz direkt am Meer etwa auf halber Strecke zwischen Vieste und Peschici. Feiner Sandstrand, viel Schatten, gute Ausstattung. Es werden auch kleine Bungalows vermietet. Zelt/Camper inkl. 2 Pers. 18–35 €, Bungalow ab 47 €.

Essen & Trinken

In und um die Altstadt gibt es viele Cafés, Bars und Restaurants.

Urig ▶ **Osteria al Duomo:** Via Alessandro III. 23, Tel. 0884 70 82 43, www.osterialduomo.it, März–Nov. tgl. mittags u. abends. Man sitzt entweder in einem steinernen Gewölbe oder bei warmem Wetter in der Altstadtgasse. Serviert werden raffinierte Speisen *a terra* und *al mare* sowie wechselnde Tagesgerichte. Menü 30–35 €.

Edel und gut ▶ **Box 19:** Via S. Maria di Merino 13, Tel. 0884 70 52 29, Di–So mittags u. abends. Das Restaurant in Hafennähe ist bekannt für seine guten und ausgefallenen Fischgerichte. Menü ab 25 €.

Pasta und Pizza ▶ **Osteria degli Angeli:** Via Celestino V. 50, Tel. 0884 70 11 12, www.osteriadegliangeli.info, März–Nov. tgl. mittags u. abends. Die gemütliche Osteria in der Altstadt von Vieste bietet herzhafte Küche zu angemessenen Preisen. Zu empfehlen sind Pizza und die Pastagerichte. Pizza ab 5 €, Menü 20–25 €.

Einkaufen

Markt ▶ **Obst- und Gemüsemarkt:** Piazzale Manzoni, Mo–Sa vormittags. Hier wird nicht nur frisches Obst und Gemüse, sondern auch Eingelegtes verkauft – der Markt ist ein Fest für die Sinne.

Abends & Nachts

Angesagt ▶ Ghironda Beach: Diskothek am Pizzomunno.

Aktiv

Surfen ▶ Dieser Küstenabschnitt des Gargano gehört zu den beliebtesten Surfrevieren. An vielen Orten kann man das entsprechende Material mieten und Kurse buchen, z. B. bei **Surfconcept:** auf dem Gelände des Camping Capo Vieste (s. S. 305), Tel. 0884 70 63 26, www.surfconcept.it.

Ausflüge ▶ Agrifoglio Tour: Piazza Sant' Antonio 3, Tel. 0884 96 27 21, mobil 347 260 48 58, www.agrifogliotour.it. Antonella Vescia spricht deutsch und organisiert Ausflüge auf die Trémiti-Inseln, Bootsfahrten, Reittouren, Wanderungen in der Foresta Umbra etc.

Verkehr

Züge und Busse: s. S. 303
Fähren: s. S. 312
Mietwagen: Vieste Car Hire, Via Gen. C. A. Dalla Chiesa 6, Tel. 0884 70 23 46.

Péschici und nördliche Gargano-Küste ▶ 1, H–L 1

Auch der Küstenabschnitt zwischen Vieste und Péschici ist sehr spektakulär. Man sieht viele *trabucchi* sowie Wachtürme, die von den Spaniern zum Schutz vor den Türken errichtet wurden. An den Hängen oberhalb der Straße gedeihen unzählige Olivenbäume. Und dann taucht plötzlich **Péschici** auf, erbaut auf einer Felsspitze, die sich ins Meer hinausschiebt. Der Ort ist weitaus kleiner als Vieste, aber nicht minder schön. Man betritt den Borgo durch das alte Stadttor und kann sich sogleich durch die vielen verwinkelten Gassen treiben lassen. Allerorten gibt es Geschäfte mit Kunsthandwerk, Süßem und Backwerk aller Art, viele Lokale verlocken zur Einkehr. Nahezu an der Spitze des historischen Zentrums liegt das **Castello,** das jedoch nur von Juni bis September zugänglich ist. In dieser Zeit kann man hier eine Ausstellung besuchen, deren Exponate von Folterwerkzeugen bis hin zu Rüstungen aus verschiedenen Epochen und Regionen reichen.

Die Aussicht, die sich von der kleinen Castello-Plattform bietet, hat man allerdings auch von anderen Orten in Péschici (3 €, erm. 2 €).

Folgt man der Küstenstraße weiter nach Westen, so gelangt man über das pittoreske, vom Tourismus bisher vernachlässigte **Rodi Gargánico** in den nördlichen Teil des Gargano, gekennzeichnet vor allem von langen

Nur zu Fuß zu erreichen, aber alle Anstrengung wert: die Spiaggia di Viganotica

Sandstränden und den beiden Lagunenseen **Lago di Varano** und **Lago di Lésina.**

Übernachten

Zentral mit Ausblick ▶ Le Antiche Porte: Via Roma 34, Tel. 0884 96 21 25, www.leanticheporte.it. Das B & B ist schon von außen einladend. Alle Zimmer haben einen kleinen Balkon, von der Dachterrasse, auf der bei schönem Wetter das italienische Frühstück gereicht wird, hat man einen weiten Blick. Shuttle-Service zum Strand, wo kostenlos Liegestühle und Sonnenschirme bereitstehen. DZ 50–90 €.

Camping ▶ Parco degli Ulivi: Tel. 0884 96 34 04, www.parcodegliulivi.it. Schöner Zeltplatz in einem großen Olivenhain mit guter Infrastruktur, u. a. gibt es hier einen Pool, einen Supermarkt sowie diverse Sportangebote. In Fußentfernung zum Sandstrand westlich von Péschici. Auch Vermietung von Bungalows. Zelt inkl. 2 Pers. 12–30 €.

Essen & Trinken

Pizza mit Aussicht ▶ **Al Castello:** Via Castello 29, Tel. 0884 96 40 38, Pizzeria tgl. ab 20 Uhr, Ristorante tgl. mittags u. abends. Die Pizzeria und das gleichnamige Ristorante bieten nicht nur herzliche Gastlichkeit, sondern auch beste Küche zu fairen Preisen. Pizza ab 4 €, Menü 20–25 €.

Frischer Fisch ▶ **Al Trabucco da Mimí:** Loc. Punta San Nicola, Tel. 0884 96 25 56, April–Okt. tgl. mittags u. abends. Das ungewöhnliche Lokal liegt östlich von Péschici unterhalb der Straße nach Vieste. Der Fisch wird mit dem *trabucco* (s. S. 305) gefangen und mit viel Liebe zubereitet. Man sitzt auf einer Holzveranda und genießt eine herzliche Atmosphäre und allerschönste Aussicht. Menü 20–25 €.

Abends & Nachts

Open Air ▶ **Grecale:** Tel. 0884 96 49 68. Südlich von Péschici liegt in einem Waldstück die größte Open-Air-Disco des Gargano.

Verkehr

Züge und Busse: s. S. 303
Fähren: s. S. 312

Isole Trémiti ▶ 1, H 1

Karte: S. 310

Nur 20 km nördlich des Gargano liegen die **Isole Trémiti,** ein wunderschöner Archipel inmitten von türkisfarbenem Wasser, durch das man bis auf den Grund sehen kann. Für Taucher und Schnorchler ist diese Küstenlinie ein wahres Dorado. Kein Wunder, dass man dieses kleine, gerade mal 3 km² große Paradies erhalten wollte und die Inseln bereits 1989 zur **Riserva Marina delle Isole Trémiti** erklärte, die seit 1996 Bestandteil des Parco Nazionale del Gargano (s. S. 312) ist. Der Archipel besteht aus insgesamt vier Eilanden: Isola di San Nicola, Isola di San Dómino, Isola Capraia und Isola Pianosa.

Die Legende berichtet, dass Diomedes, einer der Helden des trojanischen Kriegs, von einer Schlacht zurückkam und seine Frau untreu zu Hause antraf. Daraufhin wanderte er nach Süditalien aus, gründete in Nordapulien mehrere Siedlungen und fand seine letzte Ruhestätte auf den Isole di Diomede, wie der Archipel damals hieß. Die ihn begleitenden und um ihn trauernden Gefährten wurden von Venus in Vögel verwandelt, die Diomedeen, deren Weinen noch heute zu hören ist. Es sind die Gelbschnabelsturmtaucher, die die Inseln von Frühjahr bis Herbst zum Brüten aufsuchen und deren ›Gesang‹ bei Sonnenuntergang wirklich wie ein Weinen klingt.

Viele besuchen den Archipel auf einem Tagesausflug, sodass die Zeit gerade reicht, um die kulturell interessante Insel San Nicola zu besuchen, eine kurze Bootstour zu machen und ein schnelles Bad zu nehmen. Um die Schönheit und die Stimmung der Inseln in sich aufzunehmen, sollte man einen Aufenthalt von wenigstens zwei Tagen einplanen.

Isola di San Nicola

Nahezu alle Schiffe legen an der Mole der 1500 x 450 m großen **Isola di San Nicola** an, wo man dann auf eines der Boote nach San Dómino umsteigt oder zu einer der empfehlenswerten Bootstouren aufbricht. San Nicola ist die Insel für Kulturinteressierte. Schon von Weitem ist die festungsartige Anlage zu erkennen, die in 70 m Höhe thront. Benediktiner aus Montecassino ließen sich Anfang des 11. Jh. hier nieder und errichteten eine Abtei, wahrscheinlich die größte, die je auf einer so kleinen Insel errichtet wurde. Im 13. Jh. zum Schutz vor Piratenangriffen mit einer Festung umgeben, diente die Abtei unter den Bourbonen gegen Ende des 18. Jh. als Strafkolonie, die nach dem Zweiten Weltkrieg aufgelöst wurde.

Vom Hafen steigt man über einen gepflasterten Weg hinauf in den Ort **San Nicola de Trémiti.** Wunderschöne Ausblicke auf die

aktiv unterwegs

Wanderung um San Dómino

Tour-Infos

Start: Piazza Belvedere in San Dómino
Länge: ca. 8 km
Dauer: ca. 3,5 Std., wenn man in jede Bucht hinabsteigt
Schwierigkeitsgrad: leicht
Besondere Hinweise: festes Schuhwerk und Trinkwasser nicht vergessen, außerdem gehören Badesachen, Taucherbrille, Schnorchel und evtl. Flossen in den Rucksack.

Von der **Piazza Belvedere** folgt man der Ausschilderung zur **Cala Matano** abwärts und steigt dann entweder links die Treppen für ein erstes Bad im Meer ab oder folgt dem Weg nach rechts. Den Abstecher zur **Punta del Pigno** muss man nicht unbedingt machen, den zum **Scoglio dell'Elefante** dafür auf jeden Fall. Von hier aus bietet sich eine fantastische Sicht auf die Küste an der **Punta della Grotta del Sale** und in die Ferne. Man möchte sofort ins Wasser springen, schwimmen und schnorcheln. Nur von der Wasserseite her kann man erkennen, warum dieser Punkt ›Klippe des Elefanten‹ heißt.

Zurück auf dem Pfad geht es nun weiter entlang der Küste. Lohnenswert sind Abstecher in die beiden Buchten **Cala del Sale** und **Cala del Roselle.** Hat man die **Colle dell'Erimita** umrundet, kommt man wieder auf eine Straße, der man nach links folgt. Hält man sich an der nächsten Gabelung rechts, so gelangt man auf der Straße in ca. 20 Min. zurück ins Zentrum von San Dómino.

Wer noch Kraft in den Beinen hat, kann die Wandertour etwas ausdehnen und an der nächsten Abzweigung dem Weg nach links, wieder in Richtung Küste, und den Ausschilderungen zur **Cala dei Bendettini** folgen (20 Min). Eingebettet in flache Felsen, die weit ins Meer ragen, zählt sie zu den schönsten Buchten von San Dómino. Über Treppen gelangt man ins Wasser, ein gutes Revier zum Schnorcheln. Und in den warmen Monaten kann man sich hier ein Kanu mieten. Auf dem gleichen Weg geht es wieder zurück zur Straße und ins Zentrum von San Dómino.

Weitaus gemütlicher – und schneller – ist selbstverständlich eine Inselrundfahrt, auf der man alle diese Buchten vom Wasser aus kennenlernt (s. S. 311).

umliegenden Inseln und das Meer genießt man von der **Bastione del Cannone.** Mittelpunkt des Orts ist jedoch die **Abbazia di Santa Maria al Mare,** zu der ein Treppenweg hinaufführt. Durch ein Tor mit Pechnasen gelangt man in die Anlage und zur Kirche, die seit 2009 restauriert wird. Zwei Kreuzgänge führen zum **Torrione dei Cavalieri di San Nicola,** der das Kloster von hinten begrenzt. Auch dieser gigantische Turm ist mit einer Pechnase versehen. Von hier aus kann man einen schönen Spaziergang auf die Ebene im Innern der Insel unternehmen. Unterwegs passiert man u. a. die **Tomba di Diomede,** eine halbrunde Gruft, wo angeblich Diomedes sein Grab hatte.

Isola di San Dómino

Nicht mal 100 m südwestlich von San Nicola liegt die **Isola di San Dómino,** die größte und grünste Insel des Archipels. Pinien und Aleppokiefern bedecken einen großen Teil des Eilands, das zudem mit zahlreichen Meeresgrotten aufwartet. Die meisten Besucher kommen auf diese Insel, sodass eine entsprechende Infrastruktur vorhanden ist.

Im einzigen Ort **San Dómino** liegen rund um die Piazza die Kirche, einige Lokale und Hotels, verteilt über die Insel gibt es private Ferienhäuser. Von Mitte Juli bis Anfang September geht es hier hoch her, die Preise bewegen sich dann auf dem entsprechenden Niveau. Man sollte seinen Besuch daher bes-

ser auf die restlichen warmen Monate legen, wenn eine paradiesische Ruhe herrscht, man aber dennoch den Duft und die Geräusche des Sommers wahrnimmt. Auf Inselstreifzügen kann man versteckte Buchten entdecken und im Meer die zahlreichen Tauchgründe erforschen. Auch wer nur einen Tagesausflug hierher macht, sollte Schnorchel und Taucherbrille nicht vergessen. Ebenso anzuraten ist festes Schuhwerk für die teils recht spitzen Klippen. Einer der schönsten Sandstrände liegt in der **Cala Matano** beim Hafen und ist gut vom Belvedere im Ort zu erreichen. Wunderschön sind auch die **Cala Tramontana** und die **Cala dei Benedettini** im Nordwesten der Insel. Man liegt auf Felsen bzw. Holzplattformen und gelangt über Treppen ins Wasser.

Isola Capraia und Isola Pianosa

Weniger interessant für Besucher ist die **Isola Capraia,** eine einst komplett von Wald bedeckte Insel, die sich heutzutage jedoch sehr karg präsentiert. Eigentlich handelt es sich um einen Felsen mit spärlicher Vegetation. Knapp 20 km weiter nordwestlich liegt die flache **Isola Pianosa** (*piano* = ›flach‹). Sie ist Naturschutzgebiet und darf daher nicht betreten werden.

Infos

Gemeindeverwaltung: Piazza Castello, San Nicola, Tel. 0882 46 30 63.

Übernachten

Empfehlenswerte Hotels gibt es nur auf San Dómino:

Angenehm ▶ Eden: Via Garibaldi 1, Tel. 0884 70 43 85. Größtes Hotel der Insel. Geräumige Zimmer in zum Teil renoviertem 60er-Jahre-Bau, fast alle zur Meerseite hin ausgerichtet, sodass man die Musik der Diskothek im Zentrum nicht hört. Sehr zuvorkommender Service, Schnuppertauchkurse etc. DZ 110–210 €.

Elegant ▶ Gabbiano: Piazza Belvedere, Tel. 0882 46 34 10, www.hotel-gabbiano.com. Das zentral gelegene Hotel bietet neben stilvoll eingerichteten Zimmern auch eine herrliche Terrasse mit einem unverstellten Blick nach San Nicola, was besonders am Abend sehr schön ist. Tipp: Halbpension nehmen, denn das Restaurant ist eines der besten des Archipels. Leider manchmal etwas laut, da die Disco Diomede gleich gegenüber liegt. DZ 90–210 €.

Im Grünen ▶ Albergo La Pineta: Via della Cantina Sperimentale 9, Tel. 0882 46 32 02, www.albergolapineta.info. Herberge in guter Lage mit einfach eingerichteten Zimmern und Garten. DZ 100–150 inkl. HP.

Essen & Trinken

Da auf San Nicola fast alle Boote an- und ablegen, sind die Lokale dort eher auf schnelle Abfertigung zu erhöhten Preisen eingerichtet. Auf San Dómino sind folgende Lokale empfehlenswert:

Köstlich und aussichtsreich ▶ Il Gabbiano: Piazza Belvedere, Tel. 0882 46 34 10, tgl. mittags u. abends. Man wird hier nicht nur hervorragend bedient, sondern bekommt auch ausgesprochen köstliche Fischgerichte aufgetischt. Frischer Fisch, einfach oder raffiniert zubereitet. Menü 30 €.

Rustikal ▶ La Fenice: Via Beato Giovanno da Foligno, Tel. 0882 46 34 39, tgl. mittags u. abends. Das Ristorante im Ortszentrum bietet neben Pizza viele Grill- und Bratgerichte an. Zu empfehlen sind die *arrosticini* (Ziegenfleischstücke in Kraut gewickelt und gegrillt) und die *torcenelli* (kleine Fleischspieße). Eines der preiswertesten Lokale des Archipels. Menü 20 €, Pizza ab 6 €.

Abends & Nachts

Disco ▶ Diomede: im Zentrum von San Dómino, Tel. 0882 46 34 03, in der Hochsaison fast tgl., Mai/Juni und Sept./Okt. nur Fr/Sa, im Winter geschl.

Aktiv

Bootstouren ▶ A.Mar.Blu: am Anlegeplatz in San Nicola oder San Dómino, Tel. 0882 83 44 87, Inselrundfahrt 10 €, erm. 5 €. Die organisierten Touren dauern meist 90 Min. Man schippert einmal um San Dómino und San Nicola herum und macht dann in der Regel bei der Isola Capraia eine Pause, um ein Bad im Meer zu nehmen – diese Stelle wird gewählt, weil auf dem Meeresgrund eine Statue von Padre Pio (s. S. 44) steht. Eine weitere Option ist Aqua-Splash, d. h., man lässt sich in der Bucht seiner Wahl absetzen und später wieder abholen. Am Hafen von San Dómino kann man für 60–180 €/Tag auch Motorboote ausleihen, um in den Buchten seiner Wahl zu ankern.

Tauchen ▶ Marlintrémiti: im Hotel Eden (s. links), Tel. 0882 46 37 65, mobil 336 82 97 46, www.marlintremiti.it. Verschiedene Tauchkurse (auch engl.), Schnorcheltouren (15–20 €), Ausrüstungsverleih etc.

Verkehr

Es ist untersagt, das eigene Fahrzeug auf die Inseln mitzubringen. Hat man ein Hotel gebucht, so wird man am Hafen von San Dómino abgeholt.

Flüge: Regelmäßige Verbindungen von Foggia nach San Dómino mit Alidaunia, www.ali

daunia.it. Die Tickets kosten ca. 50–100 € hin und zurück.

Fähren zu den Trémiti-Inseln: Am einfachsten ist die Anfahrt von Térmoli in der Nachbarregion Molise. Es verkehren tgl. mehrere Fähren der Linien Adriatica, www.tirrenia.it, und Navigazione Libera del Golfo, www.navlib.it. Von Juni–Sept. fahren die genannten Linien auch 1 x tgl. von Vieste, Péschici und Rodi Gargánico aus zu den Inseln: Adriatica, c/o Gargano Viaggi, Piazza Roma 7, Vieste, Tel. 088 470 85 01; Navigazione Libera del Golfo, Corso Fazzini 33, Vieste, Tel. 0884 70 74 89; Navigazione Libera del Golfo, Corso Umberto I., Péschici, Tel. 0884 96 42 34; Navigazione Libera del Golfo, am Hafen, Rodi Gargánico, Tel. 0884 96 56 65. Abfahrt jeweils morgens ca. 9 Uhr, Rückfahrt gegen 17 Uhr (hin und zurück ca. 30 €, erm. 21 €).

Fähren zwischen den Trémiti-Inseln: Tagsüber regelmäßige Verbindungen zwischen San Dómino und San Nicola (5 € hin und zurück). Infos: A.Mar.Blu, s. S. 311).

Foresta Umbra ► 1, K/L 1

Eine landschaftlich überaus reizvolle Strecke führt von Péschici aus in Richtung Süden. Anfangs geht es durch eine Landschaft mit Zitronen- und Orangenhainen, vorbei an **Vico del Gargano,** einem lauschigen Ort mit Castello und verwinkelten Gassen. Dann beginnt allmählich der Wald. Die Bäume nehmen zu und bilden mit ihrem Schatten spendenden Laubdach einen starken Kontrast zu der in der Sonne grell leuchtenden Küstenlandschaft. Eine plötzliche Ruhe überkommt einen. Zuweilen kreuzen hier frei laufende Hausschweine die Straße auf der Suche nach frischen Eicheln und Wurzeln.

Die **Foresta Umbra** ist das Herz des **Parco Nazionale del Gargano.** Es handelt sich um Reste jenes Waldes, der einst ganz Apulien bedeckte und sich heute noch über eine Fläche von rund 11 000 ha erstreckt. Das auf einer Höhe zwischen 270 und 830 m gelegene Gebiet ist durchzogen von bislang rund 15 Wanderwegen unterschiedlicher Länge (1–8 Std., s. u.), die miteinander kombiniert werden können.

Im Besucherzentrum gibt es ein kleines, aber feines **Museum,** in dem zum einen die Reptilien zu sehen sind, die in dieser Region vorkommen, sowie die Vögel, die hier brüten bzw. die auf ihrer Reise gen Süden hier Station machen (Eintritt 1,20 €). Auf der anderen Straßenseite hat die Forstbehörde ein kleines Wildgehege sowie eine Köhlerhütte eingerichtet. Hier kann man sehen, wie die Menschen damals in dieser Waldregion lebten. Folgt man der Straße weiter südwärts, gelangt man nach Monte Sant'Angelo (s. u.).

Infos

Centro Visitatori: mitten in der Foresta Umbra (ausgeschildert), Tel. 0884 880 55, mobil 368 358 90 78, Palmsonntag bis Okt. tgl. 9.30–19 Uhr. Tipps zu unterschiedlich langen Wanderungen im Nationalpark.

Aktiv

Wandern und Radfahren ► Im Centro Visitatori (s. o.) gibt es für 2,50 € eine Wanderkarte. Die Wegmarkierungen sind gelb. Auch Fahrräder können hier geliehen werden (5 €/Std., 25 €/Tag).

Monte Sant'Angelo ► 1, K 2

Der Gargano wird auch heiliger Berg genannt, denn er war nicht nur Kreuzungspunkt verschiedener Pilgerwege, sondern ist bereits seit dem 5. Jh. eng mit dem Erzengel Michael verbunden, der den Ort **Monte Sant'Angelo** zu einem der meistbesuchten religiösen Zentren in Süditalien gemacht hat. Seit dem letzten Jahrhundert ist der Gargano außerdem die Wirkungs- und Ruhestätte von Padre Pio (s. S. 44), der dem Erzengel mittlerweile den Rang abgelaufen hat.

Geschichte

Die Geschichte von Monte Sant'Angelo beginnt mit der Erscheinung des Erzengels Michael bei der Grotte, wo sich heute die ihm geweihte Kirche befindet. Die Höhle soll schon zu griechischen Zeiten als Orakelort und im 2./3. Jh. dem römischen Mithraskult gedient haben (s. S. 129). Möglicherweise war es auch der mit diesem Kult verbundene Stier, der den Weg zur Grotte wies. Die Legende berichtet, dass ein Bauer und sein Hirte nach einem entlaufenen Stier suchten und ihn vor der Grotte fanden. Der wütende Besitzer zielte mit einem Pfeil auf das Tier, doch der Pfeil beschrieb einen Bogen und verletzte stattdessen den Bauern. Die Kunde von diesem Wunder verbreitete sich in Windeseile. Kurz darauf, am 8. Mai 490 (oder 492), erschien der Erzengel Michael dem Bischof von Sipontum, Laurentius, im Traum und verkündete, dass diese Grotte unter seinem Schutz stehe und fortan seiner Verehrung dienen solle. Der Erzengel erschien noch weitere Male. Schnell errichtete man ihm eine Kirche, die am 29. September 493 von Papst Gelasius geweiht wurde und seither von unendlich vielen Pilgern aufgesucht wird. Zwischen dem 6. und 11. Jh. entstand dann der Ort Monte Sant'Angelo. Stark unterstützt wurde diese Entwicklung durch die Langobarden, die sich zum christlichen Glauben bekehrten und den Ort zum nationalen Heiligtum erhoben. Auch die Normannen nahmen sich des Monte Sant'Angelo an. Der Ort wurde zu einer wichtigen Station für Pilger und Kreuzfahrer auf dem Weg ins Heilige Land.

Castello di Monte Sant'Angelo

Am höchsten Punkt des Orts thront das **Castello di Monte Sant'Angelo,** das im Laufe seiner über 1000-jährigen Geschichte so häufig renoviert und erweitert wurde, dass die originale Anlage nicht rekonstruiert werden kann. Fest steht, dass Ursus, Bischof von Benevent und Siponto, zwischen 837 und 838 hier das Castellum Monte Gargano bauen ließ. Unter den Normannen wurde es dann zu einer richtigen Festung erweitert, um das Heiligtum, das mittlerweile enorme Bedeutung erlangt hatte, vor Angriffen und Zerstörungen zu schützen.

Die Torre del Gigante (›Turm des Riesen‹) beherrscht heute noch die Anlage. Friedrich II. baute das Schloss weiter aus und verbrachte hier auch einige Zeit mit seiner Geliebten Bianca Lancia. Ihre beiden Kinder

Die Pilgerhochburg Monte Sant'Angelo besticht auch mit profaner Architektur

Constanza und Manfred sollen im Kastell geboren worden sein, doch das wird auch andernorts behauptet (s. S. 333).

Später bauten die Anjou die Festung weiter aus und nutzten sie als Gefängnis, was man an diesem von Heiligkeit geprägten Berg kaum glauben möchte. Ende des 15. Jh. erhielt das Kastell seine heutige Form. Aufgrund der erhöhten Gefahr von Türkeneinfällen zog man die Mauern höher und fügte weitere Türme sowie den Burggraben und die Zugbrücke hinzu. Ab dem 19. Jh. stand die Burg wegen Besitzstreitigkeiten leer, bis sie vor ein paar Jahren einer privaten Kooperative zur Verfügung gestellt wurde. Hirten und Schatzjäger hatten der Burg in der Zwischenzeit allerdings enormen Schaden zugefügt, doch nach den mittlerweile weitgehend abgeschlossenen Restaurationsarbeiten ist der alte Glanz wieder zu sehen.

Von der Festung genießt man herrliche Ausblicke auf den mittelalterlichen Ortskern, aus dem der achteckige Glockenturm am Michaelsheiligtum emporragt. Besonders Kindern dürfte es gefallen, in der Anlage umherzustreifen – überall stößt man auf abenteuerliche Höfe, Keller und mit Spinnweben verhangene Gänge, die teilweise im Nichts enden (Largo Roberto Guiscardo, tgl. 9.30–13, 14.30–19 Uhr, Erw. 3 €, Kinder bis 10 Jahre 1 €, Kinder bis 5 Jahre frei).

Rione Junno

Vom Castello führen Gassen und Treppenwege, gesäumt von einer Vielzahl an Spezialitätengeschäften, in das mittelalterliche Viertel **Rione Junno** hinunter. Ein achteckiger, recht wuchtiger Campanile aus dem Jahr 1273, den Karl I. von Anjou errichten ließ, weist den Eingang zum **Santuario di San Michele Arcangelo.** Von den beiden Toren mit verzierten Spitzbögen ist nur das rechte original erhalten. Über eine lange Treppe steigt man abwärts, vorbei an einem riesigen Holzkruzifix, bis man in einen Hof und in die Grottenkirche gelangt. Hier ist u. a. eine Bronzetür aus dem 11. Jh. zu sehen, auf der Szenen aus dem Leben des Heiligen Michael dargestellt sind – eine der ältesten ihrer Art in Süditalien. Ziel aller Pilger ist jedoch die Michaelsstatue aus weißem Carrara-Marmor aus dem 16. Jh. Dahinter befindet sich eine Öffnung im Fels, aus der heilendes bzw. Wunder bewirkendes Wasser austritt (Via Reale Basilica, Tel. 0884 56 11 50, www.santuariosanmichele.it, tgl. Nov.–März 7.30–12.30, 14.30–17, April–Juni, Okt. 7.30–12.30, 14.30–19, Juli–Sept. 7.30–19.30 Uhr).

Auf der anderen Seite der Grotte befindet sich das **Museo Devozionale della Basilica e Monte Sant'Angelo.** Interessant sind hier die Dankesgaben und Bilder der Menschen, die San Michele vor tödlichem Seeunglück bewahrt bzw. gerettet hat. Außerdem gibt es viele kostbare Devotionalien wie Schmuck, Majolika-Arbeiten, Büsten etc. zu entdecken. Das Museum erinnert ein wenig an eine kleine Schatzkammer (Via Reale Basilica, Tel. 0884 56 11 50, 3 €).

Bei einem Streifzug durch das Viertel spaziert man durch reizvolle Gassen und kann dabei noch weitere Kirchen besuchen, z. B. **Santa Maria Maggiore** aus dem 12. Jh., deren Eingangsportal besonders sehenswert ist.

Abbazia Santa Maria di Pulsano

Wer sagenhafte Aussichten liebt, kann auf einer kleinen Straße zur knapp 10 km südwestlich gelegenen **Abbazia Santa Maria di Pulsano** fahren, seit dem 19. Jh. eine Klosterruine. Der Blick, den man von hier auf den Golf von Manfredonia bis zur Costa di Bari genießt, ist fantastisch!

Infos

Pro Loco: Via Reale Basilica 40, Tel. 0884 56 55 20, tgl. 8–13, 16–20 Uhr.

Übernachten

Herrschaftlich ▶ **Palace Hotel San Michele:** Via Madonna degli Angeli, Tel. 0884 56 56 53, www.palacehotelsanmichele.it. In einer herrschaftlichen Villa mit Park und Pool. Luxuriöse Zimmer, viel Ruhe. DZ 130–170 €.

Zentral mit Aussicht ▶ **Michael:** Via Reale Basilica 86, Tel. 0884 56 55 19, www.hotelmichael.com. Kleines Hotel gegenüber dem

Heiligtum, freundlich eingerichtete Zimmer und eine wundervolle Terrasse. DZ 50–75 €.

Essen & Trinken

Einfach ▶ **Da Constanza:** Corso Garibaldi 67, Tel. 0884 56 13 13, Sa–Do mittags u. abends, im Sommer tgl. In der Familientrattoria werden gute Hausmannskost und selbst gemachte Pasta serviert. Menü 15–20 €.

Termine

Michele Arcangelo: 8. Mai u. 29. Sept. Im Gedenken an die erste Erscheinung des Erzengels pilgern jedes Jahr am 8. Mai Tausende zum Heiligtum. Große Feierlichkeiten gibt es auch am 29. Sept. in Erinnerung an die Weihe der ersten dem Erzengel geweihten Kirche.

San Giovanni Rotondo und Umgebung ▶ 1, J 2

Fährt man auf der Straße 272 ca. 25 km in westliche Richtung, gelangt man nach **San Giovanni Rotonto.** Die Kleinstadt liegt am Hang des Monte Calvo, dem mit 1055 m höchsten Berg des Gargano. Entscheidender für den Besucher ist aber, dass Padre Pio (s. S. 44) hier gelebt, gearbeitet und gewirkt hat und auch hier begraben liegt. Selbst im Vergleich zu Monte Sant'Angelo bewegen sich durch San Giovanni Rotondo wahre Pilgerströme. Gut und gerne 7 Mio. Besucher zählt der Ort pro Jahr, und vor allem an kirchlichen Feiertagen gibt es keinen Zweifel daran, dass dies Europas bekanntester Wallfahrtsort ist. Wer den Massen etwas aus dem Weg gehen will, sollte die heiligen Stätten während der Siesta besuchen.

Chiesa Santa Maria delle Grazie

Der Weg zu Padre Pios Kirche ist fast immer von Bettlern, Malern und Musikern gesäumt. Letztere stimmen schon mal mitten im Juni deutsche Weihnachtslieder an. Unterwegs passiert man eines der modernsten Krankenhäuser Italiens, die **Casa dell Sollievo della Sofferenza** (›Haus zur Linderung der Leiden‹). Sie wurde 1956 auf Betreiben von Padre Pio errichtet und komplett aus Spendengeldern finanziert. Heute werden hier jährlich über 400 000 Patienten ambulant und 60 000 Patienten stationär behandelt.

Kurz darauf gelangt man zur **Chiesa Santa Maria delle Grazie,** der Kirche, in der Padre Pio seine Gottesdienste abhielt und wo auf der Empore das Kreuz steht, vor dem er oft Zwiesprache mit Gott hielt und 1918 seine Stigmata empfing. Bei einem Rundgang sieht man u. a. die Zelle des Priesters, einen riesigen Schrank mit seiner Korrespondenz sowie natürlich die *tomba,* die bis zur Einweihung der Chiesa Nova (s. u.) seine letzte Ruhestätte war. Viele Gläubige notieren ihre Wünsche, die dann von den Mönchen und Nonnen in deren Gebete mit eingeschlossen werden (Tel. 0882 41 71, www.conventopadrepio.com, tgl. 6–20.30 Uhr).

Rechts der Kirche befindet sich ein neu angelegter Kreuzweg. Im Eingangsbereich der Kirche stehen Holzkreuze bereit, die man schultern kann, um dann an den schön gestalteten Kreuzwegstationen vorbei oder direkt die 243 Stufen hinaufzupilgern, wo einen der auferstandene Christus empfängt.

Chiesa Nuova

War Padre Pio schon zu Lebzeiten legendär, so suchten nach seinem Tod und seiner Heiligsprechung immer mehr Gläubige den Ort auf. Schon bald wurde die Kirche zu klein und man überzeugte den Stararchitekten Renzo Piano, der u. a. für die Neugestaltung des Potsdamer Platzes in Berlin mit verantwortlich zeichnet, ein neues Gotteshaus zu entwerfen. 2004 wurde die **Chiesa Nuova** eingeweiht. Die zweitgrößte Kirche nach dem Petersdom in Rom erinnert an eine große Muschel, die sich unterhalb der Chiesa Santa Maria delle Grazie an den Hang schmiegt. Ihr Inneres ist eine gewaltige Bogenkonstruktion, in der 7000 Menschen Platz finden. Nicht nur der Ort, sondern auch das architektonische Konzept lösen Ehrfurcht aus.

Im unteren Bereich der Chiesa Nuova befindet sich die mit modernen Mosaiken ausgestaltete Krypta, in der seit 2009 die sterb-

In den Weiten der Tavoliere wird nicht nur Getreide, sondern auch Wein angebaut

lichen Überreste des Heiligen liegen. Hier zieht unentwegt ein Menschenstrom vorbei, der über Lautsprecher immer wieder zur Ruhe *(silenzio)* ermahnt wird. Mit Händen und mitgebrachten Taschentüchern streichen die Besucher über den Stein und das Metall und nehmen so ein Stück Heiligkeit mit zurück in ihre persönliche Welt (tgl. 6–20.30 Uhr).

Rignano Gargánico

Von San Giovanni Rotondo fährt man 7 km weiter nach Westen und biegt dann in Richtung Süden nach **Rignano Gargánico** ab. Der Ort wird auch Balkon des Gargano genannt, und wenn man am dortigen Belvedere steht, wird schnell klar, weshalb. Rignano Gargánico liegt an der Abbruchkante des Gargano, ihm zu Füßen der tischflache Tavoliere. Bei gutem Wetter kann man vom Aussichtspunkt den Golf von Manfredonia und im Westen die Ausläufer des Apennin erkennen. Eine landschaftlich wunderschöne, kurvenreiche Straße führt von Rignano Gargánico abwärts nach Foggia und Lucera (s. rechts).

Unterwegs passiert man die **Cave Paglicci,** die 1961 entdeckt wurden und seitdem erschlossen werden. Unter den mehr als 40 000 prähistorischen Fundstücken, alle zwischen 200 000 und 10 000 Jahre alt, sind die Skelette eines ca. 13-jährigen Jungen und einer 20-jährigen Frau besonders bemerkenswert. Repliken und Berichte über die Ausgrabungen sind im **Museo Paleotico Grotta Paglicci** in Rignano Gargánico ausgestellt (Corso P. Giannone 10, Tel. mobil 340 336 47 62, Di, Do, Sa 15.30–19 Uhr, www.paglici.net).

Tavoliere

Mit 80 km Länge und 30 km Breite ist der **Tavoliere** die größte Ebene Italiens. Sie erstreckt sich zwischen den Flüssen Candelaro im Norden und Ófanto im Süden sowie dem Gebirge des Gargano im Osten und dem daunischen Apennin im Westen, der bereits den landschaftlichen Übergang zu Kampanien ankündigt.

Auf der im Pleistozän aus dem Meer aufgetauchten Ebene haben sich im Laufe von Jahrmillionen Sedimente abgelagert, die den Boden heute sehr fruchtbar machen. Bereits die Daunier, die ersten Siedler im Norden Apuliens, bauten hier Getreide an, was sich mit einer Unterbrechung in spanischer Zeit (s. S. 321) bis heute nicht geändert hat. Allerdings wird hier mittlerweile auch Wein angebaut. Die weite, zum Meer hin sanft abfallende Ebene, ein Teppich aus Feldern, dazwischen Reste von Wald, erstrahlt vor allem im Frühjahr in leuchtendem Grün. Ebenso fantastisch ist der Anblick im Sommer, wenn sich das Grün in Gold verwandelt, sowie zur Saatzeit im Herbst, wenn die Felder wieder ihre erdbraune Farbe annehmen.

Lucera ► 1, H 3/4

Cityplan: S. 318

Das geschichtsträchtige Städtchen **Lucera** thront auf einem Hügel über der Ebene und ist schon aus der Ferne gut zu erkennen. Die Altstadt ist noch sehr ursprünglich und wirklich gut erhalten. Hier nimmt das Leben noch seinen typisch italienischen Gang – Geschäf-

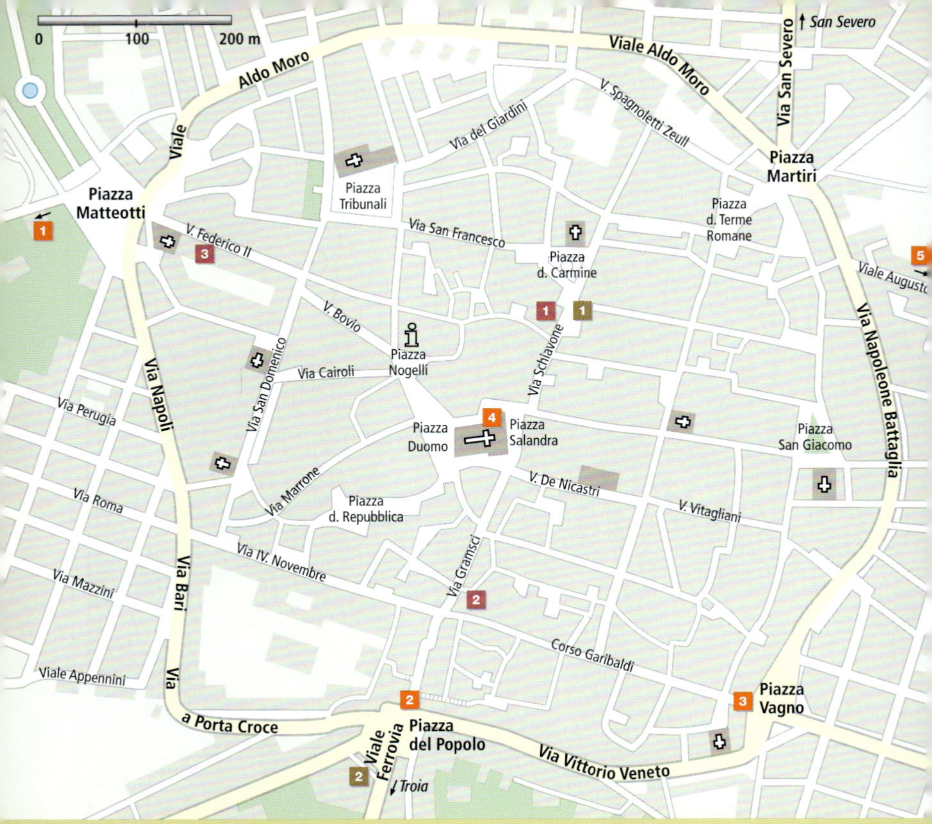

Lucera

Sehenswert
1 Fortezza Svevo-Angioina
2 Porta Troia
3 Porta Foggia
4 Cattedrale S. Maria Assunta
5 Amfiteatro Romano

Übernachten
1 Le Foglie di Acanto
2 Villa Imperiale

Essen & Trinken
1 Palazzo D'Auria Secondo
2 Il Federiciano
3 Bar Monaco

tigkeit am Morgen und allmähliches Erwachen am Spätnachmittag.

Lucera, eine Gründung der Daunier, verbündete sich im 4. Jh. mit Rom im Krieg gegen die Samniten und wurde alsbald römische Kolonie, woran heute noch das Amphitheater erinnert. Nach dem Ende des römischen Reichs stritten sich Langobarden und Byzantiner, später auch die Normannen, um die strategisch günstig gelegene Stadt. Den Sieg trugen die Normannen davon. Als Friedrich II. Foggia zu seiner Residenzhauptstadt erkor, ließ er gleichzeitig die Festung in Lucera bauen, siedelte hier Sarazenen an und schenkte ihnen Religions- und Glaubensfreiheit. Die Sarazenen wurden daraufhin zu seinen ergebensten Gefolgsleuten und kämpften sogar noch für seinen Sohn Manfred in der Schlacht von Benevent (1266). Karl I. von Anjou gab sich danach alle Mühe, Lucera Saracenorum und alles Muslimische auszulöschen. Doch der neu verordnete Name Città di S. Maria setzte sich nicht durch. Lucera blieb politisches und wirtschaftliches Verwaltungszentrum, bis es diese Rolle 1806 an Foggia verlor.

Etwas außerhalb des Zentrums steht auf der höchsten Erhebung Luceras die mächtige **Fortezza Svevo-Angioina** 1, die 1233 von Stauferkaiser Friedrich II. in Auftrag gegeben wurde. Das ursprüngliche Palatium (Gewölbe) muss man sich wie einen gewaltigen quadratischen Turm mit drei Etagen vorstellen. In der Mitte befand sich ein Innenhof, der wie beim Castel del Monte (s. S. 325) auf Höhe der zweiten Etage in ein Achteck überging. Der Palast besaß keinen wirklichen Eingang, sondern war nur über einziehbare Treppen und andere Konstruktionen zu betreten. Davon zeugt heute noch der massive Sockel des Palastturms. Immerhin bot der Bau so viel Schutz, dass Friedrich hier den Reichsschatz verwahrte. Als die Anjou die Staufer besiegt hatten, beschloss Karl I. die Anlage zu einer richtigen Festung auszubauen. So wurde zwischen 1271 und 1280 die 900 m lange Wehrmauer errichtet, versehen mit 22 Türmen. Auffallend sind auch die zwei mächtigen Rundtürme. Die 25 m hohe Torre della Leonessa kann betreten werden (Viale Castello, Tel. 0881 52 27 62, April–Okt. Di–So 9–14, 15.15–18.45 Uhr, Nov.–März nur vormittags, Eintritt frei).

Durch einen Park gelangt man von der Fortezza ins historische Zentrum. Zwei der alten Stadttore sind noch erhalten, die **Porta Troia** 2 im Süden und die **Porta Foggia** 3 im Südosten. Den Mittelpunkt der Stadt bildet die **Cattedrale S. Maria Assunta** 4, die auf Wunsch von Karl I. zwischen 1300 und 1317 anstelle einer zerstörten Moschee erbaut wurde. Die Kathedrale sollte den Sieg über die zuvor von den Sarazenen besiedelte Stadt symbolisieren, woran auch die Statue Madonna della Vittoria (›Siegesmadonna‹) erinnert. Dies ist einer der wenigen im gotischen Stil gestalteten Kirchenbauten in Süditalien (Piazza Duomo, tgl. 7–12, 16.45–20 Uhr, Eintritt frei).

Ca. 1 km östlich der Altstadt und über die Viale Augusto zu erreichen, liegt das **Amfiteatro Romano** 5 aus dem 1. Jh. Wie eine Inschrift über dem Eingang verkündet, war der Bau komplett privat finanziert von Marco Vicilio Campo, einem Mitglied des Magistrats von Lucera, der große Verehrung für Kaiser Augustus hegte. Das um die 18 000 Zuschauer fassende Theater diente in späterer Zeit als Steinbruch. Erst vor wenigen Jahren bemühte man sich um eine Restaurierung, die 2009 endlich abgeschlossen wurde. Bäume flankieren das Theaterrund, dazwischen hat man dekorativ verschiedene Kapitelle, Säulenreste und andere Steine platziert. Es ist ein lauschiges Plätzchen geworden, das im Sommer für Theateraufführungen genutzt wird (Viale Augusto, April–Okt. Di–So 9–14, 15.15–18.45 Uhr, Nov.–März nur vormittags, Eintritt frei).

Infos

Centro Informazione Turistica Comunale: Piazza Nocelli 6, Tel. 0881 52 27 62, Di–So 9.30–13.30, 15.45–19 Uhr. Viele hilfreiche Tipps über Lucera und die Umgebung.

Übernachten

Charmant ▶ **Le Foglie di Acanto** 1: Via L. Frattorolo 3, Tel. 0881 54 66 91, mobil 349 451 49 37, www.lefogliediacanto.it. Das bezaubernde B & B mit seinen lauschigen Plätzen und seinem Garten lädt zu einem längeren Verweilen ein. Die drei Zimmer und die Suite sind unterschiedlich gestaltet und verfügen teilweise über eine Kochnische und eine eigene Stiege zum Garten. DZ 95 €, Suite 135 €.

Funktional ▶ **Villa Imperiale** 2: Viale Ferrovia 15, Tel. 0881 52 09 98, www.villaimperialehotel.com. Gegenüber der Porta Troia gelegen, bietet das Hotel allen notwendigen Komfort. Viele Zimmer sind erst kürzlich renoviert worden. Wenn möglich, sollte man jedoch kein Zimmer im Erdgeschoss buchen, da sich die Fenster zum Teil auf Höhe des Gehwegs befinden. DZ 75–80 €.

Essen & Trinken

Stilvoll ▶ **Palazzo D'Auria Secondo** 1: Piazza Oberdan 3, Tel. 0881 53 04 46, www.

palazzodauriasecondo.it, Di–So ab 20 Uhr. Ein der lokalen Küche verpflichtetes Restaurant in den Gewölben eines alten Palazzo aus dem 17. Jh. Es gibt u. a. köstliche Antipasti, Sitzplätze auch draußen im Hof. Darüber befindet sich ein nettes B & B mit 3 Zimmern und 2 Miniapartments (80 €). Pizza ab 4 €, Menü 25 €.

Gut und einfach ▸ Il Federiciano 2: Via Caropresa 9, Tel. 0881 54 94 90, Mi–Mo ab 20 Uhr. Eigentlich ein Ristorante, aber die meisten Besucher kehren hier auf eine Pizza ein. Auch wenn das Ambiente etwas schlicht ist, das Preis-Leistungs-Verhältnis stimmt und die Einheimischen kommen gerne hierher. Pizza ab 3,50 €, Menü 20 €.

Kleine Verführung ▸ Bar Monaco 3: Via Federico II., Tel. 0881 54 07 48, tgl. 7–21 Uhr. Die Bar bietet morgens frische Cornetti und den ganzen Tag über hausgemachte Dolci sowie gutes Eis und ist stets von Einheimischen frequentiert.

Verkehr

Busse: Regelmäßige Verbindungen mit Ferrovie del Gargano, www.ferroviedelgargano.com, und SITA, www.sitabus.it, in die umliegenden Orte, nach Foggia und Bari.

Troia ▸ 1, H 4

Von Lucera aus kann man entweder direkt über die SS 17 in das südöstlich liegende Foggia fahren oder man nimmt den Umweg über die SS 160 nach **Troia.** Nur wenige Touristen verirren sich hierher. Dabei hat der Ort eine bezaubernde Altstadt und mit **Santa Maria Assunta** eine Kathedrale (10./11. Jh.), die man zu den schönsten der apulischen Romanik zählen kann. Vor allem die Fassade ist beeindruckend. Hier prangt eine grazil aus Stein gearbeitete Fensterrose, deren elf Streben durch verflochtene Bögen miteinander verbunden sind, dazwischen spannt sich ein fein gewebtes Netz, ebenfalls aus Stein. Die Bronzetür mit ihren morgenländischen Bildern, die u. a. Drachen darstellen, wird üblicherweise nur zu festlichen Anlässen geöffnet, doch manchmal hat man Glück und kann den genialen Rollmechanismus bewundern, mit dem schon damals das Öffnen erleichtert wurde (tgl. 7–13, 16–20 Uhr).

Foggia ▸ 1, J 4

Die Provinzhauptstadt **Foggia** zählt zu den größeren Städten Apuliens und präsentiert sich dem Besucher modern, quirlig und mit vielen Geschäften. Eine beliebte Flaniermeile ist der Park der **Villa Comunale,** vor allem in den heißen Sommermonaten, denn dann flimmert die Stadt vor Hitze und man findet nur im Schatten der Bäume etwas Linderung. Die Villa Comunale ist auch ein guter Startpunkt für einen Besuch von Foggia, das für eine Provinzhauptstadt touristisch erstaunlich schlecht erschlossen ist. Es gibt kaum Ausschilderungen und die Eröffnung eines Infopavillons kommt seit Jahren über die Ankündigung nicht hinaus. Allerdings hat Foggia auf historischer Seite auch wenig zu bieten.

Als die Sarazenen im 11. Jh. das nahe gelegene Arpi zerstörten, ließen sich dessen Bewohner in heutigen Foggia nieder. Zu diesem Zeitpunkt lebte man vor allem vom Anbau von Getreide, das man in unterirdischen Speichern lagerte, den *foveva* (lat.) – sie gaben der Stadt ihren Namen. Unter den Normannen wurde die Stadt befestigt und unter Wilhelm II. die **Cattedrale Santa Maria Icona Vetere** errichtet. Ihre romanisch-normannische Schlichtheit verschwand jedoch im 18. Jh. unter dem Einfluss des Barockstils. Sehenswert ist im Innern die Ikone der Madonna mit sieben Schleiern, die den Bewohnern des zerstörten Arpi mit drei Flammen den Weg zu ihrem neuen Siedlungsort gewiesen haben soll. Seit 2005 wird die Kathedrale restauriert, ein Ende ist nicht abzusehen.

Unweit der Kathedrale befinden sich ein paar spärliche Reste, die an die Regierungszeit von Friedrich II. erinnern. Er erklärte Foggia – günstig gelegen an den Handelsstraßen nach Rom und in den Süden – zu seiner Hauptstadt und ließ sich einen Regierungspalast errichten. Der Palazzo existiert nicht mehr, doch auf der **Piazza Federico II.** steht ein Brunnen aus dieser Zeit und auf der unmittelbar angrenzenden **Piazza Nigri** ein Torbogen mit Adlerfiguren.

Vieles wurde schon damals durch die Anjou verändert bzw. vernichtet – eine Politik, die sie hinsichtlich der Auslöschung von allem Staufischen in Süditalien konsequent betrieben. Im 15. Jh. führten die Aragonesen die Dogana della Mena delle Pecore ein, die erst 300 Jahre später wieder aufgehoben wurde. Sie besagte, dass die bisher für den Getreideanbau genutzte Tavoliere zur Winterweide für die Schafe aus den Abruzzen und dem Apennin herangezogen werden musste. Den Wegezoll kassierte der Vizekönig in Neapel, die Bevölkerung hatte das Nachsehen. Reisende wie der deutsche Schriftsteller Ferdinand Gregorovius (1821–91) berichteten noch von den *tratturi,* mit Grenz- und Meilensteinen abgesteckte Pfade für die Herden, teilweise bis zu 100 m breit. Sie sind in der heute wieder für den Getreideanbau genutzten Tavoliere kaum noch auszumachen.

Die größten Zerstörungen richtete jedoch das Erdbeben von 1731 an, bei dem fast alle historischen Bauten in Foggia zerstört wurden. Auch unter dem Bombardement durch die Alliierten 1943 hatte die Stadt schwer zu leiden. Seither wird Foggia wieder aufgebaut, was die Vorherrschaft barocker und neoklassizistischer Bauten sowie neuzeitlicher Architektur erklärt.

Übernachten

Nahe dem Theater ▶ Muro Torto: Via Saverio Altamura 20, www.murotorto.it. Kleines B & B in einem restaurierten Palazzo im historischen Zentrum. Die unterschiedlich und einladend eingerichteten Zimmer verteilen sich auf drei Etagen. Frühstück in der Bar oder auf dem Zimmer. DZ 70 €.

Zentral ▶ Albergo del Cacciatore: Via Arrigotti 4, Tel. 0881 58 06 61, www.albergodel cacciatore.it. Das kleine B & B mitten im historischen Zentrum verfügt über 12 verschieden eingerichtete, angenehme Zimmer und bietet neben einem umfangreichen Frühstücksbüffet allen nötigen Komfort. DZ 65 €.

Essen & Trinken

Gemütlich ▶ Ristorante del Cacciatore: Via P. Mascagni 12, Tel. 0881 77 18 39, www.albergodelcacciatore.it, Di–So mittags u. abends. Einladendes Lokal in einer kleinen Seitengasse mit einer guten Auswahl an Fisch- und Fleischgerichten sowie köstlichen Primi. Das Antipasti-Büffet sollte man nicht auslassen. Menü 20–25 €.

Rustikal ▶ Al Grottino: Vico Teatro 13, Tel. 0881 77 13 31, Di–So, im Sommer nur Di–Sa, jeweils mittags u. abends. Das bereits seit 1918 existierende Ristorante bietet beste lokale Küche und eine riesige Auswahl an Pizza in einem höhlenartigen Kellergewölbe. Pizza ab 3,50 €, Menü 20 €.

Verkehr

Züge: Mit Trenitalia, www.trenitalia.it, u. a. nach Bari, Manfredonia, Neapel, Melfi.

Busse: Busse von Ferrovie del Gargano, www.ferroviedelgargano.com, SITA, www.sitabus.it, und ACAPT, www.acapt.it, fahren in alle umliegenden Orte sowie nach Melfi, Bari und Neapel. Der Busbahnhof liegt in der Nähe des Bahnhofs.

Mietwagen: Foggia Central Train Station, Tel. 0881 77 89 12.

Tipp: Übernachten auf einem Gutshof

Masserie (Sg. *masseria*) sind bis zu 200 ha umfassende Gutshöfe, von denen aus früher adliger Großgrundbesitz verwaltet wurde. Die Anlagen bestanden aus einem respektablen Wohnhaus und vielen Nebengebäuden mit Unterkünften, Ställen und Lagerräumen. Zum Schutz vor Überfällen, besonders der Sarazenen, wurden oftmals noch Wehranlagen hinzugefügt. Seit gut 30 Jahren nun werden Masserie für den Tourismus umgebaut. Viele liegen in wunderschönen Landschaften und verfügen über einen Pool, einen Garten sowie ein Restaurant, in dem Produkte aus eigenem Anbau verwendet werden. Man findet Masserie überall in Apulien. Auf folgenden Webseiten kann man sich vorab informieren: **www.turismoverde.it, www.terranostra.it, www.agriturist.it.**

Murgia

Die Murgia ist das Kernland Apuliens und zieht sich vom Tavoliere bis hinunter zum Salento. Im Norden thront das rätselhafte Castel del Monte, auch die Krone Apuliens genannt. Weiter südlich liegt Gravina, eine der ›Schluchtenstädte‹ der Region, und östlich davon die Valle d'Itria mit Alberobello, der berühmten Hauptstadt des Trulli-Tals.

Unter dem Begriff **Murgia** fasst man das Gebiet zwischen dem Fluss Ófanto im Norden und der Messapischen Landenge zwischen Táranto und Brindisi im Süden zusammen. Von der Küste steigt das Land allmählich an und ist vor allem durch Hügel, Weingärten, Oliven- und Mandelbaumplantagen gekennzeichnet. Geografisch betrachtet nimmt die Murgia den größten Raum in Apulien ein.

Von den Flüssen, die das Hügelland einmal durchflossen, zeugen heute noch die Täler Richtung Adria und Ionisches Meer. Während die Abflüsse zur Adria hin *(lame)* einen eher sanften Verlauf nahmen, sind die Täler Richtung Ionisches Meer schluchtenartig und werden daher *gravine* (›Schluchten‹) genannt. In einer solchen Gravina liegt auch Apuliens schönste ›Schluchtenstadt‹, Gravina in Puglia (s. S. 331). Schon in prähistorischer Zeit siedelten Menschen in solchen Schluchten, später gesellten sich byzantinische Mönche dazu. Seit 2004 sind 68 000 ha dieser Landschaft durch den **Parco Nazionale dell'Alta Murgia** geschützt.

In der Valle d'Itria wandelt sich die Murgia zu einer Gartenlandschaft mit Oliven- und Mandelhainen sowie Weinanbau. Um das Land zu bewirtschaften, musste der Boden von den vielen Steinen befreit werden, die zu Mauern aufgeschichtet wurden oder als Baumaterial für die Trulli (s. S. 51) dienten. Obwohl die Murgia eine eher wasserarme Region ist, sieht man hier dennoch blühende Landschaften. Das liegt nicht nur an den eingerichteten Zisternen, sondern auch am Acquedotto Pugliese, einem der größten Bauprojekte Italiens (1905–39). Ziel war es, das Wasser der Sele-Quelle in Kampanien vom Norden Apuliens durch die Murgia bis hinunter nach Santa Maria di Léuca zu leiten. Noch heute sieht man überall Wasserpumpen und Hydranten mit der Aufschrift AQP, die von den Bewohnern Apuliens genutzt werden.

Canosa di Puglia ► 1, L 5

Das einst so bedeutsame **Canosa di Puglia** in der nördlichen Terra di Bari liegt auf einem Hügel. In der umliegenden Ebene wird Feldwirtschaft betrieben bzw. Oliven und Wein angebaut. Im Sommer brennt die Sonne hier erbarmungslos, sodass die Bauern bereits morgens um 4 Uhr mit ihrer Arbeit beginnen, danach eine lange Siesta halten und erst am späten Nachmittag wieder aktiv werden. Highlight der Woche ist, nicht nur freitags, samstags und sonntags, die Fahrt nach Canosa di Puglia, wo es an Sommerabenden reichlich turbulent zugeht. Dennoch macht die Stadt, die durch Kriege und Erdbeben immer wieder in Mitleidenschaft gezogen wurde, einen sehr gemütlichen Eindruck.

Geschichte

Als Gründer der Stadt wird Diomedes, einer der Helden von Troja, benannt. Strategisch günstig gelegen, wurde Canosa di Puglia schnell zu einer wichtigen Handelsstadt der Daunier und Griechen, später der Römer. Hier trafen die Via Appia und die Via Traiana aufeinander, und im nahen Barletta, dem Hafen des römischen Municipium Canusium, mündet der Ófanto ins Meer.

Vor den nordöstlichen Toren der Stadt in Richtung Barletta liegt Cannae, wo 216 v. Chr. die legendäre Schlacht zwischen Hannibal und den zahlenmäßig überlegenen Römern stattgefunden haben soll. Im Frühchristentum, 343 n. Chr., wurde Canosa Bischofssitz und gilt damit als einer der ältesten in Süditalien. Später wurde die Stadt im Zuge der Auseinandersetzungen zwischen Goten, Langobarden, Byzantinern und Sarazenen sehr in Mitleidenschaft gezogen. Erst mit den Normannen kehrte wieder etwas Ruhe ein.

1080 ordnete Bohemund, der Sohn von Robert Guiscard, den Neubau der Kathedrale San Sabino an, benannt nach dem gleichnamigen Heiligen (514–566, einst Bischof von Canosa), auf dessen Gebeine auch Bari Anspruch erhob – per päpstlichen Beschluss gewann Canosa den Disput. Unter den Anjou verlor die Stadt an Bedeutung und wurde danach als Lehen an verschiedene Adelsgeschlechter weitergereicht.

Cattedrale San Sabino

Zentrum des Orts ist die **Cattedrale San Sabino.** Von außen eher unscheinbar, offenbart sie ihre ganze Pracht im Innern. Unverkennbar sind morgenländische und byzantinische Einflüsse – beispielsweise beim Dach mit seinen fünf harmonischen Kuppeln und bei dem von zwei Elefanten getragenen Bischofsthron (tgl. 9–12.30, 16–19 Uhr).

Rechts der Kirche steht ein kleiner Kuppelbau, die **Tomba di Boemondo.** Es ist das Grab des Hauteville-Sohns, der im Ersten Kreuzzug so erfolgreich kämpfte und den Neubau der Kathedrale von Canosa anordnete. Auch hier findet man auf einer der beiden Bronzetüren wieder orientalische Verzierungen. Auf der anderen Tür kann man mit Tankred, Roger Bursa und Wilhelm einen Teil des Stammbaums von Bohemund erkennen.

Belohnung für einen harten Arbeitstag: das abendliche Mahl im Kreis der Familie

Tipp: Archäologische Entdeckungen

Um den Erhalt und eine angemessene Präsentation der archäologischen Funde in und um Canosa di Puglia bemüht sich die **Fondazione Archeologica Canosina** (F.A.C.). Interessierte können telefonisch Führungen (auch auf Dt.) sowie den Besuch von Stätten vereinbaren, die sonst meist geschlossen sind. Die Stiftung hat ihren Sitz im Palazzo Sinesi, Via Kennedy 18, Tel. 0883 66 40 43, Hotline 333 885 63 00, www.canusium.it, tgl. 9–13, 15–19 Uhr.

Castello

Folgt man von der Kathedrale aus dem Corso San Sabino, so gelangt man direkt in das mittelalterliche Zentrum von Canosa di Puglia, an dessen höchster Stelle über der antiken Akropolis das im Mittelalter errichtete **Castello** steht. Der Zutritt ist aufgrund von Ausgrabungen und Sicherungsmaßnahmen zwar derzeit nicht möglich, aber beim Spaziergang durch die alten Gassen kann man die Wasserpumpen des **Acquedotto pugliese** (s. S. 322) betrachten, die in diesem Viertel noch von vielen Einwohnern genutzt werden.

Palazzo Sinesi

Südlich der Kathedrale führt die Via Santa Lucia zum **Palazzo Sinesi,** der eine wirklich beeindruckende Sammlung an archäologischen Funden beherbergt. Die meisten wurden im Ipogeo Varese gemacht, einer der wenigen Grabanlagen, die bei ihrem Auffinden nicht geplündert waren. Ein Großteil der Exponate des Museums ist Keramik aus dem 6. bis 3. Jh. v. Chr., darunter ein bauchiger Wasserbehälter, in dessen Mitte ein Kopf mit Flügeln prangt; daneben ›stürmen‹ direkt aus der Vase zwei Pferde und oben sieht man die drei Schicksalsgöttinnen, eine davon auf dem breiten Griff (Via Kennedy 18, Tel. 0883 66 47 16, tgl. 9–13, Di/Fr auch 17–19 Uhr, Eintritt frei, gute dt. Broschüre).

Battisterio di San Giovanni

Im Norden der Stadt, zu erreichen über die Via Alcide de Gasperi, liegt das **Battisterio di San Giovanni,** eines der Gebäude, die Bischof Sabino einst errichten ließ. Das gut erhaltene Baptisterium aus dem 6. Jh. hat – entsprechend den Aposteln – zwölf Seiten sowie sieben Eingänge. Unter dem großen Taufbecken (damals praktizierte man noch die Ganzkörpertaufe), in das Stufen hinabführen, befindet sich eine Zisterne. Das Baptisterium war früher Teil eines Komplexes christlicher Gebäude, von denen u. a. die Grundmauern der Chiesa S. Salvatore und der Chiesa S. Maria noch gut zu erkennen sind. In den beiden Kirchen hat man Mosaike aus dem 4. bis 6. Jh. entdeckt, die neben geometrischen Formen auch Hirsche zeigen (Zutritt nur mit Führung, Kontakt über die F.A.C., s. links).

Ipogeo Scocchera B

Nur im Rahmen einer Führung ist auch die Grabungsstätte **Ipogeo Scocchera B** östlich des Baptisteriums zu betreten. Der unterirdische Grabbau wurde in den 1970er-Jahren entdeckt, als man an dieser Stelle eine Baugrube für neue Häuser aushob. Allerdings war die Fundstätte beinahe leergeräumt. Im Hauptraum sieht man noch das Loch in der Decke, durch das die Grabräuber einst eingestiegen sind. Interessanterweise hat das Grab aus dem 4. Jh. v. Chr. bereits die Form eines Kreuzes. Über dem Eingang sind noch verschiedene Tierdarstellungen erkennbar, darunter Hirsche, die den Toten auf seiner Reise begleiten sollen (auch hier Führung über die F.A.C., s. links).

Basilica di San Leucio

Spaziert man über die Via Santa Lucia in Richtung Südosten, erreicht man eine der interessantesten Stätten von Canosa, das sehr gepflegte Ausgrabungsgebiet um die **Basilica di San Leucio.** Die Stelle wurde schon in vorchristlicher Zeit als Standort für einen der wichtigsten Tempel in Süditalien gewählt, der der Göttin Minerva-Athena geweiht war. Man nutzte den Tempel bis ins 5. Jh. und zerstörte ihn dann, um eine Basilika für die Heiligen Cosma und Damiano, später San Leucio zu errichten. Die Kirche war das größte frühchristliche Gebäude in Apulien. Vom antiken Tempel blieben u. a. ein Kapitell mit einem weiblichen Kopf, vermutlich der Minerva, und das Mosaik eines Pfaus erhalten.

Neben der Stätte befindet sich ein **Antiquarium,** das zwar schon in den 1980er-Jahren erbaut, doch erst 2008 eröffnet wurde. Interessant sind die hier ausgestellten Kapitelle sowie die Modelle des Tempels und der Basilika, bei der ein byzantinischer Einfluss unübersehbar ist (Zutritt nur mit Führung, Kontakt über F.A.C., s. links).

Infos

IAT: am Dom, Tel. 0883 66 40 43, www.iatcanosa.it. Infopavillon mit unregelmäßigen Öffnungszeiten.

Übernachten

Herrschaftlich ▶ Lama di Luna: Loc. Montegrosso, Tel. 0883 56 95 05, www.lamadiluna.com. Die 14 km südöstlich von Canosa gelegene Biomasseria liegt inmitten von Oliven-, Mandel- und Kirschbäumen und bietet Erholung pur sowie einladende, komfortable Zimmer mit Steinmauern und viel Holz, Pool, Parkplatz und ein Restaurant mit herzhaft bäuerlicher Küche aus eigenen Produkten. DZ 140–300 €.

Praktisch ▶ Queen Victoria: an der SS 98 nach Bari, Tel. 0883 61 77 88, www.hotelqueenvictoria.com. Etwas außerhalb in der Nähe einer Tankstelle gelegenes Hotel in einem neoklassizistischen Neubau mit schönen Zimmern. Besonders Geschäfts- und Durchreisende machen hier Station. DZ 80 €.

Zentral ▶ Hotel del Centro: Corso San Sabino 92, Tel. 0883 61 24 24, www.hoteldelcentro.it. Das altehrwürdige Hotel mit etwas plüschigen Zimmern liegt gegenüber dem Dom. In den warmen Monaten ist es hier entsprechend laut. DZ 60 €, Frühstück 3 € extra.

Essen & Trinken

Viel Lokalkolorit ▶ Locanda di Nunno: Via Balilla 4, Tel. 0883 61 50 96, Di–Sa mittags u. abends, So nur mittags. In dem kleinen Lokal kommen die für Canosa typischen Gerichte auf den Tisch, das sind v. a. frische Pasta, Focaccia und auch Pferdefleisch. Menü 30 €.

Raffinierte Küche ▶ La Pasteria Boemondo: Corso San Sabino 94/96, Tel. 0883 88 42 31, tgl. ab 7 Uhr. Tgl. wechselnde Menüs, die schon für das Auge eine wahre Freude sind, außerdem viele gute Snacks. Schlichte, aber geschmackvoll eingerichtete Bar. Menü 10–15 €.

Aktiv

Stadttouren ▶ s. S. 292

Verkehr

Züge: Verbindungen nach Barletta (s. S. 299). Infos: www.trenitalia.it.

10 Castel del Monte

▶ 1, M 6

Um von Canosa di Puglia zum ca. 30 km weiter südlich gelegenen **Castel del Monte** zu gelangen, muss man nicht unbedingt die Straßen über Minervino Murge oder Ándria nehmen, sondern kann sich auch über kleine Sträßchen seinen Weg suchen, zumal das seit 1996 zum Weltkulturerbe der UNESCO zählende Kastell gut ausgeschildert ist. Egal aus welcher Richtung man sich nähert – der Anblick nimmt jeden gefangen. Einsam und majestätisch thront das Castel del Monte auf einem 540 m hohen Hügel, der die gesamte Ebene überragt. Von den Zinnen des Schlosses reicht der Blick in alle vier Himmelsrichtungen bis zur Küste, und man kann dem Schriftsteller und Historiker Ferdinand Gregorovius nur zustimmen, der das Kastell die Krone Apuliens nannte.

Geschichte

Das Castel del Monte ist der rätselhafteste Bau von allen Schlössern und Festungen, die Friedrich II. entlang einer Verteidigungslinie in der Basilikata, vor allem aber in Apulien, errichten ließ. Immer wieder werden Vergleiche

Stupor Mundi – das Staunen der Welt

Der Stauferkaiser Friedrich II. gilt als eine der schillerndsten Figuren des Mittelalters. Sein immenses Interesse an den Wissenschaften, seine Jagdleidenschaft, seine Auseinandersetzungen mit Fürsten und Päpsten sowie die Vielzahl der von ihm in Auftrag gegebenen Bauten bringen auch heutige Zeitgenossen noch zum Staunen.

Schon die Geburt Friedrichs II. kam einem Wunder gleich. Seine Mutter, Konstanze von Altavilla, war zu diesem Zeitpunkt bereits 40 Jahre alt und gebar ihrem Gemahl, dem Stauferkaiser Heinrich VI., erst nach neunjähriger Ehe den ersehnten Thronfolger. Um Gerüchten entgegenzuwirken, so heißt es, ordnete der Kaiser an, dass die Geburt öffentlich zu erfolgen habe. So wurde Friedrich II. am 26. Dezember 1194 in einem Zelt auf dem Marktplatz von Jesi bei Ancona geboren. Die zeitliche Nähe zum Geburtstag des Gottessohns wertete vor allem das einfache Volk als wundersames Zeichen.

Schon mit drei Jahren wurde Friedrich zum König von Sizilien gekrönt. Seine Kindheit und Jugend verbrachte er in Palermo, wo er mit verschiedenen Kulturen und Gelehrten zusammentraf. Araber, Juden und Christen – in Palermo vermischte sich alles. Der Staufer galt als sehr gebildet und sprach neben Italienisch und Deutsch auch Latein und Arabisch. Mit 14 Jahren, dem Alter der Volljährigkeit, übernahm er selbst die Regierungsgeschäfte, die bis dahin Papst Innozenz III. als testamentarisch festgelegter Vormund innegehabt hatte. Ganz im Sinne der väterlichen Tradition verfolgte der Staufer die Idee des Universalherrschers, der wie der Papst Stellvertreter Gottes auf Erden war. Dies führte im Verlauf seiner Herrschaft zu immer schärferen Konflikten mit der Kirche in Rom, bis hin zur mehrmaligen Exkommunikation.

Mit 17 Jahren reiste er 1211/12 nach Deutschland, um sich zum Deutschen König krönen zu lassen. Für das Chint aus Pülle (›Kind aus Apulien‹), wie Friedrich in Deutschland auch genannt wurde, begann nun eine Zeit des Reisens sowie der Verhandlungen mit deutschen Fürsten und dem Papst. Dank diplomatischen Geschicks und seiner starken Persönlichkeit verlief die Entwicklung ganz im Sinne des Staufers – bis hin zu seiner Krönung zum Kaiser des Heiligen Römischen Reichs 1220 durch Papst Honorius.

Danach begann sich Friedrich wieder vermehrt in Süditalien aufzuhalten, vor allem in Apulien. Hier ließ er über 200 Schlösser und Festungen errichten, wobei diese Bauten nicht nur zu Verteidigungszwecken gedacht waren, sondern vor allem als Zeichen seiner Macht, seiner Stärke und Souveränität. Auch in seiner Hofhaltung unterschied er sich von anderen Herrschern jener Zeit. Die Wissbegierde des Staufers, sein Interesse für Naturwissenschaften, Kunst und Philosophie sowie seine Umwelt sind legendär. Er lud viele Wissenschaftler und Künstler an den kaiserlichen Hof, wo orientalische, jüdische und christliche Einflüsse aufeinandertrafen. In dieser Zeit entstanden u. a. die Konstitutionen von Melfi (s. S. 249) sowie sein Falkenbuch »De arte venandi cum avibus« (›Über die Kunst, mit Vögeln zu jagen‹), das er 1246 schrieb. Die Jagd, vor allem mit Falken, war Friedrichs große Leidenschaft und sein Buch

Thema

über die Vögel im Allgemeinen und die Falken im Besonderen gilt bis heute als wissenschaftliches Standardwerk. Das Buch enthält Hinweise zu Aufzucht, Dressur und Pflege der Falken sowie über 900 Zeichnungen, die durch ihre Detailtreue beeindrucken. Zwar ging das Original 1248 in der Schlacht von Parma verloren, doch sein Sohn Manfred ließ ein zweites Exemplar anfertigen, das heute in der Vatikanischen Bibliothek verwahrt wird.

Auch in der Handhabung des Kreuzzugs zeigt sich die sehr individuelle Persönlichkeit des Kaisers. Obwohl der Papst einen neuen Bann auf ihn gelegt hatte, brach er 1228 zum Fünften Kreuzzug auf. Und anstatt sich in militärischen Kämpfen aufzureiben, nutzte er seine Kenntnisse der arabischen Mentalität und sein diplomatisches Geschick, um mit Sultan al-Kamil von Kairo einen zehnjährigen Friedensvertrag auszuhandeln und Jerusalem für das Christentum zurückzugewinnen. Gerade dieser ungewöhnliche Erfolg führte dazu, dass man in Friedrich II. den Endzeit- bzw. Friedenskaiser sah, wie er in der Bibel angekündigt wurde. Am 13. Dezember 1250 starb Friedrich II. – vermutlich an der Ruhr – unerwartet im Castel Fiorentino, als er gerade auf dem Weg zu Verhandlungen mit Papst Innozenz VI. war. Der Tod *sub fiore* (›unter Blumen‹) war ihm geweissagt worden, weshalb er versuchte, Orte zu meiden, deren Namen das Wort *fiore* enthielten.

Die Rätsel um das Castel del Monte sind bis heute nicht gelöst

mit dem Felsendom in Jerusalem oder der Pfalzkapelle Karls des Großen in Aachen angestellt. Die Präsenz der Zahlen acht, fünf und drei innerhalb des architektonischen Konzepts lässt Verbindungen zur Astrologie und Zahlenmystik zu. Außerdem befindet sich das Castel del Monte angeblich genau in der geografischen Mitte zwischen der Cheops-Pyramide und der Kathedrale von Chartres und würde genau in die Pyramide ›hineinpassen‹.

Welche Botschaften verbirgt der Bau? Welchem Zweck sollte er dienen? Es fehlen sowohl Schlossgraben als auch wirksame Verteidigungsanlagen, was vermuten lässt, dass das Schloss eher der Repräsentation diente. Unverkennbar war der gesamte Bau in puncto Lage, Größe, farblicher Gestaltung und Anlage darauf ausgerichtet, die Macht des Kaisers zu versinnbildlichen. Bei der Klärung der Hintergründe bleibt es jedoch zumeist bei Vermutungen, denn die vorhandenen Daten sind relativ spärlich.

Man weiß, dass Friedrich II. die Errichtung des Kastells um 1240 anordnete, zu einem Zeitpunkt, als seine Macht – nicht zuletzt wegen seines erfolgreichen Kreuzzugs (s. S. 327) – wieder erstarkt und gefestigt war. Unbekannt ist hingegen, ob er sich jemals selbst hier aufgehalten hat. Geschichtlich gesichert hingegen ist der Fakt, dass Karl I. von Anjou sowohl Friedrichs Enkel als auch die Söhne Manfreds hier einkerkern ließ. Zu diesem Zeitpunkt hieß das Bauwerk noch Castel Santa Maria del Monte, erst ab 1463 wurde es Castel del Monte genannt.

Ab Mitte des 17. Jh. verfiel das Schloss, wurde geplündert und bot Hirten und deren Herden sowie im 19. Jh. den Briganten Unterschlupf. 1876 wurde es dann vom neuen italienischen Staat aufgekauft und ab 1928 jahrelang restauriert. Im Innern sind Fotos ausgestellt, die den einstigen Zustand des Kastells zeigen.

Besichtigung

Beim Besuch fällt sofort die besondere Farbe des Castel del Monte auf. Ein Großteil des Baus wurde mit dem aus der Murgia stammenden hellen Kalkstein errichtet, der zu jeder Tageszeit einen anderen Farbton annimmt. In schönem Kontrast dazu steht die aus dem Gargano stammende *breccia corallina* (›Korallenschotter‹), die beispielsweise für das Eingangsportal verwendet wurde.

Am auffälligsten ist die achteckige Form. Die Acht als Zahl des Erzengels Michael, der Unendlichkeit oder auch des Gleichgewichts kehrt immer wieder. Über einen achteckigen Innenhof, den einst ein Brunnen schmückte, gelangt man ins Innere des Kastells, dessen zwei Etagen aus jeweils acht trapezförmigen Räumen bestehen, die in Form und Größe identisch erscheinen. Jeder Raum hat eine umlaufende Sitzbank, einige verfügen über sanitäre Einrichtungen, andere über einen riesigen Kamin. Lediglich ein Teil der Räume ist direkt miteinander verbunden, andere sind über Wendeltreppen in drei der acht Türme zu erreichen. So entsteht schnell der Eindruck eines Labyrinths.

Dem heutigen Besucher erleichtern Pfeile und Schautafeln (auch auf Dt.) die Wegfindung, doch immer werden Fragen offenbleiben. Mit dem Castel del Monte hat sich Friedrich II. ein geheimnisvolles Denkmal gesetzt (tgl. März–Sept. 10.15–19.15, Okt.–Febr. 9–18 Uhr, 3 €, erm. 1,50 €).

Verkehr

Von Ándria, dem nächstgelegenen größeren Ort, gibt es 3–5 tgl. **Busverbindungen** zum Castel del Monte (Linie 6 von STP, www.stpspa.it). Ándria erreicht man mit dem **Zug** von Barletta aus (s. S. 299, Infos unter www.trenitalia.it).

Vom großen Parkplatz unterhalb des Kastells fährt von März–Sept. ein **Shuttle-Bus** nach oben. Zu Fuß benötigt man für die Strecke ca. 15 Min. Von Okt. bis Febr. darf man den Parkplatz direkt beim Kastell nutzen.

Ruvo di Puglia ► 1, N 5/6

Ca. 20 km östlich vom Castel del Monte in Richtung Bari liegt **Ruvo die Puglia,** in der Antike bekannt für seine Keramikproduktion.

Außerdem war die Stadt einst eine wichtige Station an der Via Traiana und ihr erster Bischof soll von Petrus höchstpersönlich eingesetzt worden sein. Heute ist Ruvo di Puglia ein hübsches Städtchen, dessen schmucke Altstadt jeden Besucher begeistert und das mit seiner Kathedrale und dem Museo Jatta auf jeden Fall einen Besuch wert ist.

Cattedrale Santa Maria Assunta

Errichtet im 12./13. Jh., ist die blendend weiße **Cattedrale Santa Maria Assunta** eines der schönsten Beispiele apulischer Romanik. An der Fassade fallen vor allem die relativ steil abfallenden Seiten mit Blendarkaden auf. Die dort dargestellten Masken und Köpfe von Fabelfiguren sollen alles Böse und Schlechte abwehren. Die gleiche Funktion haben auch die Löwen, die die Säulen des Portals tragen. Das Portal selbst ist reich mit Fabelwesen, Aposteln etc. verziert. Die Figur zwischen Giebelspitze und zwölfspeichiger Fensterrose soll Friedrich II. darstellen, der Ruvo den Status einer freien Reichsstadt gab (Largo Cattedrale, tgl. 9–12, 16–19 Uhr).

Palazzo und Museo Jatta

Gut 400 m südlich der Kathedrale befindet sich der **Palazzo Jatta** mit dem gleichnamigen Museum. Zu Beginn des 19. Jh. fand ein Maurer durch Zufall den Eingang in eine Nekropole, die gut erhaltene Vasen beherbergte. Der geschäftstüchtige Mann verkaufte seine Funde für teures Geld bis ins Ausland, und in Ruvo machten sich Nachahmer daran, weitere Nekropolen aufzuspüren. Viele der verkauften Stücke schmücken heute die Ausstellungsräume großer archäologischer Museen weltweit. Einer der Bewohner Ruvos allerdings sammelte die Artefakte, die auf dem Land seiner Familie gefunden wurden. 1844 ließ der Anwalt Giovanni Jatta für seine Privatsammlung eigens einen Palazzo bauen, der allerdings erst 1992 für die Öffentlichkeit zugänglich gemacht wurde. Im Erdgeschoss ist das **Museo Jatta** untergebracht, wo man eine Reise durch die griechische Mythologie unternehmen kann. Alte Holzschränke mit Glastüren bergen insgesamt mehr als 2000 bestens erhaltene Keramiken. Besonders faszinierend sind u. a. die Trinkgefäße mit Stier-, Drachen- sowie Götterköpfen, eine flache Trinkflasche mit der Abbildung eines geflügelten Pferds, ein Sieb in Form eines Fußes etc. Das Prunkstück der Ausstellung ist jedoch der Cratere di Talo – auf dem Gefäß abgebildet ist die Begegnung zwischen den Argonauten und Talos auf der Insel Kreta, wie Medea seine Sinne verwirrt und der sterbende Gigant zwischen Kastor und Pollux.

Neben dem Museum steht auch ein anderer Teil des Palazzo zur Besichtigung offen. Im sogenannten **Piano Nobile** wird Einblick ins aristokratische Leben gewährt (Piazza Giovanni Bovio 35, Tel. 080 361 24 56, www.palazzojatta.org, Mo–Do, So/Fei 8.30–13, Fr/Sa 8.30–19.30 Uhr, Palazzo: 5 €, Museum: Eintritt frei).

Infos

Pro Loco: Via Veneto 48, Tel. 080 361 54 19, Mo–Sa 10–12, Mo–Fr 18–20 Uhr.

Übernachten

Stilvoll ▶ **Pineta:** Via Carlo Marx 5, Tel. 080 361 15 78, www.hotelpinetaruvo.it. Modernes Hotel am nördlichen Stadtrand von Ruvo mit modern und luftig eingerichteten Zimmern. Terrasse, Garten und Pool laden zum Ausruhen ein. Angeschlossen ist auch ein Hotelrestaurant. DZ 120–150 €.

Essen & Trinken

Urig ▶ **Hosteria Pomponio:** Vico Pomponio 3, nahe Piazza Matteotti, Tel. 080 362 99 70, Mo–Sa mittags u. abends. In der rustikalen Osteria gibt es deftige Fleischgerichte, Innereien und viel Gemüse. Auch Einheimische gehen hier gerne essen. Menü 15–20 €.

Aktiv

Stadtführungen ▶ s. S. 292

Verkehr

Züge: Regelmäßige Verbindungen nach Bari und Barletta. Infos unter www.ferrovienordbarese.it.

Tipp: Gutes vom Bäcker

Eine richtig traditionelle Bäckerei ohne jeden Schnickschnack ist **La Panetta** in der Via Degiosa 6. Man erreicht die Straße, indem man vom Dom aus zur Via Vittorio Veneto spaziert, in diese nach links einbiegt und an der nächsten Ampel rechts in die Via Parisi abzweigt. Nach ca. 100 m geht die Via Degiosa links ab. In der Bäckerei werden diverse Brotsorten verkauft, hergestellt aus 100 % lokalem Hartweizen, aber auch *biscotti integrali* (›Vollkornkekse‹), *frise* (eine Art haltbare Bruschetta) und frische Pasta. Für die Qualität bürgt das Siegel des Consorzio Agricoltori Mugnai Pastai Panificatori Organizzati, einem Zusammenschluss von 20 Landwirten (Altamura, Tel. mobil 328 341 26 63, Mo–Sa 6–12.30, 17–20 Uhr).

Altamura und Umgebung

Altamura ►1, N 7

Kleine Landstraßen führen von Ruvo di Puglia durch eine Landschaft ausgedehnter Weizenfelder in das südlich gelegene **Altamura,** das landwirtschaftliche Zentrum der Murgia. Bereits am Ortseingang verkünden Schilder, dass man jetzt die Città del Pane (›Stadt des Brots‹) erreicht hat. Demzufolge sollte man es sich nicht entgehen lassen, das Pane di Altamura zu probieren, einer der Gründe, weswegen das Brot aus Apulien einen so guten Ruf genießt. In Altamura wird nach alten Rezepten gebacken und einige Sorten wie die traditionelle Focaccia (Fladenbrot aus Hefeteig mit Olivenöl, Salz und evtl. Kräutern) haben einen legendären Ruf. Selbst McDonalds konnte in der Stadt nicht Fuß fassen und musste seine Filiale bereits nach einem Jahr wieder schließen – im Nebengebäude wurde Focaccia verkauft.

Auch wenn es an dieser Stelle bereits im 5. Jh. v. Chr. eine peuketische Siedlung gab, geht die eigentliche Gründung der Stadt Altamura auf Friedrich II. zurück. Er beschloss im Jahr 1230, auf dem Hügel eine Kathedrale zu errichten und hier sowohl christliche als auch griechische und jüdische Gemeinden anzusiedeln.

Die **Cattedrale Santa Maria Assunta** bildet den Mittelpunkt der im Rund angelegten Altstadt. Sie ist der einzige Kirchenbau, den der Stauferkaiser in Apulien in Auftrag gab. 1316 wurde die Kathedrale durch ein Erdbeben zerstört, sodass der heutige Bau nicht mehr ganz dem Original entspricht. Beeindruckend ist das von zwei prachtvollen Löwen flankierte Eingangsportal aus dem 14. Jh. Im Torbogen ist die Geschichte Christi von seiner Geburt bis zur Auferstehung dargestellt. Die grün-weißen Streifen auf der Innenseite des Portals verweisen auf byzantinischen Einfluss.

Der **Corso Federico II. di Svevia** teilt die Altstadt in zwei Hälften. Folgt man ihm in Richtung Norden, so gelangt man zur **Chiesa San Nicola dei Greci,** in der bis 1601 die Messe nach byzantinischem Ritus zelebriert wurde. Man kann sich aber auch einfach durch die schönen, oftmals mit Blumen geschmückten Gassen treiben lassen, selbst wenn man dabei immer wieder in einer Sackgasse landet. Die sogenannten *claustri,* insgesamt gibt es über 200 Stück in Altamura, sind typisch für den Ort und eigentlich eher eine Art Hof, in dem sich an warmen Tagen das Leben der Bewohner abspielt.

Westlich der Kathedrale befindet sich das **Museo Archeologico.** Hauptattraktion ist im zweiten Stockwerk die Dokumentation über den Uomo di Altamura, ein ca. 200 000 Jahre altes männliches Skelett, das man 1993 per Zufall in der Grotta di Lamalunga entdeckte. Das Skelett wird weiterhin in der Höhle aufbewahrt, für die Ausstellung hat man eine Replik angefertigt. Ein Film zeigt, wo und wie man den Uomo di Altamuro entdeckte. Äußerst ungewöhnlich dabei ist, dass er mit dem Kopf nach unten gefunden wurde, so als sei er womöglich abgestürzt. Jedoch gibt es dafür noch keine schlüssigen Erklärungen. Ein weiterer, aber weniger spannender Film informiert über die Entdeckung von Dinosaurierspuren, die man 1999 in der Nähe von Altamura machte. Das Gebiet ist jedoch nicht zugänglich und seitdem wurden auch keine weiteren Funde gemacht. In der ersten Etage sind archäologische Funde aus der Zeit zwischen dem 8. und 3. Jh. v. Chr. zu sehen (tgl. 8.30–19.30, Sa/So u. Fei 8.30–13.30 Uhr, 2 €, erm. 1 €).

Infos

Pro Loco: Piazza Republica 10, Tel. 080 314 39 30, tgl. 10–12, 17–19 Uhr.

Essen & Trinken

Lokaltypische Küche ▶ Federico II.: Via G. Luciani 3, Tel. 080 314 56 99, So–Fr mittags u. abends. In diesem Restaurant gibt es schmackhafte und herzhafte Speisen der Region mit viel Gemüse in eher einfachem Ambiente . V. a. das *agnello* (›Lammfleisch‹) ist zu empfehlen. Menü 15 €.

Probieren ▶ Zio Carlo e Figlio: Via dei Mille 69, Mo–Sa. Unter Tag eine Fleischerei, doch abends wird hier gebratenes Fleisch und Gemüse verkauft – eine Art Take-away, den auch die Einheimischen gerne nutzen. Tipp: *pecora a rizzola,* im Ofen gebackenes Schaffleisch mit Gemüse.

Verkehr

Züge: Verbindungen nach Gravina und Gioia del Colle (www.trenitalia.it) sowie nach Bari und Matera (www.fal-srl.it).

Busse: Busse der STP, www.stpspa.it, fahren nach Bari, Busse von Marino, www.marinobus.it, nach Gravina und Matera.

Gravina in Puglia ▶ 1, N 7

Das nur wenige Kilometer westlich von Altamura gelegene **Gravina in Puglia** war bereits in der Bronze- und in peuketischer Zeit besiedelt. Unter den Römern entwickelte es sich aufgrund seiner Lage an der Via Appia zu einem Handelszentrum. Im 5. Jh. tauchte erstmals der Name *Civitas gravinae* (›Schluchtenstadt‹) auf, wo sich in der Folgezeit Mönche aus Kleinasien nieder- und ihre Bilder hinterließen. Im 9. Jh. wurde Gravina zum Bischofssitz ernannt, gelangte dann in den Besitz der Normannen, Staufer und Anjou und war schließlich bis ins 19. Jh. ein Lehen der Familie Orsini (s. rechts). Mittlerweile hatte die Bevölkerung schon längst ihre Wohnhöhlen in der schützenden Schlucht verlassen und sich oberhalb davon angesiedelt.

Bei einem Gang durch die Altstadt gelangt man zuweilen an den Rand der Schlucht und bekommt ein grandioses Panorama geboten. Das Zentrum der Altstadt bildet die **Piazza del Papa Benedetto XIII.** Sowohl der Platz als auch die **Cattedrale Santa Maria Assunta** erinnern an die Familie Orsini, denn dem Adelsgeschlecht entstammt Papst Benedikt XIII., der zuvor Bischof von Gravina in Puglia war. Wegen Restaurierung kann man die Kathedrale aus normannischer Zeit (1092) derzeit nur im Rahmen einer Führung betreten (Organisation der Besichtigung über die Associazzione Culturale Benedetto XIII., in der Sakristei der Chiesa del Purgatorio, wenige Meter rechts der Kathedrale, Tel. mobil 338 567 80 17, www.benedetto13.it, tgl. 9–12, 16–19 Uhr, Führungen auch in Engl., Offerte für den Guide erbeten).

Die ehrenamtlichen Mitarbeiter der Associazzione Culturale Benedetto XIII. verwalten auch den Schlüssel für die **Chiesa San Michele,** die schönste der knapp 30 in dieser Gegend existierenden Grottenkirchen und eine der größten Apuliens. Wer Matera (s. S. 258) bereits einen Besuch abgestattet hat, mag unter Umständen enttäuscht sein, doch wer zum ersten Mal solch eine von Mönchen in den weichen Tuffstein gegrabene Kirche betritt, ist fasziniert. Auf den ikonenhaften Fresken sind sowohl Michael als auch Gabriel

Tipp: Kulinarische Wonnen

In der **Osteria La Murgiana** von Francesco Capazzo gibt es beste apulische Küche – allein die Antipasti lohnen den Weg hierher. Außerdem kann man in dem Lokal die kleinen Schnecken probieren, die man sonst nur an kahlen Halmen in der Murgia baumeln sieht. Slow Food hat schon getestet – und war begeistert (Via XXIV. Maggio 25, Gravina in Puglia, Tel. 080 326 27 71, mobil 331 739 64 18, Di–Sa mittags u. abends, So nur mittags, Menü ab 25 €).

Die Grotte di Castellana verschaffen Zugang zu einer Märchenwelt

und Raffael zu sehen, allerdings stammen die Wandbilder aus dem 16. Jh.

Von der Grottenkirche hat man einen wunderbaren Blick über den **Rione Fondovico,** eine ehemals bewohnte Schlucht mit Höhlen, die in einigen Bereichen zugänglich sind.

Übernachten

Gemütlich ▶ **Alta Murgia:** Via Marconi, Tel. 080 325 63 69, www.hotelaltamurgia.it. Ein gutes Dutzend in verschiedenen Stilen eingerichtete Zimmer mit allem Komfort. Die Zimmer verteilen sich auf mehrere Häuser um die Piazza Notar Domenico. DZ 55–60 €.

Essen & Trinken

Beliebt ▶ **Zia Rosa:** Via Marconi 18, Tel. 080 325 78 42, www.trattoriaziarosa.it, Do–Di mittags u. abends, So nur mittags. Die urgemütliche Trattoria am Eingang zur Altstadt ist nicht nur wegen ihrer angenehmen Atmosphäre beliebt, sondern auch wegen der guten apulischen Küche (frische Pasta, gegrilltes Fleisch) und der großen Portionen. Menü 20–25 €.

Verkehr

Züge: Nach Canosa und Barletta (www.trenitalia.it), nach Bari und Matera (www.fal-srl.it). **Busse:** Verbindungen nach Bari mit STP, www.stpspa.it, sowie nach Gioia del Colle und Matera mit Marino, www.marinobus.it.

Gioa del Colle ▶ 1, P 7

Über die SS 235 in Richtung Osten erreicht man nach 33 km **Gioa del Colle,** auf dessen höchster Erhebung (360 m) eines der besterhaltenen Stauferkastelle steht. Üblicherweise wurden solche Bauwerke immer außerhalb der Stadt errichtet, doch in diesem Fall ragt es inmitten des Centro Storico zwischen den alten Häusern und engen Gassen auf und wirkt dadurch noch gewaltiger. Das **Castello** wurde 1230 auf Anweisung von Friedrich II. anstelle einer normannischen Burg errichtet. Zwei der gewaltigen, einst vier Türme der quadratischen Anlage sind noch erhalten. Jener im Südosten wird Torre dell'Imperatrice (›Turm der Kaiserin‹) genannt, denn in seinem

Kellergewölbe, so heißt es, ließ der Staufer seine schwangere Geliebte Bianca Lancia einkerkern, weil er sie der Untreue mit einem Pagen verdächtigte. Der Sohn, den sie im Kerker gebar, soll das gleiche Mal wie Friedrich auf der Schulter gehabt haben, wodurch ihre Unschuld bewiesen war.

Im Innern des Kastells fanden im Laufe der Zeit einige Veränderungen statt, beispielsweise an der Freitreppe, im Thronsaal mit seinen umlaufenden Bänken, dem Kamin und einem Königsthron, der so breit ist, dass er drei Personen Platz geboten hätte. Neben einer kleinen Ausstellung zu Festungsbauten in Apulien (auch in Engl.) beherbergt das Castello im Erdgeschoss das **Museo Nazionale Archeologico Castel Svevo** mit Funden sowohl aus Gioa del Colle als auch aus dem Umland, speziell vom 6 km nordöstlich liegenden Monte Sannace. Hier stieß man auf eine nicht überbaute Siedlung der Peuketier, die den Ort jedoch aus bislang unbekannten Gründen im 4./3. Jh. v. Chr. aufgaben (Piazza dei Martiri, Tel. 080 348 13 05, tgl. 8.30–19.30 Uhr, 2,50 €, erm. 1,50 €).

Übernachten

Urgemütlich ▶ Masseria del Gelso Rosso: an der Straße von Gioia nach Laterza, Tel. 080 349 91 62, www.masseriadelgelsorosso.it. Das B & B in einer Masseria mit Trulli-Charakter bietet wunderschön restaurierte Zimmer mit separaten Eingängen, Holzmöbeln sowie alten Steinfußböden, Wänden und Kaminen. Außerdem gibt es einen Pool und lauschige Eckchen zum Verweilen. Zur Anreise gibt es frische Früchte auf dem Zimmer, das Frühstücksbüffet ist sehr reichhaltig. DZ 50–80 €.

Essen & Trinken

Inspiriert ▶ Osteria del Borgo Antico: Via Cavour 89, Tel. 080 343 08 37, Do–Di mittags u. abends. In dem gemütlichen Altstadtlokal unweit des Kastells lassen sich Così Ottavio und seine Frau Miriam von den Jahreszeiten zu immer wieder überraschenden Gerichten inspirieren. Auch Vegetarier kommen hier voll auf ihre Kosten. Menü 25–30 €.

Grotte di Castellana und Grotta di Putignano ▶ 1, Q 7

Wer wissen will, was das Wasser im Karstgestein der Murgia für eine märchenhafte Welt geschaffen hat, der sollte die Grotta di Putignano oder die Grotte di Castellana besuchen. Letztere wird sogar als schönstes Höhlensystem von ganz Italien gehandelt.

Das weit verzweigte Gängesystem der **Grotte di Castellana** wurde erst 1938 erforscht. Den Einheimischen galt der Eingang bis dahin als Tor zur Hölle und jahrzehntelang nutzten sie ihn zur Entsorgung von landwirtschaftlichem Müll und Tierkadavern. Nachdem die 10 m dicke Schicht zur Seite geräumt war, begann man mit der Erkundung. Heutige Besucher gelangen über eine Treppe in die große Höhle und können von unten durch die riesige Öffnung nach oben blicken. Die große Halle an sich ist schon spektakulär, ebenso wie die zahlreichen kleinen Höhlen, die man darüber hinaus zu Gesicht bekommt. Die kleine Runde eignet sich vor allem für einen Besuch mit Kindern, die auf der Tour viel Zeit zum Staunen haben. Auf der großen Runde legt man ca. 3 km durch das Höhlenlabyrinth zurück und geht durch eine unterirdische Klamm, die der Fluss ausgewaschen hat. Höhepunkt ist die Grotta Bianca, die ›weiße Grotte‹, die als schönste Höhle der Welt bezeichnet wird (Piazzale Anelli, Tel. 080 499 82 11, www.grottedicastellana.it, tgl. Führungen, kleine Runde (ca. 1 Std., 10 €, erm. 8 €): Juni–Sept. 9.30, 10.30, 11.30, 12.30, 13, 14.30, 15.30, 16.30, 17.30, 18.30, 19 Uhr auf Ital., 13 u. 18.30 Uhr auf Dt. bzw. Engl., Okt.–April 9.30, 10.30, 11.30, 12.30 Uhr; große Runde (ca. 2 Std., 15 €, erm. 12 €): Juni–Sept. 9, 10, 11, 12, 15, 16, 17, 18 Uhr auf Ital., 11 u. 16 Uhr auf Dt., Engl., Okt.–April 10 u. 12 Uhr).

Die **Grotta di Putignano** liegt eher versteckt, und man vermutet kaum, dass sich in dieser Ebene eine Höhle verbergen könnte. Doch immerhin befindet sich der Ort Putignano 365 m über dem Meeresspiegel. Als man 1931 an dieser Stelle eine neue Zisterne bauen wollte, wurde die 20 m tiefe Höhle entdeckt und bereits 1935 für die Öffentlichkeit zugänglich gemacht. Der Eingang in die Grotte erfolgt über einen eigens dafür errichteten Trullo, daher auch der zweite Name: **Grotta del Trullo.** Man geht durch einen Tunnel und steigt dann über eine gusseiserne Wendeltreppe hinab in eine Märchenwelt. Zwar ist diese Grotte weitaus kleiner als die Grotte di Castellana, doch nicht minder spektakulär (an der SS 172 in Richtung Turi, Tel. 080 491 21 13, www.grottadeltrullo.com, Okt.–März 10.30–12.30, 14.30–17, Juni–Sept. 9–12.30, 14.30–18.30 Uhr, 4 €, erm. 2,50 €, Dauer ca. 20 Min.).

Für die Besichtigung beider Höhlen sollte man rutschfestes Schuhwerk und warme Kleidung tragen, da im Innern durchschnittlich eine Temperatur von 15 °C und eine extrem hohe Luftfeuchtigkeit herrscht.

11 Valle d'Itria

Die **Valle d'Itria** gehört zum festen Programm eines jeden Apulien-Besuchers. Das liebliche Tal liegt im Dreieck zwischen Bari, Brindisi und Táranto und umfasst die Städtchen Alberobello, Locorotondo und Martina Franca. Die hügelige Landschaft ist bedeckt von Mandel- und Olivenhainen sowie kleinen Eichenwäldern. Und überall sieht man die aus den *chiancarelle* (flache Kalkplatten) errichteten Trockenmauern. Um den Boden bewirtschaften zu können, haben die Bauern die Steine aufgelesen und zu Mauern aufgeschichtet bzw. für den Bau der Trulli (s. S. 51) verwendet. Die weiß getünchten Häuschen mit ihren spitzen Dächern sind es letztendlich auch, die den eigentlichen Reiz des Itria-Tals ausmachen und jährlich Tausende Besucher anziehen.

Alberobello ►1, Q 7

Unverkennbar ist **Alberobello** die Hauptstadt der Trulli, denn auf engstem Raum stehen hier über 1400 dieser merkwürdigen Häuschen. Täglich ab 9 Uhr beginnen die Straßen sich zu füllen, Einheimische öffnen ihre Läden, die ersten Busse laden Touristen aus. Richtig voll wird es an Markttagen. Doch trotz all des Rummels entfaltet der Ort einen ganz besonderen Charme und man kann problemlos nachvollziehen, warum Alberobello im Jahr 1996 von der UNESCO zum Weltkulturerbe erklärt wurde.

Die Gründung des Orts geht auf einen gewissen Grafen von Aquaviva zurück, der im 15. Jh. als Dank für seine Unterstützung im Kampf gegen Piraten von König Ferdinand I. von Aragon ein Stück Land in Apulien geschenkt bekam. Da das Gebiet von einem rie-

sigen Eichenwald bedeckt war, gab ihm der Graf den Namen Sylva Arboris Belli (›Wald des Kriegsbaums‹), hieß seine Bauern ab 1600 den Wald roden und sich dort ansiedeln. Aus Arboris Belli wurde später dann der Name Alberobello.

Der große **Largo Martellotta** trennt die beiden Trulli-Viertel voneinander. Südlich davon liegt der **Rione Monti** mit gut 1000 Trulli. Vom Largo führen Treppen und kleine Gassen in das Viertel, das ganz auf den Tourismus ausgerichtet ist. Es gibt eine Vielzahl netter Souvenirläden und mehrere Trulli, die zur Besichtigung einladen.

Weitaus beschaulicher geht es in dem auf der nördlichen Seite des Largo gelegenen **Rione Aia Piccola** zu. Hier wird wirklich gewohnt, gelebt und gearbeitet. Am **Belvedere** gibt es einen kleinen Park mit Bar zum Verweilen und um den Ausblick zu genießen.

Unweit davon liegt im Viertel **Casa Pezzolla** das **Museo del Territorio.** Genau ge-

Die spezielle Bauweise der Trulli findet sich nur in der Valle d'Itria, hier in Alberobello

nommen handelt es sich dabei um 15 aneinandergrenzende und miteinander verbundene Trulli sowie einen neueren Bau. Die wirklich sehenswerte Ausstellung, zu der es eine sehr gute Begleitbroschüre auf Deutsch gibt, vermittelt einen guten Einblick in die Geschichte der Region, in die bäuerliche Lebensweise und natürlich in die Welt der Trulli (Piazza XXVII. Maggio, Tel. 080 432 12 00, Di–So 10–13, 15.30–19 Uhr, 3 €).

Über den Corso V. Emanuele gelangt man zum sehenswerten **Trullo Sovrano** hinter der Basilica dei SS Medici Cosma e Damiano, der im 18. Jh. für eine offenbar wohlhabende Priesterfamilie errichtet wurde. Dies ist der größte Trullo von Alberobello und der einzige mit einem Obergeschoss. Interessant ist das Schlafzimmer mit Guck- und Schießscharte – damals bewahrte der Priester die wichtigsten Utensilien für den Gottesdienst zu Hause auf (Piazza Sacramento, Mai–Okt. tgl. 10–13.30, 15.30–20, sonst 10–13, 15.30–18 Uhr).

Will man dem Trubel in Alberobello entfliehen, so kann man bei einer Fahrt durch die Valle d'Itria noch viele weitere Trulli sehen.

Infos

Pro Loco: Via Monte Nero 1, Tel. 080 432 28 22, in der Hauptsaison tgl. 9.30–13, 15–19 Uhr, sonst unregelmäßig.

Übernachten

Im Zentrum ► **Trulli Holiday:** Piazza A. Curri 1, Tel. 080 432 59 70, www.trulliholiday.com. Liebevoll eingerichtete Trulli für ein bis mehrere Personen mitten in Alberobello. DZ 59–110 €.

Pilgerheim ► **Casa Albergo Sant'Antonio:** Via Isonzo, 8, Tel. 080 432 35 60, www.santantonioalbergo.it. Schlicht eingerichtete Zimmer in einem ehemaligen Konvent mitten in Alberobello. DZ 60–80 €.

Camping ► **Camping dei Trulli:** an der Straße nach Monopoli, Tel. 080 432 36 99, www.campingdeitrulli.it. Schöner Platz in einem Pinienhain knapp 2 km nordöstlich von Alberobello. Pool, Supermarkt und Restaurant. Auch Vermietung von Bungalows. Zelt inkl. 2 Pers. 17–24 €.

Essen & Trinken

Zentral mit Tradition ► **La Cantina:** Vico Lippolis 8, Tel. 080 432 34 73, Mi–Mo mittags u. abends. Urgemütliche kleine Familientrattoria, in der seit 1958 einfache, aber gut zubereitete Gerichte serviert werden. Frische Zutaten und wechselnde Tagesgerichte. Menü 20–25 €.

Rustikal ► **Il Guercio di Puglia:** Largo Martelotta 12, Tel. 080 432 18 16, Do–Di mittags u. abends. In einem Wehrturm untergebrachtes Ristorante mit ausgezeichneter Küche. Bei schönem Wetter kann man auf der Terrasse sitzen und über die Trulli-Dächer schauen. Pizza ab 4 €, Menü 20 €.

Einkaufen

Tonpfeifen ► **La Bottega dei Fischetti:** Via Monte Pertica 9, Tel. 080 432 14 13, www.trullo.net, tgl. 8–20 Uhr. Allein wegen der lebenslustigen und aufgeschlossenen Anna Maria Matarrese ist das Geschäft einen Besuch wert. Sie betreibt ihren Pfeifenladen nun schon seit gut 50 Jahren. Zur Auswahl stehen ca. 9000 verschiedene Modelle – für jeden Geldbeutel ist etwas dabei.

Markt ► Jeden Donnerstag findet ein großer Markt statt, der sich von der Via Indipendenza bis zum Largo Martellotta und der Piazza del Popolo zieht.

Termine

Festa dei SS. Cosma e Damiano: 25.–28. Sept. Alberobello feiert seine Schutzpatrone mit Jahrmarkt, Umzug, Feuerwerk und kulinarischen Spezialitäten.

Verkehr

Züge: Verbindungen nach Bari, Infos unter www.fseonline.it.

Busse: Regelmäßige Verbindungen nach Martina Franca mit dem Busunternehmen SITA, www.sitabus.it.

Locorotondo ► 1, R 7/8

Das knapp 9 km südöstlich von Alberobello gelegene **Locorotondo** ist weitaus ruhiger und für manch einen daher auch entzückender als die Trulli-Hauptstadt. Der Ort bietet sich auch als Basis für Erkundungen in der Valle d'Itria an.

Äußerst einladend ist das kreisrunde **Centro Storico** mit seinen weiß getünchten Häusern. Von der Form des historischen Zentrums stammt auch der Ortsname ab: *locus rotundus* (›runder Ort‹). In Locorotondo sind nicht die Trulli typisch, sondern kleine Giebelhäuser mit einem schrägen Dach aus grauen Ziegeln. Einen der schönsten Ausblicke auf den Ort und über das Tal genießt man vom ausgeschilderten **Belvedere.** Unübersehbar sind die vielen Weinterrassen im Umland. Bereits im Jahr 1930 wurde im Ort die erste Winzergenossenschaft Apuliens gegründet, die Cantina del Locorotondo, die 1969 das D.O.C.-Siegel für ihren Weißwein erhielt. Locorotondo wirbt daher auch gerne mit dem Etikett Città del Vino Bianco (›Stadt des Weißweins‹).

Infos

Pro Loco: Piazza V. Emanuele 27, Tel. 080 431 30 99, Mo–Sa 10–13, 17–20 Uhr, in den Sommermonaten auch länger und am So.

Übernachten

Trullidorf ▶ **Il Palmento:** C.da Cupa 161, Tel. 080 438 34 04, www.ilpalmento.com. Die Hotelanlage umfasst ein ganzes Trullidorf mit Pool, Kinderspielplatz, Tennisplatz und Garten. Wie gemacht für einen längeren Aufenthalt. DZ 130–250 €.

Genial ▶ **Albergo Diffuso:** Via Vittorio Veneto 138, Tel. 080 431 32 98, www.sottolecummerse.it. Das B & B vermietet Wohnungen im historischen Zentrum. Die kleinen Apartments sind liebevoll renoviert, einfach und geschmackvoll eingerichtet. Man wohnt mitten im Geschehen. DZ 82–230 €.

Essen & Trinken

Alteingesessen ▶ **Centro Storico:** Via Eroi di Dogali 6, Tel. 080 431 54 73, Do–Di mittags u. abends. In dieser kleinen, gemütlichen Trattoria kommt typische Hausmannskost auf den Tisch, v. a. selbst gemachte Pasta, beispielsweise mit Zucchini, Tomaten, Fleisch. Menü 15–20 €.

Einkaufen

Wein ▶ **Cantina del Locorotondo:** Via Madonna della Catena 99, Tel. 080 431 16 44, www.locorotondodoc.com, Mo–Sa 10–13, 16–20 Uhr. Hier kann man die Weine der ältesten Winzergenossenschaft Apuliens kosten und erwerben.

Verkehr

Züge: Verbindungen nach Bari und Táranto (www.fseonline.it).

Martina Franca ▶ 1, R 8

Am Südrand des Itria-Tals liegt auf einem Hügel das wohlhabende **Martina Franca,** das mit seinen barocken Bauwerken schon auf Lecce und den Salento einstimmt. Die Stadt wurde im 13. Jh. von Philipp von Anjou gegründet. Zu diesem Zeitpunkt gab es bereits eine kleine Ansiedlung auf dem Monte San Martino, gegründet von Bewohnern aus Táranto, die im 9. Jh. vor den Sarazenen in Richtung Norden geflohen waren. Großzügig gewährte der Anjou Steuerfreiheit für alle Neusiedler, daher auch der Ortsname Martina Franca (›Freies Martina‹).

Im Jahr 1507 wurde Martina Franca Wohnsitz der Herzöge Caracciolo, die der Stadt nicht nur ein paar prächtige Bauten hinterließen, sondern auch für einen wirtschaftlichen Aufschwung sorgten. Ab dem 18. Jh. entwickelte sich Martina Franca zu einem Wirtschafts- und Handelszentrum, was heute noch zu spüren ist.

Am besten betritt man die Altstadt durch die **Porta di Santo Stefano** im Westen. Gleich dahinter erstreckt sich die **Piazza Roma,** die mit ihren Bänken, Bäumen und Brunnen ein wenig wie die gute Stube der Stadt wirkt. Am Platz erhebt sich der **Palazzo Ducale,** den die Caracciolo 1688 errichten ließen. An der imposanten Fassade fällt sofort der umlaufende Balkon mit seiner verzierten schmiedeeisernen Brüstung auf. Im Gebäude residiert die Stadtverwaltung, der Innenhof wird im Sommer für Konzerte des renommierten Festival della Valle d'Itria genutzt (s. S. 338). Für die Öffentlichkeit ist der Bau nur begrenzt zugänglich. Mit etwas Glück erhält man Zugang zur herrlich ausgemalten Sala del Mito (›Saal des Mythos‹), der Sala dell'Arcadia (›Saal Arkadiens‹) und der Sala della Bibbia (›Bibelsaal‹). Abends kann man teilweise einen Blick durch die Fenster ins erleuchtete Innere werfen.

Die Via V. Emanuele mit ihren vielen Geschäften führt ins Innere der Altstadt und direkt zur **Collegiata San Martino** aus dem Jahr 1775. An der barocken Fassade der Kollegiatskirche sticht die Figur des San Martino ins Auge, der seinen Mantel zerteilt. Auch das Innere ist durch den Barock bestimmt, wie er für Lecce und den Salento so typisch ist. Am Altar selbst finden sich zwei fein gearbeitete Skulpturen von Giuseppe Sammartino, »Carità« (›Barmherzigkeit‹) und »Maternità« (›Mutterschaft‹). Von der Piazza del Plebiscito aus kann man sich in das Gassenlabyrinth begeben und treiben lassen.

Infos

APT: Palazzo Ducale, Piazza Roma 37, Tel. 080 480 57 01, Mo–Sa 9–13, 17–19.30, Okt.–Mai Sa nur 9–13 Uhr.

Übernachten

Klassisch ▶ Park Hotel San Michele: Viale Carella 9, Tel. 080 480 70 53, www.parkhotel sanmichele.it. Hotel alten Stils am Stadtrand von Martina Franca. Sehr geräumige Zimmer, gediegene Atmosphäre, Pool, Garten und Terrasse. DZ 130–220 €.

Mit Atmosphäre ▶ Villaggio In: Via Arco Grassi 8, Tel. 080 480 59 11 www.villaggio in.it. Diese Initiative hat knapp 60 Apartments im historischen Zentrum liebevoll restauriert und eingerichtet. Ideal für einen kurzen oder auch längeren Aufenthalt. Apartment für 2–6 Pers. 75–170 €.

Tipp: Fleisch vom Grill

Das **Steakhouse Antica Storia** sollte man abends besuchen, denn nur dann wird der Ofen eingeheizt und es gibt neben Pizza auch die für diese Region typischen Grillgerichte *(alla brace).* Man sucht sich das Fleisch selbst aus, dann wird es auf Spieße gesteckt und über dem Feuer zubereitet. Zu empfehlen sind die *bombette* (ein von einer dünnen Scheibe Schweinefleisch umhülltes Stück Käse) und die *fegatini* (gegrillte Innereien), auch zum Mitnehmen. Das Fleisch schmeckt übrigens am besten mit Backkartoffeln (Via Bellini 33, Martina Franca, Tel. 080 483 77 85, tgl. mittags u. abends, Pizza ab 3,50 €, Fleisch 1,80–3 €/100g, Menü 15–20 €).

Essen & Trinken

Volkstümlich ▶ Il Saggitario: Via Quarto 15, Tel. 080 485 89 82, tgl. mittags u. abends. Bei Gästen und Einheimischen gleichermaßen beliebtes Lokal. Großer Speiseraum, bei warmem Wetter kann man sich auch an die Tische im Freien setzen. Flotter Service, tgl. wechselnde Gerichte und absolut faire Preise. Das köstliche Brot kommt aus dem eigenen Pizzaofen. Pizza ab 4 €, Menü 20 €.

Für zwischendurch ▶ Café Tripoli: Via Garibaldi 10, Tel. 080 480 52 60, tgl. 7–23 Uhr. An heißen Tagen sorgen *granita* (zerstoßenes Eis in verschiedenen Geschmackssorten) oder ein Eistee mit Zitronensorbet für die nötige Erfrischung.

Einkaufen

Süßes ▶ Confetti di Sulmona: Piazza Plebiscito 6, Tel. 080 430 56 29, www.confetteriadisulmona.it, Juni–Sept. tgl. 9.30–14, 17–22, sonst Mo–Sa 9.30–13, 17–20 Uhr. Hier bekommt man Blumen und Sträuße der besonderen Art – nahezu alles ist täuschend echt aus Konfekt und Bonbons hergestellt, eine Explosion aus Farben.

Termine

Festival della Valle d'Itria: Mitte Juli–Anfang Aug. Musikfestival in Martina Franca und Umgebung. Viele Opern werden im Innenhof des Palazzo Ducale aufgeführt. Infos unter www.festivaldellavalleditria.it, Karten 20–40 €.

Verkehr

Züge: Verbindungen nach Bari und Táranto, Letztere ist eine landschaftliche sehr schöne Strecke (30 Min.). Infos: www.fseonline.it.

Brindisi, Salento und Táranto

Das Land zwischen den beiden Meeren ist überwiegend flach, wobei vor allem die Küste südlich von Ótranto und um Portoselvaggio atemberaubend schön ist. Die geschichtsträchtigen Hafenstädte Brindisi, Táranto, Ótranto und Gallípoli könnten unterschiedlicher nicht sein. Im Landesinnern hingegen locken das barocke Lecce und die verborgenen Reize von Galatina.

Brindisi und Umgebung

▶ 1, S/T 7/8

Cityplan: S. 340

Brindisi ist der größte Fährhafen Süditaliens und der größte Hafen an der Adria. Bedeutung erlangte die Stadt als Transithafen, was sich bis heute nicht geändert hat und den mangelnden Charme von Brindisi erklärt. Nur wenige Besucher bleiben hier länger als nötig und auch die meisten Hotels und gastronomischen Einrichtungen haben sich auf eine schnelle Abfertigung eingestellt.

Geschichte

Schon den Messapiern, den ersten Siedlern im Stiefelabsatz, gefiel die geschützte Lage des Hafens, der mit seinen zwei geweihartig ins Land ragenden Wasserarmen vermutlich auch Namensgeber der Siedlung war: *brunda* (›Hirschkopf‹). Die Römer machten daraus Brundisium und bauten die Stadt zu ihrem wichtigsten Handels- und Militärhafen an der Adria aus.

Infolge der Kämpfe zwischen Langobarden, Sarazenen und Byzantinern entvölkerte sich Brindisi allmählich, erlebte jedoch in normannischer und staufischer Zeit einen neuerlichen Aufschwung als wichtigster Kreuzfahrerhafen. Das Erdbeben von 1456 richtete große Schäden an und sowohl die damals herrschenden Anjou als auch die nachfolgenden Spanier und Franzosen unternahmen keine großen Anstrengungen, um Brindisi als Hafenstadt zu erhalten. Das änderte sich erst mit der Eröffnung des Suezkanals 1869. Brindisi avancierte zum Transithafen auf der Route von London nach Bombay. Etwas Flair aus dieser Epoche ist mancherorts in Brindisi noch vorhanden (s. S. 343).

Sowohl im Ersten als auch im Zweiten Weltkrieg war Brindisi ein wichtiger Kriegshafen und entsprechenden Bombardements ausgesetzt. Im Laufe des 20. Jh. baute man die Provinzhauptstadt zu einem Industriestandort aus, dessen Rentabilität allerdings bis heute umstritten ist. Lange blieben die geschichtsträchtigen Bauten im Centro Storico sich selbst überlassen oder wurden gar für Neubauten geopfert. Doch in den letzten Jahren hat ein Umdenken stattgefunden und es wurde mit ersten Restaurierungsarbeiten begonnen – vielleicht bleiben die Besucher eines Tages ja doch länger in Brindisi.

Colonne Romane 1

Die beiden Wasserarme Seno di Ponente und Seno di Levante umschließen das **Centro Storico.** Am nördlichen Ende des Lungomare und schon von Weitem zu sehen erhebt sich eine der beiden **Colonne Romane,** die einst das Ende der Via Appia markierten. Die andere Säule stürzte beim Erdbeben 1528 um und wurde im 17. Jh. nach Lecce verschenkt (s. S. 345). Eine breite Treppe führt hinauf zu der 19 m hohen, weißen Marmorsäule. Die

Brindisi

Sehenswert

1 Colonne Romane
2 Monumento al Marinaio
3 Duomo
4 Museo Archeologico Provinciale
5 Portico dei Templari
6 Chiesa San Giovanni al Sepolcro
7 Chiesa di San Benedetto
8 Castello Svevo
9 Chiesa di Santa Maria del Casale

Übernachten

1 Grande Albergo Internazionale
2 Carpe Diem

Essen & Trinken

1 Pantagruele
2 Dal Pescatore da Iaccato

Abends & Nachts

1 Betty

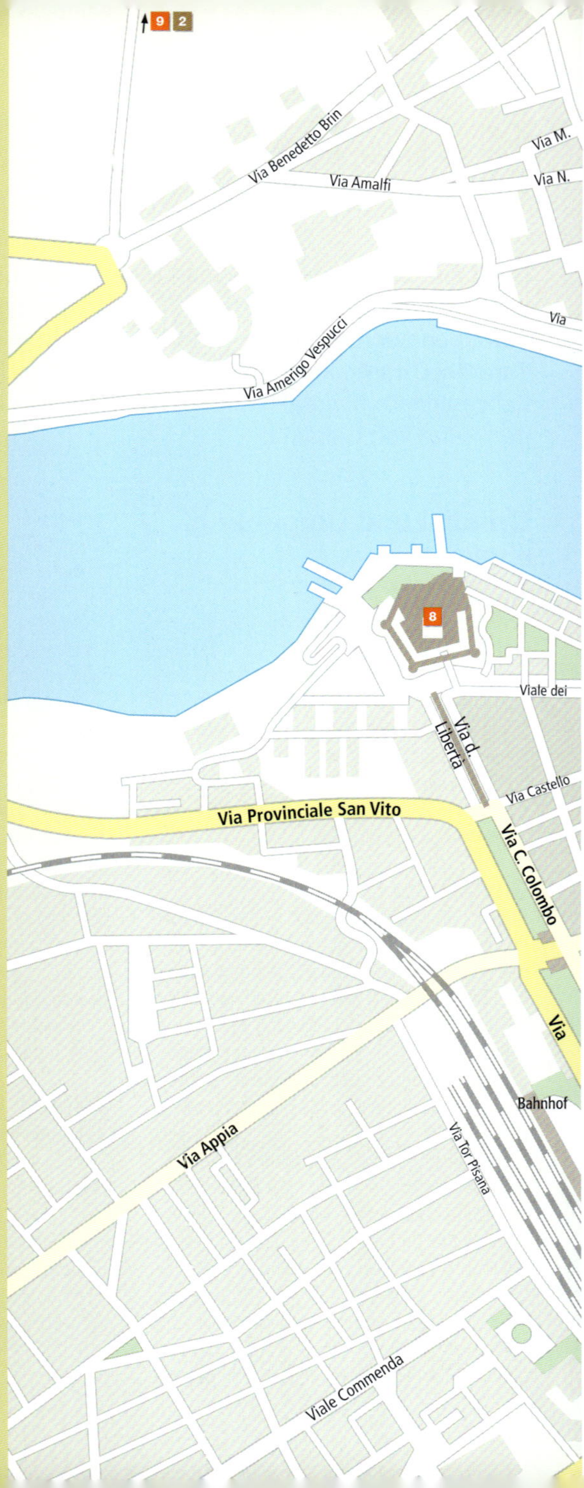

0
150
300 m
Via A. Bafile
Via S. Maria del Casale
Ruta
Via R. Flores
Magaldi
Viale Duca degli Abruzzi
Viale Amm. Millo
Palermo
Seno di Ponente
Lungomare Regina Margherita
Piazzetta Dionisi
Piazza S. Teresa
Via Colonne
Piazza Dante
Via Tarantini
Piazza Vittorio Emanuele
Mille
Via Salita di Ripalta
Hafenbahnhof
Via S. Giovanni
Via S. Benedetto
Via Consiglio
Piazza Matteotti
Via Giudea
Via del Mare
Corso Garibaldi
Piazza Vittoria
Via Fornari
Via Carmine
Via S. Dionisio
Piazza del Popolo
Corso Umberto I
Via Conserva
Via S. Lucia
Via Lata
Piazza Cairoli
Corso Umberto I
Via Lata
Bastioni
Corso Roma
Via Saponea
Via Porta Lecce
Seno di Levante
Via Indipendenza
Via del Mare
Via Taranto
Via Bastioni
Taranto
Lecce

Gottheiten Minerva, Mars, Jupiter und Neptun schmücken das Kapitell.

Monumento al Marinaio 2

Auf der gegenüberliegenden Seite des Seno di Ponente ragt das **Monumento al Marinaio** auf, das man mit einer der kleinen Hafenfähren erreicht. Das unter Mussolini 1932/33 errichtete Marinedenkmal in Form eines Steuerruders ist 60 m hoch und bietet einen schönen Überblick über Brindisi, den Hafen und das Umland. Ein Fahrstuhl fährt Besucher nach oben, die letzten 96 Stufen zur Aussichtsterrasse muss man allerdings zu Fuß zurücklegen. Wer die ganze Strecke hinaufgeht, erhält im Treppenhaus Informationen zur Baugeschichte und kann eine Vielzahl an Fotografien von Marineschiffen, Paraden und Geschwadern in Augenschein nehmen (Juni–Sept. Di–So 9–13, 15–20, Okt.–Mai 9–13, 14.30–16.30 Uhr).

Duomo und Museo Archeologico Provinciale

Geht man von den Colonne Romane in Richtung Zentrum, so gelangt man durch einen Durchgang zur **Piazza del Duomo.** Der **Duomo** 3 aus dem 11. Jh. wurde im 18. Jh. fast vollständig zerstört und danach im Barockstil neu errichtet. An den alten Bau erinnert nur noch wenig, z. B. die Reste eines Fußbodenmosaiks in der Nähe des Altars.

Gleich neben dem Dom liegt das **Museo Archeologico Provinciale** 4**.** In fünf Abteilungen werden u. a. Statuen und Sarkophage sowie Funde aus prähistorischer, messapischer, griechischer und römischer Zeit gezeigt (Tel. 0831 56 55 01, www.provincia.brindisi.it, unregelmäßig Mai–Sept. Di–So 19–13, 15–20, Okt.–April Di–So 9–13, 15–17, sicher Di–So 9.30–13, Di auch 15.30–18.30 Uhr, Eintritt frei).

Portico dei Templari und Chiesa San Giovanni

Links neben dem Museum befindet sich der **Portico dei Templari** 5**,** zwei Spitzbögen einer Vorhalle, die als Treffpunkt der fahrenden Ritter diente. Weitaus interessanter ist jedoch die **Chiesa San Giovanni al Sepolcro** 6**,** zu erreichen über die vom Dom westwärts führende Via Tarantini, von der die Via San Giovanni nach links abbiegt. Da die Maße der Kirche denen der Grabeskirche in Jerusalem entsprechen, wird vermutet, dass das Gotteshaus von den Normannen für jene Pilger errichtet wurde, die nicht selbst ins Heilige Land fahren konnten. Sicher ist, dass die Kirche ab Mitte des 13. Jh. zum Orden der Templer gehörte. Durch ein von Löwen eingefasstes Portal betritt man das Innere, in dem die Säulen und einige Fresken aus dem 14. Jh. gefallen. Gegenüber der drei Apsiden liegt das eigentliche Haupttor. Hier sollte man sich ruhig etwas Zeit nehmen, um die feinen Arbeiten genauer zu betrachten – orientalisch anmutende Muster, Adler, geflügelte Pferde etc. (Piazzetta S. Giacomo al Sepolcro, Tel. 0831 22 96 47, Di–So 9–13, 17–21 Uhr, Führungen auf Engl./Dt. nur für Gruppen und nur auf Vorbestellung).

Chiesa di San Benedetto 7

Unweit der Rundkirche, und dank der Ausschilderung gut zu finden, liegt die **Chiesa di San Benedetto.** Die im 11. Jh. errichtete und vor gut zehn Jahren renovierte Kirche erstrahlt in romanischer Pracht. Früher gehörte das Gotteshaus zu einem Konvent der Benediktinerinnen, der allerdings schon 1866 geschlossen wurde und nun im Besitz der Stadt ist. Die Hallenkirche entfaltet noch heute eine starke Wirkung. Auffallend ist die starke Präsenz weiblicher Heiligenfiguren. Man sollte sich unbedingt die kleine Sakristei und den von dort abgehenden Kreuzgang anschauen, wo schwere, mit Löwenköpfen versehene Kapitelle auf zierlichen Säulen ruhen (Via San Benedetto, Tel. 0831 59 74 74, tgl. 8–12, 17–19 Uhr).

Castello Svevo und Chiesa di Santa Maria del Casale

Weiter nördlich, wieder am Ufer des Seno di Ponente, befindet sich das **Castello Svevo** 8, das unter Friedrich II. seine Blüte hatte. Unter den Anjou und den Aragonesen wurde es ausgebaut und zur Zeit der Herrschaft von

Joachim Murat als Gefängnis genutzt. Die Anlage ist beeindruckend anzusehen, für die Öffentlichkeit aber leider nicht zugänglich, da sie von der Marine genutzt wird.

Einer von Brindisis größten Schätzen liegt außerhalb des Zentrums nahe dem Flughafen in einer eher trostlos zu nennenden Gegend. Die **Chiesa di Santa Maria del Casale** 9 ist entweder mit dem Auto (Ausschilderung nach Casale bzw. Aerostazione) oder mit dem Stadtbus A zu erreichen. Schon die hoch aufstrebende, zweifarbig gestaltete Fassade mit ihrem überhängenden Portikus und den umlaufenden, stark byzantinisch geprägten Mustern verspricht Besonderes. Richtig beeindruckend ist dann die Weite des einschiffigen Innenraums, was durch die vielen Fresken verstärkt wird. Vor allem die Begegnung zwischen der Jungfrau und einigen Kreuzrittern sowie der gekreuzigte Jesus am Granatapfelbaum fallen sofort ins Auge (Casale, Via Ruggero de Simone, Tel. 0831 41 85 45, tgl. 8–12, 16–19 Uhr).

Infos

Casa del Turisto: Viale Regina Margherita 44, Tel. 0831 56 21 26, tgl. 9–12.30, 15–20 Uhr.

Übernachten

Mondän ▶ **Grande Albergo Internazionale** 1: Viale Regina Margherita 23, Tel. 0831 52 34 73, www.albergointernazionale.it. Das am Lungomare in der Nähe der Colonne Romane gelegene Hotel verströmt noch den Charme aus der Zeit der Indienreisenden. Viel Luxus und Komfort. DZ 150–250 €.

Jugendherberge ▶ **Carpe Diem** 2: Via N. Brandi 2, Tel. mobil 338 323 55 45, www.hostelcarpediem.it. In einem schlichten Neubau zwischen Zentrum und Flughafen gelegen. Viel internationales Publikum, nette Atmosphäre, schlichte Zimmer. Schlafsaal ab 15 €, DZ 50 €.

Essen & Trinken

Ausgezeichnet ▶ **Pantagruele** 1: Via Salita di Ripalta 1–3, Tel. 0831 56 06 05, Mo–Fr

Piazza del Duomo: Die Hafenstadt Brindisi hat einige schöne Ecken zu bieten

aktiv unterwegs

Wanderung in der Riserva Naturale Torre Guaceto

Tour-Infos

Anfahrt: von Brindisi über die SS 379 etwa 15 km nach Norden
Start: Parkplatz an der SS 379
Länge: ca. 5 km
Dauer: ca. 2 Std. hin und zurück
Infos: Centro Visite Torre Guaceto, Serranova, Tel. 0831 98 98 85, www.riservaditorre guaceto.it, Juni–Mitte Sept. tgl. 9.30–13, 16–20, sonst Mo–Fr 9–13 Uhr

Ist das erste Stück Küste nördlich von Brindisi noch zersiedelt und eher hässlich, so präsentiert sich im Naturschutzgebiet um die Torre Guaceto eine völlig andere Landschaft. Dieser Abschnitt, der durch die **Riserva Naturale Torre Guaceto** geschützt ist, gilt als schönster der Provinz Brindisi und hat schon mehrmals die Blaue Flagge erhalten, eine Auszeichnung für beste Wasser- und Strandqualität. Der Park umfasst ca. 1000 ha Land, 2000 ha Wasser und eine Küstenlinie von ca. 7 km. Informationen und eine Wanderkarte erhält man im Besucherzentrum von **Serranova,** wo es auch einen gut sortierten Buchladen und einen kleinen Markt gibt, auf dem Bioprodukte aus der Region verkauft werden. Seit Sommer 2010 gibt es im Informationszentrum auch das **Museo del Mare.**

Empfehlenswert ist die Wanderung zur Torre Guaceto, einem Küstenwachturm aus spanischer Zeit. Dazu fährt man vom Besucherzentrum in Richtung Adria und lässt das Auto auf dem großen Parkplatz an der SS 379 stehen. Von dort geht man zum Meer und erreicht nach rund 500 m die **Punta Penna Grossa,** die sich für eine Badepause anbietet. In Richtung Süden ist bereits die Torre Guaceto in der Ferne zu erkennen. Der weitere Weg führt zunächst am Strand entlang bis zu ein paar großen Felsen. Dort zweigt ein Weg landeinwärts ab, der später wieder parallel zu Küste verläuft. Nach ca. 10 Min. kann man an einer Gabelung sowohl links als auch rechts weitergehen und erreicht die auf einer Landzunge stehende **Torre Guaceto.** Auf dem gleichen Weg geht es wieder zurück.

mittags u. abends, Sa/So nur abends. Das vielfach gepriesene und ausgezeichnete Lokal in der Altstadt bietet raffinierte Gerichte sowohl aus der Region als auch mit orientalischem Einfluss. Zu empfehlen sind u. a. die frische Pasta mit Muscheln oder der gegrillte Fisch. Menü 25–30 €.

Fisch und Pizza ▶ **Dal Pescatore da Iaccato** 2: Via Lenio Flacco 32, Tel. 0831 52 40 84, Do–Di mittags u. abends. In dem alteingesessenen Lokal werden seit über 50 Jahren einfache, aber gute Fischgerichte serviert, die auch bei den Einheimischen viel Zuspruch finden. Abends gibt es auch köstliche Pizza aus dem Holzofen. Pizza ab 4 €, Menü 20 €.

Abends & Nachts

Beliebter Treffpunkt ▶ **Betty** 1: Viale Regina Margherita 6, am Hafen, Tel. 0831 52 15 28. Eis, Snacks, Cocktails, Musik und coole Atmosphäre.

Verkehr

Flüge: Der Aeroporto Papola, Tel. 0831 411 74 47, www.aeroportidipuglia.it, liegt ca. 3 km außerhalb. Ins Zentrum gelangt man mit dem Stadtbus Linie A.

Züge: Verbindungen nach Lecce, Bari und Táranto (www.trenitalia.it). Der Bahnhof liegt am westlichen Rand der Altstadt.

Busse: Die Busse von STP Brindisi, Tel. 800 23 20 42, www.stpbrindisi.it, fahren in alle Orte der Provinz und verkehren auch innerhalb der Stadt. Eine Haltestelle befindet sich in der Nähe des Bahnhofs.

Fähren: Eine kleine Hafenfähre, Tel. 800 23 20 42, www.stpbrindisi.it, fährt vom Centro Storico bei den Colonne Romane auf die andere Seite des Seno di Ponente. Tgl. legen auch mehrere Fähren nach Griechenland ab (www.ferries.gr).

Mietwagen: Brindisi Car Hire, Piazza Cairoli 25, Tel 0831 52 64 07. Eine Avis-Station befindet sich am Flughafen, Tel. 0831 41 88 26.

Ostuni

Etwa 50 km nordwestlich von Brindisi liegt über drei Hügel verteilt **Ostuni,** die Città Bianca (›Weiße Stadt‹). Seit dem 14. Jh. werden die Hausfassaden regelmäßig weiß übertüncht, sodass die Stadt einem schon von Weitem entgegenleuchtet. Aus der Nähe betrachtet, merkt man zwar, dass der Putz teilweise ordentlich blättert, doch das tut dem Charme des Städtchens keinen Abbruch.

Von der großzügig angelegten **Piazza della Libertà** begibt man sich ins **Centro Storico.** Meist geht es aufwärts, vorbei an diversen Geschäften, die Obst und Gemüse, aber vor allem Souvenirs anbieten. Am besten, lässt man sich einfach durch diese griechisch anmutende Stadt treiben. Früher oder später gelangt man zur **Cattedrale Santa Maria Assunta.** Die schön geschwungene Fassade wird von zwei zierlichen Türmchen gekrönt. Blickfang ist aber die grandiose Fensterrose mit den Aposteln und Christus in ihrem Zentrum.

Übernachten

Angenehme Atmosphäre ▶ **La Terra:** Via G. Petrarolo 20, Tel. 0831 33 66 51, www.laterrahotel.it. Die 16 Zimmer in dem jüngst restaurierten Palazzo aus dem 13. Jh. sind unterschiedlich und sehr geschmackvoll gestaltet, teilweise ist der Originalfußboden noch erhalten, die alte Küche hat man ins Treppenhaus integriert. Zwei kleine Terrassen laden zum Verweilen ein, von der oberen genießt man einen herrlichen Blick über die Dächer von Ostuni. DZ 80–105 €.

Essen & Trinken

Beliebt ▶ **Spessite:** Via Brancasi 43, Tel. 0831 30 28 66, Do–Di mittags u. abends. Das Lokal in einer alten Ölmühle serviert traditionelle Gerichte, v. a. mit Gemüse und teilweise im Topf geschmort. Auch die Einheimischen wissen das zu schätzen. Menü 15–20 €.

12 Lecce ▶ 1, U/V 10

Cityplan: S. 348

Lecce ist nicht nur die Hauptstadt der gleichnamigen Provinz auf der Salento-Halbinsel, sondern auch eine Hauptstadt des Barock. Beim Gang durch die verkehrsberuhigten

Tipp: quiSalento

Das je nach Saison zweiwöchentlich oder monatlich erscheinende Magazin **quiSalento** informiert über alle Ereignisse, die im Salento stattfinden – Konzerte, Ausstellungen, Theater, Prozessionen zu Ehren der Ortsheiligen, Strandpartys, Musikfestivals, Raves etc. Zu erhalten am Zeitungskiosk für 2 €.

Gassen und Straßen kann man eine prächtige Fassade nach der anderen bewundern, manche scheinen geradezu um den höchsten Grad an Verspieltheit miteinander zu wetteifern. Der im 17. und 18. Jh. entstandene Lecceser Barock ist eine besondere Ausprägung dieser Kunstrichtung. Zwar wird man auch hier Elemente wie Girlanden, Putten, Cherubinen, Vasen oder Balustraden finden, doch im Vergleich mit dem klassischen Barock fällt alles viel opulenter aus. Zum Bau verwendete man den im Salento häufig vorkommenden weichen Kalkstein, die *pietra leccese*. Dieser Naturstein ist anfangs weich und lässt sich so leicht bearbeiten, bevor er aushärtet. Diese Eigenart war es, die die lokalen Künstler auf künstlerisches Neuland lockte und sie dazu inspirierte, die Fassaden flächendeckend plastisch zu gestalten. Die honiggelben Resultate begegnen einem im historischen Zentrum von Lecce im wahrsten Sinn des Wortes auf Schritt und Tritt.

Geschichte

Vermutlich gab es schon vor den Römern eine Besiedlung, doch erst aus deren Zeit stammen die ersten Funde, darunter zwei Theater. Die Römer nannten den Ort Lupiae und unter Kaiser Hadrian (76–138) wurde die Via Appia von Brindisi hierher verlängert. Das hielt den späteren Verfall von Lecce jedoch nicht auf. Für Karl V., der im gesamten Mittelmeerraum zum Kampf gegen die Türken und Sarazenen gerüstet hatte, wurde Lecce zu einem strategisch wichtigen Ort, den er befestigen ließ und zum Verwaltungszentrum erklärte. Der dadurch einsetzende Zuzug von Aristokraten, Staatsdienern und Militär bescherte Lecce einen wirtschaftlichen Aufschwung, der seine Ausprägung im Lecceser Barock des 17. und 18. Jh. findet. Dieser Wohlstand blieb bis heute erhalten.

Um die Piazza Sant'Oronzo

Einer der belebtesten Plätze im Zentrum von Lecce ist die **Piazza Sant'Oronzo** 1. Architektonisch trifft hier die Antike auf die Neu-

zeit, kulinarisch traditionelles Backwerk auf McDonalds. In der Mitte des Platzes ragt eine antike Säule auf, gekrönt vom Stadtheiligen Sant'Oronzo, der Lecce mehrmals vor der Pest bewahrte. Die **Colonna di Sant'Oronzo** 2 markierte ursprünglich das Ende der Via Appia in Brindisi, stürzte dort jedoch um und gelangte im 17. Jh. als Geschenk nach Lecce. Quasi der Säule zu Füßen liegt ein römisches **Amphitheater** 3 aus dem 2. Jh., das in den 1930er-Jahren zu einem Viertel freigelegt wurde. Im Sommer finden hier Konzerte und Theateraufführungen statt.

Östlich hinter der Piazza befindet sich das **Castello** 4. Es wurde im 16. Jh. im Auftrag von Karl V. durch Gian Giacomo dell'Acaya auf den Resten eines normannisch-angiovinischen Vorgängerbaus errichtet.

Barockgebäude, wohin man schaut – auch der Palazzo del Governo wurde in diesem Architekturstil errichtet

Lecce

Sehenswert

1. Piazza Sant'Oronzo
2. Colonna di Sant'Oronzo
3. Amphitheater
4. Castello
5. Basilica di Santa Croce
6. Chiesa di Santa Chiara
7. Teatro Romano
8. Piazza Duomo
9. Duomo
10. Palazzo del Seminario
11. Palazzo del Vescovo
12. Porta Napoli
13. Chiesa Santi Niccolò e Cataldo

Übernachten

1. Risorgimento
2. Palazzo Rollo
3. La Terrazza

Essen & Trinken

1. Alle due Corti
2. Da Angiulino
3. All'Ombra del Barocco
4. Gelateria degli Angeli

Einkaufen

1. Artefare
2. Star Magic
3. Il Fornaio

Abends & Nachts

1. Club Cabiria

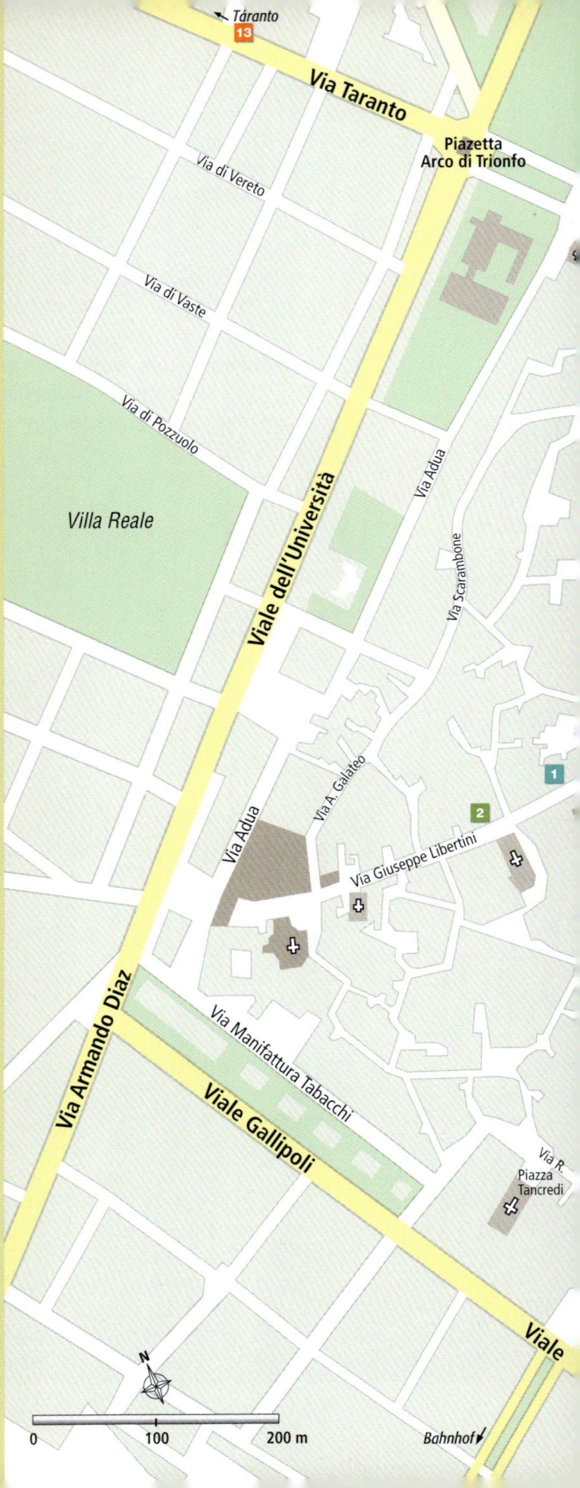

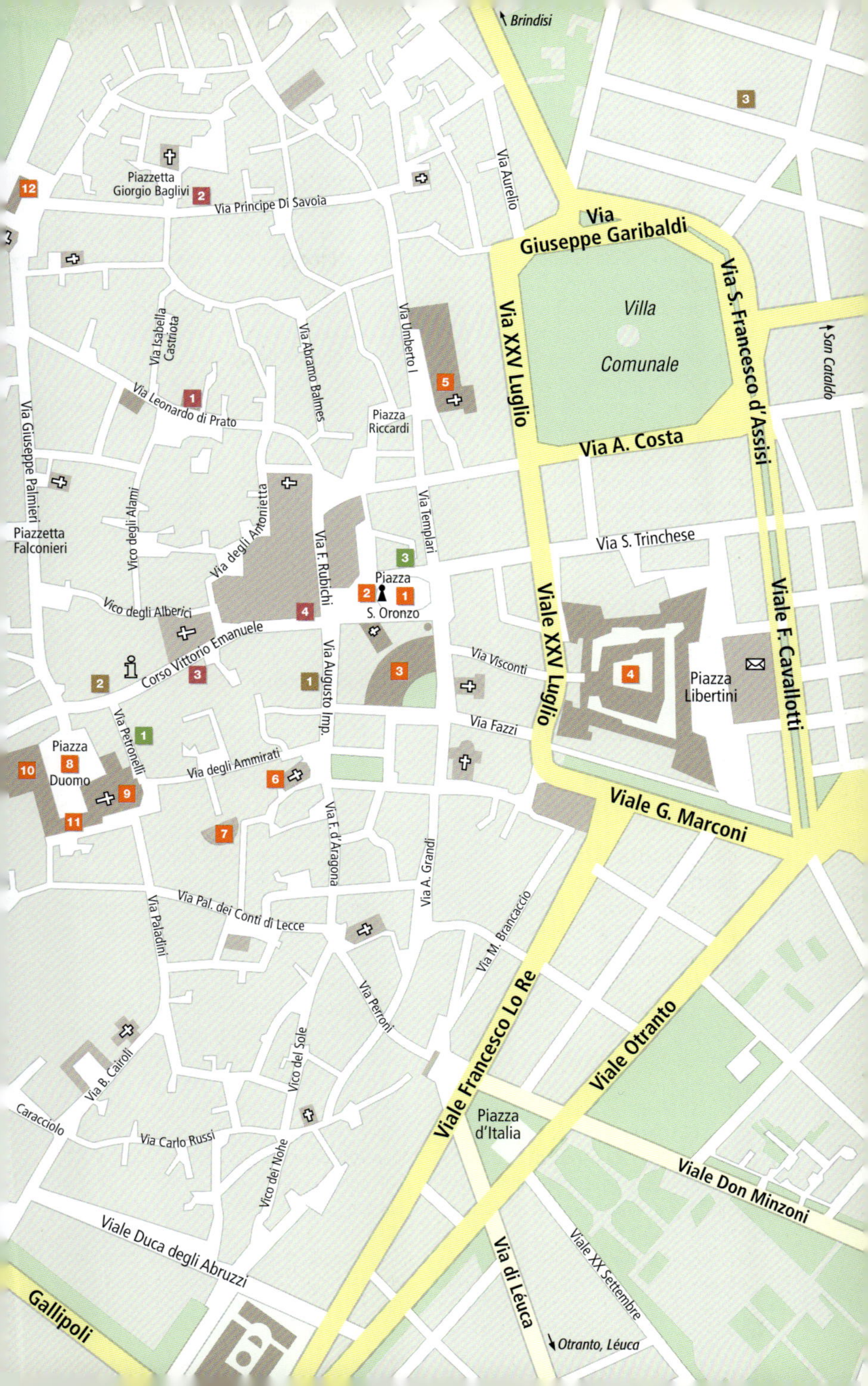
Brindisi
Piazzetta Giorgio Baglivi
Via Principe Di Savoia
Via Aurelio
Via Giuseppe Garibaldi
Villa Comunale
Via S. Francesco d'Assisi
San Cataldo
Via XXV Luglio
Via Umberto I
Via Abramo Balmes
Via Isabella Castriota
Via Leonardo di Prato
Piazza Riccardi
Via A. Costa
Via Giuseppe Palmieri
Vico degli Alami
Via degli Antonietta
Via F. Rubichi
Via Templari
Piazzetta Falconieri
Via S. Trinchese
Piazza S. Oronzo
Vico degli Alberici
Corso Vittorio Emanuele
Via Augusto Imp.
Viale XXV Luglio
Via Visconti
Piazza Libertini
Viale F. Cavallotti
Via Fazzi
Via Petronelli
Piazza Duomo
Via degli Ammirati
Viale G. Marconi
Via F. d'Aragona
Via A. Grandi
Via M. Brancaccio
Via Pal. dei Conti di Lecce
Via Paladini
Via Perroni
Viale Francesco Lo Re
Viale Otranto
Vico del Sole
Via B. Cairoli
Caracciolo
Piazza d'Italia
Via Carlo Russi
Vico dei Nohe
Viale Don Minzoni
Viale Duca degli Abruzzi
Via di Léuca
Viale XX Settembre
Otranto, Léuca
Gallipoli
1
2
3
4
5
6
7
8
9
10
11
12

Basilica di Santa Croce 5

Geht man von der Piazza Sant'Oronzo die Via Templari in Richtung Norden, so gelangt man zu einem der Barockjuwele von Lecce, der **Basilica di Santa Croce.** Mit dem Bau des Gotteshauses wurde Mitte des 16. Jh. begonnen, nachdem die Stadtherren einen Sieg über die Türken errungen hatten. Allerdings war das Kunstwerk erst 150 Jahre später, also Ende des 17. Jh., vollendet. Der obere Teil der Fassade zeigt eine barock gestaltete Krone als Symbol für den Sieg über die Türken. Diesen Bereich sowie die darunter liegende Rosette hat man so reich verziert, dass er den unteren Teil der Fassade fast zu erdrücken scheint. Links unter der Rosette, wie auch auf der rechten Seite, befindet sich eine Blume mit langen Blättern, nur dass hier das oberste Blatt in ein Gesicht mit einer großen Nase übergeht – es soll einen der beteiligten Architekten, Giulio Cesare Penna, darstellen. Barock geht es auch im Innern der Basilika zu. Links neben dem Hauptaltar findet sich eine meisterliche Arbeit in Lecceser Stein von Francesco Antonio Zimbalo. In zwölf Basrelief-Bildern hat er Szenen aus dem Leben des San Francesco di Paola dargestellt, die ob ihrer Raumwirkung unwahrscheinlich beeindruckend sind (Via Umberto I, tgl. 8–13, 17–18/19 Uhr).

Chiesa di Santa Chiara und Teatro Romano

Geht man von der Piazza Sant'Oronzo die Via A. Imperatore nach Süden, kommt man direkt zur **Chiesa di Santa Chiara** 6**,** einer alten Franziskanerkirche mit einem angeschlossenen Konvent aus dem 15. Jh. Sehenswert ist dessen ungewöhnliche Innendecke, die im 18. Jh. erneuert und komplett aus Pappmaschee gefertigt wurde, vermutlich aus ökonomischen Gründen. Wüsste man es nicht, würde man die Decke für eine Holzkonstruktion halten. Auf den Galerien sind noch die für die Nonnenkonvente typischen Gitter zu sehen, hinter denen die Nonnen dem Gottesdienst beiwohnten.

Etwas weiter südlich liegen die Reste eines weiteren römischen Theaters. Ein Teil des **Teatro Romano** 7 aus augustäischer Zeit wurde freigelegt und wird gelegentlich für Veranstaltungen genutzt.

Piazza Duomo

Geht man von der Piazza Sant'Oronzo aus nach Westen, so gelangt man über die Via Vittorio Emanuele zur **Piazza Duomo** 8**,** einem schönen Barockensemble aus Kathedrale, Glockenturm, Priesterseminar und Bischofspalast. Bischof Pappacoda ließ im 17. Jh. die alte Kathedrale durch eine neue ersetzen – desgleichen die aus dem Orient stammende bisherige Stadtpatronin Sant' Irene. Ihr folgte der Heilige Sant'Oronzo, der aus Lecce stammen soll und die Stadt u. a. 1656 vor der Pest bewahrte.

Der sowohl außen wie innen überreich gestaltete **Duomo** 9 mit seinen zweigeteilten Portalen wurde in wesentlichen Elementen von Zimbalo entworfen. Bemerkenswert sind im Innern die Marmor- und Silberarbeiten aus Neapel sowie die Kassettendecke (tgl. 8.30–12, 17–19.30 Uhr). Gegenüber liegen der **Palazzo del Seminario** 10 sowie der **Palazzo del Vescovo** 11**,** heute noch Sitz des Bischofs. Die Piazza selbst ist am Abend einer der beliebtesten Treffpunkte. Hier finden auch regelmäßig Konzerte statt.

Rund um die Piazza Duomo fallen die vielen **Cartapesta-Läden** ins Auge, in denen v. a. Krippenfiguren aus Pappmaschee hergestellt werden, eine in Lecce bereits jahrhundertealte Tradition. Für die Herstellung nimmt man ein Eisen- oder Drahtgestell, umwickelt es mit Stroh und trägt dann nacheinander sieben bis neun Lagen einer Masse auf, die aus Wasser, Mehl und Sulfat besteht. Letzteres ist zum Schutz gegen Mehlwürmer gedacht. Mit einem heißen Eisen werden danach die Unebenheiten geglättet, und dann erfolgt der Anstrich, für den gerade die Lecceser Künstler berühmt sind, weil sie durch eine Art Brenntechnik sehr realistische Wirkungen erzielen. Laien können am Schluss nur am Gewicht erkennen, ob die Figur aus Holz oder aus Pappmaschee gefertigt ist. Viele Figuren in den Kirchen sind schon über 200 Jahre alt. Sie sind nicht nur leicht – was besonders für die manchmal sehr langen Prozessionen wichtig ist –, sondern auch lange haltbar. Lecce ist eine der Hochburgen der Cartapesta-Kunst.

Porta Napoli und Chiesa Santi Niccolò e Cataldo

Von der Piazza Duomo führt die Via G. Palmieri stadtauswärts Richtung Norden. Unterwegs passiert man die **Porta Napoli** 12**,** ein Triumphtor für Karl V., der jedoch nie in Lecce gewesen ist. Am Tor beginnt eine Allee, die am Friedhof mit der **Chiesa Santi Niccolò e Cataldo** 13 endet. Die ursprünglich romanische Kirche erfuhr im 18. Jh. eine Barockisierung und ist zu den Kleinoden von Lecce zu zählen. Leider hat das Gotteshaus nur selten geöffnet, sodass man den Innenraum wahrscheinlich nicht zu Gesicht bekommt, doch allein die Fassade und der Kreuzgang sind überaus sehenswert (meist So 8–9 Uhr nach der Frühmesse).

Infos

APT: Via Vittorio Emanuele 24, Tel. 0832 24 80 92, Mai–Sept. Mo–Sa 8.30–13, 16–20, im Aug. auch So, Okt.–April Mo–Sa 8–14, 15–18 Uhr.

Übernachten

Vollkommen ▶ **Risorgimento** 1**:** Via Augusto Imperatore 19, Tel. 0832 24 63 11, www.risorgimentoresort.it. Das zentrale Hotel bietet Luxus vom Feinsten. Bei der Restaurierung des Palazzo aus dem 18. Jh. wurde auf Material und Stil besonders geachtet. Doppelzimmer und Suiten, Restaurant mit Dachterrasse, Frühstück mit apulischen Leckereien. DZ 340 €.

Gemütlich ▶ **Palazzo Rollo** 2**:** Via Vittorio Emanuele II. 14, Tel. mobil 328 954 05 85, www.palazzorollo.it. B & B mit 6 Zimmern und 3 Apartments in einem zentralen, modernisierten Palazzo aus dem 18. Jh. Geräumige Zimmer mit antiker Einrichtung, Hof mit Weinranken, ein besonderer Bonus ist der stark begrünte Dachgarten mit Plätzen zum Verweilen und zum Grillen. DZ 70–90 €, Apartment 100–120 €.

Zum Wohlfühlen ▶ **La Terrazza** 3**:** Via di Casanello 39, Tel. 0832 30 17 41, www.laterrazza-beb.com. Das Bed & Breakfast nördlich des Stadtzentrums ist in einem Palazzo aus dem 19. Jh. untergebracht und bietet mit seinen 4 Zimmern, dem gemütlichen Salon und der großen Terrasse viel Raum zum Entspannen und Wohlfühlen. Außerdem gibt es ein sehr reichhaltiges und abwechslungsreiches Frühstück. DZ 60–70 €.

Essen & Trinken

Cucina Salentina ▶ **Alle due Corti** 1**:** Corte dei Giugno 1, Tel. 0832 24 22 23, www.alleduecorti.com, Mo–Sa mittags u. abends. Atmosphärisch schönes Restaurant im Centro Storico. Umgeben von barocken Bauten sitzt man sehr gemütlich und darf sich überraschen lassen, was die Mama in der Küche zaubert. Für die Qualität des Essens spricht auch die hohe Zahl einheimischer Gäste. Menü 20–25 €.

Einfach und gut ▶ **Da Angiulino** 2**:** Via Principe di Savoia 24, Tel. 0832 24 51 46, Fr–Mi mittags u. abends. In einer der ältesten Trattorien von Lecce, möbliert im Stil der 1970er-Jahre, kommt schmackhafte Hausmannskost auf den Tisch. Alleine die Antipasti und v. a. die frische Pasta mit Sugo nach Wahl sind einen Besuch wert. Absolut faire Preise. Menü 10–15 €.

Snacks und Schmökern ▶ **All'Ombra del Barocco** 3**:** Corte dei Cicala 9, Tel. 0832 24 55 24, www.liberrima.it, tgl. 8–24 Uhr. Das Café wird von der Buchhandlung Liberrima betrieben, viele Bücher laden zum Schmökern ein. Es gibt gute und preiswerte Snacks sowie warme Gerichte.

Himmlisch ▶ **Gelateria degli Angeli** 4**:** Corso Vittorio Emanuele II., tgl. 9–22 Uhr. Bei einem Bummel durch Lecce sollte man unbedingt in die ›Eisdiele der Engel‹ hineinschauen und eine oder auch mehrere der himmlisch schmeckenden Eissorten probieren.

Einkaufen

Musik aus dem Salento ▶ **Star Magic** 2**:** Via Giuseppe Libertini 46, Tel. mobil 329 413 39 13, tgl. 10–13, 17–20 Uhr. Wer sich für

Tipp: Mehr als Pappe

Wer an den überall in Lecce angebotenen Produkten aus Pappmaschee und Lecceser Stein Gefallen findet, es aber lieber etwas extravaganter mag, der sollte bei **Artefare** 1 vorbeischauen. In diesem Geschäft kann man die von den Künstlern Massimiliano de Giovanni (Stein) sowie Gianni de Carlo und Pinuccia Petruzelli (Pappmaschee) gefertigten Stücke bewundern und zu vernünftigen Preisen erwerben. Schmuck, Bilderrahmen, Vasen, Notizbücher etc. – ungewöhnliche und edle Formen sowie ausgesuchte Farben (Via Petronelli 14/16, Tel. 0832 24 06 29, www.artefare.it, tgl. 9–13, 17–20 Uhr).

Tarantella-Musik interessiert bzw. für den neuen, darauf basierenden Sound, der sollte hier reinschauen und reinhören bzw. sich beraten lassen. Hier erhält man auch Infos zu aktuellen Konzerten in der Region.

Brot und Gebäck ▶ **Il Fornaio** 3: Piazza S. Oronzo, Tel. 0832 30 00 64, Mo–Sa 7.30–13.30, 17.30–20, So 8–13.30 Uhr. Hier kann man sich gut mit Brot und Gepäck versorgen sowie noch einige Dolci probieren, z. B. solche mit Feigen und Mandeln. Auf keinen Fall versäumen sollte man eine Kostprobe der *taralli,* einer Art Grissini in Kringelform, mit Fenchel, Sesam oder pikant gewürzt.

Abends & Nachts

Livemusik ▶ **Club Cabiria** 1: Via Giuseppe Libertini 64. Pub in kleinem Innenhof mit anregender Atmosphäre. Manchmal finden Livekonzerte statt.

Termine

Fiera dei Persepi e dei Pupi: Dez. Großer Weihnachtsmarkt mit einer Puppenmesse, auf der traditionelle Krippen und Weihnachtsfiguren ausgestellt und zum Verkauf angeboten werden.

Verkehr

Züge: Verbindungen nach Brindisi, Bari und Foggia, www.trenitalia.it, sowie in den Salento mit Ferrovie Sud-Est, Tel. 0832 66 81 11, www.fseonline.it. Der Hauptbahnhof befindet sich südlich der Altstadt.

Busse: Die Busse der STP, www.stplecce.it, sowie der Autolinee Sud-Est, www.fseonline.it, verbinden Lecce mit Bari, Brindisi, Alberobello und den Orten im Salento. Die meisten Busse fahren vom Hauptbahnhof ab.

Mietwagen: Lecce Car Hire (Avis), Viale Grassi 158, Tel. 0832 22 85 85.

Maglie ▶ 1, V 11

27 km südlich von Lecce liegt **Maglie,** Verkehrsknotenpunkt im Salento mit einem charmanten Stadtkern inklusive einiger bemerkenswerter Barockbauten. So manchem ist Maglie vielleicht bekannt als Geburtsort von Aldo Moro (1916–78), der von den Brigate Rosse (›Roten Brigaden‹) entführt und ermordet wurde. Die meisten Reisenden machen hier keinen Stopp, doch an Paläontologie Interessierte sollten dem Städtchen einen Besuch abstatten. Das hiesige **Museo Civico di Paleontologia e Paletnologia** zeigt Funde, die an verschiedenen Orten des Salento, vor allem in Höhlen, gemacht wurden. Interessant anzuschauen sind die riesigen Zähne von einem prähistorischen Bär und Nilpferd, ebenso die diversen Knochenfunde, von denen man lernt, dass es im Salento sogar einmal Pinguine gab. Skizzen informieren, zu welcher Stelle im Körper die Knochen gehören, sodass man eine Vorstellung von der Größe dieser Urtiere bekommt. Auf einer Karte sind die Grotten eingezeichnet, in denen man diese Funde machte. Die berühmteste ist die Grotta dei Cervi (›Hirschgrotte‹) bei Porto Badisco, die 1970 entdeckt wurde. Unter den zahlreichen Höhlenzeichnungen, auf die man hier stieß, ist die Darstellung einer Hirschjagd die berühmteste – daher auch der Name der Grotte. Drucke dieser Höhlenzeichnungen sind in der ersten Etage ausgestellt. In einem weiteren Bereich des Museums werden Werkzeug- und Töpferfunde aus der Bronzezeit gezeigt. Eine Schenkung ermöglichte die Sezione Etnografica Florio San-

tini, eine Sammlung von Kultartefakten aus Afrika, vor allem aus dem 16. und 17. Jh. (Via V. Emanuele 117, Tel. 0836 48 58 20, www.comune.maglie.le.it, Mo–Fr 9–13, Mo, Do 16–18.30, Mitte Juni–Mitte Sept. Mo–Fr 9–13, 18–23, Sa 10–13 Uhr, 2,50 €, erm. 1,50 €, für die Afrika-Ausstellung 0,50 € extra, Beschriftungen nur auf Ital., viersprachige Begleitbroschüre 5 €).

Übernachten

Einfallsreich ▶ **Corte dei Francesi:** Via Roma 172, Tel. 0836 42 42 82, www.cortedeifrancesi.it. Dieses bemerkenswerte Hotel fast im Zentrum von Maglie ist in einem alten Palazzo aus dem 16. Jh. untergebracht, dessen architektonische Strukturen man bei der jüngsten Restauration mit modernen Elementen versehen hat. Die stilvoll gestalteten Zimmer gehen alle auf den Innenhof. Das Hotel ist eine gute Basis zur Erkundung des Salento. DZ 70–110 €.

Ótranto ▶ 1, W 11

18 km sind es von Lecce bis in das an der Adria liegende **Ótranto,** das auch gerne als Tor zum Orient bezeichnet wird – nur 80 km liegen zwischen der Stadt und Albanien. Seine geschützte Lage und die Nähe zu Griechenland veranlasste Siedler aus dem griechischen Taras (Táranto), später die Römer, hier eine Hafenstadt zu errichten: Hydruntum, benannt nach dem hier mündenden Flüsschen. Dank der Verlängerung der Via Appia avancierte der Hafen bald zu einem der wichtigsten an der Adria. Für Byzanz war Hydruntum der Brückenkopf nach Süditalien.

Auch ab dem 11. Jh. unter den Normannen behielt Ótranto seine Bedeutung für die gesamte Region. Aus dieser Zeit stammt die Bezeichnung Terra d'Ótranto, die sowohl den Salento als auch Lecce, Brindisi, Táranto und sogar Matera (Basilikata) umfasste und heute noch in historischem Kontext gebräuchlich ist.

Mit dem Aufschwung war es jäh vorbei, als die Türken unter Admiral Ahmed Pascha Ótranto überfielen. Es heißt, 800 Einwohner seien enthauptet worden, weil sie sich weigerten, ihrem christlichen Glauben abzuschwören. Die Erinnerung an dieses Martyrium wird bis heute lebendig gehalten (s. S. 355). Nach diesem Ereignis wurde die Stadt durch die damals in Süditalien herrschenden Aragonesen mit einem Kastell und einer Stadtmauer befestigt.

Centro Storico

Das historische Zentrum betritt man am besten durch die **Porta di Terra** bei der **Torre Alfonsino,** beide aus aragonesischer Zeit. Über die Via A. d'Aragóna und die Via Basilicata gelangt man hinauf zur Piazza Basilica mit der Kathedrale (s. u.).

Ótrantos Altstadt blieb sehr gut erhalten und präsentiert sich heutigen Besuchern als wahres Juwel. Das liegt nicht zuletzt an wohlhabenden Bürgern aus der Region und aus dem Norden, die sich hier Häuser gekauft und restauriert haben, denn die Küste um Ótranto zählt zu den schönsten des Salento (s. S. 355).

Cattedrale Santa Maria Assunta

An der Piazza Basilica steht die **Cattedrale Santa Maria Assunta** aus dem 11. Jh. Die gotisch anmutende Fensterrose und das barocke Portal wurden später verändert. Die eigentlichen Hauptattraktionen sind die Krypta sowie Süditaliens größter nahezu komplett erhaltener Mosaikfußboden aus dem Mittelalter. Das Bodenmosaik umfasst 800 m^2 in Mittelschiff, Querhaus und Apsis. Geschaffen wurde es zwischen 1163 und 1165 von einem Mönch namens Pantaleone. Er entstammte dem heute nicht mehr bestehenden Kloster S. Nicola di Casole südlich von Ótranto, das bekannt war für seine Bibliothek und die dort angefertigten Bücher. Sowohl dieser Umstand als auch die Lage Ótrantos zwischen Morgen- und Abendland kann als Erklärung für die Vielfalt der Motive in dem Bodenmosaik dienen. Aus unzähligen Kalksteinchen gefertigt, finden sich Szenen aus dem Alten und Neuen Testament, der Artussage, antiken Mythen sowie Sternzeichen und viele Tiere und

Fabelwesen. Es heißt, Pantaleone habe sich selbst in einem Mosaik im Altarraum verewigt. Dort ist auf der rechten Seite ein Einhorn zu sehen, vor dem ein Mönch kniet.

In der rechten Apsis befindet sich die **Capella dei Martiri,** wo in Glasschränken Reliquien der Märtyrer von 1480 liegen, und unter dem Altar der Richtblock, auf dem sie enthauptet wurden. Eine Treppe führt hinab in die **Krypta**, die eine sehr niedrige Decke hat, was die Wirkung des Säulenwalds noch einmal verstärkt. Die 42 Säulen sind ein Sammelsurium aus korinthischen, dorischen und romanischen Kapitellen (tgl. 8–12, 15–17, Juli/Aug. bis 19 Uhr).

Infos

IAT: Piazza Castello, Tel. 0836 80 14 36, Mo–Sa 9–13, 16–19, im Aug. bis 21 Uhr.

Übernachten

Hafenblick ▶ Palazzo de Mori: Via Leonardi, Tel. 0836 80 10 88, www.palazzodemori.it. Das B & B oberhalb des Hafens mit aus-

Fischfang wird in Süditalien noch groß geschrieben, entsprechend beeinflusst ist die lokale Küche – testen lohnt sich!

sichtsreicher Terrasse hat 8 stilvoll eingerichtete Zimmer und einen freundlichen Service. DZ 80–100 €.

Essen & Trinken

Alteingesessen ▶ **La Pignata:** Corso Garibaldi, Tel. 0836 80 12 84, Di–So mittags u. abends. In der gemütlichen Trattoria wird gute salentinische Küche serviert. Neben den Antipasti ist besonders eine *pignata* (im Tontopf gekochtes Fleisch) zu empfehlen. Menü 20–25 €.

Abends & Nachts

Cooles Ambiente ▶ **Spinnaker Lounge:** Bastione dei Pelasgi 12, Tel. 0836 80 29 02. Die Lounge mit edlem, schickem Flair ist v. a. abends ein beliebter Treffpunkt – Cocktails, Musik und Urlaubsstimmung.

Termine

Festa dei SS. Martiri Idruntini: 13.–15. Aug. Fest im Gedenken an die Märtyrer von 1480.

Verkehr

Züge: Züge der Ferrovie Sud-Est, www.fseonline.it, verkehren mehrmals tgl. zwischen Ótranto und Maglie, von dort gibt es Verbindungen nach Lecce. Der Bahnhof befindet sich ca. 10 Min. zu Fuß vom historischen Zentrum entfernt.

Fähren: Nach Griechenland und Albanien. Tickets bei Ellade Viaggi, Via Guglielmotto di Ótranto 33, www.elladeviaggi.it.

Von Ótranto zum Capo Santa Maria di Léuca

Die Strecke entlang der Küste von Ótranto zum Capo Santa Maria di Léuca zählt zu den spektakulärsten Apuliens. In vielen Kurven windet sich die Straße oberhalb des azurblauen Meers dahin – manchmal entlang steiler Hänge, manchmal ganz nah an einer der kleinen paradiesischen Buchten vorbei. Die Region eignet sich sehr gut zum Schnorcheln, Tauchen und für kleine Wanderungen.

Die Salento-Halbinsel wurde oft von den Türken überfallen, weshalb an dieser Küste mehr Küstenwachtürme als andernorts aufragen. Gleich hinter Ótranto stehen noch die Reste der **Torre delle Serpe.** Die Legende berichtet von einer Schlange, die immer wieder das Öl in der Lampe des Leuchtturms austrank, um so die Schiffe auf die Riffe zu locken.

Capo d'Ótranto und Porto Badisco ▶ 1, W 11

Nur wenige Kilometer weiter liegt das **Capo d'Ótranto** mit seinem weißen Leuchtturm.

Das Kap markiert den östlichsten Punkt Italiens. Ab hier beginnt eine bizarre Steilküste mit vielen Grotten und kleinen Buchten. Wunderschön ist **Porto Badisco,** eine kleine Ortschaft, die an einem winzigen Fjord liegt. Der Strand ist einladend, von den Felsen kann man ins klare Wasser springen und auch Schnorchler kommen voll auf ihre Kosten. Auf Pfaden kann man die Küste zu beiden Seiten erkunden.

Übernachten

... bei Porto Badisco:

Camping ▶ Porto Miggiano: Tel. 0836 94 43 03, www.campingportomiggiano.it. Der Zeltplatz liegt etwa 2 km südlich oberhalb einer Bucht. Freundliche und gepflegte Anlage mit Schattenplätzen und allen notwendigen Einrichtungen. Auch Vermietung von Bungalows. Zelt inkl. 2 Pers. 15–22 €, Bungalow 60–130 €.

... in Santa Cesárea Terme (ca. 5 km südl. von Porto Badisco):

Blick übers Land ▶ Masseria Panareo: Via Litoranea Ótranto, Tel. 0836 81 29 99, www.masseriapanareo.com. Die Masseria liegt eingebettet in die Landschaft südlich von Ótranto in 1,5 km Entfernung zum Meer. Die gesamte Anlage strahlt viel Ruhe aus, es gibt einen Pool und im angeschlossenen Restaurant werden frische Produkte aus der Region verwendet. DZ 80–230 €.

Abends & Nachts

... in Santa Cesárea Terme (ca. 5 km südl. von Porto Badisco):

Disco ▶ Malè: Via Belvedere, in der Nähe des Belvedere von Santa Cesárea Terme, www.livinggarden.it. Verschiedene Dancefloors, wechselnde DJs und Live-Acts. Ein Großteil der Events findet im Freien statt mit Blick aufs Meer.

Aktiv

Tauchen ▶ Onda Blue: Via Scalo D'Alaggio, Zona Porto Miggiano, Santa Cesárea Terme (ca. 5 km südl. von Porto Badisco), Tel. 0836 94 97 97, www.onda-blusrl.it. Tauchkurse, Ausrüstungs- und Bootsverleih. Mehrere Basen an der Küste südlich von Ótranto, u. a. auch in Ótranto und Castro Marina.

Termine

Sagra del Riccio di Mare: Ende Juli. In Porto Badisco wird der Seeigel gefeiert, den man gleich nach dem Fang roh verzehrt.

Grotta Zinzulusa ▶ 1, W 12

Kurz vor Castro Marina liegt der Zugang zur **Grotta Zinzulusa,** einer kleinen Höhle mit Stalagmiten und Stalaktiten, in die man ungefähr 150 m weit hineingehen kann. Allerdings ist diese Höhle weitaus weniger spektakulär als jene von Castellana und Putignano (Tel. 0836 94 38 12, Okt.–März 10–16.30, April/Mai 10–17.30, Juni–Sept. 9.30–19 Uhr, 4 €).

Castro Marina und Castro ▶ 1, W 12

Castro Marina ist ein beliebter Badeort, dessen Mauern am Hafenbecken vor allem am Wochenende dicht mit Sonnenanbetern bevölkert sind. Links vom Hafen führt ein Weg in 20 Min. zum **Pizzo Mucurune,** auf dem eine Kapelle aus den 1970er-Jahren steht. Von dort aus kann man weiter in den alten und charmanten Borgo von **Castro** aufsteigen, eine kleine Perle mit Piazza, erst kürzlich neu gepflasterten Gassen und einer ehemaligen Kathedrale (1171), denn Castro war bis ins 19. Jh. Bischofssitz.

Aktiv

Bootstouren ▶ Durlindana: Marina di Castro, Tel. 0836 94 39 16, mobil 338 897 99 96. Touren im Motor- und Segelboot inkl. Besuch einiger Grotten und Badestopp (max. 10 Pers., 1 Std. 10 €, 2 Std. 20 €).

Tricase Porto und Baia di Ciola ▶ 1, W 12

Die Straße schlängelt sich weiter an der Küste entlang und erreicht **Tricase Porto,** den Hafen der weiter oberhalb liegenden gleichnamigen Ortschaft. Eine geschützte, entzückende kleine Sandbucht lädt zu einem Badestopp ein. Entlang der Straße liegen einige Lokale.

Nochmals eine Steigerung ist dann die **Baia di Ciola.** Das Auto kann man oben parken, um in diese idyllische Sandbucht abzusteigen. Auch die umliegenden Felsen werden von Sonnenanbetern und Wasserratten genutzt. Bei den oberhalb liegenden Bars sieht man eine Treppe, die in einen Pfad übergeht, auf dem man in gut 1 Std. nach Gagliano wandern kann. Oberhalb der Bucht befindet sich die bekannte Discothek Gibò (s. u.).

Übernachten

... bei Tricase Porto:

Gastfreundlich ▶ **Borgo Pescatori:** Via Borgo Pescatori 26, Tel. 0833 77 51 21, www.borgopescatori.eu. Das B & B oberhalb des nur 100 m entfernten Meers liegt in einem schönen Garten mit herrlicher Aussicht. Die Schweizer Betreiberin vermietet 5 gemütliche Zimmer und bringt zum Frühstück äußerst gesunde Kost auf den Tisch. Auf Anfrage wird auch Abendessen serviert. DZ ohne/mit Bad 40–60 €.

Abends & Nachts

... oberhalb der Baia di Ciola:

Disco ▶ **Gibò:** Tel. 0833 54 84 79, www.gibo.it. Angesagte und beliebte Disco, zu der man überall aus dem Salento anreist.

Capo Santa Maria di Léuca

▶ 1, W 13

Dann endlich erreicht man das **Capo Santa Maria di Léuca,** den südlichsten Punkt Apuliens, wo das Adriatische und das Ionische Meer aufeinandertreffen. An der felsigen Küste gibt es wunderschöne Meeresgrotten, die darauf warten, auf einer Bootstour entdeckt zu werden.

Auf der Spitze des Kaps erhebt sich das **Santuario Santa Maria di Léuca,** eine Wallfahrtskirche, die viele Pilger anzieht, denn es heißt, nur wer eine Wallfahrt zum *finibus terrae* (›Ende der Welt‹) gemacht hat, findet Eingang ins Paradies. Schon in vorchristlicher Zeit soll am Kap ein Tempel der Minerva gestanden haben, seitdem zierten mehrere Kirchen die Landspitze – die jetzige stammt aus dem 18. Jh. 1926 wurde die Fassade neu gestaltet, das Innere ist eher unspektakulär. Gleich am Eingang fällt auf der rechten Seite eine Art hölzerner Thron auf. Dieser wurde extra für den Besuch des Papstes 2008 gefertigt (tgl. 7.30–12.30, 15–18 Uhr).

Auf dem weiten Platz vor der Kirche findet man eine Statue von Benedikt XVI., ebenso diverse Souvenirläden und eine Bar. Von hier oben hat man eine tolle Aussicht auf die Küste und **San Léuca.** Bei einem Spaziergang durch den Ort fallen viele verspielte Villen mit Türmchen, Sonnenuhr, Säulengängen etc. auf. Sie stammen aus der Zeit um die vorige Jahrhundertwende, als es Mode wurde, sich in den Ferien ans Meer zurückzuziehen. Aufgrund seiner Lage am ›Ende der Welt‹ war San Léuca besonders begehrt. Heute zieht der Ort vor allem im Sommer viele Bade- und Tauchtouristen an.

Tipp: Gesunde Küche

Chef Andrea D'Amico widmet sich der gesunden Küche. In seinem Restaurant **A casa mia** kommt vor allem frischer Fisch auf den Tisch, wobei man bei der Zubereitung des Essens zusehen kann. Hervorragend sind das Carpaccio, besonders aber der frische Pesce Azzuro, gegrillt oder gekocht, dazu wilder Meerfenchel, der sozusagen vor der Haustüre wächst. Einfach nach dem Angebot des Tages fragen (Lungomare C. Colombo, Tricase Porto, Tel. mobil 347 380 87 32, tgl. mittags u. abends. Menü 20–30 €).

Infos

IAT: Corso C. Colombo 61, in der Villa La Meridiana, Tel 0833 75 81 61, Mai–Sept. tgl. 9–12, 17–20, Okt.–April Mo–Sa 9–12 Uhr.

Übernachten

Grandios ▶ **Gand Hotel L'Approdo:** Via Panoramica, Tel. 0833 75 85 48, www.hotelapprodo.com. Der Straßenname sagt es schon – das wunderbar gelegene Hotel bietet eine himmlische Aussicht und ebenso schöne Zimmer. Gutes Restaurant, Pool, kleiner Garten, zum Wohlfühlen. DZ 80–250 €.

Camping und Feriendorf ▶ Camping S. Maria di Léuca: an der Straße nach Gagliano, Tel. 0833 54 81 57, www.campingsmleuca.com. Das Feriendorf nur 3 km nördlich vom Capo bietet schattige Stellplätze unter Pinien, Oliven- und Eukalyptusbäumen. Pool, Sportanlagen, Restaurant, Supermarkt, auch Bungalows. Zelt inkl. 2 Pers. 18–35 €, Bungalow 65–170 €.

Essen & Trinken

Volkstümlich ▶ Fedele: Via Doppia Croce 55, Tel. 0833 75 87 32, Di–So mittags u. abends. Herrlich einfache Trattoria, die auf jeden Schnickschnack verzichtet und außerdem sehr schmackhafte Gerichte zubereitet, was auch die hohe Anzahl einheimischer Gäste beweist. Zu empfehlen ist immer der frische Fisch. Menü 25 €.

Familienosteria ▶ Rizieri: Via Lungomare C. Colombo 16, Tel. 0833 75 80 07, tgl. mittags u. abends. Seit den 1950er-Jahren wird hier mit Zutaten gekocht, die der Jahreszeit entsprechen. Gemütliche Atmosphäre und faire Preise. Menü 15–20 €.

Aktiv

Bootstouren ▶ Piccola Nautica: am Hafen, Tel. 0833 75 81 85, mobil 338 300 35 29. Dem Sonnenstand entsprechend werden verschiedene Bootstouren mit Badestopp angeboten – vormittags ostwärts, nachmittags westwärts (im Frühjahr in Abhängigkeit vom Wetter, sicher Juni–Sept., ca. 10 Pers., 1,5–2 Std., 13–15 € p. P.). Auch Motorbootverleih (ab ca. 120 €/Tag).

Gallípoli ▶ 1, U 11

Fährt man vom Capo Santa Maria di Léuca am Ionischen Meer entlang in Richtung Nordwesten, folgt zunächst eine Felsenküste, an die sich lange Dünenstrände anschließen. In diesem eher zersiedelten Abschnitt gibt es viele Hotelanlagen und Feriendörfer. Wirklich interessant wird es erst wieder in **Gallípoli** *(kalè pólis),* der schönen Stadt der Griechen. Dazu muss man allerdings erst einmal durch die seit dem 19. Jh. wachsende Neustadt fahren, die durch eine Brücke mit der auf einer Insel liegenden Altstadt verbunden ist. Empfehlenswert ist ein kompletter Rundgang um die Altstadt mit Blick auf das Meer und in kleine, bezaubernde Gassen.

Geschichte

Bevor die Griechen hier ihre Stadt gründeten, gab es an gleicher Stelle vermutlich eine messapische Siedlung. Im Verbund mit dem starken Nachbarn Taras (s. S. 365) konnten sich die Griechen lange gegen fremde Völker wehren, bis die Stadt 266 v. Chr. von den Römern eingenommen wurde. Diese verbanden Gallípoli über die Via Traiana mit Brindisi, wodurch die Stadt an strategischer und wirtschaftlicher Bedeutung gewann.

Nach dem Zusammenbruch des römischen Reichs folgten im Wechsel Goten, Langobarden, Byzantiner, Normannen, Staufer und Anjou. Einen absoluten wirtschaftlichen Aufschwung erlebte Gallípoli ab dem 17. Jh. als wichtigster (Lampen-)Öllieferant für das Baltikum, Russland, England, die Niederlande und das Osmanische Reich. Die kalkreichen Böden und das trockene Klima im Salento boten ideale Bedingungen für einen erfolgreichen Anbau von Oliven, aus denen man das Lampenöl gewann. Gallípoli wurde zum wichtigsten Umschlagplatz der Region. Handelshäuser, sogar Konsulate errichteten hier ihre Dependancen, sodass die alte Stadt ab 1785 erweitert werden musste und man beschloss, auch das Festland miteinzubeziehen. Der Boom hielt an, bis Petroleum, das schwarze Gold, entdeckt wurde.

Castello Angioino und Hafen

Schon von Weitem sieht man das wehrhaft wirkende **Castello Angioino,** das Anfang des 16. Jh. auf einem byzantinisch-staufischen Vorgängerbau errichtet wurde. Das Kastell hielt beinahe allen Kämpfen stand und wird heute in den Sommermonaten als Freilichtkino genutzt.

Am unterhalb davon gelegenen Hafenbecken landen sowohl vor- als auch spätnachmittags kleine Fischkutter ihren Fang an.

Gleich im Anschluss startet der Verkauf, zu dem sich viele Einheimische einfinden. Hier kann man sich bestens mit frischem Fisch versorgen oder einfach nur ein wenig Marktatmosphäre schnuppern.

Cattedrale Sant'Agata

Über die Via A. de Pace gelangt man direkt zur **Piazza del Duomo** mit der **Cattedrale Sant'Agata.** Vermutlich stand an dieser höchsten Stelle des Orts einmal ein romanischer Bau, doch 1630 wurde durch die Spanier ein neuer, der Märtyrerin Agata geweihter Dom begonnen. Ganz dem Lecceser Barock verpflichtet (s. S. 345), quillt die Fassade auch hier über von Ornamenten, Figuren, Blumen etc. Leider kann man diese Vielfalt nur betrachten, wenn man den Kopf weit in den Nacken legt, denn der einst vor dem Portal liegende Platz wurde zu einer Gasse, als die Stadt infolge des Ölbooms immer weiter wuchs. Der Barock setzt sich im Innern fort, wo er in den Marmorarbeiten und den über 100 Gemälden des 17. und 18. Jh. zum Ausdruck kommt (Juli–Sept. 10–12, 17.30–21.30 Uhr, sonst zu den Gottesdiensten).

Unterirdische Ölmühle

Folgt man der Via A. de Pace weiter, so gelangt man zum **Frantoi Oleari Ipogei,** einer unterirdischen Ölmühle aus dem 17. Jh. in Form von zwei insgesamt ca. 200 m^2 großen, hallenförmigen Räumen. Die Oliven wurden durch Schächte hinabgeschüttet, das fertige Öl in Zisternen gelagert, die dank ihrer unterirdischen Lage im Fels immer eine konstante Temperatur aufwiesen. Mit der Produktion, die sechs bis neun Monate andauerte, wurde jeweils im November begonnen. Viele arme Landarbeiter kamen zu diesem Zweck nach Gallípoli, um sich in der Ölmühle anstellen zu lassen, wo sie schlechter behandelt wurden als Lasttiere. Der Arbeitsrhythmus ließ es nicht zu, dass die Menschen jemals die Ölmühle verließen, d. h. monatelang bekamen sie kein Tageslicht zu sehen. In der Gegend um Gallípoli gab es einst rund 35 solcher Mühlen und über 2000 Zisternen (Via Antonietta de Pace 87, Tel. 0833 26 42 42, www.assgallipolinostra.com, März–Okt. 10–12.30, 16–19 Uhr, 1,50 €).

Chiesa della Purità

Hält man sich von der Ölmühle aus in Richtung Nordwesten, so gelangt man an den **Seno della Purità,** eine Bucht unterhalb der Stadt. Oberhalb davon, an der Riviera N. Sauro, befindet sich die **Chiesa della Purità,** eine von einst rund 20 Bruderschaftskirchen in Gallípoli. In der Zeit des wirtschaftlichen Aufschwungs gründeten sich hier zahlreiche solcher beruflichen Gemeinschaften, beispielsweise die der Fassmacher oder der Ölmüller. Zum Teil ließen sie sich sogar eigene Kapellen bauen, die als Treffpunkt dienten, aber auch Prestigeobjekte waren. Eine der größten und wohlhabendsten Bruderschaften war die der *scaricatori di porto* (›Hafenarbeiter‹) und ihre Chiesa della Purità gilt als eine der schönsten Bruderschaftskirchen. Der Fußboden ist mit prächtigen Majolika-Kacheln ausgelegt. In der Loge zwischen den beiden Eingängen saßen Rektor und Prior. Darüber befindet sich ein Gemälde, unter dem bei Restaurierungsarbeiten in den 1970er-Jahren ein Fresko aus dem 15. bis 17. Jh. gefunden wurde. Es stellt Lukas, Johannes, Markus und Matthäus dar. Mittels einer Hebevorrichtung (5 €, damit sie bedient wird) wird das Gemälde angehoben und darunter werden die restaurierten Fresken sichtbar (www.chiesapurita.org, Juli–Sept. 10–12, 17.30–21.30 Uhr). Unterhalb der Kirche befindet sich die **Spiaggia della Purità,** die im Sommer gerne genutzt wird.

Infos

IAT: Piazza Imbriani 9, Tel. 0833 26 25 29, Juni–Sept. 9–13, 15–20, Okt.–Mai 9–13, Di/Do auch 15–18 Uhr.

Übernachten

Atemberaubende Aussicht ▶ **Palazzo Senape de Pace:** Via Monacelle 27/39, Tel. 0833 26 61 79, www.palazzosenapedepace.it. Der Palast aus dem 16./17. Jh. gehört einer der angesehensten Familien in Gallípoli. 10 elegante Zimmer im 2. Stock. Das Frühstück wird auf der Dachterrasse gereicht, von der man eine tolle Aussicht hat. DZ 80–160 €.

Originell ▶ **Palazzo Flora:** Via d'Osprina 19, Tel. mobil 333 474 57 54, www.palazzoflora.com. Das B & B in einem Altstadtpalazzo in der Nähe der Spiaggia della Purità verfügt über 6 unterschiedliche, originell eingerichtete Zimmer und 1 Suite. Alte Freskendecken gepaart mit Möbeln verschiedener Epochen, Zimmer mit Galerie, Sonnenterrasse, lauschiger Garten mit Brunnen. DZ 60–110 €.

Essen & Trinken

Einladend ▶ **Scoglio delle Sirene:** Riviera Nazario Sauro 83, Tel. 0833 26 10 91, www.scogliodellesirene.com, Okt.–April Mi–Mo, Mai–Sept. tgl. mittags u. abends. In der seit 1983 bestehenden Trattoria bekommt man die typischen Gerichte Gallípolis serviert, v. a. frischen Fisch und Muscheln. Man sitzt entweder im ehemaligen Lagerraum für Oliven und Getreide oder bei warmem Wetter auf einer Terrasse oberhalb der Spiaggia della Purità. Menü 20–25 €.

Pizza, Pizza ▶ **Le tre Sorelle:** Via A. de Pace 40, Tel. 0833 26 26 93, Di–So abends. In der von drei Schwestern betriebenen Pizzeria gibt es leckere Pizza, eine urige Atmosphäre und Bier vom Fass. Pizza ab 5 €.

Abends & Nachts

V. a. entlang der **Riviera Nazario Sauro** gibt es viele Cafés, Bars und Lounges.

Termine

Chiese aperte a Gallípoli: Juli/Aug. und in der Vorweihnachtszeit. Der 1976 gegründete Heimatverein Gallípoli Nostre organisiert seit 2006 die Tage der offenen Kirchen, an denen sonst geschlossene Gotteshäuser und Kapellen der Bruderschaften zugänglich sind.

Verkehr

Züge: Züge der Ferrovie del Sud-Est, www.fseonline.it, verbinden Gallípoli mit Lecce. Der Bahnhof befindet sich in der Neustadt, in Gehdistanz zur Altstadt.

Busse: Die Busse der STP, www.stplecce.it, verbinden Gallípoli mit Orten der Provinz.

Nördlich von Gallípoli

Nardò ▶ 1, U 11

Nördlich von Gallípoli, lediglich 12 km entfernt, liegt **Nardò,** das nach Lecce als zweite Barockstadt des Salento gilt. Das charmante Städtchen eignet sich hervorragend dazu, einfach etwas herumzuschlendern und die vielen Barockfassaden und -bauten zu entdecken. Hier ist nicht alles so in Schuss und sauber wie in Lecce, was aber auch seinen besonderen Reiz hat. Sehenswert ist die zentrale Piazza mit ihrem nahezu perfekten Barockensemble. Auf dem Dach der ehemaligen Handelsbörse ist San Gregorio Armeno zu sehen, der Beschützer von Nardò.

Galatina ▶ 1, V 11

Nordöstlich von Gallípoli und über kleine Nebenstraßen zu erreichen, liegt **Galatina,** eine Stadt, die für den Tarantismus (s. rechts) im Salento eine wichtige Rolle spielte und mit zwei sehr verschiedenen Kirchen aufwartet.

Mit dem größten Freskenzyklus Apuliens gehört die **Chiesa Santa Catarina d'Alessandria** im Nordwesten der Stadt zu den interessantesten in der Region. In das Steintor ist die Zahl 1391 eingraviert, das Jahr der Fertigstellung der Kirche nach nur sieben Jahren Bauzeit. Die Fassade wurde im apulisch-romanischen Stil gestaltet, das Innere hingegen im gotischen Stil mit Kreuzgewölben und Bündelpfeilern. Die eigentliche Überraschung ist jedoch die nahezu komplette Ausgestaltung mit Fresken, die wegen ihrer realistischen Darstellung ungemein beeindrucken. Im ersten Bereich des Mittelschiffs sind Themen der Apokalypse dargestellt, gefolgt von der Genesis und dem Leben Christi. Der Chor der Engel in der Kuppel löst bei vielen Betrachtern Bewunderung aus. Im Altarraum selbst sieht man Szenen aus dem Leben der Heiligen Katharina von Alexandria, der die Kirche geweiht ist (Via R. Orsini, tgl. 8–12, 17–20 Uhr).

Folgt man der Via Umberto ins historische Zentrum, gelangt man auf der nach links abbiegenden Via V. Emanuele zur **Piazza S. Pietro.** Sie wird von der **Chiesa dei SS. Pie-**

Wie von der Tarantel gestochen

Thema

Es heißt, der Biss der Tarantel, einer schwarzen Spinne, soll einen wilden und unkontrollierten Tanz bewirken. Seine Ursprünge hat dieser Volksglauben in Apulien, vor allem im Salento, wo der Tarantismus bis ins 20. Jh. hinein lebendig war.

Das Phänomen des Tarantismus wurde bereits von Religionswissenschaftlern untersucht. Mitte des letzten Jahrhunderts berichtete beispielsweise Ernesto de Martino, dass jene, die von der Tarantel gestochen worden seien, sich binnen weniger Stunden veränderten. Ihr Blick habe sich verschleiert, sie hätten begonnen zu jammern, und seien sie nach ihrem Leiden befragt worden, hätten die meisten auf ihr Herz gedeutet. Wurden dann die Musikanten gerufen, fingen diese Menschen schon bei den ersten Tönen an zu tanzen.

Der Tanz, die Tarantella, in den die *tarantati* verfielen, wird oft mit den Bewegungen einer Spinne verglichen, die anfangs langsam und kreisend sind. Erst allmählich werden sie wilder und ekstatischer und die Betroffenen fallen in eine Art Trance. Meist waren es Frauen, die ›von der Tarantel gestochen‹ waren, häufig zu Beginn des Sommers. In diesem Fall wurden sofort Musiker ins Haus gerufen, um die Pizzica (*pizzicare* = beißen, kneifen) zu spielen. Typische Instrumente sind Tamburin, Violine sowie Gitarre oder Ziehharmonika. Die Musiker spielten mehrere Stunden, manchmal auch tagelang, bis die Person vor Erschöpfung zusammenbrach. Endgültige Heilung war damit allerdings nicht gegeben, sondern man musste noch die Wallfahrt nach Galatina zur Kirche des Heiligen Paul antreten. Dieser war von der Kirche zum Schutzpatron der Menschen ernannt worden, die von einer Spinne gebissen wurden. Alle Erkrankten trafen sich am frühen Morgen des 29. Juni auf dem Platz vor der Kirche, wo sie sich auf mitgebrachte Tücher legten. Ohne begleitende Musik fielen sie erneut in Trance, tanzten oder kletterten am Altar oder an den Säulen nach oben, bis sie vor Erschöpfung erneut zusammenbrachen und damit vorerst als geheilt galten. Denn der Wahnsinn konnte zu Beginn des Sommers immer wieder ausbrechen und die Rituale mussten erneut abgehalten werden.

Auch wenn die *tarantati* fest daran glaubten, dass ihre Krankheit durch den Spinnenbiss ausgelöst wurde, vermutet man heute eher, dass es sich bei ihrem Gebaren um ein unbewusstes Ventil für aufgestaute Emotionen, Sehnsüchte, Bedürfnisse und Begierden handelte. Denn gerade die Frauen in Süditalien führten bis ins 20. Jh. hinein ein unterdrücktes Dasein – sie wurden verheiratet, waren finanziell abhängig und hatten sich den Männern unterzuordnen. Die Pizzica war damit so etwas wie eine volkstümliche Musiktherapie, die Tarantella ein Heiltanz.

Seit den 1970er-Jahren wurde die Pizzica-Musik von einheimischen Musikern wiederbelebt, auch zur Wahrung der salentinischen Identität. Erstmalig fand 1998 die Notte della Taranta statt (www.lanottedellataranta.it), mittlerweile ein Megaevent. Im Sommer 2010 fanden sich über 100 000 Pizzica-Begeisterte in dem 2000-Seelen-Ort Melpignano 26 km südlich von Lecce ein. Noch immer gibt das Tamburin den Takt vor, aber es haben sich auch andere Töne hineingemischt. Doch es bleibt eine Musik, die in die Glieder fährt.

Zu den Begleitinstrumenten der Tarantella gehört immer auch die Ziehharmonika

tro e Paolo dominiert, die im 17. Jh. in üppigem Barock erbaut wurde. Auf dem Platz vor der Kirche spielte sich bis weit ins 20. Jh. alljährlich am 29. Juni ein besonderes Schauspiel ab: Die vom Tarantismus (s. S. 361) befallenen Menschen suchten am Festtag der Heiligen die Kirche auf, um eine Linderung ihres Leidens zu erbitten.

Nur wenige Schritte weiter gibt es in der **Casa Museo del Tarantismo** eine Ausstellung mit beeindruckenden Bildern und einigen Augenzeugenberichten (leider nur auf Ital.) zu dem Phänomen (Corso Porta Luce 2, Tel. mobil 380 531 08 14, Di–Sa 10–12, 17–19, So 10–12.30 Uhr, Eintritt frei).

Übernachten

Fürstlich ▶ **Palazzo Baldi:** Corte Baldi 2, Tel. 0836 56 83 45, www.hotelpalazzobaldi.com. Die 4-Sterne-Unterkunft besteht eigentlich aus vier Palazzi aus den letzten vier Jahrhunderten, die miteinander verbunden sind. Die Zimmer sind äußerst geschmackvoll restauriert und eingerichtet. DZ 80–200 DZ.

Essen & Trinken

Familiär ▶ **Borgo Antico:** Via P. Siciliani 80, an der Chiesa dei SS. Pietro e Paolo, Tel. 0836 56 65 21, www.borgoantico.org, Do–Di mittags u. abends, Nov.–Mai nur abends. Gemütliche Trattoria, in der liebevoll zubereitete regionale Küche serviert wird. Menü 15–25 €.

Termine

Festa dei SS. Pietro e Paolo: 29. Juni. Beim Patronatsfest von San Paolo wird mit Musik und Folklore an die alten Bräuche und den Tarantismus erinnert (s. S. 361).

Verkehr

s. S. 360

Portoselvaggio und Porto Cesareo ▶ 1, T/U 10/11

Die Küste nördlich von Gallípoli wurde vom Tourismus längst entdeckt. Lange Sandstrände wechseln sich ab mit Felsen, von der küstennahen Straße führen immer wieder kleine Stichstraßen oder Pfade zum Meer.

Einer der schönsten Abschnitte am Ionischen Meer liegt innerhalb des **Parco Naturale Portoselvaggio.** Der Park umfasst ca. 400 ha und besteht bereits seit 1980, als sich einheimische Naturschützer erfolgreich gegen eine Bebauung dieser Küste wehrten. Von der **Torre del'Alto** bis zur **Torre Uluzzo** reicht das Gebiet, das von zahlreichen Wanderwegen erschlossen wird. Wer den Park zu Fuß erkunden will, sollte allerdings über festes Schuhwerk verfügen. Das Meer selbst ist ein Paradies für Schnorchler und Taucher.

Nur wenige Kilometer weiter nördlich gelangt man nach **Porto Cesareo,** das sich am Meer entlangzieht und ein beliebter Urlaubsort ist. Wie in Gallípoli befindet sich auch hier ein wichtiger Fischereihafen – dementsprechend präsentiert sich auch die Küche in den vielen Restaurants. Vom alten Wachturm geht eine Straße mit vielerlei Geschäften ab und der Lungomare ist sowohl tagsüber als auch abends die Hauptflaniermeile des Orts.

Táranto ►1, Q 9

Cityplan: S. 364

Táranto – die Stadt der zwei Meere, das legendäre und wohlhabende Taras der Griechen, die bedeutendste Stadt der Magna Graecia – ist heute zwar Provinzhauptstadt und liegt immer noch idyllisch zwischen dem **Mar Piccolo** und dem **Mar Grande,** doch ansonsten hat sich das Gesicht der Stadt sehr gewandelt. Touristisch steckt Táranto in den Kinderschuhen. Die Altstadt zählt kaum noch Einwohner und erste Renovierungen werden nur schleppend in Angriff genommen. Eng und marode stehen die Häuser, Schmutz türmt sich in den Ecken der verwinkelten Gassen – hier ist ein Süditalien lebendig, wie man es bald nur noch aus historischen Beschreibungen kennen wird. Möchte man schon am Tag nicht durch jede Gasse spazieren, so verzichtet man ab Einbruch der Dunkelheit liebend gern darauf bzw. wählt den Weg am Lungomare. Die Neustadt im Osten mit ihren hellen und geraden breiten Straßen macht einen weitaus freundlicheren Eindruck. Hier befindet sich auch das Museo Archeologico, das beste nach Neapel in Süditalien. Keinesfalls versäumen sollte man, Miesmuscheln oder Austern aus dem Mar Piccolo zu probieren.

Geschichte

Zur Entstehung der Stadt kursieren verschiedene Legenden. Beispielsweise jene von Taras (auch Trias), dem Sohn des Poseidon, der zu Ehren seines Vaters an dieser Stelle eine Zeremonie abhielt. Einen just in diesem Moment aus dem Wasser springenden Delfin nahm er als Zeichen und gründete – 1200 Jahre vor Rom – die Stadt Taras. Der auf einem Delfin reitende Taras schmückt noch heute das Wappen von Táranto.

Relativ gesichert ist, dass Spartaner den Ort 706 v. Chr. für ihre einzige Niederlassung in Süditalien wählten. Die geschützte Lage auf der Halbinsel zwischen Mar Piccolo und Mar Grande sowie den vorgelagerten Inseln war ideal und schnell wurde Taras nicht nur zum wichtigsten Handelshafen am Ionischen Meer, sondern auch zur wichtigsten Stadt der Magna Graecia. In der Blütezeit lebten hier ca. 300 000 Menschen. Doch wie überall in der Magna Graecia rückten langsam die Römer vor und selbst der herbeigerufene Pyrrhus konnte sie nicht lange aufhalten.

272 v. Chr. fiel Tarant an die Römer, gegen die sich die Stadt mit Hannibal zu verbünden versuchte. Der Plan misslang und Tarant wurde zur Plünderung freigegeben. Das weströmische Reich ging unter. Goten, Langobarden, Sarazenen, Byzantiner kamen und gingen. Zumindest Letztere begannen im 10. Jh. mit einem Wiederaufbau der Stadt, worauf die verwinkelte Altstadt zurückzuführen ist.

Es folgten Normannen, Staufer und Anjou, die für eine Befestigung der Stadt sorgten. Nach der Gründung der Republik Italien beschloss man, Táranto zu einem Marinehafen auszubauen. Um dem mittlerweile zur Provinzhauptstadt avancierten Táranto wirtschaftlich auf die Sprünge zu helfen, siedelte man in den 1960er-Jahren Schwerindustrie an. Doch der Aufschwung wurde durch die Stahlkrise ausgebremst. Heute gibt es im

Táranto

Sehenswert
1 Lungomare V. Emanuele II.
2 Museo Nazionale Archeologico
3 Canale Navigabile
4 Castello Aragonese
5 Poseidon-Tempel
6 Duomo di San Cataldo
7 Fischmarkt
8 Lungomare

Übernachten
1 Europa
2 Isola Blu
3 La Locanda

Essen & Trinken
1 Al Gatto Rosso
2 Trattoria da Ugo
3 La Gelateria del Ponte

westlichen Stadtgebiet Stahl- und Zementfabriken sowie Raffinerien, die u. a. das Erdöl aus der Basilikata verarbeiten. Sinn und Zweck dieses Unternehmens sind umstritten, die ökologischen Folgen nicht absehbar.

Neustadt

In der schachbrettartig angelegten Neustadt kann man sich nicht verlaufen. Eine schöne Flaniermeile ist der **Lungomare V. Emanuele II.** 1 am Mare Grande entlang. Die weiter nördlich verlaufende **Via Tommaso d'Aquino** ist die Shoppingmeile von Táranto. Zwei Parallelstraßen weiter, an der **Piazza Garibaldi,** liegt eines der Highlights der Stadt, das **Museo Nazionale Archeologico** 2**.** Hier bekommt man die Schätze des alten Tarent zu sehen, darunter den Goldschatz in der Sala degli Ori (›Saal des Goldes‹), aus Gold gefertigte Geschmeide, die man in verschiedenen Nekropolen der antiken Stadt fand. Zu den weiteren Exponaten gehören Sarkophage, Münzen, Terrakottafiguren, Grabstelen, fantastische Mosaike sowie im Erdgeschoss eine sehr aufschlussreiche Ausstellung zum Thema Wein, Dionysos und den damit in Zusammenhang stehenden Riten und Legenden. In den einzelnen Bereichen der Ausstellung gibt es Touchscreens, an denen man weiterführende Infos (auch in Engl.) zu Táranto, Kulten, Beerdigungsriten, Handwerk, Frauenwelten etc. erhält (Piazza Garibaldi, Eingang über Via Cavour 10, Tel. 099 453 21 12, www.museotaranto.it, tgl. 8.30–19.30, im Sommer bis 22 Uhr, Kassenschluss 1 Std. vorher, 5 €, erm. 2,50 €).

Am westlichen Altstadtrand liegt der künstlich angelegte, 400 m lange und 73 m breite **Canale Navigabile** 3**,** der das Mare Grande mit dem Mare Piccolo verbindet und 1887 zusammen mit der **Ponte Girevole** (›Drehbrücke‹) eingeweiht wurde. Die Brücke, über die heute der Verkehr braust, ist ein 1958 gefertigter Nachbau. Sie wird vertikal geöffnet, wenn Handels- und Militärschiffe aus dem Mare Piccolo aus- bzw. einlaufen wollen. Das ›Kleine Meer‹ ist relativ ruhig und hat im Sommer Wassertemperaturen von über 22 °C, daher ist es hervorragend für die Zucht von Miesmuscheln und auch Austern geeignet. Auf dem Meer sind viele dieser schwimmenden Aufzuchtstationen zu sehen.

Altstadt

Schon vor Überqueren der Brücke sieht man das dominierende **Castello Aragonese** 4 am östlichen Altstadtrand. Es wird auch **Castel Sant'Angelo** genannt, wie einer der fünf mächtigen Türme. Das heutige Aussehen geht auf die erste Befestigung des Kastells zurück, die 1482 durch Ferdinando d'Aragóna angeordnet wurde. Seit 1887 hat hier die Marine ihren Sitz. Dennoch ist das Castello für die Öffentlichkeit geöffnet. Angehörige der Marine in weißer Uniform führen Besucher durch die Festung und erzählen dabei allerhand Wissenswertes, beispielsweise warum runde Türme vorteilhafter als eckige Türme sind, welche Rolle schwarze Katzen beim Bau eines Kastells spielten, oder wie stark die Mauern sein mussten, um Kanonen tragen zu können (Piazza Castello, Tel. 099 775 34 38, Führungen tgl. 9.30, 11.30, 16, 18, 20 Uhr, 1,5 Std., Führungen auf Engl. nur für Gruppen und auf Voranmeldung, Eintritt frei).

Gegenüber dem Castello stehen die letzten architektonischen Überbleibsel des sagenhaften Taras – zwei gewaltige dorische Säulen aus dem 6. Jh. v. Chr., die einst mit großer Wahrscheinlichkeit zu einem **Poseidon-Tempel** 5 gehörten.

Folgt man der bei den Säulen abgehenden Via del Duomo, so gelangt man nach etwa 10 Min. zum **Duomo di San Cataldo** 6. Im 11. Jh. über einem frühchristlichen Vorgängerbau errichtet, erhielt die Fassade im 18. Jh. eine barocke Ausschmückung. Von außen wirkt der Bau nicht sehr einladend, doch das Innere lohnt durchaus eine Besichtigung. Besonders bemerkenswert sind die 16 Marmorsäulen mit romanischen und byzantinischen Kapitellen sowie die mächtige Kassettendecke aus Holz. Die im prachtvollen Barock ausgestaltete Kapelle rechts des Hauptaltars beheimatet die Gebeine des Heiligen San Cataldo. In der beeindruckenden Krypta sind noch einige Fresken erhalten und auf dem Kirchenfußboden Teile von Mosaiken (Via Duomo 33, tgl. 8–19 Uhr).

Am nördlichen Ende der Altstadt, wo eine Brücke hinüber zum Bahnhof und weiter ins Industriegebiet führt, liegt der **Fischmarkt** 7 von Táranto. Von hier kann man einen hübschen Spaziergang entlang dem Mare Piccolo machen. Auf dem **Lungomare** 8 kann man von Frühjahr bis Herbst Männern dabei zuschauen, wie sie die geernteten Muscheln anlanden und für den Verkauf vorbereiten.

Infos

Informazione Turistiche: Piazza Garibaldi, Mo–Fr 9–12, 15–18, Sa/So 9–12 Uhr.

Übernachten

Am Mare Piccolo ▶ **Europa** 1: Via Roma 2, Tel. 099 452 59 92, www.hoteleuropaonline.it. Nach einer Generalüberholung erstrahlt das Grand Hotel wieder in neuem Glanz. Manche der unterschiedlich eingerichteten Zimmer verfügen über eine Galerie. Blick aufs Mare Piccolo, die Altstadt, den Kanal und das Castello. DZ 105–150 €.

Liebenswert ▶ **Isola Blu** 2: Via Duca di Genova 24, Tel. mobil 329 104 45 33, www.tarantoisolablu.it. Das B & B mit 3 liebevoll eingerichteten Zimmern liegt in Fußentfernung zu allen Sehenswürdigkeiten. Die freundliche Wirtin hilft mit Tipps weiter. DZ 80 €.

Jugendherberge ▶ **La Locanda** 3: Vico Civitanova, Tel. 099 476 00 33, www.ostellolalocanda.it. Schlichte Zimmer, freundlicher Service und internationales Publikum. Im Schlafsaal 20 € p. P., EZ 30 €.

Essen & Trinken

Meeresküche ▶ **Al Gatto Rosso** 1: Via Cavour 2, Tel. mobil 340 533 78 00, Di–So mittags u. abends. Alteingesessenes Lokal, nur 50 m vom Archäologischen Museum entfernt. Bekannt für seine gute Meeresküche, z. B. Fische in Salzkruste oder gegrillte Tintenfische. Menü 20–30 €.

Herrlich einfach ▶ Trattoria da Ugo 2: Piazza Fontana, Largo San Nicola 5, Tel. 099 460 87 36, Mo–Fr mittags u. abends, Sa nur mittags. Urgemütliche Trattoria. Viele Einheimische kommen hierher, um *fave e verdure* (›Bohnen und Gemüse‹) zu essen. Menü 12 €.
Erfrischend ▶ La Gelateria del Ponte 3: Via Matteotti 1, tgl. 9–3 Uhr. Super Eis und Blick auf Kanal mit Castello.

Termine

Pellegrinaggio dei Perdoni und Processione dei Misteri: Karfreitag. Barfuß und in weißen Kapuzenmänteln ziehen die *perdoni* (›Büßer‹) in der Nacht vor Karfreitag von Kirche zu Kirche. Am Tag darauf findet in historischen Gewändern eine der eindrucksvollsten Karfreitagsprozessionen Süditaliens statt.
Festa di San Cataldo: 8.–10. Mai. Bei der Prozession zu Ehren des Stadtheiligen wird die Statue des San Cataldo auf einem Schiff durch den Kanal gefahren, begleitet von unzähligen Fischerbooten und Lichtern.

Verkehr

Züge: Verbindungen mit Trenitalia, www.trenitalia.it, nach Massafra und Brindisi, und mit der Ferrovie Sud-Est, www.fseonline.it, nach Lecce, Martina Franca und Bari.
Busse: Verbindungen mit Autolinee Sud-Est, www.fseonline.it, nach Martina Franca, Bari, Massafra und Gioia del Colle. In der Stadt fahren Busse von AMAT, Tel. 099 779 55 27.
Mietwagen: Táranto Car Hire, Corso Umberto 61, Tel. 099 453 22 78.

Massafra ▶ 1, Q 8/9

21 km nördlich von Táranto, in der tarantinischen Murgia, liegt **Massafra.** Das historische Zentrum der im 10. Jh. erstmalig erwähnten Stadt liegt auf einer Felsnase zwischen der Gravina Madonna della Scala und der Gravina San Marco. Letztere wird von drei Brücken überspannt, die in die Neustadt führen.

In Richtung Landesinnere, zur Terra di Matera hin, verzweigen sich die Gravine immer mehr. Ihre Besiedlungsspuren reichen bis in die Jungsteinzeit zurück, doch präsent sind insbesondere Spuren aus der byzantinischen Epoche. Zwischen dem 9. und 16. Jh. lebten hier viele Mönche aus Kleinasien – ursprünglich auf der Flucht vor Verfolgung, weil sie gegen das Verbot der Ikonenmalerei verstoßen hatten. In den Schluchten fanden die Mönche schützende Höhlen, deren Gestein so weich war, dass sie im Laufe der Zeit erweitert werden konnten. Bemerkenswert sind die sogenannten **Chiese Rupestri** jedoch vor allem wegen ihrer zahlreichen Fresken. In der Gegend um Massafra sind noch rund 30 dieser Höhlenkirchen erhalten und können teilweise im Rahmen einer Führung besichtigt werden (Juni–Sept. tgl. 9.45, 11.45, 16, 17 Uhr, auf Vorbestellung auch auf Engl., 90 Min., 15 € p. P. bei 1–3 Pers., 5 € p. P. bei 6–10 Pers., 2,50 € p. P. ab 12 Pers., wer Italienisch spricht, sollte unbedingt nach Mina fragen, zu buchen bei der Touristeninformation).

Cripta di San Antonio Abate

Die Chiese Rupestri sind nicht nur in den Schluchten zu finden, sondern auch mitten in der Stadt, z. B. die **Cripta di San Antonio Abate.** Man spaziert durch die Gassen der Altstadt, öffnet eine unscheinbare Türe, geht ein paar Stufen abwärts und steht plötzlich in einer um 1000 n. Chr. entstandenen Höhlenkirche. Die Fresken aus dem 13. Jh. wurden bislang noch nicht restauriert, um so erstaunlicher ist ihr Erhaltungszustand, zumal die Luftfeuchtigkeit in dem Gewölbe nicht gerade gering ist. Im 18. Jh. wurde ein Hospital über der Krypta errichtet und diese zum Baderaum umfunktioniert, was die in der Wand eingelassenen Becken und die Sitzbadewannen erklärt (nur mit Führung, zu buchen bei der Touristeninformation).

Cripta della Candelora

In der **Gravina San Marco** sind am Hang die vielen Höhlen zu sehen, die einst als Wohnstatt oder Kirchen dienten. Eine davon ist die **Cripta della Candelora** mit ihren unterschiedlich gestalteten Deckengewölben. Vor allem ein Fresko aus dem 14. Jh. löst Erstaunen aus: Jesus sitzt nicht wie sonst üb-

aktiv unterwegs

Zu Fuß durch die schönste Gravina Apuliens

Tour-Infos

Anfahrt: von Massafra auf Nebenstraßen ins ca. 25 km westlich gelegene Laterza, dort der Ausschilderung »Oasi LIPU Gravina di Laterza« (s. unten) folgen
Start: LIPU-Besucherzentrum (Italienischer Bund für Vogelschutz), Tel. mobil 339 331 19 47, www.rapacigravine.it, Di–So 9–13, 14–18 Uhr, an Feiertagen geschlossen
Länge: 9 km hin und zurück
Dauer: 4 Std. hin und zurück
Besondere Hinweise: Vorsicht an den Abbruchkanten, Trittsicherheit ist erforderlich. Ins Gepäck gehören Sonnenschutz und Wasser sowie festes Schuhwerk und evtl. ein Fernglas zur Vogelbeobachtung.

Die Schluchten, die sich in das Kalksteinplateau der Murgia gegraben haben, sind in dieser Region einzigartig schön und am besten auf einer Wanderung zu erkunden. Ein absoluter Leckerbissen ist die Tour entlang der **Gravina di Laterza,** einer die Sinne berührenden Landschaft.

Der Weg beginnt am **Besucherzentrum** der LIPU und ist sehr einfach zu finden, denn er führt immer am oberen Rand der Gravina entlang und ist mit der Nr. 3 ausgeschildert. Gleich hinter dem Informationszentrum zweigt der Wanderpfad vom Hauptweg rechts ab und führt zu einer **Aussichtsplattform.** Hier bieten sich schon erste herrliche Ausblicke in die Schlucht, über das Plateau und bei gutem Wetter sogar bis zum Ionischen Meer.

Ab dem Aussichtspunkt weisen Holztafeln den Weg zur Lamia Forniello, dem eigentlichen Ziel der Wanderung. Unterwegs passiert man einige Höhlenwohnungen, Grotten und auch Kirchen, die jedoch nicht alle für Besucher geöffnet sind. Im Frühjahr ist das Terrain für Pflanzenliebhaber ein riesiger paradiesischer Garten und bis zum Herbst kann man hier eine Menge Vögel beobachten, beispielsweise Sperber und Rötelfalken.

Nach ca. 2 Std. ist die Grotte **Lamia Forniello** erreicht. Da der Rückweg mit dem Hinweg identisch ist, kann man aber auch vorher jederzeit umkehren und die Wanderung abkürzen.

lich auf dem Arm oder im Schoß der Madonna, sondern geht, einen Korb tragend, an der Hand neben ihr (nur mit Führung, zu buchen bei der Touristeninformation).

Santuario Madonna della Scala

Die auf der anderen Seite des historischen Zentrums liegende **Gravina Madonna della Scala** ist gut 4 km lang, 40 m tief und 30 bis 50 m breit. Einen schönen Blick in die von Höhlen übersäte Schlucht mit ihrer reichen Vegetation genießt man vom **Santuario Madonna della Scala** ca. 1,5 km außerhalb des Zentrums. Viele der über 600 in der Gravina gedeihenden Pflanzen wurden früher als Heilkräuter genutzt, weswegen Massafra zuweilen auch Land der Magier genannt wird.

Zu dem 1731 errichteten Sanktuarium führen 150 Stufen hinunter. Mit dem Ort selbst verbindet sich eine legendenhafte Geschichte. Im 12. Jh. gab es in der Schlucht eine Höhlenkirche mit dem Fresko der Santa Maria, das sehr verehrt wurde. Bei einem Erdbeben jedoch stürzte die Kirche vollkommen ein – ein Teil wurde in den Abgrund gerissen, ein anderer von einer Gesteinlawine verschüttet. Jahre später waren zwei Jäger unterwegs und entdeckten zwei Hirsche, denen sie folgten, um sie zu erlegen. Allerdings liefen die Hirsche nicht weg, sondern ließen sich vor einem großen Stein nieder. Als die Jäger danach einen Blick unter den Stein warfen, entdeckten sie das verloren geglaubte, noch völlig intakte Fresko der Santa Maria.

Das Bildnis steht nun im Sanktuarium und wird von zwei Hirschen bewacht, weshalb es auch **Santuario Madonna delle Cervi** genannt wird. Das Fresko ist sehr gut erhalten, ins Auge fällt nur eine leichte Wölbung, die vermutlich auf die Felswand in der ersten Kirche zurückzuführen ist. Völlig deplatziert wirken die Kronen der Madonna und des Jesuskindes, eine Stiftung der Gemeinde zum 100. Jahrestag der Einweihung des Heiligtums. Wer die Madonna della Buona Nuova aus dem 13. Jh. sehen möchte, der sollte sich die Eisentür links der wieder nach oben führenden 150 Stufen aufschließen lassen. Interessant sind ihre Augen, die so gemalt wurden, dass sie den Betrachter immer anschaut (Via del Santuario, Mai–Sept. 10–18, sonst Mo–Fr 10–12, Sa auch 15–18 Uhr).

Infos

Ufficio Turistico Comunale: Via Caduti della Nave Roma, Piazza Garibaldi, Tel. 099 880 46 95, Info-Tel. 338 565 96 01, Mo–Sa 9.30–12.30, 17–18.30, So 9.30–12.30 Uhr.

Übernachten

Einladend ▶ **B & B Casa Camilla:** Via Messapia 84, Tel. mobil 328 696 83 12, www.casacamilla.eu. In einem Gebäude aus dem 19. Jh., das über einer Grottenwohnung (zu besichtigen) erbaut wurde. Die Zimmer mit Steinfußboden sind gemütlich, das Frühstück wird auf der Terrasse serviert. DZ 60–80 €.

Essen & Trinken

Apulien trifft Basilikata ▶ **Falsopepe:** Via II. Santi Medici 45, Tel. 099 880 46 87, Do–Di abends, So/Fei auch mittags. Die Nähe zur Basilikata macht sich in der Küche dieses gemütlichen Lokals bemerkbar. Das Essen wird aufs Schmackhafteste zubereitet, dazu gibt es einen guten Wein. Menü 25–35 €.

Verkehr

Züge: Verbindungen nach Bari und Táranto (www.trenitalia.it).

In den Fels gebaut: das Santuario Madonna delle Cervi von Massafra

Das Kastell am Capo Spulico markiert die Grenze zur Basilikata

Kapitel 4

Kalabrien

Kalabrien bildet die Stiefelspitze Italiens und nennt eine knapp 800 km lange Küstenlinie entlang dem Tyrrhenischen und Ionischen Meer sein Eigen. Bis ins 20. Jh. von Armut und Landflucht geprägt, wird die Provinz erst in jüngerer Zeit für den Tourismus entdeckt.

Die ältesten, ca. 15 000 Jahre alten Siedlungsspuren Kalabriens wurden in der Grotta del Romito ausgemacht, wo man einen in den Felsen geritzten Auerochsen fand. Das legendäre Sybaris und das benachbarte Crotone waren Machtzentren der Magna Graecia. Rossano mit seinem Codex Purpureus und die Cattolica von Stilo sind Ausdruck der einstigen byzantinischen Präsenz. Die Wälder der Serra laden zu ausgedehnten Spaziergängen ein und die Hochebenen der Sila sind sowohl im Sommer als auch im Winter beliebte Erholungsziele. Absolut bizarr ist das raue Gebirge des Aspromonte im Süden, wo in einigen Dörfern noch heute ein griechischer Dialekt gesprochen wird. Um Cívita hingegen sind Sprache und Kultur der Arberesh lebendig. Die schönsten Küstenregionen liegen an der Costa dei Cedri, um das Capo Vaticano und um Scilla an der tyrrhenischen sowie um das Capo Rizzuto an der ionischen Küste. Neben dem türkisfarbenen, klaren Wasser mit herrlichen Tauchgründen laden auch die Städte Diamante, Tropea, Scilla und Le Castelle zu einem längeren Aufenthalt ein. Die Kulturhochburgen Reggio di Calabria, Cosenza und Crotone verkörpern Antike, Mittelalter und Moderne gleichermaßen.

Für eine Rundreise in Kalabrien sollte man zwei bis drei Wochen einplanen. Die beste Reisezeit ist von April bis Juni sowie von September bis November.

Auf einen Blick

Kalabrien

Sehenswert

Tropea: Lauschige Gassen, ein Inselchen mit Kirche, klares, türkisfarbenes Wasser – Urlaubsidylle schlechthin (s. S. 389).

13 **Reggio di Calabria:** Eine Stadt mit Aussicht, einer der schönsten Strandpromenaden Süditaliens und zwei himmlischen Körpern ... (s. S. 395).

14 **Aspromonte:** Das unzugänglich wirkende Gebirgsmassiv lockt mit gewaltigen Trockenflüssen, verlassenen Orten, griechischer Sprache und Musik (s. S. 400).

15 **Stilo:** In dem eher unscheinbaren Ort steht die Cattolica di Stilo, einer der vollkommensten Kirchenbauten byzantinischer Architektur (s. S. 407).

Crotone und das Capo Colonna: Ein pittoreskes historisches Zentrum und Erinnerungen an eine einst große Stadt (s. S. 426).

Schöne Routen

Von Scalea nach Papasídero: Immer am Rand des Lao entlang, der hier durch eine tiefe und enge Schlucht rauscht, geht es hinauf ins beschauliche Papasídero (s. S. 381).

Von Reggio di Calabria nach Gambarie: Kurve um Kurve schraubt sich die Straße nach oben, die Ausblicke werden schöner und schöner (s. S. 400).

Durch die Sila nach Camigliatello: Ein Auf und Ab über Bergstraßen, Weite und Gipfel, Holzhäuschen und nette Lokale, lauschige Seeufer – es könnte immer so weitergehen (s. S. 417).

Meine Tipps

Costa dei Cedri: Eine bezaubernde Küste mit reizenden Orten, die nicht nur herrliche Ausblicke gewähren (s. S. 374).

Capo Vaticano: Fantastische Panoramastraße – schwebend über dem Meer (s. S. 393).

Sila-Gebirge: Eine atemberaubend schöne Landschaft, die man sowohl im Sommer als auch im Winter erkunden kann (s. S. 415).

Cosenza: Kalabriens Kunst- und Kulturhauptstadt (s. S. 421).

Codex Purpureus in Rossano: Silberne Tinte auf purpurnem Pergament, versehen mit feinsten Miniaturen – eine Handschrift aus dem 6. Jh. (s. S. 430).

aktiv unterwegs

Wanderung zum Belvedere an der Raganello-Schlucht: Kleine Tour entlang einer der spektakulärsten Schluchten Italiens (s. S. 385).

Spaziergang zur Cascada Amendolea: Eine einfache Tour im Aspromonte mit Aussicht auf ein erfrischendes Bad im Pool eines Wasserfalls (s. S. 401).

Auf dem Sentiero Frassati nach Mongiana: Wanderung von der Stätte des heiligen Bruno zu einem botanischen Garten der Sonderklasse (s. S. 410).

Rundwanderung in den Wäldern der Fossiata: Viel Schatten und vielleicht auch nasse Füße verspricht diese erfrischende Tour durch die Kiefern- und Buchenwälder der Sila Grande (s. S. 418).

Costa dei Cedri und Parco Nazionale del Pollino

Die Costa dei Cedri gehört zu den schönsten Küstenabschnitten Kalabriens. Reizende Städtchen laden zum Bummeln und Entdecken ein, allen voran das für sein Peperoncini-Festival bekannte Diamante sowie das von Waldensern gegründete Guárdia Piemontese. Im Hinterland lockt die Bergwelt des Pollino zum Wandern oder Rafting.

Costa dei Cedri

Die **Costa dei Cedri** am Tyrrhenischen Meer erstreckt sich zwischen den Orten Práia al Mare und Amantea und wird durch die SS 18 erschlossen. Zwischendurch gibt es Abzweigungen ans Meer bzw. ins bergige Hinterland und in die alten Borghi der Küstenorte. Übrigens stammt der Name Costa dei Cedri nicht von den Zedern ab, wie man irrtümlich vermuten könnte, sondern von der Zedrat-Zitrone *(Citrus medica)*, die ursprünglich an diesem Küstenabschnitt angebaut wurde, jetzt aber nur noch im Raum um Santa Maria del Cedro (s. S. 376) erfolgreich kultiviert wird.

Von der Costa dei Cedri kann man wunderbar zu Ausflügen ins Hinterland und in den Parco Nazionale del Pollino aufbrechen, Italiens größten Nationalpark, der sich von der Basilikata (s. S. 225) bis nach Kalabrien zieht. In Kalabrien umfasst er vor allem das Orsomarso-Massiv, wo der Fiume Lao im Laufe der Jahrtausende die spektakuläre Schlucht Grande Gola del Lao ausgewaschen hat. Von Scalea (s. S. 375) aus ist das faszinierende Lao-Tal schnell zu erreichen, das man per Auto, Rad, zu Fuß oder mit dem Schlauchboot erkunden kann. Generell ist im Pollino-Nationalpark ein eigenes Fahrzeug von Vorteil, da Busse hier nur selten verkehren und auch nicht alle Orte miteinander verbinden.

Tipp: Verkehr an der Costa dei Cedri

Die Orte an der SS 18 werden durch die Busse von Autoservizi Preite, Tel. 0984 41 30 01, www.autoservizipreite.it, miteinander verbunden. Von der Küstenstraße gibt es Buslinien ins Hinterland. Alle Küstenorte sind auch mit der Bahn zu erreichen. Mit Ausnahme von Scalea (2 km) liegen alle Bahnhöfe in der Nähe des Zentrums.

Práia a Mare ► 2, K 13

Der Urlaubsort **Práia a Mare** ist im Juli und August ein beliebtes Ferienziel der Italiener. Ausgedehnte Sandstrände, schöne Buchten, eine gute Infrastruktur und die Nähe zur Costa di Maratea (s. S. 218) machen Práia a Mare sehr attraktiv. Ansonsten hat der Ort nur wenig zu bieten.

Am östlichen Ortsrand liegt eine Grottenkirche, die über eine lange Treppe zu erreichen ist. Das **Santuario Madonna della Grotta** birgt eine wundertätige Madonnenstatue, die im 14. Jh. auf dem Seeweg hierher gelangte und seitdem das Ziel vieler Pilger ist.

Spannend ist auch der Spaziergang den Lungomare südwärts zu der **Torre di Fiuzzi** und zu der nur 200 m vom Strand entfernten **Isola di Dino.** Im Sommer werden Bootstouren zur Insel und ihren Grotten angeboten. Die Torre ist einer von vielen Wachtürmen, wie sie die Küste sowohl nord- als auch südwärts säumen, denn gerade dieser Abschnitt des Tyrrhenischen Meers war den Überfällen der Sarazenen besonders ausgesetzt. Südlich von Práia a Mare endet der Golf von Policastro und die Steilküste.

Übernachten

Häuser auf der **Isola di Dino** vermittelt u. a. www.paradisodascoprire.it.

Einfach mit Ausblick ▶ **Pian delle Vigne:** Loc. Pian delle Vigne, Tel. 0985 727 79, Tel. mobil 335 42 50 56, www.hotelpiandellevigne.it. Das Hotel oberhalb der Straße von Maratea nach Scalea verfügt über 20 schlicht eingerichtete Zimmer, alle mit Balkon und teilweise mit Meerblick, sowie eine Sonnenterrasse und einen lauschigen Garten. Mit Restaurant (s. u.). DZ 40–100 €.

Essen & Trinken

Abendessen im Sonnenuntergang ▶ **Vecchio Frantoio:** Loc. Pian delle Vigne, Tel. 0985 727 79, mobil 335 42 50 56, www.hotelpiandellevigne.it, Mai–Sept. tgl. mittags u. abends, sonst nur abends. In dem zu einem Hotel (s. o.) gehörenden Lokal sitzt man entweder in einer rustikal eingerichteten Ölmühle oder auf der mit Weinlaub umrankten und von alten Olivenbäumen umgebenen Terrasse. Kalabrische und lukanische Küche, zu empfehlen ist auf jeden Fall *miskiglio* (Gnocchi mit lukanischer Wurst, Peperoni, Tomaten und Cacioricotta). Menü 15–25 €.

Abends & Nachts

Open Air ▶ **Il Clubbino:** in San Nicola Arcella (zwischen Práia a Mare und Scalea), Tel. mobil 338 465 61 87, www.ilclubbino.com. Angesagter Club, manchmal Konzerte.

Scalea ▶ 2, K 13

Erreicht man **Scalea** von Norden aus, so liegt auf der Meerseite der moderne Ort mit Apartmenthäusern, Hotels, Restaurants und dem Strand. Zur anderen Seite hin befindet sich das historische Scalea, eine der ältesten Siedlungen Kalabriens, die im 6. Jh. v. Chr. von den Sybariten (s. S. 431) gegründet wurde. Stark befestigt, ragt der Ort wie eine Festung über dem Meer auf. In die Stadtmauer eingefügt erkennt man die gelbe Mauer einer Kirche, die einen großen Teil der Altstadtfront ausmacht. Links davon weisen Pfeile durch ein seitlich gelegenes altes Stadttor ins Centro Storico. Der Besuch kann im Sommer schweißtreibend sein, denn über die *scale,* die namensgebenden Treppen, geht es stetig hinauf. Doch gerade die vielen verzweigten Stufenwege, mal breiter, mal schmaler, vorbei an alten Palazzi, begrünten Höfen und Eingängen, machen den Bummel durch Scalea zu einem so reizvollen Erlebnis.

Zuerst kommt man an der gelben Kirche vorbei, der **Chiesa San Nicola in Plateis** mit dem Grabmal des Ademaro Romanos, der im 14. Jh. unter den Anjou als Admiral diente und in Scalea geboren wurde.

Von der etwas oberhalb liegenden **Piazza M. De Palma** hat man herrliche Ausblicke über das Land. Die links aufwärts führende Treppe führt zu einem **Kastell** aus dem 11. Jh., das allerdings so baufällig ist, dass das Gelände vorerst nicht betreten werden darf. Dafür kann man meist einen Blick in die unterhalb liegende **Chiesa Santa Maria d'Episcopio** werfen. Sie beherbergt die Holzstatue der Madonna del Carmine, seit 1875 Schutzpatronin der Stadt, als sie die Bewohner vor einer Choleraepidemie bewahrte.

Auf der Strecke von Scalea in Richtung Süden gibt es bis zum Ort Cirella leider kaum ein Stück Land, das nicht bebaut ist. Entlang der Straße reihen sich Zeltplätze, Hotels, Feriendörfer, Parkplätze, Tankstellen, Bars und Geschäfte. Erst hinter **Cirella** wird es endlich wieder schön.

Infos

Ufficio Informazione Turistiche: Via Kennedy 15, Tel. 0985 906 79, Juli/Aug. tgl. 9–13, 17–21, Sept.–Juni tgl. 9–13, Di/Do/Sa auch 16–19 Uhr.

Übernachten

Einladend ▶ **Lavinium:** Vico I. Marittimo 12, Tel. 0985 201 31, www.bedandbreakfast-lavinium.it. Gemütliches B & B im historischen Zentrum mit Sonnenterrasse. Schöne Ausblicke und ein reichhaltiges Frühstück versüßen den Aufenthalt. DZ 80–120 €.

Essen & Trinken

Große Auswahl ▶ La Rondinella: Piazza Principe Spinelli 1, Tel. 0985 913 60, Sept.–Mai Mo–Sa, Juli/Aug. tgl. mittags u. abends. Man sitzt nicht nur sehr schön, sondern isst auch sehr gut. Allein die Antipasti können einen sättigen, zu empfehlen sind die *melanzane alla parmigiana* (Auberginen mit Parmesan). Auch gute Auswahl an Fleisch- und Fischgerichten. Menü 25–30 €.

Mit Ausblick ▶ Tari: Piazza M. De Palma 8, Tel. 0985 917 77, Do–Di abends, Juni–Sept. tgl. mittags u. abends. Trattoria mit Tradition (seit 1957). Man sitzt in einem urigen Gastraum mit Holzbalkendecke, an den Wänden hängen alte Fotos. Neben dem frischen Fisch sind auf jeden Fall auch die *fusili calabrese* (Pasta mit Tomaten, Steinpilzen und kalabrischer Wurst) zu empfehlen. Menü 15–25 €.

Aktiv

Trekking, Tauchen, Rafting ▶ Lao Canyon Rafting: Via Lauro 10/12, Tel. 0985 214 76, mobil 328 214 41 49 u. 338 223 67 44, www.laoraft.it. Trekkingtouren im Pollino-Nationalpark, Tauchausflüge sowie Rafting auf dem Lao (für Einsteiger 1 Std./20 €, für Mutigere 3–4 Std./55 €). Es werden auch ganz- und 2-tägige Raftingtrips angeboten.

Santa Maria del Cedro

▶ 2, K 14

Gut 6 km südlich von Scalea führt eine kleine Straße ins Landesinnere nach **Santa Maria del Cedro,** in dessen Umland noch Zedrat-Zitronen angebaut werden. Die ursprünglich aus Südostasien stammende Frucht, die bis zu 3 kg wiegen kann, ist auch unter den Bezeichnungen Zitronat-Zitronen, medischer Apfel oder Judenapfel bekannt. Das aus den Schalen gewonnene Zitronat wurde inzwischen weitgehend durch kandierte Kürbisse ersetzt, doch in der jüdischen Religion hat die Frucht bis heute Bedeutung für das Laubhüttenfest, das weltweit jährlich im Oktober in jüdischen Gemeinden gefeiert wird. Jeden Sommer kommen Rabbiner nach Santa Maria del Cedro, um die schönsten Früchte für ihr Fest auszuwählen.

Eine Kooperative im Ort kümmert sich um Anbau und Vertrieb der Zedrat-Zitronen. Außerdem gibt es mittlerweile ein der Frucht gewidmetes **Museum,** in dem ein 20-minütiger Film (ital.) Einblicke in den Anbau etc. vermittelt. Hier kann man auch regionaltypische Produkte erstehen. Unbedingt probieren sollte man *tassoni*, ein Erfrischungsgetränk aus der Zedrat-Zitrone, am besten mit ein paar Eiswürfeln (Museum: Corso del Tirreno 243, Tel. 0985 425 98, www.cedrodicalabria.it, nur auf Voranmeldung, 2 €).

Diamante ▶ 2, K 14

Diamante ist einer der wenigen Orte direkt an der Costa dei Cedri, die mit einem freundlichen, alten Borgo aufwarten. In den schönen Gassen gibt es zwar viele Geschäfte und Lokale, doch alles wirkt eher unaufdringlich. Vielerorts entdeckt man **Wandmalereien,** die *murales.* Seit Anfang der 1980er-Jahre kommen immer wieder Künstler nach Diamante, um auf den Häuserwänden des Centro Storico ihre Bilder zu hinterlassen – mittlerweile sind es um 180 Exemplare. Auch die Wandmalereien machen einen Spaziergang durch Diamante zu einem besonderen Erlebnis.

Wie in der Basilikata (s. S. 278), so spielt auch in Kalabrien die Chilischote eine wichtige Rolle in der regionalen Küche. Das Gebiet um Diamante ist eines der Anbauzentren in Kalabrien. 1994 wurde die **Accademia Italiana del Peperoncino** (Via Gullo 1, Tel. 0985 811 30, www.peperoncino.org) gegründet, die jedes Jahr Anfang September das **Festival del Peperoncino** ausrichtet. Dabei dreht sich alles um die feurige Schote – über dem Ort weht ein riesiges aufgeblasenes Exemplar, Eisdielen bieten neue scharfe Kreationen an, die beliebten *cornetti* (›Hörnchen‹) werden mit Vanillecreme und Chilistückchen gefüllt, am Lungomare kann man scharfe Köstlichkeiten probieren. Das ganze Jahr über gibt es in den Bäckereien des Orts Maisfladen mit Peperoncini und Oliven zu kaufen.

Infos

Pro Loco: Via Gullo 1, Tel. 0985 811 30, Juni–Sept. tgl. 10–12.30, 19–24 Uhr.

Einer der schönsten Küstenabschnitte Kalabriens: die Costa dei Cedri

Übernachten

Am Meer ▶ Stella Maris: Via Cavour 12, Tel. 0985 874 45, www.stellamarisdiamante.it. Das kleine, gemütliche Hotel befindet sich direkt am Lungomare im historischen Teil der Stadt. Zwei der freundlich eingerichteten Zimmer gehen zum Meer, die anderen zu den Seitengassen. Frühstück *à la italiana* gibt es in einem nahe gelegenen Lokal. DZ 60–140 €.

Im Olivenhain ▶ Fattoria di Arieste: Loc. di Arieste, Tel. 0985 88 90 50, www.fattoriadiarieste.it. Der Agriturismo nördlich von Diamante liegt 1,5 km vom Meer entfernt und bietet tolle Aussichten auf das Tyrrhenische Meer und den Pollino-Nationalpark. Freundliche Zimmer, herzhaftes Frühstück und Erzeugnisse aus eigener Produktion. DZ 60–70 €.

Essen & Trinken

Mit Meeresrauschen ▶ La Guardiola: Lungomare Riviera Blu, Tel. 0985 87 67 59, Juli/Aug. tgl., sonst Do–Di mittags u. abends. Gemütliches Lokal an der Strandpromenade. Viele Gerichte, darunter viel frischer Fisch, werden mit den scharfen Peperoncini zubereitet. Abends auch Pizza. Pizza ab 5 €, Menü 25–30 €.

Einfach, aber köstlich ▶ Pikkantina: Corso Garibaldi 34, Tel. mobil 340 377 93 63, Juni–Sept. tgl. mittags u. abends, Okt.–Mai nur Fr–So, an anderen Tagen auf Vorbestellung unter Tel. 346 535 82 75. In der kleinen Trattoria zaubert die Mama regionaltypische Gerichte auf den Tisch. Unbedingt probieren sollte man die *spaghetti alla diamantese* (Brot, rote Peperoni und gesalzene Sardellen) oder die *spaghetti al'olio scappato* (Oliven, kleine Tomaten und Kapern). Menü 15 €.

Raffiniert ▶ Café Ninì: Via Santa Lucia 42, Tel. 0985 812 12, www.caffenini.com, Sept.–Juni Di–So, Juli/Aug. tgl. ab 8 Uhr. Beliebter Treffpunkt am Lungomare, wo es u. a. köstliches Eis gibt, beispielsweise *tartufo afrodisia* (Eis mit Peperoncino-Pulver).

Einkaufen

Peperoncini ▶ Radici di Calabria: Via M. Pagano 1, Tel. mobil 340 171 99 32, Juni–Sept. tgl. 9–13, 17–22, sonst 9–13, 16–20 Uhr. Das im historischen Zentrum gelegene Ge-

Albaner, Griechen und Waldenser

Thema

In keiner anderen Region Italiens sind Sprache und Bräuche der vor Jahrhunderten eingewanderten Völker noch so präsent wie in Kalabrien. Im Aspromonte finden sich Dörfer griechischer Prägung, Gemeinden in der Sila und im Pollino-Nationalpark haben albanische Wurzeln und in Guárdia Piemontese wird noch immer ein französisch-provenzalischer Dialekt gesprochen.

Die Geschichte Süditaliens wurde von verschiedenen Völkergruppen und Herrscherhäusern geprägt. Eingang in die Dialekte des Mezzogiorno fanden u. a. Spanisch und Französisch aus den Zeiten der Aragonesen und Anjou, Arabisch durch die sarazenische Besiedlung sowie Hebräisch, das in den jüdischen Gemeinden der Städte gesprochen wurde. Arberesh, Grekanisch und das Provenzalische konnten sich sogar als eigenständige Sprachgruppen erhalten. Mit den Dialekten und Sprachen blieben teils auch die mit diesen Völkergruppen verbundenen Bräuche lebendig – zumindest in den abgelegenen Orten der kalabrischen Bergwelt.

Am dichtesten an der Küste siedelten die Waldenser. Der im 12. Jh. durch Petrus Valdes in Südfrankreich gegründete Orden lehnte Heiligenverehrung und Ablass ab, plädierte für ein Leben in freiwilliger Armut und predigte in der Volkssprache statt in Latein. Zentren der Waldenser gab es zunächst in der Provence und im Piemont. Doch bald wurden sie von der katholischen Kirche zu Ketzern erklärt, sodass sie sich unter dem Deckmantel des katholischen Glaubens in abgelegenen Orten niederließen. Ein Teil der Flüchtlinge gelangte im 14. Jh. in die Gegend um Cosenza und gründete den Ort Guárdia Piemontese, wo sich der provenzalische Dialekt und ein Teil der Traditionen erhalten hat.

Die albanische Bevölkerung Süditaliens zählt gut 70 000 Menschen, die verteilt in verschiedenen Gemeinden leben, vor allem im Bereich des Pollino-Nationalparks und in der Sila, aber auch auf Sizilien. Für Außenstehende sind die Orte gut zu erkennen, da nahezu alle den Zusatz *albanese* im Namen tragen. Die Albaner kamen zwischen 1440 und 1480 ins Land. Zum einen heuerte das Haus Aragón albanische Söldner an, zum anderen flüchteten viele vor der türkischen Invasion. Außerdem war man in Süditalien nach dem Erdbeben von 1453 um neue Siedler bemüht. Begünstigt durch den Ruf ihres Nationalhelden Georg Kastriota, Skanderbeg genannt, bildeten die Albaner bald ganze Gemeinden und übernahmen administrative Aufgaben. Ihre Sprache und Sitten sind über die Jahrhunderte hinweg lebendig geblieben. In den Orten der Arberesh herrscht Zweisprachigkeit, nicht nur auf den Ortsschildern, sondern auch in Publikationen und im Gottesdienst. Zu besonderen Festtagen werden die Trachten angezogen und z. B. am Dienstag nach Ostern die Vallje getanzt, die an den Sieg Skanderbegs über die Türken 1467 erinnern.

Ein absolutes Phänomen sind die griechischen Dörfer des Aspromonte, in denen bis zum Ende des Mittelalters ausschließlich Grekanisch gesprochen wurde. Heute sind nur noch die Alten dieses Dialekts mächtig, der dem Altgriechisch der ersten Siedler vor 2500 Jahren entstammt. Überdauert haben hingegen alte Handwerkskünste, beispielsweise der Instrumentenbau.

schäft ist Mitglied der Peperoncini-Akademie und bietet Produkte rund um die scharfen Schoten an.

Abends & Nachts

Beliebter Treffpunkt ▶ **Why not:** Via Gioberti 54, Tel. mobil 320 970 74 57. In der Birreria und Stuzzicheria ist immer etwas los.

Termine

Festival del Peperoncino: Anfang Sept. Festival rund um die scharfen Paprikafrüchte.

Guárdia Piemontese ▶ 2, L 15

Auf der weiteren Fahrt gen Süden erreicht man nach knapp 30 km, hinter dem beschaulichen **Cetraro,** den Abzweig der SS 283, die hinaufführt nach **Guárdia Piemontese.** Die Gründung des Orts geht auf Waldenser (s. links) zurück, die sich im 14. Jh. hier niedergelassen haben und für ihre Siedlung einen wahrlich sprechenden Namen wählten: die ›Wacht Piemonts‹. Mit der Reformation Martin Luthers hielten auch die Waldenser ihre Zeit für gekommen, sich offen zu ihren Glaubensgrundsätzen zu bekennen und ihre eigenen, dem Calvinismus verpflichteten Prediger ins Land zu holen. Die um ihre Macht fürchtende katholische Kirche duldete jedoch keine Abweichler, und innerhalb von elf Tagen wurden unter Generalinquisitor Kardinal Ghisleri, dem späteren Papst Pius V., über 2000 Waldenser regelrecht hingerichtet. Daran erinnern in Guárdia Piemontese heute noch die **Porta del Sangue** (›Bluttor‹) und die **Piazza del Strage** (›Platz des Gemetzels‹).

Wer den Ort besucht, kann noch den provenzalischen Dialekt ausmachen. An besonderen Feiertagen tragen die Frauen ihre traditionellen Trachten, die vor allem durch ihre Farbigkeit auffallen. Im **Centro di Cultura Giovan Luigi Pascale** und im **Museo della Civiltà Contadina** hat man viele interessante Zeugnisse zur Geschichte von Guárdia Piemontese und zu den Waldensern in Kalabrien zusammengetragen (Via Interna, Tel. 0982 940 46, mobil 347 933 70 84, c/o Anna Visca, Juli–Sept. 17.30–20.30 Uhr, sonst nur auf Anfrage).

Übernachten

Sommerhotel ▶ **Mediterraneo:** Via Kennedy 19, Tel. 0982 941 22. Familienfreundliches Hotel an der Marina von Guárdia Piemontese. Freundliche Zimmer, Sonnenterrasse und diverse Wellnessangebote, nur ca. 200 m bis zum Meer. DZ/HP 80–160 €.

Páola ▶ 2, L 16

Das Städtchen knapp 50 km südlich von Diamante hat eine hübsche Altstadt, ist aber vor allem Anlaufpunkt unzähliger Pilger, denn oberhalb von **Páola** befindet sich das Heiligtum für den Schutzheiligen Kalabriens, das **Santuario di San Francesco di Páola.** Die Anfahrt ist einfach, und abgesehen von den Feiertagen zu Ehren des Heiligen findet man immer einen freien Parkplatz vor dem Sanktuarium, das sich weiter oberhalb am Ufer des Bachs Isca befindet. Vom Santuario bietet sich eine herrliche Sicht auf das Tyrrhenische Meer, bei klarem Wetter sogar bis zum Stromboli.

Der 1416 in Páola geborene Franziskus, von den frommen Eltern nach dem heiligen Franz von Assisi benannt, beschloss bereits mit 15 Jahren, sein Leben zurückgezogen in einer Höhle am oberen Bachlauf der Isca als Eremit und in Askese zu verbringen. Schon bald schlossen sich ihm Gefährten an. Franziskus gründete den Orden der Minoriten und ließ seinem Namensvetter in Assisi zu Ehren 1435 einen Konvent bauen. Seither ist von vielen Wundern des Heiligen berichtet worden – am bekanntesten dürfte die Querung der Meerenge zwischen Kalabrien und Sizilien auf seinem Mantel sein, da ihm ein Fischer eine kostenlose Überfahrt verweigert hatte. Francesco von Páola wurde als Wundertäter bekannt und so ließ ihn 1483 der französische König Ludwig XI. an sein Krankenbett bitten. Danach kehrte der Priester nicht mehr nach Kalabrien zurück, denn auch der neue König wollte ihn am französischen Hof halten. In Plessis-les-Tours errichtete man ihm sogar ein Kloster, wo er am 2. April 1507, einem Karfreitag, starb. Schon zehn Jahre später sprach Papst Leo X. ihn heilig, die sterblichen Überreste von Franziskus gelangten aber erst 1935 wieder nach Páola. Sie werden in der **Chiesa Vecchia** verwahrt, ursprünglich ein Konvent aus dem 15. Jh., der im Laufe der Jahrhunderte mehrfach umgebaut und erweitert wurde. Der Schrein befindet sich gleich rechts neben dem Altarraum in einer prunkvollen Kapelle. Im angrenzenden Kreuzgang findet man eine Vielzahl von Fresken mit Szenen aus dem Leben des Heiligen, u. a. die bereits erwähnte Querung des Stretto oder wie ihm der heilige Franziskus erschien. Ungewöhnlich für einen Kreuzgang ist die Verkleidung mit Fenstern. In einem vom Kreuzgang abgehenden Gang befinden sich mehrere Beichtstühle – unverkennbar sind auch die Beichtväter in der Moderne angekommen, denn sie hocken heute nicht mehr auf harten Holzbänken, sondern auf gut gepolsterten Bürodrehstühlen.

Aufgrund der großen Pilgerscharen entschied man sich zum Bau der **Chiesa Nuova,** die sich zur Rechten des alten Komplexes befindet. Interessant ist die Mandorla mit blauen Strahlen, die nicht wie sonst üblich aufrecht steht, sondern liegt. So entsteht der Eindruck eines sehenden Auges. Im hinteren Bereich der Chiesa Nuova werden die Etappen aus dem Leben des heiligen Franziskus beschrieben (ital.), versehen mit Illustrationen aus jener Zeit. Zwei Zeitlinien informieren darüber, welche Herrscher die Macht in der Region innehatten, in der Franziskus sich gerade aufhielt, bzw. welcher Papst zu dieser Zeit in Amt und Würden war.

Zwischen der Chiesa Vecchia und der Chiesa Nuova führt ein Weg zur **Ponte del Diavolo,** die über die wild brausende Isca führt. Es heißt, der Teufel habe sich bereit erklärt, die Brücke zu erbauen, sofern er die Seele dessen bekäme, der als Erstes über die Brücke ginge. Franziskus ging auf den Handel ein und schickte einen Hund hinüber.

Auf dem Weg zur Brücke passiert man einen Kalkbrennofen, mit dem sich gleich zwei Wunder verbinden. Zum einen hat der Heilige den Ofen von innen repariert, als dieser – auf Hochtouren laufend – auseinanderzubrechen drohte. Zum anderen fand Franziskus dort die Knochen seines Lieblingslämmchens Martinello, das die Bauleute in seiner Abwesenheit getötet und verspeist hatten und das er wieder lebendig machte.

Nur wenige Meter weiter befindet sich die **Cucchiarella,** eine Quelle, die zu sprudeln begann, als der heilige Franziskus den Stein berührt hatte. Benannt ist die Quelle nach der Schöpfkelle, die hier hängt, um die mitgebrachten Flaschen mit dem – selbstverständlich heiligen – Wasser zu füllen, was viele Besucher auch in Anspruch nehmen (Tel. 0982 58 25 18, www.santuariopaola.it, April–Juni, Sept./Okt. 6.30–19, Juli/Aug. 6.30–20, Nov.–März 6.30–18 Uhr).

Übernachten

Jugendherberge ▶ **Ostello della Gioventù Palazzo Scorza:** Via Salita Immacolata 1, Tel. 0982 58 55 62, www.palazzoscorza.it. Geräumige, einfache Zimmer in einem Palazzo aus dem 18. Jh. Schlafsaal 18–25 € p. P., DZ 52–70 €.

Essen & Trinken

Einfach ▶ **Le Arcate:** Via G. Valitutti 7, Tel. 0982 58 53 77, Di–So mittags u. abends, Nov.–März nur abends. Nettes Lokal in der Altstadt. Serviert werden schmackhafte Gerichte, abends auch Pizza. Pizza ab 4 €, Menü 15–20 €.

Termine

San Francesco di Páola: 2. April u. 2./3. Mai. Am 2. April, dem Todestag des Heiligen, sowie im Mai finden verschiedene Prozessionen, Weihen und auch Märkte statt.

Fiumefreddo Brúzio und Amantea ▶ 2, L/M 17

Auf halber Strecke zwischen Páola und Amantea liegt in 200 m Höhe das reizende Städtchen **Fiumefreddo Brúzio.** Historisch gesehen hat es zwar nur die Ruine eines Normannenkastells zu bieten, doch der Besuch lohnt sich wegen der bezaubernden Altstadt mit lauschigen Gassen und Plätzen und einigen herrlichen Ausblicken.

Um einiges lebhafter geht es in **Amantea** zu. Die schöne Stadt ist schon seit der Frühzeit besiedelt und war im 9. Jh. sogar arabisches Emirat – daher auch der Name: *al mantiah* (›Festung‹, ›Fels‹). Vermutlich aus byzantinischer Zeit stammt das **Castello,** das sich über dem an einen Hang gebauten Städtchen erhebt. Von der Festung sind jedoch nurmehr einige Ruinen übrig, zu denen ein unwegsamer Pfad hinaufführt. Wesentlich bequemer ist der Bummel durch die Gassen des Centro Storico. Im oberen Teil trifft man früher oder später auf die spätgotische **Chiesa di San Bernardino,** die vor allem durch ihr lichtdurchflutetes Inneres beeindruckt.

Der Küste von Amantea vorgelagert sind zwei Felsen, die sogenannten **Scogli di Isca.** Sie gehören zu einem Meeresreservat, das zum Tauchen, Schnorcheln und zu Bootsausflügen einlädt.

Infos

IAT: Via Vittorio Emanuele 11, Amantea, Tel. 0982 417 85, nur im Sommer geöffnet.

Übernachten

... in Amantea:

Licht und Aussicht ▶ **Palazzo delle Clarisse:** Via Indipendenza 27, Tel. 0982 420 33, www.palazzodelleclarisse.com. Komfortables Hotel in einem ehemaligen Kloster mitten im historischen Zentrum. Geschmackvoll restauriert und möbliert, Garten und eine herrliche Terrasse mit Ausblicken bis zum Stromboli. DZ 70–120 €.

Essen & Trinken

... in Amantea:

Täglich frisch ▶ **La Locanda di Mare:** Via Stromboli 20, Tel. 0982 42 82 62, Di–So mittags u. abends, Juni–Sept. tgl. In der gemütlichen Trattoria unterhalb der Altstadt werden die Gerichte durch den frischen Fang des Tages bestimmt. Zu empfehlen sind in jedem Fall die frittierten Sardellen oder die Pasta mit Muscheln. Menü 20–25 €.

Einkaufen

Markt ▶ Jeden Sonntag findet in der **Neustadt von Amantea** ein großer Markt für Lebensmittel und Handwerk statt.

Aktiv

Tauchen ▶ **Oasi Blu Isca:** Via Marina, Amantea, Tel. 0982 472 48, mobil 348 773 78 57. Von Juni–Sept. werden über das WWF Tauchgänge und Bootsausflüge zu den Scogli di Isca angeboten.

Das Hinterland der Costa dei Cedri

Orsomarso, Papasídero und Grotta del Romito ▶ 2, K/L 13

Fährt man von Scalea aus nicht am rechten Ufer des Lao über **Orsomarso** in den **Parco Nazionale del Pollino,** sondern nimmt die SS 504 entlang dem linken Ufer, taucht man alsbald in eine atemberaubend schöne Landschaft ein. Die Straße schlängelt sich höher und höher, in der Tiefe brodelt der Lao, die Schlucht wird enger und schließlich erreicht man **Papasídero,** einen beschaulichen Ort byzantinischen Ursprungs.

Das eigentliche Highlight der Region ist jedoch die **Grotta del Romito,** die berühmteste Höhle Kalabriens. Zu verdanken hat sie das Süditaliens ältester Felsritzzeichnung, die im Jahr 1961 entdeckt wurde und wegen ihrer detailgetreuen Darstellung eines Auerochsen bis heute Aufsehen erregt. Die Ritzzeichnung ist etwa 10 000 bis 15 000 Jahre alt. Sehr gut sind die nach vorne geneigten Hörner, die Hautfalten sowie die Beine und Füße des Auerochsen zu erkennen. Der große Felsblock mit dem Urrind begrenzte wahrscheinlich einen Begräbnisplatz, denn während der Ausgrabungen wurden die Gräber von einem Mann und einer Frau gefunden. In dem kleinen **Museum** bei der Grotte erhält man einen Überblick zur allgemeinen Entwicklung des Menschen sowie speziell in Kalabrien und der Region um Papasídero (Mai–Sept. tgl. 9.30–20, Okt.–April 9–17 Uhr, 3 €, erm. 1,50 €).

Übernachten

... bei Orsomarso:

Rustikal ▶ **La Molina Club:** C.da Molina 29, Tel. 0985 248 74, www.lamolinaclub.it. Herrlich einsam gelegene Herberge mit Bungalows, Garten und Pool, die allen notwendigen Komfort bietet und ideal als Standort für Ausflüge im Lao-Tal ist. DZ 60 €.

Aktiv

Trekking und Rafting ▶ Lao Canyon Rafting: Laino Borgo (ca. 50 km nordöstlich von Scalea), Tel. 0981 856 44, mobil 338 639 36 36, www.laosrl.it, März–Nov. Trekkingtouren im Sila-Nationalpark, Raftingtrips auf dem Lao (für Einsteiger 1 Std./20 €, für Mutigere 3–4 Std./55 €, auch 1–2-tägige Raftingtouren).

Verkehr

Busse: Verbindungen mit SASMA, Tel. 0981 812 74, zwischen Papasídero und Mormanno bzw. Scalea.

Morano Cálabro ▶ 2, L/M 13

Über die A3 bzw. landschaftlich reizvoller über die SS 19 erreicht man **Morano Cálabro,** das zu den schönsten Dörfern Italiens zählt und ein guter Ausgangspunkt für Exkursionen in den Pollino-Nationalpark ist. Es empfiehlt sich, den Ort zu Fuß zu erkunden, denn die Sträßchen sind doch sehr eng und steil und über die Treppenwege kann man die eine oder andere Abkürzung nehmen. Das Gassengewirr und die eng stehenden Häuser am Hang inspirierten schon M. C. Escher zu einem Holzschnitt, als er Anfang der 1930er-Jahre durch Kalabrien reiste.

Am Fuß der Altstadt liegt die **Chiesa San Bernardino,** die dem Schutzpatron des Orts geweiht ist. Einst stand hier ein prachtvoller Flügelaltar aus dem 15. Jh., der jedoch mehrfach gestohlen und wiederbeschafft wurde und heute aus Sicherheitsgründen in der **Chiesa Maddalena** verwahrt wird. Den Weg zur Kirche weisen schon von Weitem ihre farbigen Majolika-Kuppeln. Der Flügelaltar wurde von dem Venezianer Bartolomeo Vivarini geschaffen. Zentrum des Polyptychons bilden die Mutter Gottes, Franz von Assisi und der heilige Bernhard von Siena, die wiederum von anderen Heiligen umgeben sind.

Oberhalb des Orts erhebt sich ein **Castello** aus dem 13. Jh., das derzeit restauriert

wird. Von hier hat man eine wundervolle Aussicht auf die Bergwelt des Pollino. Nur wenige Meter unterhalb davon findet sich das **Museo Naturalistico Il Nibbio,** eines der besten Naturkundemuseen Kalabriens. Benannt nach der Gabelweihe *(nibbio),* wurde das Museum 1998 von einer Privatinitiative

Im Hinterland bietet der Parco Nazionale del Pollino beste Wandermöglichkeiten

eröffnet und widmet sich vor allem der heimischen Flora und Fauna. Verteilt auf fünf Häuser, fokussiert die Ausstellung verschiedene Themen, ergänzt durch die passenden Geräuschkulissen. So behandelt eine Sektion z. B. das Thema Insekten, und der Besucher staunt, wie viele es davon im Pollino gibt. Auch wenn die Beschriftungen vorerst nur in Italienisch vorhanden sind, kann man hier sehr viel lernen, zumal die Ausstellung nur im Rahmen einer lohnenswerten Führung besichtigt werden kann (Vico II. Annunziata 19. Tel. 0981 307 45, www.ilnibbio.it, Juli–Sept. tgl. 10–13, 16–20, Okt.–Mai Di–So 10–13, 15–

18 Uhr, 4 €, erm. 3 €, Führungen auf Engl. müssen tel. vereinbart werden).

Übernachten

Individuell ▶ Le Case di Nibbio: Vico II. Annunziata 19, Tel. 0981 307 45, mobil 347 198 91 23, www.ilnibbio.it. Mehrere liebevoll restaurierte Häuser mit Ferienwohnungen, alle mit Heizung und Blick auf den Monte Pollino. 35–40 € p. P.

Essen & Trinken

Traditionell ▶ La Cantina: Piazza Croce 21, Tel. 0981 310 34, Di–So mittags u. abends. In der gemütlichen Familientrattoria unterhalb des Kastells kommen Gerichte der Region auf den Tisch, z. B. hausgemachte Pasta, mit Gemüse zubereitet. Abends gibt es auch Pizza. Pizza ab 4 €, Menü 10–15 €.

Verkehr

Busse: Die Busse von SAJ, Tel. 0981 50 03 31, www.saj.it, verbinden Morano Cálabro mit Cosenza und Síbari.

Cívita und Umgebung

▶ 2, M/N 13

Folgt man der SS 19 nach Süden und biegt nach ca. 10 km auf die SS 105 in Richtung Osten ab, so erreicht man nach 9 km **Cívita,** einen 1200-Seelen-Ort, der auf einer Hügelkuppe liegt und von einer grandiosen Bergwelt umgeben ist. Cívita ist eine der 32 albanischen Gemeinden in Kalabrien (s. S. 378) und schon am Ortseingang wird man in zwei Sprachen begrüßt. Das kleine **Museo Etnico Arberesh** mit Trachten, Gegenständen und einer wahrlich interessanten Fotosammlung gibt Auskunft über Leben und Bräuche der albanischen Gemeinde (Piazza Municipio, Tel. 0981 731 50, www.arbitalia.net, Juni–Sept. Di–So 17–20 Uhr, sonst auf Anfrage).

Eine Überraschung dürfte auch die **Chiesa Santa Maria Assunta** sein, von außen barock, innen von byzantinischer Pracht. Sofort ins Auge fällt die Ikonostase, auf der Mariä Verkündigung sowie die vier Evangelisten abgebildet sind, darüber im Halbkreis das letzte Abendmahl. Der Kronleuchter davor mit Bildern der Apostel und von Heiligen ist ebenfalls eine Betrachtung wert. Der Gottesdienst wird nach byzantinischem Ritus sowohl in Arberesh als auch in Italienisch abgehalten.

Cívita ist ein wunderschöner kleiner Ort, der zu Streifzügen einlädt und sich auch ideal als Standort für Erkundungen im Pollino eignet. Am östlichen Ortsrand liegt das **Belvedere,** eine bezaubernde kleine Piazza, von der aus man in die Raganello-Schlucht (s. rechts) schaut und auf die gewaltige Bergszenerie um Cívita.

Nordöstlich von Cívita und über eine kleine Bergstraße zu erreichen liegt bei **Cerchiara** die **Grotta delle Ninfe.** Aus einer Höhle fließt 32 °C warmes, schwefelhaltiges Wasser, in dem man schwimmen kann. Angeboten werden auch Fangopackungen, die bei Haut-, Gelenk- und Rheumaerkrankungen helfen sollen (Tel. 0981 99 10 07, Juni–Sept. ab 7 Uhr bis abends, 5 €, erm. 2,50 €).

Infos

Centro Visite Parco Nazionale: im Palazzo Castellano, Corso Garibaldi, Mai–Sept. tgl. 9–19, Okt.–April Mo–Fr 9–14 Uhr.

Übernachten

Zimmer mit Aussicht ▶ Il Belvedere: Corso Cavalotti 27, Tel. 0981 732 32, mobil 349 129 71 54, www.bebparcodelpollino.it. Das B & B am Ortsrand mit Blick auf die Raganello-Schlucht ist gemütlich und die Betreiber geben viele wertvolle Tipps. Zum italienischen Frühstück gibt es manchmal einen Kuchen von der Mama. Seit Sommer 2010 hat die Unterkunft eine Dependance: La Ginestra 19/21, Tel. s. o., DZ 60–80 €.

Versteckt ▶ La Sentinella: Vico II Municipio, Tel. 0981 730 71, mobil 345 446 48 65, www.bebsentinella.it. Das kleine und gemütliche B & B liegt versteckt und schattig am Ortsrand. 4 einladende Zimmer, Terrasse und reichhaltiges Frühstück. DZ 50–70 €.

Essen & Trinken

Traditionell ▶ La Kamastra: Piazza Municipio 3–6, Tel. 0981 733 87, www.kamastra.net, Do–Di mittags u. abends, im Aug. tgl. In die-

aktiv unterwegs

Wanderung zum Belvedere an der Raganello-Schlucht

Tour-Infos

Start: Belvedere in Cívita
Länge: 5 km
Dauer: 2 Std.
Schwierigkeitsgrad: einfach bis mittel, die Stufen auf dem Weg sind zum Teil sehr hoch
Besondere Hinweise: auf jeden Fall festes Schuhwerk und vor allem bei hohen Temperaturen ausreichend Wasser mitnehmen

Die **Gole del Raganello** ist eine der spektakulärsten Schluchten in Italien. In jahrtausendelanger Arbeit hat der Fluss einen weit über 60 m tiefen Canyon gegraben, über den die Ponte del Diavolo führt. Die Wanderung startet am östlichen Ortsrand von Cívita am **Belvedere,** einer bezaubernden kleinen Piazza, von der aus man in die Schlucht blicken kann und bereits den abwärts führenden Treppenweg sieht. Dieser wird nach einer Weile zu einer kleinen gepflasterten Fahrstraße, die nach ca. 20 Min. auf die **Ponte del Diavolo** trifft. Auf der gegenüberliegenden Seite erheben sich steile, bis zu 700 m über dem Fluss aufragende Felswände, die vermutlich der Namensgeber für die Schlucht waren: das griechische *ragas* lässt sich mit ›felsiger Abgrund‹ übersetzen.

Ohne die Brücke zu queren, geht es nun einen Treppenweg stetig und steil (!) bergauf. Achtung: Zum Teil sind die Stufen sehr hoch und das Geländer ist weggebrochen. Doch die Aussichten entschädigen für all die Mühen. Nach etwa 40 bis 50 Min. ist der höchste Punkt erreicht, der **Belvedere Gole del Raganello.** Bänke laden zum Ausruhen ein. Vor dem nur wenige Meter unterhalb des Aussichtspunkts liegenden Haus biegt der Weg links Richtung Straße ab, der man nach links abwärts folgt. Ca. 20 Min. später ist der Ort Cívita wieder erreicht.

sem gemütlichen Lokal gibt es kein festgelegtes Menü, sondern jeden Tag wird etwas anderes angeboten. Spezialität sind die traditionellen Gerichte der Arberesh und des Pollino wie *drömsat* (hausgemachte Pasta mit einem Sud aus Tomaten, Fleisch, Oregano, Pecorino und Chilischoten), Bergschinken oder Zicklein. Menü 25–30 €.
Herzhaft ▶ **L'Agorà:** Piazza Municipio 30, Tel. 0981 734 10, Di–So mittags u. abends, Juli/Aug. tgl. In dem einladenden Lokal sitzt man entweder drinnen oder auf der Terrasse mit Blick auf die Piazza. Herzhafte Küche, v. a. viel Fleisch, zubereitet nach kalabrischen und albanischen Rezepten. Menü 20–25 €.

Aktiv

Wandern ▶ **Luigi Perrone:** Tel. mobil 347 441 66 19, www.guidaparcopollino.it. Der ausgebildete Bergführer bietet geführte Wanderungen im gesamten Pollino-Gebiet an bzw. ist bei der Organisation behilflich und organisiert beispielsweise den Transfer.
Trekkingtouren und Höhlenexkursionen ▶ **Esplorando il Sud:** Tel. 0981 50 50 92, mobil 339 113 16 56, www.esplorandoilsud.it. Die Organisation mit Sitz in Cosenza bietet Trekkingtouren und Höhlenexkursionen im Pollino an. Zu empfehlen ist die 6-stündige Wanderung durch die Raganello-Schlucht, wobei man teilweise durch den Fluss watet (25–50 € p. P., nur für erfahrene Wanderer).

Termine

Vallje: Di nach Ostern. Traditioneller Tanz der Arberesh in historischen Kostümen auf der Piazza (s. S. 378).

Verkehr

Busse: Die Busse von SAJ, Tel. 0981 50 03 31, www.saj.it, verbinden Cívita mit Cosenza und Síbari.

Die Küste zwischen Amantea und Reggio di Calabria

Türkisfarbenes Wasser, charmante Badeorte und über der Küste schwebende Dörfer – nicht umsonst nennt man diesen Küstenabschnitt Costa degli Dei, ›Küste der Götter‹. Absolute Highlights sind Tropea und das Capo Vaticano. Über Scilla erheben sich die steilen Hänge des Aspromonte und in Reggio betören die Krieger von Riace.

Costa degli Dei

Die **Costa degli Dei** ist schon seit Längerem das Ziel vieler Urlaubsreisender. Ihre Orte sind gut mit Bus und Bahn zu erreichen und es gibt ein großes Angebot an Unterkünften und Lokalen. Absolut fantastisch sind die Sonnenuntergänge – mit ein bisschen Glück sieht man in der Ferne sogar den Stromboli, und vielleicht spuckt er gerade Feuer, was für gewöhnlich mehrmals pro Stunde geschieht.

Lamezia Terme ► 2, M/N 18

Lamezia Terme liegt an der schmalsten Stelle Kalabriens zwischen dem Tyrrhenischen und dem Ionischen Meer. Die Ortschaft entstand 1968, als man **Sant'Eufémia di Lamezia, Sambiase** und **Nicastro** zusammenlegte, wobei nur Letzteres mit einem kleinen historischen Zentrum und einem Normannenkastell aufwarten kann. Für den Tourismus spielt Lamezia Terme insofern eine Rolle, als hier der Flughafen Kalabriens liegt.

Nördlich von Sambiase liegt die **Terme Caronte,** eine schwefelhaltige, 39 °C warme Mineralquelle, die gerne von Kurreisenden aufgesucht wird (C.da Caronte, Tel. 0968 43 71 80, www.termecaronte.it, März/April Mo–Fr 8–11, 15–17, Mai–Sept. Mo–Sa 8–12.30, 15–17.30 Uhr, Wellnessangebote).

Die Küste nördlich von Lamezia Terme ist sehr zugebaut und daher nur bedingt empfehlenswert. Weitaus spannender und schöner gestaltet sich die Reise Richtung Süden entlang dem **Golfo di S. Eufémia.**

Infos

IAT: Information am Flughafen, Tel. 0968 41 94 28, Mo–Sa 9–20 Uhr.

Übernachten

Auf dem Land ► Trigna: C.da Trigna, Tel. 0968 20 90 34, www.agriturismotrigna.it. Der Agriturismo, jeweils 5 km vom Bahnhof und vom Flughafen entfernt, liegt im Grünen und bietet ein angenehmeres Ambiente als die Unterkünfte in der Stadt. Auf Gastfreundschaft wird hier viel Wert gelegt. DZ 65–80 €.

Verkehr

Flüge: Der Aeroporto Lamezia Terme, Tel. 0968 41 43 33, www.sacal.it, wird v. a. von Billigfliegern angeflogen, darunter Air Berlin, www.airberlin.com, German Wings, www.germanwings.com, Tuifly, www.tuifly.com sowie Ryanair, www.ryanair.com. Mit den Bussen von Multiservizi, Tel. 800 25 58 98, www.lameziamultiservizi.it, gelangt man ins Stadtzentrum.

Züge: Vom Bahnhof in Sant'Eufémia di Lamezia fahren Züge in Orte der Region sowie nach Neapel. Infos: www.trenitalia.it.

Busse: Regelmäßige Verbindungen vom Zentrum zum Bahnhof sowie u. a. nach Cosenza, Vibo Valentia, Crotone und Catanzaro mit Ferrovie della Calabria, www.ferroviedellacalabria.it, IAS, www.iasautolinee.it, und SAJ, www.saj.it.

Mietwagen: Am Flughafen gibt es verschiedene Anbieter, u. a. Avis, Tel. 0968 515 08, www.avis.de.

Pizzo und Umgebung

► 2, M 19/20

Dem kleinen, mittelalterlichen **Pizzo,** das in 56 m Höhe über dem Meer ›schwebt‹, sollte man ruhig einen Besuch abstatten. Lebendiges Zentrum ist die **Piazza della Repubblica,** wo es einige Restaurants und vor allem Eisdielen gibt – schließlich wurde hier das berühmte Tartuffo-Eis erfunden, eine mit bitterer Schokoladensoße gefüllte Vanilleeiskugel, die mit Schokoladeneis umhüllt ist. Wer diese Spezialität bisher noch nicht probiert hat, sollte das spätestens in Pizzo nachholen.

Unweit der Piazza befindet sich der **Belvedere,** von dem man herrliche Ausblicke auf die Küste mit ihren langen Sandstränden genießen kann. Nicht zu übersehen ist das **Castello Aragónese** aus dem 15. Jh. Hier wurde Joachim Murat auf seiner Flucht vor den Bourbonen am 8. Oktober 1815 eingekerkert und fünf Tage später auf Befehl Ferdinands I. wegen Hochverrat hingerichtet. Bei einem Rundgang kann man u. a. den Abschiedsbrief sehen, den Murat an seine Frau und seine Kinder geschrieben hat (Tel. 0963 53 25 23, Mi–Mo 9–13, 15–18, Juli/Aug. bis 24 Uhr, 3,50 €, Kinder bis 6 Jahre und Rentner frei).

2 km nördlich von **Pizzo** liegt oberhalb des Strands die **Chiesetta di Piedigrotta,** eine in den Muschelkalk geschlagene Grottenkirche. Sie wurde im 17. Jh. von neapolitanischen Seeleuten errichtet, die vor der Küste in einen Sturm gerieten und ein an Bord befindliches Madonnenbildnis um Rettung anflehten. Zwar erlitten sie dennoch Schiffbruch, doch überlebten alle und wurden zusammen mit dem Madonnenbild hier an Land gespült. Aus Dank errichteten sie die Kirche, wo über dem Altar heute das Gnadenbild der Madonna hängt. Ende des 19. Jh. kam der Bildhauer Angelo Barone auf die Idee, die Grotte um Heilige und Engel zu erweitern. Unterstützt wurde er darin später von seinem Sohn Alfonso. Mittlerweile sind in dem Figurenensemble auch Persönlichkeiten wie Papst Johannes Paul II. oder John F. Kennedy mit von der Partie (www.chiesettadipiedigrotta.it, tgl. 9–13, 15–19 Uhr, 3 €, erm. 2 €).

Überall entlang der Küste werden Bootstouren angeboten

Infos

Pro Loco: Via S. Francesco 77/79, Tel. 0963 53 13 10, Mo–Sa 9–12, 18–18 Uhr.

Übernachten

Ländlich ▶ A Casa Janca: Loc. Marinella, Tel. 0963 26 43 64. Der gemütliche Agriturismo nördlich von Pizzo liegt 500 m von der Riviera Prangi entfernt, herzliche Atmosphäre und gute Küche. DZ 70–94 €.

Modern ▶ Bella Pizzo: Via Vittorio Emanuele 12, Tel. mobil 348 678 16 25, www.bedandbreakfastinpizzo.com. Neues B&B im historischen Zentrum mit modernen Zimmern, Dachterrasse und zuvorkommendem Service. DZ 45–80 €

Essen & Trinken

Traditionell kalabrisch ▶ Go: Strada Provinciale Sant'Onofrio, Tel. mobil 347 113 78 54, Di–So mittags u. abends, Juli/Aug. tgl. mittags u. abends, Sa–Mo nur abends. An der Panoramastraße Richtung Vibo Valentia. Sehr gemütliches Ambiente, es gibt Fisch und Fleisch, selbst gemachte Pasta und Gemüse der Saison – köstlich! Menü 25–30 €.

Traditionell ▶ La Ruota: Piazza della Repubblica 36, Tel. 0963 53 24 27, Do–Di mittags u. abends. Einfaches Lokal ohne viel Schnickschnack mit guter Fischküche und schmackhaften Pastagerichten. Abends auch Pizza. Pizza ab 4 €, Menü 15–20 €.

Im Eishimmel ▶ Gelateria Ercole: Piazza della Repubblica 18, Tel. 0963 53 11 49, Do–Di ab 8 Uhr. Auch Kaffee und süße Teilchen.

Verkehr

Züge: Verbindungen sowohl Richtung Neapel und Sizilien als auch in kleinere Orte wie Tropea. Infos: www.trenitalia.it.

Busse: Mit Ferrovie della Calabria, www.ferroviedellacalabria.it, nach Vibo Valentia und mit SAV, Tel. 0963 611 29, nach Tropea.

Vibo Valentia und Vibo Marina ▶ 2, M 20

Über die SS 18 zu erreichen, liegt südlich von Pizzo auf 476 m die Provinzhauptstadt **Vibo Valentia.** Die gute Lage über dem **Golfo di S. Eufémia** war mit Sicherheit der Grund, dass hier bereits zu Beginn des 6. Jh. v. Chr. Hipponion, eine Kolonie von Lokroi (s. S. 404) entstand, was den Griechen die Kontrolle über Zentral- und Südkalabrien sicherte. Unter den Römern erhielt die Stadt 192 v. Chr. den Namen Vibo, die Kolonie nannte man Valentia, damals ein bedeutender Stützpunkt an der Via Popilia. Die kriegerischen Auseinandersetzungen zwischen Langobarden, Byzantinern, Sarazenen und Normannen ließen die Stadt später mehr und mehr verfallen. Erst Friedrich II. befestigte Vibo Valentia und benannte die Stadt in Monteleone (›Löwenberg‹) um. Das Wappen ist zuweilen noch an den alten Palazzi zu sehen: ein Löwe und drei Hügel bzw. Kugeln. Erst 1928, in faschistischer Zeit, kehrte man wieder zum römischen Namen Vibo Valentia zurück.

Am östlichen Stadtrand in der Nähe des Friedhofs kann man beeindruckende Reste der antiken Befestigungsmauern besichtigen. Von dort aus führt die Viale delle Accademie Vibonesi zum **Castello** normannisch-staufischen Ursprungs. Zu einer wehrhaften Festung wurde es unter den Anjou und Aragonesen ausgebaut. Beim Erdbeben 1783 erlitt die Festung so großen Schaden, dass sie für die Bourbonen nur noch als Kerker taugte. Heute ist in dem Kastell das **Museo Archeologico Statale Vito Cabialbi** untergebracht. Neben schönen Beispielen der Vasenmalerei sind vor allem die Pinakes (s. S. 406) und das Laminetta Aurea sehenswert. Letzteres ist ein Goldtäfelchen vom Ende des 5. Jh. v. Chr., das man 1969 in einer Nekropole gefunden hat. In griechischer Schrift ist darauf eine Art Wegbeschreibung gegeben, die dem Toten helfen sollte, seinen Weg in die Unterwelt zu finden. Weltweit sind bisher erst sechs solcher ›Totenpässe‹ gefunden worden, alle in Kalabrien. Man vermutet, dass sie mit der pythagoreischen Idee von der Seelenwanderung in Verbindung stehen (Tel. 0963 433 50, tgl. 9–18 Uhr, im Sommer länger, 2 €).

Unterhalb des Kastells gelangt man durch kopfsteingepflasterte Gassen in die Altstadt. Vorbei an einst prachtvollen Palazzi mit schönen Portalen, Wappen, Balkonen und Brüstungen erreicht man den Corso Umberto I. und die **Viale Regina Margherita,** ehemals die Prachtmeile von Vibo Valentia. Die beiden Straßen trennen die Neu- von der Altstadt. An ihrem Kreuzungspunkt geht der Corso V. Emanuele III. ab, die Hauptflaniermeile am Abend. Folgt man stattdessen der Viale R. Margherita nach rechts, so gelangt man zum **Duomo Santa Maria Maggiore,** der in seiner heutigen Form nach dem Erdbeben von 1638 entstand. Bemerkenswert ist das Bronzeportal, das 1975 durch Giuseppe Niglia mit Szenen der Stadtgeschichte gestaltet wurde.

Nicht entgehen lassen sollte man sich den Besuch von **Vibo Marina,** vor allem wenn am Nachmittag die Fischer ihren Fang anlanden.

Infos

Pro Loco: Piazza Diaz 11/12, Tel. 0963 453 00, www.prolocovibovalentia.it, Mo–Sa 9.30–13, 17–20 Uhr.

Übernachten

Edel ► **La Locanda al Palazzo d'Alcontres:** Corso Umberto I. 160, Tel. 0963 47 26 69, www.lalocandadaffina.it. In dem zentralen, restaurierten Palazzo wohnt man in stilvoll eingerichteten Zimmern. Das Restaurant wird für seine Küche gelobt. DZ 130–160 €.

Zentral ► **Risorgimento:** Via Pietro Colletta, Tel. 0963 411 25. Kleines Altstadthotel in der Nähe des Corso Umberto I. mit komfortablen Zimmern und gutem Service. DZ 70–90 €.

Essen & Trinken

Am Hafen ► **Maria Rosa:** Via Toscana 13, Tel. 0963 57 25 38, Di–So mittags u. abends. Das Lokal am Hafen von Vibo Marina ist für seine Fischgerichte bekannt. Menü 25 €.

Regional ► **Vecchia Vibo:** Via G. Murat 2, Tel. 0963 430 46, Di–So mittags u. abends. In dem Lokal nahe der Altstadt wird nach traditionellen Rezepten gekocht. Abends auch Holzofenpizza. Pizza ab 5 €, Menü 15–25 €.

Verkehr

Züge: Regelmäßige Züge ab Vibo Marina nach Lamezia Terme, Reggio di Calabria und Tropea. Infos: www.trenitalia.it.

Busse: Mit Ferrovie della Calabria, www.ferroviedellacalabria.it, nach Cosenza, Crotone, Pizzo, Tropea und Serra San Bruno.

Von Vibo Marina nach Tropea

► 2, L/M 20

Auf der Fahrt nach Tropea entlang dem Meer wird es zwischen **Briático** und **Parghelia** so richtig schön. Dieser zauberhafte Küstenabschnitt mit seinen Sandstränden und Felsklippen lädt immer wieder zu einem Bad ein. Am besten ist man hier mit dem eigenen Fahrzeug unterwegs, so kann man beispielsweise einen Halt bei der halb zerfallenen **Torre Rocchetta** einlegen, der noch immer die Bucht von Briático bewacht.

Nur wenig weiter an der **Torre Sant'Irene** sind in den Fels geschlagene Becken aus römischer Zeit zu erkennen. Sie dienten einst dem Fang von Tunfischen, die mithilfe von Netzen in die Becken getrieben wurden – eine Methode, die bis Anfang des 20. Jh. praktiziert wurde. Und dann taucht auch schon Tropea auf, die Perle des Tyrrhenischen Meers.

Tropea ► 2, L 20

Umgeben von einer malerischen und grünen Landschaft steht **Tropea** für Urlaubsidylle schlechthin. Am schönsten ist der Blick auf den Ort von der Meerseite aus. Das Zentrum mit seinen vielen Geschäften lädt zum Bummeln und Schauen ein.

Der Ort dürfte schon sehr früh besiedelt worden sein, denn in der Nähe des heutigen Friedhofs entdeckte man Nekropolen aus dem 12. Jh. v. Chr. Andere Funde lassen darauf schließen, dass an dieser Stelle im 5. Jh. v. Chr. Griechen gesiedelt haben. Unter den Byzantinern wurde Tropea im 8. Jh. Bischofssitz und in der Folgezeit mehrfach von den Sarazenen angegriffen und auch eingenommen. Erst mit den Normannen im 11. Jh. wurde es ruhiger. Bereits mit den Anjou und den darauf folgenden Aragonesen erlebte der Ort eine Phase des Aufschwungs, der darin gipfelte, dass Tropea ab dem Mittelalter eine unabhängige, nur dem König unterstellte Stadt war. Schon damals wusste der Adel die Schönheit des Städtchens zu schätzen, sodass zahlreiche Palazzi entstanden, die trotz der Erdbebenschäden von 1783 und 1905 zum besonderen Reiz von Tropea beitragen.

Wahrzeichen des pittoresken Städtchens ist die Wallfahrtskirche **Santa Maria dell' Isola,** die einsam auf einer vorgelagerten Felsinsel thront. Ursprünglich von basilianischen Mönchen errichtet, wurde sie im Hochmittelalter von den Benediktinern übernommen und erweitert und befindet sich heute im Besitz der Abtei von Montecassino (zwischen Rom und Neapel). Aufgrund von Erosionsschäden ist die Kirche seit Jahren in Renovierung und meist nur von Ferne zu betrachten. Sollte man das Tor ausnahmsweise geöffnet vorfinden, lohnt sich der Aufstieg auf jeden Fall. Besonders schön ist auch der kleine Garten, der herrliche Ausblicke über die beiden seitlich gelegenen Sandstrände bietet. Auf der dem Meer zugewandten Seite der Insel befindet sich eine vom Wasser ausgewaschene Höhle, die entweder schwimmend oder per Boot zu erreichen ist.

Über einen Treppenweg gelangt man hinauf ins Zentrum zur Via Umberto I., die direkt zum **Largo San Michele** führt, einem großen Platz, an dessen östlicher Seite sich der **Palazzo Toraldo Serra** erhebt. Einst

Wie eine Festung thront die Altstadt von Tropea auf der Steilküste

stand hier ein kleines Kastell aus aragonesischer Zeit, das nach der Einigung Italiens jedoch abgerissen wurde.

Der nordwärts führende Corso Vittorio Emanuele zieht sich als Hauptachse durch die Altstadt Tropeas. Zentrum ist die **Piazza Ercole** mit dem **Sedile dei Nobili** (›Repräsentantenhaus des Adels‹) aus dem 18. Jh. Heute ist hier u. a. das Touristenbüro untergebracht.

Biegt man nach rechts in die Via Roma ab, gelangt man schnell zum **Largo Duomo.** Die Kathedrale aus dem 12./13. Jh. wurde durch Erdbeben mehrmals zerstört, aber jedes Mal erneut aufgebaut, zum letzten Mal Anfang des 20. Jh. Nach langjährigen Restaurationsarbeiten sind im Innern nun wieder die romanischen Ursprünge sichtbar. In der Hauptapsis befindet sich ein Bildnis der Madonna di Romania aus dem 14. Jh., seit 1638 die Schutzpatronin von Tropea. In jenem Jahr hatte ein Erdbeben große Schäden in den Orten der Umgebung angerichtet, nur Tropea blieb verschont.

Folgt man dem Corso bis zum Ende, so gelangt man zu einem wunderbaren **Belvedere,** der herrliche Blicke auf das Meer, die Insel mit der Wallfahrtskirche und die Berg-

Tipp: Feriendomizile

Die beiden deutschen Portale **www.tropea-ferien.de** und **www.urlaub-an-der-stiefel spitze.com** bieten viele schöne Unterkünfte um Tropea, das Capo Vaticano und im Hinterland. Auf den Webseiten bekommt man auch viele gute Infos zur Region.

welt der Sila freigibt, bei klaren Wetter sogar bis zum Capo Palinuro.

Infos

Pro Loco: Piazza Ercole 29, Tel. 0963 614 75, Ostern–Okt. 9–13, 16.30–19 Uhr.

Übernachten

Direkt am Lungomare ▶ **Villa Giada:** Lungomare Marina del Convento, Tel. 0963 60 70 50, www.villagiadatropea.com. Das B & B in einer neuzeitlichen Villa hat hübsche Zimmer, Terrassen, einen schönen Garten und liegt direkt am Meer. DZ 70–170 €.

Im Grünen ▶ **Giardino Marchese D'Altavilla:** Loc. Cornella, Tel. 0963 60 71 39, www.tropeamare.it. Ruhig gelegene Unterkunft, knapp 1 km vom historischen Zentrum entfernt. Mit schönen, geräumigen Zimmern und Garten. DZ 60–140 €.

Camping ▶ **Marina dell'Isola:** Via Marina dell'Isola, Tel. 0963 619 70, www.maregrande.it. Der Zeltplatz am Meer westlich der Isola bietet neben einer ausreichenden Infrastruktur auch Bungalows. Ganzjährig geöffnet. Zelt inkl. 2 Pers. 12–30 €, Bungalow für 2 Pers. ab 350 €/Woche.

Essen & Trinken

Tolles Panorama ▶ **Pimm's:** Corso Vittorio Emanuele, Tel. 0963 66 61 05, Di–So mittags u. abends. Das edle Lokal am Ende des Corso ist nicht nur wegen seiner guten Fischgerichte, sondern auch wegen der schönen Aussicht zu empfehlen. Menü 35–40 €.

Urig ▶ **Osteria del Pescatore:** Via del Monte 7, Tel. 0963 60 30 18, April–Okt. abends, Juli/Aug. mittags u. abends. In diesem alteingesessenen Lokal ist die Rollenverteilung klar – die Männer gehen fischen und die Frauen zaubern aus dem Fang gute kalabrische Gerichte. Dabei wird natürlich auch die für Tropea typische süße rote Zwiebel verwendet. Menü 25–30 €.

Pizza ▶ **Vecchio Forno:** Via Caivano, Tel. mobil 347 311 24 16, April–Okt. tgl. abends. Pizza und Gebackenes. Pizza ab 4 €.

Süße Verführung ▶ **Tropea:** Corso Vittorio Emanuele, Tel. 0963 621 96, Ostern–Okt. tgl. ab 9 Uhr. Die Eisdiele in der Nähe des Belvedere bietet eine große Auswahl an köstlichen Eissorten.

Einkaufen

Bücher ▶ **La Libreria:** Via Roma 27, Tel. 0963 621 79, Mo–Sa 9–13, 17–20 Uhr. In der gut sortierten Buchhandlung werden auch deutsche Bücher verkauft.

Verpflegung ▶ **Pandullo:** Largo San Michele 20, tgl. 8–21, Juli/Aug. 8–24 Uhr. In dem Lebensmittelladen bekommt man neben kalabrischen Würsten, Peperoncini und Käse auch wunderbar belegte Panini.

Abends & Nachts

Auch abends ist der **Corso Vittorio Emanuele** die Hauptflaniermeile von Tropea. V. a. die jüngeren Leute treffen sich am Abend auf der **Piazza Vittorio Veneto** südlich der Altstadt. Im Sommer finden an der **Strandpromenade** Konzerte statt.

Aktiv

Segeln, Surfen, Mountainbiken ▶ **Moonlight:** Via Vescovado, im Sommer im Strandhotel Baia del Sole am Capo Vaticano, Tel. 0963 60 35 16, mobil 349 811 40 54, www.velamoonlight.com. Segel- und Surfschule, die von den beiden Deutschen Myriam und Thomas Hofmeister betrieben wird. Auch Verleih von Mountainbikes.

Tauchen ▶ **Diving Center:** Porto di Tropea, Tel. mobil 347 831 74 37, www.tropeasub.it. Tauchkurse, Tauchgänge und Ausrüstung.

Termine

Santa Maria dell'Isola: 15. Aug. Prozession auf dem Meer zu Ehren der Madonna.

Verkehr

Züge: Regelmäßig nach Pizzo, Lamezia und Reggio di Calabria. Infos: www.trenitalia.it.
Busse: Verbindungen mit Ferrovie della Calabria, www.ferroviedellacalabria.it, nach Pizzo und in alle größeren Orte der Region.

Zum Capo Vaticano ► 2, K/L 20

Über eine sehr kurvenreiche Straße gelangt man von Tropea aus nach wenigen Kilometern zum **Capo Vaticano,** dem man allein aufgrund des fantastischen Panoramas einen Besuch abstatten sollte. Die schönste Aussicht bietet sich vom **Belvedere Sud** nahe dem Leuchtturm – von hier aus blickt man über den Stretto zwischen Messina und Reggio di Calabria auf Sizilien und auf Stromboli, die östlichste der Liparischen Inseln. In vorchristlicher Zeit soll sich auf dem Kap ein Orakel befunden haben, das den Seefahrern die Zukunft voraussagte, daher auch der heutige Name: Capo dei Vaticinii, ›Kap der Propheten‹. Dank der steilen Klippen ist es nach wie vor unverbaut. An den umliegenden schönen Stränden und im Hinterland sind dafür ausreichend Hotels und Restaurants entstanden, denn das Capo Vaticano zählt zu den schönsten Urlaubsgebieten Kalabriens. Auch bei Radfahrern wird die Gegend zunehmend beliebter.

Übernachten

Feriendorf ► **Baia del Sole:** C.da Torre Ruffa, Tel. 0963 66 33 02, www.baiadelsole.com. Die nördlich des Kaps gelegene Ferienanlage mit Garten, Pool, Sport- und Wellnessangeboten bietet komfortable Zimmer sowie Bungalows und liegt direkt am Meer. DZ 70–160 €.
Über dem Meer ► **Praia di Fuco:** Via G. Berto, San Nicolò di Ricadi, Tel. 0963 66 59 04, www.praiadifuoco.it. Diese Residenz liegt von Norden aus gesehen kurz vor dem Kap. Man wohnt in weißen Häuschen (3–7 Pers.) 100 m über dem Meer. Sehr ruhig und idyllisch. Apartment für 3 Pers. ab 400 €/Woche.
Camping ► **Villaggio La Scogliera:** San Nicolò di Ricadi, Tel. 0963 66 30 02, www.villaggiocampinglascogliera.com. Der weitläufige Campingplatz am Meer hat eine gute Infrastruktur und vermietet auch Bungalows. Zelt inkl. 2 Pers. 15–28 €.

Essen & Trinken

Am Kap ► **Agrituristica al Faro:** Via Giuseppe Berto, Tel. 0963 66 37 39, Mai–Sept. mittags u. abends. Uriges Lokal mit köstlichen Antipasti und herzhaften regionalen Gerichten. Menü 15–20 €.
Große Portionen ► **Al Ritrovo:** C.da F. Galliche in Brattirò (6 km südlich von San Domenica), Tel. 0963 31 47 02, Mi–Mo mittags u. abends. Die Trattoria ist äußerst beliebt, denn hier gibt es schmackhafte kalabrische Küche und dazu leckeren Hauswein. Unbedingt das *'nduja* probieren. Menü 15 €.

Abends & Nachts

Freiluftdisco ► **Punta Cana:** Baia di Riaci, bei San Domenica, nur Juli/Aug. Hier wird meist lateinamerikanische Musik gespielt.

Aktiv

Tauchen ► s. links

Verkehr

Busse: Verbindungen mit Bussen der SAV, Tel. 0963 611 29, in die umliegenden Orte.

Palmi und Umgebung ► 2, L 21/22

Fährt man entlang dem **Golfo di Gióia** weiter gen Süden, kommt man an **Gióia Tauro** vorbei, Italiens größtem Containerhafen mit den Ruinen eines nie realisierten Stahlwerks, Mahnmal für eine gescheiterte Industrialisierung (s. S. 25).

Die Strände um **Palmi** sind zwar schön, doch relativ verbaut. Dafür kann der 228 m über dem Meer gelegene Ort mit dem **Museo Etnografico** aufwarten, das von der UNESCO als Museum von internationalem Wert anerkannt wurde. Gezeigt wird eine äußerst interessante Folkloreausstellung, u. a. mit Masken, Vasen, Schornsteinaufsätzen gegen den bösen Blick, Glücksbringern, Liebessymbolen sowie den beiden aus Pappmaschee gefertigten Giganten Mata und Grifone, mythische Figuren aus der Zeit der Sarazenenüberfälle. Sie stehen heute noch im Mittelpunkt von Festivals, beispielsweise in Reggio di Calabria (s. S. 399). Unter Begleitung von Musik bewegen sich die einheimische Mata und der türkische Grifone mit seinen räuberischen Absichten aufeinander zu und am Ende geht Grifone in Flammen auf – Symbol des Siegs über die Türken (Casa della Cultura, Via F. Battaglia, Tel. 0966 41 10 80, Mo–Fr 9–13, Do auch 15.30–17.30 Uhr, 2 €).

Oberhalb des Orts erhebt sich der **Monte S. Elia,** ein Aussichtsberg, der auch gerne Balkon des Tyrrhenischen Meers genannt wird und mit dem Auto über die SS 18 zu erreichen ist.

An der **Costa Viola** südlich von Palmi wird es dann wieder richtig schön. Der Name dieses Küstenabschnitts erklärt sich durch das violette Leuchten des Tyrrhenischen Meers am Abend, was am schönsten vom Kastell in Scilla (s. u.) zu beobachten ist.

Übernachten

Idylle mit Musik ▶ Lunajanka: Via Sardegna 20, Tel. 0966 245 40, www.lunajanka.com. Schönes B & B in Fußentfernung zum Meer und ins Stadtzentrum. Freundliche Zimmer, viel Grün, Pool und jede Menge Musikinstrumente, die zum gemeinsamen Musizieren einladen. Sehr gastfreundlich. DZ 70–90 €.

Scilla ▶ 2, K 22

Bei **Scilla** erreicht man die Meerenge von Messina, **Stretto** genannt. Hier fließen das Tyrrhenische und das Ionische Meer zusammen und verursachen starke Strömungen und Strudel. In der Ilias von Homer wird die gefährliche Meerenge durch die beiden Ungeheuer Scylla und Charybdis bewacht. Als Odysseus den Stretto erreicht, entscheidet er sich für das vermeintlich kleinere Übel und fährt ganz nah an Scylla vorbei, die sechs Köpfe und zwölf Tatzen hat. Mehrere Begleiter von Odysseus fallen ihr zum Opfer.

An genau der Stelle, an der einst Scylla hauste, thront heute das mittelalterliche **Castello Ruffo** des nach dem Ungeheuer benannten Orts. Errichtet wurde es im Auftrag der Familie Ruffo, einer der wichtigen Adelsfamilien im Königreich Neapel. Ihr Wappen ist über dem Eingang noch immer zu sehen. Das **Museum** im Innern zeigt eine Ausstellung zum Schwertfischfang, der eine lange Tradition hat und noch immer praktiziert wird. Zu sehen ist u. a. eines der typischen Fangboote, im kalabrischen Dialekt *iuntru* genannt. Es hat einen ca. 20 m hohen Mast mit Ausguck sowie einen fast gleichlangen Steg am Bug, von dem aus der Fischer mit der Harpune auf die gut 4 m langen Fische zielt (Di–So 9.30–12.30, 15–18 Uhr, 2 €).

Schaut man vom Kastell aus südwärts, so sieht man die **Marina Grande** mit einem breiten und 600 m langen Sandstrand. Hier gibt es Restaurants, Bars, Eisdielen und Bootsverleiher, die besonders in den warmen Monaten Konjunktur haben.

Nördlich des Kastells liegt das reizende Fischerviertel **Chianalea.** Geht man durch die Gassen, so erhascht man zwischen den Häusern immer wieder Blicke aufs Meer. Die Häuser sind direkt bis auf den Strand gebaut, statt Autos ›parken‹ Boote davor. Bei stürmischem Wetter kann es durchaus vorkommen, dass die Fundamente der Gebäude von Wasser umspült sind.

Oberhalb des Kastells erstreckt sich das Viertel **San Giorgio.** Von hier aus hat man fantastische Blicke auf das Kastell und den Stretto. Am schönsten ist es natürlich am Abend, wenn sich die violette Färbung über das Meer legt.

Übernachten

Am Fischerhafen ▶ Il Principe di Scilla: Via Grotte 2, Chianalea, Tel. 0965 70 43 24, www.ubais.it. Das herrschaftliche Hotel in einem frisch renovierten Palazzo lässt keine Wünsche offen. Tolle Atmosphäre, schöne Ausblicke, Luxus im alten Stil. Suite 170–300 €.

Mit Wellenrauschen ▶ Casa Vela: Via Annunziata 18, am Hafen von Chianalea, Tel. 0965 89 09 77, www.casavelascilla.it. Gemütliches B & B mit unterschiedlich eingerichteten Apartments. Am schönsten sind natürlich die Zimmer mit Meerblick, einige davon haben eine Terrasse. DZ 50–120 €.

Wächter über Ort und Strand: das Castello Ruffo in Scilla

Essen & Trinken

Meeresküche ▶ **Alla Pescatoria:** Lungomare Colombo 32, Tel. 0965 75 41 47, Do–Di mittags u. abends, im Aug. tgl. In dem viel gelobten und gut besuchten Lokal dreht sich alles um Fisch und Meeresfrüchte – raffiniert oder ganz einfach zubereitet. Man sitzt gemütlich am Lungomare südlich des Kastells. Menü 20–30 €.

Erfrischend ▶ **Gelateria Zanzibar:** Lungomare Colombo, Tel. 0965 75 46 51, Ostern–Okt. Di–So ab 8 Uhr. In der Bar und Gelateria bekommt man köstliches Eis, erfrischende Granita und aufmunternden Kaffee.

Aktiv

Tauchen ▶ **Scilla Diving Center:** Via Annunziata 2, Chianalea, Tel. 0965 75 45 85, www.scilladiving.it. Aufgrund der heftigen Strömungen im Stretto sollte man sich nur in Begleitung von Kennern in die Tiefe wagen.

Termine

Sagra del Pesce Spada: Anfang Juni. Großes Fest in Bagnara Cálabra (ca. 10 km nordöstlich von Scilla) zu Ehren des Schwertfischs, der zwischen März und September an der Küste Kalabriens und in der Straße von Messina gefangen wird. Es gibt Köstlichkeiten rund um den Schwertfisch wie z. B. *pasta della scozzetta* (Pasta mit Nackenfleisch vom Schwertfisch) oder *involtini di pesce spada* (Schwertfischröllchen). Höhepunkt ist ein großes Feuerwerk um Mitternacht am Meer.

13 Reggio di Calabria

▶ 2, K 23

Cityplan: S. 397

Auf dem Weg von Scilla nach Reggio di Calabria passiert man bei **Villa San Giovanni** die schmalste Stelle des Stretto, wo auch die Fähren nach Messina übersetzen. Seit Jahren ist geplant, eine Brücke zu bauen, doch nach jeder Wahl wird das Projekt aufs Neue diskutiert – und nicht realisiert.

Knapp 20 km später ist **Reggio di Calabria** erreicht, das trotz seines schlechten Rufs als eines der Zentren des organisierten Verbrechens unbedingt einen Besuch lohnt. Mit den hellen Fassaden, den breiten und übersichtlich angelegten Straßen wirkt kaum eine Stadt des Südens freundlicher und in

Reggio di Calabria

Sehenswert
1 Piazza Garibaldi
2 Lungomare
3 Römische Therme
4 Griechische Stadtmauer
5 Arena dello Stretto
6 Piazza Indipendenza
7 Museo Archeologico Nazionale
8 Villa Comunale
9 Cattedrale
10 Castello Aragonese

Übernachten
1 Una Dimora di Charme
2 Al Castello

Essen & Trinken
1 Baylik
2 Cordon Bleu
3 Gelateria Cesare

Einkaufen
1 Markt
2 Bergamotteria

Abends & Nachts
1 Johnny Sax

ganz Kalabrien wird man kaum eine schönere Strandpromenade finden.

Geschichte

Griechen aus der Stadt Chalkis von der Insel Euböa gründeten 743 v. Chr. Reggio di Calabria, das schnell zu einer der großen Kolonien in Unteritalien avancierte. Die durch ihre strategisch günstige Lage an der Meerenge von Messina heftig umworbene Stadt sah im Laufe der Zeit viele Herrscher kommen und gehen, die Reggio di Calabria ihren Stempel aufdrückten. Doch die verheerenden Erdbeben von 1783 und 1908 haben fast alles zerstört. Beim letzten Beben kamen über 45 000 Menschen ums Leben und die Stadt musste komplett neu aufgebaut werden, sodass heute ganze Straßenzüge im Liberty-Stil gestaltet sind. 1972 verlor Reggio seinen Status als Regionalhauptstadt Kalabriens an Catanzaro (s. S. 413), was zu blutigen Protesten führte, deren Ereignisse bis heute nicht völlig aufgeklärt sind. Seit vielen Jahren gilt Reggio überdies als eine der Hochburgen des organisierten Verbrechens, doch wird man als Tourist damit nicht in Berührung kommen.

Entlang dem Lungomare zur Piazza Indipendenza

An der **Piazza Garibaldi** 1 beim Bahnhof kann man sich im örtlichen Informationsbüro mit einem Stadtplan versorgen. Nur wenige Meter entfernt trifft man auch schon auf den großzügigen **Lungomare** 2, entworfen von Pier Luigi Nervi (1891–1979), einem der italienischen Stararchitekten. Mit Blick auf den Stretto schlendert man gen Norden. Wer in den frühen Morgenstunden unterwegs ist, kann eventuell sogar das Phänomen der Fata Morgana beobachten, wenn Sizilien über dem Meer zu schweben scheint. Der an die Promenade grenzende Strand ist von erstaunlich guter Qualität und lädt im Sommer viele zu einem Bad im Meer ein. Auf dem Grünstreifen zur Rechten kann man Reste einer **römischen Therme** 3 und der **griechischen Stadtmauer** 4 betrachten. Ungefähr auf der Hälfte des Lungomare steht ein neues Amphitheater, die **Arena dello Stretto** 5. Am Ende der Promenade hält man sich rechts und gelangt zur **Piazza Indipendenza** 6, wo die Hauptattraktion von Reggio zu finden ist.

Museo Archeologico Nazionale 7

Der Besuch des **Museo Archeologico Nazionale** gehört zum Pflichtprogramm, denn hier stehen die **Bronzi di Riace** (s. S. 398), zwei bronzene Kriegerstatuen aus der Mitte des 5. Jh. v. Chr. Die beste Zeit, um den beiden einen Besuch abzustatten, ist am frühen Morgen, wenn das Museum noch nicht so voll ist. Die Ausstellung hat aber auch andere Schätze zu bieten, vor allem die berühmten Pinakes von Lokri Epizephyrion (s. S. 404) inkl. eines Modells der antiken Akropolis (Piazza de Nava, Tel. 0965 81 22 55, www.museonazionalerc.it, Di–So 9–19 Uhr, 6 €, erm. 4 €).

Corso Garibaldi, Duomo und Castello

Von der Piazza Indipendenza zieht sich der autofreie **Corso Garibaldi**, Reggios Hauptflanier- und Einkaufsmeile, nach Süden bis

Messina
Catanzaro
Porto
Fiumara dell' Annunziata
Via Santa Caterina
Via Italia
Via Pensilvania
Via Ibico
Via Tremulini
Via Tripepi
Salita Zerbi
A 3
Via Georgia
Via Vespucci
Via Tommaseo
Reggio - Via Portanova
Maria Santissima della Consolazione
Via Ferraris
Stazione Marittima F.S.
Via Florio
Via Spiaggia
Viale Bocconi
Via Vittorio Veneto
Via Preti
Via Dante
Via Portanova
Via XXV. Luglio
Piazza del Popolo
Via Vallone Petrara
Via G. Benassai
Viale Amendola
Via Torrione
Via Aschenez
Parco Caserta
Stazione Lido F.S.
Viale Genovese Zerbi
Via Roma
Via de Nava
Via Dalmazia
Reggio - Via Portanova
Gambarie
Via Romeo
Piazza Indipendenza
Via Melacino
Rada dei Giunchi
Corso Garibaldi
Via Tripepi
Via Possidonea
Via Cappuccinelli
Mar Ionio
Via Palamolla
Via Camagna
Via Reggio Campi
Via Reggio Campi
Via Trabocchetto II
Corso Vittorio Emanuele
Via Giudecca
Via Giulia
Piazza Italia
Lungomare Falcomata
Via Foti
Via Torrione
Via Aschenez
Via Possidonea
Via del Salvatore
Via Trieste
Via Fiume
Via Andiloro
Via S. Anna
Via Vitrioli
Via Campanella
Via Fiorentina
Via Cuzzocrea
Piazza Rotonda
Via Cavour
Via Cimino
Piazza Castello
Via Battaglia
Piazza Duomo
Via Marvasi
Fiumara Calopinace
Via G. del Fosso
Via Arcovito
Via Pellicano
Via Caulonia
Via Fra G. Melacrino
Via Spano
Via Spagnolo
Corso Garibaldi
Via Muratori
Via Argine Destro Calopinace
Via Argine Sinistro Calopinace
Viale Nenni
Viale Pio XI
Stazione Centrale F.S.
Piazza Garibaldi
Via Aspromonte
Via Gaeta
Via Sbarre Centrali
Melito di Porto Salvo
0
150
300 m
N

Das Wunder von Reggio – die Krieger von Riace

Thema

Durch Zufall gelangten sie vom Meeresgrund an die Oberfläche: die Krieger von Riace, zwei fantastische bronzene Kriegerstatuen aus der Zeit der Magna Graecia. Heute sind die beiden Schönheiten im archäologischen Museum von Reggio di Calabria zu bewundern und ziehen Scharen von Besuchern an.

Es war im August des Jahres 1972, als Stefano Mariottini – seines Zeichens Chemiker aus Rom und auf Urlaub an der ionischen Küste – beim Schnorcheln ungefähr 300 m vor dem kalabrischen Badeort Riace Marina (s. S. 407) plötzlich einen ausgestreckten Arm aus dem Meeresboden ragen sah. Wissend um die kriminellen Machenschaften im Süden der italienischen Republik informierte er sofort die Polizei. Doch was man anschließend zutage förderte, hatte mit der Mafia rein gar nichts zu tun und glich eher einem Wunder: zwei Bronzestatuen, jede knapp 2 m groß, und wenngleich über und über mit Muschelkalk bedeckt, so doch in einem erstaunlich guten Zustand.

Nachdem sie den Süditalienern den Fund abgeluchst hatten, fanden florentinische Archäologen in fünfjähriger mühevoller Kleinarbeit heraus, dass die wundervoll gestalteten Statuen vermutlich im 5. Jh. v. Chr. von Künstlern aus der Schule des Phidias angefertigt wurden. Der griechische Bildhauer hatte u. a. die Zeusstatue in Olympia geschaffen, eines der sieben Weltwunder, und war nicht nur für Arbeiten in Stein, sondern auch für seine besondere Technik des Bronzehohlgusses bekannt. Dieses Verfahren war von Phidias so weit perfektioniert worden, dass er unterschiedliche Materialien miteinander kombinieren konnte und sie in einer Skulptur vereinte. Genau diese Merkmale fanden sich bei den beiden Kriegern wieder: Ihre Augen sind aus Elfenbein, einer Glaspaste und Kalk hergestellt, die Zähne wurden mit Silberplättchen verkleidet, Lippen und Brustwarzen hingegen durch Kupferblättchen betont.

Der Einfachheit halber werden die beiden Krieger durch die Buchstaben A und B unterschieden, wobei A definitiv freundlicher dreinblickt – nicht nur, weil er noch beide Augen hat, sondern auch wegen seines anziehenden Lächelns. Beiden Figuren fehlen jedoch die kriegerischen Attribute. Ursprünglich hielt jeder einen Speer in der rechten und ein Schild in der linken Hand. Für den Betrachter ist das jedoch von Vorteil, denn so kann man sich ganz auf die Statuen konzentrieren – auf ihre fein gearbeiteten Fingernägel, den Verlauf ihrer Adern und das Spiel ihrer Muskeln.

Interessant ist, dass sowohl Frauen als auch Männer den beiden Kriegern eine enorme erotische Ausstrahlung bescheinigen – was vielleicht die unglaublichen Besuchermassen erklärt, die bereits in die erste Ausstellung in Florenz strömten: In nur sechs Monaten zählte man rund 500 000 Besucher. Nach einer Zwischenstation in Rom und vielen Streitereien sind die beiden Krieger nun wieder zurück in ihrer ›Heimat‹ an der Stiefelspitze und fanden im Archäologischen Museum von Reggio di Calabria (s. S. 396) eine endgültige Heimat, die sie seither nicht mehr verlassen haben.

zur **Villa Comunale** 8, einem kleinen, lauschigen Park mit Palmen und anderen exotischen Pflanzen. Zuvor lohnt sich ein Abstecher über die Via Crocefisso zur **Piazza del Duomo** mit der **Cattedrale** 9. Die schneeweiße Fassade beeindruckt, ebenso die Innenseite des Portals, wo die Stiefelspitze Italiens mit den wichtigsten Kirchen abgebildet ist. Die Kathedrale ist dem hl. Paulus gewidmet, der 61 n. Chr. auf seinem Weg nach Rom hier Station gemacht haben soll. Ein Fragment der Granitsäule, vor der er seine Predigt hielt, steht im rechten Seitenschiff.

Nur wenig oberhalb der Kathedrale liegen die Ruinen des **Castello Aragonese** 10 mit seinen zwei Rundtürmen. Eine Besichtigung ist nur manchmal möglich, über die Nutzung herrscht noch keine Einigkeit.

Infos

IAT: Piazza Garibaldi, Tel. 0965 89 45 18, http://turismo.reggiocal.it, Mo–Sa 9–19 Uhr (nicht immer). Das Webportal gibt, auch auf Deutsch, viele Infos zu Reggio di Calabria. Ein weiteres Büro findet man am Flughafen.

Übernachten

Zentral ▶ **Una Dimora di Charme** 1: Via Tommasini 3, Tel. 0965 31 24 43, www.unadimoradicharme.it. Elegantes Hotel zwischen Dom und Lungomare mit unterschiedlich eingerichteten Zimmern. Komfortabel und ruhig. DZ 120–160 €.

Nobel ▶ **Al Castello** 2: Via Gregorio Palestino 13, Tel. mobil 338 586 02 82, www.alcastello.info. Luxuriöses B&B hinter dem Castello. Helle Zimmer, komfortabel, ruhig. DZ 120–140 €.

Essen & Trinken

Das Beste ▶ **Baylik** 1: Vico Leone 1–5, Tel. 0965 486 24, Di–So mittags u. abends. Das Ristorante ist für seine herrlich frischen und schmackhaften Fischgerichte bekannt, z. B. Schwertfisch in allen Variationen, frische Pasta mit Meeresfrüchten etc. Menü 25–30 €.

Snacks ▶ **Cordon Bleu** 2: Corso Garibaldi 205, Tel. 0965 33 24 47, tgl. ab 7 Uhr. Leckere Sachen zum Mitnehmen oder Gleich-Verzehren. Es gibt sowohl kalabrische Gerichte als auch Salate und Süßes. Menü 10–15 €.

Hochgenuss ▶ **Gelateria Cesare** 3: Via C. Colombo 2, Mi–Mo ab 8 Uhr. Die beste Eisdiele von Reggio, fast immer muss man Schlange stehen, doch es lohnt sich!

Einkaufen

Markt ▶ 1 **Piazza del Popolo,** Mo–Fr vormittags.

Der Duft Kalabriens ▶ **Bergamotteria** 2: Via del Torrione 68, Tel. 0965 208 00, Mo–Sa 9–13, 17–20 Uhr. Produkte rund um die Bergamotte, z. B. Seifen, Öle oder Likör.

Abends & Nachts

Tipps zu aktuellen Veranstaltungen werden in dem Magazin »Tutto Qui« gelistet, das in der Touristeninformation ausliegt. Im Sommer dient v. a. der **Lungomare** als Treffpunkt.

Musikkneipe ▶ **Johnny Sax** 1: Via Giuseppe Missori 23, zwischen Hauptbahnhof und Lungomare. Neue und alte Musik, regelmäßig kleine Konzerte.

Termine

Madonna della Consolazione: Mitte Sept. Tanz der Giganten Mata und Grifone (s. S. 393) inkl. einer feierlichen Prozession.

Verkehr

Flüge: Aeroporto dello Stretto, Tel. 0965 64 30 32, www.aeroportodellostretto.it. Busse der ATAM fahren ins Zentrum (s. S. 74).

Züge: Verbindungen in alle größeren und kleineren Städte Italiens. Infos: www.trenitalia.it.

Busse: Innerhalb der Stadt sowie nach Scilla und Villa San Giovanni verkehren die Busse von ATAM, www.atam-rc.it. Die Busse von Federici, Tel. 0965 59 02 12, www.autolineefederico.it, fahren an die ionische Küste, nach Norden und ins Hinterland.

Fähren: Verbindungen nach Messina mit Meridiano, Tel. 0965 81 04 14, www.meridianolines.it; im Sommer nach Lipari mit Ustica Lines, Tel. 0965 295 68, www.usticalines.it.

Mietwagen: Verschiedene Anbieter am Flughafen, z. B. Maggiore Autonoleggio, Tel. 0965 64 31 48; Avis, Tel. 0965 64 30 23.

Um die Stiefelspitze nach Catanzaro

Der südlichste Teil des italienischen Festlands ist vor allem durch die unzugänglich scheinende Bergwelt des Aspromonte, die Wälder der Serra und eine abwechslungsreiche Küste mit unzähligen Bademöglichkeiten geprägt. In Stilo verzaubert das vollkommenste Beispiel byzantinischer Architektur, die Cattolica di Stilo, und die Ruine von Roccelletta gibt bis heute Rätsel auf.

14 Aspromonte

Schon von Scilla und Reggio di Calabria aus sind die steilen Hänge des **Aspromonte** zu sehen, der die gesamte Stiefelspitze beherrscht. Das sich bis auf knapp 2000 m erhebende Gebirge galt lange als schwer zugänglich und diente schon den Briganten sowie der 'Ndrangheta als Schlupfwinkel, die hier viele ihrer Entführungsopfer gefangen hielt. Diese gefährlichen Zeiten sind vorbei, die Ortschaften inzwischen besser erreichbar und auch als Wandergebiet wird der Aspromonte allmählich erschlossen. Was nicht zuletzt daran liegt, dass das Gebirge 1997 zum **Parco Nazionale dell'Aspromonte** erklärt wurde. Abgelegen ist das Gebiet dennoch, selbst die Menschen wirken verschlossener als andernorts. In den Dörfern an der Südspitze ist der grekanische Dialekt (s. S. 378) noch lebendig und die Ausschilderungen sind zweisprachig.

Tipp: Öffentliche Verkehrsmittel

Die Orte an der Küste liegen alle an der Bahnlinie, Infos unter www.trenitalia.it und www.ferroviedellacalabria.it. Busverbindungen gibt es zwischen Gambarie und Reggio die Calabria mit der Ferrovie della Calabria, www.ferroviedellacalabria.it.

In der Bergwelt des Aspromonte sind Wolf und Wildkatze sowie Raubvögel wie Steinadler und Sperber beheimatet. Die Vegetation ist zur ionischen Seite hin weitaus karger. Insgesamt überrascht der Aspromonte mit einer vielfältigen Landschaft. Eine Art Naturwunder stellen die großen weißen Trockenflüsse wie die Fiumara di Amendolea (s. S. 403) dar. Dabei handelt es sich um Wasserläufe, die sich teilweise tief ins Gebirge eingegraben haben, aber nicht von einer Quelle gespeist werden, sondern nur nach heftigen Regenfällen oder bei Schneeschmelze Wasser führen. Aber natürlich gibt es im Aspromonte auch ganz normale Wildbäche, die zuweilen wunderschöne Wasserfälle bilden. Und allmählich spricht es sich herum, wie schön dieser Nationalpark ist und welch ungeahnte Qualitäten er als Wander- und Wintersportgebiet besitzt.

Gambarie ► 2, L 23

Von Reggio di Calabria führt die SS 184 mitten in die Bergwelt des Aspromonte. Durch eine Landschaft voller Oliven-, Feigen- und Orangenbäume, später Buchen und Weißtannen, geht es kurvenreich stetig hinauf. Die Ausblicke werden immer fantastischer und irgendwann erreicht man auf 1310 m **Gambarie,** den höchstgelegenen Ort im Aspromonte und Sitz der Nationalparkverwaltung. Gambarie ist ideal als Basis für Ausflüge in die Bergwelt, sowohl im Sommer als auch im Winter. Als Wintersportort, übrigens der erste

aktiv unterwegs

Spaziergang zur Cascada Amendolea

Tour-Infos

Start: von Gambarie 2 km in Richtung Reggio di Calabria, anschließend der Ausschilderung nach links zum Montalto folgen und dann nach rechts zur Talsperre Diga Menta. Von dort führt eine Straße abwärts Richtung Cascate Maesano bzw. Cascate di Amendolea. Das Auto sollte man spätestens dann parken, wenn der Asphalt endet.
Länge: ca. 5 km
Höhenunterschied: ca. 200 m
Dauer: 2–2,5 Std. hin und zurück
Schwierigkeitsgrad: leicht, auch mit Kindern möglich
Besonderheiten: festes Schuhwerk mit Profil, da es auf den Steinen rutschig werden kann. Badesachen und Trinkwasser nicht vergessen.

Besonders an heißen Tagen ist es ein Vergnügen, unter schattigen Bäumen an einem Bach entlangzuspazieren und am Ziel ein erfrischendes Bad im Pool eines Wasserfalls zu nehmen. Vom Ende der asphaltierten Straße folgt man der rot-weißen Markierung weiter ins Tal hinein. Der **Torrente Menta** fließt schon bald mit einem anderen Bach zusammen und heißt nun **Amendolea.** Pinien und Buchen spenden Schatten. Unterwegs passiert man einige Sturzbäche, von denen ein paar zu queren sind, was jedoch bei Niedrigwasser im Sommer kein Problem darstellen dürfte.

An einer Weggabelung hält man sich nach rechts abwärts und gelangt zum **Belvedere,** der einen guten Blick auf den in Kaskaden herabstürzenden Bach Amendolea bietet. Wer im Pool ein Bad nehmen will, wandert den Weg noch ein Stückchen abwärts und geht anschließend ca. 10 Min. flussaufwärts, bis der einladende Ort erreicht ist. Nicht nur für Kinder ist das Bad ein Vergnügen. Für den Rückweg nimmt man dieselbe Strecke.

Süditaliens, ist Gambarie bereits seit den 1950er-Jahren bekannt. Abfahrt, Langlauf und Schneeschuhwandern sind hier ohne Weiteres möglich.

Zu Fuß oder mit einem geländegängigen Wagen erreicht man über eine gut 20 km lange Holperpiste das **Santuario Madonna di Polsi,** ein Marien-Wallfahrtsort, zu dem von Frühjahr bis Herbst unzählige Pilger kommen. Absoluter Höhepunkt sind die Tage zwischen dem 24. August und dem 2. September, wenn sich Kalabresen aus aller Herren Länder hier treffen, musizieren, Buße tun, feiern ... Den festlichen Abschluss bildet eine Prozession. Lange galt das Fest auch als Treffpunkt für die Bosse der 'Ndrangheta. Über den Ursprung des Heiligtums herrscht Unklarheit. Sicher ist, dass Mönche 1144 hier eine kleine Kirche errichteten, die inzwischen mehrfach umgebaut wurde.

Oberhalb des Sanktuariums erhebt sich der **Montalto,** mit 1995 m der höchste Gipfel des Aspromonte. Mit dem Auto kann man fast bis nach oben fahren und muss nur die letzten 20 Minuten zu Fuß zurücklegen. Für die Anstrengung wird man mit einem fantastischen Ausblick belohnt.

Infos

APT: Piazza Mangeruca, Tel. 0965 74 32 95, www.gambarie.it (nur auf Ital.).
Ente Parco Nazionale dell'Aspromonte: Via Aurora, Tel. 0965 74 30 26, www.parcoaspromonte.it, Mo–Fr 9–13, Di/Do auch 15–18 Uhr. Hier bekommt man Wanderkarten und viele gute Tipps.

Übernachten

Bergluxus ▶ **Le Fate dei Fiori:** Via Nazionale 55, Tel. 0965 74 90 15, www.lefatedei

fiori.it. Edles Hotel westlich von Gambarie mit freundlich eingerichteten Zimmern, Terrassen, schönen Ausblicken und gutem Service. DZ 100–220 €.

Rustikal ▶ Miramonti: Via degli Sci 10, Tel. 0965 74 31 90, www.hotelmiramontigambarie.it. Direkt an der Skipiste. Viel Holz, charmantes Ambiente und gemütliche Atmosphäre. Pool und Sauna. DZ 70–90 €.

Essen & Trinken

Hausmannskost ▶ La Locanda del Brigante: Via Belvedere, Tel. 0965 74 33 10, tgl. mittags u. abends. Herzhafte Gerichte, am Abend auch Pizza. Pizza ab 5 €, Menü 20 €.

Termine

Paleariza: Aug. Musikfestival unter dem Motto *Musica tu Cosmu stin Calvina Greca* (›Mu-

Einer Gletscherzunge gleich ›fließt‹ die Fiumara di Amendolea durch die karge Weite des Aspromonte

sik der Welt im griechischen Kalabrien‹). Infos unter www.paleariza.org.

Mélito di Porto Salvo und Pentedàttilo ► 2, K/L 24

Über die landschaftlich äußerst reizvolle SS 184 geht es von Gambarie abwärts an die Küste nach **Mélito di Porto Salvo,** Italiens südlichsten Punkt. Historisch ist der Ort insofern interessant, als Garibaldi hier zwei Mal anlandete.

Tipp: Trekking, Übernachten, Essen & Trinken

Die 1998 gegründete **Cooperativa San Leo** mit Sitz in Bova organisiert Trekkingtouren unterschiedlicher Länge, hilft bei der Suche nach einer Unterkunft und betreibt auch eine Osteria im Ort, wo man – allerdings nur auf Vorbestellung – die für diese Region typischen Gerichte testen kann (Via Polemo, Tel. 0965 76 20 52, www.naturaliterweb.it).

Interessanter ist allerdings ein Abstecher in westliche Richtung. Nach 2,5 km auf der Küstenstraße zweigt eine kleine Straße nach **Pentedàttilo** ab. 8 km und 320 Höhenmeter später steht man vor einer Dorfkulisse, die aus einem Film stammen könnte. Aufgrund der schweren Zerstörungen durch Erdbeben wurde der Ort schon vor vielen Jahren von seinen Bewohnern verlassen und wirkt heute fast wie eine Geisterstadt. Nur einzelne Häuser befinden sich in Restaurierung, vermutlich um sie später einmal als Ferienwohnungen zu vermieten. Der Name des Orts stammt übrigens vom griechischen *pénte dáktylos* (›fünf Finger‹) ab und bezieht sich auf einen großen Felsen, der über dem Ort zu hängen scheint.

Amendolea und Bova ► 2, L 24

Wieder zurück auf der Küstenstraße fährt man nun Richtung Osten und kommt 9 km hinter Mélito di Porto Salvo an den Abzweig nach **Amendolea.** Auch dieses von Bergamotthainen umgebene Dorf wurde von seinen Bewohnern aufgegeben und verströmt eine ganz besondere Atmosphäre. Die Anfahrt lohnt jedoch sich vor allem wegen der überragenden Aussicht, die man von hier auf die **Fiumara di Amendolea** genießt. Dabei handelt es um einen der für die Region typischen Trockenflüsse, die Gletscherzungen gleich durch die Täler ziehen und eines der Naturwunder des Aspromonte darstellen (s. S. 400).

Gegenüber von Amendolea sieht man schon **Bova,** das am bequemsten über die Küstenstraße zu erreichen ist. Der auf 820 m gelegene Ort wurde oft von den Sarazenen heimgesucht und erst durch die Normannen befestigt. Reste des Kastells mit Rundtürmen sind noch oberhalb der Kathedrale zu besichtigen. Was jedoch am meisten ins Auge fällt, ist die Dampflok mitten im Ort. Sie wurde einst auf Initiative des damaligen Bürgermeisters als Symbol des Aufbruchs herauftransportiert und rostet heute vor sich hin. Auch vom Aufbruch ist nicht viel zu spüren, wenngleich Bova einst einer der wichtigen griechischen Orte im Aspromonte war. Bis Ende des 16. Jh. wurde der Gottesdienst nach byzantinischem Ritus abgehalten und noch heute ist hier der griechische Dialekt lebendig, über dessen Herkunft – altgriechisch oder byzantinisch – die Sprachforscher nach wie vor streiten.

San Luca ▶ 2, M 23

Auf der Küstenstraße geht es nun weiter am Ionischen Meer entlang Richtung Norden. Unverkennbar wird die Natur jetzt karger. Gut 5 km hinter dem Küstenort **Bianco** führt eine 12 km lange Straße ins Landesinnere nach **San Luca,** wo der wichtigste kalabrische Dichter, Corrado Alvaro (1895–1956) geboren wurde. In seinem Geburtshaus hat man ein **Museum** eingerichtet. Zu sehen sind u. a. Alvaros Schreibmaschine und sein Arbeitstisch sowie Ausgaben seiner Bücher (Tel. 0964 98 60 17, keine festen Öffnungszeiten).

Ansonsten hat der eher trostlose Ort, der in der Regel nur mit negativen Schlagzeilen auf sich aufmerksam macht, nichts zu bieten. San Luca gilt als Hochburg der kalabrischen Mafia und stand zuletzt 2007 im Licht der Öffentlichkeit. Fünf der damals in Duisburg ermordeten Italiener stammten aus dem Ort, in dem später auch zwei der Verdächtigen festgenommen wurden.

Eine mehr als abenteuerliche Piste, die nur mit einem Jeep zu befahren ist, führt von San Luca zum **Santuario Madonna di Polsi** (s. S. 401). Die Strecke eignet sich auch gut für eine Wanderung, nach ca. 4 Std. ist man am Ziel.

Locri Epizefiri und Umgebung ▶ 2, M/N 22/23

Die Küstenregion, die sich auf der ionischen Seite Kalabriens bis hinauf nach Crotone zieht, nennt man auch **Costa dei Saraceni,** da gerade dieser Küstenabschnitt besonders häufig von den Sarazenen überfallen wurde. Alte Wachtürme am Meer erinnern daran. Ansonsten reihen sich hier schöne Buchten, lange Sandstrände, Feriendörfer, Campingplätze und palmengesäumte Uferpromenaden aneinander. Zwischendurch entdeckt man Überbleibsel aus den Zeiten der Magna Graecia, beispielsweise die archäologische Stätte **Locri Epizefiri,** ca. 13 km nördlich der Abzweigung nach San Luca.

Geschichte

Ungefähr 670 v. Chr. ließen sich an dieser Stelle Siedler aus Lokris in Zentralgriechenland nieder, nachdem sie bereits am weiter südlich gelegenen Capo Bruzzano eine erste Ortschaft namens Epizephyrion errichtet hatten. ›Lokrer aus Epizephyrion‹ nannten sich die ersten Bewohner der neuen Siedlung, daher auch der Ortsname Locri Epizefiri.

Es heißt, die ersten Bewohner von Locri seien Frauen und deren Sklaven gewesen, die gemeinsam das heimatliche Griechenland verlassen hatten – angeblich weil die Ehemänner zu viel Zeit mit kriegerischen Auseinandersetzungen verbrachten. Bestätigt wird diese These durch die Tatsache, dass die Frauen in Locri eine weitaus wichtigere Rolle in Religion und Alltag einnahmen als andernorts. Es galt beispielsweise die weibliche Erbfolge und auch die besonders verehrten Gottheiten waren weiblich: Demeter, Persephone und Aphrodite.

Um den griechischen Machtbereich auch auf die tyrrhenische Küste auszudehnen, wurden die Tochterkolonien Hipponion (Vibo Valentia, s. S. 388) sowie Medma nordöstlich von Gióia Tauro gegründet. Schon bald zählte Locri mit Rhegion, Kroton und Sybaris zu den Machtzentren der Magna Graecia in Kalabrien. Die prosperierende Stadt rief Neider auf den Plan und so kam es 560 v. Chr. zur

Der Duft Kalabriens

Thema

Im äußersten Süden Kalabriens, vor allem am Fuß des Aspromonte, gedeiht ein ganz besonderer Zitrusbaum: die Bergamotte. Ihre Früchte enthalten ein ätherisches Öl, das für Kosmetika und Tees verwendet wird und die Grundessenz von Kölnisch Wasser ist.

Die Bergamotte *(Citrus bergamia),* deren Name auf das türkische *berg armudy* (›Birne des Prinzen‹) zurückgeht, ist eine Kreuzung aus Bitterorange und Zitronat-Zitrone. Der Baum wird 3 bis 4 m hoch und blüht im Frühjahr strahlend weiß. Seine Frucht ist leicht birnenförmig, hat einen Durchmesser von rund 6 cm und nimmt, sobald sie zur Reife gelangt, eine zitronengelbe Farbe an. Geerntet wird die Bergamotte allerdings schon früher, kurz bevor die Farbe von grün zu gelb wechselt. Nur dann kann die Essenz gewonnen werden, die als Kopfnote für die Parfümherstellung so wichtig ist.

Das ätherische Bergamotte-Öl wird aus der Schale gepresst, wobei 200 kg Früchte ca. 1 l Essenz ergeben. Der frische, belebende Duft der Bergamotte ist seit Mitte des 18. Jh. unerlässlich in der Parfümherstellung. Das gilt insbesondere für das Eau de Cologne, auch Kölnisch Wasser genannt. Das in Deutschland unter dem Namen 4711 bekannte Parfüm ist allerdings nicht das Original, sondern nur ein Plagiat.

Das originale Eau de Cologne, inzwischen als Marke geschützt, geht auf Johann Maria Farina (1685–1766) aus dem Piemont zurück, der Anfang des 18. Jh. nach Köln kam und in das Geschäft seines Bruders einstieg, ein für italienische Kaufleute der damaligen Zeit typisches Handelsunternehmen mit Luxusartikeln wie Seidenstrümpfen, Tabaksdosen, Perücken, Borten und Kosmetikartikeln. Sozusagen als ›Mitgift‹ brachte er sein schon zuvor erfundenes Parfüm ein, hergestellt aus den Ölen von Bergamotte, Orange, Zitrone, Zeder, Limette, Pampelmuse, Mandarine und einigen Kräutern. Er selbst verglich den Duft seines Elixiers mit dem eines italienischen Frühlingsmorgens. Zu Ehren seiner neuen Heimatstadt nannte er es Eau de Cologne.

Im Verlauf der nächsten 40 Jahre wurde das Parfüm zunehmend bekannter, vor allem an den königlichen Höfen Europas, allen voran bei den Franzosen, sodass man sich ab 1760 zunehmend auf den Handel mit dem Duftwasser konzentrierte. Die Beliebtheit des Parfüms rief auch andere Händler auf den Plan, darunter die Firma Muelhens in Köln, die später mit dem Plagiat 4711 Furore machte. Napoleon Bonaparte beispielsweise soll nur Kölnisch Wasser von Farina benutzt haben. Auch Goethe, Schiller, Beethoven, Mozart, Heine, Zar Alexander, Kaiser Wilhelm I., Mark Twain, Oscar Wilde, Thomas Mann, Marlene Dietrich, Romy Schneider und Prinzessin Diana waren Kunden von Farina. Die Firma ist nach wie vor ein Familienunternehmen und das Parfüm wird nach wie vor in unveränderter Rezeptur hergestellt, ein streng gehütetes Geheimnis. Auch die einzelnen Essenzen werden noch immer größtenteils aus Kalabrien bezogen.

Doch nicht nur in der Parfümherstellung findet Bergamotte Verwendung. In der Heilmedizin ist es u. a. für seine entspannende Wirkung bekannt. Viele Cremes und Massageöle enthalten die Essenz und Teetrinkern dürfte die Bergamotte als Aromatisierungsmittel von Earl-Grey-Tee bekannt sein.

Schlacht am Fluss Sagra, die die Lokrer gegen das angeblich zehn Mal stärkere Heer aus Rhegion gewannen. Die Fehden untereinander zogen sich über Jahrhunderte hin, bis die Römer 275 v. Chr. als neue Machthaber anerkannt wurden. Zuvor allerdings bot Pyrrhus noch ein Zwischenspiel. Eigentlich war er zum Kampf gegen die Römer angeheuert worden, doch anstatt zu kämpfen, machte er sich mit dem Schatz aus dem Heiligtum der Persephone aus dem Staub.

An keiner wichtigen Handelsstraße gelegen, dafür leichte Beute für die vom Meer aus einfallenden Sarazenen, war Locri dem Untergang geweiht. Als sich in der Küstenebene dann noch die Malaria ausbreitete, zogen sich die Bewohner in die Berge zurück und gründeten eine neue Stadt: Gerace (s. r.). Bereits im frühen Mittelalter war das antike Lokri komplett verlassen. Wieder entdeckt wurde es 1875 beim Bau der Eisenbahnlinie.

Museo Archeologico und Area Archeologica

Der Weg zum Ausgrabungsgelände führt durch das **Museo Archeologico,** wo man einen guten Einblick in den Alltag der Lokrer erhält (auch auf Engl.). Einen großen Raum nehmen die berühmten Pinakes ein, die bei Ausgrabungen am Tempel der Persephone gefunden wurden. Dabei handelt sich um dünne Terrakottatafeln, die meist die Göttin selbst zeigen sowie ihren Raub durch Hades, die beiden als Ehepaar und junge Frauen bei typisch weiblichen Tätigkeiten. Vor allem Letztere sind so detailgetreu dargestellt, dass sie einen guten Einblick in das antike Leben vermitteln. Es war üblich, die Tafeln im Frühjahr in die Bäume des heiligen Hains zu hängen und damit um Fruchtbarkeit oder Schutz zu bitten. Im Spätherbst wurden sie dann, von Ritualen begleitet, durch die Priester abgenommen, zerschlagen und vergraben. Die schönsten Pinakes aus Lokri sind allerdings im Museo Archeologico von Reggio di Calabria (s. S. 396) ausgestellt.

Die Fruchtbarkeitsgöttin Persephone, eine Tochter der Demeter, war eine der Hauptgottheiten von Lokri, wo auch eines der bedeutendsten ihr gewidmeten Heiligtümer in der Magna Graecia stand. In der **Area Archeologica** sind allerdings nur noch Reste davon erhalten. Viel interessanter sind im Gebiet der Centocamere die Grundmauern von Wohnhäusern und die Reste antiker Keramikbrennöfen. Vor allem im Frühjahr kamen viele Pilger nach Lokri, um Pinakes zu kaufen und im heiligen Hain der Persephone in die Bäume zu hängen. Auf dem Gelände ist auch noch der beeindruckende Rest einer einst 7 km langen Stadtmauer zu sehen sowie, etwas abgelegen, ein in den Hang gebautes Theater mit fantastischem Meerblick.

Die Ausgrabungen dauern bis heute an, doch ein Großteil der Stadt wird für immer unentdeckt bleiben, denn viele der antiken Steinquader wurden für andere Bauprojekte verwendet (C.da Marasà, Tel. 0964 39 00 23, Di–So 9–19 Uhr, 2 €).

Verkehr

Züge: Locri liegt an der Bahnlinie entlang der Küste. Infos: www.trenitalia.it und www.ferroviedellacalabria.it.

Gerace

Nur 3 km nördlich der Ausgrabungsstätte liegt **Locri,** das bis 1934 Gerace Marina hieß. Mit dem antiken Locri hat es allerdings nur gemeinsam, dass die örtliche Bahnstation u. a. aus Steinen der einstigen Griechenmetropole besteht.

Auch in dem landeinwärts auf 500 m gelegenen **Gerace** wurde das Baumaterial aus der Antike verwendet, als man den Ort zwischen dem 8. und 10. Jh. errichtete. Seine Blüte erlebte Gerace unter den Normannen und blieb abgesehen von einem schweren Erdbeben 1184 von bedeutenden geschichtlichen Ereignissen verschont. Vielleicht ist gerade das der Grund dafür, dass Gerace eine der schönsten Altstädte Kalabriens besitzt, in der man gerne etwas länger verweilt.

Am obersten Punkt des Orts stehen die Ruinen des **Castello Normanno,** von dem aus man einen herrlichen Rundblick hat. Durch lauschige Gassen geht es abwärts zum **Duomo** (1080–1120), dem einzigen von den Normannen erbauten Dom in Kalabrien. Mit einer überbauten Fläche von 1889 m^2 ist dies zugleich die größte romanische Kirche Süditaliens. Im Innern teilen zwei Reihen von jeweils 20 Säulen das mächtige Langhaus in drei Schiffe. Die Säulen sind mit Sicherheit antiken Ursprungs, ebenso wie diejenigen in der unterhalb davon liegenden Hallenkrypta (Piazza Tribuna, tgl. 9.30–13, 15–18 Uhr, im Sommer länger).

Folgt man vom Dom aus der Via Zaleucco ostwärts, so erreicht man die **Piazza del Tocco** (›Platz der Berührung‹). Sie erinnert an die beiden Normannenbrüder Roger und Robert Guiscard, die sich 1062 auf diesem Platz in die Arme fielen und versöhnten.

Übernachten

Mit Stil ▶ La Casa di Gianna: Via Paolo Frascà 4, Tel. 0964 35 50 24/18, www.lacasadigianna.it. Wunderschönes kleines Hotel im Zentrum von Gerace mit 10 sehr liebevoll gestalteten Zimmern. Bibliothek, Kaminzimmer, reichhaltiges Frühstück mit vielen süßen Produkten der Region. DZ 110–130 €.

Paradiesisch ▶ Il Giardino di Gerace: Via Fanfani 8, Tel. 0964 35 67 32. Gemütliches B & B in Fußentfernung zum Dom mit kleinem Garten und einladenden Zimmern in alten Gewölben. DZ 60–80 €.

Essen & Trinken

Einfach gut ▶ La Tavernetta: Strada Provinciale Locri–Antonimina. Das südwestlich von Gerace gelegene Lokal ist ob seiner guten kalabrischen Küche und der gemütlichen Atmosphäre sehr beliebt. Gegrilltes Fleisch, Auberginen mit Parmesan, selbst gemachte Pasta, eine große Auswahl an Antipasti etc. Menü 15–20 €.

Rustikal ▶ Lo Sparviero: Via Luigi Cadorna 3, Tel. 0964 35 68 26, Di–So mittags u. abends. Gemütliches Lokal in der Altstadt mit einfachen Gerichten der Region. Viel Fleisch und Gemüse. Menü 10–15 €.

Verkehr

Busse: Zwischen Gerace und dem Bahnhof von Locri mit Audino, Tel. 0964 209 80.

Stilo und Umgebung

Entlang der Küste zur Punta Stilo ▶ 2, N 22–O 21

Auf der Küstenstraße geht es von Locri weiter in Richtung Norden. Nach ca. 35 km passiert man den Badeort **Riace Marina,** vor dessen Küste 1972 die Bronzi di Riace gefunden wurden (s. S. 398). Kurz darauf folgen der Küstenort **Monasterace Marina** sowie die **Punta Stilo** mit archäologischen Funden des antiken **Kaulónia.** Das Ausgrabungsgelände rechts der Straße ist jederzeit zugänglich. Seit 2010 hat das **Museo Archeologico Monasterace** seine Pforten geöffnet, das eine interessante Ausstellung zum Thema Frauen und deren Utensilien zeigt; bislang sind die Beschriftungen leider nur auf Italienisch (Juni–Sept. tgl. 9–19 Uhr, Eintritt frei).

15 Stilo ▶ 2, N/O 21

Weitaus spannender ist es, von Monasterace aus in die Berge zu fahren. Nach gut 10 km erreicht man das kleine Städtchen **Stilo,** idyllisch am Fuß des Monte Consolino gelegen. Man kann durch den freundlichen Ort schlendern und dem **Duomo S. Maria d'Ognisanti** einen Besuch abstatten. Links vom Portal sieht man die Füße einer eingemauerten antiken Marmorstatue, was gemeinhin als Siegessymbol des christlichen über den heidnischen Glauben gedeutet wird.

Die herausragende Sehenswürdigkeit des Orts ist jedoch die **Cattolica di Stilo,** einer der vollkommensten Bauten byzantinischer Architektur in Süditalien. Basilianische Mönche errichteten das *katholikón* zwischen dem 10. und 12. Jh. vermutlich auf einer Vorgängerkirche des 6. Jh. Wer zuvor schon Bilder der Cattolica gesehen hat, wird erstaunt sein, wie klein die Kirche ist. Der Eindruck wird verstärkt durch die mächtige Bergkulisse im Hintergrund. Die wunderschön anzusehende Cattolica wurde aus rötlichen Ziegelsteinen erbaut und hat eine Grundfläche von gerade mal 6 x 6 m. Drei Apsiden mit je einem Fenster sind nach Osten ausgerichtet. Gekrönt wird sie von fünf Tambouren (eine für byzantinische Bauwerke typische Kuppelform), wo-

Byzantinische Architektur par excellence: die Cattolica di Stilo

bei die vier kleineren für die vier Evangelisten stehen. Die zum Berg hin ausgerichteten Tamboure haben jeweils ein, die zum Tal hin ausgerichteten Tamboure jeweils zwei Monoforien (einbogige Fenster). Das mittlere und größte der Tamboure steht für Jesus Christus und hat vier Biforien (durch eine Mittelsäule geteiltes zweibogiges Fenster). Im Innern werden die Tamboure von vier antiken Säulen gestützt. Eine dieser Säulen trägt ein griechisches Kreuz, eine andere eine Allah gewidmete Inschrift, die besagt: »Es gibt keinen Gott außer dem einzigen Gott.« An den Wänden finden sich bis zu vier Freskenschichten, die älteste geht auf das 9. Jh. zurück, die jüngste muss im 14. Jh. entstanden sein. Das besterhaltene Fresko (14. Jh.) zeigt den Tod der Madonna – die Apostel stehen an ihrem Grab und Jesus hält die Jungfrau Maria in einer Mandorla in seinen Armen, d. h., er nimmt ihre Seele zu sich (tgl. Ostern–Sept. 8–20, Okt.–April 8–19 Uhr).

Essen & Trinken

Cucina calabrese ▶ **La Buca del Re:** Via XXI. Aprile, Tel. mobil 333 720 56 18, Ostern–Okt. tgl. mittags u. abends, sonst nur abends. Schöne Trattoria in der Altstadt mit typisch kalabrischer Küche, selbst gemachter Pasta und guten Antipasti. Menü 15–20 €.

Verkehr

Busse: Mit Federico, Tel. 0964 77 50 61, nach Riace, Locri und Reggio di Calabria.

Monastero di San Giovanni Therestis ► 2, N 21

Nur wenige Kilometer westlich von Stilo liegt **Pazzano,** von dem aus man über eine Nebenstraße nach **Bivongi** gelangt – ein kleines Städtchen am Hang des Monte Consolino, in dem Frauen ihre Einkäufe und Lasten zuweilen noch auf dem Kopf tragen. Auch wenn das Gebiet zum Orden des heiligen Bruno gehörte (s. rechts), wurde es schon vorher und auch später von orthodoxen Mönchen aus Kleinasien besiedelt. Daran erinnert das ca. 3 km entfernte **Monastero di San Giovanni Therestis,** auch **San Giovanni Vecchio** genannt, das von Bivongi aus über eine gut ausgeschilderte Straße zu erreichen ist. Dieses weitere Juwel normannisch-byzantinischer Baukunst geht auf das 12. Jh. und auf einen Mönch namens San Giovanni Therestis zurück. ›Johannes der Schnitter‹ ließ sich im 11. Jh. taufen und trat in das basilianische Kloster ein. Seinen Beinamen erhielt er, weil er so schnell mähen konnte wie sonst keiner. Nach seinem Tod sollen sich an seinem Grab weitere Wunder ereignet haben, sodass sich das abgelegene Kloster bald zu einem Wallfahrtsort entwickelte. Dank der finanziellen Hilfe durch die normannischen Herrscher wurden sowohl Kloster als auch Kirche ausgebaut und schon bald war das Monastero auch ein theologisches Zentrum.

Nach Überfällen im 16. und 17. Jh. gaben die Mönche das Kloster auf und zogen nach Stilo in den Convento di San Giovanni Nuovo. San Giovanni Vecchio zerfiel, bis sich 1995 ein orthodoxer Mönch vom griechischen Berg Athos hier niederließ, weitere folgten. Sie bauten sich bescheidene Behausungen, denn das Kloster selbst ist heute nur noch eine Ruine. Die Kirche jedoch wird wieder für orthodoxe Gottesdienste genutzt und seit 2008 leben hier auch Mönche aus Rumänien (Juli–Mitte Sept. tgl. 17 Uhr bis Sonnenuntergang, Mitte Sept.–Juni Sa/So, Fei 10–12, 15–17 Uhr).

Serra S. Bruno ► 2, N 20

Von Stilo aus führt eine landschaftlich schöne Strecke in das 790 m hoch gelegene **Serra S. Bruno,** vor allem bekannt für sein Kartäuserkloster. Die **Certosa** wurde durch Bruno von Köln gegründet, der 1030 in Köln zur Welt gekommen war. Schon früh entschied er sich für ein Leben in Abgeschiedenheit und ließ sich 1084 mit sechs Gefährten im Tal von La Chartreuse nördlich von Grenoble im heutigen Frankreich nieder. Fünf Jahre später berief Papst Urban II. seinen ehemaligen Lehrmeister als Berater nach Rom, doch Bruno zog es schon ein Jahr später wieder in die Einsamkeit. Der Normanne Graf Ruggero überließ dem Mönch 1091 im Gebirge der Serre eine La Torre genannte Einsiedelei. Da Bruno das Gebiet an sein erstes Kloster in La Chartreuse erinnerte, nannte er den Ort Certosa und errichtete das erste Kartäuserkloster Italiens, das bereits drei Jahre später vom

aktiv unterwegs

Auf dem Sentiero Frassati nach Mongiana

Tour-Infos

Start: Parkplatz am Museo Certosa
Dauer: 3 Std. einfach
Länge: 12 km
Besondere Hinweise: Der Weg ist rot-weiß markiert. Für den Rückweg nimmt man dieselbe Strecke oder nimmt von Mongiana ein Taxi. Öffentliche Busse zwischen Serra S. Bruno und Mongiana fahren nur morgens und abends. Eigentlich ist der Sentiero Frassati ein Rundweg (6–7 Std.), doch sind ab Mongiano kaum noch Markierungen vorhanden.

Von der Certosa des hl. Bruno führt der **Sentiero Frassati** über den See der Wunder durch herrliche alte Wälder nach Mongiana, wo ein außergewöhnlicher botanischer Garten für Begeisterung sorgt. Zunächst spaziert man vom Museum aus auf einem breiten Weg in 20–30 Min. zur **Chiesa Santa Maria del Bosco** und zum **Laghetto dei Miracoli.** Am Weg stehen Tafeln, die über die Lebensstationen des hl. Bruno informieren.

Auf dem breiten Weg geht es nun weiter, wobei man zwei Mal einen Bach quert und dann ca. 260 m aufsteigen muss – das erste Stück ist recht steil. Nach ca. 90 Min. kommt man an einen vernachlässigten Picknickplatz und eine Straße, auf der es ein kurzes Stück nach rechts geht. Kurz darauf sieht man links den ausgeschilderten Wanderweg. Es geht abwärts, dann kommt man an einem Picknickplatz mit Quelle vorbei. Den kurz darauf ausgewiesenen, 5-minütigen Abstecher zum **Laghetto Villa Vittoria** sollte man ruhig machen, denn hier lässt es sich schön rasten. Danach wandert man auf dem breiten Pfad weiter, bis man auf einen gepflasterten Weg trifft, der nach links direkt nach **Mongiana** und in den **Orto Botanico Villa Vittoria** führt.

Auch wenn die Beschriftungen in dem botanischen Garten nur in Latein und Italienisch sind, kann man sich in der sehr schön und abwechslungsreich gestalteten Anlage länger aufhalten. Hier wurde u. a. ein geologischer Weg eingerichtet, der **Sentiero dei Frutto Perduti** (›Weg der vergessenen Früchte‹), und der **Sentiero Biblico,** an dem man alle Pflanzen findet, die auch in der Bibel erwähnt werden, versehen mit den entsprechenden Zitaten. Für Kinder dürfte der **Sentiero Faunistico** spannend sein, der sich etwas abseits durch ein abgezäuntes Gehege windet. Mit etwas Glück kann man hier ein paar der in dieser Region heimischen Tiere sehen: Wildschweine, Hirsche, Mufflons und Rehe.

Papst geweiht wurde. Zur Ausführung der Bauarbeiten wurden Handwerker gerufen, die sich alsbald hier niederließen, und so entstand nur 2 km vom Kloster entfernt der Ort Serra S. Bruno. Ein Erdbeben ließ 1783 die alte Certosa einstürzen, eine neue wurde gebaut. Sie ist über die Klostermauer zu erspähen, aber nicht zu besichtigen. Die Kartäuser leben nach wie vor sehr abgeschieden. Lediglich Männer dürfen das Kloster betreten und das auch nur auf Einladung. Derzeit wohnen 16 Mönche aus Italien, Frankreich, Spanien und der Schweiz im Alter zwischen 27 und 94 Jahren in dieser Anlage, die sie einmal pro Woche für einen Ausflug verlassen. Dann sieht man sie manchmal in ihren weißen Kutten, unter denen Trekkingsandalen hervorschauen, auf einem der lauschigen Waldwege um die Certosa. Ein kleiner Bereich des Klosters wurde für die Öffentlichkeit zugänglich gemacht. Dort informiert das sehenswerte **Museo Certosa** in mehreren Sprachen über den Kartäuserorden und dessen Geschichte (tgl.10–13, 15–18 Uhr, 2 €).

Von der Certosa führt ein schöner, gut 20-minütiger Fußweg zur **Chiesa Santa Maria del Bosco,** eine schlichte einschiffige Kirche, an deren Stelle einst die allererste Certosa stand. Gegenüber befindet sich das **Dormitorio di San Bruno,** wo die sterblichen Überreste des 1514 durch Papst Leo X. heiliggesprochenen Bruno liegen. Als man seine Gebeine fand, entsprang just in diesem Moment und an diesem Ort eine Quelle, der bis heute Wunderwirkungen nachgesagt werden. In der Mitte des **Laghetto dei Miracoli** (›Teich der Wunder‹) kniet eine steinerne Figur des heiligen Bruno in Erinnerung an seine Bußübungen beim nahen Flüsschen Ancinale.

Infos

Pro Loco: Corso Umberto I., Piazza Ten. Bruno Pisani, Tel. 0963 720 63, www.prolocoserrasanbruno.info.

Übernachten

Zentral ▶ Conte Ruggero: Piazza Ten. Bruno Pisani 1, bei der Touristeninformation, Tel. 0963 720 59, www.hotelconteruggero.it. Dieses zentrale B & B wirkt eher wie ein kleines, gemütliches Hotel. Die Zimmer sind angenehm eingerichtet, der Blick schweift über die Dächer und den Corso der Stadt. Einfaches Frühstück. DZ 60–70 €.

Essen & Trinken

Jahreszeitenküche ▶ La Cascina del Monastero: 100 m von der Certosa entfernt, Tel. mobil 338 149 25 84, Mai–Okt. tgl. mittags u. abends. Die Küche in dem Agriturismo ist den Jahreszeiten angepasst, eine Spezialität im Herbst sind Pilzgerichte. Menü 25 €.

Einkaufen

Spezialitäten ▶ Serfunghi Calabria: Via Pisani, Tel. 0963 705 00, tgl. 9–13, 15.30–19 Uhr. Der Laden an der Straße zur Certosa verkauft lokaltypische Produkte wie getrocknete und eingelegte Pilze, Wurst und Käse etc.

Verkehr

Busse: Verbindungen nach Vibo Valentia mit Ferrovie della Calabria, www.ferroviedellacalabria.it.

Squillace und Umgebung

Squillace ▶ 2, O 19

Wieder an der Küstenstraße, erreicht man in Richtung Norden den Abzweig nach **Squillace,** das 8 km weiter im Landesinnern in einer Höhe von 355 m liegt. Gegründet wurde der Ort im 7. Jh. von den ehemaligen Bewohnern des antiken Scolacium (s. S. 412), die ihre Siedlung in der Ebene am Meer wegen der Piratenüberfälle aufgaben. In dem gemütlichen Städtchen ist eine jahrhundertealte Töpfertradition lebendig. Neben diversen Gebrauchsgegenständen werden Masken gegen den *malocchio* (›bösen Blick‹) hergestellt.

An der höchsten Stelle von Squillace thront das **Castello Normanno,** das nach langer Restaurierung nun wieder zugänglich ist. Man kann durch die Anlage spazieren und dabei die Aussicht genießen. Interessant sind die beiden im Castello ausgestellten Skelette aus dem 12. Jh. – ein junger Mann und eine junge Frau, die sich bei den Händen halten und offensichtlich eines gewaltsamen Todes starben, die Amanti dello Squillace (›die Liebenden von Squillace‹; Juni–Sept. sowie Sa/So und Fei 10–12.30, 17–20 Uhr).

Infos

Pro Loco: Piazza Municipio, Tel. 0961 91 25 42, unregelmäßig geöffnet. U. a. Führungen durch den Ort und das Kastell.

Übernachten

In einem Olivenhain ▶ **Agriturismo Arcobaleno:** Loc. Piano di Porro, Tel. mobil 338 588 12 40, www.agriturismoarcobaleno.it. Der Agriturismo liegt 9 km außerhalb und wird von der Schweizerin Anita Regenass und ihrem kalabrischen Partner Antonio Frisina betrieben. Freundliche Zimmer, Garten, kleiner Pool, tolle Ausblicke und Ruhe. DZ 50–70 €.

Essen & Trinken

Lokalkolorit ▶ **Castrum:** Via G. Rhodio 10, Tel. 0961 91 25 88, Di–So abends. In der gemütlichen Altstadttrattoria sitzt und speist man gut. Zu empfehlen sind die Pastagerichte, das gegrillte Fleisch und natürlich die Pizza. Pizza ab 4 €, Menü 15–20 €.

Einkaufen

Keramik ▶ **Ideart:** Via F. Pepe 7, Tel. 0961 91 26 20, Fr–Mi 10–13, 16–19 Uhr. Nach traditioneller Art hergestellte Keramiken.

Verkehr

Busse: Verbindungen mit Ferrovie della Calabria, www.ferroviedellacalabria.it, nach Catanzaro und Reggio di Calabria.

Parco Archeologico di Scolacium ▶ 2, O 19

Zurück auf der Küstenstraße, kommt etwa nach 4,5 km ein Abzweig ins Landesinnere zum **Parco Archeologico di Scolacium.** Das römische Scolacium wurde vermutlich von Odysseus im 8. Jh. v. Chr. als Kolonie von Kroton (s. S. 427) gegründet und befand sich in strategisch günstiger Lage an der schmalsten Stelle des Isthmus zwischen dem Ionischen und dem Tyrrhenischen Meer. Ihre Blüte hatte die Stadt zwischen dem 2. Jh. v. und dem 2. Jh. n. Chr. Danach verfiel sie zusehends und wurde im 7. Jh. aufgrund der vielen Piratenüberfälle zugunsten der neuen Siedlung Squillace (s. S. 411) aufgegeben.

Berühmtestes Bauwerk der Ausgrabungsstätte ist die **Chiesa di Santa Maria della Roccella,** kurz **Roccelletta,** deren Bau 1086 unter den Normannen beschlossen, aber nie vollendet wurde. Wenn man das archäologische Gelände betritt, sieht man inmitten eines symmetrisch angelegten Olivenhains eine gewaltige Ruine. Zwei der Apsiden stehen noch, ebenso kann man erkennen, dass Steine der antiken Stadt vermauert wurden, doch eine Dachkonstruktion hat es scheinbar nie gegeben. Die genaue Geschichte der Kirche liegt im Dunklen und gibt den Forschern bis heute Rätsel auf, was ihrer beeindruckenden Wirkung keinen Abbruch tut. Bei einem Spaziergang durch den Parco Archeologico kann man außerdem Teile des Forums, des Amphitheaters und des Theaters aus römischer Zeit besichtigen.

Bis 1973 gehörte die Kirche zum Areal der Barone von Mazza, die hier einen landwirtschaftlichen Betrieb unterhielten. Nachdem 1965 die ersten bedeutenden Funde gemacht wurden, überließen die Barone das Gelände dem italienischen Staat. Die Funde sind heute im kleinen, aber sehenswerten **Museo Archeologico** ausgestellt, das sich verschiedenen Themen widmet, u. a. der Besiedlung und Aufteilung des Territoriums, dem Handel und der Wirtschaft, der Keramik etc. In jedem Raum findet man sehr gute Zusammenfassungen auf Englisch. Am interessantesten sind die Skulpturen aus römischer Zeit, die hervorragend erhalten sind. Prunkstück ist ein bronzener Arm mit 81 cm Länge, der bereits 1879 gefunden wurde. Die Armlänge legt nahe, dass die Figur selbst um ein Vierfaches größer gewesen sein muss als die anderen damaligen Statuen in menschlicher Größe. In unmittelbarer Nähe des Museums befindet sich außerdem eine Ölmühle aus dem 19. Jh. (Di–So 9 Uhr bis 1 Std. vor Sonnenuntergang, Museum: 9–13 Uhr, Eintritt frei).

Übernachten

Einladend ▶ Il Pero Selvatico: Roccelletta di Borgia, Tel. 0961 95 51 53, www.ilperoselvatico.it, Schön gelegener Agriturismo, nur 500 m vom archäologischen Gelände und 1,5 km vom Meer entfernt. Gemütliche Zimmer, Garten, Fahrradverleih und viel Ruhe. Mindestaufenthalt 3 Nächte. DZ 75–85 €.

Essen & Trinken

Rustikal ▶ La Cena di Bacco: Roccelletta di Borgia, Tel. 0961 95 51 40, Mo–So mittags u. abends, Okt.–Mai, So/Fei nur mittags. Man sitzt in einer Art alten Obsthalle mit rustikaler Einrichtung. Lokale Küche und Weine, viel Peperoncini, gute Antipasti. Menü 15–20 €.

Catanzaro ▸ 2, O 18

Die kalabrische Hauptstadt **Catanzaro** ist nicht wirklich einen Besuch wert, verfügt aber über eine gute Infrastruktur. Von den Byzantinern im 9. Jh. gegründet, wurde sie im Mittelalter zu einem Zentrum der Seidenproduktion. Doch die Pest von 1668, das Erdbeben von 1783 und das Bombardement im Zweiten Weltkrieg haben Spuren hinterlassen, die bis heute sichtbar sind.

Ursprünglich auf drei Hügeln erbaut, dehnt sich Catanzaro immer mehr auf die umliegenden Hügel und in Richtung Ionisches Meer aus. Ein Wahrzeichen von Catanzaro ist der **Ponte Morandi,** ein riesiger Brückenbogen, der zwei Hügel miteinander verbindet und zu den größten seiner Art in Europa gehört. Für etwas Internationalität und architektonische Attraktivität sorgt außerdem das **Teatro Politeama.** Wer jedoch nicht unbedingt etwas besorgen muss, sollte die Stadt weiträumig umfahren. Generell empfehlen sich für die Anreise Bus oder Bahn, denn mit dem Auto ist Catanzaro wirklich eine Herausforderung. Interessant könnte jedoch ein Ausflug mit der Ferrovia della Calabria von Cosenza (s. S. 414) aus sein. In einer historischen Schmalspurbahn zuckelt man durch die an Panoramen reiche Bergwelt der Sila (s. S. 415) bis direkt ans Meer, den **Lido von Catanzaro.**

Infos

Pro Loco: Via Spasari 3, Tel. 0961 74 17 64, Mo–Fr 9–13, Di auch 15–18 Uhr.

Übernachten

Panoramablick ▶ Santarosa: Viale Europa, Abzweigung nach San Floro, Tel. 0961 74 69 63, www.agriturismosantarosa.it. In diesem herrlich gelegenen Agriturismo 8 km nordwestlich von Catanzaro bleibt man gerne länger. Gemütliche und geschmackvoll eingerichtete Zimmer, Panoramablicke und nichts, was an die quirlige Metropole erinnert. Angeschlossen ein gutes Ristorante. DZ 95 €.

Zentral ▶ Da Salvatore: Via Salita I. del Rosario 10, Tel. 0961 72 43 18, www.bandb-dasalvatore.it. Freundliches B & B in der Nähe des Corso Mazzini mit einfachen Zimmern, aber allem notwendigen Komfort. DZ 60 €.

Essen & Trinken

Speziell ▶ Da Pepè: Vico I., Piazza Roma, Tel. 0961 72 62 54, Mo–Sa mittags u. abends. Die Trattoria am östlichen Altstadtrand ist auch bei Einheimischen beliebt. Hier kann man *morseddu* (geschmorte Innereien in Brot), das kalabrische Arme-Leute-Essen, probieren. Es gibt aber auch herzhafte Grillgerichte, überbackenes Gemüse etc. Menü 15–25 €.

Einkaufen

Alt und edel ▶ Cristallo: Corso Mazzini 125, Mo–Sa 10–13, 16–19 Uhr. In historischem Ambiente werden Seidenstrümpfe, Hüte und andere Accessoires verkauft.

Abends & Nachts

Theater ▶ Teatro Politeama: Via Jannoni, Tel. 0961 50 18 07, www.politeamacatanzaro.net. Konzerte, Oper, Theater.

Verkehr

Züge: Verbindungen mit Ferrovie della Calabria, www.ferroviedellacalabria.it, in alle größeren und kleineren Städte der Region.

Busse: In der Stadt verkehren Busse der AMC, Tel. 0961 78 14 67, www.amcspa.it. Verbindungen mit Ferrovie della Calabria, www.ferroviedellacalabria.it, in Orte Kalabriens.

Sila-Gebirge und Cosenza

Das Sila-Massiv mit seinen Hochebenen, Wäldern und Stauseen lädt im Sommer und im Winter zu ausgedehnten Streifzügen ein. Ein starker Kontrast ist die Provinzhauptstadt Cosenza mit ihrer quirligen Neustadt, der charmant maroden Altstadt und einigen Kulturschätzen.

Der Isthmus zwischen Ionischem und Tyrrhenischem Meer ist gerade mal 30 km breit. Zwischen dem Golfo di Squillace und dem Golfo di Sant Eufémia erhebt sich das bis zu 2000 m hohe **Sila-Gebirge.** Der Name stammt vom griechischen *hyle* und dem lateinischen *silva* ab, beides Bezeichnungen für ›Wald‹. Abgesehen von der Sila Greca im Norden ist das Gebiet auch heute noch relativ waldreich, denn dem massiven Abholzen zu Beginn des 19. Jh. wurde 1968 mit der Gründung des ersten Naturparks Kalabriens, dem **Parco Naturale della Calabria,** Einhalt geboten. Seit 2002 gibt es den **Parco Nazionale della Sila,** der sich über 1700 km² erstreckt und die waldreiche **Sila Piccola** im Süden, die **Sila Grande** um Camigliatello sowie die eher karge **Sila Greca** im Norden umfasst. Eigentlich ist die Sila ein großes Plateau, das sich in Höhen zwischen 1200 und 1400 m erstreckt. Das macht das Gebiet nicht nur zu einer beliebten Sommerfrische mit zahlreichen Wanderwegen, sondern auch zu einem äußerst attraktiven Wintersportgebiet. Symbol des Nationalparks ist der Wolf, der hier eines seiner Rückzugsgebiete hat. Auch für ihre Pilze ist die Sila bekannt, sie sind eine der regionalen Spezialitäten.

Tipp: Mit Bus und Schmalspurbahn

Die Busse der IAS, Tel. 0984 313 24, www.iasautolinee.com, und der Ferrovie della Calabria, www.ferroviedellacalabria.it, verbinden die Orte der Sila untereinander sowie mit Cosenza und Catanzaro. Weitaus spannender, wenn auch zeitaufwendiger, ist die Fahrt durch die atemberaubend schöne Berglandschaft mit der alten Schmalspurbahn der Ferrovia della Calabria, www.ferroviedellacalabria.it. Sie verkehrt 1 x tgl. zwischen Cosenza und Catanzaro sowie voraussichtlich ab 2011 auch zwischen Cosenza und Camigliatello.

Tiriolo ► 2, N/O 18

Knappe 20 km nordwestlich von Catanzaro, auf dem Weg in die Sila, liegt **Tiriolo** (ca. 4200 Einw.), das auch Città dei due Mari (›Stadt der zwei Meere‹) genannt wird, denn bei gutem Wetter kann man sowohl das Ionische als auch das Tyrrhenische Meer sehen. Diese strategisch günstige Lage und eine Beschreibung aus Homers Odyssee lässt Forscher davon ausgehen, dass hier der Königshof der Phäaken gelegen haben könnte.

Um den Blick auf beide Meere zu haben, muss man erst einmal durch die mittelalterliche Altstadt zum höchsten Punkt des Orts steigen, dem **Castello,** von dem jedoch nur noch die Grundmauern stehen. Umso überwältigender ist die Aussicht, die man von hier genießt. Danach sollte man unbedingt durch den kleinen Ort bummeln, der eine unwahrscheinliche Geschäftigkeit versprüht und viele Besucher anzieht. Mehrere Initiativen widmen sich der Pflege der alten Bräuche und so sieht man in den Straßen noch Frauen in historischen Trachten, an Hauswänden

Masken gegen den bösen Blick, und es werden *vancali* verkauft, nach 400 Jahre alter Tradition gewebte Schals und Tücher, wobei die Farben- und Materialvielfalt beachtlich zugenommen hat. Auch der Musik kommt in Tiriolo eine besondere Aufmerksamkeit zu. Hier werden Instrumente gebaut und gespielt, die griechisch-albanische Wurzeln haben, z. B. die *chitarra battente* (die Saiten werden nicht gezupft, sondern angeschlagen), die *lira calabrese* (kalabrische Leier), der *organetto* (eine Art Akkordeon), die *tamburia cornice* (Tamburin) sowie *nacchera* (Kastagnetten). Wer zum Zeitpunkt eines der vielen Feste in Tiriolo oder einem der umliegenden Orte weilt, kann die alten Lieder und Instrumente hören, die Trachten und Tänze sehen und vielleicht sogar mitmachen.

Infos

Pro Loco: Piazza Italia 14, Tel. 0961 99 18 03, Mo–Sa 9–13, 16–17 Uhr.

Übernachten, Essen

Panorama ▶ **Due Mari:** Viale Cavour 46 (Hotel), Via Seggio 2 (Restaurant), Tel. 0961 99 10 64, www.duemari.com, Di–So mittags u. abends. Das oberhalb des Orts gelegene kleine Hotel mit Restaurant bietet einen Panoramablick sowie gemütliche Zimmer und Apartments. Von Juni–Sept. gibt es 1 x pro Woche einen kalabrischen Abend mit Musik auf alten Instrumenten und typischen Speisen. Pizza ab 5 €, Menü 20 €, DZ 80–100 €.

Einkaufen

Schals und Tücher ▶ **TessilArt:** Vico Cigala 2, Tel. 0961 99 14 94, www.tessilart.it, Mo–Sa 9–13, 16–19.30 Uhr. Mirella Leone fertigt an historischen Webstühlen *vancali* (ab ca. 60 €), Decken, Kissen, Handtücher, Kleidung etc. Auch Maßanfertigungen.

Instrumente, Masken etc. ▶ **Bottega Dionysos:** Via Piazza 5, auf dem Weg zum Kastell, Tel. 0961 99 20 08, mobil 334 301 20 37. Tommaso baut alte Instrumente, fertigt Masken, schnitzt Statuen, restauriert Möbel … oder sitzt mit Freunden zusammen und macht Musik – einfach mal reinschauen!

Aktiv

Wandern ▶ Am Brunnen an der Straße nach Gimigliano führt ein Weg auf den 838 m hohen **Monte Tiriolo,** von dem man einen tollen Ausblick hat (ca. 30 Min. einfach).

Termine

Radici Sonore: Anfang Aug. Mehrtägiges Festival, das der kalabrischen Kultur gewidmet ist. Man musiziert, tanzt, isst und es werden Einführungskurse in die Tänze und den Instrumentenbau angeboten.

Sila Piccola

Taverna ▶ 2, O 18

Über eine kleine Bergstraße und die SS 109 geht es nach Norden in die **Sila Piccola.** Unterwegs passiert man **Taverna,** in dem der berühmte Barockmaler Mattia Preti (1613–99) geboren wurde. Nach Stationen in Venedig, Neapel und Rom ging er schließlich nach Malta, wo er als Maler für den Malteserorden tätig war, dem er angehörte. Seiner Heimatstadt Taverna hat Preti einige Werke hinterlassen, die in der **Chiesa di San Domenico** und dem angeschlossenen **Museo Civico** zu bewundern sind. Wer in der Kirche das Bild von Johannes dem Täufer und seiner Predigt genauer betrachtet, kann rechts unten Preti selbst sehen, der sich dort als Maler in Maltesertracht dargestellt hat (Palazzo San Domenico, Tel. 0961 92 48 24, Di–So 9–12.30, Ostern–Okt. auch 16–19 Uhr, 2,50 €).

Villaggio Mancuso und Villaggio Palumbo ▶ 2, O 17/18

Nur 10 km nördlich von Taverna liegt **Villaggio Mancuso,** vermutlich der touristisch bekannteste Ort in der Sila Piccola. Seinen Anfang nahm der Tourismus 1929, als der Industrielle Eugenio Mancuso hier ein Hotel eröffnete, im Stil eines Alpenchalets ganz aus Holz erbaut. In der Folgezeit entstanden weitere Unterkünfte, das nach Mancuso benannte Villaggio etablierte sich als Ferienort. Im Sommer kommen vor allem Wanderer hierher, die auf den schattigen, gut markierten

Wegen den Nationalpark erkunden. Im Besucherzentrum (s. u.) des Orts erhält man dazu die nötigen Informationen.

Für Winterurlauber ideal ist das weiter nordöstlich liegende **Villaggio Palumbo** am **Lago Ampollino.** Dort gibt es gespurte Loipen und einige lauschige Unterkünfte, im Sommer mit Sonnenterrasse und Pools.

Infos

Ente Parco Nazionale della Sila: Loc. Monaco, Tel. 0961 92 20 30, tgl. 9–19 Uhr, im Winter in Abhängigkeit vom Wetter. Karten und Infos zu Wanderwegen.

Übernachten

Freundlich ► **Albergo della Posta:** Via Eugenio Mancuso, Tel. 0961 92 20 33, www.albergodellaposta.net. Das Hotel ist die beste Wahl am Platz. 20 freundlich und hell eingerichtete Zimmer mit allem Komfort, fast alle mit Balkon. DZ 90–100 €.

Essen & Trinken

Rustikal ► **Il Covo dei Briganti:** Viale di Vittorio 43, Tel. 0961 92 36 09, Do–Di mittags u. abends (unverbindlich). Einfache und bodenständige Küche, auch Snacks, ab dem späten Abend Pub. Menü 15 €.

Im Winter streifen Loipen sein Ufer, im Sommer lädt der Lago Ampollino zum Baden ein

Sila Grande und Sila Greca

Anfahrt in die Sila Grande

► 2, O 17/18–N 16

Für die Strecke von Villaggio Mancuso über den gestauten **Lago Arvo** nach Camigliatello Silano, dem touristischen Zentrum der **Sila Grande,** sollte man sich ruhig etwas Zeit nehmen. Herrliche Landschaften und Panoramen wechseln einander ab. Zwischendurch laden Restaurants und nette Picknickplätze zu einer Pause ein. Am Stausee selbst sollte man statt der SS 106 die landschaftlich schönere, aber kleinere Straße nehmen, die sich am Südufer entlangschlängelt und über **Silvano Mansio** nach Camigliatello Silano führt.

Die nördlich der Sila Grande gelegene **Sila Greca** ist touristisch noch relativ unerschlossen und hat Besuchern eher wenig zu bieten. Der Name geht auf die Zeiten der griechischen und byzantinischen Besiedlung zurück.

Giganti della Sila ► 2, N 16

Kurz vor Camigliatello Silano zweigt von der SS 107 ein Sträßchen ab, das nach **Croce di Magara** führt. Von hier ist der Weg zu den **Giganti della Sila** ausgeschildert: bis zu 40 m hohe Kiefern, deren älteste 350 Jahre alt ist. Auf einem schön angelegten Wanderweg wird man in einer guten halben Stunde durch das Areal geleitet, ein Spaziergang, der auch für Kinder ein Erlebnis ist. Besonders beeindruckend ist Baum Nr. 18 mit einem Durchmesser von 172 cm (Ente Parco Nazionale della Sila, Loc. Lorica di San Giovanni in Fiore, Tel. 0984 53 71 09, www.parcosila.it, April–Dez., tgl. 8–19 Uhr, sonst in Abhängigkeit vom Wetter, Auskunft unter Tel. 0984 767 60, 1 €, erm. 0,50 €).

Camigliatello Silano ► 2, N 16

Camigliatello Silano wurde in den 1970er-Jahren für den Tourismus erschlossen, wovon die Bauweise vieler Hotels zeugt. Dank seiner guten Infrastruktur ist der Ort eine perfekte Basis, um von hier aus die Sila Grande, die Sila Greca und auch Cosenza zu erkunden.

Wenige Kilometer östlich von Camigliatello liegt der schöne **Lago di Cecita.** Auf dem Weg dorthin über die SS 177 kommt man an der Abzweigung zum **Parco Letterario Old Calabria** und zur **Torre Camigliati** vorbei. Die Residenz eines kalabrischen Barons wurde von der Fondazione Napoli Novantanove (www.napolinovantanove.org) restauriert und das Ergebnis kann sich sehen lassen. Entstanden ist ein insbesondere von dem Reiseschriftsteller Norman Douglas inspiriertes Kulturzentrum, wo kulturelle Veranstaltungen stattfinden, man aber auch übernachten kann (s. S. 418). In den ehemaligen Stallungen ist

aktiv unterwegs

Rundwanderung in den Wäldern der Fossiata

Tour-Infos

Start: Bar Posto di Ristoro in Cupone
Dauer: ca. 3 Std.
Länge: ca. 10 km, ca. 200 Höhenmeter
Informationen: Wanderkarte »Carta escursionistica Sila Calabria« (1 : 25 000) oder »Carta escursionistica Sila Grande« (1 : 50 000), zu erhalten in Camigliatello oder im Centro Visite Cupone del Parco Nazionale della Sila (s. u.).
Besondere Hinweise: Auf der Strecke muss man drei Mal den Bach Cecita queren. Im Sommer stellt das kein Problem dar, doch im Frühjahr kann die Tour aufgrund des höheren Wasserstands etwas abenteuerlicher werden (Handtuch mitnehmen!). Der Weg verläuft die meiste Zeit im Schatten.

Über die SS 177 in nordöstlicher Richtung erreicht man von Camigliatello aus nach 12 km das Besucherzentrum des Nationalparks in **Cupone,** wo die Forstverwaltung ein Wildgehege und Picknickplätze eingerichtet hat. An der hiesigen Bar **Posto di Ristoro** beginnt eine schöne Rundwanderung durch die Kiefern- und Buchenwälder der **Fossiata.**

Zunächst folgt man der Asphaltstraße noch einige Hundert Meter in Richtung Nordosten und biegt dann vor der Brücke rechts in den mit Nr. 3 bezeichneten Wanderweg ab. Der schattige Weg führt durch das Tal der **Cecita,** die man kurz darauf über eine Holzbrücke quert. Nun folgt man dem Pfad flussaufwärts. Nach ca. 45 Min. versperren Felsen den Weg – an dieser Stelle muss man den Fluss zum ersten Mal durchwaten, gleich darauf nochmals.

Am Ufer der Cecita entlang erreicht man nach ca. 30 Min. eine eingefallene Steinbrücke, unter der sich die nächste und letzte Furt befindet. Jetzt führt der Wanderweg, als Nr. 3 und Nr. 6 markiert, unter Bäumen aufwärts bis zu einer Kreuzung. Hier biegt man rechts ein in den Weg Nr. 6, der zunächst aufwärts, dann leicht Auf und Ab führt. Nach knapp 3 km stößt man auf den Weg Nr. 2, eine Forststraße, der man nach rechts folgt bis zur übernächsten Wegkreuzung.

Hier kann man entweder geradeaus weitergehen (Nr. 2) und gelangt so auf dem kürzesten Weg zurück nach Cupone, oder man folgt dem Weg nach links (Nr. 1), der ebenfalls zum Besucherzentrum des National-

das **Museo La Nave della Sila** untergebracht, eine sehr bemerkenswerte Ausstellung mit Fotos und Dokumenten zum Thema Emigration, denn Kalabrien war von den großen Auswanderungswellen (s. S. 24) ganz besonders betroffen (Tel. 0984 57 82 00, www.lanavedellasila.it, www.oldcalabria.org, Juli/Sept. Fr–So 10–14, 15.30–18, im Aug. tgl. bis 19 Uhr, sonst nach telefonischer Anmeldung).

Infos

Pro Loco: Via Roma 5, Tel. 0984 57 81 59.
Parco Nazionale della Sila: Loc. Cupone (s. o.), Tel. 0984 57 97 57, www.parcosila.it, tgl. 9–18 Uhr, im Sommer länger.

Übernachten

Die Hotels in Camigliatello versprühen den Charme der 1960er- und 1970er-Jahre. Im Umland kann man dagegen einige bezaubernde Unterkünfte finden.

B & B der Extraklasse ▶ Torre Camigliati: Parco Letteraio Old Calabria, Tel. 0984 57 82 00, 081 66 75 99, www.torrecamigliati.it. Einen denkwürdigen Aufenthalt verspricht dieses in einem großen Park gelegene B & B, das in einem alten Anwesen untergebracht ist. Die 11 Zimmer und 5 Apartments sind stilgerecht eingerichtet mit Eisenbetten, antiken Möbeln und Stoffen aus San Léuca. DZ 100–130 €, Apartment 500–750 €/Woche.

parks führt, jedoch einen Umweg von wenigen Hundert Metern über das Wildgehege *(recinti faunistici)* macht, das vor allem für Kinder interessant sein könnte.

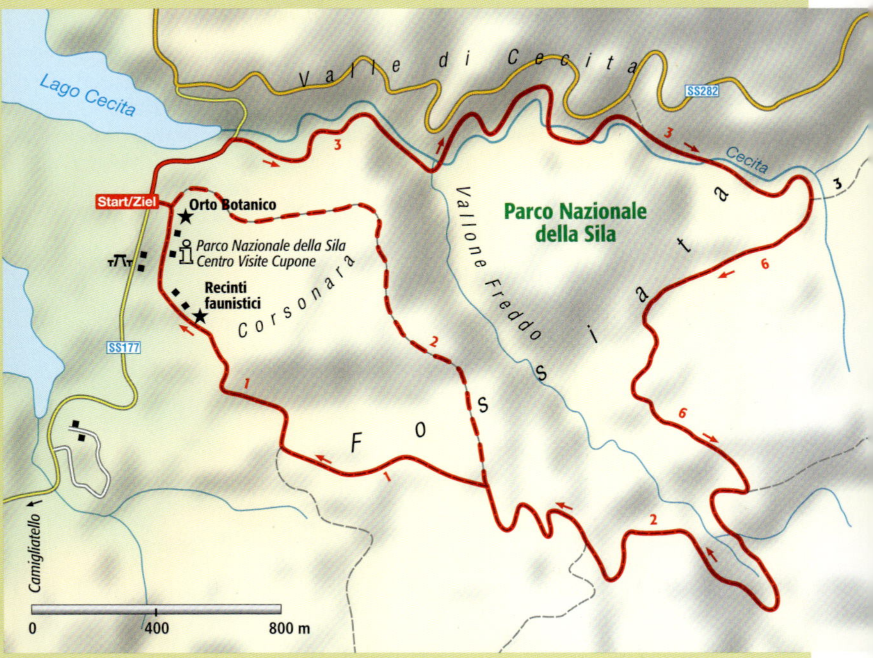

Am Lago di Cecita ▶ San Lorenzo: Campo San Lorenzo 14, Tel. 0984 57 08 09, www.sanlorenzosialberga.it. Ca. 8 km östlich von Camigliatello, ein idealer Ort für Ruhe- und Erholungsuchende. 22 sehr stilvoll und modern eingerichtete Zimmer mit Blick auf die Wälder oder den schönen See, auch ein behindertengerecht eingerichtetes Zimmer. Vom Garten aus kann man wunderbar den Sonnenuntergang betrachten. DZ 70–80 €.

Essen & Trinken

Slow Food ▶ La Tavernetta: C.da Campo San Lorenzo 14, Tel. 0984 57 90 42, Di–So mittags u. abends. Ein bei Slow Food (s. S. 58) gelistetes Restaurant. Vor dem Abendessen wird man erst einmal in den Weinkeller geführt, in dem ca. 1000 verschiedene Tropfen sowohl italienischer als auch internationaler Provenienz lagern. Zum Aperitif gibt es dort Brot, Schinken und Salami aus der Region. Danach wird im Restaurant gespeist. Auf keinen Fall die *ravioloni di porcini al tartufo* (Ravioli mit Trüffeln) versäumen! Von März bis November ist Pilzsaison, was sich auch in den Gerichten von Denise und Pietro Lecce niederschlägt. Menü 35 €.

Lokalkolorit ▶ Da Giovanni: Via Roma, Tel. mobil 339 674 22 68, Mo–Sa mittags u. abends. Einfaches, familiengeführtes Ristorante an der Hauptstraße von Camigliatello, in dem auch viele Einheimische essen. Gute Küche zu fairen Preisen. Menü 15 €.

Für zwischendurch ▶ Antica Filanda: Croce di Magara, Fallistro, Tel. mobil 333 778 09, tgl. ab 10 Uhr bis Einbruch der Dunkelheit, im Winter in Abhängigkeit vom Wetter. Bar mit lokalen Gerichten und Produkten gleich am Eingang zu den Giganten.

Einkaufen

Pilze & mehr ▶ Blu Sila: Via Roma 188, Tel. 0984 57 08 87, Do–Di 10–13, 16–19 Uhr. Entlang der Via Roma gibt es einige Spezialitätenläden, die neben Wurst und Käse v. a. Pilze in verschiedenen Variationen anbieten.

Outdoor-Ausrüstung ▶ Altipiani Eventi e Turismo: Via Roma 146, Tel. 0984 57 87 66, tgl. 9–13, 16–19 Uhr, www.inaltipiani.it. Hier bekommt man die nötige Ausrüstung für draußen sowie die Wander- und Tourenkarte »Sila Calabria« im Maßstab 1:25 000. Auch Organisation von Führungen.

Aktiv

Wandern ▶ Um den Lago Cecita gibt es fantastische Wanderwege. Das dort befindliche Infozentrum des Nationalparks gibt gute Tipps zu Touren etc. Die Wege in diesem Gebiet sind sehr gut ausgeschildert. Geführte Wanderungen kann man u. a. bei Altipiani Eventi e Turismo buchen (s. o.).

Cosenza gilt als Kulturhauptstadt Kalabriens

Cosenza ►2, M 16

Cityplan: S. 423
Von Camigliatello Silano sind es nur 30 km auf einer kurvenreichen, aber gut ausgebauten Straße bis in die westlich gelegene Provinzhauptstadt **Cosenza,** die sich am Zusammenfluss von Crati und Bussento über mehrere Hügel erstreckt. Dank ihrer zahlreichen Kulturschätze und einer Universität im nahe gelegenen Rende kann man Cosenza ohne Weiteres Kulturhauptstadt Kalabriens nennen. Wie viele andere Städte der Region besteht auch Cosenza aus einer Neu- und Altstadt, wobei Letztere jahrelang dem Verfall überlassen wurde und man erst in jüngster Zeit mit der Instandsetzung begonnen hat. Dennoch ist es äußerst reizvoll, sich durch die alten Gassen treiben zu lassen.

Geschichte

Gegründet wurde die Stadt vermutlich im 4. Jh. v. Chr. von den Bruttiern. Ende des 3. Jh. v. Chr. wurde sie von den Römern übernommen und entwickelte sich durch ihre Lage an der Via Popilia bald zu einem wichtigen Handelszentrum. Auf seinem Weg vom geplünderten Rom nach Süden starb der Westgotenkönig Alarich in Cosenza an Malaria und wurde, wie es damals Sitte war, im Flussbett des Bussento mit seinen Schätzen begraben. Viele Nachforschungen sind seither angestellt worden, doch das Grab mit dem Schatz wurde bisher nicht gefunden. Es kamen Langobarden, Byzantiner, Sarazenen, Staufer, Anjou, Aragonesen und die Bourbonen. Im 16. Jh. wurde die Accademia Cosenentina gegründet, die bis heute besteht und zu deren ersten wichtigen Gelehrten der aus Cosenza stammende Mathematiker und Philosoph Bernadino Telesio (1509–81) gehörte. Diese Progressivität zeigte sich auch im Bekenntnis der Bewohner zu den Ideen der französischen Revolution und erneut im 19. Jh., als man sich entschlossen für die Einigung Italiens engagierte.

Von der Neustadt in die Altstadt

Vom **Busbahnhof** 1 sind es nur wenige Schritte zum **Corso Mazzini,** der nach Süden hin schon bald zu einer Fußgängerzone wird. Vorbei an Geschäften und gemütlichen Bars schlendert man in Richtung **Piazza dei Bruzzi.** Der Boulevard ist gesäumt von modernen Skulpturen, die der Kunstsammler Carlo Bilotti 2006 seiner Heimatstadt vermachte. Zu bestaunen sind u. a. Werke von Salvador Dalí, Sacha Sosno mit einer modernen Version der Bronzi di Riace sowie Mimmo Paladino, von dem der Bronzehelm am Ende des Corso Mazzini stammt.

Unweit davon liegt die **Piazza Campanella** mit der **Chiesa San Domenico** 2. Die Kirche mit ihrer grünen Kuppel gehörte einst zu

Cosenza

Sehenswert
1 Busbahnhof
2 Chiesa San Domenico
3 Ponte M. Martire
4 Laboratorio M. Tropea
5 Duomo Santa Maria Assunta
6 Biblioteca Nazionale
7 Accademia Cosentina
8 Teatro Rendano
9 Palazzo della Provincia
10 Villa Comunale
11 Castello Normanno-Svevo
12 Ponte San Francesco
13 Museo Nazionale

Übernachten
1 Excelsior
2 Grisaro
3 Ostello Re Alario

Essen & Trinken
1 Da Giocondo
2 Trattoria Calabria Bella
3 Osteria La Corbelleria
4 Gran Café Renzelli

Einkaufen
1 Antiquitätenmarkt

Abends & Nachts
1 After Hours
2 Beat Pub

einem Dominikanerkonvent aus dem 15. Jh. Das Innere ist schlicht gehalten, aber mit einer beeindruckenden Holzdecke versehen. Umso überraschender ist auf der linken Seite die perfekt wirkende Capella del Crocefisso, eine Barockkapelle, die der Madonna delle Febbre geweiht ist (tgl. 9–12, 17–19.30 Uhr). Über die **Ponte M. Martire** 3 gelangt man, den Bussento querend, in die Altstadt.

Über den Corso Telesio zum Dom

Das Centro Storico erstreckt sich am Hang des Colle Pancrazio. Hauptschlagader ist der von vielen alten, leicht angestaubten Läden gesäumte **Corso Telesio.** Man findet hier traditionelle Schusterläden, Geschäfte mit religiösen Artikeln, Antiquitäten, Lampen und Schmuck. Lohnend ist beispielsweise der Blick in das **Laboratorio M. Tropea** 4 auf der Höhe des Doms, ein Uhrengeschäft aus dem Barockzeitalter.

Der **Duomo Santa Maria Assunta** 5 mit seinem gotischen Portal befindet sich seit 2008 in Restaurierung. Er wurde im 11. Jh. erbaut, kurz darauf von einem Erdbeben beschädigt und nach dem Aufbau 1222 neu geweiht. Zu diesem Anlass weilte Friedrich II. in der Stadt und schenkte der Kirche ein kostbares Kreuz, versehen mit einem Holzsplitter des Originalkreuzes, Medaillons und wertvollen Edelsteinen, bekannt als Staurothek. Leider ist die Kostbarkeit, die bis vor Kurzem im Museo Nazionale aufbewahrt wurde, vorerst nicht mehr zu besichtigen. Sehenswert im Dom ist ein römischer Sarkophag aus dem 4. Jh. mit der Darstellung von der Jagd des Meleager. Angeblich werden hier die sterblichen Überreste von Heinrich VII., dem ältesten Sohn des Stauferkaisers, verwahrt. Im Dom befindet sich auch die Capella della Madonna del Pilerio, der Schutzpatronin der Stadt, die schon Pestepidemien und Erdbeben abgewehrt hat (derzeit geschlossen).

Hinter dem Dom befindet sich ein spannendes **Ausgrabungsgelände,** in dem man, umgeben von alten Häusern und Palazzi, über einen Glasboden und durch eine futuristische Stahlkonstruktion wandelt. Seitlich davon liegt die **Biblioteca Nazionale** 6**,** die im Erdgeschoss ebenfalls mit einem Glasboden versehen ist, unter dem sich weitere Ausgrabungen befinden (Mo–Fr 8–19 Uhr, Eintritt gegen Abgabe eines Personaldokuments).

Piazza XV. Marzo und Castello Nomanno-Svevo

Geht man den Corso Telesio weiter hinauf, so gelangt man zur **Piazza XV. Marzo** mit der Statue des Bernadino Telesio in der Mitte. Um die Piazza liegen die im 16. Jh. gegründete **Accademia Cosentina** 7**,** das 1909 erbaute **Teatro Rendano** 8 und der **Palazzo della Provincia** 9**.** Von Letzterem gelangt man in den schönen Park der **Villa Comunale** 10**,** der von den Einheimischen zu jeder Tageszeit gerne genutzt wird.

Durch die Gassen aufwärts gelangt man zum **Castello Normanno-Svevo** 11**,** das erst seit Kurzem in Teilen für die Öffentlichkeit zu-

Paola
Paola, Nuova Stazione
Via XXIV Maggio
Piazza G. Mancini
Via Piave
Corso Mazzini
V. Monte Santo
Cosenza Centro
Crati
Viale Trieste
Piazza Matteotti
Via Trento
Piazza della Vittoria
Piazza dei Bruzi
Via S. Quattromani
Corso Umberto I
Ponte di Alarico
SS107
Colle Triglio
Via Andreotti
Piazza Campanella
Via Rivocati
Piazza Crispi
Busento
Piazza Valdesi
Corso Plebiscito
Via G. V. Gravina
Sila, Rovito, San Giovanni in Fiore
Corso Telesio
Busento Tripoli
Lungo Busento Oberdan
Via dei Tribunali
Piazza dell'Arenella
Via Tarsia
Via Garibaldi
S. Francesco d'Assisi
Via (Grotte)
Lungo Crati Miceli
Ponte di San Lorenzo
Via del Seggio
Piazza d. Duomo
Piazetta Toscano
Piazza Parrasio
Via Giostra Vecchia
Via Padolisi
Piazza Spirito Santo
Paola, Amantea, Teatro Acquario
Corso Vittorio Emanuele II
Piazza d. Cuculli
Via Serra
Via G. Pezzullo
Colle Pancrazio
Largo Vergine
Via del Castello
Via Argento
Piazza XV Marzo
SS19
Vallone dei Sei
Via Paradiso
Via Siniscalchi
0
100
200 m
Catanzaro
Colle Vetere

gänglich ist und schöne Ausblicke über die Stadt bietet (tgl. 9–13, 15–19 Uhr, Eintritt frei).

Museo Nazionale

Geht man vom Palazzo della Provincia abwärts in Richtung Bussento und quert den Fluss über die **Ponte San Francesco** 12, so gelangt man über die Via dei Tribunali zum **Palazzo Arnone** mit dem **Museo Nazionale** 13. Das Museum beherbergt zahlreiche Werke des Freskenmalers Mattia Preti und des Künstlers Luca Giordano, außerdem finden hier wechselnde Ausstellungen statt (Via G. V. Gravina, Tel. 0984 79 56 39, Di–So 9–13, 16–19 Uhr, Eintritt frei).

Infos

Pro Loco: Piazza Campanella, Mo–Sa 10–12, 18–20, So 10–12 Uhr.

Übernachten

Gegenüber dem Bahnhof ▶ **Excelsior** 1: Piazza Matteotti 14, Tel. 098 47 43 83, www.htlexcelsior.it. Zentrales Hotel, gemütliche Zimmer und freundlicher Service. DZ 50–70 €.

Einfach ▶ **Grisaro** 2: Viale Trieste 38, Tel. 0984 279 52, www.hotelgrisaro.it. Das Hotel liegt in der Neustadt in der Nähe des Corso Mazzini. Die Zimmer sind schlicht, aber mit allem Komfort ausgestattet. Gehdistanz zum Centro Storico. DZ 50–70 €.

Historisches Hostel ▶ **Ostello Re Alario** 3: Vico II. Giuseppe Marini Serra 10, Tel. 0984 79 25 70, www.ostellorealario.com. Das Hostel in einem Palazzo aus dem 18. Jh. bietet Schlafmöglichkeiten in historisch eingerichteten Zimmern. Garten, Bar, angenehme Atmosphäre, unweit vom Centro Storico. Im Schlafsaal 16 € p. P., DZ 50 €.

Essen & Trinken

Sila-Küche ▶ **Da Giocondo** 1: Via Piave 53, Tel. 0984 298 10, Sept.–Juli Mo–Sa mittags u. abends, So nur abends. Lokal in der Neustadt mit herzhaften Speisen aus der Sila, z. B. Pilzgerichte, gegrilltes Fleisch und hausgemachte Pasta. Menü 20–25 €.

Domblick ▶ **Trattoria Calabria Bella** 2: Piazza Duomo 20, Tel. mobil 340 845 05 06, tgl. mittags u. abends. Gemütliches Altstadtlokal, das auch von den Einheimischen gerne aufgesucht wird. Kalabrische Küche, abends auch Pizza. Pizza ab 5 €, Menü 20 €.

Urig ▶ **Osteria La Corbelleria** 3: Via Galeazzo di Tarsia, Tel. mobil 328 192 72 06, Mo–Sa mittags u. abends. Gemütliches Lokal am Rand der Altstadt mit bodenständiger Küche und herzlicher Atmosphäre. Gute Pastagerichte. Menü 15–20 €.

Alter Charme ▶ **Gran Café Renzelli** 4: Corso Telesio 46, Tel. 0984 268 14, Mo–Sa ab 8 Uhr. Das seit dem 18. Jh. bestehende Kaffeehaus hinter dem Dom versprüht noch den Charme der alten Zeit.

Einkaufen

Antiquitätenmarkt ▶ 1 **Piazza dell'Arenella,** jeden 1. und 3. So im Monat.

Abends & Nachts

Lounge & Disco ▶ **After Hours** 1: Corso Telesio 173. Beliebter Treffpunkt.

Blues & Beat ▶ **Beat Pub** 2: Piazza Duomo 4/8, Tel. 0984 295 48. Angenehme Pub-Atmosphäre, hin und wieder Livemusik mit Blick auf den Dom.

Theater ▶ **Teatro Rendano** 8: Piazza XV. Marzo, Tel. 0984 81 33 31. Konzerte, Theateraufführungen und Gastspiele. Infos bei Pro Loco (s. links).

Termine

Festa und Fiera di San Giuseppe: Mitte März. Großer Markt, begleitet von verschiedenen Konzerten.

Verkehr

Züge: Nach Catanzaro, Reggio di Calabria, Neapel. Infos: www.trenitalia.it. Der Bahnhof befindet sich unweit der Piazza dei Bruzzi.

Busse: In der Stadt verkehren die Busse von AMACO, Tel. 0984 30 80 05, www.amaco.it. Busse von Ferrovie della Calabria, Tel. 0984 41 31 24, www.ferroviedellacalabria.it, IAS, www.iasautolinee.it, und SAJ, Tel. 0981 50 03 31, www.saj.it, fahren in die Orte der Provinz und in andere Städte Italiens. Der Busbahnhof befindet sich unweit des Corso Mazzini.

Ionische Küste zwischen Catanzaro und der Basilikata

Die Ionische Küste bis hinauf zur Basilikata hat weitaus mehr zu bieten als nur ewig lange Sandstrände und kleine Urlaubsparadiese. Am Capo Rizzuto liegt ein traumhaftes Tauchrevier. Das Capo Colonna erinnert an die große Zeit der Griechen. Um Cirò kann man wunderbaren Wein probieren und in Rossano den Codex purpureus Rossanensis bewundern, einen der ältesten griechischen Evangeliare.

Capo Rizzuto ▸ 2, Q 18

Nordöstlich von Catanzaro liegt an der Ionischen Küste die wunderschöne Halbinsel **Capo Rizzuto.** Mit ihren kleinen Küstenorten, den einladenden Sandstränden und Buchten, dem klaren Wasser und einer faszinierenden Unterwasserwelt ist das Capo vor allem in den Monaten Juli und August das Ziel vieler italienischer Touristen. In den anderen Monaten geht es hier eher ruhig zu.

Um das Areal zu schützen, hat man 1991 die **Riserva Naturale Marina di Capo Rizzuto** gegründet, die ca. 15 ha und eine Küstenlinie von etwa 42 km umfasst. Am Capo Rizzuto selbst wurde das **Centro Educazione Ambiente Marino** eingerichtet, ein Aquarium mit 20 Becken, in denen man die in diesen Gewässern vorkommenden Meeresbewohner sowie die Flora aus der Nähe betrachten kann (CEAM, Piazza del Santuario, Tel. 0692 79 60 29, www.riservamarinacapo rizzuto.it, Juni–Sept. 10–13, 17.30–20, Okt.–Mai Mo–Sa 9–13, 14.30–17, So 10–13 Uhr, 2,50 €, erm. 2 €).

Das kleine Städtchen **Isola di Capo Rizzuto** kann man getrost umfahren und stattdessen gleich die Küste ansteuern. Stichstraßen führen zum Meer mit herrlichen Bademöglichkeiten. In **Le Canelle** locken z. B. ein rötlicher Strand und klares Wasser.

Der größte Anziehungspunkt ist jedoch **Le Castella,** das sich vom Fischerdorf zum Touristenort gemausert hat. Neben den schönen Stränden und Felsbuchten, den vielen Geschäften und Bars liegt das vor allem an der **Fortezza di Le Castella,** die sich auf einer kleinen, flachen Landezunge erhebt. Die Festung ist das Wahrzeichen des Orts, ein beliebtes Fotomotiv und besonders schön am Abend anzusehen, wenn sie angeleuchtet wird. Vermutlich existierte hier schon zu Zeiten der Magna Graecia eine Hafenanlage. Hannibal soll sich hier aufgehalten haben, bevor er sich wieder nach Nordafrika einschiffte. Unter Andrea Carafa – eine Familie, die vom König in Neapel als Dank für die Unterstützung in kriegerischen Auseinandersetzungen mit vielen Lehen in Kalabrien beschenkt wurde – errichtete man im 16. Jh. eine Festung. Nach langer Restaurierung ist diese seit 2001 wieder zugänglich. Gerade für Kinder dürfte es ein Vergnügen sein, durch die Anlage zu streifen. Beeindruckend ist die steinerne Wendeltreppe, die die drei Etagen miteinander verbindet. Oben angekommen, hat man einen überwältigenden Rundblick auf den Golf von Squillace und das Capo Colonna. Manchmal finden in der Festung Ausstellungen statt (tgl. 9–13, 16–20 Uhr, im Sommer länger, 3 €, erm. 1,50 €).

Vor dem Ort gab es einst eine Reihe weiterer Befestigungsbauten, die sich auf inzwischen untergegangenen Inseln befanden – das würde zumindest den Namen von Le Castella erklären: ›die Festungen‹.

Infos

Pro Loco: Via Duomo, Le Castella, Tel. 0962 79 51 60, keine festen Öffnungszeiten.

Riserva Marina Capo Rizzuto: Piazza Ucciali, Le Castella, Tel. 0962 79 56 23, www.riservamarinacaporizzuto.it, Juli–Sept. tgl. 8.30–13, 16–20, Okt.–Juni Mo–Fr 8.30–13, 15.30–17.30 Uhr, Fr nur vormittags. Kartenmaterial zum Capo Rizzuto, Organisation von Tauchkursen, Bootsfahrten etc.

Übernachten

... Le Castella:

In Randlage ▶ Villa Aurora: Via Volandrino, Tel. 0962 79 51 37, www.hotelvillaaurora.it. Familiengeführtes Hotel in einer Villa mit Garten. Kleine Zimmer. DZ 80–120 €.

Angenehm ▶ Il Corsaro: Via Volandrino, Tel. 0962 79 54 53, www.hotelilcorsaro.it. Modernes Hotel am westlichen Ortsrand mit komfortablen und bequemen Zimmern. Mit Restaurant. DZ/HP 65–105 €.

Essen & Trinken

... Le Castella:

Mit Meerblick ▶ La Scogliera: Via Scogliera, Tel. 0962 79 50 71, www.ristorantelascogliera.it, Mai–Sept. tgl. mittags u. abends. Sehr gute Fischgerichte, man sitzt direkt über dem Meer. Zum Essen empfiehlt sich ein Wein aus Cirò. Menü 20–25 €.

Rustikal ▶ Da Mario: Via Duomo Le Castella, Tel. 0962 79 56 77, www.damario24bis.it. Mai–Sept. tgl. mittags u. abends. Gemütlich-rustikales Lokal am unteren Ende der Flaniermeile mit lokalen Speisen, Fleisch, Pizza und Fisch. Pizza ab 3,50 €, Menü 15–20 €.

Aktiv

Tauchen ▶ Centro Sub Le Castella: Via Fosso, Le Castella, Tel. 0962 79 52 68, www.divinglecastella.it.

Segeltörns ▶ Ostro: Corso Duomo, Le Castella, Tel. 0962 79 56 32, www.ostro.it.

Verkehr

Busse: Von Le Castella nach Crotone und zum Capo Colonna mit Romano Autolinee, Tel. 0962 217 09, www.autolineeromano.com.

Capo Colonna ▶ 2, R 18

Über die SS 106 kann man von Le Castella direkt bis Crotone fahren. Weitaus reizvoller ist es jedoch, über eine der kleinen Straßen zuerst das 11 km vor der Stadt gelegene **Capo Colonna** anzusteuern. Die Küste gehört zu den schönsten an diesem Abschnitt des Ionischen Meers.

Einsam und stolz steht auf dem Capo Colonna eine Säule, letztes Überbleibsel eines der größten und wichtigsten Heiligtümer der Magna Graecia, des **Tempel der Hera Lacinia.** Der Tempel wurde Anfang des 6. Jh. v. Chr. als Heiligtum der Göttin erbaut, die vor allem Seefahrern und Frauen als Schutzpatronin galt. Die vielen Opfergaben führten schon in der Antike zu ersten Plünderungen. Endgültig zu Schaden kam der Tempel im 16. Jh., als auf Geheiß des Erzbischofs Lucifero (!) die Steine abgetragen wurden, um den Hafen von Crotone zu befestigen. Zwei der ehemals 48 Säulen wachten am Capo Colonna, bis das Erdbeben von 1638 eine der beiden zum Einsturz brachte. Geht man heute über das Gelände, so sieht man die zum Heiligtum führende Straße, Reste beeindruckender Mauern sowie die Grundmauern verschiedener Gebäude, die als Schatzkammer oder auch als Pilgerhotel dienten.

Am Kap weht immer ein frisches Lüftchen, was besonders an heißen Tagen sehr angenehm ist. Kaum vorstellbar, dass der gesamte heilige Hain einst von einem dichten Wald umgeben war (Scavi, tgl. 9 Uhr bis 1 Std. vor Sonnenuntergang, Eintritt frei).

Unweit der Ausgrabungsstätte steht die kleine **Capella della Madonna di Capo.** Ihr Heiligenbild wird im Dom von Crotone verwahrt, doch einmal im Jahr kehrt es für eine Nacht hierher zurück (s. S. 429).

Crotone ▶ 2, Q 17

Crotone, seit 1992 Provinzhauptstadt, verliert allmählich sein schlechtes Image als Industriestandort, Mafia- und Drogenstadt. Nicht nur das pittoreske Centro Storico lädt

Ein paar Schritte über Felsen und man hat das Capo Rizzuto ganz für sich alleine

zum Bummeln ein, auch der Lungomare ist eine beliebte Flaniermeile.

Geschichte

Dem Orakelspruch von Delphi folgend ließen sich archäische Siedler um 710 v. Chr. an der Mündung des Esaro nieder und gründeten die Stadt Kroton, die mit dem benachbarten Sybaris (s. S. 431) schon bald zu den mächtigsten Städten der Magna Graecia gehörte. Besonders gerühmt wurde die Stadt für die Schönheit ihrer Frauen und die Stärke ihrer Athleten. Am bekanntesten dürfte Milon gewesen sein, der einer Legende zufolge im Hain der Hera Lacinia von Wölfen aufgezogen wurde.

Um 530 v. Chr. erreichte der griechische Philosoph und Mathematiker Pythagoras von der Insel Samos die Stadt, predigte Moral, Sittsamkeit, Respekt vor der Religion und ein hohes Arbeitsethos. Schon bald hatte er eine große Anhängerschar, die wesentlich dazu beitrug, dass Kroton das wohlhabende, aber auch reichlich lasterhafte Sybaris zerstörte. Doch bald wurden die Einwohner des strengen Sittenpredigers Pythagoras überdrüssig und vertrieben ihn aus Kroton, woraufhin er sich in Metapontion niederließ (s. S. 272).

Im 2. Jh. v. Chr. wurde die Stadt römische Kolonie. Als Hafenstadt hatte Kroton zwar weiterhin Bedeutung, verlor aber zunehmend an Einfluss. Von Goten und Byzantinern umkämpft, wurde die Stadt 1541 durch den spanischen Vizekönig Pedro de Toledo befestigt, wobei die antiken Stätten über- bzw. verbaut wurden. In der Neuzeit entstanden im Umland einige hässliche Industrieanlagen, die einen aber nicht vom Besuch der Stadt abhalten sollten. Der Hafen ist heute der wichtigste Fischereihafen Kalabriens an der Ionischen Küste.

Piazza Pitagora und Duomo

Zwischen Alt- und Neustadt liegt die **Piazza Pitagora,** mit der man an einen der bedeutenden Bewohner Crotones erinnert, den Philosophen Phythagoras. Vom Platz ist es nicht weit zur **Piazza Duomo** mit dem **Duomo Santa Maria Assunta** aus dem 11. Jh. Seine schlichte klassizistische Fassade erhielt der Bau im 17./18. Jh. Sehenswert im Innern ist die prunkvolle Capella Privilegiata, in der die Ikone der Madonna di Capo Colonna aufbewahrt wird. Sie soll vom Evangelisten Lukas gemalt worden sein und wurde nach einem Türkenangriff am Kap gefunden (Juli–Sept. Mo–So 8–12, 17–20, sonst Mo–Sa 8–12, 16–19, So 17–20 Uhr, Kapelle nur Juli–Sept. und an Fei, sonst kann man sich an den Pfarrer wenden unter Tel. 0962 230 59).

Museo Archeologico Nazionale

Über die Via Pitagora und die Via Milone geht es durch herrliche Gassen den Hügel der Altstadt hinauf zur **Piazza del Castello.** Rechts davon liegt der **Palazzo Morelli,** in dem das **Museo Archeologico Nazionale** sein Domizil hat. Der Besuch lohnt sich, denn neben Exponaten zur Besiedlungsgeschichte der Region werden hier die Funde vom Schatz der Hera Lacinia gezeigt, auf die man am Capo Colonna stieß. Zu den wertvollsten Stücken gehört ein goldenes Diadem aus dem 6./5. Jh. v. Chr., das vermutlich die Herastatue gekrönt hat, denn es wurden Münzen mit entsprechenden Abbildungen gefunden. Beeindruckend sind die Trinkgefäße *(askos)* in Form einer Sphinx, deren Griff ein nackter Knabe ist, oder einer Sirene mit einer Kore als Griff. Auch die Löwenköpfe vom Hera-Tempel, die dort als Wasserspeier angebracht waren, sind interessant. Ergänzt wird die Ausstellung durch prägnante Texte sowohl in Italienisch als auch in Englisch sowie viele illustrierende Fotos, Luftaufnahmen und Skizzen von den Ausgrabungen (Via Risorgimento 53, Tel. 0962 230 82, Di–So, 9–20 Uhr, 2 €, erm. 1 €).

Castello

Am höchsten Punkt der Altstadt liegt die Burg aus dem 16. Jh., die einfach nur **Il Castello** genannt wird. Die beeindruckende Anlage gewährt schöne Ausblicke über das Meer, auf den Hafen und den Lungomare. Im Kastell ist das **Museo Civico** untergebracht, das u. a. eine beachtliche Sammlung von Gerätschaften des täglichen Lebens, Waffen und Fotos zeigt (Piazza Castello, Tel. 0962 92 12 31, derzeit wegen Renovierung geschlossen). Auf dem Gelände der Festung befindet sich auch die **Torre Comandante,** in der Wechselausstellungen stattfinden. Dort führt eine Wendeltreppe nach unten, zwischendurch gehen die Räume zu den Beobachtungsposten und Kanonenständen der Soldaten ab. Für Kinder ganz bestimmt ein Erlebnis.

Infos

Pro Loco: Via Vittorio Veneto 159, Tel. 0962 90 53 36, Juni–Sept. 9–13, 17–20 Uhr.

Übernachten

Meerblick ▶ Palazzo Foti: Via Cristoforo Colombo 79, Tel. 0962 90 06 08, www.palazzofoti.it. Modernes Hotel direkt am Lungomare mit geräumigen und komfortablen Zimmern. Im Juli/Aug. kann es nach vorne heraus laut werden. DZ 90–160 €.

Alter Charme ▶ Concordia: Via Vittoria 12, Tel. 0962 90 22 72. Das um die Wende vom 19. zum 20. Jh. erbaute Hotel wurde renoviert, versprüht aber trotzdem noch den alten Charme. Angenehme Atmosphäre, nahe Centro Storico. DZ 70 €.

Essen & Trinken

Raffiniert ▶ Da Ercole: Viale Gramsci 122, Tel. 0962 90 14 25, Mo–Sa mittags u. abends. Ercole Villirillo nimmt nur frische Zutaten, viele aus dem Meer, und zaubert daraus wahrlich schmackhafte Gerichte. Menü 30–40 €.

Schnuckelig ▶ La Pignata: Vico Orfeo 8, Tel. 0962 229 84, Mo–Sa mittags u. abends. Das kleine Lokal nordöstlich des Centro Storico serviert in tollem Ambiente hauptsächlich Fisch und Meeresfrüchte. Zu empfehlen sind u. a. die *linguine ai ricci di mare* (Pasta mit Seeigel). Menü 25–30 €.

Traumhafte Lage ▶ L'Ancora: Via per Capo Colanno, Tel. 0962 93 41 21, Mai–Sept. tgl., sonst nur Sa/So mittags u. abends. Allein wegen der Lage am Capo lohnt sich der Besuch, doch auch die Fisch- und Pastagerichte sowie die Pizza schmecken sehr gut. Pizza ab 5 €, Menü 20–30 €.

Süßes ▶ **Caffè Italia:** Porticci di Piazza Vittoria 14, Tel. 0962 211 63, Juni–Sept. Mo–Sa, sonst Di–So ab 7 Uhr. Hier gibt es Gebäck und Eis bzw. beides zusammen – köstlich!

Einkaufen

Schmuck ▶ **Gerardo Sacco:** Via Veneto, Tel. 0962 206 61, www.gerardosacco.com. Wer nicht schon in Cosenza, Catanzaro oder Reggio eines der Geschäfte des international renommierten Schmuckdesigners besucht hat, sollte in Crotone diesen Showroom besuchen. Die Kollektionen von Gerardo Sacco sind etwas Besonderes, häufig inspiriert von Kunstepochen und Völkergruppen.

Termine

Madonna del Capo Colonna: 3. Wochenende im Mai. Die Madonnenstatue wird in einer nächtlichen Prozession vom Dom zum Capo gebracht und am Tag darauf wieder zurück.

Verkehr

Flüge: Der Flughafen Sant'Anna, www.aeroporto.kr.it, liegt 10 km außerhalb der Stadt und wird von Allitalia ab Mailand und Rom angeflogen.
Züge: Verbindungen in alle größeren Orte der Region sowie nach Osten und in den Norden. Infos: www.trenitalia.it.
Busse: U. a. nach Reggio, Cosenza und zum Capo Colonna mit Romano Autolinee, Tel. 0962 217 09, www.autolineeromano.com.
Mietwagen: Am Flughafen ist u. a. Avis Crotone Airport, Tel. 0962 79 96 10.

Cirò ▶ 2, Q 16

Die Küstenstraße SS 106 von Crotone Richtung Norden durchquert eine weite Ebene, von der immer wieder Stichstraßen ans Meer abgehen. Zur Linken erstrecken sich Weingärten und Olivenhaine, dahinter ragen die Berge auf. Nach ca. 35 km erreicht man den netten Küstenort **Cirò Marina,** weitaus interessanter ist jedoch das oberhalb davon gelegene **Cirò Superiore,** das mitten im bedeutendsten Weinanbaugebiet Kalabriens liegt, von den Griechen einst Oinotria (›Weinland‹) genannt. Hier gedeiht vor allem die Galioppotraube, aus der kräftige – und viele prämierte – Rotweine gewonnen werden, u. a. der Gravello. Zahlreiche Winzer empfangen Besucher und laden zu Weinproben ein.

Übernachten

Edel und schön ▶ **Dattilo:** C.da Dattilo, Tel. 0962 86 56 13, www.dattilo.it. Zwischen Marina di Strongoli und Cirò Marina gelegener Agriturismo mit schönen Apartments in den ehemaligen Wirtschaftsräumen. Viel Ruhe, Garten, kleiner Pool, 2 km zum Meer. Die Produkte aus den eigenen Oliven und Trauben kann man im Hofladen erwerben oder im angeschlossenen empfehlenswerten Restaurant probieren (Menü 25 €). DZ 80–100 €.

Essen & Trinken

Unverfälscht ▶ **La Locanda:** Via Vittorio Emanuele, Tel. mobil 339 389 01 71, tgl. mittags u. abends. Kleines, einladendes Lokal über drei Ebenen, das sich der einfachen Küche verschrieben hat, d. h., es werden so wenig Zutaten wie möglich verwendet, um den ursprünglichen Geschmack nicht zu verfälschen. V. a. Fischgerichte, abends auch Pizza. Pizza ab 5 €, Menü 20–25 €.

Einkaufen

Wein ▶ **Datillo:** s. o. **Librandi:** Loc. San Gennaro, Tel. 0962 315 18, www.librandi.it, keine festen Öffnungszeiten (zu empfehlen ist der Gravello). **Fattoria San Francesco:** Loc. Quattromani, an der SS 106 bei Cirò, Tel. 0962 322 28, www.fattoriasanfrancesco.it.

Verkehr

Busse: Verbindungen nach Crotone mit Romano Autolinee, Tel. 0962 217 09, www.autolineeromano.com.

Rossano ▶ 2, O 15

Das wahrscheinlich schon in der Antike gegründete **Rossano** war zwischen dem 6. und 11. Jh. das Zentrum des byzantinischen

Reichs in Kalabrien. Strategisch günstig auf einem Hügel gelegen, wurde es von den Sarazenen nie erobert. Orthodoxe Mönche aus Palästina, Syrien und Ägypten flüchteten vor dem Bilderstreit hierher, errichteten Einsiedeleien und Klöster. Die von ihnen geschaffenen Kunstwerke verhalfen der Stadt zu ihrem Zweitnamen: Ravenna des Südens. Mit den Mönchen ist vermutlich auch der größte Schatz von Rossano hierher gelangt, der Codex purpureus Rossanensis (s. rechts), der heute im Museo Diocesano d'Arte Sacra verwahrt wird.

Im 11. Jh. eroberten die Normannen den Ort, doch der griechisch-orthodoxe Ritus wurde bis ins 15. Jh. ausgeübt. Heute ist Rossano eine lebendige Stadt mit ca. 35 000 Einwohnern und einem zauberhaften Centro Storico.

Cattedrale Santa Maria Assunta

Das Zentrum des Orts bildet die **Cattedrale Santa Maria Assunta** aus dem 12. Jh., die im Laufe der Zeit verschiedentlich umgestaltet wurde, u. a. aufgrund von Erdbeben. Der dreischiffige Bau wirkt sehr barock und ist innen mit einer schönen Kassettendecke versehen. Auffallend ist jedoch der Altar mit der viel verehrten Madonna Achiropita (›Nicht von menschlicher Hand gemalt‹). Es geht die Legende, die Madonna habe sich selbst gemalt.

Museo Diocesano d'Arte Sacra

In der Via Arcivescovado liegt der Eingang zum **Museo Diocesano d'Arte Sacra.** Hier sind verschiedene wertvolle Gegenstände aus dem Kirchenschatz zu sehen, allen voran der Codex purpureus Rossanensis. Dabei handelt es sich um eine Handschrift aus dem 6. Jh., die wahrscheinlich in Syrien von griechisch-byzantinischen Mönchen hergestellt wurde. Der Codex enthält Teile der Überlieferungen der vier Evangelisten, wobei das Matthäus-Evangelium bis auf eine Seite komplett erhalten blieb. Jedes der 188, aus der Haut von Zicklein hergestellten Blätter ist purpurfarben, beschrieben mit Silbertinte und zumeist mit kunstvollen Miniaturen versehen. Der Codex zählt zu den ältesten und am reichsten ausgeschmückten griechischen Evangeliaren überhaupt. Er wird in einer Glasvitrine verwahrt, sodass man immer nur eine Seite zu sehen bekommt, doch zu Beginn der Führung gibt es eine Einführung speziell zum Codex, bei der die wichtigsten Bilder gezeigt und erklärt werden (Via Arcivescovado 5, Tel. 0983 52 52 63, tgl. 9.30–13, 15–18 Uhr, 3,10 €, erm. 1,20 €, Eintritt nur mit Führung, nach Voranmeldung auch auf Englisch).

Tipp: Süßholz raspeln – Lakritzmuseum in Rossano

Wer weiß schon, dass die Lakritze aus der geraspelten Wurzel des Süßholzes stammt? Amarelli hingegen dürfte Lakritzliebhabern ein Begriff sein. Das kalabrische Traditionsunternehmen treibt seit dem 15. Jh. Handel mit Süßholz (*glycyrrhiza glabra*) und produziert seit 1731 die bekannten Lakritzpastillen.

Der bis zu 1,5 m groß werdende Süßholzstrauch gedeiht besonders gut in der Küstenregion Kalabriens und die Süßholzwurzel wird dort schon lange ›geknabbert‹. Süßholz soll bei Erkrankungen der Haut und der Atemwege sowie bei Leberleiden helfen, wobei übermäßiger Genuss den Blutdruck nach oben treibt. Die Familie Amarelli erkannte das Potenzial der Süßholzwurzel und begann im 18. Jh. mit der Fabrikation und professionellen Vermarktung von Lakritzpastillen, deren Markenzeichen bis heute die Blechdosen sind. Im angeschlossenen **Museo della Liquirizia Giorgio Amarelli** erhält man Einblick in die Geschichte und Herstellung dieser Köstlichkeit. Nach Voranmeldung sind auch Führungen auf Deutsch und Englisch möglich (direkt an der SS 106 bei Rossano, Tel. 0983 52 12 19, www.museodellaliquirizia.it, Führungen Juni–Sept. tgl. 10, 11, 12, 17, 18, 19, Okt.–Mai tgl. 10, 11, 12, 15, 16 Uhr, nur die Führungen Mo–Fr um 10 und 11 Uhr schließen auch den Besuch der Fabrik ein).

Chiesa San Marco

Am südlichen Rand der Altstadt erhebt sich die **Chiesa San Marco,** ein Kleinod byzantinischer Architektur und nahezu so vollkommen wie die Cattolica von Stilo (s. S. 407). Von außen ist der Anblick besonders schön, denn die Kirche scheint förmlich aus dem Fels zu wachsen. Man erkennt die drei Apsiden, die sich wie Türme an die Mauer zu schmiegen scheinen, sowie einige der Tamboure, die im Innern die fünf Kuppeln ergeben. Zwar wirken die Pfeiler für den kleinen Raum etwas zu plump, doch berauben sie die Kirche nicht ihrer Schönheit. Von der kleinen Piazza vor dem Eingang hat man einen herrlichen Ausblick.

Infos

Pro Loco: Piazza Matteotti, Tel. 0983 52 09 08.

Übernachten

Historisch und edel ▶ **Le Colline del Gelso:** C.da Gelso Mazzei 18, Tel. 0983 56 91 36, www.lecollinedelgelso.it. Renovierter Bau aus dem 18. Jh. in einer fantastischen Landschaft ca. 10 km südöstlich von Rossano am Fluss Trionto. Stilvolle Apartments, alle mit kleinem Garten. In der Masseria finden auch Kulturveranstaltungen wie Klavierkonzerte und Degustationen statt. DZ 80–100 €.

Rustikale Idylle ▶ **Il Giardino di Iti:** C.da Amica, Tel. 0983 645 08, www.giardinoiti.it. Masseria wenige Kilometer westlich von Rossano, deren ehemalige Wirtschaftsgebäude zu gemütlichen Zimmern mit Kamin (Aufpreis 8 €) umgebaut wurden. Garten, gute Küche. DZ 70–90 €.

Essen & Trinken

Hausmannskost ▶ **Le Arcate:** Piazza Duomo 41, Tel. 0983 52 03 21, Di–So mittags u. abends. In der gemütlichen Trattoria gibt es sowohl Fisch als auch Fleisch nach regionalen Rezepten zubereitet. Menü 15–25 €.

Gemütlich ▶ **La Bizantina:** Corso Garibaldi 246c, neben der Chiesa San Marco, Tel. 0983 52 53 40, Di–So abends. Man sitzt in gemütlichen gewölbeartigen Räumen oder auf der Terrasse. Es gibt regionalspezifische Speisen mit byzantinischem Einschlag zu vernünftigen Preisen. Pizza ab 5 €, Menü 15–20 €.

Kleine Verführung ▶ **Café Tagliaferri:** Piazza Santi Anagiri 6, Tel. 0983 52 02 20, tgl. 7.30–20 Uhr. Schönes Café zum Verschnaufen, gute hausgemachte Dolci.

Verkehr

Busse: Verbindungen nach Cosenza mit Romano Autolinee, Tel. 0962 217 09, www.autolineeromano.com.

Síbari ▶ 2, N 14

Ca. 25 km nordwestlich von Rossano erreicht man eine ausgedehnte Ebene, durch die die Flüsse Crati und Coscile fließen. Hier erstreckte sich einst die legendäre griechische Stadt **Sybaris,** bekannt für ihren Wohlstand und das ungezügelte Leben ihrer Bewohner. Noch heute nennt man Genussmenschen zuweilen Sybariten. Während ein Besuch der Ausgrabungsstätte sehr lohnend ist, kann man das moderne **Síbari** getrost umfahren.

Geschichte

Sybaris wurde im 8. Jh. v. Chr. durch Archaier vom Peloponnes gegründet, und zwar genau zwischen den Flüssen Crathis (heute Crati) und Sybaris (heute Coscile). Die fruchtbare Ebene, Silbervorkommen im Hinterland und der größte Hafen am Ionischen Meer ließen die Stadt prosperieren. Gemäß dem griechischen Geschichtsschreiber Strabon erstreckte sich der Herrschaftsbereich von Sybaris auf 25 Städte in Süditalien.

Es kam, wie es kommen musste: Der große Reichtum der Stadt rief Neider auf den Plan und das benachbarte Kroton (s. S. 426) nahm – angestachelt durch den Moralapostel Pythagoras – Luxus und Sittenverfall der Sybariten zum Anlass, um deren Stadt 510 v. Chr. den Krieg zu erklären. Innerhalb von nur zwei Monaten war Sybaris zerstört. Um ganz sicher zu gehen, dass man der Stadt endgültig den Garaus gemacht hatte, wurde laut Herodot der Crati umgeleitet, sodass er mitten durch das Ruinenfeld floss.

70 Jahre später wurde die Stadt mithilfe des Perikles aus Athen unter dem Namen Thurioi neu gegründet. Zum Schutz vor Bruttiern und Lukanern verbündete man sich 285 v. Chr. mit den neuen römischen Machthabern, doch schon 203 v. Chr. wurde die Stadt erneut zerstört, dieses Mal durch Hannibal. Auch wenn man Thurioi als römische Kolonie unter dem Namen Copia wieder errichtete, waren die goldenen Zeiten vorbei. Das Meer zog sich zurück, der Hafen versandete und in der Ebene breitete sich Malaria aus, sodass der Ort im 5./6. Jh. endgültig aufgegeben wurde. Ende des 19. Jh. begann man mit der archäologischen Forschungsarbeit in Kalabrien, doch spannende Entdeckungen blieben zunächst aus. Erst als im Mündungsgebiet des Crati der größte Ölhafen Italiens geplant war und man an dieser Stelle gezielt zu graben anfing, wurde man 1966 endlich fündig, entdeckte das antike Sybaris – und verhinderte das Megaprojekt. Stattdessen entstanden die **Laghi di Sibari,** ein moderner Yachthafen mit wunderbaren Sandstränden zu beiden Seiten. In der Archäologischen Zone und im Museum kann man die Funde begutachten.

Wandeln auf antiken Wegen – die Ursprünge von Sybaris reichen bis ins 8. Jh. v. Chr.

Scavi di Síbari

Von Süden kommend, liegen kurz nach Überquerung des Crati auf der linken Seite die **Scavi di Síbari.** Auf dem Ausgrabungsgelände sieht man u. a. Reste eines Amphitheaters, Grundmauern und Mosaike einiger Villen, die Fragmente eines gewaltigen Stadttors, eine römische Therme mit Swastika-Mosaiken und eine tiefer liegende, zum Meer führende Straße griechischen Ursprungs. Während erste Teile des antiken Thurioi und Copia noch relativ leicht freigelegt werden konnten, gestalten sich die Ausgrabungen des griechischen Sybaris weitaus schwieriger – das Gelände liegt unterhalb des jetzigen Wasserpegels, was die Wasserpumpen und -gräben auf dem Areal erklärt. Die Besichtigung ist nur mit offiziellen Begleitern möglich (Di–So 9 Uhr bis 1 Std. vor Sonnenuntergang, Eintritt frei).

Museo Archeologico Nazionale della Síbartide

An einer Ampelkreuzung 800 m nördlich des Grabungsgeländes geht es rechts zu dem in einem modernen Bau untergebrachten **Museo Archeologico Nazionale della Síbartide.** In fünf Sälen widmet sich das Museum den unterschiedlichen Epochen, wobei die Präsentation sehr gelungen ist und dem Besucher durch zweisprachige Einführungstexte eine erste Orientierung gibt. Ausgestellt sind verschiedene Vasen und Keramikfunde, Statuen und Fläschchen. Einige Kosmetikartikel sowie die reich verzierten Kapitelle untermauern die Legende vom unermesslichen Luxus der Sybariten (C.da Casoni, Tel. 0981 793 91, Di–So 9–19 Uhr, 2 €, erm. 1 €).

Übernachten

Auf dem Land ▶ Al Vecchio Biroccio: C. da Frassa, Tel. 0983 85 42 33, www.alvecchiobiroccio.it. Der etwas außerhalb gelegene Agriturismo bietet viel Ruhe und freundlich eingerichtete Zimmer sowie einige gute Erzeugnisse aus eigener Produktion. Gut als Standort für Ausflüge in die Region. DZ 60–90 €.

Camping ▶ Pineta di Síbari: C.da Fuscolara, Tel. 0981 741 35, www.pinetadisibari.it, Mai–Sept. Nördlich von Síbari am Strand, schattig. Zelt inkl. 2 Pers. 12–25 €.

Aktiv

Wandern ▶ Im Naturschutzgebiet rund um die **Crati-Mündung,** www.riservatarsiacrati.it, kann man kleinere Wanderungen unternehmen. Der Zugang befindet sich südlich der Brücke über den Crati.

Verkehr

Züge: Verbindungen u. a. nach Crotone und Cosenza. Infos: www.trenitalia.it.

Register

Der Haupteintrag ist **fett** hervorgehoben.

Register

Der Haupteintrag ist **fett** hervorgehoben.

Der Haupteintrag ist **fett** hervorgehoben.

Abbildungsnachweis

Bildagentur Huber, Garmisch-Partenkirchen: S. 368/369 (Baviera); 172/173 (Biscaro); 130/131 (Capone); 82 (Eisele-Hein); 4 u., 164, 178, 199 (Gräfenhein); 9, 181, 370, 432/433 (Huber); 144 (Kaos01); 377, 382/383 (Piai); Umschlagklappe vorn, 46 (Saffo); 282 re., 292/293 (Simeone); Titelbild (Spila); 94/95 (Wörsdörfer)

DuMont Bildarchiv, Ostfildern: S. 160 (Kiedrowski); 1 Mi., 5 o., 6 o., 43, 52/53, 244, 273, 280, 282 li., 289, 297, 313, 343, 346/347, 354/355, Umschlagrückseite o. (Sasse)

Jacqueline Christoph, Berlin: S. 232, 241, 254

laif, Köln: S. 6 u., 175, 188/189, 390/391 (Amme); 8 u., 184 (Blickle); 55 (Botti); 32/33, 113 (Celentano); 5 Mi., 323 (Contrasto); 19, 231, 266/267 (Eid); 2 o., 3 o., 8 o., 13, 22/23, 57, 64/65, 79, 98 re., 210/211, 214, 220/221 (Heuer); 98 li., 103, 121 (Hub); 3 u., 96, 126 (Jonkmanns); 7 o., 38, 89, 203, 372 li., 387, 395, 402/403, 420/421 (Kirchgessner); 278 (Linkel); 1 li., 5 u., 7 u., 10/11, 143, 154/155, 327, 372 re., 408/409 (Madej); 300/301 (Pesce); 108/109 (Rigaud); 251 (Sasse); 74 (Schmid); 206 (Standl); 71, 216 li., 260/261 (Steinhilber); 29 (VU/Courtes); 3 Mi., 4 o., 136/137 (Zanettini)

Look-Foto, München: S. 7 Mi., 362 (Frei); 1 re., 306/307, Umschlagrückseite u. (Wothe)

Mauritius Images, Mittenwald: S. 139 (AGE); 122/123, 216 re., 224, 237, 246/247, 332, 416/417, 427 (Cubolmages); 2 u., 37, 316/317, 334/335 (United Archives)

picture alliance, Frankfurt: S. 133 (Arco Images)

Zitatnachweis

S. 268 aus: Carlo Levi, Christus kam nur bis Eboli, Hamburg 2008 © Europa Verlag Zürich

Kartografie

DuMont Reisekartografie, Fürstenfeldbruck
© DuMont Reiseverlag, Ostfildern

Umschlagfotos:
Titelbild: Polignano al Mare/Apulien
Umschlagklappe vorn: Musiker bei einem der albanischen Feste im Pollino-Nationalpark/Kalabrien

Über die Autorin: Jacqueline Christoph, Reisebuchautorin und Leiterin von Wander- und Wanderstudienreisen, hat schon früh ihre Leidenschaft für das Reisen und andere Kulturen entdeckt. Italien mit seiner lebendigen und hochspannenden Geschichte, der vielfältigen Landschaft, dem Wechsel zwischen Natur und Kultur sowie den kulinarischen Genüssen hat es ihr dabei besonders angetan. Die Autorin verbringt hier mehrere Monate im Jahr.

Danksagung: Einen großen Dank an die ENIT für die Unterstützung bei den Recherchen sowie die APT der Basilikata und Apuliens. Ein ganz besonderer Dank geht an meine Reisebegleiter Franco Cacciatore, Andrea Festa, Frank Ladewig, Raffaele Stifano, Mirella Tempone und Leonardo Viceconte sowie an die Lektorinnen Yvonne Burger und Anke Munderloh.

Hinweis: Autorin und Verlag haben alle Informationen mit größtmöglicher Sorgfalt geprüft. Gleichwohl sind Fehler nicht vollständig auszuschließen. Alle Angaben erfolgen ohne Gewähr. Bitte schreiben Sie uns! Über Ihre Rückmeldung zum Buch und über Verbesserungsvorschläge freuen sich Autorin und Verlag:

DuMont Reiseverlag, Postfach 3151, 73751 Ostfildern, E-Mail: info@dumontreise.de

1. Auflage 2011

Grafisches Konzept: Groschwitz, Hamburg
Printed in Germany